재무관리의 이해

제5판

재무관리의 이해

●●● 송교직

신영사

머리말 •••

우리 인류는 2020~2021년 COVID-19가 세계를 휩쓸면서 대혼란을 겪었다. 아이러니하게도 이런 위기 속에서 전 세계 금융시장에는 풍부한 유동성으로 인해 주식과 부동산 등 위험자산의 가격이 오르는 현상이 나타났다. 한국 주식시장의 경우도 2021년 3,000을 돌파했던 코스피(KOSPI) 지수가 급락하여 2025년 현재 2,500 정도에서 횡보하고 있다. 이러한 코스피 지수의 급등락은 실물경제의 뒷받침 없는 금융자산의 성장은 오래 지속될 수 없다는 것을 보여준다. 제2장 〈주제_생각하기〉에서 볼 수 있듯이 한국 기업들의 수익성은 2010년 이후 계속 악화하고 있다. 코스피 지수가 다시 3,000을 돌파하려면 한국 기업들의 수익성 회복이 시급한 실정이다. 1997~1998년 아시아금융위기로 인해 한국은 경제뿐만 아니라 사회 전체가 급격히 변하는 현상을 겪었으며, 2007~2009년에는 1920년대말 대공황 이후 최대라는 글로벌금융위기를 경험하며 위험관리의 중요성이 다시 부각되었다. 이 책에서는 기업재무의 목표인 “기업가치 극대화” 관점에서 위험관리뿐만 아니라 기업의 투자결정, 자본조달결정 등을 다룬다.

1950년대 이후 경제학에서 Finance(재무/금융)가 파생되어 독립적인 학문분야로 자리 잡으면서 “재무관리”는 기업재무, 투자론, 금융기관의 경영 등 모든 관련 주제에서 의사결정을 효율적으로 수행하기 위한 이론과 기법을 다루어 왔다. “재무”라는 학문이 비약적으로 발전하고, 이 학문을 공부한 많은 학생들이 사회에 진출하여 기업의 재무팀과 금융시장 관련 업무에 종사함에도 불구하고 금융위기는 반복적으로 일어나고 있다. 혹시 기업의 매니저 또는 금융시장의 관계자들이 이익과 수익률 극대화를 위해 “재무관리의 기본”인 적정한 가치평가의 원리, 위험관리의 기본을 경시하는 현상이 금융시장에서 거품을 일으키고, 위기로 연결되지는 않을까?

이러한 문제의식을 느끼면서 본서는 “재무관리의 기본”을 강조하고, 비록 재무를 기초적으로 다루는 책이지만, 단순한 이론의 나열이 아닌 현실문제와 연결된 살아 있는 지식을 전달하려고 노력하였다. 본서는 학부나 MBA 과정의 "재무관리" 수업에서 교재로 사용하도록 설계되었다. 본서는 또한 한 학기 수업에서 모든 내용을 다룰 수 있도록 14장으로 구성되었으며, 학부 또는 MBA 학생들이 적절한 수준의 노력으로 공부할 수 있도록 기술되었다.

본서는 크게 두 부분으로 나눌 수 있는데, 제1~7장은 재무관리의 기초인 현금흐름의 측정, 화폐의 시간가치, 채권과 주식의 가치평가, 위험과 수익률의 관계, 포트폴리오이론, 자본자산가격결정모형 등을 다룬다. 제8~14장은 기업재무(corporate finance) 관련 주제로 투자결정(자본예산), 자본구조와 자본조달, 배당정책, 기타 기업재무 이슈 등의 내용을 다룬다.

재무 관련 과목들의 강의를 진행하다 보면 수업 내용을 개념적으로는 잘 이해하지만, 이를 현실문제에 적용하여 해결하는 능력은 떨어지는 학생들을 많이 볼 수 있었다. 이런 문제점들을 보완하기 위해 각 장의 시작부분에 〈주제_생각하기〉 코너를 통해 그 장에서 다루어지는 내용이 금융 또는 기업재무 분야의 현실문제와 어떻게 연관되는지를 보여주려 노력하였다. 〈주제_생각하기〉에 주어진 질문에 대한 답을 본서를 읽는 독자들이 스스로 생각해 보기를 권한다. 또한 각 장의 끝 부분에 많은 객관식 또는 주관식 연습문제를 제시하여 그 장에서 배운 내용을 학생 스스로 복습하고, 현실문제에 적용하여 해결하는 능력을 기를 수 있도록 하였다. 또한 부록에 재무관리 문제를 EXCEL을 통해 간단히 해결할 수 있도록 사용법을 제시하였다.

본서는 미국과 국내의 경영대학에서 저자가 강의하는 내용을 바탕으로 쓰였으며, 부족한 부분이나 실수는 저자의 역량 부족 때문이다. 끝으로 본서가 출간되도록 최선의 지원을 아끼지 않으신 신영사의 권영섭 사장님과 좋은 편집이 되도록 수고하신 박지영 편집국장 및 편집진 여러분에게 깊은 감사를 드린다.

2025년 7월
송 교 직

차 례 •••

제 I 편 재무관리의 기초

Chapter 1 재무관리의 개요

Chapter 2 재무제표와 현금흐름

Chapter 3 화폐의 시간가치

Chapter 4 채권의 가치평가

Chapter 5 주식의 가치평가

제 Ⅱ 편 위험과 수익률

Chapter 6 포트폴리오이론

Chapter 7 자본자산가격결정모형과 효율적시장가설

제 III 편 기업의 투자결정(자본예산)

Chapter 8 자본예산 1 – 경제성 평가방법

Chapter 9 자본예산 2 – 자본비용

제 IV 편 자본구조와 자본조달

Chapter 11 자본구조이론

Chapter 12 자본조달전략

Chapter 13 배당정책

Chapter 14 기타 기업재무 이슈

부 록

PART

I

재무관리의 기초

제 I 편에서는 재무관리에서 다루어지는 주된 내용을 개관하고, 재무관리 학습의 기초가 되는 내용을 다룬다. 제1장에서는 재무의사결정의 유형 및 성격, 재무담당자의 역할, 그리고 재무의사결정의 목표로서 '기업가치 극대화' 목표와 이에 관련된 논점에 대하여 다룬다. 제2장에서는 재무제표에 대한 포괄적 이해와 현금흐름의 측정에 대하여 다룬다. 제3장에서는 가치[富]평가의 기초가 되는 화폐의 시간가치 개념, 미래가치, 현재가치 계산방법 등에 대하여 설명한다. 제4장에서는 가치평가의 원리를 설명하고 채권의 가치평가에 대하여 다룬다. 제5장에서는 주식의 가치평가모형에 대하여 공부한다.

CHAPTER

1 재무관리의 개요

본장은 재무관리에서 다루어지는 주된 내용을 개관한다. 기업재무의사결정의 내용과 성격, 재무관리와 금융시장의 관계, 재무담당자의 역할 그리고 재무의사결정의 목표에 대하여 다룬다. 본장에서 이해해야 할 핵심내용은 다음과 같다.

- 재무의사결정의 유형 및 성격
- 학문영역으로서 재무관리의 범위
- 기업조직에서 재무담당자(CFO)의 역할
- 기업재무와 금융시장의 관계
- 기업재무의 관점에서 본 기업형태별 장·단점
- 재무의사결정의 목표로서 전통적인 '이윤극대화' 목표가 지니는 문제점, '기업가치 극대화' 목표의 타당성
- 소유와 경영의 분리에 따른 대리인문제
- ESG경영
- 대리인문제의 해결책으로서 기업지배구조의 설계

주제_생각하기 CFO의 역할과 임무

장수기업이 되는 것은 쉽지 않다. 100대 기업이 30년간 생존할 확률을 보면 미국 21%, 일본 22%, 전 세계 평균 38%, 한국 15%로서 우리나라 대기업이 생존할 확률은 미 · 일의 절반 수준인 것으로 나타나고 있다. 1965년 10대 기업에 속한 기업으로 2015년말 현재 100대 기업 안에 들고 있는 기업은 하나도 없다.

실제로 기업의 역사가 그리 길지 않은 우리나라에서도 수많은 재벌급 기업들의 부침이 있었다. 1960년대부터 1980년대까지 화신, 삼호, 천우사, 동명실업, 율산, 제세, 국제그룹 등 많은 기업들이 사라졌다. 1997~1998년 아시아금융위기를 겪으며 대마불사(大馬不死)의 잘못된 관행을 깨고 기아, 동아, 진로, 쌍용, 한양, 삼미, 유원건설, 건영, 한보, 한라, 고합, 대농, 해태, 아남, 거평, 신호 등 대기업들마저 부실화되어 정리절차를 밟거나 법정관리를 신청하는 상황에 이르렀다. 2000년 이후에도 STX그룹, 웅진그룹, 금호아시아나그룹의 계열사들이 경영에 어려움을 겪었다.

도산은 기업의 경영이 곤란해져 망하는 것을 말하는데, 대기업에 비해 경영기반이 취약한 중소기업들의 기업도산위험은 더욱 큰 것으로 나타나고 있다. 1994년에 창업한 중소기업들의 연도별 생존율을 보면 2년 내 절반가량이 문을 닫고, 10년 후까지 생존할 확률은 13.1%에 불과하다(KDI의 조사자료, 2006. 3.16).

기업경영이 이루어지는 데는 여러 경영관리기능이 필요하지만, 기업도산의 가장 큰 원인으로 지적되고 있는 것이 재무관리기능의 취약이다. 기업이 여러 사업을 추진하고, 필요한 소요자금을 조달하면서, 당면한 투자결정과 자본조달결정 그리고 자금관리를 효율적으로 수행하지 못할 때 퇴출의 길을 걷는 것이다.

재무에 관심 있는 많은 학생들이 꿈꾸는 재무담당 최고책임자(CFO : chief financial officer)는 기업에서 재무활동을 총체적으로 관장하는 최고임원을 지칭한다. 기업의 규모가 커질수록, 글로벌기업일수록 CFO의 역할은 중요하다. 기업가치 극대화를 목표로 하는 CFO의 주요 역할은 다음 세 가지로 요약할 수 있다.

① 기업의 장기 투자 결정과정인 자본예산(capital budgeting)
② 자본조달(financing)
③ 위험관리(risk management)

재무에 관심 있는 학생이라면 이 책을 읽으면서 다음 질문에 대한 답을 찾을 수 있을 것이다.

"한 기업을 도산에 이르게 만들기도 하고, 때로는 부실기업에서 화려하게 부활하도록 만드는 재무관리기능이란 무엇인가?"

"유능한 CFO가 되는 데는 어떤 능력이 필요한가?"

"CFO의 중요 목표로서 어떻게 하면 '기업가치의 극대화'를 달성할 수 있는가?"

제 1 절 재무관리의 영역

기업 내에서 이루어지는 생산 · 판매 등 여러 가지 경영활동은 자금흐름과 상호 유기적 관계를 맺으면서 이루어진다. 본절에서는 여러 경영활동과 재무활동의 관계에서 재무활동의 중요성을 살펴보고, 독자적 학문영역으로서 "재무관리"의 특징을 설명한다.

1. 기업경영에서 재무활동의 중요성

기업이 목표를 달성해 나가는 데에는 신제품개발, 공장신설 · 확장, 원자재가격 상승에 대비한 재고비축, 거래처에 대한 외상대금 결제일의 연장, 새로운 업체의 인수, 우수한 인재의 확보 등 수많은 활동이 있게 된다. 이런 활동들이 원활하게 이루어지기 위해서는 이들 활동에 필요한 소요자금을 조달하여 수익성 있는 사업을 벌이는 것이 필요하다. 모든 경영활동이 자금흐름과 연계되어 이루어질 수밖에 없는데, 자금흐름에 문제가 생기면 기업은 큰 어려움에 처하게 된다.

[그림 1-1]에서 보는 것처럼 재무관리에서 다루어지는 내용에 대한 이해는 기업 내에서 이루어지는 여러 가지 경영관리(management)활동과의 관계에서 이해할 때 그 성격이 분명해진다. 기업 내에서는 생산관리, 마케팅관리, 인사관리, 재무관리 등 다양한 경영관리활동이 이루어지면서 기업목표를 달성해 간다. 이와 같은 경영관리과정에서 대부분의 경영활동은 자금문제를 다루는 재무활동과 밀접한 관계를 가질 수밖에 없다.

이러한 재무활동은 그 자체가 목표가 아니고, 생산 · 판매활동 등을 지원하는 수단적 성격이 강하지만, 자금과 관련된 재무활동이 없이는 어느 활동도 추진되기 어려우므로 가장 중요한 활동이 된다.

모든 경영활동은 궁극적으로는 기업가치를 증대시키는 방향으로 이루어져야 한다. 그러나 생산 · 판매활동이 구체적으로 수행되는 과정에서 기업가치를

■ 그림 1-1
기업의
경영활동과
재무관리의 영역

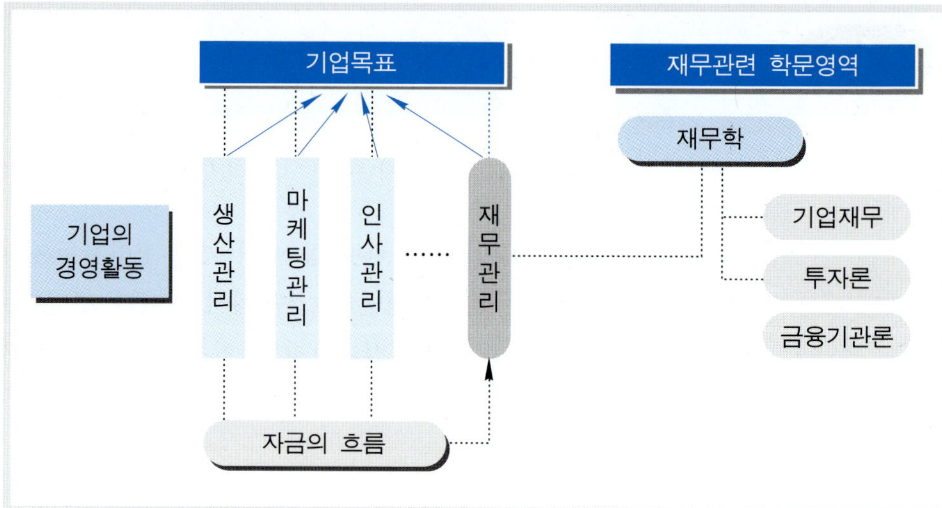

증대시키거나 감소시키는 등 상충되는 양면이 공존하므로 종합적인 평가가 이루어져야 한다. 재무활동의 하나는 기업가치 증대에 상충되는 여러 효과를 종합적으로 고려하는 가치평가활동을 통하여 기업경영활동을 조정·통제하는 것이다.

예를 들어 엔지니어링 부서에서 원가절감이나 품질개선을 위하여 새로운 설비를 도입하는 프로젝트를 추진하는 경우, 이 투자사업이 상당한 자금압박을 초래하거나 영업위험을 크게 높일 수도 있다. 또 다른 예로 마케팅부서에서 매출증대를 위하여 가격인하와 대대적 광고 판촉활동을 추진하는 경우, 이 전략이 과다한 운전자본 투자, 재무위험의 증대 등을 초래할 수 있다. 따라서 상충되는 효과가 기업가치에 미치는 영향을 적절히 평가하여 그 활동들을 조정해야 한다. 많은 경우는 경영전략적 관점에서 조정·통제해야 한다.

재무관리는 이처럼 경영관리의 관점에서 보면, 기업의 자금흐름을 주된 대상으로 하여 기업활동에 소요되는 자금의 조달 및 그 운용에 관련된 활동을 계획·조정·통제함으로써 기업가치 극대화의 목표를 달성하려는 일련의 활동이라고 정의할 수 있다.

2. 재무학과 재무관리

자금관리의 문제를 다루는 학문영역으로서 재무학(또는 금융학, finance)은 크게 보면 기업재무, 투자론, 금융기관론의 세 영역으로 나누어지며, 경영분석, 국제재무관리, 파생상품 등은 이 세 분야의 재무학과 모두 연관되어 있다.

투자론(investments)에서는 투자자 입장에서 주식, 채권 등 다양한 금융상품을 대상으로 최적투자결정을 내리는 이론체계를 다룬다. 주된 내용은 주요 증권들의 투자가치를 분석하고 투자성과를 높이는 최적투자안의 구성방법에 관한 것이다. 일반투자자와 증권 · 금융기관에서 종사하는 전문 애널리스트(security analysts), 펀드매니저(fund manager) 등의 직무수행에 필요한, 투자관리시에 적용할 수 있는 내용을 다룬다.

금융기관론(financial institutions)에서는 상업은행, 투자은행, 보험회사, 증권회사, 연기금 등 금융관련기관들의 기능과 특성, 금융기관 규제, 금융기관 경영관리 등의 주제를 다룬다. 금융기관 경영의 핵심이 되는 자산 · 부채 종합관리, 위험관리 등의 기법이 강조된다.

본서에서는 재무의 원칙(principles of finance)에 해당하는 화폐의 시간가치, 채권과 주식의 가치평가, 위험과 수익률의 관계 등을 다룬 후 후반부에 기업재무(corporate finance)의 영역을 다룬다. 특히 기업활동 중에서도 자금흐름과 관련된 제반 의사결정을 보다 효율적으로 수행하기 위한 이론과 기법을 다룬다. 주된 내용은 기업 내에서의 자금흐름과 관련된 활동으로서 투자결정, 자본조달결정, 배당결정, 운전자본관리에 관련된 것이다. 기업재무의 문제는 제조업뿐만 아니라 유통업, 금융업 등 모든 형태의 조직에서 대두되는 문제이므로 그 적용범위가 가장 넓다. 좁은 의미에서 재무관리는 이처럼 재무학의 한 영역으로 분류된다. 그러나 때로는 재무관리를 넓은 의미에서의 재무학의 영역을 모두 포함하는 것으로 사용하기도 한다.

기업에서 재무관리가 잘 이루어지기 위해서는 의사결정의 기초자료를 만드는 경영분석과 금융시장의 역할을 다루는 국제재무관리에 대한 이해가 필수적이다. 경영분석(business analysis) 또는 재무분석(financial analysis)은 기업의 과거와 현재의 재무건전도를 평가하고 미래 재무성과를 예측하는 것이다. 경영분석 자료가 잘 만들어져야 투자사업의 추진이나 자본조달이 차질 없이 진행될 수 있고, 재무계획 · 조정 · 통제가 적절히 이루어질 수 있다. 금융시장에는 기업의 재무적 건강상태를 알고자 하는 많은 이해관계자, 전문가그룹이 있는데, 이들 정보에 대한 수요는 크게 늘고 있다.

학문영역으로서 재무관리에 대한 이해를 높이기 위해서는 인접학문인 경제학(economics)과 회계학(accounting)에 대한 이해가 필요하다. 학문적 성격으로 볼 때, 재무관리는 경제학과 회계학의 중간 지대에 위치한다고 볼 수 있다. 경제학은 재무관리의 이론적 기초를 제공하고 있으며, 회계학은 수치로 표현된 기업의 언어체계를 다루는 분야로서 재무관리의 기초자료를 제공해 준다. 이러한 측면에서 재무관리를 응용경제학(applied economics)의 한 분야로 보기도 한다.

이상에서 제시된 학문영역들은 서로 밀접하게 연관되어 있다. 기업이 자금을 조달하고 이를 효율적으로 운용하기 위해서는 금융시장과 금융기관에 대한 이해, 투자자산의 가치평가, 재무건전도에 대한 평가, 최적투자결정의 원리 등에 대한 이해가 필수적이다.

Concept check

기업의 재무활동은 여타 경영활동(생산 · 판매활동 등)을 지원하는 특성을 지닌다는 관점에서 재무활동은 보조적 활동이라고 말할 수 있는가? 아니면 본원적 활동인가? 재무활동의 중요성은 어디에 있는가? 또 학문영역의 하나로서 "재무관리"는 어떤 특징을 지니는가?

제2절 기업에서 재무관리의 기능

1. 재무의사결정

기업의 재무의사결정은 여러 가지로 분류할 수 있으나, 본서에서는 재무관리의 기초를 설명한 후 투자결정과 자본조달결정으로 나누어 설명한다.[1)]

(1) 투자결정

투자결정(investment decision)은 기업경영을 위하여 어떤 사업을 수행할 것인가, 얼마만큼의 자금을 어느 자산에 투자할 것인가에 관한 의사결정을 말한다. 예를 들어, 신규 투자사업의 추진, 신제품개발, 공장확장 · 신기계의 도입 · 기존 설비의 대체 등의 설비투자, 기업성장을 위한 기업합병 · 인수(M&A), 재고자산이나 외상판매 등 운전자본 투자 등에 대한 의사결정을 말한다.

기업경영을 위해서 투자하는 대상은 투자의 효과가 얼마나 길게 나타나느냐에 따라, 자금이 장기간 묶이고 1년 이상 장기간에 걸쳐 영향을 미치는 장기성자산(설비자산 등)과 자금이 단기간에 회수될 수 있는 단기성자산(유동자산)으로 구분할 수 있다.

전자에 대하여 총괄적인 계획을 수립하는 것을 자본예산(capital budgeting)이라고 하는데, 기업의 미래 수익성과 위험에 큰 영향을 주는 중요한 투자결정이 된다. 반면에 단기성자산의 취득과 관리는 기업의 유동성(현금화 능력)에 영향을 준다.

합리적인 투자결정을 위해서는 투자로 인하여 발생하는 미래 현금흐름에 대해 그 크기, 시기, 위험도(불확실성) 그리고 유동성이 충분히 고려되어야 한다. 본서에서는 제Ⅲ편(제8장～제10장)에서 투자결정(자본예산) 문제를 다룬다.

(2) 자본조달결정

투자가 이루어지기 위해서는 투자에 필요한 자본조달이 뒷받침되어야 한다. 자본조달결정(capital raising decision)은 투자에 필요한 자금을 어떻게 조달할 것인가에 관한 의사결정을 말한다. 필요한 자금의 규모와 원천, 그리고 조달자금의 기간(장 · 단기)을 결정하는 주된 재무의사결정이다.

투자소요자금은 내부유보자금으로 충당하기도 하고, 보통주발행(유상증자), 회사채발행, 은행차입 등 여러 가지 외부조달수단을 이용하여 조달하게 된다.

1) 재무관리의 기능에 대해서는 학자마다 조금씩 상이하게 분류하고 있다. 상기한 분류는 Brealey & Myers(2009)의 분류와 비슷하다. Ross, Westerfield & Jordan(2008)은 ① 장기투자결정, ② 장기자본조달결정, ③ 운전자본관리로 구분하고 있으며, Brigham & Houston(2010)은 ① 장기투자결정, ② 자본구조와 배당결정, ③ 운전자본관리기능으로 나누고 있다.

이들 조달방법은 타인자본(장단기부채)에 의한 조달과 자기자본에 의한 조달로 구분하기도 한다.

타인자본에 의한 조달은 이익을 확대시킬 수도 있지만, 파산가능성도 높일 수 있고 재무적 융통성을 위축시킬 수도 있으므로 이들 요소들을 충분히 고려해야 하는 의사결정이다. 자본조달결정은 결국 기업의 자본구조(부채의존도)를 결정한다.

기업의 이익을 배당금과 유보이익으로 배분하는 배당정책(dividend policy)은 주주의 투자 수입 형태를 좌우하므로 중요한 재무의사결정의 하나이다. 배당을 많이 하고 사내유보를 줄이면 미래 성장을 위한 재투자 자금이 줄어들 수 있기 때문에 배당정책은 기업의 미래 성장성을 좌우하는 의사결정의 문제가 되기도 한다. 배당정책은 독립적 재무의사결정의 하나로 다루기도 하지만, 배당 후 부족자금을 조달해야 하는 경우가 있으므로 자본조달결정의 문제로 분류하기도 한다.

본서 제Ⅳ편(제11장～제13장)에서는 자본구조이론, 자본조달전략, 배당정책과 관련된 주제를 다룬다.

(3) 기타 기업재무 이슈

재무의사결정에는 투자결정 및 자본조달결정과 연관된 많은 재무결정이 있다. 정상적인 생산·판매·관리활동과 관련하여 매일매일 필요한 매출채권이나 재고자산과 같은 단기성자산(유동자산)에 투자하거나, 외상매입채무나 단기차입의 방법으로 단기성부채(유동부채)를 조달하기도 한다. 유동자산에서 유동부채를 차감한 것을 순운전자본(net working capital)이라고 하는데, 순운전자본관리도 중요한 재무의사결정이다.

또 기존 업체를 인수하는 기업합병·인수(M&A), 국제재무에 대한 의사결정도 기업의 성장 또는 가치극대화와 연관되어 있다. 한편 이와 같은 재무의사결정이 체계적으로 이루어지기 위해서는 매출액이나 이익, 자금소요액 예측과 같은 재무예측과 재무계획수립, 기업의 재무건전도를 평가하는 재무분석이 필요하다. 기업의 이해당사자들의 권리와 의무에 관한 문제, 전문경영인과 주주들 간의 대리인문제 또는 대주주와 소액주주 간의 대리인문제를 다루는 기업지배구조(corporate governance) 이슈가 있다.

이들 이슈를 모두 다루기에는 본서의 지면에 제한이 있어, 제14장에서는 운전자본관리, 인수합병, 기업지배구조의 개념 정도를 언급하는 수준에서 다루고자 한다.

2. 재무담당자의 임무

기업 내에서 주요 재무정책의 수립과 실행을 책임지는 임원은 재무담당 최고책임자(CFO : chief financial officer)이다. CFO는 마케팅, 생산 등 다른 부문의 경영자들이 추진하는 업무의 재무적 측면을 지원하고, 필요하면 조정·통제하는 역할을 수행한다. CFO가 수행하는 재무관리기능은 다음과 같이 트레저러와 컨트롤러의 부분으로 나누어 살펴볼 수 있다.

트레저러(treasurer)는 장·단기 자금관리의 일차적 책임을 지고, 부족자금의 조달(차입)이나 여유자금의 운용과 같은 순운전자본관리(현금, 신용관리), 시설투자와 같은 투자결정, 장단기자금의 조달을 위한 유가증권의 발행, 배당지급, 재무계획 수립, 투자자관계(IR : investor relations) 등이 주된 임무이다. 따라서 대 금융기관과의 관계 유지, 신용관리, 재고관리, 현금관리, 시설계획 담당자를 감독하게 된다. 경제의 불확실성이 높아지면서 기업은 여러 가지 위험에 너무 노출되기 쉬운데, 위험담당경영자(CRO : chief risk officer)가 없는 기업에서는 위험관리도 트레저러의 주요 임무가 되고 있다.

컨트롤러(controller)는 회계적 기능 수행의 책임을 지고, 재무정보의 작성과 보고, 세무, 원가, 급여, 내부감사, 정보시스템관리 등에 관련된 업무를 수행한다.

CFO의 기능이 다른 부문의 경영자와의 관계에서 구체적으로 어떻게 수행되는지는 기업이 취하는 조직구조의 형태에 따라 다르게 나타난다. [그림 1-2(a)]는 경영관리의 각 기능 발휘에 주안점을 둔 기능식(functional) 조직구조의 한 예이다. 최상에 기업의 주인인 주주를 대표하는 이사회와 이사회 의장(회장)이 있고, 그 밑에는 최고 전문경영인인 대표이사(CEO : chief executive officer)가 기업경영의 전략적 방향과 제반 운용 결정에 책임을 지게 된다. CEO를 돕는 부사장(임원)들은 마케팅, 판매, 생산, R&D, 물류, 인사, 재무 등 기능식으로 책무가 나누

■ 그림 1-2

(a) '기능별 조직' 에서 CFO의 역할

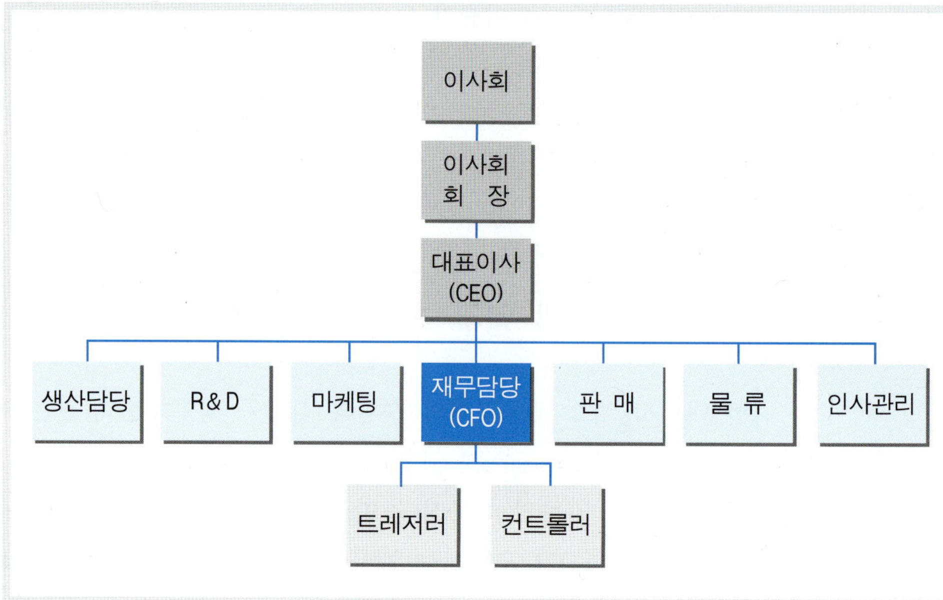

(b) '제품별 조직' 에서 CFO의 역할 (삼성전자의 예)

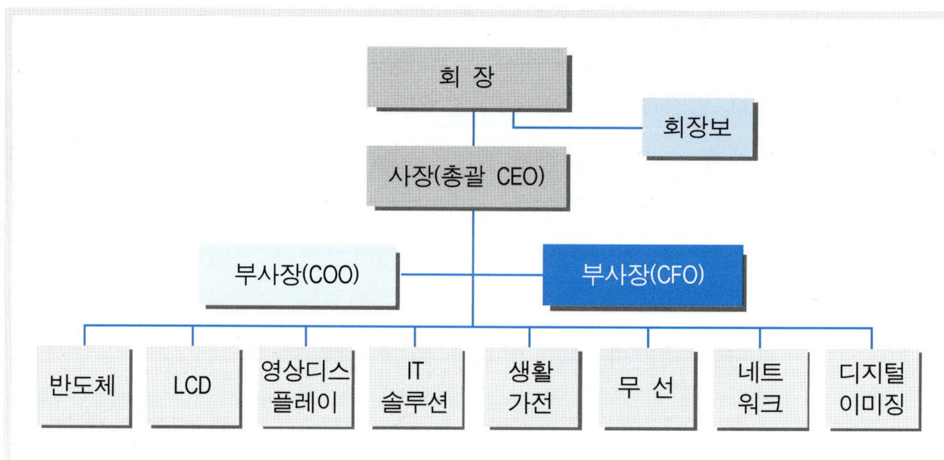

어져 맡은 기능을 수행한다. 이와 같은 기능식 조직에서 CFO는 주요 재무의사결정을 주도하므로 CEO와의 관계가 보다 긴밀한 경향이 있다. 역할의 성격상 경영전략적 관점에서 성장관리, 리스크관리를 주도하는 경우가 많다. 반면에 제품별(또는 사업부별) 조직, 지역별 조직([그림 1-2(b)] 삼성전자의 예 참조)에서 CFO의 역할은 참모의 역할이 요구되고, 조정과 통제 기능이 강조된다.

3. 주식회사제도와 기업재무

기업재무의 방식은 기업의 형태에 따라 다르게 나타날 수 있다. 기업의 형태에 따라 여러 가지 제약이 따를 수 있기 때문이다. 기업의 형태는 다음과 같이 분류할 수 있다.

① 개인기업(Sole proprietorship) : 무한책임을 지니는 한 개인에 의해서 소유되는 형태

② 유한책임회사(Limited liability company) : 2012년에 개정된 상법에 따라 도입된 회사의 형태로, 1인 이상의 사원의 출자에 의해 설립할 수 있는 회사. 각 사원의 책임은 출자금액을 한도로 한다.

③ 합자회사(Partnership), 합명회사, 유한회사 : 유한 또는 무한의 책임을 지니는 2인 이상에 의해서 출자되는 형태

④ 주식회사(Corporation) : 유한책임을 지니는 소유주들에 의해서 설립되어 법인의 특성을 지니는 형태

● 표 1-1
기업형태별 특징과 장 · 단점

기업형태 / 특 징	개인기업	유한책임회사	합자회사	주식회사
사업소유자	소유경영자	50인 이하의 유한책임사원	소수출자자	다수주주
소유와 경영의 분리/기업지배권	일치/집중	일치/소수에게 분산	일치/집중	분리/소유분산*
기업의 계속성	유 한	무 한	유 한	무한(법인체)
책임의 유한성 여부	무한책임	유한책임	제 약	유한책임
소유권 이전	제 약	일부 제약	제 약	용이(상장사의 경우 높은 환금성)
자본조달 규모/용이성	소규모	소 · 중규모	소 · 중규모	대규모
과 세	개인소득세 1회 과세	개인소득세 1회 과세	개인소득세 1회 과세	기업이익에 대한 법인세와 배당소득에 대한 개인소득세, 이중과세**

주) 주식회사의 경우 *표시는 장 · 단점이 동시에 될 수 있는 항목이고, **표시는 단점, 나머지는 장점임.

기업의 형태별 특징과 장·단점은 재무적 관점에서 볼 때, 〈표 1-1〉과 같이 요약할 수 있다. 본서에서 다루고 있는 재무관리방법의 내용은 어떤 기업형태에서도 적용될 수 있는 것이지만, 많은 경우 주식회사의 형태를 전제로 설명하고 있다.

주식회사제도는 재무적 관점에서 볼 때, 다음과 같은 장점이 있다.

- 주주의 출자액을 한도로 기업부채를 변제하는 유한책임, 즉 위험부담의 감소
- 소유와 경영의 분리로 인한 소유권 이전의 편리성
- 영업의 영속성 때문에 대규모의 자금을 유리한 조건으로 조달가능

반면에 주식회사제도는 다음과 같은 단점이 있다.

- 우리나라에서는 기업이 창출하는 이익에 대해서는 법인세가 부과되고, 주주가 받는 배당소득에 대해서는 개인소득세가 부과됨으로써 이중과세가 된다.
- 소유의 분산, 소유와 경영의 분리가 촉진되면 소유주(주주)와 경영자의 이해관계가 상충됨으로써 불필요한 비용이 발생할 수 있다(본장 4절에서 설명). 개인기업은 소유와 경영이 일치하고 집중되어 있으므로 이해관계의 상충문제가 발생하지 않는다는 점과 비교하면 대조를 이룬다.
- 비상장기업이 상장하면서 주식을 대량으로 발행하면 대주주의 입장에서는 지분이 희석되면서 기업지배권을 유지하는 데 추가적인 비용이 소요되기도 하고, 회사설립에 관련된 비용과 기업 이해관계자들에 대한 공시(보고)비용이 적지 않다.

Concept check

(1) 소유가 대주주 1인에게 집중되어 있는 개인기업 형태에서는, 글로벌 경영에 필요한 대규모의 자본조달 문제를 어떻게 해결할 수 있는가?
(2) 기업재무의 관점에서 볼 때, 주식회사의 기업형태가 갖는 장·단점은 무엇인가?

제3절 금융시장과 기업재무

기업재무는 금융시장과 일정한 연관을 맺으면서 이루어진다. 기업경영에 필요한 자금을 금융시장에서 조달할 뿐만 아니라, 투자결정을 비롯한 기업경영의 성과가 금융시장에서 형성되는 유가증권의 가격으로 평가되기 때문이다. 이러한 이유로 재무관리를 공부함에 있어서 금융시장에 대한 이해는 필수적이다.

1. 금융시장의 역할

금융시장은 일차적으로 여유자금으로 부의 증식을 원하는 자금공급자와 부족자금을 조달해야 하는 자금수요자를 연계시키는 자금중개(financial intermediary)기능을 수행한다([그림 1-3]).

자금의 여유가 있는 일반가계의 투자자들은 재산증식을 위하여 다양한 투자대상에 자금을 투자하고, 운용하고자 하는 대표적인 자금잉여주체-자금공급자이다. 투자자마다 투자대상을 선정할 때 원하는 장단기 투자기간, 투자규모, 기대수익, 투자위험, 세금, 유동성 요구 등이 제각기 다르다.

■ 그림 1-3
금융시스템

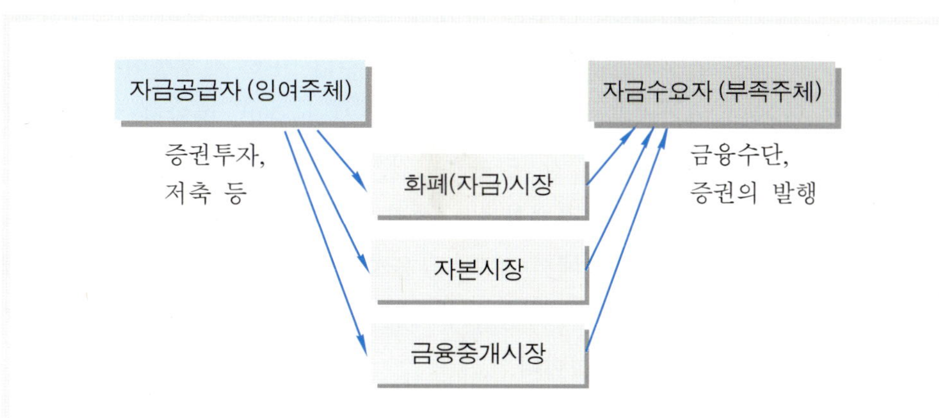

한편 기업부문은 일정기간 동안의 영업활동의 결과 발생하는 이익 중에서 배당지급한 나머지를 기업 내부에 유보하여 자체 자금수요에 충당하지만, 이와 같은 내부금융만으로는 부족하므로 외부로부터 부족자금을 조달해야 하는 대표적 자금부족주체-자금수요자이다.

금융시장의 고유한 자금중개기능은 개개의 금융기관을 통해 투자자들의 다양한 금융욕구를 충족시키기 위하여 다양한 금융상품을 여러 형태의 금융시장을 통하여 공급함으로써 이루어진다. 기업은 소요자금의 조달을 위하여 금융시장에서 회사채와 같은 부채증권과 주식과 같은 자기자본증권 등을 발행하여 소요자금을 조달하고자 하는데, 이 자금은 궁극적으로는 부의 증식을 도모하는 투자자(가계 등)의 장단기 투자기간, 기대수익, 위험수용도의 욕구를 충족시킬 수 있어야 자본조달이 성사될 수 있다.

금융시장이 자금중개기능을 수행할 수 있는 것은, 집합적으로 거래가격을 결정할 수 있도록 하는 가격탐색의 장을 제공하고, 정해진 거래규칙에 의해 공정한 거래의 이행을 보장하기 때문에 가능하다.

실제의 자금중개기능은 각종 금융기관에 의해서 발휘된다. 금융기관(financial institutions)은 금융시장에서 금융거래가 원활하게 이루어지도록 하는 역할을 한다. 금융기관은 자금의 공급자와 수요자가 보다 적은 비용으로 금융거래를 할 수 있도록 해준다. 금융기관은 수많은 자금의 공급자 및 수요자와 규칙적·반복적으로 거래를 하고 예금, 대출, 투자, 신용정보 수집 및 분석, 법률서비스에 관한 전문인력을 보유하고 있으므로 금융거래에서 규모의 경제와 범위의 경제를 가진다.

금융기관은 다양한 만기와 금액의 자금을 모아 자금수요자에게 필요한 자금을 일정기간 안정적으로 공급해 준다. 또한 채무불이행에 따른 위험과 투자자산의 가격변동에 따른 위험을 감소시켜 주며, 다양한 지급결제수단을 제공하여 금융기관과 고객 간, 금융기관 간, 고객과 고객 간 대차관계를 금융거래에 의해 종결시킴으로써 경제활동을 촉진시킨다.

기업의 입장에서 보면, 금융시장의 중요한 기능은 ① 자금조달, ② 현금화, ③ 위험관리, ④ 투자성과의 배분의 창구가 되며, ⑤ 기업을 평가하는 정보원의 역할을 한다는 점이다.

2. 금융시장의 분류와 기업의 자본조달

금융시장은 거래되는 상품의 성격 또는 그 역할에 따라 아래와 같이 여러 가지로 분류할 수 있고, 기업은 이 시장에서 다양한 방법을 이용하여 자본을 조달할 수 있다([그림 1-3] 참조).

(1) 화폐시장과 자본시장

① 화폐(자금)시장(money market) : 만기(maturity)가 단기(1년 이내)인 부채증권이 발행 · 유통되는 시장을 화폐시장이라 부르며, 이 시장에서는 금융기관간의 콜(call loan), 정부가 발행한 통화안정증권 등의 단기금융상품이 거래된다. 기업은 보통 만기가 90일인 기업어음(commercial paper)을 발행하여 단기로 자금을 조달할 수 있다.[2]

② 자본시장(capital market) : 보통 만기가 1년 이상인 회사채와 같은 장기성부채증권이나 주식과 같은 지분증권 등이 발행 · 유통되는 시장으로서, 기업에게는 장기자본조달의 창구가 된다. 협의의 증권시장을 말하는데, 주식 · 채권 등을 직접 투자자에게 팔아서 자금을 조달하는 직접금융의 방법으로 자본조달이 이루어지는 시장이다. 여유자금을 증식하고자 하는 자금공급자인 투자자 입장에서 보면 투자자산의 운용에 따르는 위험을 투자자가 지는 시장이다.

(2) 간접시장과 직접시장

① 간접시장(indirect market) : 은행, 보험회사, 신용조합 등 금융중개기관이 자금잉여주체(가계 등)의 자금을 자금부족주체(기업 등)에게 간접적으로 중개하는 시장이다. 기업이 상업은행이나 보험회사 등의 금융중개기관을 통하여 장단기 차입금을 조달하는 창구로 활용한다는 점에서 간접금융시장이라고도 한다.

2) 최근 금융시장에서는 저축이나 투자 상품의 일종으로 MMF가 많이 거래된다. MMF는 money market fund의 줄임말로, 주로 화폐시장에서 거래되는 만기 1년 이내의 call loan, commercial paper 등에 투자하는 펀드를 말한다.

② 직접시장(direct market) : 자본의 수요자가 중개역할을 하는 상업은행 등을 거치지 않고 채권이나 지분증권 등을 투자자에게 직접 발행하여 자금을 조달한다는 의미에서 직접금융시장이라 부른다. 기업은 회사채나 주식을 발행하여 직접시장에서 자본을 조달할 수 있다.

(3) 사모시장과 공모시장

① 사모시장(private market) : 사모시장은 소수(보통 49인 이내)의 개인이나 기관투자자들이 참여하는 시장을 말한다. 이 시장에 참여하는 투자자는 전문투자자(sophisticated investor)로 분류되기 때문에 금융감독기관의 규제나 보호가 약한 편이다. 기업이 지분증권을 발행하여 벤처캐피털이나 경영참여를 목표로 하는 사모펀드(private equity fund)로부터 투자를 받았다면 사모시장에서 자본을 조달했다고 볼 수 있다.

② 공모시장(public market) : 사모시장과 달리 다수의 투자자가 참여하는 시장을 공모시장이라 한다. 공모시장에는 금융에 전문지식이 없는 개인투자자들이 참여하는 경우가 많으므로 금융감독기관의 규제가 강한 편이다. 기업 입장에서 기업공개(IPO : initial public offering)를 통해 자본을 조달하였다면 공모시장에서 자본을 조달한 것이다.

(4) 발행시장과 유통시장

① 발행시장(primary market) : 자본의 수요자가 유가증권을 발행하여 자금을 조달하는 금융시장을 일컫는다. 기업이 채권의 발행, 기업공개, 유상증자 등을 통해 자본을 조달하였다면 발행시장에서 자본을 조달한 것이다.

② 유통시장(secondary market) : 이미 발행된 채권이나 주식 등의 유가증권이 매매, 거래되는 금융시장을 유통시장이라 부른다. 유통시장에서는 유가증권이 거래되면서 가격이 형성되는데, 이때 시장이 효율적이라면 발행기업의 미래전망(수익성, 위험)이 증권의 가격에 반영되므로 기업가치평가의 객관적 기준이 된다. 따라서 증권가격은 기업에서 내리는 의사결정이 적절히 이루어지는지를 평가할 수 있는 잣대의 역할을 한다. 이들

■ 그림 1-4
기업재무와
금융시장

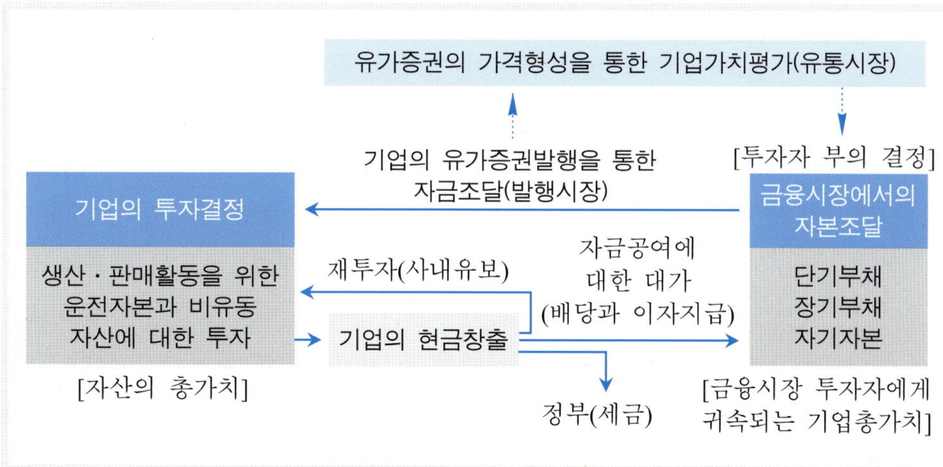

유가증권가치의 합이 금융시장에서 평가되는 기업의 총가치가 된다([그림 1-4] 참조).

Concept check

기업이 소요자금을 조달하기 위해 회사채, 보통주, 기업어음(CP)을 발행하고자 하면, 어떤 금융시장을 이용하게 되는가? 이와 같은 자본조달은 기업이 계획만 세우면 성사될 수 있는가? 성사되기 위한 조건은 무엇인가?

제 4 절 재무관리의 목표

1. 기업의 목표

재무관리의 기능을 효율적으로 수행하기 위해서는 재무관리의 목표를 분명히 설정할 필요가 있다. 재무의사결정 또한 다른 의사결정과 마찬가지로 목적을 지닌 행위이므로 목표를 분명히 해야 한다. 또한 재무의사결정이 잘 이루어지고 있는지에 대한 평가는 이 목표에 준해서 평가되어야 한다.

재무관리의 목표는 기업의 목표와 일치할 수밖에 없는데, 기업의 목표로는 ① 이익극대화, ② 시장점유율 극대화, ③ 매출액(규모) 극대화, ④ 기업생존, ⑤ 사회적 책임완수, ⑥ 주주 부의 극대화 등이 제시되어 왔다.

전통적으로 제시되어 왔던 '이익극대화' 목표는 다음에서 설명하는 여러 가지 문제점 때문에 현대 재무관리에서는 가장 포괄적인 목표로서 '기업가치 극대화' 또는 '주주 부의 극대화'를 기업목표로 가정하고 있다.

2. '이익극대화' 목표에 대한 비판

경제학자들은 기업목표로서 '이익극대화' 목표를 설정해 왔는데, 이 목표는 다음과 같은 문제점이 있는 것으로 비판되고 있다.

(1) 이익개념의 모호성

이익개념에는 영업이익, 순이익, 주당이익 등 여러 개념이 있고, 서로 다른 의미를 지니고 있는데, 이 중 어느 이익을 목표로 할 것인지 분명하지 않다. 또한 이러한 회계이익 개념은 다양한 회계처리방법 중 선택된 하나의 회계방법에 따라 상이하게 측정될 수 있다는 점에서 인위적이다. 따라서 회계이익을 통해서는 가치창출의 크기를 적절히 측정하지 못하며, 더욱이 이익개념은 보다 실질적인 기준이 되는 현금흐름을 고려하지 못하고 있다.

(2) 시간성의 무시

미래 서로 다른 시점에서 발생하는 이익을 고려하지 않는다. 금년도의 10억원 이익과 5년 후의 10억원 이익은 다르다. 또한 기업경영방식에 따라서 장단기 이익이 상반되게 나타날 수 있다. 예를 들어, 연구개발투자를 미루지 않고 그때마다 투자를 하면 단기이익은 저조할지 모르지만, 장기이익은 높게 나타날 수 있다.

(3) 이익실현의 불확실성 무시

미래이익흐름은 그 실현가능성이 투자대상별로 다르다. 이익을 많이 내기 위해서는 높은 위험을 감수해야 하는 것이 현실인데, 미래이익의 위험을 고려하지 않은 이익극대화는 무의미하다. 이익과 위험은 상충관계(trade-off)에 있으므로 이익을 높이기 위해서 위험증가를 감수하는 것이 반드시 합리적인 것은 아니다.

(4) 자기자본비용의 무시

기업은 타인자본(또는 부채)과 자기자본 두 가지 수단으로 자본을 조달한다. 그러나 당기순이익에는 타인자본비용(지급이자)만 차감된다. 자기자본 사용에 대한 대가는 반영되어 있지 않다.

3. 기업가치 극대화와 주주 부의 극대화 목표

전통적인 이익극대화 목표는 상기한 문제점 때문에 기업목표로서 적절하지 못한 것으로 비판되고 있다. 현대 재무관리에서는 '기업가치 극대화'(maximization of firm value)를 기업목표로 한다.

기업가치 혹은 부(wealth)란 다음 식과 같이 기업이 각 기간에서 벌어들일 미래 현금흐름을 불확실성이 고려된 할인율로 할인한 현재가치를 뜻한다(이 개념의 상세한 내용은 제3장에서 설명).

$$V=\sum_{t=1}^{n}\frac{CF_t}{(1+R)^t}$$

단, V : 기업가치
CF_t : t기에서의 현금흐름
R : 현금흐름의 위험도를 고려한 할인율

기업 내에서 이루어지는 의사결정(업종, 제품종류, 기업규모, 생산시설 등의 투자결정이나 자본조달결정, 배당결정 등)은 기업의 미래 수익성과 위험에 영향을 준다. 수익성과 위험은 보통 상충관계(trade-off)에 있는데, 이는 궁극적으로 주가(기업가치)를 결정하게 된다. 증권시장에서 거래되는 주식이나 채권의 가격은 이를 반영하여 시장에서의 가격결정과정을 거치면서 객관화된 것이다. 이러한 관점에서 기업의 재무담당자는 상충되는 수익성과 위험의 문제를 잘 조화시키는 방법으로, 주식가격을 극대화하는 방향으로 투자결정과 자본조달결정 등을 내려야 하는 과제를 안고 있다.

기업목표를 이렇게 정의하면 개념이 명확하고 귀속주체가 분명하며, 현금흐름의 시간성과 위험성이 모두 고려되고, 모든 자본비용이 감안되어 있으므로 가장 적절한 재무관리목표가 된다.

기업가치 극대화는 자산운용의 결과로 창출하게 되는 기업가치에 대해 청구권을 갖고 있는 주주(stockholder)와 채권자(creditor)의 몫(가치)을 극대화함을 의미한다. 그러나 채권자의 몫은 확정적 원리금으로 그 몫은 일정하다는 성격을 지닌다. 반면에 주주의 몫은 채권자에게로의 이자지급 후 잔여지분에 대하여만 청구권을 행사할 수 있으므로 기업가치에 비례한다. 또 주주는 기업의 궁극적 소유주로서 기업의 미래성과에 대한 위험을 부담하므로 주주만이 기업의 진정한 소유주라는 관점에서 '기업가치 극대화' 목표는 '주주 부의 극대화'(maximization of stockholder wealth) 목표와 일치한다고 할 수 있다. 자기자본의 가치(주주의 부)는 시장에서 거래되는 주식의 가격으로 객관화되므로 주가에 발행주식수를 곱한 것이 된다. 따라서 '주가 극대화'(maximization of stock price)를 기업목표로 설정할 수 있다.

주식회사제도의 단점 중 하나는 소유와 경영이 분리됨에 따라 대리인비용이 발생하여 '기업가치 극대화' 또는 '주주 부의 극대화'의 목표가 쉽게 달성되지 않는다는 점이다. 주식회사제도에서 주주와 경영자는 계약관계에서 보면 지분을 소유하지 않은 전문경영인은 주인(principal)인 주주의 대리인(agent)이다. 기업경영에 대한 정보 면에서 대리인인 경영자는 주인인 일반주주보다도 비대칭적으로 많이 보유하고 있고, 양자가 추구하는 목표에 큰 차이가 있을 수 있다. 특히 주식소유의 분산이 잘 이루어진 기업에서는 경영자들이 주주의 이익을 무시하고 자신의 이익을 우선적으로 추구할 수도 있다. 즉, 주주와 경영자의 목표가 상이하여 발생하는 대리인문제(agency problem)와 이로 인한 자기자본의 대리인비용이 발생할 수 있다.[3]

자기자본의 대리인비용(agency cost of outside equity)은 주주와 경영자 사이의 이해관계의 충돌로 인하여 발생하는 비용으로서 다음 사항들을 포함한다. 이런 대리인비용이 증가하면 당연히 기업가치가 손상된다.

① 감시비용(monitoring cost) : 외부감사비용, 법률자문비용 등과 같이 경영자가 주주의 이익을 추구하는지를 감시하는 비용
② 확증비용(bonding cost) : 경영자와 주주의 이해관계가 일치하도록 경영자가 업무를 수행하게 하기 위해 발생하는 비용
③ 잔여손실(residual loss) : 경영자의 과다비용지출, 무사안일주의, 외형 위주의 경영전략 추진, 이사와 경영자 간의 유착 등과 같이 주주목표와 경영자목표 사이의 괴리로 인하여 초래되는 기업가치의 감소

이런 대리인비용을 최소화하기 위한 방법이 좋은 기업지배구조(corporate governance)를 갖추는 것이다. 예를 들어, '주주 부의 극대화' 목표를 달성하기 위해서 주주는 이사회, 주주총회 등을 통하여 경영자가 주주의 이익을 위하여 행동하도록 통제할 수 있어야 한다. 기업지배구조에 관한 쟁점은 뒤에서 더 자세히 다룰 것이다.

경영자들이 '주주 부의 극대화'를 위하여 노력하게 되면, 주주중시경영을 할 수밖에 없다. 주주가 경제의 중심, 기업의 주인이 되어야 한다는 주장을 주주자본주의(stockholder capitalism)라 부른다. 주주자본주의모형은 ① 소유와 경영의 분리로 경영효율이 제고된다는 점, ② 위험분산으로 기업의 투자를 촉진시킨다는 점 등의 **장점**이 있다. 그러나 경영자가 단기업적에 집착한다는 점 등이 **단점**으로 지적된다. 또한 우리나라처럼 대기업집단이 경제의 비중을 크게 차지하는 나라에서는 기업이 대주주의 이익을 극대화하면서 소액주주의 이익이 침해되는 경우도 발생한다. 따라서 자본시장의 성숙은 소액주주의 보호장치의 전제조건이 된다.

한편 이러한 관점과는 대조적으로 자본주의 경제에서 기업의 목표는 주주의 부를 극대화할 뿐만 아니라 채권자, 종업원, 거래처 등 다수의 이해관계자의

3) 부채를 사용하는 기업의 대리인비용은 주주와 경영자 사이의 이해충돌에 의하여 발생하는 자기자본의 대리인비용(agency cost of outside equity)과 주주와 채권자 사이의 이해충돌에 의하여 발생하는 부채의 대리인비용(agency cost of debt)으로 나눌 수 있다. 이에 대하여는 본서 제11장 자본구조이론에서 자세히 논의한다.

부나 가치도 존중되어야 한다는 주장을 이해관계자 자본주의(stakeholder capitalism)라고 한다. 기업의 사회적 책임이나 ESG 등의 개념은 이 관점에서 출발한 것이다. 따라서 이 관점에서는 기업내부 통제, 노동자, 고객, 지역사회 등 이해관계자들의 공동이익 추구를 강조하기 때문에 ① 장기적인 안목에서의 경영, ② 다수 이해관계자의 이해상충을 조화시킬 수 있다는 **장점**이 있는 반면에, 주주이익이 경시되고 규율장치가 약해질 수 있다는 **단점**을 지닌다.

4. ESG경영

기업의 사회적 책임(corporate social responsibility)은 이미 오랫동안 강조되어 왔다. 현대기업은 소비자의 생활향상, 종업원에 대한 고용유지, 환경보전 등 사회적 책임을 갖는다. 이러한 기업의 사회적 책임의 수행은 막대한 비용지출을 수반할 수 있으므로 기업가치 극대화 목표와 상충될 수 있다.

그러나 이러한 목표간의 충돌은 다음과 같은 조화의 가능성을 갖는다.

① 기업가치 극대화는 장기적인 관점에서 결정되고, 주주들도 역시 사회구성원이므로, 사회적 책임의 수행이 기업가치 극대화의 전제조건이다. 공해물질 유출사건 등에서 볼 수 있는 것처럼, 사회적 책임을 다하지 않는 기업은 망할 수도 있다. 따라서 장기적으로 보면 양자는 접근해 간다.
② 기업가치 극대화를 위해서 시도하는 원가절감, 신제품개발, 서비스증대 등의 노력은 사회적 측면에서도 바람직한 방향이다.
③ 기업의 이해관계자에게 배분할 수 있는 부의 크기를 극대화시키고, 이를 합리적으로 분배하는 것은 사회적 책임과 관련되는 것이다.

이 밖에도 정부는 공익을 무시하는 기업가치 극대화 행태를 막기 위해서 독과점규제법, 공해방지시설법 등의 제정을 통하여 규제하고 있다. 기업의 목표와 사회적 책임 간에 갈등이 불가피할 경우는 영속적인 기업으로서의 존재가 불가능할 것이므로 재무의사결정은 이와 같은 제약조건하에서 기업가치 극대화를 기해야 할 것이다. 따라서 기업가치 극대화가 기업의 궁극적인 목표로서 부정되는 것은 아니다. 최근 기업이 장기적으로 생존하고 성장하기 위해서는 단기적 이익극대화와 같은 목표에서 벗어나 ESG 중심의 지속가능한 경영활동을 펼쳐야 한다는 주장이 강하게 제기되고 있다. ESG경영이란 Environmental(환경), Social(사회), Governance(지배구조)의 앞 글자를 딴 개념이다. ESG경영은 다수 이해관계자들의 이해관계를 충족시켜야 한다는 이해관계자 중심의 경영 또는 지속가능경영으로 볼 수 있으며, 이를 적극적으로 추진하는 기업의 실적과 주가도 상대적으로 양호하게 나타나는 것으로 보고되고 있다.[4)]

ESG경영은 더 이상 기업의 선택사항이 아니며, 기업의 지속적 성장을 위해서는 필수적으로 도입해야 하는 요소라고 할 수 있다. 예를 들어, 기후위기는 이미 인류의 생존을 위협하고 있는데, 이를 외면한 기업이 지속적 성장을 이룰 수 없다. 또한 유럽의 글로벌기업들을 중심으로 환경, 노동, 인권 등이 투명하지 않은 기업들을 공급망(supply chain)에서 제외하는 현상이 나타나고 있으며, 사회책임투자(social responsible investment) 원칙을 적극적으로 도입한 국내외 대형 기관투자자들은 전 세계 기업들의 ESG 지표에 기반하여 투자를 실행하고 있다. 따라서 ESG관리에 실패한 기업들은 금융시장에서 자본을 조달하는 데 어려움을 겪을 수 있다. ESG경영을 구성하는 세부요소는 관점에 따라 다를 수 있는데, [그림 1-5]는 한국거래소(KRX)가 제시한 핵심 요소들이다.

■ 그림 1-5
ESG경영을 구성하는 핵심 세부요소

4) ESG활동을 잘하는 기업들을 선정하여 주가지수로 만든 것으로서 한국거래소의 KRX ESG Leaders Index, 미국의 DJSI(다우존스지속가능경영지수) 등이 있다. 최근 연구에 따르면 ESG활동과 기업가치 간에는 양(+)의 상관관계가 존재한다는 결과가 많다.

앞에서 주식회사 형태의 기업에서 경영자와 주주의 이해상충으로 인해 자기자본의 대리인비용이 발생한다면 그 비용만큼 기업가치는 훼손될 것이라고 설명했다. ESG경영의 한 축인 기업지배구조(corporate governance)란 주식회사에서 발생하는 이해상충 문제의 해결을 위하여 기업의 이해관계자들이 지켜야 할 일련의 원칙, 정책, 절차, 명확히 규정화된 책임과 의무를 말한다. 좋은 지배구조를 가진 기업은 경영자가 주주보다는 경영자 스스로의 이해관계를 위하여 노력하는 것을 방지하는 장치를 갖고 있다고 볼 수 있다. 반면, 효과적인 지배구조가 정착되지 못하면 여러 운영위험(operational risk)에 노출된다.[5] 예를 들어 어느 금융기관의 경영자가 주주의 이익은 뒷전으로 하고 자신의 CEO로서의 위치를 지키려고만 애를 쓴 결과 조직 내부의 갈등을 증폭시킨다면, 그 금융기관의 신뢰도는 떨어지고 고객의 일부는 이탈할 것이다.

이와 같은 자기자본의 대리인비용을 최소화하기 위해 경영자들로 하여금 효율경영을 하도록 유도하고, 경영자들의 이해관계를 주주의 이해관계와 일치하도록 유인하는 메커니즘(제도)으로서 기업 내부와 외부(시장)의 규율장치가 존재한다.[6] 기업지배구조란 이런 기업 내・외부의 메커니즘을 포괄한다.

먼저 기업 내부의 지배구조는 이사회(board of directors)와 주가에 기초한 경영자보상제도 등을 들 수 있다. 이사회의 50% 이상을 사외이사로 임명하도록 함으로써 집행임원을 견제할 수 있고, 주주총회에서 주주들의 이사회 임원에 대한 선출권 행사는 경영자 교체압력으로 작용하여, 주주와 경영자의 이해관계를 일치시키는 한 장치가 된다. 경영자에게 스톡옵션(stock option)이나 해당기업의 주식을 보너스로 지급할 경우 '주가상승'은 주주와 경영자 모두를 만족시키는 공통의 이해관계가 된다. 경영자가 효율적 경영을 통해 양호한 경영성과를 올리고, 이것이 주가상승으로 이어지면, 이는 주주가 원하는 바가 된다.

기업 외부의 시장규율(market discipline)에 의해 경영의 효율성을 높이고, 경영

5) 지배구조가 취약하여 노출되는 운영위험은 구체적으로 회계위험, 자산위험, 부채위험, 전략적 위험 등을 들 수 있다. 미국 엔론사건에서 볼 수 있는 것처럼 회계부정으로 기업이 파산에 이르게 된다든지, 경영자나 대주주가 대다수 주주와의 이해관계와는 다르게 사사롭게 M&A를 추진하여 주가가 급락하는 사례를 볼 수 있다.

6) 경영자와 주주의 이해관계를 일치시키는 다른 방향의 접근은 기업지배구조(corporate governance structure) 측면에서 소유분산보다도 대주주 중심의 소유집중의 방법이 있다. 대주주의 존재는 경영진의 도덕적 해이를 방지하는 역할을 할 수 있으며, 장기적인 관점에서 기업활동이 이루어질 수 있도록 한다. 그러나 대주주와 소액주주의 이해상충의 문제로 기업가치가 훼손될 여지도 크다. 한국을 비롯한 emerging market에서는 대주주와 소액주주의 이해상충 문제가 대리인문제의 주요 이슈이다.

자의 활동을 감시할 수 있다. 상업은행은 대출기업에 대한 대출채권심사 및 사후감독 등을 통해 경영자들이 기업경영의 효율성을 높이도록 할 수 있다. 또 주식시장과 같은 자본시장에서는 경영자의 의사결정이 주주의 이익에 반하는지 부합하는지가 주가에 적절히 반영됨으로써 주가가 경영자의 효율적 경영을 유도하는 기능을 수행한다. 비효율적으로 경영하는 경우는 낮은 주가로 인하여 적대적 기업인수(hostile takeover)의 표적이 되고, 적대적 M&A의 가능성은 무능한 경영진의 교체압력으로 작용한다. 경영자 인력시장(labor markets for managers)에서의 경쟁압력이나 경영자에 대한 평판은 경영자로 하여금 주주의 이익을 위해서 노력하도록 압력 역할을 한다. 그러나 M&A시장이 상대적으로 발전하지 못한 한국의 경우 자본시장이 기업의 대리인비용을 억제하는 기능을 제대로 수행하고 있다고 볼 수 없다.

이상과 같은 기업 내・외부의 제도적 장치 때문에 소유와 경영이 분리된 경우도 경영자와 주주의 이해상충 문제는 상당한 정도 해결될 수 있다. 일반적으로 좋은 기업지배구조는 기업의 가치와 양(+)의 관계에 있다고 받아들여진다.

Concept check

(1) 주식시장이 주주를 위한 기업경영이 되도록 하는 외부규율장치로 작용할 수 있는 것은 어떤 원리 때문인가? 왜 한국은 자본시장이 기업의 대리인비용을 줄이는 역할을 제대로 하지 못하는가?
(2) 근래 증시에서는 기관투자자나 특정펀드의 소유 집중이 높아지면서, 이들의 적극적 경영개입 사례가 늘고 있다. 소유와 경영이 분리된 주식회사제도에서 누가 기업을 지배한다고 생각하는가?
(3) 경영자나 대주주가 대다수 주주의 이해관계와 반하는 M&A를 사사롭게 추진하여 대다수 주주에게 큰 손실을 가져오게 된다면, 그 원인은 무엇인가? 가능한 여러 가지 원인과 이러한 문제를 줄일 수 있는 방안을 제시하라.
(4) 기업의 ESG경영은 '주주 부의 극대화' 목표에 배치되는가?

주요 용어

- 재무관리
- 자본조달결정
- 컨트롤러
- 재무관리의 목표
- 잔여손실(residual loss)
- ESG경영
- 재무학
- 재무담당 최고책임자(CFO)
- 주식회사제도
- 기업가치(주가) 극대화 목표
- 주주자본주의
- 기업지배구조
- 투자결정
- 트레저러
- 금융시장의 역할
- 자기자본의 대리인비용
- 이해관계자 자본주의
- 사외이사

연습문제

1. 금융시장을 간접금융시장과 직접금융시장으로 나눌 때 기업이 간접금융시장을 통해 자본을 조달한 경우로 볼 수 있는 것은?

① 은행차입 ② 회사채의 발행
③ 우선주의 발행 ④ 보통주의 발행

2. 주주와 전문경영인의 이해가 충돌할 때 생기는 대리인비용을 축소하기 위한 기업 내부의 메커니즘이 아닌 것은?

① 스톡옵션의 도입 ② 이사회 내 사외이사 비중의 증대
③ 적대적 M&A 방어정책 축소 ④ 현금 및 현금성 자산의 증대

3. 개인회사와 비교하여 소유와 경영이 분리된 주식회사의 장·단점에 대한 설명으로 바르지 않은 것은?

① 주식의 양도에 의한 소유권 이전이 자유롭다.
② 대부분의 나라에서 주식회사의 이익에 대해 이중과세를 하는 단점이 있다.
③ 전문경영인을 고용할 경우 소유와 경영의 분리에 의한 대리인비용이 발생한다.
④ 대규모 주식발행을 통한 자금조달이 쉬운 장점이 있다.
⑤ 파산에 이은 청산 등으로 기업의 생명이 짧다는 단점이 있다.

4. 기업이 자본조달을 위하여 발행한 증권 중 화폐시장에서 거래되는 증권으로 볼 수 있는 것은?

① 전환사채 ② 회사채
③ 기업어음 ④ 보통주

5. 다음 중 사모시장을 대표하는 간접투자기구가 아닌 것은?

① 벤처캐피털(venture capital) ② 바이아웃펀드(buyout fund)
③ 헤지펀드(hedge fund) ④ 뮤추얼펀드(mutual fund)

6. 2012년에 도입된 기업의 형태로 유한책임회사(LLC)의 형태가 잘 사용되지 않는 업종은?

① 벤처캐피털　② 회계법인
③ 법률법인　④ 바이오산업

7. ESG경영을 구성하는 세부요소를 분류할 때 Social에 포함되지 않는 것은?

① 고객만족　② 공급망관리
③ 근로자 안전　④ 사외이사 중심의 이사회 구성

8. 미국의 현대 기업은 소유와 경영이 분리되어 있다. 주주와 전문경영인의 이해가 충돌할 때 생기는 대리인비용이 아닌 것은?

① 감시비용　② 확증비용
③ 잔여재산 손실　④ 파산비용의 현재가치 증가

9. 기업의 재무관리의 목표는 무엇인가?

① 기업가치의 극대화　② 기업의 이익 극대화
③ 고용확대의 극대화　④ 부채비율의 최소화

10. 주주와 전문경영인의 이해상충에 따른 자기자본의 대리인비용 중 기업가치를 가장 크게 훼손하는 비용은 무엇인가?

① 감시비용　② 확증비용
③ 잔여재산 손실　④ 파산비용의 현재가치 증가

11. 재무활동이 기업 내의 여타 경영활동과의 관계에서 중요한 이유에 대하여 설명하라.

12. 재무학의 주요 영역과 재무관리(기업재무) 영역의 상호연관성에 대하여 설명하라.

13. 재무의사결정의 구체적인 내용에 대하여 설명하라.

14. 기업조직의 형태를 개인기업, 유한책임회사, 합자회사, 주식회사로 구분할 때, 기업재무의 관점에서 각각의 특징과 장·단점을 설명하라.

15. 자기자본의 대리인비용이란 무엇인가? 이를 줄일 수 있는 방법들을 제시하라.

16. 다음 주장에 대하여 논평하라. “경영자는 주가 움직임에 초점을 맞추는 기업경영을 해서는 아니 된다. 왜냐하면 그러한 행위는 장기이익을 희생하고, 단기이익 증대에 집착하는 잘못을 범하기 때문이다.”

17. 경영자와 주주 간의 이해상충 문제를 해결할 수 있는 방법의 하나로 “효과적인 지배구조의 설계”를 들 수 있다. 지배구조란 무엇이고, 효과적인 지배구조 설계의 목표는 무엇인가? 또 효과적인 지배구조의 특성에 대하여 논의하라.

18. 기업의 ESG 중심의 경영은 기업가치를 훼손하는가?

19. 특정기업에 대한 기관투자자의 지분 소유가 늘어날 때 보통 주가가 오른다고 한다. 그 이유를 대리인문제 관점에서 설명하라.

20. 간접금융시장과 직접금융시장의 차이를 설명하라.

CHAPTER

2 재무제표와 현금흐름

재무제표에 대한 이해는 재무의사결정의 기초가 된다. 첫째 이유는 기업의 투자결정과 자본조달결정 그리고 운영에 대한 결정은 기업의 재무제표의 구조를 이해할 때 그 성격을 더욱 잘 이해할 수 있기 때문이다. 둘째는 재무의사결정을 내릴 때 먼저 기업의 재무건전도에 대한 평가가 앞서야 하는데, 재무건전도에 대한 평가는 재무제표를 근간으로 이루어지기 때문이다. 셋째는 재무관리의 핵심이 되는 가치평가에서 현금흐름의 추정도 재무제표의 회계이익과 현금흐름의 추정을 근간으로 이루어지기 때문이다. 본장에서 이해해야 할 핵심내용은 다음과 같다.

- 손익계산서, 재무상태표의 구조와 주요 항목의 의미
- 재무제표와 재무의사결정의 관련성
- 재무비율
- 여유현금흐름의 추정

주제_생각하기 Corporate Korea의 주요 재무비율

앞의 제1장에서 재무의사결정의 핵심은 투자결정과 자본조달결정임을 설명하였다. 이러한 재무의사결정이 적절히 이루어지고 있는지에 대한 평가는 재무제표에서 재무비율을 분석하는 것으로 시작한다(본장 4절 참조).

투자결정의 적절성을 평가하는 한 방법은 매출액을 자산으로 나눈 자산회전율로 분석하는 것이다. 자산회전율과 함께 자산 대비 영업활동 현금흐름 비율 등을 체크하면 자산이 얼마나 효율적으로 사용되는지 알 수 있다. 또 운영면에서 효율성을 평가하기 위한 수익성 지표로 매출액 대비 영업이익률, *ROA*(return on asset, 당기순이익/자산), *ROE*(return on equity, 당기순이익/자기자본) 등을 사용할 수 있다. 자본조달결정의 적절성을 평가하는 기초는 부채를 자기자본으로 나눈 부채비율이다. 자산 중 부채의 비율로 부채비율을 측정하기도 한다.

다음 표는 한국 기업들의 재무비율을 1997~1998년의 아시아금융위기 이후 현재까지 요약한 것이다(2000~2023). 한국의 유가증권시장(KOSPI)에 상장된 기업 중 금융업종을 제외한 기업을 대상으로 재무상태표, 손익계산서, 현금흐름표의 각각의 항목을 하나의 기업처럼 합하였다. 2023년말 기준으로 유가증권시장에 상장된 기업의 수(금융업 제외)는 760개였다. 특징적인 흐름은 글로벌금융위기(2008~2009) 이후 한국 제조업(Corporate Korea)의 자산효율성(자산회전율)이 급격히 악화되고 있다는 것이다. 자산회전율을 보면 2011년 약 91%에서 2023년 69%로 악화되었는데, 이는 이 장에서 배울 듀퐁항등식에서 볼 수 있듯이 기업의 수익성 악화로 연결된다. 반면 부채비율은 2010년대 중반 이후 큰 변동이 없다.

2021년 코로나 위기에서 벗어나면서 우리나라 기업들의 수익성이 일시적으로 회복되는 듯 보였지만, 2022년부터 다시 악화되고 있다. 이와 같은 분석을 통해서 기업들의 재무현황을 파악할 수 있다.

Corporate Korea의 주요 재무비율(2000~2023)

Year	자산 회전율	영업이익/ 매출액	*ROA*	*ROE*	부채비율 (부채/자기자본)	부채비율 (부채/자산)	영업활동 현금흐름/자산	기업 수
2000	0.8441	0.0826	0.0164	0.0413	1.5262	0.6041	0.0905	562
2001	0.8885	0.0630	0.0103	0.0238	1.2971	0.5647	0.0886	585
2002	0.9209	0.0817	0.0453	0.0994	1.1953	0.5445	0.1117	601
2003	0.8879	0.0895	0.0547	0.1129	1.0625	0.5152	0.1024	607
2004	0.9683	0.0998	0.0803	0.1562	0.9442	0.4857	0.1233	614
2005	0.9337	0.0806	0.0695	0.1294	0.8606	0.4625	0.0967	621
2006	0.9134	0.0692	0.0577	0.1059	0.8363	0.4554	0.0943	632
2007	0.8990	0.0705	0.0591	0.1082	0.8306	0.4537	0.0910	640
2008	0.9123	0.0616	0.0295	0.0595	1.0188	0.5047	0.0542	650
2009	0.8997	0.0647	0.0435	0.0869	0.9975	0.4994	0.0758	657
2010	0.8646	0.0788	0.0561	0.1248	1.2263	0.5508	0.0673	665
2011	0.9075	0.0616	0.0412	0.0934	1.2661	0.5587	0.0548	672
2012	0.8949	0.0556	0.0359	0.0851	1.3688	0.5778	0.0643	676
2013	0.8554	0.0575	0.0309	0.0712	1.3041	0.5660	0.0667	681
2014	0.8139	0.0526	0.0296	0.0669	1.2589	0.5573	0.0610	687
2015	0.7358	0.0611	0.0323	0.0717	1.2218	0.5499	0.0771	691
2016	0.7142	0.0705	0.0343	0.0741	1.1614	0.5373	0.0762	719
2017	0.7438	0.0833	0.0488	0.1023	1.0961	0.5229	0.0745	718
2018	0.7362	0.0794	0.0414	0.0855	1.0680	0.5164	0.0717	721
2019	0.6978	0.0508	0.0177	0.0378	1.1325	0.5311	0.0601	729
2020	0.6233	0.0547	0.0202	0.0436	1.1580	0.5366	0.0741	726
2021	0.6662	0.0803	0.0467	0.0999	1.1391	0.5325	0.0647	743
2022	0.7190	0.0575	0.0337	0.0716	1.1249	0.5294	0.0457	746
2023	0.6872	0.0429	0.0197	0.0416	1.1170	0.5276	0.0577	760

기업의 경영활동은 주주나 채권자로부터 조달된 자금(자금조달활동)으로 다양한 자산투자(투자활동)를 수행하여 매출을 올리고 비용을 발생시키면서 제품이나 서비스를 생산, 판매하는 일련의 과정(운영활동)으로 파악할 수 있다. 이 과정을 통해 기업은 이익(earnings) 또는 현금흐름(cash flow)을 창출해내는 것을 목표로 한다. 이를 집약적으로 표시하고 있는 것이 재무제표(financial statements)이다. 손익계산서에는 일정기간의 경영성과가, 재무상태표(대차대조표)에는 일정시점에서의 재무상태가 집약적으로 표시되어 있어 재무제표를 통해 재무의사결정의 결과를 잘 파악할 수 있다. 재무제표상의 정보이용자는 경영자와 종업원 등의 내부이용자와 투자자, 채권자 등의 외부이용자로 나눌 수 있는데, 기업은 이들에게 경영상태에 대해 명확히 그리고 신속하게 관련 정보를 제공해야 한다. 본장에서는 외부이용자 관점에서 재무관리의 주요 관심사인 가치평가의 기초가 되는 재무제표로서 손익계산서, 재무상태표, 현금흐름표, 그리고 현금흐름의 측정에 대하여 알아본다.

제 1 절 손익계산서

손익계산서(I/S : income statement)는 일정 회계기간 동안 기업에서 발생한 모든 수익과 이에 대응하는 비용을 한 표에 표시하여, 순손익의 금액(경영성과)을 집약적으로 표시하고, 기업활동의 결과로서 주주지분이 어떻게 증가(감소)하였는지를 보여주는 재무보고서이다. 기업은 높은 매출을 올리고 이에 상응하여 발생하는 비용은 적게 하여 높은 이익을 창출하고자 노력한다. 일반적으로 기업은 수익을 기록할 때 발생주의 회계(accrual accounting) 원칙을 따른다. 현금주의 회계(cash accounting)와는 상반되는 개념으로 발생주의 회계는 현금수취 여부와 무관하게 일정한 조건을 만족하여 수익이 발생하면 수익을 인식하고, 비용이 발생하면 비용을 인식하는 것을 말한다. 발생주의 회계에서 수익인식시점과 현금유입시점이

다를 수 있기 때문에 자산항목인 매출채권(account receivable), 부채항목인 선수수익(unearned revenue) 등이 나타난다. 손익계산서는 의사결정의 맥락에서 보면, 수익과 비용과 연관된 기업의 생산·판매·관리 등 주요 운용에 대한 의사결정이 경영성과(순손익)에 미친 영향과 그 발생원인을 나타낸 것이다.

■ 손익계산서의 구조와 내용

손익계산서의 구조와 주요 항목을 개괄적으로 나타낸 한 형식은 〈표 2-1〉과 같다. 기업이 이익을 내기 위해서는 먼저 만든 물건을 팔아야 한다. 라면 제조업체는 라면 판매액, 조선업체는 선박 판매액 등의 수익을 발생시켜야 한다. 그런데 이러한 물건이 팔리기까지는 재료비, 인건비 등 여러 비용이 발생한다. 손익계산서는 기본적으로 수익·비용 대응의 원칙에 따라 표시되는 다음의 손익계산서 등식에 의하여 작성하여 기업의 당기순손익(profit/loss)을 보고한다.

$$순손익 = 수익 - 비용$$

● 표 2-1
손익계산서 예시

손익계산서

(주)성균관	20×2년 1년간	(단위 : 천원)
매 출		26,000,000
매 출 원 가		14,300,000
매출총이익		11,700,000
판매비와 관리비		7,925,000
감가상각비		775,000
이자와법인세차감전이익(*EBIT*)		3,000,000
이 자 비 용		400,000
법인세비용차감전순이익(*EBT*)		2,600,000
법인세비용		910,000
당기순이익(Net Income)		1,690,000
배 당 금		750,000
당기유보액		940,000

(1) 수 익

수익(revenue)은 매출액과 기타수익 두 가지 범주로 구분 표시되고 있다. 매출액(sales revenue)은 기업의 정상영업활동에서 재화의 판매 또는 용역제공의 대가로 받은 금액을 말한다. 기타수익(other revenue)은 정상영업활동 이외의 부수적 활동으로부터의 수익(영업외수익), 즉 이자수익이나 배당금수익, 임대료수익, 유형자산처분이익처럼 기업의 재무 및 투자 활동과 관련하여 발생하는 수익을 말한다.

(2) 비 용

비용(expenses)은 기업이 수익을 창출하기 위하여 소비하거나 희생시킨 경제적 자원의 금액을 말한다. 기업이 재화나 용역을 생산・판매하기 위하여 지출하는 재료비, 인건비, 전기료, 광고비, 임차료 등이 비용의 대표적 예이다.

이들 비용은 다음과 같이 매출원가, 판매비와 관리비, 영업외비용(금융비용), 법인세비용 등으로 소분류할 수 있다.

① 매출원가(cost of goods sold) : 당기에 판매된 제품(상품)의 매출액을 실현시키는 데 소비된 제조원가 또는 매입원가를 말한다. 제조업체이면 재료비, 노무비, 전기료 등의 제조경비항목이 이에 속한다.

② 판매비와 관리비(selling & administrative expense) : 제품(상품, 서비스)의 판매활동과 연관되어 발생한 판매비와 일반관리활동에서 발생하는 비용으로서 매출원가(제조원가)에 속하지 아니하는 거의 모든 정상영업활동비용인 관리비를 말한다. 판매비항목으로는 물류운송비, 광고비, 대손상각비, 지급수수료 등을 들 수 있고, 관리비항목으로는 관리사원의 급여, 여비교통비, 세금과 공과금 등을 들 수 있다.

③ 감가상각비(depreciation expense) : 감가상각비는 대표적인 비현금비용이다. 유형자산의 원가와 관련하여 해당자산을 사용함으로써 효익을 얻게 되는데, 여러 회계기간에 그 원가를 체계적으로 배분하는 절차를 감가상각이라 한다. 각 회계기간에 배분된 유형자산의 원가는 그 회계기간의 비용인 감가상각비로 계상된다.

④ 영업외비용(금융비용)(non-operating expense) : 기업의 핵심영업활동인 생산, 판매, 관리 활동 이외의 활동인 자금조달(재무)활동이나 투자활동과 연관되어 발생한 비용이다. 영업외비용(금융비용)에는 이자비용, 외환차손, 외화환산손실, 금융자산처분손실, 유형자산처분손실 등의 항목이 포함된다.

⑤ 법인세비용(income tax expense) : 법인세비용차감전순이익에 적용되는 법인세율을 곱하여 계산된 금액이다.

(3) 이익(손실)

이익(profit/income) 혹은 손실(loss)은 위에서 제시된 수익에서 비용을 차감하여 산출된 기업의 성과(performances) 측정치이다. 이때 수익과 비용을 그 발생원천에 따라 비슷한 유형의 수익과 비용을 상호 대응시켜 단계별로 이익을 산출하면 경영성과 창출의 원인을 파악할 수 있다. 전통적 방법의 하나는 다음과 같이 매출총이익, 이자와법인세차감전이익, 법인세비용차감전순이익(세전계속사업이익), 계속사업이익, 당기순이익 등으로 구분하는 것이다.

① 매출총이익(손실)(gross income) : 매출액에 매출원가를 대응시켜 계산한 이익이다. 따라서 판매와 제조(생산) 활동의 성과가 측정된 것인데, 제조업체의 경우는 생산효율성을 측정하는 근거가 된다. 매출액에 대한 매출총이익의 비율(매출총이익률)이 경쟁업체보다 높으면, 마케팅활동이 효율적이든지 매출원가를 낮추기 위한 생산부문의 생산성 정도가 양호하다고 할 수 있다.

② 이자와법인세차감전이익(손실)(earings before interest and tax) : 매출총이익에서 그 매출활동을 수행하기 위하여 소요된 판매비와 관리비를 차감하여 계산한 이익이다. 이자와법인세차감전이익은 기업의 핵심영업활동(core business)이라고 할 수 있는 생산, 판매, 관리 활동의 경영성과가 반영된 것이어서, 주된 영업활동의 영업효율성을 측정하는 근거가 된다. 동종산업 내 경쟁업체간의 이익발생능력을 평가하는 기초가 되기도 한다. 이자와법인세차감전이익은 비영업부문(재무활동, 투자활동)에서 발생한 금융비용(영업외비용)을 차감하기 전의 이익이므로 자본조달결정-재무구조(부

채의존도)에 영향받지 않는 이익이다.

③ 법인세비용차감전순이익(손실)(세전계속사업이익(손실))(earnings before tax) : 주된 영업활동에서의 성과척도인 이자와법인세차감전이익에서 기업의 비영업부문(재무활동, 투자활동)에서 발생한 이자지급 등의 금융비용(영업외비용)을 차감한 이익이다. 이자와법인세차감전이익이 별도로 표시되어 있지 않은 경우는 매출총이익에서 기타수익을 더하고, 판매비, 관리비, 금융비용을 차감하여 계산된 것이다.

④ 계속사업이익(손실)(continued operation income) : 기간중에 중단된 사업이 있을 경우는 중단사업손익이 계상되는데, 이로 인한 손익을 구분하여 표시하기 위해 법인세비용차감전순이익에서 법인세비용을 차감한 이익을 계속사업이익으로 별도 계산하기도 한다.[1] 따라서 계속사업이익에는 이자와법인세차감전이익에서 영업외비용을 차감한 경영성과의 정도를 납세후기준으로 측정한 것이다.

⑤ 당기순이익(손실)(net income) : 당기순이익은 법인세비용차감전 계속사업이익에서 법인세비용을 차감하여 계속사업이익을 계산하고, 여기에서 중단사업손익을 가감하여 얻어진 최종적인 경영성과 측정치이다. 이자와법인세차감전이익과 당기순이익 차이를 가져오는 큰 항목은 영업외비용인 이자비용이므로, 당기순이익은 세후기준으로 자본구조(부채의존도)의 차이까지 반영된 성과 측정치이다. 이자와법인세차감전이익이 영업효율성을 측정하는 근거가 된다면, 당기순이익은 재무효율성까지 평가하는 척도가 된다.

Concept check

손익계산서에서 계상되는 이자와법인세차감전이익과 순이익은 어떤 차이가 있는가? 그리고 기업의 어떤 재무활동과 연계되어 구분 표시되고 있는가?

---

1) 기업이 회계기간중, 특정 사업부문을 폐기 또는 처분할 경우 이 사업부분을 중단영업이라고 하는데, 여기서 발생한 손익을 계속사업손익과 구분시켜, 중단사업손익(discontinued operation income)으로 표시한다. 이에는 사업중단직접비용, 중단사업자산손상차손 등의 항목이 포함된다.

제 2 절 재무상태표

재무상태표(statement of financial position)는 기업이 특정시점 기준으로 보유하고 있는 경제적 자원의 목록(자산)과 그러한 자원에 대해 채권자와 주주가 각각 청구할 수 있는 지분(부채와 자본)을 금액으로 표시하여 재무상태를 보여주는 재무보고서이다. 내용 면에서 보면 기업에 필요한 자금이 어디서 조달되고, 조달된 자금이 무엇에 운용되고 있는지를 보여준다. 따라서 주된 재무의사결정이 되는 투자결정과 자본조달결정의 내역이 잘 나타나 있다. 재무상태표는 자산, 부채 및 자본을 좌우대칭 형식으로 표시하고 있기 때문에 대차대조표(balance sheet)라고도 부른다.

■ 재무상태표의 구조와 내용

재무상태표의 구조와 주요 항목을 개괄적으로 나타내면 〈표 2-2〉와 같다. 이 표에서 보는 것처럼 재무상태표는 크게 자산, 부채와 자본, 세 부분으로 구성된다.

기업이 필요한 자금의 조달원천은 크게 보면, 채권자로부터의 부채와 소유주로부터의 자본으로 구분할 수 있다. 재무상태표의 부채와 자본은 기업의 자본조달결정의 결과가 금액으로 표시된 것이다. 자본제공자인 채권자와 소유주는 기업 보유자원에 대해 지분(청구권)을 갖게 되는데, 부채(liabilities)와 자기자본(owner's equity)을 표시한 것이다.

기업은 조달된 자금을 기업경영을 위해 건물, 기계장치 등에 투자(운용)한다. 재무상태표에 자산으로 표시된 항목들은 기업의 투자(자산운용)결정의 결과 보유하고 있는 경제적 자원의 목록이 금액으로 표시된 것이다. 조달된 총지분(부채와 자본)의 총금액은 운용되고 있는 자산의 총금액과 같아야 하므로 재무상태표는 다음의 등식으로 표현할 수 있다. 이를 재무상태표(대차대조표)등식이라고 부른다.

● 표 2-2
재무상태표 예시

재무상태표

(주)성균관 (단위 : 천원)

	20×1년	20×2년
〈자 산〉		
현　　금	2,275,000	2,165,000
매 출 채 권	2,150,000	2,600,000
재 고 자 산	2,725,000	3,450,000
선 급 비 용	525,000	600,000
유 동 자 산	7,675,000	8,815,000
비유동자산	11,175,000	12,450,000
감가상각누계액	(5,640,000)	(6,415,000)
순비유동자산	5,535,000	6,035,000
자산총계	13,210,000	14,850,000
〈부채와 자본〉		
부 채 :		
매 입 채 무	640,000	765,000
미지급비용	750,000	900,000
미지급법인세	90,000	115,000
단기차입금	2,150,000	2,250,000
유 동 부 채	3,630,000	4,030,000
장기차입금	3,850,000	4,000,000
부채총계	7,480,000	8,030,000
자 본 :		
납 입 자 본	3,100,000	3,250,000
이익잉여금	2,630,000	3,570,000
자본총계	5,730,000	6,820,000
부채와 자본총계	13,210,000	14,850,000

자산＝부채＋자본

(1) 자 산

자산(asset)은 건물, 기계장치, 재고자산 등처럼 기업이 투자결정의 결과, 미래 기업에 경제적 효익을 가져다줄 자원의 목록이 금액으로 표시된 것이다. 재무관리에서 미래의 경제적 효익은 일반적으로 현금흐름(cash flow)으로 측정할 수 있다. 따라서 기업의 자산은 현금흐름 창출활동의 근간이 되는 항목이다.

재무상태표의 자산항목들은 위로부터 유동성(liquidity)기준, 즉 빠르게 현금화시킬 수 있는 순서대로 기록된다. 그래서 자산항목들은 이 유동성기준에 따라 유동자산과 비유동자산으로 구분되어 표시된다.

유동자산(current asset)은 단기간, 1년 이내에 현금으로 전환할 수 있는 자산인데, 당좌자산과 재고자산으로 분류하고 있다. 당좌자산(quick asset)은 유동자산 중에서도 현금이나 매출채권처럼 현금화속도가 빠른 자산이다. 반면에 재고자산(inventories)은 아직 판매과정을 거치지 않아, 현금화가 되는 속도가 상대적으로 늦고, 현금화의 불확실성이 남아 있는 유동자산이다.

비유동자산(non-current asset)은 그 자산에 투자되면 자금이 장기간 묶이게 되어 1년 이내에는 현금화되기 어려운 자산으로서, 투자자산, 유형자산, 무형자산으로 구성된다. 투자자산(long-term investments)은 장기금융자산(만기보유증권 등)처럼 본 영업과 연관이 없는 대상에, 장기투자 목적으로 보유하고 있는 자산을 말한다. 유형자산과 무형자산은 본 영업활동에 장기간 사용할 목적으로 보유하는 자산인데, 유형자산(tangible assets)은 건물, 기계장치처럼 실물적 형태가 있는 자산인 반면, 무형자산(intangible assets)은 영업권처럼 실물적 형태가 없는 자산이다. 토지와 건설중인 자산을 제외한 유형자산은 시간의 경과에 따른 가치감소분만큼 비용화시키는 감가상각 대상의 자산이다. 이들 유형자산은 감가상각누계액을 그 자산의 취득가액에서 차감한 순액으로 기재하게 된다.

자산항목은 취득원가나 공정가치로 표시된다. 재고자산은 원칙적으로 취득시점의 역사적 원가(historical cost)로, 유가증권 투자자산 등의 금융자산은 재무상태표 보고일 시점의 공정가치(fair value, 시장가격 등)로 표시한다.

또한 재무상태표를 분석할 때 주의해야 할 점은 기업은 일반적으로 보수주의(conservatism) 원칙에 따라 재무제표를 작성한다는 것이다. 보수주의는 재무제표를 작성하는 데 있어 부정적인 정보를 반영할 때보다 긍정적인 정보를 반영할 때 엄격한 기준을 적용한다는 것이다. 예를 들어, 기업이 보유한 기계설비의 가치가 장부가치 이상으로 상승하면 수익으로 인식하지 않지만, 장부가치 이하로 하락하면 손실로 인식해야 한다. 보수주의를 따를 경우 재무상태표에 계상된 자산의 체계적 저평가를 초래한다. 따라서 재무상태표를 이용하는 투자자나 분석가는 저평가된 자산과 잠재적 자산을 발견하는 것이 중요하다.

(2) 부 채

재무상태표의 부채와 자본 중 부채(liabilities)는 기업이 채권자로부터 조달한 자금으로서 미래에 갚아야 할 의무가 있는 타인자본이다. 부채는 만기가 도래하는 순서에 따라 통상 1년기준으로 유동부채와 비유동부채로 구분 표시된다. 유동부채(current liabilities)는 단기차입금처럼 1년 이내 지급기한이 도래하는 부채이고, 비유동부채(non-current liabilities)는 장기회사채처럼 상환일이 1년 이상인 장기부채이다.

부채는 이자지급부채와 무이자부채로 구분할 수 있다. 은행차입금, 회사채를 통한 부채조달은 전자에 속하는 반면에, 거래처로부터의 외상매입채무나 미지급금은 후자에 해당된다. 자본비용과 투하자본 계산에서 중요한 구분이 된다.

(3) 자 본

재무상태표의 부채와 자본 중 자본(equity)은 소유주의 몫을 계상한 것으로서, 자산에서 모든 부채를 차감한 잔여지분(net worth)인 소유주지분, 자기자본을 말한다. 자본항목은 자본금, 자본잉여금, 자본조정, 기타포괄손익누계액, 이익잉여금으로 구분된다.

소유주 몫(자본)의 변동은 출자와 관련된 자본거래에 의해서 초래될 수도 있고, 영업활동 결과로 벌어들인 이익의 일부가 사내유보되는 손익거래에 의해서 초래될 수 있다. 자본금, 자본잉여금과 자본조정은 전자에 해당되고, 기타포괄손익누계액과 이익잉여금은 후자에 해당된다.

자본금은 기업의 출자자가 창업시에, 그리고 향후 추가로 납입(증자)한 금액으로 구성되는 납입자본금(paid-in capital)을 말한다. 자본금은 보통주 자본금과 우선주 자본금으로 분류된다.

자본잉여금은 주식발행, 증자 혹은 감자 등과 같이 자본거래에서 발생한 잉여금을 말한다. 자본잉여금에는 주식발행초과금(주식발행금액이 액면금액을 초과하는 금액)이나 기타 자본잉여금(자기주식처분이익 등) 등이 포함된다.

자본조정은 주주와의 거래에서 발생하는 자본의 변동항목으로서, 자본금, 자본잉여금 및 이익잉여금 중 어느 항목에도 속하지 아니하는 임시적 성격의 자본항목을 말한다. 자기주식(treasury stock), 주식할인발행차금, 배당건설이자, 주식옵션 등이 이에 해당된다.

이익잉여금은 기업의 일정기간 동안 창출한 이익 중 사외에 유출되는 배당부분을 제외하고 회사 내에 유보되는 금액을 말한다. 이러한 의미에서 유보이익(retained earning)이라고 한다. 재무상태표에는 전기에서 이월된 이익잉여금에 당기유보액(당기순이익에서 배당액을 차감한 금액 — 이 부분은 손익계산서와 연계되어 있음)을 더한 이월이익잉여금으로 구분 표시된다.

(4) 재무의사결정과 재무상태표 구조

재무의사결정의 주된 내용은 다음 [그림 2-1]과 같이 재무상태표라는 회계적 양식을 통해서 보면 잘 이해될 수 있다.

투자결정은 재무상태표상의 차변(왼쪽)항목과 관련된 의사결정이라고 할 수 있다. 건물, 기계설비에 대한 투자결정의 결과는 비유동자산의 크기로 나타나고, 외상매출금, 재고자산 등에 대한 투자결정은 유동자산의 크기로 나타난다.

따라서 투자결정은 유동자산과 비유동(고정)자산의 투자비중을 결정하는 자산구조(asset structure), 자산믹스(asset mix)의 결정 문제라고 할 수 있다. 이와 같은

■ 그림 2-1
재무의사결정과 재무상태표

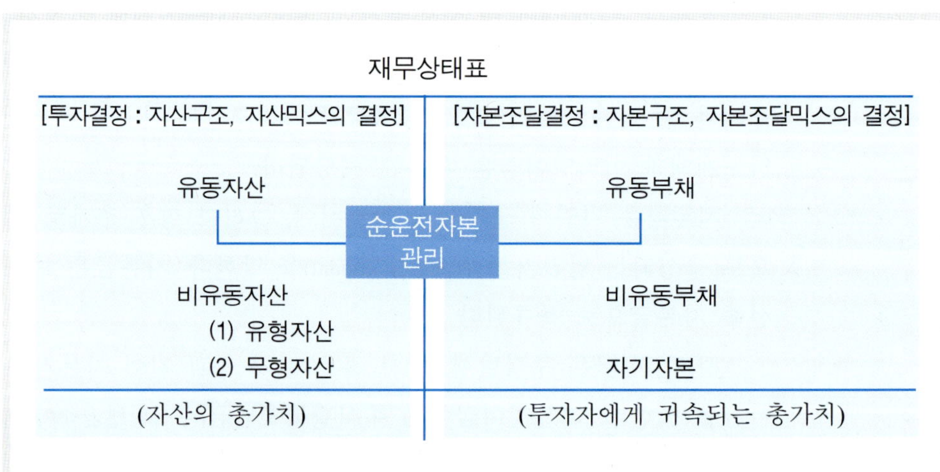

투자결정의 결과에 따라서 기업이 보유하는 자산의 총가치가 결정된다.

자본조달결정은 재무상태표상의 대변(오른쪽)항목과 관련된 의사결정이다. 즉 투자소요자금을 부채(유동부채, 비유동부채)나 자기자본으로 어느 정도로 조달할 것인가를 결정하는 것은 결국 기업의 자본구조(capital structure), 자본조달믹스(financing mix)를 결정하는 것이 된다. 기업이 자본을 조달할 때에는 회사채나 주식과 같은 유가증권을 금융시장에서 발행하여 조달하는 경우가 많은데, 재무상태표의 대변(오른쪽)항목의 크기는 자본제공자들이 소유하고 있는 유가증권이 금융시장에서 거래되면서 어느 정도의 가치를 지니고 있느냐에 따라 좌우된다.

한편 장기성자산에 대한 투자결정이나 자기자본 장기부채에 의한 자본조달결정과 별도로 단기성자산의 운영과 단기성부채에 의한 자금조달도 필요하다. 유동자산에서 유동부채를 차감한 순운전자본(net working capital)관리에서는 단기부채를 상환할 적절한 유동성을 확보하거나, 또는 유휴자금에 대하여 수익성을 높이는 유동성(liquidity)관리가 중요한 과제가 된다.

재무상태표를 재무의사결정에 활용할 때에는 재무상태표에 표시되어 있는 장부가치(book value)가 내재가치(또는 본질가치, intrinsic value) 또는 시장가치(market value)와 얼마나 차이가 있는지를 판단해야 한다.

Concept check

(1) 재무상태표의 주요 항목(자산, 부채, 자본)들은 기업의 재무의사결정과 어떻게 연관되어 표시되고 있는가?
(2) 기업이 높은 성장을 하면서 대대적인 시설투자를 실시하면 재무제표에는 어떤 영향을 주는가?

제3절 현금흐름표

재무상태표, 손익계산서와 함께 기본 재무제표의 하나로 이용되고 있는 현금흐름표(Statement of Cash flow)는 일정기간 동안 기업의 현금흐름의 변동내용을 표시하는 재무보고서이다. 손익계산서는 발생주의에 입각해서 작성되기 때문에 현금의 유입, 유출과 관련되는 수많은 거래들이 어떻게 기업의 현금흐름을 변화시키는지를 설명해 주지 못한다. 이런 단점을 보완한 것이 현금흐름표이다. 현금흐름표에서는 기업의 경영활동에서 현금흐름에 영향을 미치는 활동을 다음 세 가지로 구분하고 있다.

- 영업활동으로 인한 현금흐름(cash flow from operating activities) : 기업은 이익을 창출하기 위하여 원자재 구매-제품생산-제품판매-판매대금회수의 과정을 거치는데, 이 생산-판매-관리활동의 경상적인 영업활동에서의 현금흐름을 말한다. 현금순환과정에서 제일 중요한 것은 기업의 영업활동과정에서 생산요소를 구입하기 위하여 자금을 지출하고, 판매과정을 통하여 자금을 회수하는 "영업활동으로 인한 현금흐름"이다.
- 투자활동으로 인한 현금흐름(cash flow from investing activities) : 미래 영업활동으로 인한 현금흐름이 창출되기 위해서는 비유동자산에 대한 투자나 처분이 필요하다. 투자활동으로 인한 현금흐름은 유가증권 · 투자자산 · 비유동자산의 취득이나 처분에 의해서 대규모의 현금이 유입되거나 유출되는 현금흐름이다.
- 재무활동으로 인한 현금흐름(cash flow from financing activities) : 영업활동으로부터의 자금순환이 원활하지 못하거나 대규모의 시설투자가 필요할 경우, 기업활동의 위축 없이 일정한 성장목표의 달성을 위해서는 외부로부터의 자금차입이나 주식발행방법에 의한 현금유입, 즉 외부금융이 뒷받침되어야 한다. 재무활동으로 인한 현금흐름은 현금의 차입과 상환 · 신주발행 · 배당금지급과 같이 부채와 자본 계정에 영향을 미치는 거래에 기인

● 표 2-3
현금흐름표 예시

현금흐름표

(주)성균관	20×2년 한 해 동안	(단위 : 천원)
영업활동으로 인한 현금흐름		
당기순이익		1,690,000
현금흐름을 결정하기 위한 당기순이익 조정 :		
매출채권의 증가	(450,000)	
재고자산의 증가	(725,000)	
선급비용의 증가	(75,000)	
감가상각비	775,000	
외상매입금의 증가	125,000	
미지급비용의 증가	150,000	
미지급법인세의 증가	25,000	(175,000)
투자활동으로 인한 현금흐름		
유형자산 구입대금 지급		(1,275,000)
재무활동으로 인한 현금흐름		
단기부채의 증가	100,000	
장기부채의 증가	150,000	
주식의 발행	150,000	
주주에게 지급한 배당금	(750,000)	(350,000)
당기중 현금의 감소		(110,000)
기초 현금 잔액		2,275,000
기말 현금 잔액		2,165,000

하게 된다. 채권자와 주주의 관계에서 자본을 조달하거나 자본사용 대가의 자금을 돌려주는, 배분하는 현금흐름이 된다.

영업활동으로 인한 현금흐름에서 투자활동으로 인한 현금흐름을 차감한 금액(기업이 창출한 순현금흐름)은 자본제공자인 채권자와 주주에게 배분되는 현금흐름이 된다. 이 금액이 부족하면 외부로부터 회사채발행이나 은행차입 혹은 유상증자로 충당할 것이고, 반대로 이 금액에 잉여가 생기면 부채상환이나 자기주식매입 등에 사용하게 되는데, 이 부분은 현금흐름표에서 "재무활동으로 인한 현금흐름"으로 측정되고 있다.

제4절 재무비율분석

1~3절에서 기업의 재무제표는 손익계산서, 재무상태표, 현금흐름표로 이루어져 있다는 것을 배웠다. 이 재무제표를 바탕으로 기업의 경영자나 해당기업을 평가하려고 하는 외부의 전문가들은 재무비율분석(financial ratio analysis)을 수행할 수 있다. 본장의 〈주제_생각하기〉에서 한국 기업들의 재무비율의 함의를 생각해 본 것처럼, 재무비율분석을 통해 기업의 경영자들은 본인들의 성과를 경쟁기업의 성과와 수평적으로 비교할 수도 있고, 또한 시계열분석(time series analysis)을 수행할 수 있다. 애널리스트(analyst)를 비롯한 외부의 전문가들은 재무비율분석을 해당기업의 가치평가의 기초로 삼는다.

재무비율분석은 수익성, 재무위험, 유동성, 주가배수, 공통형 재무분석 등으로 나누어 살펴볼 수 있다.

(1) 수익성

기업의 수익성(profitability)을 측정하는 재무비율로는 매출순이익률(profit margin), 영업이익률, 자산순이익률(ROA : return on assets), 자기자본순이익률(ROE : return on equity) 등이 가장 많이 쓰인다. 〈표 2-1〉, 〈표 2-2〉, 〈표 2-3〉의 (주)성균관의 재무제표를 이용하여 해당기업의 수익성을 측정해 보면 다음과 같다.

Profit margin = 당기순이익/매출액 = 1,690,000/26,000,000 = 6.5%

영업이익률 = $EBIT$/매출액 = 3,000,000/26,000,000 = 11.5%

ROA = 당기순이익/자산 = 1,690,000/14,850,000 = 11.4%

ROE = 당기순이익/자기자본 = 1,690,000/6,820,000 = 24.8%

위 ROA와 ROE의 계산을 위해 기말의 자산과 자기자본 값을 이용했으나 기초와 기말의 자산의 평균, 또는 기초와 기말의 자기자본의 평균값을 이용하기도 한다.

기업의 수익성을 측정하는 두 지표인 ROA와 ROE의 차이는 기업이 부채를 사용할 때 이를 반영하느냐의 여부이다. 이를 이해하기 위해 ROE에 자산/자산을 곱한 후 정리하면 다음과 같다.

$$ROE = 당기순이익/자기자본 \times 자산/자산 = 당기순이익/자산 \times 자산/자기자본$$

자산/자기자본은 자기자본승수로 기업이 자본 중 부채를 얼마나 사용하느냐에 따라 결정된다. ROE는 다시 표현하면 다음과 같다.

$$ROE = ROA \times 자기자본승수$$

(주)성균관의 경우 자기자본승수=14,850,000/6,820,000=2.18이므로, ROE는 다음과 같다.

$$ROE = 11.4\% \times 2.18 = 24.8\%$$

위 공식에 다시 매출액/매출액을 곱해서 정리해 보자.

$$ROE = 당기순이익/자산 \times 자산/자기자본 \times 매출액/매출액$$
$$= 당기순이익/매출액 \times 매출액/자산 \times 자산/자기자본$$

매출액/총자산은 자산회전율(asset turnover)이라 부르는데, 이는 기업이 자산을 얼마나 효율적으로 사용하는지를 측정하는 지표이다. 따라서 ROE는 다음과 같이 표시할 수 있다.

$$ROE = 매출순이익률 \times 자산회전율 \times 자기자본승수$$

(주)성균관의 경우 자산회전율=26,000,000/14,850,000=1.75이다. 따라서 ROE는 다음과 같다.

$$ROE = 6.5\% \times 1.75 \times 2.18 = 24.8\%$$

위 식은 기업의 대표적인 수익성 지표인 ROE는 세 가지 요소, 매출순이익률, 자산회전율, 자기자본승수에 의해 결정된다는 것을 보여준다. 이를 듀퐁항등식(DuPont identity)이라 부른다.

(2) 재무위험

기업이 부채를 발행하여 자본을 조달하면 매년 고정비용인 이자비용을 지출해야 되므로 재무위험(financial risk)을 발생시킨다. 제11장에서 자세히 다루겠지만 부채의 증가는 기업가치를 증가시키는 반면, 파산의 위험을 증가시키는 양날의 칼과도 같은 역할을 한다. 따라서 기업은 가치극대화를 위해 적절한 부채비율의 관리는 기업경영의 필수적인 요소이다. 기업의 재무위험은 장기부채비율, 부채비율, 이자보상비율(times interest earned) 등을 이용하여 주로 측정한다. (주)성균관의 기말 기준 재무위험은 다음과 같이 측정할 수 있다.

장기부채비율＝장기부채/(장기부채＋자기자본)

＝4,000,000/(4,000,000＋6,820,000)＝37.0%

부채비율＝총부채/자기자본＝8,030,000/6,820,000＝117.7%

이자보상비율＝$EBIT$/interest expense＝3,000,000/400,000＝7.5배

(3) 유동성

기업의 유동성(liquidity) 분석은 해당기업의 유동자산과 유동부채를 분석하여 기업이 단기적으로 재무위험에 빠질 수 있는지 분석하는 것을 목표로 한다. 장기적 전망이 좋은 기업도 유동성을 잘 관리하지 못하면 단기적으로 자금관리 등에 어려움을 겪을 수 있다. 기업의 유동성 분석을 위해서 유동비율(current ratio)과 당좌비율(quick ratio) 등이 쓰인다. (주)성균관의 유동비율과 당좌비율을 계산해 보면 다음과 같다.

유동비율 = 유동자산/유동부채 = 8,815,000/4,030,000 = 2.2배

당좌비율 = (유동자산 − 재고자산)/유동부채

= (8,815,000 − 3,450,000)/4,030,000

= 1.3배

(4) 주가배수

주가배수(price multiples)는 회계 측정치인 주당순이익(*EPS* : earnings per share)이나 자기자본의 장부가치에 비해 주식이 얼마에 거래되는지를 측정한다. 주가수익비율(*PER* : price-to-earnings ratio)과 시가-장부가비율(*PBR* : price-to-book ratio 또는 market-to-book ratio)이 대표적인 주가배수이며, 해당기업이 시장에서 상대적으로 고평가되었는지 또는 저평가되었는지의 판단지표로 사용된다. 제5장에서는 이 주가배수를 이용한 주식의 가치평가에 대해서 배우게 된다. *PER*과 *PBR*은 다음 공식으로 계산할 수 있다.

PER = 주가/주당순이익

PBR = 주가/주당 자기자본의 장부가치

(5) 공통형 재무분석

공통형(common-size) 재무분석은 일정시점 또는 일정기간 동안 기업들의 경영성과나 재무상태를 상호 비교할 때 유용한 분석방법이다. 공통형 재무제표는 손익계산서나 재무상태표의 각 항목을 총액에 대한 구성비율로 표시한 재무제표를 말한다. 공통형 재무제표를 이용하면, 규모가 상이한 경쟁기업들의 손익구조나 자본구조를 비교, 분석하기 쉽다(cross-sectional analysis). 또한 특정기업의 손익구조나 자본구조의 시간의 변화에 따른 추세분석이 쉬워지는 장점이 있다(time-series analysis).

다음 표는 화장품 제조회사인 (주)클리오의 실제 손익계산서와 공통형 손익계산서를 보여준다. 공통형 손익계산서는 매출액을 100%로 정할 경우 각 항목의 구성비를 백분율로 표시한 것이다. 즉 각종 비용 및 이익을 매출액에서 차지

하는 비중으로 표시함으로써 (주)클리오의 비용구조 및 수익성의 변화 추이를 파악할 수 있다.

(주)클리오 공통형 손익계산서 (단위 : 백만원, %)

항 목	2023년		2022년		2021년		2020년		2019년	
	금액	구성비	금액	구성비	금액	구성비	금액	구성비	금액	구성비
매출액	330,584	100%	272,455	100%	232,744	100%	218,216	100%	250,383	100%
매출원가	164,484	50%	137,616	51%	120,398	52%	106,397	49%	113,675	45%
매출총이익	166,101	50%	134,840	49%	112,347	48%	111,819	51%	136,708	55%
판매관리비	132,291	40%	116,957	43%	98,443	42%	105,590	48%	118,109	47%
영업이익	33,810	10%	17,882	7%	13,903	6%	6,228	3%	18,599	7%
기타수익	453	0%	654	0%	978	0%	1,201	1%	312	0%
기타비용	164	0%	1,205	0%	2,929	1%	752	0%	1,148	0%
금융수익	8,964	3%	8,896	3%	7,675	3%	10,058	5%	3,658	1%
금융비용	6,988	2%	10,528	4%	7,063	3%	3,456	2%	12,293	5%
법인세비용 차감전순이익	36,075	11%	15,700	6%	12,421	5%	12,958	6%	8,599	3%
법인세비용	8,756	3%	5,571	2%	3,154	1%	3,373	2%	5,657	2%
당기순이익	27,319	8%	10,129	4%	9,267	4%	9,585	4%	2,942	1%

위 공통형 손익계산서에서 어떤 변화 추이를 알 수 있는가? 손익계산서에서 살펴볼 수 있는 대표적인 수익성 지수인 영업이익률과 매출순이익률을 보자. (주)클리오의 영업이익률은 2019년 7%에서 2023년 10%로, 매출순이익률은 1%에서 8%로 크게 증가하였다. 이런 수익성의 개선은 판매관리비가 2019년 47%에서 2023년 40%로 줄어든 것과 관련이 있음을 알 수 있다. 이처럼 공통형 손익계산서를 분석하면 연도별 비교를 통해 기업 수익성의 변동 추이에 관한 정보를 획득가능하다.

다음 표는 (주)클리오가 보고한 재무상태표와 공통형 재무상태표이다. 공통형 재무상태표는 자산총계를 100%로 정할 경우 각 항목의 구성비를 백분율로 표시한 것이다. 다시 말해, 각 자산 및 부채를 전체 자산총계에서 차지하는 비율로 표시함으로써 각 자산항목간의 관계를 파악하고, 자산구조와 자본구조(또는 부채비율)의 변화 추이를 파악할 수 있다.

(주)클리오 **공통형 재무상태표** (단위 : 백만원, %)

항 목	2023년		2022년		2021년		2020년		2019년	
	금액	구성비	금액	구성비	금액	구성비	금액	구성비	금액	구성비
유동자산	170,735	61%	129,714	53%	131,190	56%	114,392	53%	140,657	59%
비유동자산	108,833	39%	114,172	47%	103,038	44%	100,616	47%	95,993	41%
자산총계	279,568	100%	243,885	100%	234,228	100%	215,008	100%	236,651	100%
유동부채	54,105	19%	44,064	18%	57,124	24%	49,623	23%	76,177	32%
비유동부채	11,765	4%	9,446	4%	9,693	4%	12,322	6%	15,176	6%
부채총계	65,869	23%	53,509	22%	66,817	29%	61,945	29%	91,354	39%
자본금	9,036	3%	9,036	4%	8,727	4%	8,575	4%	8,484	4%
자본잉여금	91,481	33%	91,481	38%	76,930	33%	70,211	33%	65,642	28%
기타자본	−10,965	−4%	−10,962	−4%	−10,961	−5%	−10,986	−5%	−7,462	−3%
기타포괄손익누계액	69	0%	−204	0%	−612	0%	199	0%	137	0%
이익잉여금	124,156	44%	101,025	41%	93,327	40%	85,063	40%	78,496	33%
자본총계	213,698	77%	190,376	78%	167,411	71%	153,063	71%	145,297	61%
부채와 자본총계	279,568	100%	243,885	100%	234,228	100%	215,008	100%	236,651	100%

위 공통형 재무상태표에서 얻을 수 있는 대표적인 정보는 무엇인가? 먼저 자산구조를 보면 2023년 유동자산의 비중은 전년도에 비해 커지고, 비유동자산의 비중은 줄어들었다. 즉 자산의 유동성이 높아졌다고 볼 수 있다. 총부채비율(부채총계/부채와자본총계)은 2019년 39%에서 2023년 23%로 줄어들어, 이 기업의 재무위험이 감소하고 있음을 알 수 있다. 이처럼 특정기업의 공통형 재무상태표를 분석하면 연도별 비교를 통해 해당기업의 자산구조나 자본구조의 변화에 관한 정보를 얻을 수 있다.

제 5 절 여유현금흐름

기업경영활동의 대부분은 현금흐름과 연관되어 있다. 기업이 생산·판매활동을 수행하는 과정에서 원자재를 구매하고 근로자에게 인건비를 지급할 때 현금이 유출되며, 제품이 팔릴 때 현금이 유입된다. 생산라인에 있는 원자재, 제품생산에 필요한 기계설비, 창고 속에 쌓여 있는 완제품에도 이미 지출한 현금이 잠겨 있다. 따라서 생산공정이 길어지거나 생산이 완료된 완제품이 판매될 때까지 창고에 보관하는 기간이 길어질수록 많은 현금이 묶이게 된다.

제품의 판매를 통해 현금이 유입되면 다시 생산과정에 투입되면서 원자재 구입, 노무비 지급, 제조경비와 일반판매관리비 지출 등에 사용된다. 제품이 외상으로 판매되면 대금의 회수기간만큼 현금이 묶임에 따라 생산과정에 투입되어야 할 현금의 흐름이 원활하지 못하게 되어 큰 어려움을 겪을 수 있다.

현금의 순환은 외부 자본제공자와도 관련을 맺고 있다. 주식회사의 경우 처음 기업을 시작할 때 주식발행을 통하여 자금을 마련한다. 이 기업이 정상영업과정에서 창출한 현금흐름으로 운영자금을 충당하지 못하면 외부에서 증자나 채권발행, 또는 은행차입 등을 통하여 자금을 마련한다. 이처럼 외부주주나 채권자로부터 자금이 조달되면 후에 이자나 배당금으로 현금을 지출해야 한다. 만약 지나치게 많은 돈을 빌려오면 지급이자에 대한 부담이 커져 파산의 위험을 초래할 수도 있다.

기업의 재무관리란 한마디로 현금흐름의 순환과정에 대한 종합적인 관리활동이라고 볼 수 있다. 즉, 경영활동에 필요한 자금을 조달하고, 조달된 자금을 운영하는 데 관련된 모든 관리활동을 의미한다. 이미 언급한 대로 재무관리의 목표는 기업가치의 극대화에 있다. 기업의 가치를 극대화하기 위해서는 기업의 자산을 활용하여 미래의 경제적 효익, 즉 현금흐름을 최대한 창출해야 한다. 기업의 가치 또는 자산의 본질가치(intrinsic value)는 자산으로부터 창출되는 미래의 현금흐름의 현재가치의 합으로 볼 수 있다. 재무제표 작성시 보수주의 원칙 등이 적용되기 때문에 자산의 장부가치는 본질가치와 다를 수밖에 없다. 그러므로 재무상태표 이용자는 자산의 본질가치를 계산하기 위해 노력한다.

자산의 본질가치를 계산하기 위해서는 먼저 자산을 활용하여 창출할 미래의 현금흐름을 예측할 수 있어야 한다. 자산으로부터의 현금흐름은 때로는 여유현금흐름(*FCF* : free cash flow)으로 불리기도 한다. 여유현금흐름은 영업활동을 통해 창출한 현금흐름에서 기업이 존속하기 위해 필수적인 투자와 일상 활동에 지출한 현금흐름을 제외하고 남는 현금흐름을 뜻한다.

그렇다면 미래의 현금흐름은 어떻게 예측할 수 있는가? 미래 현금흐름을 추정하기 위해서는 미래 매출액의 가정 등에서 출발하여 추정(또는 예측) 재무제표를 먼저 만들어야 한다. 그리고 다음과 같은 공식을 이용하여 자산으로부터의 현금흐름(*CFFA* : cash flow from assets)을 계산할 수 있다.

CFFA = 영업현금흐름(*OCF* : operating cash flow)
− 순자본지출(*NCS* : net capital spending)
− 순운전자본의 변화(Change in *NWC*)

위의 공식에서 볼 수 있듯이 자산으로부터의 현금흐름은 영업현금흐름, 순자본지출, 순운전자본의 변화에 의해서 결정된다. 이 세 가지 요소는 다음과 같은 공식에 의해 구한다.

OCF = *EBIT*(이자와법인세차감전이익) + 감가상각비 − 세금
NCS = 기말 순비유동자산 − 기초 순비유동자산 + 감가상각비
Change in *NWC* = 기말 순운전자본 − 기초 순운전자본

자산으로부터의 현금흐름을 측정하기 위해서는 먼저 영업활동으로부터 발생하는 현금흐름(*OCF*)을 계산해야 한다. *OCF*는 현금흐름표상의 영업활동으로 인한 현금흐름과는 차이가 있다. 이자비용은 재무활동으로 인한 현금흐름에 포함되어야 한다. 그러나 현금흐름표에서는 당기순이익에서 출발해서 영업활동으로 인한 현금흐름을 구하기 때문에 이자비용이 재무활동에 포함되어 있지 않다. 반면에 *OCF*를 구할 때에는 이자와법인세차감전이익(*EBIT*)에 비현금비용(대표적으로 감가상각비)을 더한 후 법인세 지급액을 차감해야 하기 때문에 이자비용이

포함되지 않는다. 순자본지출은 비유동자산에 투자되는 현금흐름이다. 순운전자본은 기업의 유동자산이 유동부채에 비해 얼마나 많은지를 나타내며, 앞 절에서 본 유동비율(current ratio)과 직접적인 관계가 있다. 기업의 순운전자본이 기초에 비해 기말에 증가했다면, 현금흐름이 순운전자본에 투자되었다는 것을 의미한다.

〈표 2-1〉, 〈표 2-2〉의 재무제표상의 정보를 이용하여 (주)성균관의 20×2년 한 해 동안의 여유현금흐름을 계산해 보자.

$$\begin{aligned} OCF &= EBIT(\text{이자와법인세차감전이익}) + \text{감가상각비} - \text{세금} \\ &= 3{,}000{,}000 + 775{,}000 - 910{,}000 = 2{,}865{,}000(\text{천원}) \end{aligned}$$

$$\begin{aligned} NCS &= \text{기말 순비유동자산} - \text{기초 순비유동자산} + \text{감가상각비} \\ &= 6{,}035{,}000 - 5{,}535{,}000 + 775{,}000 = 1{,}275{,}000(\text{천원}) \end{aligned}$$

$$\begin{aligned} \text{Change in } NWC &= \text{기말 순운전자본} - \text{기초 순운전자본} \\ &= (8{,}815{,}000 - 4{,}030{,}000) - (7{,}675{,}000 - 3{,}630{,}000) \\ &= 740{,}000(\text{천원}) \end{aligned}$$

$$\begin{aligned} CFFA &= \text{영업현금흐름} - \text{순자본지출} - \text{순운전자본의 변화} \\ &= 2{,}865{,}000 - 1{,}275{,}000 - 740{,}000 = 850{,}000(\text{천원}) \end{aligned}$$

(주)성균관은 20×2년 동안 영업활동에서 2,865,000(천원)의 현금흐름을 창출하여 비유동자산(이 회사는 유형자산만 갖고 있음)에 1,275,000(천원)을 투자하고 순운전자본에 740,000(천원)을 투자하였다. 이 해에 창출한 여유현금흐름(자산으로부터의 현금흐름)은 850,000(천원)이다.

재무상태표 항등식으로부터 우리는 자산의 가치가 해당기업의 부채와 자기자본을 합한 것의 가치와 일치한다는 것을 배웠다. 이와 마찬가지로 자산으로부터의 현금흐름은 채권자로의 현금흐름(cash flow to creditors)과 주주로의 현금흐름(cash flow to stockholders)의 합과 같다. 채권자와 주주로의 현금흐름은 해당연도에 기업이 채권자와 주주에게 지불하는 순지급액을 의미하며, 따라서 여유현금흐름은 다음과 같다.

여유현금흐름=채권자로의 현금흐름+주주로의 현금흐름

위의 공식에서 채권자와 주주로의 현금흐름은 다음과 같이 계산한다.

채권자로의 현금흐름=이자+부채상환−부채발행
주주로의 현금흐름=배당금+자사주 매입−신주발행

보통 자본(capital)은 장기부채와 자기자본으로 구성되기 때문에 채권자로의 현금흐름을 계산할 때 장기부채의 증가 또는 감소만을 고려하며, 단기차입금의 변화는 일반적으로 고려하지 않는다.

(주)성균관의 20×2년 한 해 동안의 채권자로의 현금흐름과 주주로의 현금흐름을 〈표 2-1〉, 〈표 2-2〉의 정보를 이용하여 계산해 보자. 이자비용은 400,000(천원)이었고, 장기부채는 150,000(천원)만큼 증가되었다. 그리고 배당금은 750,000(천원)이 주주들에게 지급되었고, 납입자본은 150,000(천원)만큼 증가되었다. 따라서 채권자로의 현금흐름, 주주로의 현금흐름, 여유현금흐름은 다음과 같이 계산할 수 있다.

채권자로의 현금흐름=400,000−150,000=250,000(천원)
주주로의 현금흐름=750,000−150,000=600,000(천원)
여유현금흐름=250,000+600,000=850,000(천원)

이상에서 볼 수 있듯이 현금흐름 항등식이 다음과 같이 성립된다.

자산으로부터의 현금흐름(850,000)=채권자로의 현금흐름(250,000)
+주주로의 현금흐름(600,000)

이렇게 계산한 자산으로부터의 현금흐름(또는 여유현금흐름)을 이용하여 자산의 본질가치 또는 기업의 가치를 계산하는 방법은 제10장에서 다룬다.

Concept check

(1) A사는 손익계산서의 순이익과 현금흐름의 차이가 크다. 어떤 원인 때문인가?
(2) 자본제공자인 채권자와 주주에게 배분되는 현금흐름은 어떻게 측정할 수 있는가?

주요 용어

- 손익계산서
- 이자와법인세차감전이익
- 당기순이익
- 재무상태표
- 자산
- 유동자산
- 비유동자산
- 부채
- 자본
- 현금흐름표
- 재무비율분석
- 듀퐁항등식
- 여유현금흐름(FCF)
- 자산으로부터의 현금흐름($CFFA$)
- 영업현금흐름
- 순자본지출
- 순운전자본
- 채권자로의 현금흐름
- 주주로의 현금흐름
- 현금흐름 항등식

연습문제

1. 재무상태표에 계상된 자산의 체계적 저평가를 초래할 가능성이 있는 회계원칙은 무엇인가?

   ① 현금주의 회계　　② 발생주의 회계
   ③ 수익 · 비용 대응의 원칙　　④ 보수주의 원칙

2. 자산항목인 매출채권(account receivable) 또는 부채항목인 선수수익(unearned revenue)과 같은 항목이 나타나는 이유는 재무제표 작성시 어떤 원칙을 적용하기 때문인가?

   ① 현금주의 회계　　② 발생주의 회계
   ③ 수익 · 비용 대응의 원칙　　④ 보수주의 원칙

3. 다음 중 자기자본순이익률(*ROE*)을 결정하는 세 가지 요소가 아닌 것은?

   ① 매출순이익률　　② 자기자본승수
   ③ 자산회전율　　④ 이자보상비율

4. 기업의 신용평가시 일반적으로 이자지급액 대비 영업이익의 크기를 이용하여 부도위험을 측정한다. 이를 측정하는 지표는?

   ① Liquid ratio　　② current ratio
   ③ *PBR*　　④ times interest earned

5. 다음 재무상태표 항목 중 유동성이 가장 높은(most liquid) 자산은?

   ① inventory　　② building
   ③ accounts receivable　　④ equipment
   ⑤ patent

6. 순운전자본(net working capital)과 밀접한 관계가 있는 재무비율은?

   ① *ROA*　　② current ratio
   ③ *PBR*　　④ times interest earned

7. 다음 중 기업의 수익성(profitability)을 측정하는 재무비율이 아닌 것은?

① *ROE* ② *ROA*
③ profit margin ④ cash flow volatility

8. 다음 중 기업의 재무제표에 관한 설명으로 맞지 않는 것은?

① 자사주의 매입은 자기자본을 감소시킨다.
② 순운전자본이 음(−)의 값을 갖는 기업은 유동성 문제가 있을 수 있다.
③ 당기순이익을 모두 배당하면 내부유보금은 증가하지 않는다.
④ 영업활동으로 인한 현금흐름이 음(−)의 값을 가지면 해당 회계연도에 현금은 줄어들 것이다.
⑤ 자산 중 무형자산의 비중이 높은 기업이 성장성이 높은 기업이다.

9. 재무상태표와 손익계산서를 바탕으로 현금흐름표를 작성할 때 현금유입(cash inflow)으로 볼 수 없는 것은?

① 장기부채의 증가 ② 매입채무의 증가
③ 감가상각비의 증가 ④ 매출채권의 감소
⑤ 재고자산의 증가

10. 순운전자본의 정의는 무엇인가?

① 총부채 − 자기자본 ② 유동부채 − 자기자본
③ 비유동자산 − 자기자본 ④ 총자산 − 총부채
⑤ 유동자산 − 유동부채

11. 다음에 제시된 항목들이 증가할 때 영업현금흐름을 감소시키는 것은 무엇인가?

ㄱ. 이자비용	ㄴ. 감가상각비	ㄷ. 세금

① ㄱ, ㄴ ② ㄱ, ㄷ
③ ㄱ ④ ㄴ
⑤ ㄷ

12. 채권자와 주주로의 현금흐름을 계산한 후 여유현금흐름을 계산할 때 여유현금흐름을 감소시키는 것은?

① 자사주의 매입
② 부채상환
③ 배당금의 증가
④ 신주발행
⑤ 이자비용의 증가

13. 재무제표에 대한 이해가 재무관리에 중요한 이유는 무엇인가?

14. 재무상태표의 구조와 내용에 대하여 설명하라.

15. 재무의사결정의 주요 내용이 재무제표에 어떻게 표시되고 있는지를 설명하라.

16. 다음 사항들의 차이를 설명하라.

(1) 유동자산과 비유동자산
(2) 유동부채와 비유동부채
(3) 채권자지분과 소유주지분
(4) 재무상태표등식과 손익계산서등식
(5) 이자지급부채와 무이자부채
(6) 자산구조와 자본구조
(7) 자본잉여금과 이익잉여금
(8) 영업현금흐름과 현금흐름

17. 손익계산서의 기본구조를 설명하고, 매출총이익, 이자와법인세차감전이익, 계속사업이익, 법인세비용차감전순이익, 당기순이익의 차이를 설명하라.

18. 이자와법인세차감전이익과 순이익의 차이를 재무의사결정과 연계시켜 설명하라.

19. 손익계산서와 재무상태표는 어떻게 연계되어 있는가?

20. 회계이익과 현금흐름의 크기가 다른 이유를 설명하라.

21. **여유현금흐름의 계산**

다음 (주)성균관의 재무제표를 보고 아래 문제에 답하라.

(1) 2017년 한 해 동안의 영업현금흐름, 비유동자산에 대한 투자액, 순운전자본에 대한 투자액을 계산한 후 여유현금흐름을 계산하라.
(2) 2017년 주주와 채권자로의 현금흐름을 계산한 후 여유현금흐름을 계산하라.

재무상태표

(주)성균관		(단위 : 천원)
	2016	2017
〈자 산〉		
유 동 자 산	2,205,000	2,429,000
순비유동자산	7,344,000	7,650,000
자산총액	9,549,000	10,079,000
〈부채와 자본〉		
부 채 :		
유 동 부 채	1,003,000	1,255,000
장 기 부 채	3,106,000	2,085,000
자 본 :		
자기자본	5,440,000	6,739,000
부채와 자본총액	9,549,000	10,079,000

손익계산서

(주)성균관	2017	(단위 : 천원)
매 출 액		4,507,000
매 출 원 가		2,633,000
감 가 상 각		952,000
이자와법인세차감전이익		922,000
지 급 이 자		196,000
과세대상소득		726,000
세 금(35%)		254,000
순 이 익		472,000
배 당	250,000	
유 보 이 익	222,000	

22. 순자본지출의 계산

(주)성균관의 순비유동자산은 2017년 12월 31일 6,500,000(천원) 그리고 2018년 12월 31일 11,000,000(천원)이다. (주)성균관의 2018년 감가상각비가 750,000(천원)일 때, 회사의 2018년 순자본지출(net capital spending)은 얼마인가?

23. 순자본지출의 계산

(주)성균관은 20××년 기초에 순비유동자산이 218,470(천원)이었고, 기말에 209,411(천원)이었다. 이 회사는 해당연도에 장부가치로 6,943(천원)의 비유동자산을 매각했다. 해당연도의 감가상각비가 42,822(천원)이었다면 순자본지출(net capital spending)은 얼마인가?

24. 주주로의 현금흐름 계산

(주)명륜당의 20××년 당기순이익(net income)은 121,600(천원)이고, 이 기업의 배당성향은 매년 40%를 유지하고 있다고 가정하자. 이 회사는 해당연도에 보통주 발행을 통해 75,000(천원)의 자본을 조달했다. 주주로의 현금흐름(cash flow to stockholders)을 계산하라.

25. 듀퐁항등식을 이용한 자기자본순이익률(ROE) 계산

(주)명륜당의 20××년 매출순이익률(profit margin)이 12.8%였다. 이 기업의 자산회전율이 2이고, 자기자본승수가 1.5라고 가정하자. 이 기업의 자기자본순이익률(ROE)은 얼마인가?

해 답

21. (1) 영업현금흐름

이자와법인세차감전이익+감가상각비−법인세=영업현금흐름

922,000+952,000−254,000=1,620,000(천원)

순자본지출

기말 순비유동자산−기초 순비유동자산+감가상각비=순자본지출

7,650,000−7,344,000+952,000=1,258,000(천원)

순운전자본의 변화

기말 순운전자본−기초 순운전자본=순운전자본의 변화

(2,429,000−1,255,000)−(2,205,000−1,003,000)=−28,000(천원)

여유현금흐름

영업현금흐름−순자본지출−순운전자본의 변화=여유현금흐름

1,620,000−1,258,000−(−28,000)=390,000(천원)

(2) 채권자로의 현금흐름=196,000−(2,085,000−3,106,000)=1,217,000(천원)

주주로의 현금흐름=250,000−(6,739,000−5,440,000−222,000)=−827,000(천원)

여유현금흐름=1,217,000−827,000=390,000(천원)

22. 기말 순비유동자산−기초 순비유동자산+감가상각비=순자본지출

11,000,000−6,500,000+750,000=5,250,000(천원)

23. 순자본지출은 아래 공식에 의해 계산할 수 있다.

기말 순비유동자산−기초 순비유동자산+감가상각비=순자본지출

하지만 이 문제의 경우 매각한 비유동자산을 고려해야 한다. 따라서

209,411−218,470+42,822+6,943=40,706(천원)

24. 배당금=121,600×0.4=48,640(천원)

주주로의 현금흐름=48,640−75,000=−26,360(천원)

25. ROE=매출순이익률×자산회전율×자기자본승수

=12.8×2×1.5=38.4%

CHAPTER

3 화폐의 시간가치

재무관리에서 중점적으로 다루는 것 중의 하나는 금융시장에서 투자자들의 의사결정방법이다. 이들 의사결정의 목표와 평가기준은 자산가치의 극대화에 있다. 본장에서는 가치[富]평가의 기초가 되는 화폐의 시간가치 개념, 미래가치 · 현재가치 계산방법, 이를 응용한 금융상품의 평가, 재무설계에 대해서 정리한다. 다음은 본장에서 이해해야 할 주요 내용이다.

- 화폐의 시간가치의 개념
- 미래가치, 현재가치의 계산과 의미
- 연금의 미래가치와 연금의 현재가치, 영구연금과 정률성장연금의 현재가치 계산
- 정기적금, 할부금의 계산
- 연 복리(할인)횟수가 2회 이상인 경우의 미래가치, 현재가치 계산
- 표면이자율과 실효이자율
- 불규칙한 현금흐름의 현재가치와 순현재가치(NPV)
- 라이프사이클을 고려한 재무설계

주제_생각하기 100세 시대의 생애재무설계

한국은 세계에서 가장 빠른 인구의 고령화 속도를 보이며, 노인인구의 비중도 빠르게 증가하고 있다. 유엔(UN)에서는 전체 인구 중 65세 이상 인구 비율이 7% 이상이면 고령화사회, 14% 이상은 고령사회, 20% 이상은 초고령사회로 구분하고 있다. 우리나라는 개인 기대수명이 늘어나는 반면 출생률의 하락은 가속화됨에 따라 2024년 12월 전체 인구 중 65세 이상의 노인인구가 20%를 돌파하여 초고령사회에 진입하면서, 장수가 축복이 아니라 악몽이 될 수 있다는 것이 사실로 나타나고 있다. 한국은 이미 OECD 국가 중 노인 자살률이 1위인 나라이고, 노인 자살의 원인 1위는 경제적 어려움이다. 즉 핵가족 또는 1인가족 시대에 노년을 미리 준비하지 않고 은퇴 후에 경제적 어려움을 겪는다면 오래 사는 것이 고통이 될 수밖에 없다.

현재 평균수명을 고려해 보면 한국인은 은퇴 후에 30년은 노후생활을 하게 된다. 부모로부터 경제적 도움을 받아 대학을 졸업한 후 30년은 자신의 능력으로 경제적 수입을 올리면서 결혼, 자녀교육, 주택마련 등의 과정을 거치는 동시에 재산형성과 노후를 위한 저축을 하는 것이 보통이다. 은퇴 후 30년은 연금이나 그동안의 저축에 의존하면서 인생을 정리하는 기간으로 볼 수 있다.

이를 고려한 생애재무설계(life cycle financial planning)에서 가장 중요한 과제는 "본인의 경제활동 기간 중 노후(마지막 30년)를 위하여 얼마나 소비하고 저축할 것인가"를 결정하는 것인데, 초저금리의 경제환경하에서는 여러 가지 어려움을 안게 된다. 사실 은행예금금리가 연 3% 이하로 떨어지고, 부동산 투자를 통한 부의 형성이 어려워지면서 많은 가계에서는 재산증식에 어려움을 겪고 있다. 주로 은행예금이나 적금에 들어 재산증식을 해오던 가계에서는 1,000만원이 2,000만원으로 2배가 되는 데 연 12%(복리로 증식) 이자율하에서는 6년밖에 걸리지 않지만, 연 6% 이자율하에서는 12년, 연 3% 이자율하에서는 24년이 걸리게 되어 재산형성이 요원하게 되었다(재산이 2배로 증가되는 기간의 계산은 72를 복리이자율로 나누면 구해진다. 이에 대해서는 본장 참조).

본장에서 다루게 되는 복리의 효과를 고려해 보면, 대학 졸업 후 빨리 노후를 위해 저축을 시작하면 할수록 노후소득을 증가시킬 수 있고, 경제적으로 안정된 노후생활을 누릴 수 있다. 안정적 노후생활을 위해서는 은퇴 전 소득의 70% 정도를 은퇴 후에도 유지해야 한다는 것이 OECD의 권고사항이다. 이 정도의 소득을 올리려면 젊은 나이부터 국민연금과 같은 공적연금, 근로자에게 제공되는 퇴직연금, 그리고 개인연금을 모두 가입하고 있어야 한다. 개인연금은 은행이나 증권사 등에서 팔고 있는 연금형 저축상품을 말한다. 최근 국민연금연구원의 조사 결과, 이 세 가지 연금을 모두 가입한 사람은 4%에 불과하다.

여러 가지 생애재무설계 방안과 금융상품이 있지만, 앞으로 예상되는 기대수명 연장과 노령화 추세, 부동산 가격의 변화, 시중의 장기금리 동향을 감안할 때, 나에게 맞는 최상의 생애재무설계는 무엇인가? 이러한 계획을 수립하는 데 기초가 되는 화폐의 시간가치란 무엇인가? 이 chapter에서 배운 내용을 토대로 자신의 생애재무설계를 계획해 보는 것도 좋은 공부방법이 될 것이다.

제 1 절 화폐의 시간가치

1. 가치평가와 화폐의 시간가치

여유자금을 금융상품에 투자하여 자산 증식을 바라는 투자자들은 여러 금융상품의 가치를 비교하게 된다. 때로는 생애재무설계를 하면서 마련해야 할 자금의 가치를 평가하기도 한다. 또한 기업의 재무담당자는 기업가치를 높일 수 있는 여러 투자안들을 비교, 검토한다. 이처럼 개인 또는 기업 등 경제주체는 여러 상황에서 가치를 평가하게 된다.

가치평가(valuation)는 여러 자산들의 가치를 평가하는 것을 말한다. 가치평가는 다음의 여러 재무분야에서의 의사결정에 가장 중요한 기초 작업이 된다.

먼저 제1장에서 설명한 것처럼 '기업가치 극대화'가 재무의사결정의 목표이다. 따라서 기업의 재무담당자는 기업가치를 평가할 수 있어야 한다. 앞의 제1장 4절에서는 기업가치(V)를 다음과 같이 정의내렸다.

$$V = \sum_{t=1}^{n} \frac{CF_t}{(1+R)^t}$$

따라서 재무관리를 잘하기 위해서는 미래 현금흐름(CF_t)과 할인율(R)을 측정하고, 기업가치를 결정짓는 요인에 대한 이해가 필수적이다. 주식이나 부채증권의 시장가치의 합이 기업가치이므로 주식가치와 부채가치를 평가할 수 있어야 한다. "주주중심경영"을 해야 하는 경영자 입장에서는 주식가치를 결정짓는 요인에 대한 이해가 중요하다. 기업공개나 기업합병·인수(M&A)와 관련된 의사결정을 해야 하는 상황에서는 적정한 투자가치를 평가하는 작업이 더욱 중요해진다.

투자이익이 극대화되기를 바라는 개인투자자나 펀드매니저 같은 전문 자산운용가 입장에서는 적정한 증권 가치를 평가해야 증권의 과소 또는 과대 평가여부를 판단할 수 있다. 이를 위한 분석정보를 제공하는 증권분석가(애널리스트)에게는 투자가치평가 작업이 본업이 된다.

금융기관에서 신금융상품을 개발할 때에도 다양한 금융상품에 대한 가치평가가 기초가 된다. 신금융상품의 수익률과 만기 등에 대하여 어떤 특성을 부여하느냐에 따라 투자가치가 달라지고, 금융기관의 수익성에 영향을 미치기 때문이다.

개인들의 일생 동안에 걸친 재무설계-생애재무계획(life cycle financial planning)에서도, 소득이 있는 젊은 시절에 소득의 얼마만큼을 저축하여, 은퇴한 노후생활의 소비에 충당할 것인지를 결정하는 일이 중요해진다. 개인들의 재산증식을 위한 이와 같은 재무설계에서도 가치평가가 출발점이 된다.

그러면 가치를 어떻게 평가할 수 있는가? 투자대상이 무엇이든 투자자산의 가치는 미래 각 시점에서 얻게 되는 투자수입의 오늘 시점에서의 가치이다. 왜냐하면 순투자가치는 투자수입에서 투자액을 차감한 것이라고 할 수 있는데, 투자액이 현재시점의 현금흐름인 것에 비하여 투자수익은 미래의 현금흐름이고, 현재의 투자지출은 확실한 반면, 미래의 현금흐름은 불확실하기 때문이다.

순투자가치	=	투자수입	−	투자액
		(미래)		(현재)
		(불확실)		(확실)

따라서 '가치(value)'라는 개념은 다음 세 가지 요소에 의해서 결정된다고 할 수 있다.

① 미래에 발생할 현금흐름의 크기
② 현금흐름 발생시점의 상이함
③ 현금흐름의 위험도(불확실성)

먼저 위험이 동일하다고 가정하면, 상이한 시점에서 발생하는 현금흐름을 동일시점의 현금흐름으로 바꾸면 가치의 비교가 가능해진다. 즉, 현금흐름 발생의 시간적 차이(timing)를 조정해 주어야 한다. 동일한 현금흐름이더라도 시점이 다르면 가치가 다르기 때문이다. 이를 화폐의 시간가치(time value of money)라고 한다.

투자자들이 동일한 금액이라 하더라도 미래의 현금보다 현재의 현금이 더 가치가 있다고 보는 이유, 즉 유동성선호 경향을 갖는 이유는 다음과 같다.

① 소비자들은 동일한 조건이라면 미래의 소비보다는 현재의 소비를 선호하는 시차선호(time preference)의 경향을 지닌다.
② 일정한 현금을 미리 받으면 유리한 투자기회가 있을 경우, 이에 투자함으로써 부를 증식시키거나 높은 수익을 얻을 수 있다.
③ 미래에는 물가상승에 따른 구매력 감소의 가능성이 존재한다.
④ 미래에는 불확실성으로 인한 위험이 존재한다.

2. 가치환산방법과 시장이자율

서로 상이한 시점에서 발생하는 현금흐름을 동일시점의 가치로 환산하는 방법에는 다음의 두 가지가 있다.

① 서로 다른 시점에서 발생하는 모든 현금흐름을 종료되는 미래 일정시점의 가치, 즉 미래가치(future value)로 환산하는 방법
② 서로 다른 시점에서 발생하는 모든 현금흐름을 현재시점의 가치, 즉 현재가치(present value)로 환산하는 방법

미래가치 혹은 현재가치로 환산하는 데에는 환산율이 필요하다. 각 시점의 현금흐름에 위험이 없는 상황이라면 미래가치나 현재가치를 계산할 때 무위험이자율 또는 무위험수익률(risk-free rate)을 사용해야 한다. 보통 개인들이 화폐의 시간가치 환산율로 사용하는 것은 시장이자율인데, 금융시장에서 흔히 말하는 이자율이다.

금융시장에서의 이자율은 일정기간 동안의 자금사용에 대해 자금제공자에게 지불되는 대가(cost)로서, 균형이자율은 차입자들이 차입하기를 원하는 금액과 이자율, 자금제공자들이 빌려주기를 원하는 금액과 이자율이 일치하는 균형상태

(market clearing)에서 결정된다. 즉, 자금의 수요와 공급이 일치될 때 형성되는 이자율이 균형이자율이다.

금융시장은 개인들 사이의 차입과 대출을 통한 통화의 소비시점 조정을 가능하게 해 줌으로써 개인들의 최적소비-저축결정(현재 얼마를 소비하고 미래에 얼마를 소비할 것인가의 최적 의사결정)을 가능하게 해 준다. 이때 차입과 대출에 있어서 매개체의 역할을 하는 것이 이자율이다.

이 같은 시장이자율은 화폐의 시간가치를 반영하는 척도가 된다. 현재시점의 금액을 미래의 금액으로 환산할 때에는 이자율(또는 수익률)이라고 부르고, 미래의 금액을 현재의 금액으로 환산할 때에는 할인율이라고 부른다. 또 이자율은 금융시장에서 얻을 수 있는 최소한의 투자수익률(기회투자수익률)이 되므로 투자사업의 투자가치를 평가하는 기준이 되며, 기업이 자본을 조달할 때 소요되는 자본비용을 측정하는 기초가 된다. 시장이 균형상태에 있고, 효율적이라면 투자자들이 기업에 자본을 공급하면서 요구하는 투자수익률과 자본비용은 같을 것이다.

제 2 절 미래가치와 현재가치의 계산

다음 세 가지 형태의 금융상품이 있을 때 어느 경우가 투자가치가 높은가?

(상품 A) 현재 1,000만원을 6% 복리이자율의 3년 만기 금융상품

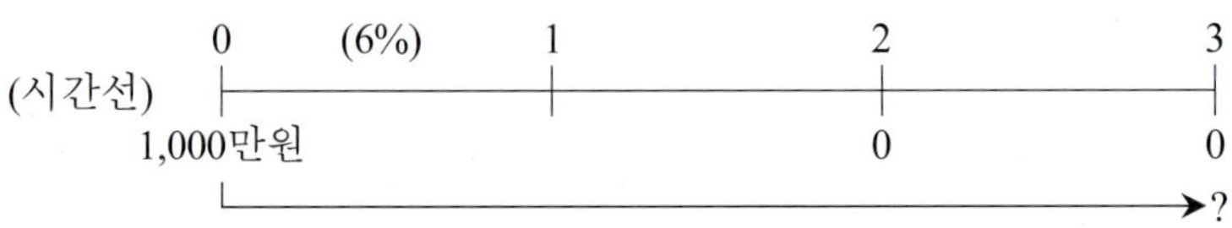

(상품 B) 5% 복리로 3년 후 1,120만원을 지급하는 금융상품

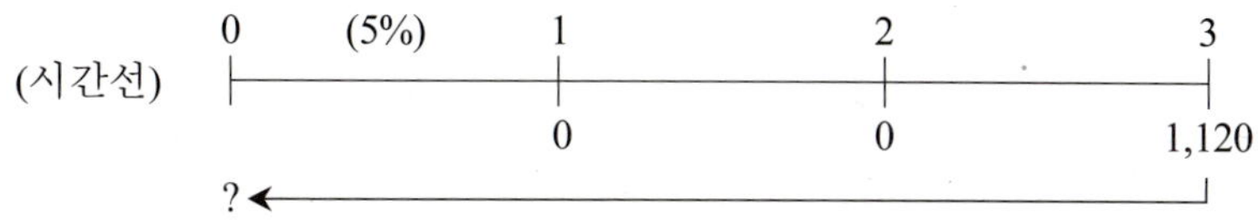

(상품 C) 4% 복리로 3년간 매년 390만원을 지급하는 금융상품

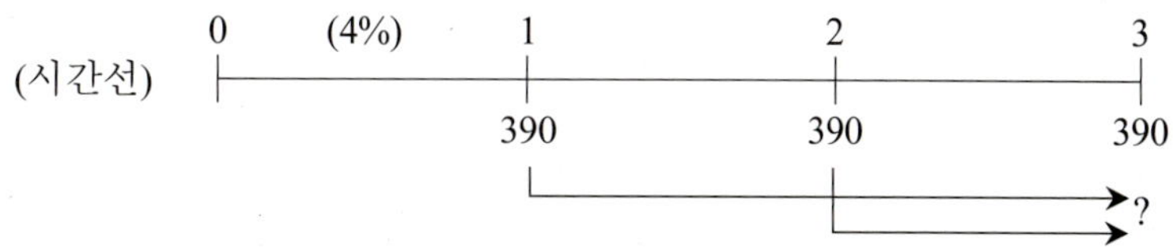

이들 금융상품(투자자산)의 현금흐름은 서로 다른 시점에서 발생하므로 직접 비교가 불가능하다. 투자가치를 비교평가하기 위해서는 먼저 동일시점의 현금흐름으로 바꿀 필요가 있다. 본절에서는 서로 다른 시점의 현금흐름을 동일시점의 가치로 환산하는 방법인 미래가치와 현재가치의 계산방법에 대해 설명한다.

1. 단일금액의 미래가치의 계산

상이한 시점의 현금흐름을 동일시점으로 통일하여 비교하는 한 방법은 미래 종료시점의 금액 기준으로 환산하는 방법이다. 이처럼 현재의 일정금액을 미래의 특정시점의 화폐액으로 환산하는 것을 미래가치(future value) 계산이라고 한다.

현재의 일정금액은 시간이 경과하면서 자금사용의 대가로 이자를 받는다. 미래가치 계산에는 이자가 붙는 방법에 따라 단리계산과 복리계산 방법이 있다. 단리(simple interest)계산은 원본에 대한 이자만 지급되는 것으로 하고, 이자가 재투자되지 않음을 전제로 한 계산이다. 반면에 복리(compound interest)계산은 원본에 대한 이자도 그 다음 기 이후에 원금에 포함되어 이에 대해서도 이자가 지급되는 방법으로서, 이자에 이자(interest on interest)를 고려한 것이다.

예를 들어 1,000만원을 3년간 6% 이자율에 저축하는데, 단리상품과 복리상품의 차이를 비교해 보자. 단리로 증식되면 이자부분이 60만원씩 3번의 합인 180만원에 불과하여 3년 후에 원리금의 합계는 1,180만원이 된다. 반면에 복리

로 증식되면, 다음과 같이 원본 1,000만원에 대해 이자에 이자가 붙은 결과, 이자분이 191만원이 되어, 3년말의 가치는 1,191만원이 된다. 결과적으로 복리로 증식되는 경우가 단리의 경우보다 11만원이 많음을 볼 수 있다.

단리계산에 의한 3년 후 원리금=1,000+(60+60+60)=1,180만원
복리계산에 의한 3년 후 원리금=1,000만원(1.06)(1.06)(1.06)
=1,000만원$(1+0.06)^3$=1,191만원

(단위 : 만원)

	1년차	2년차	3년차	3년 후 원리금(미래가치)
원금	1,000	1,060	1,123.6	1,191
이자	60	63.6	67.4	

현실의 경제상황에서는 중도에 재투자기회가 지속적으로 있게 되므로 미래가치 계산은 복리계산방법에 의해 평가하게 된다. 이러한 의미에서 미래가치 계산은 복리가치(compounding value) 계산이라고 할 수 있다.

이제 일반적 관계를 표시하기 위하여 현재의 원금을 PV_0, 이자율을 r, 기간을 n, n시점의 미래가치를 FV_n이라고 표시하면 미래가치는 다음과 같이 계산된다.

$$FV_n = PV_0(1+r)^n \tag{3.1}$$

위의 식에서 $(1+r)^n$을 계수화한 것을 미래가치 이자요소($FVIF_{r,\,n}$: future value interest factor), 미래가계수라고 한다. 현재금액 1원에 대해 이자율 r과 기간 n의 크기에 따라 계산하여 정리한 표가 본서 [부록 2]의 〈표 A-1〉이다. 이를 미래가치표(복리표)라고 한다. 따라서 현재금액 PV_0에 이 미래가계수 $FVIF_{r,\,n}$을 곱하면 미래가치가 계산된다. 위 예의 경우 [부록 2]의 〈표 A-1〉에서 6%, 3년의 미래가계수를 찾아보면, 이의 값이 1.1910임을 알 수 있는데, 이 미래가계수에 원금 1,000만원을 곱하면, 3년 후 미래가치는 1,191만원이 된다.

$$FV_n = PV_0(FVIF_{r,\,n}) \tag{3.2}$$

위에서 제시된 상품 A와 상품 B에 대하여, 3년말 기준의 미래가치 기준으로 비교하면, 상품 A의 미래가치는 위에 계산된 것처럼 1,191만원이고, 상품 B의 미래가치는 1,120만원이므로 상품 A의 투자가치가 더 높은 것으로 평가된다.

예제 3-1 미래가치의 계산

현금 100만원을 다음 조건의 정기예금에 저축하려고 한다. 만기 때의 미래가치는 각각 얼마가 되겠는가?

(1) 연간이자율 10%일 때, ① 1년, ② 5년, ③ 10년, ④ 30년, ⑤ 50년 후의 미래가치
(2) 연간이자율 4.6%일 때, 7.4년 후의 미래가치[1]

➤ 풀이

(1) 현금흐름을 시간선(time line)으로 나타내면, (이자율 $r=10\%$)

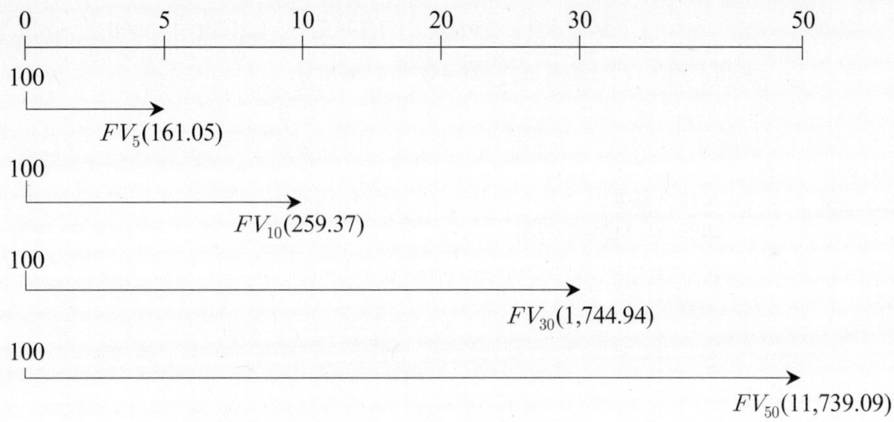

① $FV_1 = PV_0(1+r)^1 = 100(1+0.10)^1 = 100(1.10) = 110$만원
또는 $FV_1 = PV_0(FVIF_{0.10,\ 1}) = 100(1.1000) = 110$만원
② $FV_5 = PV_0(1+r)^5 = PV_0(FVIF_{0.10,\ 5}) = 100(1.6105) = 161.05$만원
③ $FV_{10} = PV_0(1+r)^{10} = PV_0(FVIF_{0.10,\ 10}) = 100(2.5937) = 259.37$만원
④ $FV_{30} = PV_0(1+r)^{30} = PV_0(FVIF_{0.10,\ 30}) = 100(17.449) = 1{,}744.94$만원
⑤ $FV_{50} = PV_0(1+r)^{50} = PV_0(FVIF_{0.10,\ 50}) = 100(117.39) = 11{,}739.09$만원

(2) $FV_{7.4} = 100(1+0.046)^{7.4} = 100(1.3949) = 139.49$만원

1) [부록 2]의 미래가치표는 이자율이 정수(1%, 2%, …)인 경우와 연수도 정수(1년, 2년, …)인 경우만 수록되어 있다. 문제 (2)처럼 정수가 아닌 경우는 ① 재무계산기의 활용방법 이외에 다음 방법에 의해서 계산한다. ② 보간법으로 계산 ; 4.6%인 경우는 선형관계를 전제로 4% 미래가계수와 5% 미래가계수에 4 : 6의 비율로 평균한 수치를 근사치로 이용한다. ③ EXCEL의 $FV($ $)$함수 이용 ; EXCEL에서 $=FV$(이자율, 기간, 정기불입액, 현재가치, 지급시점)의 함수를 이용한다. 구체적 절차와 해는 본서 권말 [부록 1]의 1. 참고.

현실의 재산증식은 복리계산처럼 이자에 이자가 붙는 식으로 증가하기 때문에 얼마의 이자율에 자주(복리횟수) 반복 재투자가 되는지, 그리고 얼마나 길게 재투자되는지에 따라 엄청난 차이를 가져온다. 이자에 이자가 붙어 부가 크게 증식되는 복리계산의 위력(power of compounding)이 여기에 있다.

다음 〈표 3-1〉은 위의 [예제 3-1]에서 계산된 10% 이자율하의 5년, 10년, 30년, 50년 후의 미래가치(연복리)와 함께 5% 이자율인 경우, 또 단리계산의 경우

● 표 3-1
원금 100만원의 5년, 10년, 30년, 50년 후의 미래가치(단위 : 만원)

구 분		5%			10%		
		연단리	연복리	월복리	연단리	연복리	월복리
원리금	5년	125.0	127.6	128.3	150.0	161.1	164.5
	10년	150.0	162.9	164.7	200.0	259.4	270.7
	30년	250.0	432.2	446.8	400.0	1,744.9	1,984.0
	50년	350.0	1,146.7	1,212.0	600.0	11,739.0	14,537.0

* 월복리의 계산문제는 다음 4절에서 설명함.

■ 그림 3-1
이자율수준과 미래가치

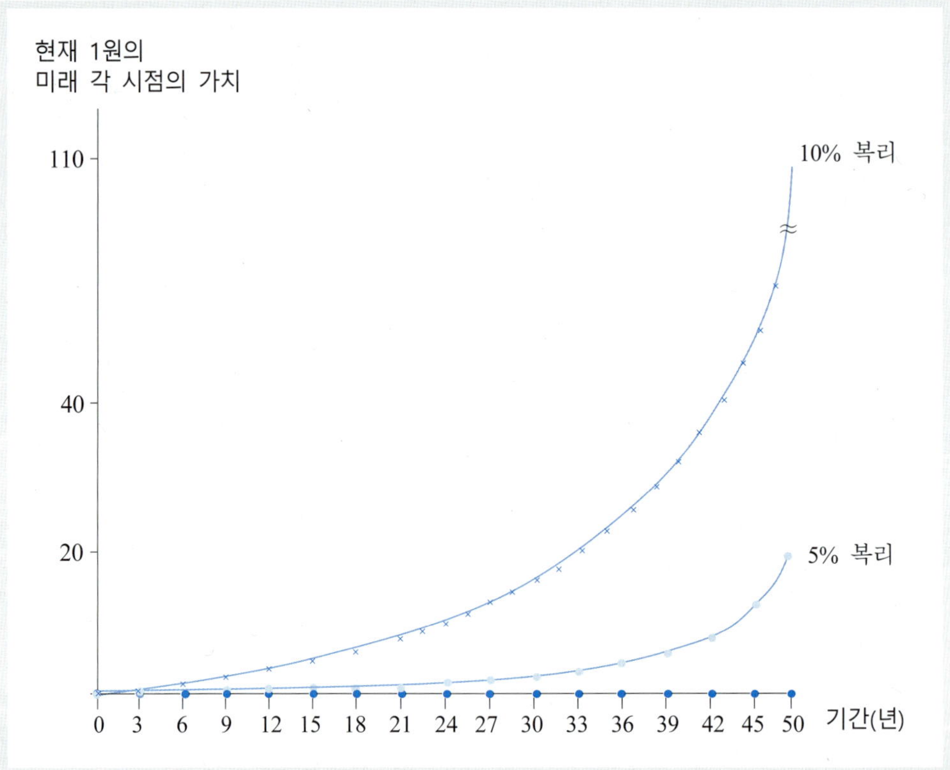

와 월복리의 경우를 요약한 것이다.

〈표 3-1〉에서 확인할 수 있는 것처럼 기간이 길어질수록 부가 폭발적으로 증식되는 것을 볼 수 있다. 10%의 이자율 상황에서 10년간 증식된 것과 50년간 증식된 부의 차이는 기간의 차이인 5배가 아니고, 45배가 됨을 볼 수 있다. 만약 이자율이 5%라면 10년과 50년의 차이는 약 7배가 된다. 이처럼 미래가치(부)는 기간이 장기가 될수록 그리고 이자율이 높을수록 증가된 부의 금액에 매우 큰 차이를 가져온다. [그림 3-1]은 이를 그림으로 보여주고 있다. 이와 같은 결과는 복리계산에서 이자에 이자가 붙어 원금이 늘어난 결과로서, 부의 증식에서 시간의 효과가 얼마나 큰지를 잘 보여주고 있다. 다음 [예제 3-2] 인디언의 맨해튼 땅 매각에서는 부의 증식의 효과에서 시간의 위력을 더 잘 확인할 수 있다.

예제 3-2 복리계산의 위력(1) : 인디언의 맨해튼 땅 매각

오늘날 뉴욕의 맨해튼(Manhattan)의 땅값은 \$510억 정도 되는 것으로 평가된다. 이 맨해튼을 인디언들은 1626년에 프랑스인 Peter Minuit에게 \$24에 팔아넘긴 바 있다.

(1) 지난 400년(1626~2025) 동안의 연간이자율이 8%이었던 것으로 계산하면 누가 횡재하였는가?
(2) 8% 이자율은 조금 높은 편일 수 있다. 만약 이자율이 8%가 아니고 4%라면 결론은 어떻게 달라지는가?
(3) (1)에서 복리로 증식된 부의 금액은 단리로 증식된 금액보다 얼마나 많은가?

➤ 풀이

(1) 연간이자율이 8%라면 400년 후의 부
$\$24\times(1.08)^{400}=\$561,970,394,044,949$(약 \$561,970십억)
따라서 현재의 땅값 \$510억의 약 11,019배. 8%의 이자율을 가정하면 인디언들이 매우 비싼 가격으로 매각한 것임.

(2) 연간이자율이 4%라면 400년 후의 부
$\$24\times(1.04)^{400}=\$156,151,788$. 4%의 이자율을 가정하면 위와 반대의 결론이 나옴.

(3) 단리(8%)로 증식된 400년 후의 부 = \$24 + \$24(0.08)(400년) = \$792
복리와 단리의 차이 = \$561,970,394,044,949 − \$792 = \$561,970,394,044,157

Concept check

만약 현재 $100를 5% 이자율에 계속 재투자한다면, 100년이 지난 후 얼마가 되는가? EXCEL로 계산해 보고 복리계산의 위력을 평가하라.[2)]

2. 단일금액의 현재가치의 계산

상이한 시점의 현금흐름을 동일시점으로 통일하여 비교하는 다른 방법으로, 현재시점을 그 비교기점으로 삼는 방법이 있다. 앞의 예에서 상품 B의 경우(5% 이자율의 경제상황에서 3년 후 1,120만원을 지급) 현재 받아야 할 금액(PV_0)은 3년간 5% 이자율로 증식된 금액인 1,120만원과 동일한 가치가 있어야 하므로 다음 관계를 만족하는 PV_0를 구하면 된다. 이 값이 상품 A의 현재시점의 금액인 1,000만원보다 낮은 값이므로 상품 B의 투자가치가 낮은 것으로 평가된다.

$$PV_0(1+0.05)^3 = 1{,}120\text{만원} \qquad \therefore\ PV_0 = 1{,}120\text{만원} / (1+0.05)^3 \fallingdotseq 967.5\text{만원}$$

이처럼 미래에 발생하게 될 화폐가치를 현재시점의 화폐가치로 환산하는 것이 현재가치(present value)의 계산이다. 현재가치 계산은 미래가치 계산의 역이므로 지금으로부터 n시점 후의 미래가치 FV_n을 이자율 r로 할인(discounting)하여 계산한다. 현재가치 PV_0의 계산방법은 다음과 같다. 현가 계산에서 이자율은 할인율(discount rate)로 사용된다.

$$PV_0 = \frac{FV_n}{(1+r)^n} = FV_n(1+r)^{-n} \tag{3.3}$$

위의 식에서 $(1+r)^{-n}$을 현가이자요소 또는 현가계수($PVIF_{r,\,n}$: present value interest factor)라고 한다. 본서 [부록 2]의 〈표 A-2〉가 이를 정리한 현재가치계수표이다. 미래 n시점의 금액에 이 현가계수를 곱하면 현재가치가 계산된다.[3)]

2) $13,150가 된다. 즉, 약 132배의 부가 형성된다.

$$PV_0 = FV_n(PVIF_{r,\,n}) \tag{3.4}$$

투자자산의 투자가치를 평가할 때, 보통 현재시점에서 평가하므로 별다른 언급이 없으면 이와 같이 구해지는 현재가치를 투자자산의 가치(value)로 사용한다.

투자자산(사업)의 가치(value)=현재가치(present value)

Concept check

투자안 A는 4년 후 30억원의 현금흐름이 예상되고, 투자안 B는 12년 후 50억원의 현금흐름이 예상된다. 시장이자율이 10%일 때 어느 투자안이 더 선호되겠는가? (미래 현금흐름은 확실한 것으로 가정함)[4)]

예제 3-3 현재가치의 계산

(1) 연간이자율이 10%일 때 ① 1년 후, ② 3년 후, ③ 5년 후의 1,000만원에 대한 현재가치는 각각 얼마가 되겠는가?

(2) 김소망 씨는 7대 독자인 자신의 아들의 6년 후 대학교육비가 5,000만원 소요될 것으로 보고 있다. 연간이자율이 4%라면, 지금 얼마를 저축해야 하는가?

➤ 풀이

(1) 현금흐름을 시간선(time line)으로 나타내면,

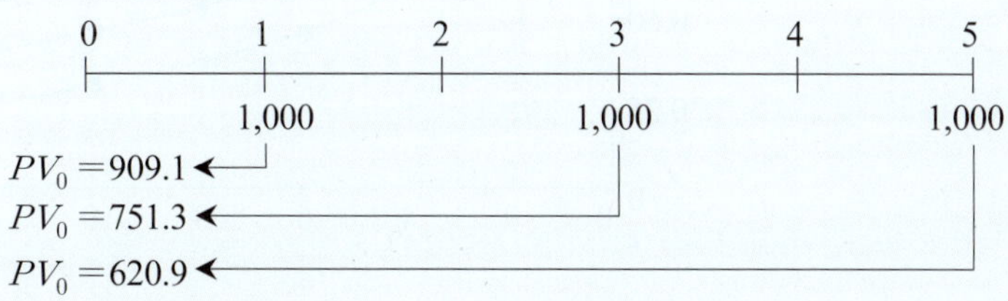

3) 미래가치 계산의 경우와 마찬가지로 현재가치는 할인율과 연수가 정수가 아닌 경우에는 ① 재무계산기를 활용, ② 보간법으로 계산, ③ EXCEL에서 $PV(\ )$함수를 이용하여 구한다. EXCEL을 활용할 때에는 $=PV$(이자율, 기간, 정기불입액, 미래가치, 지급시점)의 함수를 적용한다. 구체적 적용방법과 예에 대하여는 [부록 1]의 2. 참조.

4) 투자안 A : $PV_A = \dfrac{300}{(1+0.1)^4} = 300 \cdot (0.683) = 204.9$(천만원)

투자안 B : $PV_B = \dfrac{500}{(1+0.1)^{12}} = 500 \cdot (0.318) = 159.3$(천만원)

따라서 투자안 A의 현가가 더 크므로 투자안 A가 더 선호된다.

$PV_0 = FV_1/(1+r)^1 = 1{,}000/(1+0.1)^1 = 1{,}000(0.9091) = 909.1$만원

또는 $PV_0 = FV_1(PVIF_{r\%,\ n년}) = 1{,}000 \times (PVIF_{0.1,\ 1}) = 1{,}000(0.9091) = 909.1$만원

$PV_0 = FV_3/(1+r)^3 = 1{,}000 \times (PVIF_{0.1,\ 3}) = 1{,}000(0.7513) = 751.3$만원

$PV_0 = FV_5/(1+r)^5 = 1{,}000 \times (PVIF_{0.1,\ 5}) = 1{,}000(0.6209) = 620.9$만원

→ 현재가치는 투자기간이 장기가 될수록, 이자율(할인율)이 높을수록 더욱 낮아진다.

(2) $PV_0 = 5{,}000/(1+0.04)^6 = 5{,}000 \times (PVIF_{0.04,\ 6}) = 5{,}000(0.7903) = 3{,}951.6$만원

미래가치 계산의 예에서와 마찬가지로 현재가치는 투자기간이 장기가 될수록, 이자율(할인율)이 높을수록 현재가치의 차이가 매우 크다. [그림 3-2]에서 볼 수 있는 것처럼 이자율이 5%인 경우보다 15%인 경우가 당연히 현재가치가 낮지만, 연수가 길어질수록 그 차이는 크게 벌어진다.

■ 그림 3-2

이자율(할인율)과 현재가치

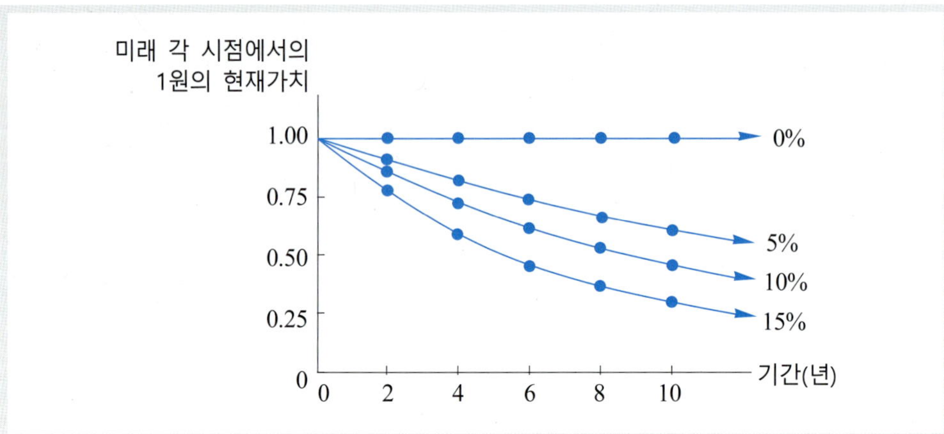

제 3 절 연금의 미래가치와 현재가치

미래 현금흐름에는 마치 연금수입처럼 일정금액이 계속적으로 지급되는 경우가 있다. 이처럼 연금(annuity)이란 일정기간 동안 일정금액을 계속적으로 지급하는 (또는 받는) 현금흐름이다. 앞의 예에서 상품 C가 이에 해당된다.

1. 연금의 미래가치 계산

상품 C는 3년간 연말에 390만원의 연금형태의 현금흐름이 있는 상품이다. 따라서 1년말의 390만원은 남은 기간 2년간 4%로 증식되고, 2년말의 390만원은 남은 기간 1년간 4%로 증식되는데 이를 3년말의 390만원과 합하면, 3년말 시점의 가치(S_3)는 다음과 같이 1,217만원이 된다. 종합하면 상품 C의 투자가치는 상품 A나 B보다 큰 것으로 평가된다.

$$S_3 = 390(1.04)^2 + 390(1.04)^1 + 390(1.04)^0 = 1{,}217\text{만원}$$

이처럼 일정금액 A(연금)를 n기간 동안 기말에 매번 지급(정상연금 : ordinary annuity)받고, 이를 n시점까지 동일한 이자율로 재투자하여 증식 누적시킨 부(총액)를 정상연금의 미래가치(S_n)라고 한다. 이제 이 연금수입이 기말에 들어오고, r% 수익률에 재투자한다고 가정하면, 이 현금흐름은 다음에서 보는 것처럼 초항이 A이고, 등비가 $(1+r)$인 유한등비수열이다. 따라서 이 연금의 미래가치는 식(3.5)와 같이 계산된다.

$$\begin{aligned} S_n &= A(1+r)^{n-1} + A(1+r)^{n-2} + \cdots\cdots + A(1+r)^1 + A(1+r)^0 \\ &= A\{(1+r)^{n-1} + (1+r)^{n-2} + \cdots\cdots + (1+r)^1 + (1+r)^0\} \\ &= A\left\{\frac{(1+r)^n - 1}{r}\right\} \end{aligned} \tag{3.5}$$

이 식에서 $\left\{\dfrac{(1+r)^n-1}{r}\right\}$을 정상연금의 미래가계수($FVIFA_{r,\ n}$: future value interest factor for annuity)라고 한다. 본서 [부록 2]의 〈표 A-3〉은 이를 계산 · 정리한 것으로서, 연금의 미래가치 계산에 이용한다.[5)]

예제 3-4 정상연금의 미래가치 계산

올림픽 금메달리스트인 A씨는 앞으로 5년 동안 매년말에 1,000만원씩의 연금을 지급받는다. A씨가 이를 연 10%의 이자율로 정기적금에 가입하여 연금지급이 끝나는 5년 후에 다시 찾는다면 그 총액, 즉 정상연금의 미래가치는 얼마가 되겠는가?

➤ 풀이

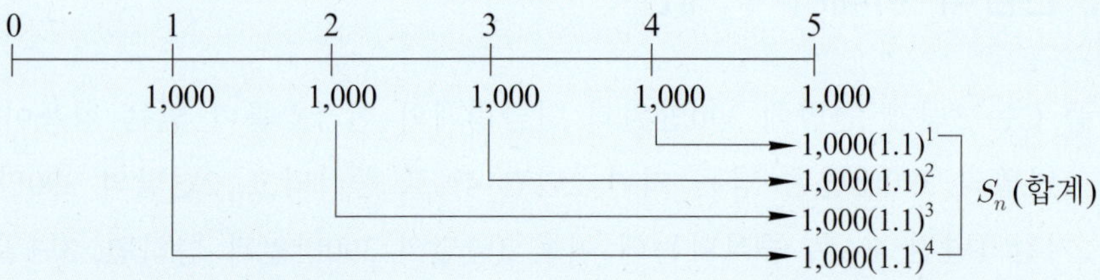

$$S_n = 1{,}000(1+0.1)^4 + 1{,}000(1+0.1)^3 + 1{,}000(1+0.1)^2 + 1{,}000(1+0.1)^1 + 1{,}000(1+0.1)^0$$

$$= 1{,}000\left\{\frac{(1+0.1)^5-1}{0.1}\right\} = 6{,}105.1\text{만원}$$

또는 $1{,}000(FVIFA_{0.1,\ 5}) = 1{,}000(6.1051) = 6{,}105.1$만원

예제 3-5 복리계산의 위력(2) : 매일 3,000원 저축의 위력

현재 25세인 한근면 씨는 매일 3,000원씩을 모아서 책상서랍에 보관하였다가 연말에 목돈 1,095,000원을 AAA증권회사에 기대수익률 12% 상품에 투자하고 있다.

(1) 매년 이와 같이 하여 40년 후 65세 정년 때에 찾으면 얼마가 될 것인가?

(2) 이여유 씨는 이와 동일한 방법으로 투자하되, 이를 45세일 때 시작하였다. 이 투자액이 20년 후 65세에 얼마가 될 것인가?

---

5) EXCEL을 이용하여 연금의 미래가치를 구할 때에도 미래가치 계산과 동일하게 $FV(\ )$함수를 이용한다. 다만 $=FV$(이자율, 기간, 정기불입액, 현재가치, 지급시점)의 함수에서 네 번째 인수는 적용하지 않고, 세 번째 정기지급(불입)액에 연금액의 셀을 지정한다. 구체적 절차와 예는 [부록 1]의 3. 참고.

(3) 이여유 씨가 45세에 시작하여 65세까지 매년 투자를 하되, 65세에 한근면 씨와 동일한 부((1)의 답)를 만들기 위해서는 매년 얼마씩의 투자(저축)를 해야 하는가? (기대수익률 12%에 투자할 수 있다고 가정함)

(4) 위의 결과가 부의 증식에 대해서 시사하는 바는 무엇인가?

➢ 풀이

(1) 매년 1,095,000원, 연간수익률 12%, 40년 후의 연금의 미래가치 계산 :

S_n =1,095천원(12%, 40년 연금의 미래가계수)

=1,095천원(767.09)=839,965,110원

(2) 매년 1,095,000원, 연간수익률 12%, 20년 후의 연금의 미래가치 계산 :

S_n =1,095천원(12%, 20년 연금의 미래가계수)

=1,095천원(72.052)=78,897,420원

(3) 이여유 씨가 20년 후에 한근면 씨처럼 839,965,110원의 부를 형성하는 데 필요한 매년마다의 저축금액을 A라고 한다면, 이 관계는 다음과 같이 표시할 수 있다.

A(12%, 20년, 연금의 미래가계수)=839,965,110원

⇒ A=839,965,110(원)/72.052=11,657,690원

[* 한근면 씨의 연간저축액 1,095,000원과 비교하면, 약 11배 정도의 많은 금액을 저축해야 함]

(4) [예제 3-2]에서는 미래가치 계산의 예로 복리계산(시간가치)의 위력을 설명하였다. 본 예제에서는 연금의 미래가치 계산의 예로써 부의 증식에서 시간의 위력을 확인하게 하는데, 저축(투자)기간이 보다 장기간이 되기 위해서는 빨리 시작하여 꾸준히 저축하는 것이 중요함을 시사하고 있다.

Concept check

각각 1억원의 자금을 A변동성 상품과 B안정성 상품에 투자하여 3년간 다음과 같은 수익률을 기록하였다. 3년 후의 미래가치를 구하여, 어느 상품이 투자수익이 좋은지를 평가하라. 비록 수익률은 낮지만 꾸준히 수익을 내는 상품이 우수한 이유는 무엇인가?[6)]

	1년차	2년차	3년차
A변동성 상품	30%	−20%	20%
B안정성 상품	10%	10%	10%

6) A상품 : 1억원(1.3)(0.8)(1.2)=1.248억원
B상품 : 1억원(1.1)(1.1)(1.1)=1.331억원
복리효과는 꾸준히 수익을 내는 상품에서 잘 나타난다.

2. 연금의 현재가치 계산

(1) 정상연금의 현재가치 계산

미래 일정기간 동안 매번 일정금액(연금)을 지급받는 경우, 지급받는 모든 연금의 현재시점의 가치, 즉 지금 당장 목돈으로 일시불로 받는 금액을 정상연금의 현재가치(present value of annuity)라고 한다. n년 동안 매년말 A만큼 연금을 지급받을 때, 이자율(할인율)이 r%라고 하면, 이 연금의 현재가치(S_0)는 다음과 같다.

$$S_0 = \frac{A}{(1+r)} + \frac{A}{(1+r)^2} + \frac{A}{(1+r)^3} + \cdots\cdots + \frac{A}{(1+r)^n}$$

이 식은 초항이 $A/(1+r)$이고 등비가 $1/(1+r)$인 유한등비수열이다. 이를 정리하면 식(3.6)과 같은 결과를 얻는데, 이 식을 이용하여 계산한다.

$$S_0 = A\left\{\frac{(1+r)^n - 1}{r(1+r)^n}\right\} \tag{3.6a}$$

$$\text{또는 } S_0 = \frac{A}{r}\left\{1 - \frac{1}{(1+r)^n}\right\} = A \cdot \left\{\frac{1-(1+r)^{-n}}{r}\right\} \tag{3.6b}$$

이 식에서 $\left\{\frac{(1+r)^n - 1}{r(1+r)^n}\right\}$ 또는 $\frac{1}{r}\left\{1 - \frac{1}{(1+r)^n}\right\}$을 정상연금의 현가계수($PVIFA_{r,\,n}$: present value interest factor for annuity)라고 한다. 본서 [부록 2]의 〈표 A-4〉는 이를 계산 · 정리한 것으로서, 연금의 현재가치 계산에 이 표를 사용한다.7)

(2) 연금흐름이 기초에 발생할 때의 현재가치 계산

식(3.6)은 A만큼의 현금흐름이 기말에 들어오는 것을 전제로 한 것이다. 만약 이 금액이 기말이 아니고, 기초에 들어오는 경우(기초연금 : annuity due)라면 시작

7) EXCEL을 이용하여 연금의 현재가치를 구할 때에도 미래가치 계산과 동일하게 PV( )함수를 이용한다. 다만 $=PV$(이자율, 기간, 정기불입액, 미래가치, 불입시점)의 함수에서 네 번째 인수는 적용하지 않고, 세 번째 정기지급(불입)액에 연금액의 셀을 지정한다. 구체적 절차와 예는 [부록 1] 4. 참고.

시점 초에 A의 현금흐름이 있고, $(n-1)$기간에 걸친 연금의 현재가치를 계산하는 것이 되므로, 다음 식(3.7)과 같이 구해진다.

$$
\begin{aligned}
S_0 &= A+\frac{A}{(1+r)^1}+\frac{A}{(1+r)^2}+\cdots\cdots+\frac{A}{(1+r)^{n-1}} \\
&= A+A(r\%,\ n-1\text{년 연금의 현가계수}) \\
&= A+\frac{A}{r}\left\{\frac{(1+r)^{n-1}-1}{(1+r)^{n-1}}\right\} \qquad (3.7a)
\end{aligned}
$$

$$
\text{또는 } S_0 = A\left\{\frac{(1+r)-\dfrac{1}{(1+r)^{n-1}}}{r}\right\}=A\cdot\frac{1-(1+r)^{-n}}{r}(1+r) \qquad (3.7b)
$$

예제 3-6 정상연금의 현재가치 계산

앞의 예제에서 올림픽 금메달리스트인 A씨가 앞으로 5년간 매년말에 1,000만원씩 지급받기로 계약한 금액을 현재 일시불(목돈)로 한꺼번에 지급받고 싶다면 얼마를 받아야만 하겠는가? 연시장이자율은 10%라고 가정한다. 또한 만약 이 금액을 매년초에 받기로 하였다면 현재 목돈으로 얼마를 받아야 하는가?

➤ **풀이**

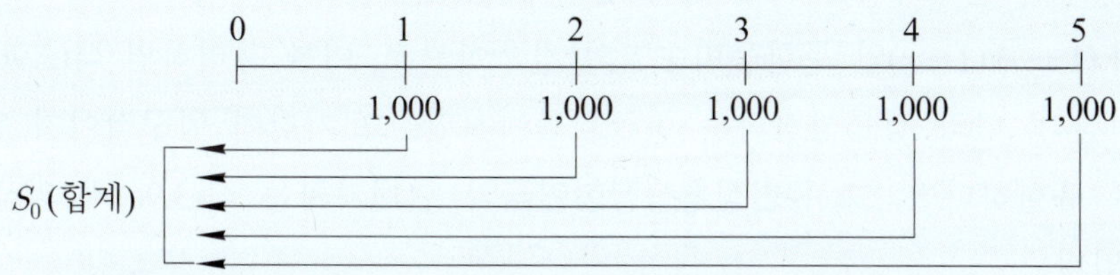

$$
\begin{aligned}
S_0 &= \frac{1{,}000}{(1.1)}+\frac{1{,}000}{(1.1)^2}+\cdots+\frac{1{,}000}{(1.1)^5}=\frac{1{,}000}{0.1}\left\{1-\frac{1}{(1.1)^5}\right\} \\
&= 1{,}000(PVIFA_{0.1,\ 5})=1{,}000(3.7908)=3{,}790.8\text{만원}
\end{aligned}
$$

만약 매년초에 1,000만원씩 지급받기로 한 경우라면,

$$
\begin{aligned}
S_0 &= 1{,}000+\frac{1{,}000}{(1.1)^1}+\frac{1{,}000}{(1.1)^2}+\frac{1{,}000}{(1.1)^3}+\frac{1{,}000}{(1.1)^4} \\
&= 1{,}000+1{,}000\times PVIFA_{0.1,\ 4}=4{,}169.9\text{만원}
\end{aligned}
$$

(3) 영구연금의 현재가치

위에서의 연금 계산은 현금흐름이 일정기간 동안만 유한하게 발생하는 경우이다. 이와는 달리 연금이 무한 지급되는 경우의 연금형태의 현금흐름을 영구연금(perpetuity)이라고 한다. 매년 A의 연금을 무한히 계속적으로 받을 경우 이자율(할인율)이 r%라고 하면, 이 금액들의 현재가치(S_0)는 등비가 $1/(1+r)$인 무한등비수열이므로 다음과 같이 매년(매기)마다 받는 연금(A)을 이자율로 나눈 금액이다.

$$S_0 = \frac{A}{(1+r)} + \frac{A}{(1+r)^2} + \cdots\cdots \frac{A}{(1+r)^n} + \cdots\cdots \infty = \frac{A}{r} \qquad (3.8)$$

(4) 정률성장 영구연금의 현재가치

위의 영구연금의 계산에서는 연금의 증가율을 고려하지 않았다. 미래 각 시점의 현금흐름이 시작연도 A만큼의 연금에서 g%만큼 일정하게 정률적으로 무한히 성장하는 경우의 현금흐름을 정률성장연금(constant growth annuity)이라고 부른다. 이 경우의 현재가치는 식(3.9a)의 합이 되는데, 이 식은 초항이 $A/(1+r)$이고, 등비가 $(1+g)/(1+r)$인 무한등비수열의 경우이므로, 이를 정리하면 식(3.9b)의 값이 구해진다. 만약 정률성장하는 현금흐름이지만, 그 기간이 영구적이지 않고 n년으로 유한하다면, 그 유한정률성장형연금의 현재가치는 식(3.9c)에 의해서 구할 수 있다.

$$S_0 = \frac{A}{(1+r)} + \frac{A(1+g)}{(1+r)^2} + \cdots\cdots + \frac{A(1+g)^{n-1}}{(1+r)^n} + \cdots\cdots \infty \qquad (3.9a)$$

$$= \frac{A}{r-g} \quad (\text{단, } r > g) \qquad (3.9b)$$

$$S_0(\text{유한정률성장형연금}) = \frac{A}{r-g} \times \left\{1 - \frac{(1+g)^n}{(1+r)^n}\right\} \qquad (3.9c)$$

예제 3-7 영구연금과 정률성장연금의 현재가치 계산

5년차부터 매년말 4,000만원씩 영구히 지급받는 연금이 있다. 시장이자율은 10%라고 가정한다.

(1) 이 연금의 현재가치를 구하라.

(2) 만약 이 연금이 올해말에 4,000만원이 지급되고, 지급액이 해마다 6%씩 증가한다면 이 연금의 현재가치는 얼마가 되겠는가?

➤ 풀이

(1) 향후 5년초 시점의 영구연금의 현가$=\frac{A}{r}=\frac{4{,}000\text{만원}}{0.1}=4$억원

현재(올해초) 시점의 영구연금의 현가$=\frac{4\text{억원}}{(1.1)^4}=2.732$억원

[* 현재시점의 현가를 계산할 때, $(1.1)^5$로 할인하지 않고, $(1.1)^4$로 할인하는 이유는 4억원이 5년초, 즉 4년말의 금액이기 때문임]

(2) 정률성장 영구연금의 현가 $S_0=\frac{A}{r-g}=\frac{4{,}000\text{만원}}{0.1-0.06}=10$억원

3. 정기적금, 할부금의 계산

(1) 정기적금의 계산

금융기관 예금상품 중에는 정기적으로 일정금액의 부금을 불입하고 만기 때에 목돈을 찾는 정기적금(부금)상품이 있다. 이 상품의 이자율이 r%일 경우 만기시에 만들고 싶은 목돈(S_n)을 찾기 위해서 기말에 정기적으로 얼마씩 적금을 불입해야 하는가? 목돈(S_n)을 찾기 위해 불입해야 할 정기적금(부금)액을 A라고 하면, 정기적금(부금)액 A에 [r%, n년 연금의 미래가계수]를 곱한 금액이 목돈(S_n)이 되면 된다.

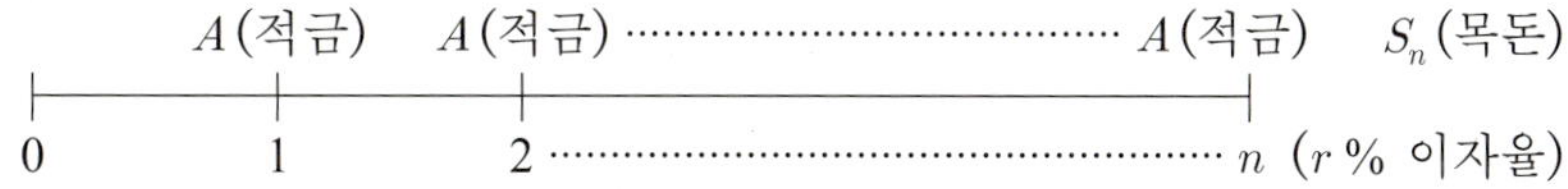

따라서 연금의 미래가치 계산에서 S_n과 r% 이자율이 주어졌을 경우에 역으로 연금 A를 구하는 문제라고 볼 수 있다. 즉, $S_n = A \times (r\%, n$년 연금의 미래가계수)의 관계에서 A를 구하면 다음과 같다.[8)]

$$\text{정기적금액 } A = \frac{S_n}{[r\%, n\text{년 연금의 미래가계수}]} = \frac{S_n}{FVIFA_{r,\,n}} \quad (3.10)$$

(2) 할부금의 계산

은행과 같은 대여자(lender)는 대출과 관련해 원금과 이자의 상환방법에 대한 규정을 정하는데, 그에 따라 대출을 순수할인상환대출, 이자우선상환대출, 분할상환대출 등으로 나눌 수 있다. 차입자가 현재 돈을 빌리고 미래 어떤 시기에 일시불로 상환하는 순수할인상환대출(pure discount loan)의 대표적인 상품으로는 제4장에서 다루는 순수할인채권(zero coupon bond)이 있다. 이자우선상환대출(interest-only loan)은 차입자가 매 기간 이자만을 우선 지불하고 미래 어떤 시점에 원금을 상환하는 상품이다.

정기적금과 정반대로 금융기관으로부터 일정액을 대출받아 정기적으로 얼마씩 상환하는 분할상환대출(amortized loan)의 경우, 차입자는 대출기간 중 원금의 일부를 상환해야 한다. 주택자금대출 중 고정금리로 원금과 이자를 포함한 일정액을 매 기간 갚아가는 모기지론(mortgage loan)과 자동차할부대출(car loan)이 대표적 예이다. 만약 r% 이자율로 S_0 금액만큼 대출받아 정기적으로 일정금액을 상환해야 한다고 할 때, 정기상환액(할부금) A는 얼마인가?

이 경우 정기상환액(대출할부금)을 구하는 것은 다음에서 보는 것처럼 연금의 현재가치 계산에서 S_0과 r% 이자율이 주어졌을 경우에 역으로 연금(A)을 구하는 문제라고 볼 수 있다.

---

8) EXCEL을 이용하여 정기적금액, 정기할부액을 구하는 것은 $PMT(\ )$함수를 이용한다. 즉, $=PMT$(이자율, 기간, 현재가치, 미래가치, 지급시점)의 함수를 이용한다. 정기적금 계산에서는 네 번째 인수(미래가치)에 만기 때 찾는 목돈을, 정기할부금 계산에서는 세 번째 인수(현재가치)에 현재 대출받는 금액의 셀을 지정한다. 구체적 절차와 예는 [부록 1]의 5. 참고.

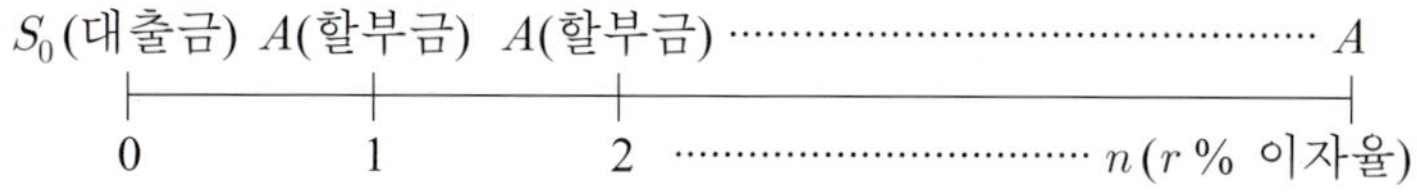

따라서 $S_0 = A \times (r\%,\ n$년 연금의 현가계수)의 관계에서 A를 구하면 정기 할부금(A)은 다음과 같이 구해진다.

$$\text{정기할부금 } A = \frac{S_0}{[r\%,\ n\text{년 연금의 현가계수}]} = \frac{S_0}{PVIFA_{r,\ n}} \qquad (3.11)$$

위 식을 이용하면 분할상환대출의 분할상환표(amortization schedule)를 손쉽게 만들 수 있다. 예를 들어 김군이 회사에 취업한 후 현대자동차 제네시스를 자동차 대출 5천만원을 이용하여 구입했다고 가정해 보자. 상환조건은 연 9% 이자율로 5년간 연말에 동일한 금액으로 분할상환한다는 것이다. 이때 분할상환표를 만들어 보자.

식(3.11)을 이용하면 약 12,855(천원)을 매년말 상환해야 한다. 이 상환액 중 첫해의 이자는 50,000×0.09=4,500(천원)이다. 그리고 첫해의 원금상환액은 12,855−4,500=8,355(천원)이다. 따라서 기말원금잔액은 50,000−8,355=41,645(천원)이다. 그리고 둘째 해의 이자는 41,645(천원)의 9%이다. 이와 같은 방법을 이용하여 다음과 같이 분할상환표를 만들 수 있다.

(단위 : 천원)

년	기초의 잔액	총지불액	이자지불액	원금상환액	기말의 잔액
1	50,000	12,855	4,500	8,355	41,645
2	41,645	12,855	3,748	9,107	32,538
3	32,538	12,855	2,928	9,927	22,611
4	22,611	12,855	2,035	10,820	11,791
5	11,791	12,855	1,061	11,794	−3*
합계		64,275	14,273	50,002	

* 반올림 때문에 5년차 기말의 잔액이 −3이 되었지만, 정확히 계산하면 0임.

예제 3-8 정기적금액의 계산

김소망 씨는 10년 후에 자영업을 할 계획인데, 필요한 10억원을 마련하기 위하여 매년말에 한 번씩 불입하는 정기적금을 들고자 한다. 이자율이 8%인 경우 정기적금(A)으로 얼마씩 불입해야 하는가?

➤ **풀이**

10억원 $= A \times$(8%, 10년 연금의 미래가계수)

$$\therefore \; A = \frac{10억원}{14.487} = 6{,}902.9만원$$

예제 3-9 주택할부금의 계산

5억원짜리 집을 구입하는데, 이 중에서 20%(1억원)는 개인저축에서 구입자금을 마련하고, 나머지 4억원은 주택할부 금융회사에서 30년 만기로 매년 균등금액으로 갚아나가야 한다. 연이자율은 12%이다. 매년말 상환하게 되는 금액은 얼마인가?

➤ **풀이**

4억원 = 매년말 상환할부금액 $\times PVIFA_{12\%,\ 30년}$

$$\therefore \; 매년말\ 상환할부금액 = \frac{400{,}000{,}000}{8.0552} = 49{,}657{,}463원\ 또는\ = \frac{400{,}000{,}000}{\left(\frac{(1.12)^{30}-1}{(0.12)(1.12)^{30}}\right)}$$

제 4 절 특수한 경우의 현가계산과 응용

1. 2회 이상의 복리횟수 · 할인횟수의 경우

지금까지 미래가치나 현재가치의 계산은 연 1회 복리(compounding)로 증식되거나 할인(discounting)되는 것을 가정하였다. 그러나 경우에 따라서는 복리 또는 할인

계산의 횟수가 연간 2회 이상이 될 수가 있다. 복리, 할인 횟수가 연간 m회인 경우의 계산방법을 살펴보기로 하자.

1) 연 복리횟수가 m회인 경우의 미래가치 계산

연 이자율이 10%인데, 6개월마다 복리로 증식되면, 결국 5% 이자율에 2년 증식하는 셈이다. 일반적으로 연간 m회 복리로 증식되는 경우는 결국 1회 이자율은 r/m이 되고, 이 이자율 수준으로 mn번 복리로 증식되는 것이 된다. 따라서 식(3.12)와 같이 미래가치를 계산하면 되는데, 이 식에서 r/m은 단위기간 (n/m) 동안 적용되는 이자율이며, mn은 n년 동안의 총복리계산횟수가 된다. 부록의 미래가계수표를 이용할 때에는 r/m의 이자율에 mn연수의 계수를 적용해야 한다.

$$FV_n = PV_0\left(1+\frac{r}{m}\right)^{mn} \tag{3.12}$$

2) 연 할인횟수가 m회인 경우의 현재가치 계산

현재가치의 계산은 미래가치 계산의 역이므로 연 할인횟수가 m회인 경우의 현재가치는 식(3.13)과 같이 계산하면 구해진다.

$$PV_0 = FV_n \Big/ \left(1+\frac{r}{m}\right)^{mn} \tag{3.13}$$

3) 연 복리횟수가 무한히 많을 경우의 미래가치 계산

위의 설명처럼 일정기간의 이자계산횟수를 m회만큼 셀 수 있는 미래가치 계산은 이산복리계산(discrete compounding)이라고 한다. 반면에 이자계산횟수 m회가 무한히 많아져 순간순간 복리계산되는 경우의 미래가치 계산은 연속복리계산(continuous compounding)이라고 한다. 이자가 무한히 연속적으로 계산되는 경우의 미래가치는 식(3.14)에 의해서 구해지는데, 현 시점의 1원은 미래시점에서 e^{rn}의 금액이 된다.[9]

---

9) 이에 대한 증명은 다음과 같다.

$\lim_{x\to\infty}\left(1+\frac{1}{x}\right)^x = e$이므로

$$FV_n = \lim_{m \to \infty} PV_0 \left(1 + \frac{r}{m}\right)^{mn} = PV_0 \cdot e^{rn} \tag{3.14}$$

(여기서 $e=2.71828$ 자연로그의 밑수)

4) 연 할인횟수가 무한히 많은 경우의 현재가치 계산

현재가치의 계산은 미래가치 계산의 역이므로 식(3.15)를 적용하면 할인횟수가 무한한 경우 현재가치(continuous discounting)를 구할 수 있다.

$$PV_0 = \lim_{m \to \infty} FV_n \Big/ \left(1 + \frac{r}{m}\right)^{mn} = FV_n \cdot e^{-rn} \tag{3.15}$$

예제 3-10 연 복리계산횟수가 연 2회 이상일 경우, 무한한 경우의 미래가치 계산

현재의 1,000만원에 대하여 연간 10% 이자율로 ① 연 1회($m=1$), ② 연 2회($m=2$), 즉 반기, ③ 연 4회($m=4$), 즉 분기, ④ 연 365회($m=365$), 즉 일간, ⑤ 연속적($m=\infty$)으로 각각 복리계산한다고 할 때, 각각의 10년 후의 미래가치를 구하라.

➤ 풀이

연 1회 복리 : $FV_{10}=1{,}000(1+0.1)^{10}=1{,}000(2.5937)=2{,}593.7$만원

연 2회 복리 : $FV_{10}=1{,}000(1+0.1/2)^{2\times10}=1{,}000(2.6533)=2{,}653.3$만원

연 4회 복리 : $FV_{10}=1{,}000(1+0.1/4)^{4\times10}=1{,}000(2.6851)=2{,}685.1$만원

연 365회 복리 : $FV_{10}=1{,}000(1+0.1/365)^{365\times10}=1{,}000(2.7179)=2{,}717.9$만원

연속적 복리 : $FV_{10}=1{,}000\cdot e^{rn}=1{,}000(2.7183)^{0.1\times10}=1{,}000(2.7183)=2{,}718.3$만원

⇒ 연 1회 복리로 증식되는 경우의 미래가치와 무한히 증식(연속적 복리)되는 경우의 미래가치의 차이는 $2{,}718.3-2{,}593.7=124.6$만원이다.

이를 그림으로 나타내면 다음과 같다.

$$FV_n = \lim_{m \to \infty} PV_0 \left(1+\frac{r}{m}\right)^{mn} \Rightarrow \lim_{m \to \infty} PV_0 \left(1+\frac{r}{m}\right)^{\left(\frac{m}{r}\right)\cdot rn}$$

$\frac{m}{r}$을 x로 치환하면 $PV_0 \cdot e^{rn}$(증명됨)

한편 연속복리수익률(r_c)은 다음처럼 이산수익률(r_d)에 1을 더한 값의 ln 값을 취하면 된다.

$r_c=\ln(1+r_d)$ … ①. 왜냐하면 미래가치를 구하는 방법으로서 식(3.14)에서 이자율 r을 r_d, r_c로 구분표시하면 이산수익률(좌변)방법과 연속수익률(우변)방법이 같아야 한다. 즉, $PV_0(1+r_d)^n = PV_0\, e^{r_c n}$인데, 양변에 ln을 취하면 ①의 관계를 얻는다.

복리횟수가 연 1회, 2회, 무수한 경우의 미래가치의 차이

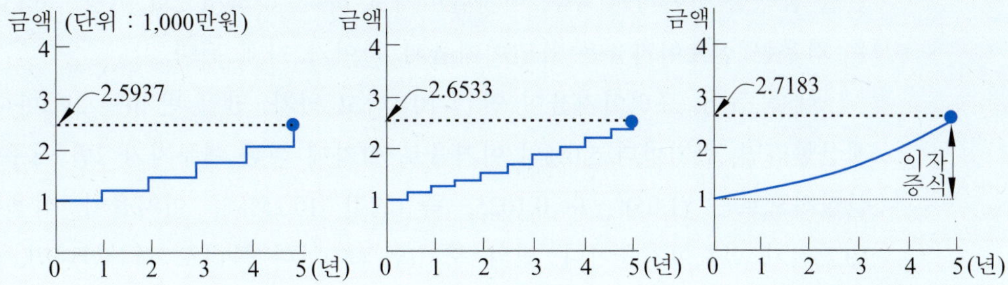

(1) 연 1회 복리　(2) 연 2회 복리　(3) 연속적 복리

예제 3-11 **연 할인횟수가 연 2회 이상일 경우의 현재가치 계산**

미래 10년 후의 1,000만원에 대하여 연간 12% 이자율로 ① 연 1회, ② 연 2회(반기마다), ③ 연 4회(분기마다), ④ 연 365회(일간), ⑤ 연속적으로 각각 할인한다고 할 때 각각의 현재가치를 구하라.

➤ 풀이

연 1회 할인 : $PV_0 = 1{,}000/(1.12)^{10} = 1{,}000(0.3220) = 322.0$만원

연 2회 할인 : $PV_0 = 1{,}000/(1+0.12/2)^{2\times 10}$

$= 1{,}000(1+0.06)^{-20} = 1{,}000(0.3118) = 311.8$만원

연 4회 할인 : $PV_0 = 1{,}000/(1+0.12/4)^{4\times 10}$

$= 1{,}000(1+0.03)^{-40} = 1{,}000(0.3066) = 306.6$만원

연 365회 할인 : $PV_0 = 1{,}000/(1+0.12/365)^{365\times 10}$

$= 1{,}000(1+0.000329)^{-3{,}650} = 1{,}000(0.3013) = 301.3$만원

연속적 할인 : $PV_0 = 1{,}000/e^{rn} = 1{,}000(2.7183)^{-(0.12)(10)} = 301.2$만원

⇒ 연 1회 할인과 연속적 할인의 경우 현재가치의 차이는 322−301.2=20.8만원

2. 표면이자율과 실효이자율

표면이자율(stated interest rate)은 자금공급자가 요구하는 이자율로서 복리계산을 감안하지 않는 이자율이다. 이는 통상 연간(1년기준) 몇 %로 표시한다. 반면에 실효이자율(effective interest rate)은 2회 이상 복리로 계산되는 경우, 이자의 재투자

를 전제로 계산된 이자율이다. 실효이자율은 복리로 계산될 경우 연초 금액과 연말 금액을 일치시켜 주는 이자율이기도 하다. 따라서 2회 이상 복리로 계산되는 경우는 실효이자율은 표면이자율과 차이가 나게 된다.

예를 들어, 표면이자율이 연간 10%라고 하자. 만약 반기(연 2회)마다 복리로 계산한다면, 반기마다 5.0%의 이자율로 이자에 대한 재투자가 2번 이루어지므로 실질적으로는 $(1.05)^2-1=0.1025$, 즉 연간 10.25%의 이자율이 적용된다. 이 10.25%가 실효이자율이다. 만약 분기(연 4회)마다 복리로 계산한다면, 분기마다 2.5%의 이자율로 이자에 대한 재투자가 4번 이루어져, 실효이자율은 10.38%[$=(1.025)^4-1=0.1038$]가 된다. 실효이자율은 이처럼 일정기간 동안 몇 회 복리로 증식되느냐에 따라 다르게 계산되고, 복리횟수가 다른 상품을 비교할 때 사용된다.

일반적으로 연간 표면이자율을 r_s 이라고 할 때, 연간 m회 복리계산할 경우의 실효이자율(r_e)은 다음과 같이 측정된다.

$$r_e=\left(1+\frac{r_s}{m}\right)^m-1 \tag{3.16}$$

Concept check

5년 전 1,000만원을 예치한 것이 현재 2,000만원이 되었다.[10)]
① 표면이자율은 얼마인가?
② 1년마다 복리로 증식되는 것을 전제로 하면 실효이자율은 얼마인가?

예제 3-12 실효이자율의 계산

표면이자율(r_s)이 연 8%일 때, ① 반기($m=2$), ② 분기($m=4$), ③ 매월($m=12$), ④ 매일($m=365$)별로 복리로 계산된다고 할 때 각각의 실효이자율(r_e)은 얼마인가?

---

10) ① 표면이자율 $r_s=\left(\frac{2,000}{1,000}-1\right)/5=20\%$

② 실효이자율 $r_e=\sqrt[5]{\frac{2,000}{1,000}}-1=14.87\%$ $\quad(\because\ 1,000\times(1+r_e)^5=2,000)$

➤ 풀이

반기 복리 : $r_e=(1+0.08/2)^2-1=0.0816$, 즉 8.16%

분기 복리 : $r_e=(1+0.08/4)^4-1=0.0824$, 즉 8.24%

매월 복리 : $r_e=(1+0.08/12)^{12}-1=0.0830$, 즉 8.30%

매일 복리 : $r_e=(1+0.08/365)^{365}-1=0.0833$, 즉 8.33%

3. 불규칙한 현금흐름의 현재가치와 순현재가치(NPV)

이상에서 설명한 현금흐름들은 현금흐름의 크기가 기간에 상관없이 일정한 경우이었다. 그러나 실제 현실세계에서는 현금흐름의 크기가 각 시점마다 상이한, 불규칙한 경우가 더 일반적이다. 이러한 형태를 보이는 현금흐름의 현재가치(PV_0)를 구하는 데에는 특별히 간단한 공식을 적용할 수 없기 때문에, 다음과 같이 매 t기의 현금흐름(CF_t)에 대해 매 기간별로 적절한 할인율(r)로 할인해 주어야 한다.

$$PV_0=\frac{CF_1}{(1+r)}+\frac{CF_2}{(1+r)^2}+\cdots\cdots+\frac{CF_t}{(1+r)^t} \tag{3.17}$$

이와 같이 구한 현재가치(PV_0)에서 투자액(I_0)을 차감한 것을 순현재가치(NPV : net present value)라고 한다. 제8장 이후부터 다루게 되는 투자결정 문제는 식(3.18)에 의해서 평가하게 된다.[11)]

$$NPV_0=PV_0-I_0=\frac{CF_1}{(1+r)}+\frac{CF_2}{(1+r)^2}+\cdots\cdots+\frac{CF_n}{(1+r)^n}-I_0 \tag{3.18}$$

11) EXCEL에 의해서 순현재가치(NPV)는 다음과 같이 계산한다.
$=NPV$(할인율, 현금유입 현금흐름이 있는 셀영역)+현금유출 현금흐름 셀
[예제 3-13]에 대한 EXCEL의 NPV계산은 [부록 1]의 7. 참고.

예제 3-13 불규칙한 현금흐름의 현재가치와 순현재가치의 계산

(주)엔젤건설은 올해 400억원을 투자하면 앞으로 3년 동안 매년 300억원, 100억원, 200억원의 현금유입이 발생하는 투자안의 실행을 고려중이다. 적절한 할인율이 12%라면 이 투자안의 현재가치(*PV*)와 순현재가치(*NPV*)는 얼마인가?

➤ 풀이

투자안의 현재가치(PV_0) : $\frac{300}{(1.12)}+\frac{100}{(1.12)^2}+\frac{200}{(1.12)^3}=489.93$억원

투자안의 순현재가치(NPV) : 투자안의 현재가치 − 투자액
= 489.93억원 − 400억원
= 89.93억원

4. 내재이자율과 소요기간의 추정

이상에서 현재가치 또는 미래가치 계산에서 이자율(r)과 기간(n)이 주어지고 PV_0을 기준으로 FV_n을 구하거나, FV_n을 기준으로 PV_0을 구하는 방법을 살펴보았다. 그러나 현가(미래가)공식 $PV_0 = FV_n/(1+r)^n$에서 PV_0과 FV_n이 주어진 상황에서 r 또는 n의 값을 계산해야 하는 상황도 있다.

예를 들어, 현재 10억원을 예치하여 5년 후 20억원의 사업자금을 마련하기 위해서는 얼마 수준의 수익률(r) 상품에 투자해야 하는가의 문제이다. 이는 다음의 관계에서 r을 구하면 된다.

$$20\text{억원} = 10\text{억원}(1+r)^5$$

$$r = \left(\frac{20\text{억원}}{10\text{억원}}\right)^{\frac{1}{5}} - 1 = 0.1487 = 14.87\%$$

이제 PV_0, FV_n, n이 주어졌을 때, 이를 만족하는 이자율(r)을 내재이자율(implied rate of return)이라고 하는데, 이는 미래가 공식으로부터 다음과 같이 구할 수 있다.[12]

$$FV_n = PV_0(1+r)^n$$

$$r = \left(\frac{FV_n}{PV_0}\right)^{\frac{1}{n}} - 1 \tag{3.19}$$

또 다른 상황은 PV_0, FV_n, r이 주어졌을 때, 이를 만족하는 소요기간 n을 미래가(현가) 공식에서 구하는 경우이다. 소요기간은 다음과 같이 구할 수 있다.

$$n = \frac{\ln\left(\frac{FV_n}{PV_0}\right)}{\ln(1+r)} \tag{3.20}$$

예를 들어, 현재까지 15억원을 모은 사람이 20억원의 주택을 구입하고자 하는데, 10% 수익률 상품에 투자할 수 있다면, 목표금액을 만드는 데 필요한 기간은 다음과 같이 구할 수 있다.

$$n = \frac{\ln(20억원/15억원)}{\ln(1.1)} = 3.02년$$

이를 적용하여 원금의 2배의 부가 형성되는 데 걸리는 기산은 72의 값을 r의 이자율로 나누면 근사치가 구해진다. 이를 72법칙이라고도 부른다. 예를 들어, 6%의 이자율의 경제하에서는 원금이 2배가 되는 데 약 12년이 걸린다.[13]

예제 3-14 내재이자율과 소요기간의 추정

(1) 김소망 씨는 A자산운용사로부터 현재의 10억원을 6년 후 20억원으로 증식시켜주는 PEF펀드 가입을 제의받았다. 이 펀드의 내재이자율은 얼마인가?

(2) 김소망 씨가 현재의 10억원을 7.5% 이자율의 펀드에 운용할 수 있는 기회가 주어졌을 경우, 이 자금이 2배(20억원)가 되기 위해서는 몇 년이 걸리는가?

---

12) EXCEL을 이용하여 내재이자율을 구하는 것은 RATE( )함수를 이용한다. 즉, =RATE(기간, 정기불입액, 현재가치, 미래가치)의 함수에서 계산한다. [예제 3-14]에 대한 EXCEL 처리는 [부록 1]의 8. 참고.

13) ① EXCEL을 이용하여 소요기간을 구하는 것은 NPER( )함수를 이용한다. 즉, =NPER(이자율, 정기불입액, 현재가치, 미래가치)의 함수에서 계산한다.

② $200 = 100(1.06)^n$, $(1.06)^n = 2$, $n\text{LN}(1.06) = \text{LN}(2)$, $n = \text{LN}(2)/\text{LN}(1.06) = 0.693/0.05827 ≒ 11.9$년

> **풀이**
>
> (1) $r = \left(\dfrac{20억원}{10억원}\right)^{\frac{1}{6}} - 1 = 12.25\%$
>
> (2) $n = \dfrac{\ln(20억원/10억원)}{\ln(1.075)} = 9.58년$ 또는 "72법칙"을 적용하면, $n = \dfrac{72}{7.5} = 9.6년$

5. 생애재무설계

대부분의 생활인들은 건강할 때 소득의 일부를 저축하고, 나이 들어 은퇴한 후 저축했던 돈의 일부를 인출하여 노후생활을 즐기는 계획을 세운다. 이처럼 전 생애(life cycle)에서 현재의 소득과 미래 소비를 고려하여 저축액·소비액을 결정하는 계획활동은 개인재무설계(personal financial planning)의 중요한 부분이다. 이런 개인재무설계는 전 세계에서 노인인구가 가장 빠른 속도로 증가하고 있는 우리나라의 경우 특히 중요하다. 우리나라는 2024년 12월 초고령사회에 진입하였는데, 노인빈곤율은 40%에 육박하고 있다. 이 문제를 해결하기 위해서는 모든 국민이 개인재무설계를 통해 노후생활을 대비할 필요가 있다.

지금부터 건강한 t기간 동안 매년 D만큼 저축하고, 은퇴시점(t시점) 후 T기간 동안 매년 C만큼 소비한다고 하자. 은퇴 후 C만큼의 소비를 지속적으로 영위하기 위해서는 저축 여력이 있을 때, 얼마를 저축해야 하는가?

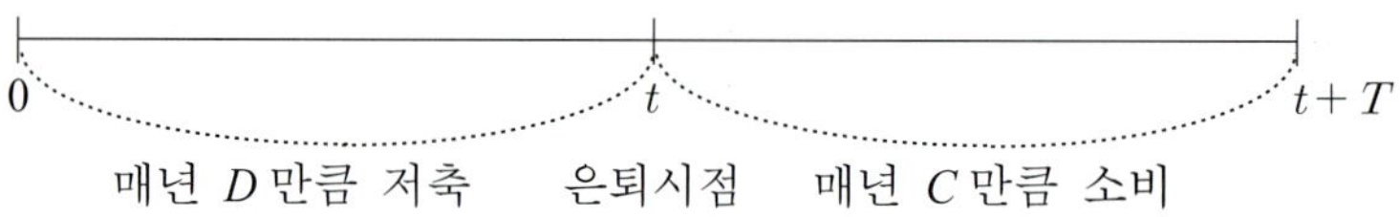

먼저 상이한 시점에서의 현금흐름을 비교가능한 동일시점의 현금흐름으로 환산해야 한다. 기준시점으로 좋은 것은 은퇴시점이다. 그러면 은퇴 전 기간 소득이 있을 때의 저축액 D의 은퇴시점기준 연금의 미래가치와, 은퇴 후 소득이 없을 때의 소비액 C의 은퇴시점기준 연금의 현재가치가 동일하도록 저축과 소비 계획을 세우면 될 것이다. 즉, 다음 식(3.21)에서 연간저축액 또는 연간소비액을 구하면 된다.

$$D\text{의 연금의 미래가치} = C\text{의 연금의 현재가치}$$

$$\sum_{n=1}^{t} \text{연간저축액 } D(1+r)^n = \sum_{n=1}^{T} \frac{\text{연간소비액 } C}{(1+r)^n} \tag{3.21}$$

(* 연간저축액 D=연간소득−연간소비액 C)

예제 3-15 라이프사이클을 고려한 개인재무설계

김소망 씨는 1월 1일생으로 현재 35세이고, 연간소득은 매년말 기준으로 30,000천원이다. 30년 후인 65세말에 퇴직하고, 80세까지 15년을 더 사는 것으로 가정하고 있다. 현재 연간소득 30,000천원은 퇴직 때까지 계속된다고 할 때, 어떻게 저축과 소비로 배분할 것인지를 결정하라. 단 세금은 무시하고, 65세까지의 인플레이션율은 소득증가율과 동일하다. 또한 45년간(35세~80세) 매년 동일한 금액(C)을 소비하고, 실질이자율은 연 3%이다.

➤ 풀이

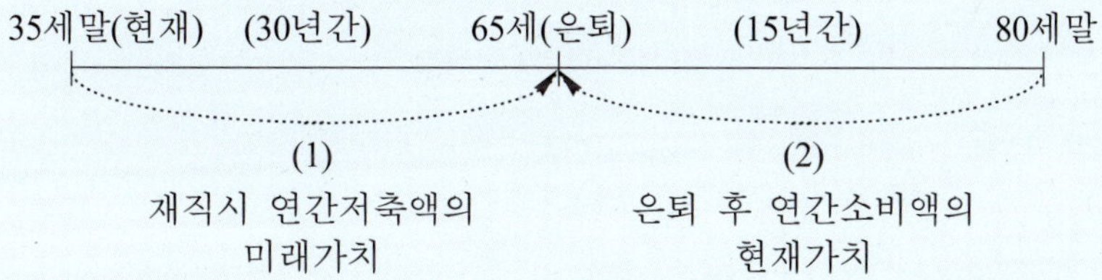

(1)=(2)가 되어야 한다. 식으로 표현하면 다음과 같다.

$$\sum_{n=1}^{t} \text{연간저축액}(1+r)^n = \sum_{n=1}^{T} \frac{\text{연간소비액}}{(1+r)^n}$$

(단, t : 은퇴시점, T: 은퇴 후 소비기간)

연간소비액을 C라 하면, 연간저축액은 (30,000−C)천원이다.

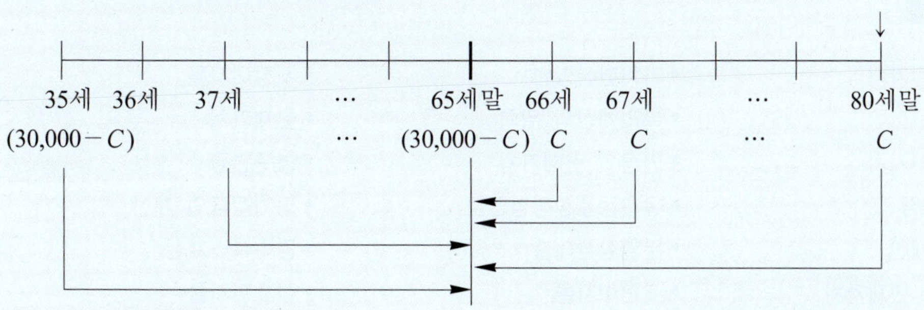

65세까지 저축액의 적립금을 66세 이후에 C만큼 연간소비하는 것이므로 65세까지 30년간의 연금(저축액) 미래가치와 66세 이후 15년간의 연금(소비액) 현재가치가 같아야 한다.

$(30,000-C)\times$연금의 미래가치계수$(FVIFA_{3\%,\ 30년})=C\times$연금의 현재가치계수$(PVIFA_{3\%,\ 15년})$

$(30,000-C)(47.575)=C(11.938)$

$\therefore\ C=23,982$(천원) (45년간의 매년 소비수준)

따라서 연간저축액=6,018천원 (65세가 될 경우 총저축액은 286,309천원임)

주요 용어

- 화폐의 시간가치
- 미래가치
- 연금의 미래가치
- 정률성장연금
- 할부금의 계산
- 복리횟수와 현재가치
- 순현재가치
- 가치환산방법
- 복리계산의 위력
- 연금의 현재가치
- 유한정률성장형연금
- 분할상환대출
- 표면이자율
- 72법칙
- 시장이자율
- 현재가치
- 영구연금
- 정기적금의 계산
- 연속복리계산
- 실효이자율

연습문제

1. 차입자가 매 기간 이자만을 우선 지불하고 미래 어떤 시점에 원금을 상환하는 대출은 무엇인가?

① 분할상환대출 ② 이자우선상환대출
③ 순수할인상환대출 ④ 제로쿠폰채권

2. 다음 중 미래가계수(future value interest factor)를 계산할 때 가장 큰 값을 갖는 것은? (연복리를 가정한다)

① 5년간 6% 이자율 ② 8년간 6% 이자율
③ 10년간 6% 이자율 ④ 5년간 8% 이자율
⑤ 10년간 8% 이자율

3. 다음 중 현가계수(present value interest factor)를 계산할 때 가장 큰 값을 갖는 것은? (연복리를 가정한다)

① 5년간 6% 이자율 ② 8년간 6% 이자율
③ 10년간 6% 이자율 ④ 5년간 8% 이자율
⑤ 10년간 8% 이자율

4. 어떤 기업이 자본조달을 위해 특정한 액면금액에 대해 매년 특정한 표면이자율의 이자를 지급하는 영구채(만기 없이 이자를 영원히 지급하는 채권)를 발행했다고 가정하자. 이 영구채의 가격에 영향을 미치지 않는 것은?

① 액면금액 ② 표면이자율
③ 해당채권의 신용위험 ④ 할인율
⑤ 매년 이자지급횟수

5. 미래가치, 미래가치가 실현될 때까지의 기간, 표면이자율(stated interest rate)이 고정되어 있다고 가정할 경우, 다음 중 가장 작은 현재가치 값을 갖는 경우는?

① 연복리 ② 반기 복리
③ 매월 복리 ④ 매일 복리
⑤ 연속 복리

6. A씨의 할머니는 2년 후 대학을 졸업할 예정인 손녀인 A씨의 취업 후 독립을 돕기 위해 졸업과 동시에 5천만원을 주기로 약속하였다. A씨는 2년 후 졸업 계획을 변경하여, 취업 준비를 위해 1년을 휴학한 후 3년 후 졸업할 예정이다. A씨의 할머니가 졸업과 동시에 5천만원을 주기로 한 약속을 지킨다고 가정할 경우, 졸업이 늦춰짐에 따라 할머니가 약속한 금액의 현재가치는 어떻게 될까?

① 변함없다. ② 증가한다.
③ 감소한다. ④ 주어진 정보로는 알 수 없다.
⑤ 현재가치가 음(−)의 값을 갖는다.

7. 다음 중 화폐의 시간가치에 대한 설명으로 맞지 않는 것은?

① 표면이자율과 매년 이자지급횟수가 다른 두 상품이 있다면 실효이자율로 두 상품을 비교할 수 있다.
② 할인율이 커질수록 영구연금의 현재가치는 커진다.
③ 다른 모든 조건이 모두 같다면 기초연금의 현재가치가 정상연금의 현재가치보다 크다.
④ 다른 모든 조건이 모두 같다면 기초연금의 미래가치가 정상연금의 미래가치보다 크다.
⑤ 다른 모든 조건이 같다면 복리채의 미래가치가 단리채의 미래가치보다 크다.

8. 다음 설명 중 타당하지 않은 것은?

① 투자자산의 가치는 해당자산으로부터 기대되는 현금흐름의 현재가치의 합이다.
② 우선주로부터 기대되는 현금흐름은 영구연금으로 볼 수 있다.
③ 만기가 없고 매년 똑같은 이자를 지급하는 채권은 영구연금으로 볼 수 있다.
④ 보통 가치계산시 복리가 일어난다고 가정한다.
⑤ 최근 복리채보다 단리채의 발행이 늘어나고 있다.

9. 퀴즈당첨의 상금으로 다음과 같은 것들이 있을 때 어느 것을 선택할 것인가? (할인율은 12%이다)

① 5년 후에 180,000원을 받는다. ② 19,000원을 10년 동안 받는다.
③ 100,000원을 지금 받는다. ④ 11,400원의 영구연금을 받는다.

10. 다음 중 계산할 수 없는 것은?

① 영구연금의 현재가치와 매 기간의 현금흐름이 주어진 경우 해당연금의 할인율
② 기초연금의 현재가치
③ 기초연금의 미래가치
④ 영구연금의 미래가치

11. 투자자가 복수의 투자안을 평가할 때 투자안에 따라 표면이자율과 실효이자율이 다르다면 실효이자율을 이용하여 투자안을 비교해야 한다. (True or False)

12. 다른 조건이 모두 같은 기초연금과 정상연금이 있다고 가정하자. 기초연금의 현재가치는 정상연금의 현재가치에 (1+할인율)을 곱한 값이다. (True or False)

13. 화폐의 시간가치 기초계산

(1) 현금 1,000만원을 연리 8%의 정기예금에 저축할 경우 7년 후의 미래가치는 얼마인가?
(2) 이자율이 연 6%일 때 10년 후의 1,000만원은 현시점 기준으로 얼마의 가치가 있는가?
(3) A씨는 앞으로 20년 동안 매년말에 2,000만원씩의 연금을 지급받는다. A씨가 이를 연 5%의 이자율로 정기적금하여 연금지급이 끝나는 20년 후에 찾는다면 그 총액, 즉 연금의 미래가치는 얼마인가? A씨가 이 연금을 지금 일시불로 받는다면 얼마를 받아야 하는가?
(4) 연간이자율이 6%일 때 10년 후의 1,000만원에 대한 현재가치를 구하고자 한다. 할인이 ① 연 1회, ② 연 4회(분기마다), ③ 연속적으로 이루어질 경우의 현가를 구하고, 현가의 차이가 얼마 나는지를 비교하라.
(5) S전자(주)는 올해 60억원을 투자하면 앞으로 4년 동안 매년 20억원, 10억원, 25억원, 20억원의 현금유입이 발생하는 투자안을 고려중이다. 할인율이 연 8%라면 이 투자안의 현재가치는 얼마인가?

14. 미래가치 계산 : EXCEL 활용

(1) 한성실 씨는 자신이 가지고 있는 10억원의 재산을 200년 후에 인출하여 세계평화기금에 사용해 줄 것을 유언으로 남겼다. 이 기간중 연 8% 수익률로 투자가 가능하다면, 200년 후 이 기금은 얼마가 될 것인가?
(2) 1540년 프랑수아1세는 다빈치의 모나리자 그림을 $20,000에 매입하였다. 만약 이 돈을 6% 수익률의 다른 투자상품에 투자가 가능하였다면, 2020년 현재 얼마가 되었겠는가?
(3) 지방행정이 우수한 시에 대한 상금으로 5,000만원을 A, B 두 도시에 수여하면서, A도시에는 100년 후에, B도시에는 200년 후에 인출하도록 하였다. 5% 수익률에 투자가 가능하다면, 이 상금은 100년 후, 200년 후에 각각 얼마가 될 것인가? 그 미래가치의 차이는 얼마인가?

15. 현재가치 계산의 응용

(주)엔젤문고에서는 창립 10주년 기념 고객사은행사를 실시하는데, 최우수상은 다음 다섯 가지 중 어느 하나를 선택할 수 있다. 여러분이 최우수상 당첨자라면 어느 상을 받겠는가? 미래의 상황은 모든 것이 확실하다고 가정한다. 이자율이 12%인 경우, 각 상의 현재가치를 구한 결과를 제시하여 답하라.

(1) 당장 1,000만원
(2) 5년말에 1,800만원
(3) 매년 114만원을 영원히 수령
(4) 10년간 매년말에 190만원
(5) 금년말에 65만원에 받고 이후 5%씩 영원히 증가

16. 복리횟수가 상이한 경우의 미래가치 계산

이자율과 복리횟수가 다른 다음 세 가지 금융상품 A, B, C가 있다. (1) 1년 후, (2) 5년 후, (3) 20년 후의 미래가치를 계산하여 가장 선호되는 금융상품을 선택하라. (이자율이 정수가 아닌 경우는 EXCEL 이용)

(A상품) 12% 이자율에 1년마다 복리로 증식
(B상품) 11.7% 이자율에 반년마다 복리로 증식
(C상품) 11.5% 이자율에 연속(continuously)복리로 증식

17. 미래가치, 현재가치 계산의 응용

(1) 최갑부 씨는 모교 후배들을 위한 장학재단에 연간 5억원의 장학금이 영구히 지급되는 장학기금을 출연하고자 한다. 그러나 처음 3년간은 지급하지 않으며, 제4차년도 말부터 최초 장학금이 지급될 예정이다. 연간 시장이자율은 5%이다. 최갑부 씨가 장학재단에 출연하기 위해 현재 얼마의 기금을 마련하여 투자해야 하는가?

(2) 김고려 씨는 향후 10년간 매년말에 50만원씩 퇴직연금을 받을 예정이다. 그런데 처음 5년 동안은 연간이자율이 5%, 이후 5년 동안은 연 6%가 될 것으로 각각 예상되고 있다. 김고려 씨가 10년간 받게 될 연금의 현재가치는 얼마인가?

(3) 향후 10년에 걸쳐서 짝수 해에만 100만원의 연금이 발생하며, 연간이자율은 12%이다. 이 연금의 현재가치는 얼마인가?

18. EXCEL을 이용한 미래가치, 현재가치 계산

(1) 군복무중에 부상을 당한 김스타 씨는 국가로부터 매 3개월마다 500만원의 보상비를 향후 5년간 받게 된다. 시장이자율이 연 8.5%라고 할 때, 5년 후 보상비의 미래가치는 얼마인가?

(2) 태양광개발업체인 (주)엔젤솔라에서는 올해 새롭게 특허출원한 태양광 신기술을 향후 5년간 모 대기업이 사용하도록 허용하는 대신에 그 사용료로서 매년말에 30억원씩 받기로 계약을 맺었다. 5년간 시장이자율이 연 8.5%로 일정하다면 이 태양광 신기술 사용료 대가의 현재가치는 얼마인가?

19. 연금의 미래가치 계산

한진지 씨와 이해피 씨는 개인연금에 가입하여 매년 200만원을 불입해 왔다. 두 사람은 다만 불입기간이 상이한데, 한진지 씨는 21세부터 40세까지 20년간 매년 200만원을 납입(총납입액 4,000만원)한 다음 그 이후 25년간(41세에서 65세)은 불입을 중단해 왔다. 반면에 이해피 씨는 21세부터 40세까지 20년간은 납입하지 않다가 그 이후 25년간(41세에서 65세) 매년 200만원씩 불입(총납입액 5,000만원)해 왔다. 이 기간 동안 연기금에서는 이를 10% 수익률의 비과세 상품으로 계속 운영해 왔다. 두 사람이 65세말 시점에서 연금을 돌려받는다면 얼마를 받을 수 있게 되는가?

20. 내재이자율과 소요기간

(1) 김보람 씨는 현재 갓 태어난 손녀의 교육비를 위하여 2,500만원을 저축하고자 한다. 17년 후의 대학교육비로 3억7,500만원이 만들어지기 위해서는 최소한 얼마의 수익률을 내는 금융상품에 저축해야 하는가?

(2) 김소망 씨는 현재 1,500만원의 현금을 가지고 있는데, 제주도에 2,175만원의 임야를 매입하고자 한다. 임야의 시가는 계속 불변이라고 가정할 때, 이자율이 연 7.5%인 금융상품이 존재할 경우, 김소망 씨는 몇 년 걸려야 이 임야를 매입할 수 있는가?

21. *NPV* 계산의 응용

(주)엔젤해운에서는 화물운송용 벌크선을 8억원에 구입할 것을 검토중이다. 이 선박을 사용하게 되면 매년 5억원의 영업매출수입과 4억원의 영업비용이 예상된다. 그리고 5년 후와 10년 후에 대대적인 수리보수비용으로 2억원이 지출되어야 하고, 15년 후에 1.5억원에 처분할 수 있다. 이 회사의 자본비용이 8%라면, 이 선박 구입의 *NPV*는 얼마인가?

22. 생애재무설계

올해로 25세가 된 옥구슬 씨는 26세말부터 매 1년마다 25회 납입조건으로 25년 만기의 정기적금에 가입을 고려중이다. 옥씨는 적금의 만기가 되는 50세말 이후 정년퇴직시점인 60세말까지는 수입과 지출이 똑같이 되도록 생활할 예정이며, 퇴직 후 80세까지는 연말 기준으로 매년 3,000만원이 필요하다. 옥씨가 시장이자율이 연 12%인 이 정기적금에 가입할 경우 25년간 매년도 말에 불입해야 할 정기불입액을 계산하면 얼마인가?

23. 생애재무설계

현재 30세인 김바람 씨는 다음 연도 연봉이 4,000만원이 될 것으로 보고 있다. 김바람 씨는 그의 연봉이 60세 퇴직 때까지 매년 5%씩 증가할 것으로 예상하고 있다. 현재가치를 계산할 때 사용되는 할인율은 8%이다.

(1) 예상대로 될 경우, 향후 30년간 받게 되는 연봉의 현재가치는 얼마인가?

(2) 김바람 씨가 연봉 중에서 매년 5%를 8% 수익률의 금융상품에 저축하게 되면, 60세에 이 저축액은 얼마가 되는가?

(3) 김바람 씨는 60세 이후 20년간 이 저축액을 나누어 동일한 금액을 소비하고자 한다. 매년 얼마를 소비할 수 있는가?

24. 현가계산의 종합문제

AAA생명보험(주)의 연금상품 개발자 노염려 씨는 다음과 같은 "100만원 만사형통" 연금상품을 제시하였다.

["100만원 만사형통" 상품 : 앞으로 10년간 연말에 매년 100만원을 납입하면, 11년차 말부터 영구적으로 매년 100만원의 연금을 지급하는 상품]

(1) 이 생명보험사가 현금유입과 유출에 관계없이 7%의 이자율을 적용하고 있다면, 이 상품은 보험사에 얼마나 이익 또는 손실인가?

(2) 적용되는 이자율(현금유출입 모두 동일한 이자율 적용)이 얼마일 때, 이 연금상품이 생명보험사에게 최소한 적자를 가져오지 않는가?

25. 분할상환표

42,000만원의 대출에 대하여 상환조건의 이자율은 연 8%이다. 이 대출에 대해 5년 동안 매년 동일한 금액을 상환해야 한다.

(1) 분할상환표를 작성해 보라.

(2) 세 번째 해에 지불해야 하는 이자는 얼마인가?

(3) 대출기간 동안 지급하는 총이자는 얼마인가?

26. 72법칙

김씨는 500만원을 연 6%의 이자를 지급하는 예금에 예치하였다. 하지만 1,000만원이 될 때까지 원금과 이자를 인출할 수 없다. 김씨는 얼마나 오랫동안 이 계좌에서 돈을 인출할 수 없는가?

27. 연속복리의 적용

김씨는 표면금리 3%에 연속복리(continuous compounding)를 적용하는 금융상품에 오늘 1,000만원을 투자하였다. 김씨가 5년 후에 이 상품에서 투자금을 회수한다면 이자를 포함해 얼마를 받게 될까?

28. 정상연금과 기초연금의 차이

김씨는 향후 7년 동안 매년 4,800만원을 받는 복권에 당첨되었다. 복권 금액을 매년초 받는 경우와 매년말 받는 경우의 차이는 얼마인가? (할인율은 7%라고 가정한다)

해답

13. (1) $FV_7 = PV_0(1+0.08)^7 = PV_0(FVIF_{0.08,\ 7}) = 1{,}000(1.7138) = 1{,}713.8$만원

(2) $PV_0 = FV_{10}/(1+0.06)^{10} = 1{,}000/(PVIF_{0.06,\ 10}) = 1{,}000(0.5584) = 558.4$만원

(3) 정상연금의 미래가치 : S_n(목돈)$= A \times \left\{\dfrac{(1+r)^n - 1}{r}\right\} = A \times FVIFA_{r,\ n}$

$S_n = 2{,}000(1+0.05)^{19} + 2{,}000(1+0.05)^{18} + \cdots$
$\quad + 2{,}000(1+0.05)^2 + 2{,}000(1+0.05)^1 + 2{,}000(1+0.05)^0$

$S_n = 2{,}000\left\{\dfrac{(1+0.05)^{20} - 1}{0.05}\right\} = 2{,}000(33.066) = 66{,}132$(만원)

또는 $2{,}000(FVIFA_{0.05,\ 20}) = 2{,}000(33.066) = 66{,}132$(만원)

정상연금의 현재가치 : S_0(일시불)$= A \times \left\{\dfrac{(1+r)^n - 1}{r(1+r)^n}\right\} = A \times PVIFA_{r,\ n}$

$S_n = \dfrac{2{,}000}{(1.05)} + \dfrac{2{,}000}{(1.05)^2} + \cdots + \dfrac{2{,}000}{(1.05)^{20}} = \dfrac{2{,}000}{0.5}\left\{1 - \dfrac{1}{(1.05)^{20}}\right\}$

$= 2{,}000(PVIFA_{0.05,\ 20}) = 2{,}000(12.462) = 24{,}924$만원

(4) 연 1회 할인 : $PV_0 = 1{,}000/(1.06)^{10} = 1{,}000(0.5584) = 558.4$만원

연 4회 할인 : $PV_0 = 1{,}000/(1+0.06/4)^{4\times 10}$
$= 1{,}000(1+0.015)^{-40} = 1{,}000(0.5513) = 551.3$만원

연속적 할인 : $PV_0 = 1{,}000/e^{rn} = 1{,}000(2.7183)^{-(0.06)(10)} = 548.8$만원

⇒ ①과 ③의 경우 현재가치의 차이는 $558.4 - 548.8 = 9.6$만원

(5) 투자안의 현재가치(PV_0) : $\dfrac{20}{(1.08)} + \dfrac{10}{(1.08)^2} + \dfrac{25}{(1.08)^3} + \dfrac{20}{(1.08)^4} = 61.638$억원

투자안의 순현재가치 NPV : 투자안의 현재가치 − 투자액
$= 61.638$억원 $- 60$억원 $= 1.638$억원

14. (1) $FV_{200} = PV_0(1+0.08)^{200} = PV_0(FVIF_{0.08,\ 200}) = 10$억원(8%, 200년 미래가계수)
$= 4{,}838.95$조원 [EXCEL : = FV(0.08, 200, , −1000000000, 0)]

(2) $FV_{480} = PV_0(1+0.06)^{480} = PV_0(FVIF_{0.06,\ 480}) = \$20{,}000$(6%, 480년 미래가계수)
$= \$28{,}044$조 [EXCEL : = FV(0.06, 480, , −20000, 0)]

(3) A도시 : $FV_{100} = PV_0(1+0.05)^{100} = PV_0(FVIF_{0.05,\ 100})$

$=5{,}000$만원(5%, 100년 미래가계수)$=657{,}506.29$만원(약 66억원)

B도시 : $FV_{200} = PV_0(1+0.05)^{200} = PV_0(FVIF_{0.05,\ 200})$

$=5{,}000$만원(5%, 200년 미래가계수)$=86{,}462{,}904.08$만원(약 8,646억원)

[B도시 EXCEL : $=FV(0.05,\ 200,\ ,\ -50000000,\ 0)$]

⇒ 기간의 차이는 2배이지만, 그 미래가치는 131.5배만큼의 차이가 있다.

15. 각 상의 시점의 차이를 현재가치로 통일하여 평가하면, 다음과 같다.

(1) 현재의 금액 : $PV=1{,}000$만원

(2) 5년말 금액의 현재가치 : $PV=1{,}800$만원$/1.12^5=1{,}021.37$만원

(3) 영구연금의 현재가치 : $PV=114$만원$/0.12=950$만원

(4) 10년간 연금의 현재가치 : $PV=190$만원(12%, 10년 연금현가계수)$=1{,}073.54$만원

(5) 정률성장연금의 현재가치 : $PV=65$만원$/(0.12-0.05)=928.57$만원

⇒ 현재가치가 가장 높은 (4)의 상을 선택한다.

16. (1) 1년 후 미래가치 :

$FV_A=1$원$(1+0.12)^1=1.1200$원,　$FV_B=1$원$(1+0.0585)^2=1.1204$원

$FV_C=1$원 $\cdot\ e^{(0.115\ \ 1)}=1.1219$원

(2) 5년 후 미래가치 :

$FV_A=1$원$(1+0.12)^5=1.7623$원,　$FV_B=1$원$(1+0.0585)^{10}=1.7657$원

$FV_C=1$원 $\cdot\ e^{(0.115\ \ 5)}=1.7771$원

(3) 20년 후 미래가치 :

$FV_A=1$원$(1+0.12)^{20}=9.6463$원,　$FV_B=1$원$(1+0.0585)^{40}=9.7193$원

$FV_C=1$원 $\cdot\ e^{(0.115\ \ 20)}=9.9742$원

[11.7%, 20년, 반년마다 복리계산 EXCEL : $=FV(0.0585,\ 40,\ ,\ -1,\ 0)$]

⇒ 미래가치가 가장 큰 C상품을 선택한다.

17. (1) 영구연금의 현재가치 : $PV_0(\text{영구연금})=\dfrac{A}{r}$

4년도 말부터 지급될 장학금의 3년도 말 시점의 현가는 100억원이다.

$$PV_3=\frac{5\text{억원}}{0.05}=100\text{억원}$$

100억원은 3년도 말 시점의 가치이므로 이것의 현재시점의 가치를 구하면,

$$PV_0=\frac{100\text{억원}}{1.05^3}=86.38\text{억원}$$

따라서 현재 약 86.38억원을 마련하여 5% 이자율로 3년간 투자해야만 차질 없이 4차년도 말부터 연간 5억원의 장학금을 영구적으로 지급할 수 있다.

(2) 연간이자율이 변할 경우 연금의 현재가치 계산

처음 5년간과 이후 5년간의 이자율이 다르므로, 각각의 현가를 구한 후에 합하면 381.52만원이 된다.

$$S_0 = 50\text{만원} \times \left\{\frac{(1.05)^5 - 1}{0.05(1.05)^5}\right\} + 50\text{만원} \times \left\{\frac{(1.06)^5 - 1}{0.06(1.06)^5}\right\}\left\{\frac{1}{(1.05)^5}\right\}$$

$$= 50\text{만원} \times (4.32973) + 50\text{만원} \times (3.30069) = 381.52\text{만원}$$

(3) 정상연금의 현재가치 계산 : $PV_0(\text{연금}) = A \times \left\{\frac{(1+r)^n - 1}{r(1+r)^n}\right\} = A \times PVIFA_{r,\ n}$

이 연금은 2, 4, 6, 8, 10년도에만 100만원씩의 연금이 발생하는 경우이다. 그렇다면 2년간의 이자율은 (1.12)(1.12)－1＝0.2544가 되며, 이 연금의 현재가치는 매년말에 100만원을 5년 동안 지급하고 연간이자율이 25.44%인 연금의 현재가치와 동일하다.

$$S_0(\text{연금}) = 100\text{만원} \times \left\{\frac{(1+0.2544)^5 - 1}{0.2544(1+0.2544)^5}\right\} = 100\text{만원} \times (2.66519) = 266.519\text{만원}$$

[EXCEL : ＝PV(0.2544, 5, －1000000, , 0)]

18. (1) 할인율이 일정한 경우 연금의 미래가치 계산 :

$$S_n(\text{연금}) = A \times \left\{\frac{(1+r)^n - 1}{r}\right\} = A \times FVIFA_{r,\ n}$$

매 3개월마다 이자가 지급되므로 이자지급횟수가 연 4회, 분기이자율은 2.125%인 셈이다.

$$S_5 = 500\text{만원} \times \left\{\frac{(1+0.02125)^{20} - 1}{0.02125}\right\} = 500\text{만원} \times (24.60188) = 12{,}301.05\text{만원}$$

[EXCEL : ＝FV(0.02125, 20, －5000000, , 0)]

(2) 정상연금의 현재가치 계산 : $S_0 = A\left\{\frac{(1+r)^n - 1}{r(1+r)^n}\right\} = A \times PVIFA_{r,\ n}$

$$S_0 = \sum_{t=1}^{5} \frac{30\text{억원}}{(1+0.085)^t} = 30\text{억원} \times (PVIFA_{0.085,\ 5}) = 30\text{억원} \times (3.94064) = 118.219\text{억원}$$

[EXCEL : ＝PV(0.085, 5, －3000000000, , 0)]

19.

	21～40세(20년)	41～65세(25년)
한진지 씨	매년 200만원 20년 불입	납입중단
이해피 씨	불입 없음	매년 200만원 25년 불입

65세 때, 한진지 씨의 부 : $FV_{65세} = 200만원(FVIFA_{0.10,\ 20})(FVIF_{0.10,\ 25})$

$= 200(57.275)(10.835) = 124,115$만원

65세 때, 이해피 씨의 부 : $FV_{65세} = 200만원(FVIFA_{0.10,\ 25})$

$= 200(98.347) = 19,669$만원

20.

(1) $r = \left(\dfrac{37,500}{2,500}\right)^{\frac{1}{17}} - 1 = 17.27\%$

(2) $n = \dfrac{\ln\left(\dfrac{2,175}{1,500}\right)}{\ln(1.075)} = 5.14$년

21. NPV의 계산 :

① 선박구입비용의 현재가치 = −8억원

② 15년간 매년 순현금유입액 = 1억원(매출수입 5억원 − 영업비용 4억원)

이의 PV(연금의 현재가치) :

$$S_0 = \frac{1억원}{(1.08)} + \frac{1억원}{(1.08)^2} + \cdots + \frac{1억원}{(1.08)^{15}} = \frac{1억원}{0.08}\left\{1 - \frac{1}{(1.08)^{15}}\right\}$$

$= 1억원(PVIFA_{0.08,\ 15}) = 1억원(8.5595) = 8.559$억원

③ 5년 후, 10년 후의 수리보수비용의 현재가치 :

$PV = (-2억원)/1.08^5 + (-2억원)/1.08^{10} = -2.288$억원

④ 15년 후 선박 처분가치의 현재가치 :

$PV = 1.5억원/1.08^{15} = 0.473$억원

⑤ 벌크선 구입의 순현재가치(NPV)는 위의 ①, ②, ③, ④의 합계

⇒ $NPV = -8억원 + 8.559억원 - 2.288억원 + 0.473억원 = -1.256$억원

22.

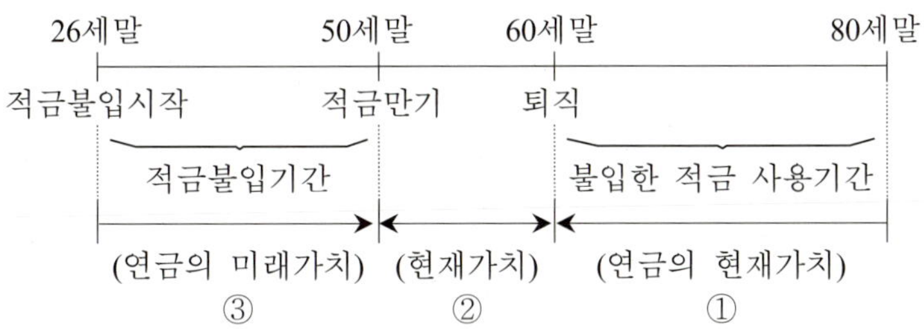

① 퇴직시점(60세말)을 기준으로 퇴직 후 20년(61~80세)간 필요한 생활비용의 현가계산

$= 3,000(PVIFA_{0.12,\ 20}) = 3,000(7.4694) = 22,408.2$만원

② 적금의 만기시점(50세말)을 기준으로 위 ①의 금액의 현가계산

$= 22,408.2(PVIF_{0.12,\ 10}) = 22,408.2(0.3220) = 7,215.44$만원

③ 적금의 만기시점(50세말)을 기준으로 25년간 매년도 말 적금불입액 x의 미래가치 계산
$=x(FVIFA_{0.12,\ 25})$

④ 위 ②에서 구한 값과 ③의 값이 서로 일치해야 하므로
$7{,}215.44=x(FVIFA_{0.12,\ 25})$

$\therefore\ x=\dfrac{7{,}215.44}{133.3339}=54.12$만원

따라서 옥씨는 매년말에 54.12만원씩 불입하면 된다.

23. 정률성장 유한연금형 현금흐름의 현재가치 계산의 문제이다.

(1) $S_0(\text{유한정률성장형연금})=\dfrac{A}{r-g}\times\left\{1-\dfrac{(1+g)^n}{(1+r)^n}\right\}$

$$S_0(\text{유한정률성장형연금})=\frac{4{,}000\text{만원}}{0.08-0.05}\times\left\{1-\frac{(1+0.05)^{30}}{(1+0.08)^{30}}\right\}$$

$$=\frac{4{,}000\text{만원}}{0.03}\times\{1-(4.3219)/(10.063)\}=76{,}068.77\text{만원}$$

(2) 1기말에 4,000만원 중 5%인 200만원, 그 이후는 5% 성장하는 현금흐름을 8% 수익률로 재투자한 금액의 현재가치를 먼저 구하면,

$$S_0(\text{유한정률성장형연금})=\frac{200\text{만원}}{0.08-0.05}\times\left\{1-\frac{(1+0.05)^{30}}{(1+0.08)^{30}}\right\}$$

$$=\frac{200\text{만원}}{0.03}\times\{1-(4.3219)/(10.063)\}=3{,}803.4\text{만원}$$

이 금액의 8%, 30년 후의 미래가치$=3{,}803.4(10.063)=38{,}274$만원

(3) 20년간 소비할 매년의 금액을 A라고 하면 다음 관계식으로 표시할 수 있다.
38,274=A(8%, 20년 연금의 현가계수), A=38,274/9.8181=3,898.3만원

24. (1) ① 10년간 100만원씩의 현금유입금액의 현재가치
=100만원(7%, 10년 연금의 현가계수)=100만원(7.0236)=702.36만원

② 영구적으로 100만원씩 지급하는 연금의 현재가치 :
영구연금 10년 후 시점의 현재가치=100만원/0.07=1,428.57만원
이 금액의 현재시점의 현재가치$=1{,}428.57/(1+0.07)^{10}=1{,}428.57$만원(7%, 10년 현가계수)
=1,428.57만원(0.5083)=726.14만원

⇒ 현금유입액의 현재가치보다도 현금유출의 현재가치가 높아 23.78만원 손실이다.

(2) 현금유입의 현재가치와 현금유출의 현재가치를 동일하게 하는 이자율(r)을 구하면 된다.

① 10년간 100만원씩의 현금유입금액의 현재가치 :

$$PV_0=\frac{A}{r}\left\{1-\frac{1}{(1+r)^n}\right\}=\frac{100\text{만원}}{r}\left\{1-\frac{1}{(1+r)^{10}}\right\}\quad\cdots\cdots\cdots\ 1)$$

② 11년차부터 영구적으로 100만원씩 지급하는 연금의 현재가치 :

영구연금의 현재가치 $= A/r$

$$PV_0 = \frac{A}{r}\left[\frac{1}{(1+r)^n}\right] = \frac{100\text{만원}}{r}\left[\frac{1}{(1+r)^{10}}\right] \quad \cdots\cdots\cdots\cdots\cdots\cdots\cdots \ 2)$$

위의 1), 2) 두 식의 값을 동일하게 하는 식으로 표시되는 다음 식에서 r의 값을 구한다.

$$\frac{100\text{만원}}{r}\left\{1-\frac{1}{(1+r)^{10}}\right\} = \frac{100\text{만원}}{r}\left[\frac{1}{(1+r)^{10}}\right]$$

이를 시행착오법, 재무계산기, EXCEL 등을 이용하여 구하면, $r = 7.18\%$

[이의 계산은 결국 $(1+r)^{10}-1=1$의 관계에서 r을 구하는 내재이자율 계산의 문제가 됨]

25. (1) 분할상환표 (단위 : 만원)

년	기초의 잔액	총지불액	이자지불액	원금상환액	기말의 잔액
1	42,000	10,519	3,360	7,159	34,841
2	34,841	10,519	2,787	7,732	27,109
3	27,109	10,519	2,169	8,350	18,759
4	18,759	10,519	1,501	9,018	9,740
5	9,740	10,519	779	9,740	1
합계		52,595	10,596	41,999	

(2) 2,169만원

(3) 10,596만원

26. 72법칙을 이용한 계산

72/6(%) = 12년

27. 연속복리를 적용한 미래가치 계산

$FV = PV \times e^{rn} = 1{,}000 \times e^{0.03\times 5} = 1{,}162$만원

28. 정상연금과 기초연금의 차이 계산

정상연금의 현재가치 = 4,800 × 5.2064 = 24,991만원

차이 = 24,991 × 0.07 = 1,749만원

CHAPTER

4 채권의 가치평가

앞장에서는 투자가치평가의 기본원리가 되는 현가계산의 원리를 설명하였다. 본장에서는 앞장에서 다룬 가치평가의 원리를 구체적으로 채권에 적용해 보기로 한다. 특히 채권이나 주식은 기업이 투자소요자금을 조달하기 위해서 발행하는 대표적인 유가증권으로서, 그 가치가 유통시장의 시장가격에 반영되는데, 이들의 시장가치의 합이 기업가치가 되고 재무의사결정의 기준이 된다. 따라서 채권 · 주식의 가치평가방법을 이해하고, 실제 문제에 적용하는 것은 매우 중요하다. 다음은 본장에서 이해해야 할 주요 내용이다.

- 가치평가방법의 종류
- 채권가격의 평가방법
- 순수할인채
- 채권수익률(만기수익률)의 계산방법과 결정요인

주제_생각하기 채권의 부도위험(default risk)을 거래할 수 있을까?

채권자가 부담하는 위험 중 가장 큰 것은 채무자가 원금이나 이자를 갚지 않을 위험이다. 이 위험을 부도위험(default risk)이라 부른다. 채권자가 회사채나 국채를 구입한 후 해당채권을 소유한 상태에서 채권으로부터 발생되는 부도위험을 제거하고 싶다면 어떻게 해야 할까? 해당채권의 부도위험만 다른 투자자에게 넘길 수 있을까?

위와 같은 요구를 충족시켜 주는 금융상품으로 1994년 J.P. Morgan에 의해 거래가 시작된 신용부도스와프(CDS : credit default swap)가 있다. CDS는 채권을 소유함으로써 부담하게 되는 부도위험을 헤지해 주는 상품이다. CDS는 기업이나 정부 등이 발행한 채권을 대상(reference entity)으로 거래가 이루어진다. 이 상품은 보험상품과 비슷한데, CDS를 매입한 채권자는 채권발행자가 부도를 냈을 경우 손실액을 CDS 매도자로부터 보전받는다. 반면에 CDS를 매입한 측은 정기적으로 매도한 측에 프리미엄(일종의 보험료)을 지급한다. 채권을 매입한 후 투자자가 해당채권에 대한 CDS를 매입하면, 부도위험을 제3자에게 전가하였으므로 무위험채권을 소유한 것이나 다름없다. 즉 CDS는 채권의 부도위험을 거래하는 상품으로 볼 수 있다. CDS거래의 기본 개념을 그림으로 나타내면 다음과 같다.

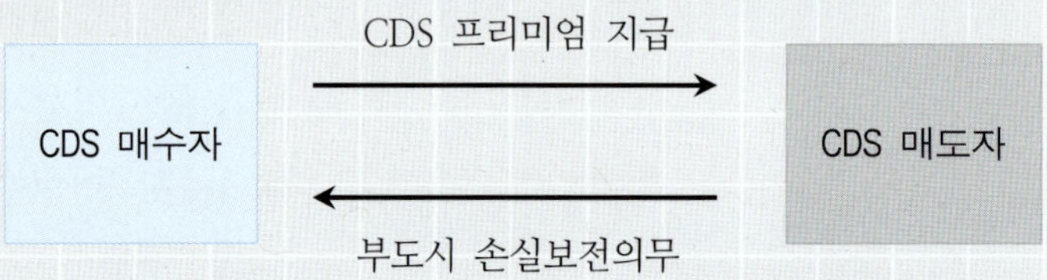

아래 그래프는 한국 정부가 발행하는 5년 만기 국채에 대한 2017~2021년 기간 동안 월말 기준 CDS 프리미엄(bp : basis point)을 보여준다. CDS 프리미엄이 높아진다는 것은 한국 정부가 발행한 국채의 부도가능성이 그만큼 커진다는 것을 의미한다. 2017년 이후 한국 국채에 대한 CDS 프리미엄은 점차 낮아지고 있으며, 이는 한국 국채의 부도가능성이 그만큼 줄어들고 있다는 것을 의미한다. 2020년 3월 코로나19가 전 세계로 퍼지면서 그 공포가 금융시장에 영향을 미침에 따라 CDS 프리미엄도 잠시 높아졌다는 것을 알 수 있다. 2021년 CDS 프리미엄은 20bp(0.2%) 내외로 한국 국채의 부도위험이 안정적으로 관리되고 있음을 볼 수 있다.

한국 국채에 대한 최근 5년간 월별 CDS 프리미엄(basis point)

제 1 절 가치평가의 원칙

투자대상이 무엇이든지 그 현재시점에서의 투자가치(V_0)는 그 투자대상으로부터 t 기간에 얻게 되는 현금흐름(CF_t)을 그 현금흐름의 불확실성(위험)을 반영한 할인율(R)로 할인한 현재가치의 합이다. 이 원칙을 가치평가의 원칙(valuation principle)이라고 부르고, 공식으로 나타내면 다음과 같다.

$$V_0 = \sum_{t=1}^{n} \frac{CF_t}{(1+R)^t} \tag{4.1}$$

단, V_0 : 투자대상의 투자가치(현재가치)
CF_t : 미래 t 시점의 현금흐름
R : 불확실성을 고려한 할인율(요구수익률)

예를 들어, 채권투자자는 구입하는 채권으로부터 어떤 현금흐름을 기대하는가? 이 투자자의 기대현금흐름은 이자와 만기시에 지급되는 원금이 될 것이다. 또 주식을 사는 투자자에게는 미래 팔 때의 가격과 주식 소유시 발생되는 배당금이 기대현금흐름이다. 따라서 투자가치를 적절히 평가하는 것은 투자대상별로 그 특성을 감안하여 현금흐름을 측정하는 것이 기초이다. 이 기대현금흐름을 포함한 가치평가의 세 가지 요소는 ① 각 기간의 투자자산으로부터 발생되는 현금흐름, ② 지속기간, ③ 위험도를 감안한 적절한 할인율이다.

가치평가의 원칙에 따르면 기업가치는 어떻게 평가할 수 있는가? 기업의 가치평가는 두 가지 방향으로 나누어 생각해 볼 수 있다. ① 제2장에서 자산을 운용하여 창출하는 현금흐름을 여유현금흐름이라고 배웠다. 미래에 발생하는 여유현금흐름의 현재가치의 합이 기업가치이다. ② 여유현금흐름은 채권자와 주주로의 현금흐름과 같다고 배웠다. 따라서 채권의 가치와 자기자본의 가치의 합은 기업가치이다([그림 4-1] 참조).

기업은 가치 극대화를 위하여 자산운용의 결과 현금흐름(또는 여유현금흐름)을 창출한다. 이 여유현금흐름(FCF)은 기업으로의 여유현금흐름($FCFF$: free cash

■ 그림 4-1
가치평가의 방향

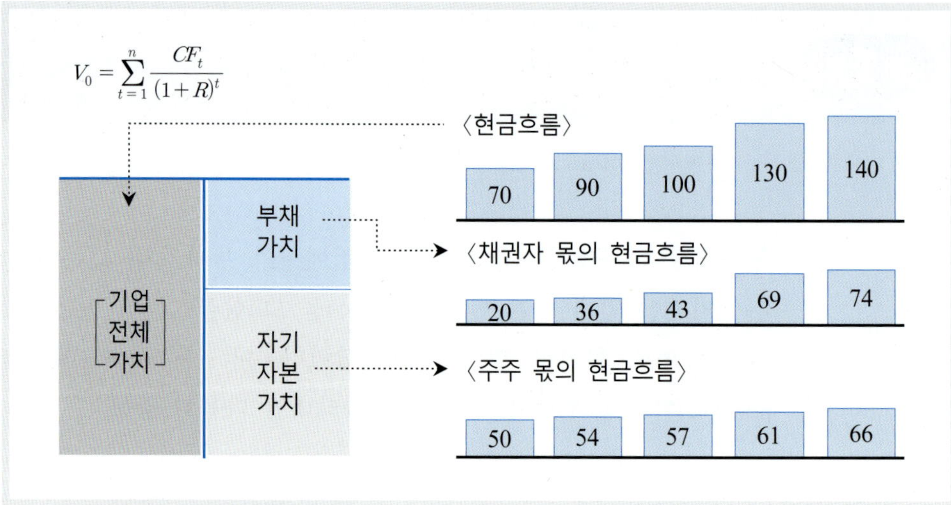

flow to firm)으로 부르기도 한다. 제2장에서 배운 것처럼 여유현금흐름은 모든 자본제공자(채권자와 주주)에게 지급되는 이자와 배당 등의 원천이 된다. 기업 전체 가치는 미래의 여유현금흐름을 추정하여 채권자와 주주의 요구수익률이 모두 반영된 가중평균자본비용($WACC$: weighted average cost of capital)으로 할인한 현재가치를 구하여 계산한다.[1] 이런 계산법을 할인현금흐름법(discounted cash flow method)에 의한 기업의 가치평가라 하며, 이 방법의 적용은 제10장에서 다시 다룬다. 이 방법에 의해 청산 없이 영속하는 기업의 가치를 평가할 때 식(4.1)은 다음과 같이 다시 쓸 수 있다.

$$V_0 = \sum_{t=1}^{\infty} \frac{FCF_t}{(1+WACC)^t}$$

제2장에서 자산으로부터의 현금흐름(또는 여유현금흐름)은 채권자로의 현금흐름과 주주로의 현금흐름의 합과 같다고 배웠다. 채권가치는 채권투자자에게 직접 돌아오는 투자수입(현금흐름)이 이자수입과 채권액면금액 또는 매각대금이므로, 이를 채권투자자의 요구수익률로 할인한 현재가치기준으로 평가할 수 있다. 자기자본가치는 주식투자자에게 지급되는 투자수입(현금흐름)이 배당과 주식

1) 기업의 가치평가시 할인율로 사용하는 가중평균자본비용($WACC$)은 제9장에서 자세히 배울 것이다.

매각대금이므로, 이를 주식투자자의 요구수익률로 할인한 현재가치기준으로 평가할 수 있다.

여유현금흐름과 가중평균자본비용을 이용하여 기업가치(또는 자산의 시장가치)를 구했다면 보통 다음과 같이 자기자본의 가치를 구할 수 있다.

자기자본의 가치＝기업가치－부채의 가치

자기자본의 가치를 기업이 발행한 주식의 수로 나누면 주식의 가격이 된다. 즉, 다음과 같이 주가를 구할 수 있다.

주가＝자기자본의 가치/발행주식 수

현금흐름할인법을 적용하여 주가를 구할 때 미래의 주주로의 여유현금흐름(*FCFE* : free cash flow to equity)을 구한 후 이를 해당주식에 대한 요구수익률로 할인하여 주가를 구하기도 한다.

제 2 절 채권에 대한 이해와 종류

1. 채권에 대한 이해

채권이란 자금수요자인 정부나 기업이 투자자들로부터 비교적 거액의 자금을 일시에 대량으로 조달하기 위해 발행하는 일종의 차용증서이다. 일반적인 차용증서는 거래가 불가능하나 기업이나 정부가 발행한 차용증서는 금융시장에서 거래가 되며, 주식 또는 자기자본증권(equity securities)과 비교하여 채권 또는 부채증권(debt securities)이라 부른다.

채권은 발행주체가 누구냐에 따라 정부기관이 발행하는 국공채 또는 일반기업이 발행하는 회사채 등으로 분류할 수 있다. 국공채를 구체적으로 분류하면 국가가 발행하는 채권인 국채, 지방자치단체가 발행하는 지방채, 그리고 특별법에 의해 설립된 법인이 발행하는 특수채 등이 있다.[2] 국채에는 국채관리기금의 부족 자금을 조달하기 위해 발행하는 국고채, 외화자금 매입 및 해외 부문 통화관리를 위해 발행하는 외국환평형기금채권, 국민주택의 건설재원을 조달하기 위해 발행하는 국민주택채권 등이 있다. 지방채는 특별시, 광역시, 도, 시, 군, 구 등 지방자치단체가 공공사업의 수행에 필요한 자금을 조달하기 위해 발행하는 채권이다. 특수채는 특별법에 의해 설립된 법인이 발행하는 채권으로, 예를 들어 예금보험공사가 발행하는 예금보험기금채권 등이 있다. 회사채는 기업의 거액의 자금을 장기간 사용하기 위하여 발행하는 채권으로, 한국의 회사채의 만기(maturity)는 보통 3~5년이다.

채권은 이자지급방법에 따라 이표채, 할인채, 복리채, 단리채로 구분되는데, 그 특징은 다음과 같다.

① 이표채(coupon bond) : 정기적으로 이자지급을 받고 만기에 원금을 상환받는 채권으로서 대체로 액면금액으로 발행된다.

② 순수할인채(pure discount bond) : 중도이자지급을 생략하는 대신 만기까지의 이자를 현재시점에서 할인한 액면금액 이하의 가격으로 발행되는 채권으로 제로쿠폰본드(zero coupon bond 또는 zeroes) 또는 deep discount bond로도 불린다.

③ 복리채 : 액면금액으로 발행되지만 중도이자지급이 생략된 이자분은 복리로 재투자되는 것을 가정하여 만기시의 원금상환과 함께 지급받는 채권이다. 우리나라에서 발행되는 복리채의 예로는 국민주택채권 등이 있다.

④ 단리채 : 복리채와 마찬가지로 만기시에 원금과 이자를 모두 지급받지만, 복리채와 달리 원금에만 이자가 지급된다. 최근에는 단리채는 거의 발행되지 않는다.

2) 미국 정부가 발행하는 국채는 만기에 따라 Treasury Bill, Note, Bond로 구별한다.

이자의 변동성 유무에 따라 채권발행시 정한 이자율로 지급하는 확정이자부채권과 시장이자율의 변동에 따라 매 기간 지급이자가 변하는 변동이자부채권이 있다. 보통 이표채는 확정이자부채권을 말한다.

또 다른 증권을 매입할 수 있는 추가적 권리인 옵션(option)이 부여된 옵션부사채가 있는데, 다음 세 종류의 채권이 대표적이다. 이 세 채권은 부채증권이면서도 자기자본증권의 성격을 갖고 있어 메자닌(mezzanine) 또는 하이브리드(hybrid) 증권이라고도 부른다.

① 전환사채(CB : convertible bond) : 채권자의 의사에 따라 특정조건과 미리 정해진 가격에 발행기업의 주식으로 전환할 수 있는 권리가 부여된 회사채이다. 전환권 행사 전에는 채권이지만 행사 후에는 주식으로 채권과 주식의 중간형태를 띠는 hybrid 증권이다.

② 신주인수권부사채(BW : bond with warrant) : 채권자에게 미리 약정된 가격으로 발행기업의 신주를 인수할 수 있는 권한이 부여된 채권이다. 신주인수권이 행사되더라도 채권은 보통 만기까지 유지된다.

③ 교환사채(EB : exchangeable bond) : 발행기업이 보유하고 있는 다른 기업의 주식과 교환할 수 있는 권리가 부여된 사채를 말한다.

이 장에서는 주로 기업이 발행하는 회사채에 대해서 공부하게 되는데, 회사채는 주로 이표채(coupon bond)의 형태로 발행된다. 특별한 언급이 없다면 coupon bond는 회사채를 의미한다고 보면 된다.

2. 채권의 발행계약서

채권을 발행할 때 채무자와 채권자는 법적 문서로 발행계약서(indenture)를 작성하는데, 수백 페이지에 달하는 경우도 있다. 기업이 발행하는 채권의 발행계약서는 채권자와 채무자 모두에게 중요한 법적 문서로, 해당채권의 기본조건들 및 발행과 관련된 다음과 같은 세부적 사항을 담고 있다.

- 채권의 기본조건들
- 원금상환 내용
- 지급보장 수단으로 제공되는 자산
- 콜(조기상환)조항
- 우선순위
- 보호조항의 세부 내용

(1) 채권의 발행조건

회사채의 발행계약서에는 먼저 액면가, 만기, 이자지급방법, 발행되는 채권의 총금액, 원금상환방법 등의 기본조건들이 명시되어 있다. 액면가(face value 또는 par value)는 발행기업이 만기에 지급해야 할 원금을 말한다. 국내 기업이 발행하는 회사채의 경우 만기가 3~5년인 경우가 보통이지만, 미국의 경우 10년 이상인 경우도 많다. 1년 동안 지급되는 이자금액을 쿠폰(coupon)이라고 부르는데, 이자는 보통 6개월마다 채권의 소지자에게 지급된다. 채권은 보통 액면가에 발행되는데, 액면가에 발행채권수를 곱하면 채권발행을 통해 조달하는 총금액이 된다.

(2) 원금상환

기업은 자신이 발행한 채권을 만기에 상환하거나 만기가 도달하기 전에도 그 일부 또는 전부를 상환할 수 있다. 채권의 발행계약서는 원금상환(repayment)의 방법으로 감채기금(sinking fund)조항을 포함하기도 하는데, 이는 발행기업이 만기가 도달하기 전 매년 수탁기관(trustee)에 돈을 지불하고, 수탁기관은 이를 원금상환에 사용할 수 있다. 감채기금의 사용은 채권의 만기시에 발행기업이 원금을 한꺼번에 갚아야 하는 부담을 덜어줄 수 있다.

(3) 지급보장

회사채의 발행계약서는 약속된 이자와 원금의 지급보장(security)으로 채권자를 보호하기 위해 제공되는 담보(collateral)나 저당(mortgage)을 명시하기도 한다. 담보는 지급보장의 수단으로 증권(채권이나 주식 등)을 제공하는 형태를 말하며, 저당은 기업이 갖고 있는 토지나 건물과 같은 실물자산에 의해 지급보장을 하는 것을 말한다. 또한 기업집단 내 다른 계열사나 보증기관이 이자와 원금의 지급을 보증하기도 한다.

이와 같이 담보와 보증조건에 따라 회사채를 분류하면 무담보부사채, 담보부사채, 보증사채, 무보증사채 등으로 나눌 수 있다. 담보부사채는 발행기업이 이자와 원금을 지급하지 못할 경우를 대비하여 담보자산을 설정한 채권을 말하며, 보증사채는 원리금의 지급을 다른 기업 또는 보증기관 등이 보증한다는 조건으로 제공되는 채권을 말한다.

(4) 콜(조기상환)조항

콜조항(call provision)은 고정이자를 지급한 발행기업이 채권발행 후 이자율이 급격히 떨어지면 만기 전일지라도 미리 정해진 기간과 가격(call price)에 채권을 되살 수 있는 권리를 말한다.[3] 콜조항을 발행계약서에 명시한 기업은 이자율이 떨어지는 경우 기 발행된 채권을 매입한 후 낮아진 이자율에 의해 새로운 채권을 발행하는 차환(refinancing)을 할 수 있다.

(5) 우선순위

보통 우선순위(seniority)는 다른 채권자보다 먼저 지급받을 수 있는 지위를 의미한다. 채권의 발행계약서에는 지급순위를 나타내기 위해서 선순위(senior) 또는 후순위(subordinated) 등을 명시하기도 한다. 기업은 보통 은행차입 또는 채권발행을 통해서 타인자본(부채)을 조달하는데, 은행차입이 일반적으로 지급순위에서 선순위이다.

3) 콜조항과 반대로 풋조항(put provision)은 채권투자자가 만기 전 발행기업에 해당채권을 되팔 수 있는 권리를 말한다.

(6) 보호조항

또한 채권의 발행계약서는 채권이 만기에 도달하기 전에 채권자의 권한을 보호하기 위해 발행기업의 취해야 할 보호조항(protective covenant)을 명시하고 있는 경우가 많다. 보호조항은 부정적 보호조항(negative covenant)과 긍정적 보호조항(positive covenant)으로 구분될 수 있다. 부정적 보호조항은 기업이 채권 만기 전에 "해서는 안 되는 행위"를 의미하며, 긍정적 보호조항은 "해야 하는 행위"를 의미한다.

부정적 보호조항은 자산 매각 제한, 배당금 제한, 다른 기업과의 인수합병 제한, 선순위 채권의 발행 제한 등이 포함된다. 반면에 긍정적 보호조항은 최소 이자보상비율의 유지, 최소 수준 이상의 운전자본 유지 등을 포함한다.

제 3 절 회사채의 가치평가

1. 회사채의 특성

기업이 발행하는 회사채(corporate bond)는 발행기업 입장에서 보면, 타인자본 형태의 장기자본조달 수단이다. 회사채를 매입하는 투자자 입장에서 보면, 정기적으로 이자를 지급받고 만기일에는 원금(액면금액)을 상환받는, 명목상으로는 확정소득부적(coupon bond) 성격의 투자대상이다. 기업이 발행하는 부채는 다음 특성을 갖는다.

① 부채는 기업의 소유권과는 관계가 없으므로 주주와 달리 채권자는 기업의 중요 사안에 대한 의결권을 갖지 않는다.

② 부채에 대한 지불이자는 비용으로 간주되어 법인세 부과 대상에서 제외

되지만, 주주에게 지불되는 배당금은 세금 부과 대상이 된다.

③ 부채증권을 많이 발행하면 재무적 곤경(financial distress)에 처할 수 있다. 부채를 상환하지 않으면 채권자들은 법적으로 해당기업의 자산에 대한 법적 권리를 주장할 수 있다. 즉 상환하지 않은 부채는 기업의 채무이지만, 자기자본증권은 기업의 채무가 아니다. 재무적 곤경에 처한 기업은 부채 조정이나 파산(bankruptcy) 등의 절차를 겪을 수 있다.

기업이 발행하는 회사채는 coupon bond인 경우가 대부분인데, 발행되는 채권의 다음 세 가지 요인과 해당채권의 위험 등을 반영하는 채권수익률(또는 만기수익률)에 의해 가격이 결정된다.

① 액면금액(face value 또는 par value) : 발행되는 채권의 1단위당 표시금액을 말한다. 이 액면금액은 표면이자율을 적용하여 지급이자를 계산하고, 채권의 만기시에 상환해야 할 금액이다.

② 표면이자율(coupon rate) : 채권 1단위당 액면금액에 대해 지급되는 표시이자율(stated interest rate)이다. 금액으로는 지급이자액(coupon)이 된다.

③ 만기(maturity date) : 채권은 주식과 달리 상환기일이 정해진다. 만기는 발행기관이 발행했던 채권의 액면금액을 상환해야 하는 약속일을 말한다.

2. 채권의 가치평가

채권의 가치는 채권의 특성을 감안하여 그 현금흐름, 지속기간, 할인율을 추정하여 앞장에서 설명한 현재가치 계산방법을 이용하면 평가될 수 있다. 이제 가장 전형적인 형태의 채권이라고 할 수 있는 확정이자부사채에 대하여 그 투자가치를 평가해 보기로 하자.

채권 중에서 정기적으로 이자를 지급하고 만기일이 되면 원금을 상환받는 확정이자부사채(이표채)의 경우, 채권투자자가 가치를 부여할 수 있는 투자수입(현금흐름)은 정기적으로 받는 이자수입(C_t)과 만기시의 액면금액(원금 : F)이다.

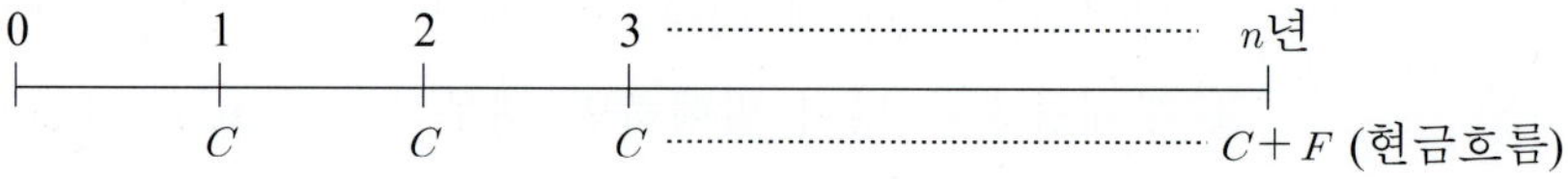

따라서 확정이자부사채의 가치(B_0)는 이 현금흐름을 채권투자자의 요구수익률(r)로 할인한 현재가치로서, 식(4.2)를 이용하여 추정한다.

$$
\begin{aligned}
B_0 &= \frac{C}{(1+r)} + \frac{C}{(1+r)^2} + \cdots\cdots + \frac{C}{(1+r)^n} + \frac{F}{(1+r)^n} \\
&= \sum_{t=1}^{n} \frac{C}{(1+r)^t} + \frac{F}{(1+r)^n} = \frac{C}{r}\left(1 - \frac{1}{(1+r)^n}\right) + \frac{F}{(1+r)^n} \\
&= C(r\%,\ n\text{년, 연금의 현가계수}) + F(r\%,\ n\text{년, 현가계수})
\end{aligned} \quad \textbf{(4.2)}
$$

단, C : 이자지급액 = 액면금액 × 표면이자율(c)
F : 액면금액
n : 만기
r : 채권투자자의 요구수익률

위 식을 보면 이자는 매 기말에 지급되는 정상연금이고, 액면금액은 만기에 1번 지급된다. 따라서 채권의 가치는 정상연금인 이자의 현재가치와 액면금액의 현재가치의 합이라는 것을 알 수 있다.

예제 4-1 채권의 투자가치

(1) 표면이자율이 연 10%이고 액면금액은 10,000원, 만기는 5년인 채권이 있다. 이자는 연말에 지급되고, 채권에 대한 요구수익률이 연 8%라고 하면, 이 채권의 현재가치는 얼마인가?

(2) 표면이자율이 연 12%이고 액면금액은 10,000원, 만기는 5년인 채권이 있다. 이자는 분기마다 기말에 지급되고, 채권에 대한 요구수익률이 연 8%라고 하면, 이 채권의 현재가치는 얼마인가?

➤ 풀이

(1) $c=10\%$, $F=10{,}000$원, $n=5$년, $r=8\%$, 연 1회 이자후급 이표채의 투자가치 :

$$
\begin{aligned}
B_0 &= \frac{1{,}000}{(1.08)} + \frac{1{,}000}{(1.08)^2} + \cdots\cdots + \frac{1{,}000}{(1.08)^5} + \frac{10{,}000}{(1.08)^5} \\
&= 1{,}000(8\%,\ 5\text{년 연금현가계수}) + 10{,}000(8\%,\ 5\text{년 현가계수}) \\
&= 1{,}000(3.9927) + 10{,}000(0.6806) = 10{,}799\text{원}
\end{aligned}
$$

(2) $c=12\%$, $F=10{,}000$원, $n=5$년, $r=8\%$, 연 4회(분기) 이자후급 이표채의 투자가치 :
(분기 이자율=3%, 복리횟수=20회, 분기 할인율=2%)

$$B_0=\frac{300}{(1.02)}+\frac{300}{(1.02)^2}+\cdots\cdots+\frac{300}{(1.02)^{20}}+\frac{10{,}000}{(1.02)^{20}}$$

=300(2%, 20년 연금현가계수)+10,000(2%, 20년 현가계수)
=300(16.351)+10,000(0.6730)=11,635원

3. 채권가격과 채권수익률(또는 만기수익률)의 관계

앞의 식(4.2)는 발행자가 채무이행을 다한다면 채권의 가치가 일차적으로 표면이자율(c), 액면금액(F), 채권의 요구수익률(r)에 의해서 결정됨을 보여주고 있다. 이 중에서 표면이자율과 액면금액은 원금이 상환될 때까지 고정불변인 반면에, 만기와 채권수익률은 가변적인 것이다. 만기는 시간이 흐름에 따라서 발행 이후 점차 짧아지고, 채권수익률은 공금리수준, 만기차이 혹은 원리금 지급불능의 위험 정도에 따라 변하기 때문이다.

채권의 이론적 가치를 결정짓는 가장 중요한 요소는 채권수익률(r) 또는 만기수익률이다. 그러면 채권수익률과 채권가격은 어떤 관계를 지니는가? 채권수익률이 변동하면 채권가격은 어떻게 변동하는가? [예제 4-2]는 채권가격과 채권수익률의 관계를 보여주고 있다.

예제 4-2 **채권가격과 채권수익률의 관계**

현재, 액면금액 10,000원, 표면(액면)이자율 연 8%, 이자 연 1회 후급, 만기 3년인 채권이 있다. 공금리 변동 등의 이유 때문에 채권시장에서의 연 채권수익률이 변동되어 ① 8%, ② 5%, ③ 11%가 되었다면, 채권가격은 각각 얼마가 될 것인가?

➤ 풀이

① 채권수익률이 8%인 경우

$$B_0=\frac{800}{(1.08)}+\frac{800}{(1.08)^2}+\frac{800}{(1.08)^3}+\frac{10{,}000}{(1.08)^3}$$

=800(2.5771)+10,000(0.7938)=10,000원

② 채권수익률이 5%로 하락하였을 경우

$$B_0 = \frac{800}{(1.05)} + \frac{800}{(1.05)^2} + \frac{800}{(1.05)^3} + \frac{10,000}{(1.05)^3}$$

$$= 800(2.7232) + 10,000(0.8638) = 10,817\text{원}$$

③ 채권수익률이 11%로 상승하였을 경우

$$B_0 = \frac{800}{(1.11)} + \frac{800}{(1.11)^2} + \frac{800}{(1.11)^3} + \frac{10,000}{(1.11)^3}$$

$$= 800(2.4437) + 10,000(0.7312) = 9,267\text{원}$$

이 예에서 보듯이 채권수익률이 표면이자율과 같으면, 채권가격이 액면금액(10,000원)과 같다. 그러나 채권수익률이 표면이자율보다도 낮으면, 채권가격은 액면금액보다 높아 할증되어(at premium) 거래된다. 반대로 채권수익률이 높으면, 채권가격은 액면금액보다 낮아 할인되어(at discount) 거래된다. 이 관계를 요약하면 다음과 같다.

채권수익률 < 표면이자율 → 채권가격 > 액면금액
채권수익률 = 표면이자율 → 채권가격 = 액면금액
채권수익률 > 표면이자율 → 채권가격 < 액면금액

채권가격과 채권수익률 사이의 관계는 다음과 같이 요약할 수 있다.

① 채권가격과 채권수익률 사이에는 반비례 관계가 있다. 채권수익률이 상승하면 채권가격은 하락하고, 채권수익률이 하락하면 채권가격은 상승한다.

② 일정한 채권수익률의 변동이 있을 때 채권가격이 반대방향으로 변동하는 정도는 채권의 만기가 길어질수록 커진다. 앞의 채권(액면금액 10,000원, 연 8% 이자후급)의 예에서 다른 발행조건은 동일한데 다만 만기가 5년인 채권의 경우, 연 채권수익률이 ㉠ 8%, ㉡ 5%, ㉢ 11%로 변동될 경우 채권가격을 식(4.2)를 이용하여 마찬가지 방법으로 구하여 앞의 예에서 구한 만기가 3년인 채권의 경우와 비교하면 〈표 4-1〉과 같다. [그림 4-2]에서도 확인할 수 있는 것처럼 만기가 긴 장기채권일수록 일정한 채

● 표 4-1
만기별 채권수익률과 채권가격의 관계

채권수익률	만기 3년 채권의 가격	만기 5년 채권의 가격
r=8%일 때	10,000원	10,000원
r=5%로 하락할 경우	10,817	11,229
r=11%로 상승할 경우	9,267	8,893

■ 그림 4-2
채권가격과 채권수익률의 관계(액면금액 = 10,000원, 액면이자율 = 8%)

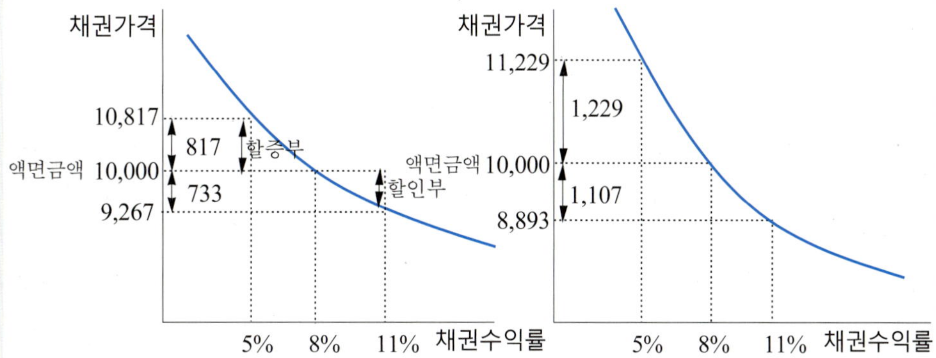

권수익률 변동에 대하여 가격변동이 크다.

③ 이자율(채권수익률)의 절대수준이 낮은 경우가 높은 경우보다도 일정한 이자율변동에 대한 가격변동률이 크다.

④ 표면이자율이 낮은 채권일수록 일정한 이자율변동에 따른 채권가격의 변동률이 크다. 앞의 예에서의 채권은 액면이자율이 연 8%였으나 만약 액면이자율이 연 6%, 4%, 0%였다면 일정한 이자율변동에 따른 가격변동률은 커진다. 이는 액면이자율이 낮은 채권일수록 투자위험은 높지만 매매차익은 커질 수 있음을 뜻한다. 액면이자율이 0%인 채권은 순수할인채권이므로 결국 순수할인채권(pure discount bond)의 경우가 가격변동률이 제일 크다.

요약하면, 채권가격은 이자율변동에 반비례하는데, 채권의 만기가 길어질수록 그리고 표면이자율이 낮을수록 가격변동률이 크게 된다. 즉 일정한 조건하에서는 이자율변동이 있을 때 장기 순수할인채가 채권가격변동률이 가장 크다.

Concept check

채권 A는 만기 5년, 표면이자율은 연 10%이고, 채권 B는 만기 2년, 표면이자율이 연 8%이다. 1%의 채권수익률의 변동이 있을 때 가격변동위험은 어느 채권이 큰가?

4. 순수할인채

회사채나 국채 중에서 만기까지 이자를 지급하지 않고, 만기시 액면금액을 상환하는 채권이 있다. 이런 채권을 제로쿠폰채권(zero coupon bond or zeroes)이라 부르며, 이 채권은 발행시에 할인된 가격으로 판매되기 때문에 순수할인채(pure discount bond) 또는 deep discount bond라 부르기도 한다. 순수할인채는 만기까지 중도에 이자지급이 없으므로 다음과 같이 만기시 상환받는 액면금액을 만기기간만큼 채권수익률로 할인한 현재가치가 현재의 가격이 된다.

$$B_0 = \frac{F}{(1+r)^n} \tag{4.3}$$

예를 들어, 만기가 4년이고 액면금액은 100,000원이면서 중간에 이자지급이 없는 순수할인채권이 있다고 가정하자. 이 채권의 만기수익률이 연 12%라고 하면 이 채권의 가격은 얼마인가?

식(4.3)을 이용하면 $F=100,000$원, $n=4$년, $r=12\%$이며, 따라서 이 채권의 가격은

$$B_0 = \frac{100,000}{(1.12)^4} = 100,000 \times (12\%,\ 4\text{년 현가계수}) = 100,000(0.6355) = 63,550\text{원}$$

이다. 위의 계산에서 볼 수 있듯이 이 채권은 발행시점에 액면금액 100,000원에서 약 36.5% 할인된 63,550원에 거래된다. 이 채권의 요구수익률이 변하지 않는다고 가정할 경우, 시간이 지남에 따라 이 채권의 가격은 상승할 것이며, 만기시에는 100,000원의 가치를 갖게 된다.

순수할인채는 위의 예에서 볼 수 있듯이 크게 할인되어 거래됨에도 불구하고, 기업은 왜 이런 채권을 발행할까? 그 이유는 많은 나라에서 세제상의 혜택을 주고 있기 때문이다. 제로쿠폰채권을 발행하는 기업은 실제로는 만기시까지 이자를 지급하지 않지만, 세법상에서는 이자를 지급하는 것으로 간주되어 이자비용에 대한 법인세를 감면받을 수 있다. 마찬가지로 채권의 소유자는 실제로 매년 이자를 받는 것이 아니지만 매년 이자를 받는 것으로 간주되어 이자수입에 대한 소득세를 내야 한다. 따라서 이런 채권을 사려고 하는 채권자는 대부분 소득세를 내지 않거나 감면받는 연・기금 등인 경우가 많다.

위의 예처럼 한 기업이 액면금액 100,000원의 제로쿠폰채권을 63,550원에 발행했다고 가정할 경우 세금감면혜택을 계산해 보자. 1년이 지난 후 채권의 가격은 100,000×(12%, 3년 현가계수)=100,000×0.7118=71,180원이다. 이 기업은 첫해에 이자비용으로 71,180−63,550=7,630원을 계상할 수 있다. 이 기업의 법인세율이 20%라면, 7,630×0.2=1,526원의 세금감면혜택을 첫해에 누릴 수 있다. 4년 동안의 법인세 혜택을 표로 정리하면 다음과 같다.

년	기초의 가치	기말의 가치	암묵적 이자비용 (implied interest)	세금감면혜택
1	63,550	71,180	7,630	1,526
2	71,180	79,720	8,540	1,708
3	79,720	89,290	9,570	1,914
4	89,290	100,000	10,710	2,142

제 4 절 채권수익률

1. 채권수익률(만기수익률)의 의미

앞에서는 주어진 채권수익률을 할인율로 사용하여 채권의 이론적 가격을 구하는 방법을 살펴보았다. 그런데 채권투자의 실제에서는 많은 경우 현재 시장에서 형성되어 있는 채권가격으로부터 역으로 채권수익률을 계산하여 채권투자결정에 사용하고 있다. 채권수익률은 금융시장에서 그 채권에 대한 수요·공급에 의해서 결정되는 하나의 유통금리인데, 채권수익률은 일반적으로 아래에 설명하는 만기수익률을 계산하여 사용하고 있다.

채권의 만기수익률(YTM : yield to maturity)이란 채권을 현재시점에서 현재가격으로 매입하여 만기일까지 보유한다고 가정할 경우 기대되는 약속수익률(promised yield)을 말한다. 채권을 현재가격으로 매입하여 만기일 이전에 매도할 수도 있지만, 만기일까지 계속 보유하고 또 지급불능의 상황이 되지 않는다고 가정하면, 만기일까지의 현금흐름은 정기적으로 지급받는 이자수입과 만기일에서의 원금상환으로 구성되는데, 만기수익률은 이들 현금흐름에 대하여 화폐의 시간가치를 고려하여 계산되는 기대수익률을 말한다. 따라서 만기수익률은 다음 식(4.4)로 표시되는 것처럼 이들 채권투자로부터 발생하는 현금흐름의 현재가치와 현재의 채권시장가격을 일치시켜 주는 할인율이다.

$$P_0 = \frac{C}{(1+r)} + \frac{C}{(1+r)^2} + \cdots\cdots + \frac{C}{(1+r)^n} + \frac{F}{(1+r)^n} \tag{4.4}$$

단, P_0 : 채권의 현재 시장가격
r : 채권수익률=만기수익률(YTM)

결국 만기수익률은 채권의 만기까지의 이자수입뿐 아니라 시세차익(차손)크기 그리고 투자기간까지 고려한 예상수익률이다.

2. 만기수익률의 계산방법

채권의 만기수익률을 계산하는 직접적인 방법은 없기 때문에 시행착오법(trial and error method)에 의해서 구하게 된다.[4] 즉, 우변의 현재가치가 좌변의 시장가격과 같게 되는 할인율을 시행착오를 통해 구한다. 만약 근사치만 필요한 경우는 식 (4.5)와 같이 추정할 수 있다. 이를 근사법이라고도 하는데, 연평균 투자수입을 평균투자액으로 나누어 구하는 방법이다. 즉, 평균투자액은 채권가격과 원금의 합을 2로 나눈 금액만큼 투자기간중 평균적으로 채권에 투자되어 있는 것으로 간주하고, 연평균 투자수입은 연평균 이자수입과 연평균 매매차익의 합으로 보고 계산한다.

$$r = \frac{\text{연평균 투자수입}}{\text{평균투자액}} = \frac{C + (F - P_0)/n}{(P_0 + F) \div 2} \tag{4.5}$$

채권의 만기수익률을 채권의 경상수익률(또는 현행수익률, current yield)과 혼동해서는 안 된다. 채권의 경상수익률은 채권의 연간 지급이자액(annual coupon)을 채권의 현재가격으로 나눈 값이다. 경상수익률은 채권의 수익률 중 이자지급액에 의한 수익률만을 나타낸다. [예제 4-1]의 (1)의 예를 다시 보자.

표면이자율이 연 10%이고 액면금액은 10,000원, 만기는 5년인 채권이 있다. 이자는 연말에 지급되고, 채권에 대한 요구수익률(만기수익률)이 연 8%라고 하면, 이 채권의 현재가치는 10,799원이다. 채권의 연간 지급 이자액은 1,000원이므로, 경상수익률은 1,000/10,799=9.26%이다. 이는 만기수익률 8%보다 높다. 이와 같은 할증채권에서는 경상수익률이 만기가 가까워짐에 따라 채권가격 하락으로 인한 수익률 감소분을 반영하지 않기 때문에 만기수익률보다 높게 나타난다. 이 채권의 만기수익률이 변하지 않는다면, 1년 후의 가격은 어떻게 되는가? 1년 후에 만기까지의 기간이 4년 남으므로, 1년 후의 가격은 약 10,662원으로 떨어질 것이다. 이 채권을 현재 가격에 사서 1년 후에 판다면 자본이득수익률(capital gains yield)은

---

4) 다음 EXCEL함수식 중 *IRR*을 이용하면 만기수익률을 구할 수 있다.
=*IRR*(현금흐름영역, 근사치수익률). 상세한 설명에 대해서는 본서 [부록 1]의 9. 참조.

$$(10{,}662 - 10{,}799)/10{,}799 = -1.27\%$$

가 된다. 그러므로 이 채권의 만기수익률 8%는 경상수익률 9.26%와 자본이득수익률 −1.27%의 합과 같다.

$$8\% \approx 9.26\% + (-1.27\%)$$

이 관계는 우연이 아니다. 이 채권에 투자하는 채권자는 이 채권으로부터 이자수입과 채권의 가격변동에 의한 수익을 기대할 수 있다. 투자금(채권가격) 대비 이자수입이 경상수익률이고, 가격변동에 따른 수익률이 자본이득수익률이다. 따라서 채권자가 요구하는 수익률은 경상수익률과 자본이득수익률의 합이 되는 것이 당연하다.

위 논의를 정리하면, 만기수익률, 경상수익률, 자본이득수익률 간에는 다음 관계가 성립한다.

채권(만기)수익률＝경상수익률＋자본이득수익률

할증채권의 경우 채권수익률이 변하지 않는다고 가정할 때 시간이 지남에 따라 채권의 가격이 떨어지기 때문에 자본이득수익률은 음(−)의 값을 갖는다. 따라서 보통 경상수익률이 채권수익률(만기수익률)보다 크다. 반면에 할인채권의 경우 경상수익률이 만기수익률보다 낮은 이유는 가격 상승으로 인한 수익률 증가분을 경상수익률에 반영하지 않기 때문이다. 할인채권의 경우, 자본이득수익률이 양(+)의 값을 갖기 때문에 만기수익률이 경상수익률보다 크다. 만약, 채권이 액면가에 거래되고 있고 만기수익률이 변하지 않는다면 자본이득수익률은 0이 될 것이며, 표면이자율, 경상수익률, 만기수익률은 모두 같다.

이를 정리하면 다음과 같은 관계를 도출할 수 있다.

액면가채권 : 표면이자율＝경상수익률＝만기수익률
할인채권 : 표면이자율＜경상수익률＜만기수익률
할증채권 : 표면이자율＞경상수익률＞만기수익률

예제 4-3 만기수익률의 계산

액면금액(F)=10,000원, 표면이자율(c)=연 8%, 이자후급인 회사채가 있다. 현재의 시장가격 9,400원에 매입하여 4년 후 만기일까지 보유하게 되면 만기수익률은 얼마인가?

➤ 풀이

(1) 시행착오법 : 아래 식에서 우변의 현재가치가 9,400원이 되는 할인율을 시행착오법에 의하여 구하면 r=9.89%이다.

$$9{,}400=\frac{800}{(1+r)}+\frac{800}{(1+r)^2}+\frac{800}{(1+r)^3}+\frac{800}{(1+r)^4}+\frac{10{,}000}{(1+r)^4}$$

$r=9.89\%$

(2) 근사법 : 식(4.5)에 의해서 근사법으로 구하면 9.79%가 된다.

$$r=\frac{800+(10{,}000-9{,}400)\div 4}{(9{,}400+10{,}000)\div 2}=\frac{800+150}{9{,}700}\fallingdotseq 9.79\%$$

근사법에 의한 결과는 시행착오법에 의해서 정확히 구하는 것과 큰 차가 없음을 볼 수 있다. 시행착오법에 의하여 만기수익률을 구할 때에도 먼저 근사법에 의해서 개략치를 구하게 되면, 근접한 만기수익률이 어느 범위인지를 파악할 수 있으므로 많은 시간이 절약된다.

3. 인플레이션과 채권수익률

채권수익률은 채권투자자의 요구수익률로서 채권가치를 평가할 때 할인율로 사용됨은 앞서 설명한 바와 같다. 그러면 채권수익률은 어떤 요인들에 의해서 결정되는가?

채권수익률은 일차적으로 다음 세 요인에 의해서 영향을 받는다고 말할 수 있다.

채권수익률=① 명목이자율(실질이자율+기대인플레이션율)
+② 만기위험프리미엄+③ 지급불능위험프리미엄 **(4.6)**

국공채는 ①의 인플레이션 요인에, 단기회사채는 ③의 지급불능위험프리미엄 요인에 큰 영향을 받으며, 장기회사채는 지급불능위험프리미엄 외에도 ②의 만기위험프리미엄(또는 이자율위험) 요인에 의해서 채권수익률이 큰 영향을 받는다.

먼저 ①의 관계, 즉 인플레이션율과 관련하여 명목이자율과 실질이자율의 관계를 설명하면 다음과 같다.

예를 들어, 지급불능위험프리미엄이 없다고 가정할 수 있는 국채를 생각해 보자. 명목이자율(nominal interest rate)은 인플레이션에 의한 구매력 감소가 고려되지 않은 명목상의 이자율이다. 정부가 부채로 자금조달할 때 차입금에 대하여 지불하는 이자율이기도 하다. 반면 실질이자율(real interest rate)은 구매력 감소를 고려하여 계산된 이론적 이자율을 말한다. 이제 기초물가지수를 C_0, 기말물가지수 예상치를 C_1, 명목이자율을 R^N, 실질이자율을 R^r, 예상물가상승률(기대인플레션율)을 $C(=C_1/C_0-1)$라고 표시하면 다음 관계가 성립한다.

$$1+R^r=\frac{C_0(1+R^N)}{C_1}=\left(\frac{1}{1+C}\right)(1+R^N)$$

$$\therefore\ (1+R^N)=(1+R^r)(1+C)$$

$$R^N=R^r+C+R^r C \tag{4.7a}$$

식(4.7a)의 우변 마지막 항의 값 $R^r C$는 매우 미미한 값이므로 무시하면 다음과 같이 바꿔 쓸 수 있다.

$$R^N\approx R^r+C \tag{4.7b}$$

즉, 명목이자율은 실질이자율에 인플레이션율을 합한 수준으로 형성될 것으로 기대할 수 있는데, 이를 피셔효과(Fisher effect)라고 부른다.

한편 채권시장에서 형성되는 수익률(또는 이자율)은 일반적으로 다음과 같은 요인들에 의하여 달라진다.

- 일반 가계의 소비성향 : 소비성향이 높으면 자금수요를 증가시키고, 이자율을 상승시킨다.
- 기업들의 자금수요 : 기업부문에서 수익성이 높은 생산투자기회가 많으

면 자금수요가 늘어 시장이자율은 상승하게 된다.

- 정부의 재정금융정책 : 정부가 경기변동에 대응하여 재정금융정책상 통화량을 증가(감소)시키는 것에 따라 시장이자율은 하락(상승)하기도 한다.

예제 4-4 **피셔효과**

현재 명목이자율이 18%이고, 기대 인플레이션율이 8%라면 투자자들이 이 금융시장에서 얻을 수 있는 실질이자율은 얼마인가?

➢ 풀이

Fisher effect에 의하면 $1+0.18=(1+r)(1+0.08)$이 성립한다. 그러므로 실질이자율(r)은 9.26%이다. 근사값에 의하여 구하면 실질이자율은 10%이다.

4. 채권수익률의 기간구조

채권수익률은 채권의 만기, 즉 장기채권인지 단기채권인지에 따라 다르게 형성된다. 예를 들어 발행주체와 발행조건이 동일한 국고채인데 채권수익률이 만기가 1년인 국고채는 4.0%, 3년인 국고채는 4.3%라면 이 수익률 차이 0.3%는 만기 이외의 다른 조건이 동일한 국고채이므로 만기의 차이 때문이라고 볼 수 있다.

다른 조건은 동일하고 만기만 상이한 채권들의 만기와 채권수익률의 관계를 채권수익률의 기간구조(term structure of bond yield)라고 한다. 기간구조는 흔히 그림으로 표현하여 분석하는데, 채권들의 만기와 채권수익률의 관계를 그림으로 나타낸 것을 수익률곡선(yield curve)이라고 한다. [그림 4-3]처럼 일반적으로 횡축에 만기를 표시하고 종축에 만기수익률을 표시하여 특정시점을 기준으로 만기까지의 기간의 차이에 따라 달라지는 채권수익률의 차이를 나타내고 있다. 이자율의 기간구조가 기업의 재무담당자에게도 중요한 것은 기업의 부채비용을 추정하는 한 기준이 되기 때문이다.

그러면 모든 조건은 동일하고 단지 만기만 다를 뿐인데 채권수익률이 차이를 보이는 이유는 무엇일까? 수익률곡선이 이처럼 우하향하거나 우상향하는 형태를 보이는지에 대한 설명으로 다음과 같은 세 가지의 기간구조 이론이 제시되

■ 그림 4-3
수익률곡선

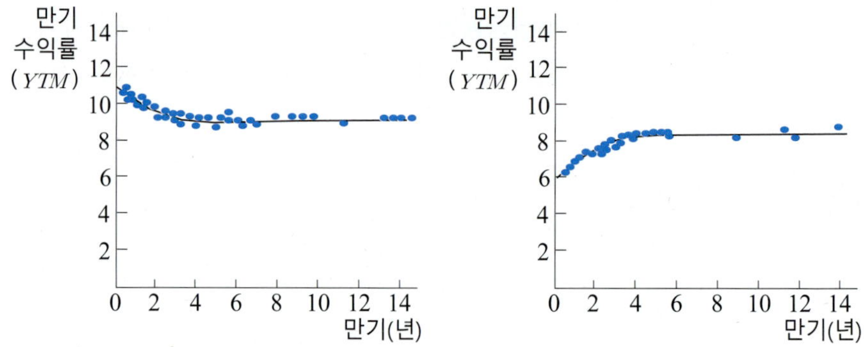

(a) 우하향의 수익률곡선　　(b) 우상향의 수익률곡선

고 있다.

(1) 기대이론

기대이론(expectation theory)은 장기채의 만기수익률이 투자자(시장)의 미래 기간별 단기수익률(이자율)에 대한 기대에 의해서 결정된다는 주장이다. 즉, 시장에서 앞으로 기간별 단기이자율이 상승할 것으로 기대될 때에는 수익률곡선은 만기가 길어짐에 따라 상승세를 보이고, 반대로 기간별 이자율이 하락할 것으로 예상될 때에는 수익률곡선은 만기가 길수록 낮은 수익률을 보일 것이다. 위의 [그림 4-3](a)는 앞으로 이자율이 하락하리라는 기대가, (b)는 이자율이 상승하리라는 기대가 반영된 결과 만기별로 채권수익률이 차이를 보인다고 설명할 수 있다.[5)]

---

5) [그림 4-3]의 수익률곡선에 표시된 채권수익률은 현재시점에서 본 장기수익률이고, 현물이자율인 셈이다. 본래 현물이자율(spot interest rates)은 투자자에게 현금흐름이 단 한 번 있게 되는 경우의 이자율로서, 현물거래에서 계약과 계약의 실행이 동일시점에서 모두 이루어지는 경우의 이자율을 가리킨다. 예를 들어, 순수할인채권처럼 현재시점(t_0)에서 일정한 가격으로 매입하여 2년 후, 3년 후, 일정기간(n)이 경과한 후 한 번만의 투자수입(원금상환)이 있게 되는 경우 이 기간의 장기수익률이 현물이자율이다. 반면에 선도이자율(forward interest rates)은 미래 특정기간 동안의 기간별 이자율로서 선물환거래에서는 계약하는 시점과 계약을 실행하는 시점이 서로 상이할 경우 적용되는 이자율을 말한다.

식(4.2)에 의해서 채권가격을 평가할 때에는 전기간에 걸친 채권수익률이 동일하다는 가정에서 동일한 할인율을 적용하였는데, 만약 장기수익률(${}_0R_n$)이 기간별로 다르다면, 채권의 가격은 각 만기의 서로 다른 수익률로 할인한 현재가치로 추정한다.

$$B_0 = \frac{C}{(1+{}_0R_1)} + \frac{C}{(1+{}_0R_2)^2} + \cdots\cdots + \frac{C}{(1+{}_0R_n)^n} + \frac{F}{(1+{}_0R_n)^n} \quad \text{(4.2-A)}$$

(2) 유동성 프리미엄이론

유동성 프리미엄이론(liquidity premium theory)은 장기채일수록 미래수익의 불확실성이 커지므로 투자자는 유동성 프리미엄을 요구하게 되어 장기채의 수익률이 단기채의 수익률보다도 높아진다는 이론이다. 투자자는 위험을 회피하고 유동성을 선호하므로 단기채에 대한 초과수요가 존재하고, 자금을 조달하는 기업은 장기자금을 원하므로 장기채의 초과공급이 있게 되어 유동성 프리미엄은 장기로 갈수록 커진다고 보고 있다.

(3) 시장분할이론

채권시장에서의 많은 투자자들은 관계법규, 만기선호도, 관례 때문에 수익률에 차이가 나더라도 다른 만기의 시장으로 쉽게 이동하지 못하는 면이 있다. 시장분할이론(market segmentation theory)은 구조적으로 경직되어 있는 채권시장이 채권만기에 대한 선호도에 따라 서로 다른 몇 개의 하부시장으로 구성되는데, 채권수익률은 이들 각 하부시장에서의 수요공급의 원리에 의해서 결정된다는 주장이다.

5. 채권수익률의 위험구조

채권투자자의 요구수익률은, 채권의 발행주체인 기업이 원리금을 지급하지 못하는 채무불이행위험(default risk) 등 여러 가지 위험을 지닌다면 높아질 것이다. 채권의 발행조건이나 발행주체가 지니고 있는 위험수준 때문에 채권수익률에 체계적 차이가 나타나는 것을 채권수익률의 위험구조(risk structure)라고 한다. 또 채권의 위험에 따라 생기는 채권수익률의 차이를 수익률차 또는 수익률 스프레드(yield spread)라고 부른다.

수익률 스프레드는 만기가 같은 채권들 사이의 수익률의 차이로 측정된다. 예를 들어, 3년 만기 국공채의 수익률이 5%이고 3년 만기 C카드(주) 발행의 회사채 수익률이 11%라면 수익률 스프레드 6%는 발행주체인 C카드(주)의 위험수준이 수익률에 반영된 것으로 볼 수 있다. 이와 같은 수익률 스프레드는 지급불능프리미엄(default premium)과 위험프리미엄(risk premium)으로 구분해 볼 수 있다. 전자는 채무불이행의 가능성에 대한 위험프리미엄이고, 후자는 기대수익의 불확실성에 대한 위험프리미엄이다. 일반적으로 지급불능위험프리미엄이 수익률 스프레드의 가장 큰 위험을 차지한다. 따라서 채권수익률 스프레드를 "신용 스프레드"라고 부르기도 한다.

채권자 입장에서 발행자의 지급불능위험(또는 채무불이행위험)이 가장 큰 위험인데, 이는 신용평가기관들의 해당채권에 대한 신용등급에 의해 평가될 수 있다. 채권등급평정(bond ratings)이란 채권발행주체가 지니는 원리금 지급능력, 채무불이행의 발생가능성 및 채무불이행에 따른 손실의 정도를 중립적 위치에서 객관적으로 평가하고 그 평가결과를 간략한 기호로 표시한 것을 말한다. 채권등급평정은 외국에서는 Moody's Investors Service, Standard & Poor's Corporation, Fitch Investors Service 등의 기관과 국내에서는 한국기업평가(주), 한국신용평가

● 표 4-2 채권등급 평정기준

구 분	평정기준	S&P 등급	Moody's 등급
AAA	원리금 지급능력이 최고수준	AAA	Aaa
AA	원리금 지급확실성이 매우 높지만 AAA등급에 비해 다소 열등함	AA+ AA AA−	Aa1 Aa2 Aa3
A	원리금 지급확실성은 높지만 장래 환경변화에 따라 다소 영향을 받기 쉬운 면이 있음	A+ A A−	A1 A2 A3
BBB	원리금 지급확실성은 인정되지만 장래 환경변화에 따라 저하될 가능성을 내포하고 있음	BBB+ BBB BBB−	Baa1 Baa2 Baa3
BB	원리금 지급능력에 문제가 없으나 장래의 안전성은 보장할 수 없는 투기적인 면이 있음	BB+ BB BB−	Ba1 Ba2 Ba3
B	원리금 지급능력에 문제가 있고 투기적인 면이 강함	B+ B B−	B1 B2 B3
CCC	채무불이행이 발생할 위험요소를 내포하고 있음	CCC	Caa
CC	채무불이행이 발생할 위험이 큼	CC	Ca
C	현재 이자지급이 연기되고 있고 채무불이행의 위험이 매우 높음	C	C
D	원금 또는 이자가 지급불능상태에 있음	D	

(주), NICE신용평가(주) 등에 의해서 행해지고 있다. 채권등급은 〈표 4-2〉에 나타난 것과 같은 평정기준에 의해서 최상급 AAA등급에서 최하급 C, D등급까지 크게 9~10등급으로 나누고 각 등급 내에서 +, − 기호나, 1, 2, 3 숫자를 부여하여 등급을 세분화시키고 있다. BBB(Baa)등급 이상을 원리금 상환능력 면에서 위험이 적은 투자적격채권, 우량채권(investment grade bonds)으로 분류하고, BB 이하는 투기채권, 불량채권(speculative grade bonds, junk bonds)으로 평가하고 있다.

이 밖에도 채권수익률은 채권의 과세조건, 수의상환조건, 전환조건 등 채권의 발행조건과 채권의 환금성에 따라 투자위험이 달라지므로 이들 요인 또한 채권수익률에 영향을 주게 된다.

채권수익률은 상기한 시장이자율의 변동과 같은 기업외적 요인과 채권발행주체의 지급불능위험, 채권의 만기와 같은 기업내적 요인의 변화에 따라 변동하게 되는데, 이들 요인들에 의해서 채권수익률이 변동하면 채권가격은 이와 반대 방향으로 움직이는 투자위험을 안게 된다.

Concept check

채권투자자의 요구수익률을 상승(하락)시키는 요인에는 어떤 것이 있는가? 이러한 요구수익률의 변화가 있을 때 채권가격은 어떤 방향으로 움직이는가?

주요 용어

- 가치평가의 원칙
- 이표채와 복리채
- 전환사채
- 신주인수권부사채
- 채권가격
- 순수할인채
- 만기수익률
- 피셔효과
- 채권수익률의 기간구조
- 수익률곡선
- 기대이론
- 현물이자율
- 선도이자율
- 유동성 프리미엄이론
- 시장분할이론
- 채권수익률의 위험구조
- 수익률 스프레드
- 채권등급평정

연습문제

1. 다음 중 성격이 다른 채권은?

① 전환사채 ② 순수할인사채
③ 신주인수권부사채 ④ 교환사채

2. 기업이 발행하는 단기부채증권에 투자하려고 하는 투자자에게 일반적으로 가장 큰 위험은 무엇인가?

① 지급불능위험 ② 인플레이션 위험
③ 이자율위험 ④ 재투자위험

3. 다음 중 만기가 가장 짧은 채권은?

① Treasury Bill ② Treasury Note
③ Treasury Bond ④ Debenture
⑤ Coupon Bond

4. 채권의 발행기업이 만기시 원금상환에 대한 부담을 덜기 위해 매년 수탁기관에 원금의 일부를 맡기도록 하는 조항을 무엇이라 부르는가?

① callable ② puttable
③ senior ④ collaterized
⑤ sinking fund

5. 발행기업의 의사결정에 따라 만기가 돌아오기 전에 채권의 액면금액을 채권자에게 지급할 수 있는 채권의 조항(provision)을 설명하는 용어는?

① callable ② puttable
③ senior ④ collaterized
⑤ sinking fund

6. A기업이 자본조달을 위해 액면금액 1만원, 5년 만기의 제로쿠폰채권(순수할인채)을 발행하려 한다. 이 채권의 이자율위험에 관한 설명으로 알맞은 것은?

① 위험을 재는 단위인 듀레이션은 5년이다.
② 듀레이션은 5년보다 짧다.
③ 듀레이션은 5년보다 길다.
④ 같은 만기의 쿠폰채권보다 이자율위험이 작다.
⑤ 제로쿠폰채권은 액면이자를 지급하지 않기 때문에 쿠폰채권과 이자율위험을 비교할 수 없다.

7. 다음 중 기업의 특성과 신용등급의 관계를 설명한 것으로 맞지 않는 것은?

① 기업규모와 신용등급은 양(+)의 관계를 갖는다.
② 수익성과 신용등급은 양(+)의 관계를 갖는다.
③ 부채비율과 신용등급은 음(−)의 관계를 갖는다.
④ 현금흐름의 변동성과 신용등급은 음(−)의 관계를 갖는다.
⑤ 신용등급은 재무비율에 의해서만 결정된다.

8. 채권수익률(또는 만기수익률)에 영향을 미치는 요인에 대한 설명으로 맞지 않는 것은?

① 실질이자율 인상은 채권수익률을 증가시킨다.
② 기대 인플레이션의 증가는 채권수익률을 증가시킨다.
③ 채권수익률의 기간구조는 항상 우상향하는 곡선을 보여준다.
④ 부도위험과 채권수익률은 보통 양(+)의 관계를 갖는다.
⑤ 채권의 만기와 채권수익률은 보통 양(+)의 관계를 갖는다.

9. 다음 중 채권에 대한 설명으로 맞지 않는 것은?

① 보통 쿠폰채권의 표면이자율은 만기까지 고정되어 있다.
② 할인채의 자본이득수익률은 보통 양의 값을 갖는다.
③ 할증채의 자본이득수익률은 보통 음의 값을 갖는다.
④ 경상수익률은 표면이자율보다 항상 낮다.
⑤ 만기수익률은 경상수익률과 자본이득수익률의 합이다.

10. 7년 전 발행된 채권의 장부가치가 1,000원이며 연간지급이자가 100원이다. 지금 현재 이 채권은 1,000원에 거래되며, 만기까지 8년이 남았다. 이 채권의 _______는 10%이다.

ㄱ. 만기수익률 ㄴ. 경상수익률 ㄷ. 표면이자율

① ㄱ
② ㄱ, ㄴ
③ ㄷ
④ ㄱ, ㄷ
⑤ ㄱ, ㄴ, ㄷ

11. 다음에 제시된 채권 중 가장 높은 수준의 이자율위험을 가진 것은?

① 8% 표면금리, 10년 만기
② 10% 표면금리, 10년 만기
③ 12% 표면금리, 10년 만기
④ 8% 표면금리, 20년 만기
⑤ 20년 만기의 순수할인채

12. 만약 채권의 요구수익률이 연간 변화하지 않는다면, 같은 기간 동안 __________. 단, 파산위험은 무시한다.

① 액면채권의 가격은 하락한다.
② 할증채권의 가격은 상승한다.
③ 할인채권의 가격은 상승한다.
④ 액면채권의 가격은 상승한다.
⑤ 그 어떤 채권의 가격도 동일하게 유지하지 않는다.

13. 다음에 제시된 설명 중 틀린 것은?

ㄱ. 다른 사항이 변함없을 때, 할증채권의 가치는 만기가 다가올수록 상승한다.
ㄴ. 다른 사항이 변함없을 때, 채권가격과 만기수익률은 상반된 관계이다.
ㄷ. 기준이자율이 변할 때 지급이자가 다른 두 채권 중 표면이자율이 낮은 채권보다 더 높은 채권의 가격이 더 많이 변화한다.

① ㄱ
② ㄱ, ㄴ
③ ㄱ, ㄷ
④ ㄴ, ㄷ
⑤ ㄱ, ㄴ, ㄷ

14. 할인채권의 경우의 경상수익률은 만기수익률보다 ____. 표면이자율은 만기수익률보다 ____.

① 작다, 작다
② 작다, 크다
③ 크다, 작다
④ 크다, 크다
⑤ 같다, 같다

15. 다음에 제시된 투자수익의 관점 항목 중 피셔효과가 포함하는 것은 무엇인가?

ㄱ. 유동성위험	ㄴ. 파산위험	ㄷ. 인플레이션위험

① ㄱ
② ㄷ
③ ㄱ, ㄴ
④ ㄴ, ㄷ
⑤ ㄱ, ㄴ, ㄷ

16. 채권가격의 평가

다음과 같은 발행조건과 시장상황에 있는 채권이 있다. 이들 채권의 투자가치를 평가하라.

(1) 액면금액 1,000만원, 만기 5년, 액면이자율 연 15%, 채권의 연 시장이자율 10%

(2) 액면금액 1,000만원, 만기 5년인 국채(순수할인채), 채권의 연 시장이자율 10%

(3) 매년도 말에 영원히 20만원을 받을 수 있는 영구채권, 시장이자율 10%

17. 채권의 만기수익률

액면금액 2,000만원, 만기 5년, 표면이자율이 10%인 삼성전자의 회사채가 현재 채권시장에서 1,800만원에 거래되고 있다고 하자. 이 회사채를 만기시점까지 보유한다고 할 때, 만기수익률은 얼마인가? EXCEL을 이용한 결과와 근사법에 의한 결과를 비교하라.

18. 채권의 가격과 만기수익률

만기가 서로 다른 순수할인 국채들의 만기별 현물이자율이 다음과 같다.

1년 만기 국채＝5%	2년 만기 국채＝6%
3년 만기 국채＝7%	4년 만기 국채＝8%

발행조건이 동일한 국채로서 액면금액 2,000만원, 만기 4년, 액면이자율이 6%인 채권을 구입하고자 한다.

(1) 이 채권의 이론적 가격은 얼마인가?

(2) 위의 가격으로 이 채권을 구입할 경우의 만기수익률은 얼마인가?

19. 만기수익률, 자본이득수익률, 경상수익률의 관계

어떤 이표채의 가격이 10,800원으로 형성되어 있으며, 이 채권의 액면가는 10,000원이다. 표면이자율은 6%이고, 이자는 6개월마다 후급으로 지급되며, 만기까지 5년이 남았다고 가정하자.

(1) 이 채권의 만기수익률은 얼마인가?
(2) 위에서 구한 만기수익률이 변하지 않는다고 가정하자. 이 채권을 현재 가격에 사서 1년 후에 판다고 하면 자본이득수익률은 얼마인가?
(3) 경상수익률을 계산한 후, 이 채권의 만기수익률, 자본이득수익률, 경상수익률의 관계를 설명하라.

20. 이자율위험

채권 J는 3% 쿠폰채권이며, 채권 K는 9% 쿠폰채권이다. 두 채권 모두 만기까지 15년이 남아 있으며, 쿠폰은 반년마다 지급된다. 두 채권 모두 6%의 만기수익률을 갖고 있으며, 두 채권 모두 액면금액은 $1,000이다.

(1) 이자율이 갑자기 2% 상승한다면 이 두 채권의 가격은 몇 퍼센트 변하겠는가?
(2) 이자율이 갑자기 2% 하락한다면 이 두 채권의 가격은 몇 퍼센트 변하겠는가?
(3) 이 문제가 더 낮은 쿠폰율을 갖는 채권의 이자율위험에 대해 말해주고 있는 것은 무엇인가?

21. 채권수익률(만기수익률)의 구성요소

채권 P는 할증채권으로 10%의 쿠폰을 지급한다. 채권 D는 4%의 쿠폰을 지급하며 현재 할인되어 거래되고 있다. 두 채권 모두 매년 1번 쿠폰을 지급하며, 만기수익률이 7%이고, 또한 만기까지 8년이 남아 있다. 두 채권 모두 액면금액은 $1,000이다.

(1) 채권 P와 채권 D의 경상수익률은 얼마인가?
(2) 이자율이 변하지 않는다면 채권 P와 채권 D 각각으로부터 내년에 얻을 것으로 기대되는 자본이득수익률(capital gain yield)은 얼마인가?
(3) 다양한 수익률간의 상호관계에 대해 설명하라.

22. 채권의 가치평가

Rock사는 현재 두 종류의 채권을 발행하고 있다. 채권 M은 액면금액이 $20,000, 만기가 20년이다. 이 채권은 처음 6년간은 전혀 쿠폰을 지급하지 않는다. 그러나 그 후 8년간은 반년마다 $1,100를 지급하며 그 후 6년간은 반년마다 $1,400를 지급한다. 채권 N도 마찬가지로 액면금액이 $20,000, 만기가 20년이다. 이 채권은 만기까지 쿠폰을 전혀 지급하지 않는다. 이 채권들에 대해 투자자들이 요구하는 요구수익률이 연 6%이고, 반년마다 복리계산된다면, 채권 M과 채권 N의 현재가격은 얼마가 되겠는가?

해답

16. (1) 이표채의 가치평가

$$B_0 = \frac{150}{1.1} + \frac{150}{(1.1)^2} + \cdots\cdots + \frac{150}{(1.1)^5} + \frac{1{,}000}{(1.1)^5}$$

$= 150(10\%,\ 5년\ 연금현가계수) + 1{,}000(10\%,\ 5년\ 현가계수)$

$= 150(3.7908) + 1{,}000(0.6209) = 1{,}189$만원

(2) 할인채의 가치평가

$$B_0 = \frac{1{,}000}{(1.1)^5} = 1{,}000 \times PVIF_{0.1,\ 5} = 1{,}000 \times (0.62092) = 620.92\text{만원}$$

(3) 영구채의 가치평가

$$B_0 = \frac{20}{(1.1)^1} + \frac{20}{(1.1)^2} + \cdots\cdots + \frac{20}{(1.1)^\infty} = \frac{20}{0.1} = 200\text{만원}$$

17. 만기수익률의 계산

$$1{,}800\text{만원} = \frac{200}{(1+r)^1} + \frac{200}{(1+r)^2} + \frac{200}{(1+r)^3} + \frac{200}{(1+r)^4} + \frac{200}{(1+r)^5} + \frac{2{,}000}{(1+r)^5}$$

⇒ EXCEL의 결과 : $r(IRR) = 12.83\%$ [EXCEL : $= IRR$(현금흐름영역, 0.1)]

⇒ 근사법 : $r = \dfrac{200 + [(2{,}000 - 1{,}800)/5]}{(1{,}800 + 2{,}000)/2} = \dfrac{240}{1{,}900} = 12.63\%$

18. (1) 각 시점별 미래 현금흐름에 맞는 기간별 현물이자율을 적용한 이표채의 현재가치 : (채권수익률이 만기까지 동일하지 않고, 기간별로 다르면 매기의 현금흐름을 기간별 현물이자율로 할인함)

$$\frac{120}{(1.05)^1} + \frac{120}{(1.06)^2} + \frac{120}{(1.07)^3} + \frac{120}{(1.08)^4} + \frac{2{,}000}{(1.08)^4} = 1{,}877.3\text{만원}$$

(2) ∴ 만기수익률 $= 7.85\%$

19. (1) 만기수익률의 계산

재무계산기에 $FV = 10{,}000$, $PV = -10{,}800$, $PMT = 300$, $N = 10$을 대입하면

$I = 2.10$을 구할 수 있다.

따라서 YTM $= 2.10 \times 2 = 4.2\%$

(2) 자본이득수익률의 계산

재무계산기에 $FV=10{,}000$, $PMT=300$, $N=8$, $I=2.10$을 대입하면

$PV=-10{,}656$을 얻는다.

$$\text{자본이득수익률}=\frac{10{,}656-10{,}800}{10{,}800}=-1.3\%$$

(3) 경상수익률의 계산

$$\text{경상수익률}=\frac{600}{10{,}800}=5.56\%$$

∴ 만기수익률(4.2%)≈경상수익률(5.56%)+자본이득수익률(−1.3%)

20. 채권 J의 $PV(6\%)$: $N=30$, $I=3$, $PMT=15$, $FV=1{,}000$, $PV=705.99$

채권 K의 $PV(6\%)$: $N=30$, $I=3$, $PMT=45$, $FV=1{,}000$, $PV=1{,}294.01$

(1) 이자율 2% 상승시

채권 J의 $PV(8\%)$: $N=30$, $I=4$, $PMT=15$, $FV=1{,}000$, $PV=567.70$

가격변화율=−19.59%

채권 K의 $PV(8\%)$: $N=30$, $I=4$, $PMT=45$, $FV=1{,}000$, $PV=1{,}086.46$

가격변화율=−16.04%

(2) 이자율 2% 하락시

채권 J의 $PV(4\%)$: $N=30$, $I=2$, $PMT=15$, $FV=1{,}000$, $PV=888.02$

가격변화율=25.78%

채권 K의 $PV(4\%)$: $N=30$, $I=2$, $PMT=45$, $FV=1{,}000$, $PV=1{,}559.91$

가격변화율=20.55%

(3) 더 낮은 쿠폰을 갖는 채권의 이자율위험이 더 크다.

21. 채권 P의 가격 : $N=8$, $I=7$, $PMT=100$, $FV=1{,}000$, $PV=1{,}179.14$

채권 D의 가격 : $N=8$, $I=7$, $PMT=40$, $FV=1{,}000$, $PV=820.86$

(1) 채권 P의 경상수익률=100/1,179.14=8.48%

채권 D의 경상수익률=40/820.86=4.87%

(2) 1년 후 채권 P의 가격 : $N=7$, $I=7$, $PMT=100$, $FV=1{,}000$, $PV=1{,}161.68$

자본이득수익률=(1,161.68−1,179.14)/1,179.14=−1.48%

1년 후 채권 D의 가격 : $N=7$, $I=7$, $PMT=40$, $FV=1{,}000$, $PV=838.32$

자본이득수익률=(838.32−820.86)/820.86=2.13%

(3) 할증채권의 경우, 쿠폰이자율>경상수익률>만기수익률이고, 시장이자율이 변하지 않는다면 자본이득수익률은 음수이다. 할인채권의 경우, 쿠폰이자율<경상수익률<만기수익률이고, 시장이자율이 변하지 않는다면 자본이득수익률은 양수가 된다.

22. (1) 채권 M의 가격 :

처음 6년간은 쿠폰 없음

6년 후 8년간의 쿠폰의 현가 : $N=16$, $I=3$, $PMT=1,100$, $FV=0$, $PV=13,817.21$

14년 후 6년간의 쿠폰+채권액면의 현가 : $N=12$, $I=3$, $PMT=1,400$, $FV=20,000$, $PV=27,963.20$

$$\text{채권 M의 현가} = 13,817.21/(1+0.03)^{12} + 27,963.20/(1+0.03)^{28}$$
$$= 9,691.11 + 12,222.06 = 21,913.17$$

(2) 채권 N의 가격 : $20,000/(1+0.03)^{40} = 6,131.14$

CHAPTER

5 주식의 가치평가

경영자는 기업이 성장함에 따라 대규모 자본을 조달하기 위해 주식을 거래소에 상장시킨다(기업공개, initial public offering). 주식이 거래소에서 거래되기 시작하면 필요할 때마다 주식발행(유상증자)을 통해 자본조달이 용이해진다. 주식을 거래하는 투자자 입장에서, 그리고 자본조달을 하는 기업의 입장에서도 주식가치의 공정한 평가는 매우 중요하다. 본장에서는 제4장에서 배운 가치평가의 원리를 바탕으로 주식의 가치를 평가하는 방법을 알아본다. 본장에서 다룰 내용은 다음과 같다.

- 배당평가모형(정률성장모형 등)에 의한 주식가치평가방법
- 초과이익모형에 의한 주식가치평가방법
- 주가배수를 활용한 주식의 상대가치평가법

주제_생각하기 **Warren Buffet의 가치투자**

'가치투자(value investment)'란 일반적으로 증권의 내재가치를 추정하여 현재의 시장가격에 비하여 과소평가된 증권에 투자결정하는 접근방법을 말한다. 그렇다면 가치주(value stock)와 성장주(growth stock)는 어떻게 구별하는가? 보통 주가수익비율(PER), 주가순자산비율(PBR) 등 주가배수를 이용하여 가치주와 성장주를 분류한다(또는 주가순자산비율의 역수인 Book-to-market ratio를 이용하여 성장주와 가치주를 구별). 예를 들어 특정산업에 10개 기업이 속해 있다면, 주가배수가 낮은 기업부터 높은 기업으로 순위를 매길 수 있고, 주가배수가 상대적으로 낮은 기업은 가치주, 높은 기업은 성장주로 분류한다. 가치투자의 효용성을 믿는 투자자들은 이렇게 분류한 가치주가 저평가되어 있다고 믿는다. 가치투자의 핵심은 주가배수가 상대적으로 낮은 저평가주식을 발굴하여 장기간(3~5년) 보유하고 있으면, 투자수익률이 시장수익률을 상회한다는 것이다.

가치투자의 대가로 알려진 대표적 인물은 투자회사 버크셔 해서웨이의 워런 버핏(Warren Buffet) 회장이다. 워런 버핏은 10대 초반 $100로 출발하여 50여년 만에 $430억의 투자수익(연간 연평균 24.7%의 높은 투자수익률)을 올리면서 빌 게이츠와 필적할 정도의 부를 형성하였다.

워런 버핏의 종목선정의 대원칙은 단순한 주식종목의 선택이 아니라 본인이 그 회사의 주주가 되어 직접 그 사업을 한다는 생각으로 거의 평생 동안 보유(Buying a Business)할 종목을 선택하는 것이다. 구체적으로 제시되고 있는 12원칙을 보면 ① 단순하고 이해하기 쉬운 사업, ② 과거 일관성 있는 영업실적 시현여부, ③ 미래 밝은 장기 전망, ④ 합리적 경영진, ⑤ 경영진의 주주에 대한 정직성, ⑥ 업계관행을 거부할 수 있는 소신 있는 경영진, ⑦ 높은 ROE 수준, ⑧ 양호한 잉여현금흐름, ⑨ 높은 영업마진, ⑩ 유보이익 증가 대비 시가총액 증가 정도, ⑪ 내재가치, ⑫ 저평가(discount) 정도이다.

한국을 방문한 워런 버핏은 한국 기업에 대한 투자에도 관심이 많고, 실제 몇몇 한국 기업에 투자하고 있다고 밝혔다. 2006년 초청강연에서 밝힌 바에 의하면 2004년초부터 POSCO 주식 등에 1,000억원 정도 투자한 것으로 알려졌다. 정확히 알 수는 없지만 2004년초부터 POSCO 주식을 매입하여 2014년 중순 모두 매도한 것으로 추측된다. POSCO 주식을 2004년초 170,000원 수준에서 매입하여, 2014년 6월말 300,000원에 매도하였다면, 워런 버핏은 POSCO에 투자하여 약 10년 만에 100% 내외의 수익률을 거두었을 것으로 생각된다. 제3장에서 배운 72법칙을 적용해 보면, 연 7.2%의 수익률을 거둔 것이다.

과연 워런 버핏은 POSCO의 어떤 측면을 높이 평가하였고, 어느 정도의 내재가치가 있는 것으로 평가하였을까? 본장에는 여러 가지 주식가치평가모형이 소개되고 있는데, 이 가치평가모형들에 의하면 어떻게 주식이 과대 또는 과소 평가되어 있는지 알 수 있을까?

주식(stock)은 주식회사에서 주주의 지위를 표시하는 유가증권으로서, 기업에게는 외부에서 자기자본을 조달하는 대표적 수단이 된다. 주식투자자로서 주주가 되면 주주총회에서 의결권(voting right), 이익배당청구권, 잔여재산분배청구권, 임원선임권 등의 주주권을 갖게 된다. 투자대상으로서 주식의 특성은 채권과 다르게 만기가 없고, 투자한 자금에 한하여 유한책임을 지며, 이익배당청구와 회사 청산시에 잔여지분에 대해서만 청구권을 행사할 수 있다는 점이다. 회사가 이익을 많이 내면 많은 이익배당에 참여할 수 있지만, 이익을 내지 못하면 이익배당을 전혀 받지 못한다. 회사 청산시에는 채권자에게 우선권이 주어지고 주주는 마지막 잔여지분에 대해서만 재산권을 행사할 수 있다. 높은 투자수익이 기대되지만 위험이 높을 수밖에 없는 특성을 지니고 있다.

기업 청산시 잔여재산분배청구권, 배당의 지급, 의결권 등에서 보통주(common stock)와 우선주(preferred stock)는 큰 차이가 있다. 보통주는 기업이 청산할 경우에 또는 배당을 받는 경우에 특별한 우선권을 갖지 않는 주식을 말한다. 주식회사의 일반적인 구조는 주주들이 이사(director)를 주주총회의 의결을 통해 선임하고, 다시 이사들로 구성된 이사회(board of director)는 주주들의 권리를 보호하기 위해 경영진을 고용하고 감시한다. 따라서 주주들은 이사를 선임하는 권리를 통해 기업을 통제하며, 일반적으로 보통주의 주주들이 이러한 권리를 갖는다. 반면에 우선주는 기업 청산시 잔여재산을 분배받는 경우 채권자보다는 후순위이지만 보통주에 우선한 권리를 가지며, 배당을 받는 경우에도 보통주보다 우선한다. 우선주는 자기자본증권의 한 형태이지만, 우선주의 소유주는 일반적으로 주주총회에서 투표권을 갖지 못한다는 특성을 갖고 있다.

이러한 특성의 주식가치가 얼마나 되는지를 어떻게 평가할 수 있을 것인가? 본장에서는 주식가치를 평가하는 방법들에 대하여 설명한다. 주식가치를 평가하는 방법은 다음과 같이 분류해 볼 수 있다.

① 배당(이익), 현금흐름 등 수익가치에 근거한 평가방법(현금흐름할인법)
② 주가배수를 활용한 상대가치평가법
③ 자산기반접근법

①의 방법은 기업이 앞으로 계속적인 영업을 한다는 계속기업(going concern)

의 가정하에서 주식가치를 평가하는 것이다. 기업이 계속기업으로서 정상적 경영활동을 한다면, 투자가치를 평가할 수 있는 원천은 기업이 벌어들이는 미래 현금흐름이므로 이를 적절한 할인율로 할인한 현재가치(*DCF* : discounted cash flow), 즉 수익가치가 주식가치가 될 것이다. 이러한 의미에서 수익가치에 근거한 평가방법을 수익가치법(income approach)이라고 한다. 평가자에 따라 여유현금흐름, 이익, 배당금 등을 미래 현금흐름으로 보고 주식의 가치평가에 이용할 수 있다. 다음 1, 2절에서 설명하는 주식평가모형들은 이와 같은 미래 현금흐름의 현재가치에 근거한 것인데, 배당평가모형, 초과이익모형이 이에 속한다. 배당평가모형은 성장률의 가정에 따라서 정률성장모형, 제로성장모형, 다단계성장모형으로 세분하여 살펴볼 수 있다.

②의 방법은 실무에서 많이 적용하고 있는 실용적인 주식평가모형이다. 주당이익이나 주당순자산에 비하여 주가가 몇 배가 되는지를 나타내는 주가배수(price multiples)에는 *PER*, *PBR* 등이 있는데, 이 주가배수 수준을 비교대상기업과 상대적으로 비교하여 주식의 내재가치를 평가하는 것이 상대가치평가법이다. 3절에서 이들 방법을 살펴볼 것이다.

③의 자산기반접근법은 기업 청산과 같은 특수한 상황에서만 사용하는 방법이므로 본장의 마지막에 간단히 언급할 것이다.

제 1 절 배당평가모형

주주 입장에서 어느 주식의 투자가치를 부여할 수 있는 근거가 되는 미래의 투자수입은 투자기간중에 지급받는 배당의 크기와 매도시점에서 처분가격이다.

(시점)	0	1	2	3	…	t	…	n	$n+1$ …… ∞
(시간선)									
(현금흐름)		d_1	d_2	d_3	…	d_t	…	d_n+P_n	d_{n+1} ……

이들 현금흐름은 현재가 아닌 미래시점에서 발생하는 것이므로 이를 주식투자자의 요구수익률로 할인한 현재가치가 주식가치가 된다. 따라서 미래 배당수입과 매도시점의 처분가격 그리고 요구수익률이 적절히 평가되었다고 가정하면, 주식가치는 식(5.1)처럼 구할 수 있다.

$$S_0 = \frac{d_1}{(1+R)^1} + \frac{d_2}{(1+R)^2} + \cdots\cdots + \frac{d_n}{(1+R)^n} + \frac{P_n}{(1+R)^n} \tag{5.1}$$

단, S_0 : 현재시점에서의 주식의 이론적 가치
d_n : n기에서의 배당수입
R : 주식투자자들의 요구수익률
P_n : n시점에서의 처분가격

여기서 n년도의 처분가격 P_n은 $(n+1)$년도 이후의 배당수입에 대한 현재가치와 같다.

$$P_n = \frac{d_{n+1}}{(1+R)} + \frac{d_{n+2}}{(1+R)^2} + \cdots\cdots + \frac{d_\infty}{(1+R)^\infty}$$

따라서 주식의 내재가치는 식(5.2)처럼 영속적인 배당흐름을 요구수익률로 각각 할인한 현재가치라고 할 수 있다.

$$\begin{aligned} S_0 &= \frac{d_1}{(1+R)^1} + \frac{d_2}{(1+R)^2} + \cdots\cdots + \frac{d_n}{(1+R)^n} + \frac{d_{n+1}}{(1+R)^{n+1}} + \cdots\cdots \\ &= \sum_{t=1}^{\infty} \frac{d_t}{(1+R)^t} \end{aligned} \tag{5.2}$$

이를 배당평가모형(dividends valuation model)이라고 한다. 주식을 일시적으로 소유하건 계속적으로 소유하건 간에 보유기간에 관계없이 주식의 이론적 가치는 미래 영속적 배당흐름의 현재가치로서 동일하다.

예제 5-1 배당평가모형에 의한 주식가치평가

(주)엔젤의 금년도 주당이익(EPS_0)은 3,000원이고, 배당성향(배당금/순이익)은 40%(d_0=1,200원)이다. 주식투자자의 요구수익률(기회투자수익률)은 14%이다. 증권분석가들은 배당성향이 40%로 유지되면서, 1년 후의 주당배당(d_1)=1,760원, 2년 후의 주당배당(d_2)=1,900원, 3년 후의 주당배당(d_3)=2,014원으로 예측하고 있다. 또한 3년말의 주가는 25,000원 수준이 될 것으로 예상하고 있다. 이 주식의 이론적 가치는 얼마인가?

➤ 풀이

$$S_0 = \frac{1{,}760}{(1.14)} + \frac{1{,}900}{(1.14)^2} + \frac{2{,}014}{(1.14)^3} + \frac{25{,}000}{(1.14)^3} = 21{,}240\text{원}$$

식(5.2)의 배당평가모형은 미래 배당흐름의 성장률에 대한 가정에 따라서 다음에 설명하는 것과 같이 제로성장모형, 정률성장모형, 다단계(고속)성장모형으로 나누어 볼 수 있다.

1. 제로성장모형

만약 어느 기업이 성장 없이 항상 현상유지만 하는 경우, 즉 배당이 당기의 수준(d_0)에서 변화하지 않고 유지되는 제로성장(zero growth)기업이라면, 식(5.2)는 다음과 같이 변환될 수 있다. 즉 일정한 배당이 영원히 지급되는 형태이므로 제3장에서 배운 영구연금의 현재가치를 구하는 식을 활용해 다음 식과 같이 주가를 계산할 수 있다.

$$S_0 = \frac{d_0}{R} \tag{5.3}$$

우선주의 가격은 식(5.3)을 이용해 계산할 수 있는데, 이 식을 제로성장모형(zero growth model)이라 부른다. 미국의 경우 우선주의 액면가(par value)가 $100로 고정되어 있고, 우선주를 발행하는 기업은 액면가 대비 몇 %의 배당금을 지급한다. 예를 들어, 미국의 한 기업이 5%의 배당을 하는 우선주를 발행했다고 가정하자. 이 우선주에 대한 투자자들의 요구수익률이 10%라고 가정한다면 가격은 얼마인가? 연 배당금은 \$100 대비 5%이므로 \$5이다. 식(5.3)을 이용하면 이 우선주의 현재 가격은 $S_0 = 5/0.1 = \$50$이다.

우선주의 배당금은 통상 고정되어 있으므로 제로성장모형의 특성상 투자자들의 요구수익률이 변하지 않는다면, 이 주식의 가격은 변하지 않는다. 또한 배당의 크기가 매년 일정한 보통주가 있다면, 주주에게로의 현금흐름은 우선주와 같으므로 식(5.3)을 이용해서 주가를 구할 수 있다.

2. 정률성장모형

미래의 배당흐름이 매년 일정하게 성장한다고 가정하면 주식가치를 쉽게 구할 수 있게 된다. 만약 기업의 이익과 배당이 매년 g%만큼 일정하게 계속적으로 성장하고 요구수익률(R)이 일정하다고 가정하면 주식의 내재가치는 다음과 같이 표시된다.

$$S_0 = \frac{d_0(1+g)}{(1+R)} + \frac{d_0(1+g)^2}{(1+R)^2} + \frac{d_0(1+g)^3}{(1+R)^3} + \cdots\cdots + \frac{d_0(1+g)^\infty}{(1+R)^\infty}$$
$$= \sum_{t=1}^{\infty} \frac{d_0(1+g)^t}{(1+R)^t} \qquad (5.4)$$

여기서 만일 R이 g보다 크다(즉 $R > g$)고 가정하면 식(5.4)는 공비가 $(1+g)/(1+R)$인 무한등비수열(제3장 3절 2항에서 설명한 정률성장연금 형태의 현금흐름)이므로 이의 합을 내는 공식을 이용하면 다음과 같이 압축된다.[1)]

1) 등비수열의 합의 공식을 이용하면, $S_0 = \frac{d_0(1+g)}{1+R}\left[1-\left(\frac{1+g}{1+R}\right)^n\right] / \left(1-\frac{1+g}{1+R}\right)$가 된다. 여기서 n이 무한히 계속됨에 따라서 $\left(\frac{1+g}{1+R}\right)^n$은 0이 된다. 즉,

$$S_0 = \lim_{n\to\infty} \frac{d_0(1+g)}{1+R}\left[1-\left(\frac{1+g}{1+R}\right)^n\right] / \left(1-\frac{1+g}{1+R}\right) = \frac{d_0(1+g)}{R-g} = \frac{d_1}{R-g}$$

$$S_0 = \frac{d_1}{R-g} = \frac{d_0(1+g)}{R-g} \tag{5.5}$$

식(5.5)는 기업의 이익과 배당이 매년 g%만큼 일정하게 성장한다고 가정할 경우의 주식의 이론적 가치를 나타낸 것으로서, 정률성장모형(constant growth model) 또는 고든(Myron J. Gordon)모형이라고 한다.

이 정률성장모형은 배당흐름이 매년 일정한 비율로 계속 성장한다는 가정 이외에도 성장의 소요자금은 내부자금(internal financing)만으로 조달한다는 가정을 하고 있다. 내부금융만으로 성장할 경우의 성장률(g)은 주당이익 중에서 사내유보시키는 비율인 사내유보율(f)과 그 자금이 경영활동에 재투자되어 이익을 내는 재투자수익률(r)의 곱($g=f \cdot r$)으로 측정되는데, 이 성장률이 변함없음을 가정하고 있다.[2] 내부자금은 재무상태표에서 자기자본 중 내부유보금을 말한다. 따라서 재투자수익률은 자기자본에 대한 수익률과 같으므로 ROE(return on equity)와 같다 해도 무방하다.

$$S_0 = \frac{d_0(1+g)}{R-f \cdot r} = \frac{E_0(1-f)(1+g)}{R-f \cdot r} \tag{5.6}$$

단, E_0 : 0기에서의 주당이익
f : 유보율(=주당유보이익/주당순이익)
$1-f$: 배당성향(=주당배당금/주당순이익)

예제 5-2 정률성장모형에 의한 주식가치평가

현재 2,400원의 배당금(d_0)을 지급하고 있는 S기업이 앞으로 계속적으로 6%의 성장을 하리라고 전망된다. 요구수익률이 20%라면 이 주식의 현재 이론적 주가는 얼마인가?

---

2) $g=f \cdot r$이 성립되는 것은 다음과 같이 증명된다.
지금 E_t : t시점의 주주이익, I_{t-1} : $t-1$시점의 투자액, r : 재투자수익률, f : 사내유보율이라고 표시하면 t시점의 이익 E_t는 $E_t = E_{t-1} + r \cdot I_{t-1}$과 같이 표시된다.
여기서 내부자금만 가지고 투자자금을 조달하면, 투자액 $I_{t-1} = f \cdot E_{t-1}$이 된다.
따라서 $E_t = E_{t-1} + r \cdot f \cdot E_{t-1} = E_{t-1}(1+f \cdot r)$이다.
결과적으로 주주지분의 이익성장률 $g = \frac{E_t}{E_{t-1}} - 1 = f \cdot r$이 된다.
한편 사내유보율을 f라고 표시하면 주당이익 중 배당금의 비율인 배당성향은 $1-f$로 표시된다. 따라서 $d_1 = E_1(1-f)$의 관계가 있어 식(5.5)의 후반과 같이 표시할 수 있다.

➤ 풀이

$$S_0 = \frac{d_1}{R-g} = \frac{2{,}400(1+0.06)}{0.20-0.06} = 18{,}171\text{원}$$

Concept check

[예제 5-2]에서 만약 이 주식이 매년 6%씩 마이너스 성장하는 사양기업이라면 이론적 주식가치는 얼마인가?

정률성장모형에 의하면 주식가치는 ① 기대배당이 클수록, ② 요구수익률은 낮을수록, ③ 배당의 기대성장률은 높을수록 크게 된다. 이 가운데 주식가치는 배당성장률과 요구수익률에 민감하다. 특히 주식가치를 정률성장모형에 의해서 추정할 때, 주식가치는 성장률이 높은 수준일 때, 요구수익률이 낮은 수준일 때 그 민감도가 크므로 그 적용에 유의할 필요가 있다.

3. 다단계(또는 고속)성장모형

미래 배당흐름의 성장률이 항상 일정하다고 가정하는 정률성장모형은 현실의 기업을 너무 단순화시킨 경향이 있다. 기업의 성장률은 취급하는 제품의 수명주기(life cycle)에 따라 여러 단계로 구분되어 변화하는 것이 일반적이다. 통상적으로 처음 수년간 매우 높은 성장률을 기록하다가 점차 유망한 투자기회를 찾는 것이 어려워지므로 성장률은 둔화된다. 이처럼 몇 단계의 성장률 변화를 감안한 평가모형을 **다단계성장모형**(multi-stage growth model : 고속성장모형)이라고 한다.

이제 기업성장이 두 단계로 나뉘어 초기 n년 동안은 고속성장하여 g_1%만큼 성장하고, 그 이후에는 평균성장률 g_2% 수준으로 정률적으로 계속 성장한다고 가정하면 그 평가모형은 다음처럼 표시된다.

$$S_0 = \sum_{t=1}^{n} \frac{d_0(1+g_1)^t}{(1+R)^t} + \sum_{t=n+1}^{\infty} \frac{d_0(1+g_1)^n(1+g_2)^{t-n}}{(1+R)^t} \qquad (5.7)$$

여기서 $n+1$년 이후 g_2%로 정률적으로 성장하는 기간에 대한 가치는 식 (5.4) 정률성장모형에 의해서 압축될 수 있으므로 다음과 같이 표시된다.[3)]

$$S_0=\frac{d_0(1+g_1)}{R-g_1}\left[1-\left(\frac{1+g_1}{1+R}\right)^n\right]+\left[\frac{1}{(1+R)^n}\times\underbrace{\frac{\{d_0(1+g_1)^n\}\cdot(1+g_2)}{(R-g_2)}}_{=P_n(n\text{ 시점의 가치})}\right] \tag{5.8}$$

예제 5-3 다단계성장모형에 의한 주식가치평가

최근 주당이익이 4,000원이고, 주당배당 2,000원을 지급한 S주식이 있다. 앞으로 처음 3년간의 성장률은 20%이고, 그 이후로는 6%로 일정하게 성장할 것으로 전망되며, 요구수익률(R)이 14%인 것으로 추정된다면 이 주식의 이론적 가치는 얼마인가?

➤ 풀이

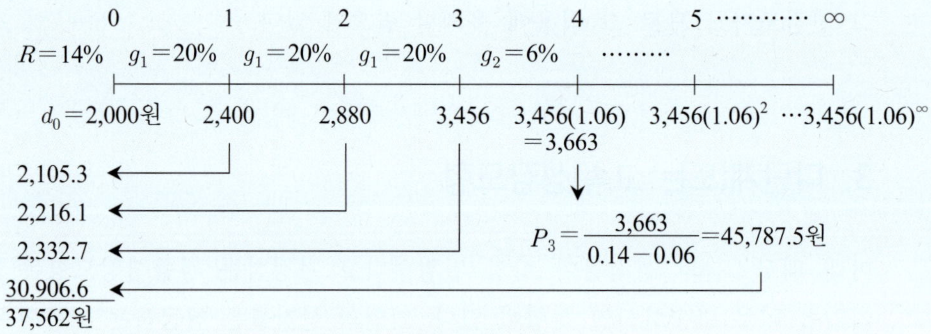

$$S_0=\sum_{t=1}^{3}\frac{2{,}000(1+0.2)^t}{(1+0.14)^t}+\frac{(2{,}000)(1+0.2)^3(1+0.06)}{(1+0.14)^3\,(0.14-0.06)}$$

$$=\frac{2{,}400}{(1.14)^1}+\frac{2{,}880}{(1.14)^2}+\frac{3{,}456}{(1.14)^3}+\frac{3{,}663}{(1.14)^3\,(0.08)}$$

$$=37{,}562\text{원}$$

3) 식(5.7)을 $S_0=\sum_{t=1}^{n}\frac{d(1+g_1)^t}{(1+R)^t}+\frac{P_n}{(1+R)^n}$ 으로 바꾸어 표현하면 P_n은 정률성장모형에서와 같이 $P_n=\frac{d_{n+1}}{(R-g_2)}$ 이 된다. 그런데 $d_{n+1}=d_0(1+g_1)^n(1+g_2)$ 이므로 등비수열 합의 공식을 이용하면 식(5.8)을 얻게 된다.

4. 주식투자의 요구수익률 : 배당수익률과 자본이득수익률

주식평가모형을 이용하여 주식의 이론적 가격을 추정할 때 미래 현금흐름 못지 않게 할인율(요구수익률)의 추정 또한 매우 중요한 작업이 된다.

주식투자자가 요구하는 최소한의 요구수익률 추정의 한 방법은 식(5.5)의 배당의 정률성장모형이 타당하다는 가정하에서 추정하는 것이다. 즉, 현 주가(P_0)가 이 모형에서 설명하는 내재가치에 근접한 것으로 가정하고, 식(5.5)에서 분모의 할인율(R)을 구하면 식(5.9)가 얻어지는데, 이를 요구수익률로 삼을 수 있을 것이다. 식(5.9)에서 d_1/P_0은 배당수익률, g는 이익배당의 성장률을 의미하므로 이 두 가지를 합하여 요구수익률을 추정하는 것이다.

$$S_0 = \frac{d_1}{R-g} \cong P_0 \tag{5.5}$$

$$\therefore\ R = \frac{d_1}{P_0} + g = \text{배당수익률} + \text{성장률} \tag{5.9}$$

단, S_0 : 주식의 내재가치, P_0 : 주식의 가격
d_1 : 차기의 주당배당금, g : 이익배당의 성장률(자본이득수익률)

식(5.9)에서 이익배당의 성장률 g는 정률성장하는 주식의 경우는 자본이득수익률이 된다. 따라서 주식의 요구수익률은 배당수익률과 자본이득수익률(capital gains yield)로 구성됨을 볼 수 있다.[4]

$$R = \text{배당수익률} + \text{자본이득수익률}$$

4) 요구수익률을 구하는 또 하나의 방법은 무위험이자율 이외에 보통주의 투자위험에 대한 적절한 보상이 포함되도록 하는 방법인데, 본서 제7장에서 설명되는 자본자산가격결정모형($CAPM$)을 적용하여 다음 식에 의해서 추정하는 것이다. 이에 대한 상세한 내용은 제7장에서 상세히 설명한다.
$R_j = E(R_j) = R_f + [E(R_m) - R_f] \cdot \beta_j$ (여기서, R_j : 주식 j의 요구수익률, β : 주식 j의 체계적 위험(계수), $E(R_m)$: 시장의 기대수익률, R_f : 무위험이자율, $E(R_m) - R_f$: 시장위험보상률)

예제 5-4 배당수익률과 자본이득수익률

(주)엔젤의 최근 주당배당금(d_0)은 2,000원이었고, 지속적으로 6%의 성장이 예상된다. 요구수익률은 13%이다.

(1) (주)엔젤의 현재시점($t=0$)에서의 이론적 주가는 얼마인가?
(2) 1년 후 시점($t=1$)에서의 이론적 주가는 얼마인가?
(3) 이 주식의 배당수익률과 자본이득수익률은 얼마인가?

➤ 풀이

(1) $S_0 = \dfrac{d_1}{R-g} = \dfrac{2{,}000(1.06)}{0.13-0.06} = \dfrac{2{,}120}{0.07} = 30{,}290$원

(2) $S_1 = \dfrac{d_2}{R-g} = \dfrac{2{,}000(1.06)^2}{0.13-0.06} = \dfrac{2{,}247}{0.07} = 32{,}100$원

(3) 배당수익률 $= \dfrac{d_1}{P_0} = \dfrac{2{,}120}{30{,}290} = 7.0\%$

자본이득수익률 $= \dfrac{P_1 - P_0}{P_0} = \dfrac{32{,}100-30{,}290}{30{,}290} = 6.0\%$

⇒ 정률성장기업의 경우, 이익배당성장률($(d_1-d_0)/d_0$) = 자본이득수익률($(P_1-P_0)/P_0$)

[예제 5-4]에서 볼 수 있듯이 정률성장배당모형에서는 g(배당성장률)와 자본이득수익률이 같다. 따라서 이 모형을 따른 기업은 배당금과 주식의 가격이 매년 g(배당성장률)만큼 성장한다는 것을 알 수 있다. 따라서 현재의 가격과 g를 알면 미래(t년 후)의 가격도 다음 식을 이용해 구할 수 있다.

$$P_t = P_0(1+g)^t$$

제 2 절 초과이익모형

배당을 전혀 하지 않거나 극히 적게 하는 기업의 주식가치를 평가하는 경우는 위에서 설명한 배당평가모형을 사용할 수 없다. 이러한 경우는 기업이 창출하는 이익을 기초로 하여 주식가치를 평가할 수 있다. 기업이 발표하는 손익계산서상의 당기순이익(net income)은 자기자본을 제공한 주주의 기회비용을 고려하지 않은 이익이다. 개념적으로 초과이익(residual income, 또는 잔여이익)은 당기순이익에서 이를 창출하는 데 필요한 주주의 기회비용을 빼고 남은 순이익을 말한다. 어떤 기업이 양(+)의 당기순이익을 보고한다고 해도 자기자본비용 이상의 이익을 내지 못했다면 주주의 부(shareholder's wealth)를 증가시켰다고 볼 수 없다.

초과이익은 기업이 사용하는 타인자본과 자기자본 등 모든 자본에 대한 기회비용을 감안한 후의 이익이다. 따라서 초과이익을 경제적 이윤(economic profits) 또는 비정상이익(abnormal earnings)이라고 부른다.

이제 초과이익을 이용해서 어떻게 주식의 가치를 평가할 수 있는지 알아보자.

1. 초과이익모형에 대한 이해

기업이 발표하는 손익계산서는 주주에게 귀속되는 이익이 얼마인지를 보여준다. 즉 손익계산서는 타인자본에 대한 비용인 이자비용을 차감한 후의 순이익을 보여주지만, 자기자본에 대한 비용은 차감하지 않는다. 반면 초과이익은 자기자본의 비용도 이익에서 명시적으로 차감하는 경제적 개념이다. 이제 초과이익이 어떻게 주식의 가치평가에 이용되는지 보기 위해 다음 예를 보자.

20××년초 (주)성균관의 총자산은 2,000,000(천원)이며, 이는 부채 50%와 자기자본 50%로 조달되었다고 가정하자. 부채의 세전이자비용은 7%이다. 이 기업의

해당연도 *EBIT*는 200,000(천원)이고, 법인세율은 30%이다. 이 기업의 당기순이익은 다음과 같은 요약된 손익계산서에서 볼 수 있다.

(단위 : 천원)

EBIT	200,000
이자비용	70,000
세전이익	130,000
법인세비용	39,000
당기순이익	**91,000**

(주)성균관은 91,000(천원)의 당기순이익을 실현했으므로 회계적 관점에서 수익성이 있는 기업이라고 말할 수 있다. 하지만 이 회사의 당기순이익은 주주를 만족시키기에는 부족할 수 있다.

이제 자기자본비용을 고려한 후의 초과이익을 계산해 보자. 이 기업의 주식에 대한 요구수익률(R)을 12%라고 가정하자. 이 기업의 자기자본이 1,000,000(천원)이므로 자기자본대가(equity charge)와 초과이익은 다음과 같이 계산할 수 있다.

$$\text{자기자본대가(equity charge)} = 1{,}000{,}000 \times 0.12 = 120{,}000\text{(천원)}$$

$$\text{초과이익(residual income)} = 91{,}000 - 120{,}000 = -29{,}000\text{(천원)}$$

초과이익이 −29,000(천원)이므로, 이 기업은 회계적으로는 이익을 실현하고 있지만 경제적 측면에서는 수익성이 없다고 할 수 있다.

이제 위에서 계산한 초과이익이 주식가치평가에 어떻게 적용되는지 간단히 알아보기 위해 다음과 같이 가정한다.

- 20××년초 (주)성균관의 시가총액은 자기자본의 장부가치와 같은 1,000,000(천원)이고, 주식발행 수는 1,000,000주이다. 따라서 이 기업의 주당 자기자본의 장부가치와 연초의 주가는 1,000(원)이다.
- 주당순이익(*EPS*)은 91,000(천원)/1,000,000(주)=91(원)이다.
- 이익은 영구적으로 현재 수준을 유지한다.
- 모든 당기순이익은 배당으로 지급된다.

위 가정에 의해 이 기업은 영구적으로 매년 주당순이익(*EPS*)이 91(원)이다. 초과이익이 −29,000(천원)이었으므로, 이를 주당 초과이익으로 환산하면 −29,000,000/1,000,000 = −29(원)이다. 따라서 이 기업에 투자한 주주는 영구적으로 매년 29(원)의 손실을 본다고 해석할 수 있다. 이 손실을 현재가치로 환산한 후 주식의 가치를 계산하면 다음과 같다.

미래 초과이익의 현재가치의 합 = −29/0.12 = −241.7(원)

오늘의 주가(P_0) = 1,000 − 241.7 = 758.3(원)

위 계산에서 볼 수 있듯이 (주)성균관의 주가는 초과이익이 음(−)의 값을 가지므로 주당 자기자본의 장부가치에서 할인되어 형성된다. 즉 이 기업은 주주의 가치를 일부 파괴하고 있다고 볼 수 있다.

위 (주)성균관의 예에서 볼 수 있듯이 초과이익모형(residual income model)은 다음 두 부분으로 주식의 가치를 분석한다.

- 자기자본의 현재 장부가치
- 미래 초과이익의 현재가치

따라서 초과이익모형을 이용한 주식의 가치는 다음과 같이 계산할 수 있다.

$$P_0 = B_0 + \sum_{t=1}^{\infty} \frac{RI_t}{(1+R)^t}$$

P_0 : 현재($t=0$)시점의 주가
B_0 : 자기자본의 현재시점의 주당 장부가치
RI_t : 미래시점(t)의 주당 초과이익
R : 해당주식에 대한 요구수익률

주당 초과이익(*RI*)은 다음과 같이 계산할 수도 있다.

$$RI_t = EPS_t - R \times B_{t-1}$$

즉 주당 초과이익은 주당 당기순이익에서 주당 자기자본대가(equity charge)를 뺀 값이다. 자기자본순이익률(ROE)은 당기순이익을 자기자본의 장부가치로 나눈 값이기 때문에 RI는 다음과 같이 계산할 수도 있다.

$$RI_t = (ROE_t - R)B_{t-1}$$

2. 초과이익모형의 활용

초과이익모형을 이용해 주가를 평가하는 분석가는 배당평가모형에서와 같이 특정 추정기간의 초과이익을 추정하고 추정기간 종료시점에 측정한 계속초과이익으로부터 영구가치(terminal value)를 추정하는 다단계접근법을 사용할 수 있다. 애널리스트와 같은 분석가들조차도 추정기간 종료시점 이후의 초과이익을 예측하기는 어렵기 때문에 이 모형을 간단히 하기 위해 보통 다음과 같은 가정을 한다.

- 추정기간 이후의 초과이익은 "0"이다.
- 추정기간 마지막의 초과이익이 추정기간 이후에도 유지된다.
- 추정기간 이후 초과이익은 매년 g(성장률)만큼 성장한다(정률성장모형).

초과이익모형을 간단히 하기 위해 현재시점 이후 초과이익이 매년 g만큼 성장한다고 가정하면 주가는 다음과 같이 구할 수 있다.

$$P_0 = B_0 + \frac{ROE - R}{R - g} B_0$$

위 식을 변형하면 다음과 같다.

$$\frac{P_0}{B_0} = 1 + \frac{ROE - R}{R - g}$$

제2장에서 배운 PBR(시가-장부가비율)은 초과이익과 관련이 있음을 알 수

있다. 위 식을 통해 다음 관계를 알 수 있다.

$$ROE > R \Rightarrow RI > 0 \Rightarrow PBR > 1$$
$$ROE < R \Rightarrow RI < 0 \Rightarrow PBR < 1$$

즉 기업의 자기자본순이익률이 주식에 대한 요구수익률보다 크면 클수록 초과이익이 더 크고, 초과이익이 크면 클수록 주가는 장부가치 대비 더 높게 형성된다.

초과이익모형을 배당평가모형과 비교해 보면 다음과 같은 장단점이 있다.

초과이익모형은 배당을 지급하지 않는 많은 상장기업과 비상장기업의 주식가치평가에 사용할 수 있으며, 영구가치(terminal value) 부분이 전체 주식가치에서 큰 부분을 차지하지 않는 장점이 있다. 또한 경제적 이윤에 기초한 모형이라는 장점이 있다. 반면 회계자료를 기초로 하기 때문에 재무제표상의 정보가 부정확하거나 서로 다른 회계원칙을 사용하는 기업들의 가치를 비교할 때에는 회계항목들을 조정해야 하는 단점이 있다. 그리고 초과이익모형에서는 타인자본에 대한 비용을 손익계산서상의 이자비용으로 가정한다는 단점이 있다.

Concept check

이익유보율 40%, 자기자본순이익률 15%, 주식에 대한 요구수익률 12%, 차기 주당이익은 1,000원이다. 이 기업의 현재 주당 자기자본의 장부가치가 10,000(원)이고 매년 초과이익이 일정비율로 성장한다면 현재 주가는 얼마인가?

예제 5-5 **초과이익모형에 의한 주식가치평가**

SKK Corp.의 향후 3년간 EPS 추정치는 각각 $2, $2.50, $4이다. 애널리스트들은 이 기업이 3년간 $1, $1.25, $12.25의 배당을 지급할 것으로 기대한다. 회사는 3년 후 사업을 종료할 예정이어서, 마지막 배당은 청산배당이 될 것으로 본다. 이 회사의 현재 주당 장부가치가 $6.00이고, 주식의 요구수익률은 10%이다.

(1) 초과이익모형을 이용해 주가를 평가하라.
(2) 배당평가모형을 이용해 주가를 평가하라.

이 기업의 주당 초과이익을 아래 표를 이용하여 계산하면 다음과 같다.

연 도	1	2	3
기초 주당 자기자본의 장부가치	$6.00	$7.00	$8.25
주당순이익(*EPS*)	2.00	2.50	4.00
Less 주당배당금(*DPS*)	1.00	1.25	12.25
Plus 이익잉여금 변동(*EPS* − *DPS*)	1.00	1.25	−8.25
기말 주당 자기자본의 장부가치 추정치	7.00	8.25	0.00
기말 주당순이익	2.00	2.50	4.00
Less 자기자본대가	0.60	0.70	0.825
주당 초과이익(*EPS* − 자기자본대가)	**$1.40**	**$1.80**	**$3.175**

➤ 풀이

(1) 초과이익모형을 이용해 주가를 계산하면,

$$P_0 = 6 + \frac{1.40}{1+0.1} + \frac{1.80}{(1+0.1)^2} + \frac{3,175}{(1+0.1)^3} \approx 11.15$$

(2) 배당평가모형을 이용해 주가를 계산하면,

$$P_0 = \frac{1}{1+0.1} + \frac{1.25}{(1+0.1)^2} + \frac{12.25}{(1+0.1)^3} \approx 11.15$$

이론적으로 어떤 모형을 사용하든 주가의 추정치는 같다.

제 3 절 주가배수를 이용한 상대가치평가법

전 절에서 설명한 미래 현금흐름의 현재가치에 근거한 주식가치평가방법(수익접근법)은 미래 현금흐름을 예측하고 적정한 할인율을 추정하는 과정에서 예측오류가 클 수 있는 한계점이 있다. 이러한 제약을 극복하는 방법으로 *PER*(주가수익비율), *PBR*(시가-장부가비율 또는 주가순자산비율) 등 주가배수(price multiples)를 활용한 평가방법인 주가배수법을 실무적으로 많이 사용하고 있다. 이들 주가배수들을 적절한 비교대상의 주가배수들과 상대적으로 비교, 평가한다는 의미에서 상대가치평가법이라고 한다.

1. 주가배수의 의미

A사의 주당이익은 1,000원인데 주가는 20,000원인 반면에, B사의 주당이익은 2,000원인데 주가가 30,000원이라면 어느 회사의 주가가 높은 것으로 평가되는가? 평가하는 한 방법은 주가를 주당이익으로 나눈 배수(주가배수)를 계산한 다음 주당이익 1원에 비하여 주가가 얼마나 높은지를 비교하는 것이다.

주당이익이나 주당순자산과 같은 측정치는 주식가치를 결정짓는 중요한 재무변수이다. 주가를 이들 주당이익, 주당순자산 등으로 나누어 배수(multiples)로 표시하면, 주당이익, 주당순자산 등을 기준으로 주가가 표준화(standardizing)된 결과가 된다. 따라서 이 배수를 적절한 비교대상회사의 배수와 비교하면 상대적으로 과소평가 또는 과대평가되었는지를 분석할 수 있다. 이와 같은 배수로 가장 많이 이용되는 것으로 PER(이익승수, 주가수익비율), PBR(주가순자산비율)이 있다.

주가수익비율(PER : price to earning ratio)은 제2장에서 배운 바와 같이 현주가(price)를 주당이익(EPS)으로 나눈 것으로 다음과 같이 측정한다.

$$PER = \frac{\text{주가(price)}}{\text{주당이익}(EPS)} \qquad (5.10)$$

PER은 일차적으로 기업이 벌어들이고 있는 한 단위의 이익에 대해 증권시장의 투자자들이 얼마의 대가를 지불하고 있는가를 뜻한다. 즉, 기업의 단위당 수익력(수익가치)에 대한 상대적 주가수준을 나타낸 것이다. 주당이익에 비하여 주가가 몇 배인지를 나타낸다는 의미에서 이익승수(earning multiples)라고도 한다.

비록 동일한 주당이익을 기록하고 있더라도 기업간에 PER이 차이를 보이는 이유는 PER에는 각 기업이 벌어들이는 이익의 질(earning quality)의 차이가 반영되기 때문이다. 이익의 질이란 기업간의 미래 성장률의 차이, 위험의 차이, 회계처리방법(이익추정의 일관성, 예측가능성)의 차이에서 발생하는 이익의 내용을 의미한다.

보통주의 가치를 평가함에 있어서 주가배수로서 PER과 함께 많이 쓰이는 것에는 주가순자산비율(PBR)이 있다. PBR은 다음과 같이 주가를 주당순자산, 즉 주당 자기자본의 장부가치[(총자산−총부채)÷발행주식수]로 나눈 비율이다. 분자·분모에 발행주식수를 곱한 총액기준의 비율은 M/B비율(market to book ratio)이라고도 한다.

$$PBR = \frac{\text{주가(price)}}{\text{주당순자산}(BPS)} = \frac{\text{주당 시장가격}}{\text{주당 자기자본의 장부가치}} \tag{5.11}$$

PER이 수익가치에 대비한 상대적 주가수준을 나타내는 지표인 반면에 PBR은 자산가치에 대비한 상대적 주가수준을 측정한 지표라는 데 근본적인 차이점이 있다.

기업간에 PBR이 차이가 나는 이유는 기업마다 주요 자산들에 대한 효율적 이용도, 자산의 노후화 정도, 부외부채의 크기 등이 다르기 때문이다. 이러한 차이 때문에 기업마다의 주당순자산의 질적 차이가 시장가격에 반영되어 PBR수준에 차이가 있게 된다.

2. 주가배수를 이용한 주식가치평가

PER에 주당이익을 곱하면 다음과 같이 주가가 되는 관계가 성립한다.

$$P(\text{주가}) = PER(\text{주가수익비율}) \times EPS(\text{주당이익}) \tag{5.12}$$

PER을 주식가치평가에 활용하는 것은 이 관계를 이용하여 다음과 같이 특정시점의 주당이익에 적정PER을 곱하여 구하게 된다.

$$P_0^* = PER^* \times EPS_0 \tag{5.13}$$

단, P_0^* : 현재시점의 이론적 주가
PER^* : 적정이익승수(PER)
EPS_0 : 현재시점의 주당이익

여기서 적정PER을 구하는 데에는 다음과 같은 방법을 사용한다.

① 동류위험을 지닌 주식들의 평균PER
② 동종산업의 평균PER
③ 과거 수년간의 평균PER

이 가운데 현실적으로 가장 많이 사용되는 것은 위험도와 영업성격이 비슷한 주식군은 주로 동종산업 내의 경쟁업체이므로 산업평균 PER을 사용하는 것이다.

PBR을 이용하여 주식가치를 추정하는 방법도 이와 동일하게 적정PBR에 주당순자산(BPS)을 곱하여 주식가치를 추정한다. 적정PBR을 추정하는 작업은 적정PER추정방법과 동일하다.

$$P_0^* = PBR^* \times BPS \tag{5.14}$$

단, PBR^* : 적정주가순자산비율(PBR)
BPS : 주당순자산의 장부가치(또는 주당 자기자본의 장부가치)

우리나라 비상장기업들은 기업공개(initial public offering)를 통해 상장을 할 때 대부분 상대가치비교법에 의해 공모가(offering price)를 산정한다. (주)경복궁이 기업공개를 앞두고 적정주가를 계산하기 위해 PER과 PBR에 바탕한 상대가치비교법을 다음과 같이 사용할 수 있다.

먼저 (주)경복궁은 자신들과 동종산업에서 경쟁하는 상장기업들 중 기업규모와 위험이 비슷한 A, B, C 세 기업을 골랐다. PER과 PBR을 구하기 위해서는 세 기업 모두 상장되어 있어야 한다. 지난 회계연도 말 기준 세 기업의 정보는 다음과 같았다.

재무정보	A	B	C
주가	30,000원	40,000원	45,000원
EPS(주당이익)	2,000원	2,000원	3,000원
BPS(주당순자산)	15,000원	25,000원	30,000원

위의 정보를 바탕으로 해당산업의 평균 *PER*과 *PBR*을 계산하면 다음과 같다.

재무정보	A	B	C	평 균
PER	15	20	15	16.67
PBR	2	1.6	1.5	1.7

위의 동종산업 평균 주가배수(price multiple)를 (주)경복궁의 지난 회계연도말 *EPS*와 *BPS*에 각각 적용하면 상대가치평가법에 의한 적정주가를 계산할 수 있다. (주)경복궁의 *EPS*는 2,500원이었고, *BPS*는 20,000원이었다고 가정하자. 그렇다면 주가는 다음과 같이 계산할 수 있다.

$$\text{주가} = 2{,}500\text{원} \times 16.67 = 41{,}675\text{원}$$
$$\text{주가} = 20{,}000\text{원} \times 1.7 = 34{,}000\text{원}$$

*PER*과 *PBR*에 의해 구한 적정주가는 다른 값을 갖는 것이 보통이다. 이때는 평균을 구하여 적정주가로 추정한다. 따라서 (주)경복궁의 적정주가는 37,838원으로 볼 수 있다.

이상에서 살펴본 상대가치평가법은 현금흐름할인법(discounted cash flow method)과 비교하여 다음과 같은 장점을 갖는다.

① 유사기업들과 비교하여 대상회사 가치의 객관적 근사치를 제공한다.
② 대부분의 자료는 즉시 가용한 것들이 사용된다.
③ 주가배수 추정치는 시장으로부터 직접 유도된다.

하지만 이 방법에 따른 결론은 시장의 잘못된 주가정보(mispricing)에 민감하다. 또한 현금흐름할인법은 대상회사의 미래의 계획을 시나리오에 따라 반영할 수 있는 반면, 상대가치평가법은 주가 평가에 반영할 수 없다는 단점이 있다.

Concept check

주가배수에 의한 적정주식평가방법은 상대가치평가법이라고도 한다. 이 방법의 장단점은 무엇인가?

예제 5-6 주가배수모형에 의한 주식가치평가

삼성전자의 주당이익은 100,000원이고, 현재 주가는 900,000원이다. 한편 비교기업으로서 인텔사는 주당이익이 $7.5이고 주가는 $90이다.

(1) 삼성전자와 인텔사의 *PER*은 각각 얼마인가?

(2) 인텔사의 *PER*이 적정*PER*이라고 가정하면, 삼성전자의 적정 주식가치는 얼마인가?

➤ 풀이

(1) 삼성전자 $PER = 900{,}000/100{,}000 = 9$배수
인텔사 $PER = 90/7.5 = 12$배수

(2) 적정 주식가치 $= 12 \times 100{,}000 = 1{,}200{,}000$원

이상에서 설명한 평가방법 외에 자산기반접근법이 있다. 본장 1, 2절에서 설명한 주식평가모형은 계속기업을 전제로 주식의 가치를 평가하는 방법이다. 제조업종에 속하는 기업의 주식가치를 자산기반접근법으로 평가하는 경우는 해당기업이 청산하는 경우와 같은 상황으로, 청산가치(liquidation value)에 근거하여 평가하는 것이다. 기업이 보유한 모든 자산의 시장가치를 구해서 더한 후 부채를 빼면 청산가치가 된다. 청산가치란 종국에 주주들에게 귀속되는 자산가치를 의미한다. 또한 회사형 펀드인 뮤추얼펀드(Mutual Fund) 같은 금융기관의 경우 자산기반접근법으로 순자산가치(net asset value)를 평가한다. 일종의 페이퍼컴퍼니(paper company)인 뮤추얼펀드는 주식을 발행하여 모인 자금을 보통 증권(주식, 채권 등)에 투자한다. 금융시장에서 거래되는 증권은 가격(시장가치)을 손쉽게 구할 수 있으므로, 뮤추얼펀드가 보유한 모든 증권의 시장가치의 합이 자산의 가치가 되고, 여기서 부채를 빼면 순자산가치가 된다.

만약 주식회사가 청산하는 상황이 되면 재산권 행사의 우선순위에 있어서 채권자들의 몫, 곧 채무가 먼저 변제되고 주주들에게는 잔여재산이 돌아간다. 주주에게 돌아갈 잔여재산의 크기를 재무상태표상에서 추정한다면 기업의 총자산 중 채권자의 몫인 총부채를 차감한 순자산(net worth)이 된다. 따라서 순자산(=총자산－총부채)을 발행주식수로 나눈 주당순자산의 장부가치를 계산하여 보통주 한 주에 귀속될 자산가치로 평가할 수 있다. 이를 주당 자기자본의 장부가치(*BPS* : book value of equity per share)라고도 한다.

$$\text{주당순자산의 장부가치} = \frac{\text{총자산} - \text{총부채}}{\text{발행주식수}}$$

그러나 일반적인 상황에서는 제조업이나 서비스업에 속한 기업의 가치를 자산기반접근법을 사용해서 평가하기는 어렵다. 보통 기업은 수많은 종류의 자산을 보유하고 있기 때문에 각종 자산의 시장가치를 모두 구한다는 것은 불가능에 가깝다. 역사적 취득원가회계 등 일정한 회계적 관행에 의해서 기록된 자산의 장부가치는 자산의 시장가치와는 큰 차이가 있다. 또 자산기반접근법에 의해 계산한 자산가치는 개별자산의 단순한 합계에 지나지 않기 때문에 기업의 원천적 수익력을 평가할 수 없다는 문제점도 있다.

만약 주당순자산이 장부가치기준이 아니고 시장가치기준으로 측정된 청산가치라면 주식 내재가치 추정의 하한치가 될 수 있다. 시장가치에 근접한 자산가치를 측정하는 한 방법은 순자산의 대체원가(replacement cost)를 추정하는 것이다.

주요 용어

- 배당평가모형
- 정률성장모형
- 제로성장모형
- 다단계(고속)성장모형
- 요구수익률
- 배당수익률
- 자본이득수익률
- 초과이익모형
- 경제적 이윤
- 주가배수법
- 주가수익비율(*PER*)
- 주가순자산비율(*PBR*)

연습문제

1. 주가를 예측하기 위한 상대가치평가법의 장·단점에 대한 설명으로 적절하지 않은 것은?
   ① 주가배수로 *PER*과 *PBR*이 많이 쓰인다.
   ② 대부분의 자료는 즉시 가용한 것들이 쓰인다.
   ③ 투자자들의 심리에 따라 가격이 왜곡될 수 있다.
   ④ 현금흐름할인법에 비하여 매우 주관적이다.
   ⑤ 주가배수 추정치는 시장으로부터 직접 유도된다.

2. 기업의 청산가치(liquidation value)를 구하기 위해 보통 사용하는 가치평가방법은 무엇인가?
   ① 상대가치평가법 ② 자산기반접근법
   ③ 현금흐름할인법 ④ 초과이익모형
   ⑤ 역사적 평균법

3. 우리나라에서 기업공개(initial public offering)시 공모가(offer price)를 추정하기 위해 가장 많이 사용하는 가치평가방법은 무엇인가?
   ① 상대가치평가법 ② 자산기반접근법
   ③ 현금흐름할인법 ④ 초과이익모형
   ⑤ 역사적 평균법

4. 초과이익모형(residual income model)에 대한 다음 설명으로 옳지 않은 것은?
   ① 초과이익은 당기순이익에서 자기자본대가(equity charge)를 뺀 값이다.
   ② 당기순이익이 양(+)의 값을 갖더라도 초과이익은 음(−)의 값을 가질 수 있다.
   ③ 초과이익은 경제적 이윤이라고도 부른다.
   ④ 배당을 지급하지 않는 기업도 초과이익모형을 이용하면 주가를 계산할 수 있다.
   ⑤ 기업이 보고한 재무제표상의 회계자료만 있으면 주가를 계산할 수 있다.

5. 다음 설명 중 옳지 않은 것은?

① 배당을 지급하지 않는 기업의 경우 배당평가모형을 사용해 주가를 예측하기 어렵다.
② 초과이익모형에 의하면 자기자본순이익률이 주식에 대한 요구수익률보다 크면 *PBR*이 1보다 크다.
③ 초과이익모형에 의하면 자기자본순이익률이 주식에 대한 요구수익률보다 크면 초과이익이 0보다 작다.
④ 주가 계산시 초과이익모형은 배당평가모형에 비해 미래 예측치에 대한 의존도가 낮다.
⑤ 초과이익모형에 따르면 미래 초과이익의 현재가치의 합이 0이면 주가는 주당 자기자본의 장부가치와 같다.

6. 다음 중 우선주(preferred stock)와 보통주(common stock)에 대한 설명으로 타당한 것은?

① 우선주 발행을 통해 조달된 자본은 자기자본으로 분류되지 않는다.
② 우선주에 대해 약속된 배당금을 지급하지 않으면 부도가 발생한다.
③ 국내에서 차등의결권을 가진 보통주를 발행할 수 있다.
④ 우선주는 보통 만기가 있다.
⑤ 벤처캐피털은 벤처기업에 투자하면서 보통 전환우선주를 받는다.

7. 보통주 가치평가는 다음에 제시된 어떤 정보를 요구하는가?

ㄱ. 기대배당성장률	ㄴ. 현재 배당금	ㄷ. 보통주 액면가치

① ㄱ　　② ㄱ, ㄴ
③ ㄱ, ㄷ　　④ ㄴ, ㄷ
⑤ ㄱ, ㄴ, ㄷ

8. 요구수익률이 변화하지 않는다면, 우선주 가격은 어떻게 되는가?

① 요구수익률의 비율로 상승한다.
② 요구수익률의 비율로 하락한다.
③ 배당성장률과 동일한 비율로 상승한다.
④ 배당성장률과 동일한 비율로 하락한다.
⑤ 변화하지 않는다.

9. 보통주의 배당금이 일정한 비율에 따라 영구적으로 성장한다고 기대될 때, 최근 배당금과 배당성장률 그리고 적절한 할인율이 주어진다면 ______________를 측정할 수 있다.

ㄱ. 오늘의 주가
ㄴ. 오늘부터 10년 동안 받는 배당금
ㄷ. 10년 동안의 주가

---

① ㄱ ② ㄱ, ㄴ
③ ㄱ, ㄷ ④ ㄴ, ㄷ
⑤ ㄱ, ㄴ, ㄷ

10. 다음에 제시된 설명 중 개인기업(sole proprietorship)과 비교하여 주식회사(corporation) 소유권의 장점은 무엇인가?

① 주식회사의 주주는 회사의 부채에 대한 무한책임을 진다.
② 가장 쉽게 시작할 수 있다.
③ 주식회사는 영속적으로 존재할 수 있다.
④ 기업주주가 갖는 배당은 비과세이다.
⑤ 주식회사의 소유권 전환은 어렵다.

11. 배당평가모형에 의한 주식가치평가

다음 각 상황에서 주식의 이론적 가치를 추정하라.

(1) 올해 5,000원의 배당금(d_0)을 지급한 A기업은 앞으로 계속 8%의 성장을 하리라고 예상한다. 요구수익률이 16%라면 A기업 주식의 이론적 가치는 얼마인가?

(2) A사는 지난해 주당 1,000원을 배당금으로 지불하였고 앞으로 이익의 30%를 배당금으로 지불할 계획이다. 새로운 투자사업에 대한 ROE는 10%로 추정된다. 만약 주식에 대한 요구수익률이 13%라고 한다면 주식의 내재가치는?

12. 주식평가와 투자수익률의 구성

지금 A주식의 최초 배당금(d_0)은 2,000원이었다. 이 주식은 향후 3년간은 성장률이 0%이지만, 4년차부터는 6%의 정률성장을 예상하고 있다. 이 주식에 대한 요구수익률은 13%이다.

(1) 이 주식의 현재($t=0$)에서의 이론적 가치는 얼마인가?

(2) $t=0$에서의 배당수익률과 자본이득수익률은 얼마인가?

(3) $t=3$에서의 배당수익률과 자본이득수익률은 얼마인가?

13. 주식의 요구수익률

(주)여의도기업은 금년도 당기순이익이 50억원이다. 주주총회 결과 유보율이 50%로 결정되었다. 이 기업의 상장 후 지금까지 평균적인 자기자본순이익률(ROE)은 15%였으며, 미래에도 비슷할 것으로 예상되고 있다. 금년말 시점에서 보통주의 발행주식 총수는 200만주이며, 현재시점의 주식의 종가는 20,000원이다. 배당평가모형이 타당하다고 가정하면, 이 기업 주식의 적절한 할인율(요구수익률)은 얼마인가?

14. 초과이익모형에 의한 주식평가

지금 S사 기말 주당이익(EPS_1)은 2,000원이 예상된다. S사의 주식에 대한 요구수익률이 14%로 동일하고, ROE가 20%(이익유보율 40%)로서 이익성장의 기회를 가지고 있다.

(1) S사의 기초 주당 자기자본의 장부가치가 12,500원이고 매년 g만큼 성장한다면 초과이익의 현재가치의 합은 얼마인가?

(2) 기초에서 주가는 얼마인가?

(3) 만약 S사가 이익의 20%를 사내유보시킨다면 성장률과 주식가치는 어떻게 달라지는가?

15. 초과이익모형

(주)소망기업의 올해말 주당순이익(EPS_1)은 2,500원으로 기대되며, 자기자본순이익률(ROE)은 20%인데 매년 일정하다. 이 기업의 기초의 주당 자기자본의 장부가치는 14,000원이고, 이 기업 주식에 대한 적절한 할인율은 15%이다. 이 기업은 이익을 모두 배당하여 성장률이 0%이며, 매년 초과이익이 올해와 같은 수준을 유지한다. 적정한 주가를 구하라.

16. 주식의 요구수익률 계산

SKK Inc.는 올해 주당 2,000원의 배당을 지급하였다. 배당금은 5%의 성장률을 유지하며, 지금 주식은 주당 45,000원에 거래되고 있다.

(1) 요구수익률을 구하라.

(2) 20년 이후 주가를 구하라.

(3) 기대자본이득수익률과 배당수익률을 구하라.

17. 주식의 가치평가

SM의 주당배당은 1년 후에 2,000원, 2년 후에 3,500원 그리고 3년 후에 5,000원이다. 그 이후에 배당은 지속적으로 3% 성장할 것이다. 투자에 대한 요구수익률이 10%일 때, 지금 현재 이 주식에 대하여 얼마를 지불하겠는가?

18. 주식의 가치평가

SKKU사는 다음 해에 주당 3,400원의 배당을 지급한다. 이 회사는 앞으로 계속해서 배당금을 매년 4.5% 증가시킬 것을 약속하고 있다. 당신이 이 회사 주식에 대한 투자로부터 11%의 수익률을 요구한다면 당신은 이 회사의 주식에 대해 현재 얼마를 지불하겠는가?

19. 주식의 가치평가

ACE사는 현재 주당 일정하게 8,500원의 배당금을 지급하고 있다. 이 회사는 이러한 배당을 앞으로 11년 동안 계속 유지한다. 그러나 그 이후로는 배당금을 전혀 지급하지 않는다. 이 주식에 대한 요구수익률이 12%라면 이 주식의 현재 가격은 얼마인가?

20. 불규칙 배당

LK주식회사는 다음 4년 동안 1,200원, 800원, 700원, 300원의 배당금을 지급할 것으로 예상된다. 그 이후부터는 영원히 배당성장률을 5%로 일정하게 유지하기로 약속했다. 이 회사 주식에 대한 요구수익률이 12%라면, 이 회사의 현재 주가는 얼마가 되겠는가?

21. 주식리포트의 사용

뉴욕증권거래소에서 거래되고 있는 RJW사의 주식시세가 오늘 날짜 신문의 금융면에 다음과 같이 보도되었다. 어제 이 회사 주식의 종가는 얼마였겠는가? 이 회사가 현재 25백만 주를 발행하고 있다면 이 회사의 최근 1년간의 당기순이익은 얼마였겠는가?

52주 최고, 최저가		STOCK TICKER	배당수익률	VOL			Net change
최고가	최저가	(현금배당금)	(%)	*PER*	100s	종가	
\$72	\$53	RJW (1.28)	2.1	21	17652	?	−0.23

22. 상대가치평가법의 적용

Apple과 삼성은 비즈니스모델과 위험이 비슷한 유사기업이라고 가정하자. Apple의 *PER*은 20으로 현재 Apple의 주가는 적정하게 평가되었다. 삼성의 올해 *EPS*는 2,500원으로 예상되고 있다. 삼성의 어제 종가는 45,000원이었다. 당신이 삼성을 담당하는 애널리스트라면 삼성에 대한 당신의 추천 의견은 무엇인가?

23. 상대가치평가법의 적용

국내에서 최근 제주항공과 같은 LCC 기업들의 상장이 잇따르고 있다. LCC 산업의 평균 *PER*은 12라고 가정하자. 같은 LCC 산업에 속하는 항공사인 TWAY가 상장을 준비하고 있는데 *EPS*가 1,200원이었다. 이 회사의 적정 공모가는 얼마인가?

해답

11. 배당평가모형에 의한 주식가치평가

(1) 정률성장모형을 적용하면 $S_0 = \dfrac{d_1}{R-g} = \dfrac{5{,}000(1+0.08)}{0.16-0.08} = 67{,}500$원

(2) 지속가능성장률 : g = 사내유보율 × $ROE = 0.7 \times 0.1 = 7\%$

$S_0 = 1{,}000(1.07) / (0.13-0.07) = 17{,}833$원

12. (1)

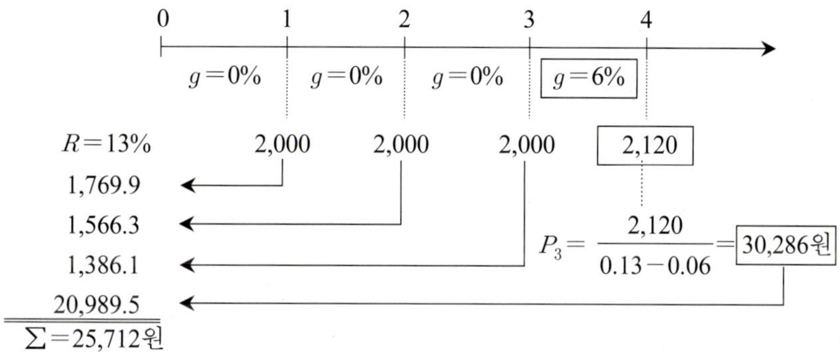

(2) $t=0$에서의 배당수익률 $= \dfrac{d_1}{P_0} = \dfrac{2{,}000}{25{,}712} = 7.8\%$

$t=0$에서의 자본이득수익률 $= 13\% - 7.8\% = 5.2\%$

(3) $t=3$에서의 투자수익률의 구성 : 정률성장하는 상황이 되므로

정률성장률 = 자본이득수익률 = 6%

배당수익률 = 13% − 6% = 7%

13. 할인율의 추정 : 배당평가모형 $S_0 = \dfrac{d_1}{R-g}$ 이 타당하다고 가정하면, 역으로

$$R = \frac{d_1}{S_0} + g$$

배당의 성장률(g) = 유보율 50% × 재투자수익률 15% = 7.5%

내년도 당기순이익 예상치 = 50억원 × (1.075) = 53.75억원

내년도 배당가능총액 = 53.75억원 × (0.50) = 26.875억원

그러므로 내년도 주당배당금(DPS_1)은 2,687,500,000원/2,000,000주 = 1,343.75원

따라서 적절한 할인율 : $R = \dfrac{d_1}{S_0} + g = (1{,}343.75/20{,}000) + 7.5\% = 14.22\%$

14. 초과이익모형에 의한 주식가치평가

(1) Equity charge$=12{,}500\times0.14=1{,}750$

$RI=2{,}000-1{,}750=250$

S사의 성장률 : $g=ROE\times B=0.2\times0.4=0.08$

초과이익의 현재가치의 합$=\dfrac{250}{0.14-0.08}=4{,}167$

(2) $P_0=12{,}500+4{,}167=16{,}667$

(3) S사가 이익유보율을 20%로 할 경우 성장률 : $g=ROE\times b=(0.2)(0.2)=0.04$

$$P_0=12{,}500+\frac{250}{0.14-0.04}=15{,}000$$

15. 초과이익모형

$RI=2{,}500-0.15\times14{,}000=400$

$P_0=14{,}000+\dfrac{400}{0.15}=16{,}667$원

16. (1) $D_1=2{,}000\times(1+0.05)=2{,}100$원

$$R=\frac{2{,}100}{45{,}000}+0.05=0.097$$

(2) $P_{20}=45{,}000\times(1+0.05)^{20}=119{,}398$원

(3) 자본이득수익률은 배당성장률과 같으므로 5%이다. 배당수익률은 4.7%이다.

17. 먼저 3년 후의 가격을 구하면,

$P_3=\dfrac{5{,}000\times(1+0.03)}{0.1-0.03}=73{,}571$원이다.

이 주식을 오늘 사서 3년 후에 판다고 가정한 후, 현금흐름의 현재가치의 합을 구하면 된다.

$P_0=\dfrac{2{,}000}{(1+0.1)}+\dfrac{3{,}500}{(1+0.1)^2}+\dfrac{(5{,}000+73{,}571)}{(1+0.1)^3}=63{,}742$원

18. $P_0=\dfrac{3{,}400}{0.11-0.045}=52{,}308$원

19. 이 문제는 8,500원을 11번 지급받는 연금의 현재가치를 구하는 문제와 같다.

부록에서 $PVIFA(0.12,11)=5.9377$을 구할 수 있다.

따라서 $P_0=8{,}500\times5.9377=50{,}470$원이다.

20. 먼저 4년 후의 가격을 아래와 같이 구해야 한다.

$$P_4 = \frac{300 \times (1+0.05)}{0.12-0.05} = 4{,}500\text{원}$$

이 주식을 오늘 사서 4년 후에 판다고 가정한 후, 현금흐름의 현재가치의 합을 구하면 된다.

$$P_0 = \frac{1{,}200}{1+0.12} + \frac{800}{(1+0.12)^2} + \frac{700}{(1+0.12)^3} + \frac{300+4{,}500}{(1+0.12)^4} = 5{,}258\text{원}$$

21. 먼저 배당수익률 공식을 이용하면,

$0.021 = \frac{1.28}{P_0}$, 따라서 $P_0 = \$60.95$이다.

PER을 구하는 공식을 이용하여 EPS(주당 당기순이익)를 구하면,

$21 = \frac{60.95}{EPS}$, 따라서 $EPS = 2.90$이다.

따라서 당기순이익 $= 2.90 \times 25{,}000{,}000 = \$72{,}500{,}000$이다.

22. Apple의 PER을 이용하면 삼성전자의 적정주가는

$P_0 = 20 \times 2{,}500 = 50{,}000$원이다.

따라서 삼성전자의 주가는 현재 시장에서 저평가되어 있으므로 애널리스트는 "매수"를 추천해야 한다.

23. TWAY의 적정 공모가를 상대가치평가법에 의하여 구하면,

$P_0 = 12 \times 1{,}200 = 14{,}400$원이다.

PART

Ⅱ

위험과 수익률

제Ⅱ편에서는 위험과 수익률의 관계를 알아보는 데 중점을 둔다. 불확실성하에서 투자위험이 서로 다른 투자안의 선택문제에 끼치는 영향을 알아보고, 투자위험을 효율적으로 줄이는 분산투자원리의 방법에 대하여 다룬다.

제6장에서는 기대수익률과 위험 두 변수에 의하여 투자를 결정하는 투자자의 위험 최소화를 위한 효율적 분산투자의 원리, 포트폴리오 구성방법에 대하여 설명한다.

제7장에서는 재무이론의 기초가 되는 균형가격결정모형인 자본자산가격결정모형($CAPM$)과 차익가격결정모형(APM)에 대하여 설명한다. 또한 효율적시장가설(EMH) 개념에 대해서도 다룬다.

CHAPTER

6 포트폴리오이론

기업이든 개인이든 투자결정을 내릴 때에는 여러 가지 투자위험에 노출된다. 위험하에서는 기대수익이 높거나, 투자위험이 낮은 투자안을 선택하는 것을 원한다. 본장에서는 불확실성하에서의 최적투자결정방법을 제시하고 있는 평균 · 분산기준의 현대 포트폴리오이론을 설명한다. 핵심주제는 개별기업위험과 포트폴리오위험의 개념과 측정방법, 위험을 줄이는 분산투자원리, 그리고 효율적 포트폴리오와 최적포트폴리오의 구성방법에 관한 것이다. 다음은 본장에서 이해해야 할 주요 내용이다.

- 투자위험의 의의와 측정방법
- 평균 · 분산기준 포트폴리오이론에서의 최적투자결정체계
- 위험을 줄이는 분산투자원리
- 효율적 포트폴리오, 최적포트폴리오의 구성방법
- 분산투자가 기대수익과 위험에 미치는 영향
- 무위험자산 포함시의 효율적 포트폴리오 구성

주제_생각하기 분산투자와 ETF

투자자들에게 흔히 "달걀은 한 바구니에 담지 마라(Don't put all eggs in one basket)"라고 이야기한다. 주식, 채권, 부동산 등 위험자산에 투자할 때 한 개 또는 소수의 위험자산에 투자하지 말고 분산투자(diversification)하여 위험을 최소화하라는 뜻이다.

이 책의 제6장과 제7장은 위험과 수익률의 관계 및 분산투자의 필요성에 대해서 설명한다. 특정 위험자산의 총위험(또는 전체위험)은 체계적 위험(또는 시장위험)과 비체계적 위험(해당자산 고유의 위험)으로 구성되어 있다. 어떤 투자자가 특정 위험자산 한 개에만 투자한다면, 그 투자자는 해당자산의 전체위험에 노출된다. 반면, 분산투자가 잘 이루어진 포트폴리오를 갖고 있다면, 그 투자자는 특정자산의 비체계적 위험에는 거의 노출되지 않는다. 즉 분산투자의 목적은 특정자산의 비체계적 위험에 대한 노출을 최소화하는 것이다. 제6장과 제7장의 포트폴리오이론은 이러한 분산투자에 의해 위험을 최소화하고, 주어진 위험 대비 수익률을 극대화하는 최적화(optimization)에 관한 이론이다.

이 포트폴리오이론은 금융시장에서 잘 적용되고 있다. 소액투자자들이 펀드에 투자하는 이유는 투자자금의 부족 등으로 개별적으로는 최적화된 포트폴리오를 구성할 수 없지만, 펀드에 가입 또는 투자함으로써 분산투자의 목적을 달성할 수 있기 때문이다. "펀드(fund)"란 많은 투자자들로부터 자금을 모아 분산투자가 잘 이루어진 포트폴리오를 구성하는 금융상품이다.

최근 ETF(Exchange Traded Fund, 상장지수펀드)의 국내시장 규모가 엄청나게 커지고 있다. ETF는 원래 주식시장을 대표하며, 분산투자가 잘 이루어진 인덱스(Index)를 구성하는 모든 종목에 투자하는 펀드로, 투자자들이 편리하게 사고팔 수 있도록 주식시장에 상장되어 있는 것이 특징이다. 최근 ETF의 기초자산은 시장인덱스뿐만 아니라 다양하게 발전하면서, ETF의 종류도 늘어나고 있다. 보다 많은 투자자들이 ETF를 통해 위험자산에 투자한다는 것은 분산투자를 통해 위험을 최소화하려는 선택을 하고 있다고 볼 수 있다.

SPY
SPDR® S&P 500® ETF Trust

1993년 미국 주식시장에 상장된 최초의 ETF 로고
(S&P500 지수에 투자하는 ETF)

제 1 절 불확실성과 투자위험

투자안의 투자위험이 높으면, 투자자는 높은 투자위험을 보상할 정도의 수익률을 더 요구한다. 만약 위험을 감안한 기대수익률에 못 미치면 투자를 중단할 것이다. 투자자산의 투자가치는 다음과 같이 미래 현금흐름(CF)을 적절한 할인율(R)로 할인한 현재가치로 측정할 수 있음을 앞의 장들에서 설명해 왔다.

$$V_0 = \sum_{t=0}^{n} \frac{CF_t}{(1+R)^t}$$

만약 투자위험이 높아지면 더 높은 할인율이 적용되어 낮은 투자가치를 지닐 것이다. 본절에서는 먼저 투자위험이 무엇인지 정의를 내려보고, 이의 측정 방법에 대하여 설명한다.

1. 투자위험의 의의

투자결정을 내리는 현실은 모든 것이 명확하게 알려져 있는 확실성의 상황이 아니다. 현실의 투자환경은 결과가 어떻게 될지 모르는 불확실성(uncertainty), 위험(risk)의 상황이다. 불확실성과 위험은 어떻게 서로 다른가?

미래의 상황은 예상되는 상황이나 사건이 발생할 가능성의 확실성 정도에 따라 다음과 같이 구분해 볼 수 있다.

- 확실성 : 미래에 발생할 상황이 명확하게 알려진 상태
- 위험 : 미래에 얻게 될 결과에 대해 부분적 정보만을 가지고 있지만, 객관적 확률분포로 예상될 수 있는 상황(예 : 동전 던지기에서 앞면이 나올 확률)

- 불확실성 : 미래에 얻게 될 결과에 대해서 완전히 무지인 경우로서 주관적인 추정만이 있을 수 있는 상황(예 : 내년도 경제가 불황일 가능성)

일반적으로 위험이란 실제결과가 예상치와 서로 다를 가능성, 즉 실제결과가 기대수익에 못 미쳐 손실을 볼 가능성을 의미한다. 위험과 불확실성에 대해 의미상의 차이가 없는 것 같지만, 재무관리에서 위험은 확률분포로 예상될 수 있는 상황이기 때문에 측정할 수 있다고 가정한다. 따라서 위험을 어떤 단위로 측정하든 간에 미래 예상되는 현금흐름의 변동성이 크면 투자위험이 큰 것으로 평가된다.

한편 투자위험은 기업의 실물투자 사업이거나 증권시장에서의 증권투자이거나 관계없이 투자안을 다른 투자안과의 결합관계에서 보느냐, 아니면 독립적으로 평가하느냐에 따라서, 또는 위험의 발생원천에 따라서 크게 다를 수 있으므로 다음과 같이 이들 개념을 구분할 필요가 있다.

- 개별기업위험(stand-alone risk of a firm or asset) 또는 개별기업 전체위험 : 다른 투자사업(증권)과의 관계를 고려하지 않고, 독립적 상황에서 개별기업(또는 자산)으로부터 예상되는 현금흐름의 변동성
- 포트폴리오위험(portfolio risk) : 개별기업의 증권(또는 자산)이 다른 기업의 증권과 함께 투자되어 포트폴리오를 구성할 때의 투자위험, 즉 포트폴리오 결합효과로 인하여 위험이 분산되는 투자위험
- 기업고유위험(firm specific risk) : 투자위험의 원천이 신제품개발의 성공이나 실패와 같이 개별기업 고유의 미시적 요인의 변동으로 인하여 발생하는 현금흐름의 변동성
- 시장위험(market risk) : 투자위험의 원천이 시중금리, 환율, 경제성장률 변동 등으로 초래되는 현금흐름의 변동성과 같이 모든 자산에 공통적으로 영향을 주는 시장적 요인의 위험(시장위험은 시장에 존재하는 대부분의 자산에 영향을 미친다)

예를 들어, 어떤 투자자가 LG전자 주식에 투자한다면, 해당 투자자는 LG전자가 수행하는 사업의 전체위험에 노출된다. 즉 개별기업위험 또는 개별기업 전

체위험(총위험(total risk))을 감수하고 투자하는 것이다. 개별기업에 투자하면 개별기업 전체위험을 감수하는 것이지만, 여러 기업의 주식에 투자하면 결합효과로 발생하는 투자위험분산효과가 존재할 수 있다. 예를 들어 반도체를 만드는 기업과 디스플레이를 만드는 기업에 투자한 후 반도체사업은 부진을 면치 못하지만 디스플레이사업이 호조를 보이면 현금흐름의 결합변동성은 크게 감소하여 둘 중 한 개 기업에 투자했을 때보다 개별기업 전체위험에 노출되는 정도는 작아질 수 있다. 이처럼 여러 기업에 투자하여 위험이 분산되는 효과를 감안한 포트폴리오 단위로 계산한 위험이 포트폴리오위험이다.

포트폴리오 대상을 시장전체로 확대하면 개별자산 각각의 호재나 악재로 인하여 초래되는 투자위험, 즉 기업고유위험은 상쇄되고, 시중금리 등 시장전체 공통요인만이 현금흐름의 변동성을 초래할 것인데, 이것이 곧 시장위험이다. 즉 어떤 특정기업의 증권에만 투자하면, 개별기업위험(또는 총위험)에 노출되는데, 이 총위험은 기업고유위험과 시장위험을 합친 위험이다.

개별기업위험(개별기업 전체위험 또는 총위험)＝시장위험＋기업고유위험

2. 투자위험의 측정

투자위험이 높은지, 낮은지를 어떻게 판단할 수 있을 것인가? 투자위험이 계량적으로 측정될 수 있다면 투자안들간에 우열이 쉽게 가려질 수 있으므로 투자결정은 매우 용이해진다. 특정기업의 주식에 대한 투자의 위험성은 개별기업위험으로 측정할 수 있는데, 해당기업의 현금흐름 변동성에 대한 분산, 표준편차를 측정함으로써 계량화가 가능하다.[1] 다시 말해, 분산이나 표준편차는 개별기업의 전체위험 또는 총위험을 재는 단위로 사용된다.

1) 포트폴리오위험은 3절에서 설명하는 “공분산”, “상관계수”로 측정하고, 시장위험의 정도는 제7장 1절에서 설명되는 “β계수”로 측정한다.

(1) 투자수익률의 확률분포

투자에 대한 재무적 성과를 측정한 것이 투자수익(investment returns)이다. 투자수익을 측정하는 경우, 이를 금액(₩)으로 측정할 수도 있고, %로 표시되는 투자수익률(rate of return)로 측정할 수도 있다. 처음에 투자한 투자규모는 사람마다 다르기 때문에 투자수익은 보편적으로 투자한 양과 투자로부터 회수된 양의 상대적 비율인 투자수익률로 측정한다.

$$\text{투자수익률} = \frac{\text{기말의 부} - \text{기초의 부}}{\text{기초의 부}}$$

■ 그림 6-1
시나리오별 이익과 내재가치 추정

	낙관	중립	비관	
[대외경제환경]	• 미국 고용 · 소비 빠른 회복 • 우호적인 신용여건으로 투자촉진 • 유럽재정위기 상반기 내 해결	• 미국 고용 · 소비 점진적 회복 • 3분기까지 저금리 기조유지 • 유럽재정위기 점진적 해결	• 미국, 일본 등 선진국 재정문제 부각 • 미국 금융규제 논의 본격화 • 유럽재정위기로 금융시장 불안 지속	
거시경제여건				
국내경제성장률(%)	5.5	4.75	4.50	
연평균유가(달러)	74	80.5	87.5	
연평균환율(원)	1,130	1,072	1,107	
[영업이익] (단위 : 억원)				
A전자	133,045	116,775	98,242	
B자동차	26,238	24,174	21,923	
C백화점	10,922	10,149	9,552	
[내재가치] (단위 : 원)				(현재주가)
A전자	1,600,000	920,000	340,000	800,000
B자동차	210,000	172,500	135,000	150,000
C백화점	500,000	600,000	700,000	500,000

자료 : 한경, 2010.4.6

이 투자수익률은 과거 일정기간 동안의 실적을 평가하기 위해서 측정하기도 하지만 종목선정이나 포트폴리오를 구성하고자 하는 투자자에게는 미래의 투자성과를 예상하기 위해서도 필요하다. 미래란 발생가능상황을 확실히 예측할 수 없는 상황, 곧 위험상황이라고 할 수 있으므로 인간이 할 수 있는 최선의 방법은 몇 가지 가능한 미래 상황별로 예상투자수익을 추정하는 것이다. 즉, 인간이 가지고 있는 여러 가지 경제·경영지식을 동원하여 투자수익의 확률분포를 만들어 볼 수 있을 것이다.

예를 들어 [그림 6-1]에서 보는 것처럼 다각적인 경제분석(국내성장률, 유가, 환율)을 실시하여 미래 몇 가지 상황(이 예에서는 낙관, 중립, 비관의 세 가지 상황)별로 미래이익과 내재가치를 추정하고, 이에 근거하여 이들 주식에 대한 예상투자수익률을 추정하는 것이다.

그러면 이들 예상투자수익률의 확률분포에 근거할 때 투자대상으로서 어느 주식이 유망한가?

미래상황	확률(P_s)	수익률(%)		
		주식 A	주식 B	주식 C
낙관	0.3	100%	40%	0%
중립	0.4	15	15	20
비관	0.3	−70	−10	40

(2) 기대수익률과 분산

투자대상들이 지니고 있는 수익성의 정도는 여러 가지 가능성을 표시한 수익률의 확률분포에서 평균적으로 기대되는 수익률을 계산하여 평가한다. 이를 기대수익률(expected rate of return)이라고 하는데, 다음 식(6.1)과 같이 각 상황별로 발생가능한 수익률에 그 상황이 발생할 확률을 곱한 다음 이를 합하여 계산한다.

$$E(R) = \sum_{s=1}^{m} p_s \cdot r_s \tag{6.1}$$

단, $E(R)$: 기대수익률

p_s : s상황이 일어날 확률(m개의 상황)

r_s : s상황에서 발생가능한 수익률

위의 예에서 주식 A, B의 기대수익률은 다음과 같이 측정된다.

$$E(R_A) = (0.3 \times 1.0) + (0.4 \times 0.15) + (0.3 \times -0.7) = 0.15\ (15\%)$$
$$E(R_B) = (0.3 \times 0.4) + (0.4 \times 0.15) + (0.3 \times -0.1) = 0.15\ (15\%)$$

위의 예상자료에 근거하면, 주식 A, B의 기대수익률은 동일한 것으로 평가된다.

한편 투자위험은 앞서 설명한 것처럼 그 투자안의 기대수익에 못 미칠 가능성, 즉 미래투자수익률의 변동성의 정도를 의미하는데, 미래투자수익률의 확률분포로부터 그 분산도(dispersion)를 계산하여 측정한다. 확률분포의 분산도를 측정하는 여러 가지 방법이 있지만, 다음과 같이 측정되는 분산(variance)과 표준편차(standard deviation)가 보편적 방법으로 가장 많이 사용되고 있다.

$$\sigma^2 = \sum [r_s - E(R)]^2 \cdot P_s \qquad (\text{단, } \sigma^2 : \text{분산}) \qquad (6.2)$$
$$\sigma = \sqrt{\sigma^2} = \sqrt{\sum [r_s - E(R)]^2 \cdot P_s} \qquad (\text{단, } \sigma : \text{표준편차}) \qquad (6.3)$$

위의 예에서 주식 A, B의 분산과 표준편차는 다음과 같이 측정된다.

$$\sigma_A^2 = (1.0 - 0.15)^2 \cdot 0.3 + (0.15 - 0.15)^2 \cdot 0.4 + (-0.7 - 0.15)^2 \cdot 0.3 = (0.6584)^2$$
$$\therefore\ \sigma_A = 0.6584$$
$$\sigma_B^2 = (0.4 - 0.15)^2 \cdot 0.3 + (0.15 - 0.15)^2 \cdot 0.4 + (-0.10 - 0.15)^2 \cdot 0.3 = (0.1936)^2$$
$$\therefore\ \sigma_B = 0.1936$$

주식 A와 B는 기대수익률이 동일한데, 위험은 주식 A가 높다. 기대수익률과 분산(표준편차)을 동시에 고려할 때, 주식 B가 더 우월한 투자대상임을 알 수 있다.

위의 예와 같은 미래수익률의 확률분포를 작성하는 이상적인 방법은 미래수익률에 영향을 미치는 모든 요인에 대한 분석에 근거하여 미래상황을 추정하는 것이다. 그러나 이 방법은 많은 작업을 요한다. 미래수익률이 과거수익률의 패턴과 동일하다는 가정이 무리가 없으면 사후적으로 과거의 역사적 자료

(historical data), 즉 표본자료를 이용하여 측정한다. 즉, 다음과 같이 과거 일정기간 동안의 표본수익률 자료로부터 표본 평균수익률($\bar{r}$)을 구하여 사용한다.

$$\bar{r} = \frac{\sum_{t=1}^{N} r_t}{N} \tag{6.4}$$

단, r_t : t 기의 수익률

N : 대상기간의 수

그리고 표본수익률의 분산(σ^2)은 표본수익률의 편차를 제곱하여 합한 값을 자유도(degree of freedom)로 나누어 구한다.2)

$$\sigma^2 = \frac{\sum_{t=1}^{N} [r_t - \bar{r}]^2}{N-1} \tag{6.5}$$

위험(불확실성)의 상황을 전제하여 여러 투자안 중 최적투자안을 선택하는 대표적 이론은 평균·분산기준 포트폴리오이론(portfolio theory)이다. 이 이론은 위험(분산 또는 표준편차)과 평균(수익률)에 기초하여 최적의 투자안을 선택하는 이론이다.

Concept check

(1) 예상투자수익률은 어떻게 추정할 수 있는가?

(2) 과거 일정기간 동안의 역사적 자료를 이용하여 미래 투자수익률을 추정할 때 어떤 가정이 필요한가?

(3) 위 자료에서 주식 C의 기대수익률과 분산(표준편차)을 측정하고 주식 B와 비교하라.

2) 식(6.5)에서 분모의 값을 자유도라고 한다. 자유도는 총관찰치의 수에서 미지의 모수 대신에 사용한 추정치의 수를 차감하여 구한다. 이 식에서 모집단의 기대수익률 대신에 그것의 추정치인 평균수익률($\bar{r}$)을 사용하였기 때문에 자유도는 $N-1$이 된다. 참고로 다음에 설명할 개별주식간의 공분산의 자유도는 $N-1$이고, 시장모형에서 잔차분산의 자유도는 $N-2$이다.

제2절 평균·분산기준 포트폴리오이론

위험투자안에 대한 투자결정방법을 제시하는 대표적 이론체계는 포트폴리오이론이다. 포트폴리오이론에 의하면 위험하에서 최적투자안을 선택하는 방법은 투자자산들에 대하여 예상되는 수익률의 확률분포로부터 평균(기대수익률)과 분산을 측정, 비교하여 최적투자안을 결정하는 것이다.

1. 위험프리미엄

포트폴리오이론에서는 투자자들을 위험회피형(risk averter)으로 가정한다. 위험회피형의 투자자들은 투자위험이 큰 투자안에 대해서는 위험감수에 대한 보상으로서, 투자위험이 작은 투자안보다도 더 높은 수익률이 기대되어야 투자하게 된다. 환언하면, 위험투자안의 기대수익률과 무위험자산 수익률의 차이인 위험프리미엄(risk premium)이 위험감수에 대한 보상으로서 충분한지를 판단하여 투자한다. 무위험자산(risk-free asset)이란 어떠한 상황에서도 확정된 수익이 보장되어 수익률의 변동이 없기 때문에 그 위험(수익률의 표준편차)이 영(0)인 투자자산을 의미한다. 실제 금융시장에서 단기국공채 수익률의 표준편차는 0이 아니지만 0에 가깝기 때문에 단기국공채를 무위험자산으로 가정하는 경우가 많다.[3]

$$\text{위험프리미엄} = \text{위험자산 기대수익률} - \text{무위험자산수익률} \tag{6.6}$$

2. 평균·분산기준

투자자산들의 투자가치는 기대수익과 위험, 두 가지 요인에 의해서 결정된다고

3) 미국시장에서는 단기 국채인 Treasury bill의 수익률을 무위험수익률(risk-free rate)로 본다.

할 수 있다. 예상되는 기대수익이 클수록 투자가치는 크지만, 기대수익이 실현되지 않을 가능성, 즉 위험이 크면 투자가치는 작다.

$$\text{투자가치} = f(\text{기대수익, 위험})$$

기대수익과 위험을 계량화시킬 수 있다면 수많은 투자자산들의 우열을 쉽게 평가할 수 있게 된다. 계량화시키는 방법은 1절에서 설명한 것처럼, 각 투자자산에 대해서 예상되는 수익률의 확률분포로부터 기대수익의 정도는 평균기대수익률 $E(R)$로 측정하고, 위험의 정도는 분산(표준편차) $\sigma^2(\sigma)$로 측정하면 우월한 투자자산을 쉽게 선별할 수 있다.

$$\text{투자가치} = f(E(R),\ \sigma^2)$$

투자결정의 기준으로 평균(mean) 기대수익률과 분산(variance)만을 고려한다는 것은 수익률의 확률분포가 정규분포인 것을 가정하는 것이다. 다음의 [그림 6-2]는 본장 1절 2항의 주식 A와 B를 정규분포를 가정하여 나타낸 것이다. 여기서 표준정규분포를 적용하면 (평균)±1·(표준편차)의 구간에 있을 확률은 68.27%이다.[4] 예를 들어 주식 B의 경우(기대수익률=15%, 표준편차=19.4%) 15%±19.4%의 구간, 즉 투자수익률이 −4.4%~34.4%일 확률이 68.27%임을 뜻한다. 따라서 수익률이 −4.4% 이하로 얻어질 가능성은 약 16%(=(100%−68.27%) / 2=15.865%), 즉 6번 중에 1번쯤 될 수 있음을 의미한다.

수익률의 확률분포로부터 기대수익률(평균)과 분산이 측정되면 최적투자안 선택은 다음 두 단계를 거쳐 이루어진다.

---

4) 표준정규분포에 의하면 표준정규분포값(Z)은 Z=[관찰치값−평균값] / [표준편차]에 의해서 측정한다. 그리고 Z=1, 2, 3에 대하여 다음과 같은 신뢰도 구간을 갖는다.

(평균)±1·(표준편차) : 68.27%
(평균)±2·(표준편차) : 95.54%
(평균)±3·(표준편차) : 99.97%

개별증권 수익률의 확률분포는 비대칭(비정규)분포인 경우가 많다. 그러나 포트폴리오를 구성하면 그 수익률의 확률분포는 정규분포에 근접한 것으로 볼 수 있기 때문에 정규분포의 가정은 무리가 없는 것으로 볼 수 있다.

■ 그림 6-2
수익률의 확률분포 : 정규분포의 가정

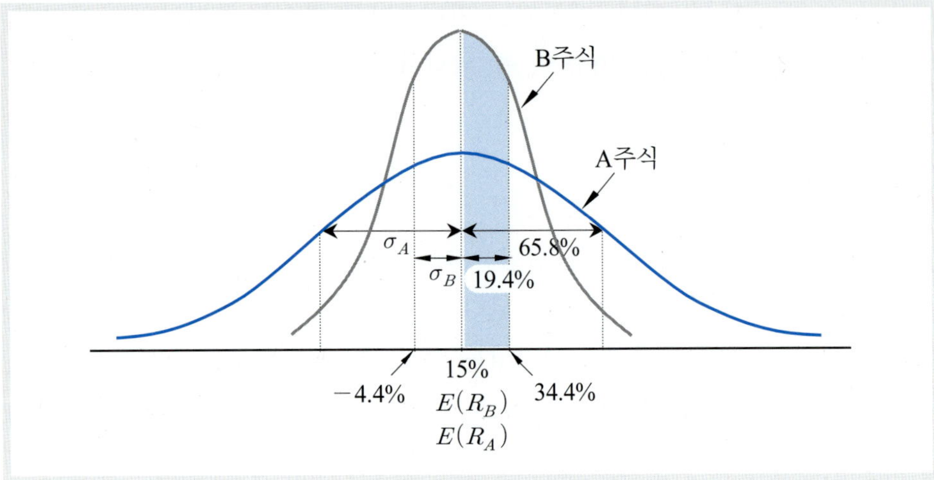

3. 효율적 투자안의 선택

지금 투자안 A, B, C, D의 기대수익률 $E(R)$과 표준편차 σ가 식(6.1)과 식(6.2)에 의해서 다음과 같이 계량적으로 측정되었다면, A는 B보다, D는 C보다 우월한 투자자산임을 알 수 있다. A는 B와 비교할 때 동일한 기대수익률을 가지지만 투자위험이 작으므로 우월하고, D는 C보다 동일한 위험을 지니지만 기대수익률이 보다 높으므로 우월한 투자안이 된다.

(단위 : %)

투자자산	A	B	C	D
기대수익률 $E(R)$	30	30	15	18
표준편차 σ	35	40	20	20

위의 예에서 투자자산 A와 D가 우월한 투자자산인 것으로 평가한 원리를 지배원리라고 한다. 즉, 지배원리(dominance principle)란 동일한 기대수익률을 가지는 투자안 중에서 위험이 가장 작은 투자안을 선택하거나, 동일한 위험하에서 기대수익률이 가장 높은 투자안들을 선택하는 것을 말한다. 이에 의해서 선택된 투자안을 효율적 투자자산(efficient portfolio)이라고 한다. 반면에 평균 · 분산기준

에 의해서 지배당함으로써 선택에서 제외된 자산(위의 예에서 B와 C)을 비효율적 자산이라고 한다. 지배원리에 의해서 선택된 효율적 투자자산들 중에서 최종적으로 최적투자자산 하나를 결정하는 일은 결국 개별투자자의 위험에 대한 태도(위험회피도)에 따라 결정될 수밖에 없다. 투자자의 위험에 대한 태도까지 고려되어 최종적으로 선택된 것을 최적포트폴리오(optimal portfolio)라고 한다.

위의 예에서 효율적 투자자산 A, D 중 최적투자자산을 선택하는 것은 투자자의 위험회피도에 달려 있다. 위험회피도가 높을수록 주식 D를, 위험회피도가 낮을수록 주식 A를 최적투자자산으로 선택할 것이다.

Concept check

(1) 투자위험을 계량적으로 측정하는 보편적 방법은 무엇인가? 평균 · 분산기준 포트폴리오이론에서 제시하고 있는 최적투자안의 선택방법을 제시하라.

(2) A주식의 기대수익률은 20%, 표준편차는 15%로 추정되는데, 정규분포를 가정하면, 투자손실을 볼 확률은 얼마인가?

제3절 포트폴리오 기대수익과 위험

앞에서는 투자위험의 의미와 측정방법, 위험하에서 평균 · 분산기준으로 최적투자결정하는 체계에 대해서 설명하였다.

포트폴리오이론을 구체적으로 기업의 실물자산 투자결정 또는 투자자의 금융자산 투자결정에 적용할 때 개념적으로 명확히 구분해야 할 것은 투자위험의 개념에는 여러 가지가 있다는 점이다. 여러 가지 위험 중에서 어떤 위험기준으로 투자가치를 평가하는 것이 적절한가 하는 점이 가장 중요한 논점이 된다. 본 절에서는 투자위험을 고려할 때 기준이 될 수 있는 여러 가지 위험의 개념을 다음과 같이 구분하고 투자위험 감소의 원리가 무엇인지를 살펴보기로 한다.

- 개별기업위험(stand-alone risk of a firm) 대 포트폴리오위험(portfolio risk)
- 체계적 위험(시장관련위험) 대 비체계적 위험(기업고유위험)

1. 포트폴리오 기대수익과 위험의 측정

본래 포트폴리오(portfolio)란 주식, 채권, 부동산 등 다수 자산을 결합하여 분산투자하는 투자안을 말한다. 포트폴리오 개념이 증권에 적용될 때에는 포트폴리오 구성안이란 투자위험을 줄이기 위한 분산투자안의 의미로 사용되고 있다.

투자대상의 투자가치를 평가할 때 투자대상 하나하나에 대하여 개별적으로 평가하는 것과 다수 자산의 결합인 포트폴리오의 관점에서 분석하는 것은 큰 차이가 있다. 왜냐하면 다수의 자산(증권) 중에서 어느 자산(증권)이 지니는 투자위험은 나머지 자산과의 상관관계, 그리고 투자비율에 따라 달라지기 때문이다. 개별자산은 단지 전체 포트폴리오의 투자수익과 위험에 어떤 영향을 미치는가라는 관점에서만 의미를 지닌다. 포트폴리오관리(portfolio management)란 하나 이상의 투자자산에 분산투자하는 활동을 체계적으로 계획, 실행, 사후 통제하는 것을 말한다.

앞의 2절에서 설명한 것처럼 포트폴리오이론에 의하면 투자결정의 기준은 평균과 분산이다. 이에 따라 개별자산의 기대수익률(평균)과 분산을 측정하여 비교하면 효율적 자산을 찾을 수 있었다. 개별자산이 아니고 포트폴리오인 경우는 포트폴리오의 기대수익률과 분산을 측정하여 투자결정하게 된다. 문제는 포트폴리오 수익률의 확률분포는 이를 구성하는 개별자산의 단순한 합으로 나타나지 않고 전혀 다른 모양으로 나타난다는 점이다.

본 3절에서는 먼저 포트폴리오를 구성하는 자산의 수가 두 개인 경우를 중심으로 포트폴리오의 기대수익률과 분산을 측정하는 방법을 설명하고, 다음 4절에서는 n개 자산으로 확대시킨 일반화된 경우를 설명한다.

(1) 개별자산의 기대수익과 위험

포트폴리오를 구성할 경우의 수익률의 확률분포를 측정하기 전에 먼저 개별자산의 기대수익과 위험을 평가해보기로 하자. 투자자산으로서 주식을 예로 설명하기로 한다. 세 주식(X캔디회사, Y초콜릿회사, Z설탕회사 주식 : 이하에서는 편의상 X, Y, Z로 표시함)의 수익률이 [그림 6-1]과 같은 추정을 통하여 세 가지 경제상황에서 다음과 같이 예상된다고 하자.

경제상황	확 률	예상수익률(r_i)		
		X(캔디)	Y(초콜릿)	Z(설탕)
비관	0.25	−0.10	0.00	0.10
중립	0.50	0.10	0.05	0.05
낙관	0.25	0.30	0.10	0.00

세 주식 각각의 기대수익률 $E(R_j)$은 1절에서 설명한 식(6.1)과 같이 각 상황에서의 예상수익률(r_s)에 일어날 확률(p_s)을 곱한 다음, 합하여 추정한다.

$$E(R_j) = \sum_{s=1}^{m} p_s \cdot r_s \tag{6.1}$$

이제 주식 X, Y, Z에 대하여 계산하면 다음과 같다.

$$E(R_X) = (-0.10)(0.25) + (0.10)(0.50) + (0.30)(0.25) = 0.10$$
$$E(R_Y) = (0.00)(0.25) + (0.05)(0.50) + (0.10)(0.25) = 0.05$$
$$E(R_Z) = (0.10)(0.25) + (0.05)(0.50) + (0.00)(0.25) = 0.05$$

한편, 개별자산으로서의 위험은 식(6.2)의 분산 σ_j^2으로 측정할 수 있다.

$$\sigma_j^2 = \sum [r_s - E(R)]^2 \cdot P_s \tag{6.2}$$

이제 세 주식의 위험에 대하여 식(6.2)의 분산 σ_j^2으로 측정하면 다음과 같다.

$\sigma_X^2=(-0.1-0.1)^2 0.25+(0.1-0.1)^2 0.5+(0.3-0.1)^2 0.25=(0.1414)^2=0.02 \quad \therefore \sigma_X=0.1414$

$\sigma_Y^2=(0.0-0.05)^2 0.25+(0.05-0.05)^2 0.5+(0.1-0.05)^2 0.25=(0.0354)^2=0.00125 \quad \therefore \sigma_Y=0.0354$

$\sigma_Z^2=(0.1-0.05)^2 0.25+(0.05-0.05)^2 0.5+(0.0-0.05)^2 0.25=(0.0354)^2=0.00125 \quad \therefore \sigma_Z=0.0354$

따라서 주식 X는 기대수익률과 위험이 높은 반면, 주식 Y와 Z는 이 두 가지 모두 낮다.

(2) 포트폴리오의 기대수익률

이제 이들 세 주식 중에서 두 개를 선택하여 포트폴리오를 구성하면 기대수익과 위험은 어떻게 달라지는가? 다수 자산으로 포트폴리오를 구성할 때에도 개별자산의 기대수익률을 추정하는 식(6.1)과 같은 방법으로, 다음 식(6.7)과 같이 s상황에서의 포트폴리오의 예상수익률(r_{ps})에 s상황이 일어날 확률(p_s)을 곱하여 모두 합하면, 포트폴리오의 기대수익률이 추정된다. 여기서 포트폴리오 예상수익률(r_{ps})은 각 자산의 s상황에서의 예상수익률에 투자비율을 곱하여 합한 것이다.

$$E(R_p)=\sum_{s=1}^{m} p_s \cdot r_{ps} \tag{6.7}$$

단, $E(R_p)$: 포트폴리오의 기대수익률
r_{ps} : s상황에서의 포트폴리오 예상수익률
p_s : s상황이 일어날 확률(m개의 상황)

앞의 예제에서 주식 X와 Y에 각각 50%씩 투자한 포트폴리오의 경우 각 상황에서의 예상수익률은 〈표 6-1〉의 ⑤란과 같으므로 이 포트폴리오(주식 X(50%)+주식 Y(50%))의 기대수익률은 이 r_{ps}에 확률을 곱하여 모두 합한 7.5%가 된다.

● 표 6-1 포트폴리오 기대수익률의 추정

① 경제상황	② 확률	③ 주식 X	④ 주식 Y	⑤ s상황에서의 포트폴리오 예상수익률(r_{ps}) (각 자산의 예상수익률×자산투자비율)
비관	0.25	−0.10	0.00	−0.10(0.5)+0.00(0.5)=−0.05
중립	0.50	0.10	0.05	0.10(0.5)+0.05(0.5)=0.075
낙관	0.25	0.30	0.10	0.30(0.5)+0.10(0.5)=0.20
기대수익률 $E(R)$		10%	5%	−0.05(0.25)+0.075(0.50)+0.20(0.25)=7.5%

포트폴리오 기대수익률은 보다 간단하게 개별자산의 기대수익률에 그 자산에 대한 투자비율을 곱한 다음, 이들을 모두 합하여 추정하더라도 동일한 결과를 얻는다. 주식 X, Y에 대하여 표시하면 다음 식과 같이 구해진다.

$$E(R_p) = w_X \cdot E(R_X) + w_Y \cdot E(R_Y) \tag{6.8}$$

단, w_X : 자산 X에 대한 투자비율
w_Y : 자산 Y에 대한 투자비율

만약 위에서 예시된 주식 X와 주식 Y에 대하여 60 : 40의 투자비율로 포트폴리오를 구성하면, 이 포트폴리오의 기대수익률은 8.0%가 된다.

$$E(R_p) = w_X \cdot E(R_X) + w_Y \cdot E(R_Y)$$
$$= (0.6 \times 0.10) + (0.4 \times 0.05) = 8.0\%$$

(3) 포트폴리오위험(분산)

이상에서 본 것처럼 포트폴리오 기대수익률은 포트폴리오를 구성하는 개별자산의 기대수익률을 투자비율에 따라 가중평균하면 구할 수 있다. 그러나 포트폴리오위험(분산)은 개별자산의 분산을 투자비율에 따라 가중평균한 것이 아니다. 구성자산간의 수익률의 움직임이 얼마나 같은 방향 또는 다른 방향인지에 따라서 [그림 6-3]과 같이 포트폴리오위험(portfolio risk), 결합변동성은 크게 줄 수도 있고, 별로 줄지 않을 수도 있다.

■ 그림 6-3
포트폴리오의 결합변동성

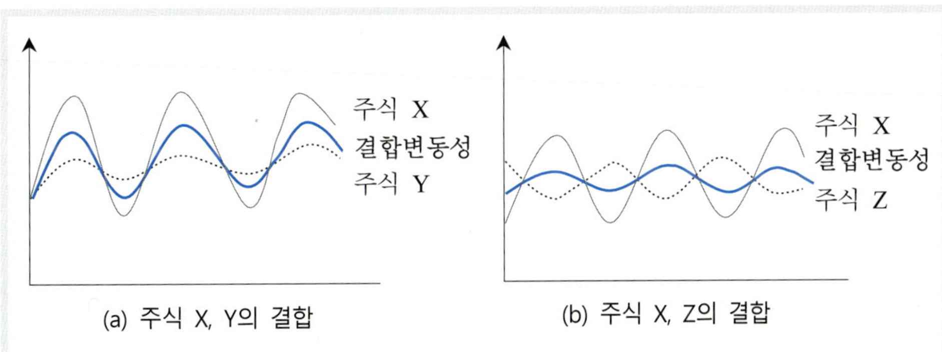

1) 공분산, 상관계수

앞에서 예로 든 주식 X, Y, Z 중에서 X(캔디), Y(초콜릿)로 포트폴리오를 구성하면 수익률의 움직임이 같은 방향이므로 그 결합변동성은 별로 줄지 않는다([그림 6-3](a)). 그러나 X(캔디)와 Z(설탕)로 포트폴리오를 구성하면 수익률의 움직임이 반대방향이므로 그 결합변동성은 크게 줄게 된다([그림 6-3](b)). 이처럼 구성자산간의 수익률의 움직임이 얼마나 같은 방향 또는 다른 방향인지를 측정하는 통계량이 공분산과 상관계수이다.

공분산(covariance)은 다음과 같이 두 자산수익률에서 각각의 평균기대수익률을 뺀 편차들을 서로 곱한 기대치를 추정한 것인데, 같은 방향으로 움직이면 두 편차의 곱은 (+)로, 반대방향이면 두 편차의 곱은 (−)로 추정되도록 되어 있다.

$$COV_{XY} = E[\{r_X - E(R_X)\}\{r_Y - E(R_Y)\}] \tag{6.9}$$

단, COV_{XY} : 주식 X와 Y 수익률간의 공분산

이제 위의 예제에서 X와 Y로 구성되는 포트폴리오와 X와 Z로 구성되는 포트폴리오의 공분산 COV_{XY}, COV_{XZ}를 구하면 다음과 같다.

$$\begin{aligned} COV_{XY} &= 0.25(-0.10-0.10)(0.00-0.05)+0.5(0.10-0.10)(0.05-0.05) \\ &\quad +0.25(0.30-0.10)(0.10-0.05)=0.005 \\ COV_{XZ} &= 0.25(-0.10-0.10)(0.10-0.05)+0.5(0.10-0.10)(0.05-0.05) \\ &\quad +0.25(0.30-0.10)(0.00-0.05)=-0.005 \end{aligned}$$

한편, 두 자산간의 수익률 움직임의 관계는 상관계수(correlation coefficient)로도 측정된다. 상관계수 ρ_{XY}는 다음과 같이 공분산을 각각의 표준편차의 곱으로 나눈 값으로, 가장 큰 값이 +1, 가장 작은 값이 −1이 되도록 공분산을 표준화시킨 것이다.

$$\rho_{XY} = \frac{COV_{XY}}{\sigma_X \cdot \sigma_Y} \tag{6.10}$$

단, ρ_{XY} : 자산 X와 Y의 상관계수, COV_{XY} : 자산 X와 Y 사이의 공분산
σ_X : 자산 X의 표준편차, σ_Y : 자산 Y의 표준편차

이제 위의 예제에서 X와 Y로 구성되는 포트폴리오와 X와 Z로 구성되는 포트폴리오의 상관계수 ρ_{XY}, ρ_{XZ}를 구하면 다음과 같다.

$$\rho_{XY} = \frac{COV_{XY}}{\sigma_X \cdot \sigma_Y} = \frac{0.005}{(0.1414)(0.0354)} = +1$$

$$\rho_{XZ} = \frac{COV_{XZ}}{\sigma_X \cdot \sigma_Z} = \frac{-0.005}{(0.1414)(0.0354)} = -1$$

2) 포트폴리오분산

두 자산 X와 Y로 포트폴리오를 구성할 경우 그 변동성을 측정한 포트폴리오분산 σ_p^2은 앞에서 설명한 공분산 또는 상관계수(두 자산수익률 움직임의 상관성)의 정도가 반영되어 도출된 다음 식에 의해서 추정할 수 있다.[5)]

$$\sigma_p^2 = w_X^2\sigma_X^2 + w_Y^2\sigma_Y^2 + 2w_X w_Y COV_{XY} \tag{6.11}$$

단, w_X : 자산 X에 대한 투자비율, w_Y : 자산 Y에 대한 투자비율
σ_X^2 : 자산 X의 분산, σ_Y^2 : 자산 Y의 분산
COV_{XY} : 자산 X와 Y의 수익률간의 공분산

$$\sigma_p^2 = w_X^2\sigma_X^2 + w_Y^2\sigma_Y^2 + 2w_X w_Y \sigma_X \sigma_Y \rho_{XY} \tag{6.12}$$

(여기서 $\rho_{XY} = \frac{COV_{XY}}{\sigma_X \cdot \sigma_Y}$)

자산 X와 Y에 50%씩 투자한 포트폴리오와 자산 X와 Z에 50%씩 투자한 포트폴리오의 분산은 식(6.11)을 이용하면 다음과 같이 추정된다.

$$\begin{aligned} \text{X(50\%)}+\text{Y(50\%)} : \sigma_p^2 &= w_X^2\sigma_X^2 + w_Y^2\sigma_Y^2 + 2w_X w_Y COV_{XY} \\ &= (0.5)^2(0.02)+(0.5)^2(0.00125)+2(0.5)(0.5)(0.005) \\ &= 0.0078 \end{aligned}$$

---

5) 포트폴리오 수익률의 분산 σ_p^2은 본래 분산을 구하는 방법처럼 〈표 6-1〉에서 다음과 같이 추정할 수도 있다.

$$\sigma_p^2 = \sum_{s=1}^{m} [r_{ps} - E(R_p)]^2 p_s$$

$$\sigma_p^2 = (-0.05-0.075)^2 0.25 + (0.075-0.075)^2 0.5 + (0.20-0.075)^2 0.25 = 0.0078$$

$$\sigma_p^2 = (0.00-0.075)^2 0.25 + (0.075-0.075)^2 0.50 + (0.15-0.075)^2 0.25 = 0.0028$$

$$\begin{aligned} X(50\%)+Z(50\%) : \sigma_p^2 &= w_X^2\sigma_X^2 + w_Z^2\sigma_Z^2 + 2w_Xw_Z\, COV_{XZ} \\ &= (0.5)^2(0.02)+(0.5)^2(0.00125)+2(0.5)(0.5)(-0.005) \\ &= 0.0028 \end{aligned}$$

2. 포트폴리오 위험감소의 원천

앞(식(6.12))에서 살펴본 것처럼 포트폴리오의 위험은 개별자산의 분산(σ_X^2, σ_Y^2)에 의해서도 영향을 받지만, 중요한 것은 구성자산간의 상관관계(ρ_{XY})와 각 자산에 대한 투자비율(w_X, w_Y)의 조정 여하에 따라서 크게 달라진다는 점이다. 특히 자산의 수가 많아지면 더욱 그렇다. 이번에는 상관관계의 여하 그리고 투자금액비율의 조정에 따라서 포트폴리오위험이 얼마나 줄어들 수 있는지를 살펴본다.

(1) 상관관계와 포트폴리오위험

상관계수는 $-1 \leq \rho_{XY} \leq +1$의 값을 갖는데, [그림 6-4]는 대표적인 다섯 가지

■ 그림 6-4
구성자산간의 상관관계

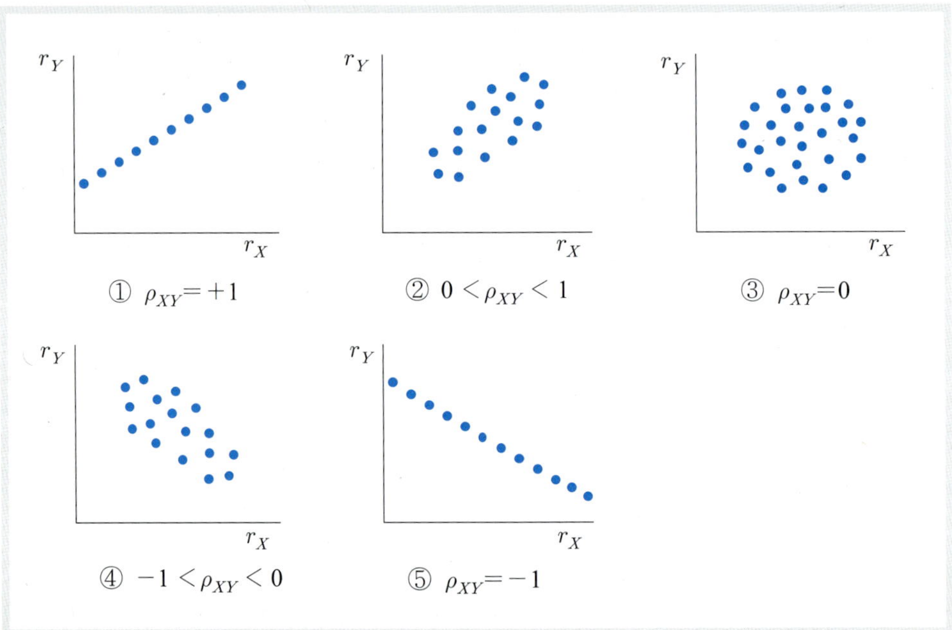

경우를 나타낸 것이다. 이 가운데 두 자산간의 상관계수가 $\rho_{XY}=+1$, $\rho_{XY}=-1$, $\rho_{XY}=0$인 경우에 대하여 식(6.12)를 적용하면 포트폴리오위험은 다음과 같이 감소한다.

① $\rho_{XY}=+1$, 즉 두 자산간의 상관관계가 완전 정(+)의 관계에 있을 경우

$$\sigma_p^2=(w_X\sigma_X+w_Y\sigma_Y)^2$$

$$\therefore\quad \sigma_p=w_X\sigma_X+w_Y\sigma_Y$$

② $\rho_{XY}=-1$, 즉 두 자산간의 상관관계가 완전 부(−)의 관계에 있을 경우

$$\sigma_p^2=(w_X\sigma_X-w_Y\sigma_Y)^2$$

$$\therefore\quad \sigma_p=|w_X\sigma_X-w_Y\sigma_Y|$$

③ $\rho_{XY}=0$, 즉 두 자산간의 상관관계가 영(0)인 경우

$$\sigma_p^2=w_X^2\sigma_X^2+w_Y^2\sigma_Y^2$$

$$\therefore\quad \sigma_p=\sqrt{w_X^2\sigma_X^2+w_Y^2\sigma_Y^2}$$

두 자산간의 상관계수가 1인 경우($\rho_{XY}=+1$)는 위험감소효과가 없지만, 나머지 경우는 상관계수가 −1에 근접할수록 위험감소효과가 크게 나타난다.

(2) 투자비율과 포트폴리오위험

포트폴리오위험의 감소는 투자금액의 비율을 적절히 변경함에 의해서도 가능하다. 앞의 예에서 자산 X와 Z 간의 상관계수는 −1.0($\rho_{XZ}=-1$)이었는데, 이제 자산 X에 20%, 자산 Z에 80%를 투자한 포트폴리오의 위험을 식(6.12)에 의해서 구하면 다음과 같이 $\sigma_p^2=0$이 된다.

$$\begin{aligned}\sigma_p^2 &= w_X^2\sigma_X^2+w_Z^2\sigma_Z^2+2w_Xw_Z\sigma_X\sigma_Z\rho_{XZ}\\ &=(0.2)^2(0.02)+(0.8)^2(0.00125)+2(0.2)(0.8)(0.1414)(0.0354)(-1.0)\\ &=0.00\end{aligned}$$

자산 X와 Z는 개별적으로 보면 위험이 $\sigma_X^2=0.02$, $\sigma_Z^2=0.00125$ 정도의 위험

이 있는 자산이지만, 투자비율을 적절히 조정하면 투자위험이 전혀 없는 성과도 만들어낼 수 있음을 확인할 수 있다.

이제 자산 X, Y, Z, G가 있는데 상관계수가 각각 $\rho_{XY}=+1$, $\rho_{XZ}=-1$, $\rho_{XG}=0$이라고 할 때, 두 자산에 대한 투자비율을 100 : 0, 80 : 20, 50 : 50, 20 : 80, 0 : 100, −20 : 120으로 조정해 나갈 경우 포트폴리오 기대수익률과 표준편차를 식(6.8)과 식(6.11)에 의해서 구하면 〈표 6-2〉와 같다.

포트폴리오를 구성하는 자산간의 상관관계가 일정하게 주어졌을 때 투자비율의 조정에 따른 포트폴리오 기대수익률과 위험의 변화를 그림으로 나타낸 것

● 표 6-2
투자비율과 포트폴리오위험

① 투자금액의 비율		② $\rho_{XY}=+1$일 때		③ $\rho_{XZ}=-1$일 때		④ $\rho_{XG}=0$일 때	
w_i	w_j	$E(R_p)$	σ_p	$E(R_p)$	σ_p	$E(R_p)$	σ_p
100%	0%	10.0%	14.1%	10.0%	14.1%	10.0%	14.1%
80	20	9.0	12.0	9.0	10.6	9.0	11.3
50	50	7.5	8.8	7.5	5.3	7.5	7.3
20	80	6.0	5.7	6.0	0.0	6.0	4.0
0	100	5.0	3.5	5.0	3.5	5.0	3.5
−20*	120	4.0	1.4	4.0	7.0	4.0	5.1

* (−)의 투자비율은 공매(空賣 : short sales)의 경우로서, 주식 X를 보유하고 있지 않지만 다시 사는 조건으로 팔고, 주식 Y에 본래 100%의 자금과 공매한 자금 20%를 합한 금액을 투자하는 경우이다.

■ 그림 6-5
포트폴리오 결합선

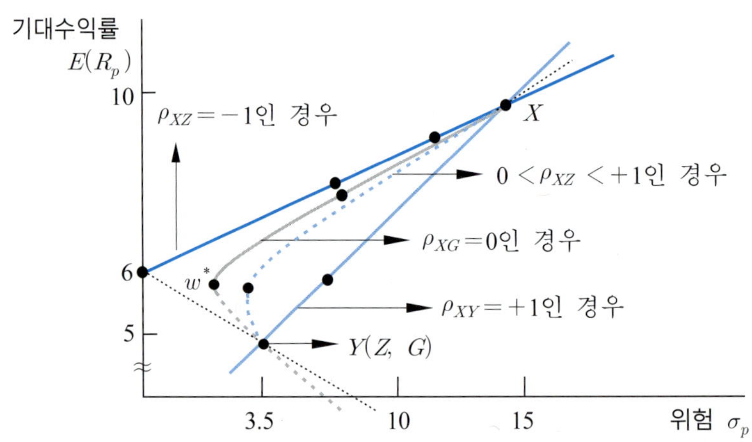

이 포트폴리오 결합선(combination line)이다. 위의 예제의 경우 〈표 6-2〉를 포트폴리오 결합선으로 표현하면 [그림 6-5]와 같다.

(3) 최소분산포트폴리오

현실적으로 자본시장에서 거래되는 주식들간의 상관관계는 대부분 0과 +1 사이, 즉 $0 \leq \rho_{XZ} \leq +1$인데 이와 같은 경우는 호 $\widehat{XY}$처럼 표시된다. [그림 6-5]에서 일정한 상관계수하에서 투자비율이 w^*수준이 되는 경우는 위험이 최소가 되는 포트폴리오이다. 투자비율이 이 w^*수준을 넘게 되면 투자위험은 다시 높아지므로 열등한 포트폴리오이다. 이처럼 포트폴리오 결합선상에서 전체적으로 위험이 최소가 되는 포트폴리오를 최소분산포트폴리오(*MVP* : minimum variance portfolio)라고 부른다. 주식 X와 Y 두 주식으로 이루어지는 포트폴리오 중에서 최소분산포트폴리오는 다음 식에 의해서 구해진다. 즉, 주식 X에 w^*만큼 투자할 때 위험이 가장 적은 포트폴리오를 얻게 된다.

$$w_X^* = \frac{\sigma_Y^2 - COV_{XY}}{\sigma_X^2 + \sigma_Y^2 - 2\,COV_{XY}} = \frac{\sigma_Y^2 - \sigma_X \sigma_Y \rho_{XY}}{\sigma_X^2 + \sigma_Y^2 - 2\sigma_X \sigma_Y \rho_{XY}} \tag{6.13}$$

주식 X와 Z로 구성되는 포트폴리오 중에서 위험이 최소화되는 최소분산포트폴리오를 구하면 다음과 같다. 따라서 주식 X에 20%, 주식 Z에 80% 투자할 때 최소분산포트폴리오가 된다.

$$w_X^* = \frac{(0.035)^2 - (-0.005)}{(0.141)^2 + (0.035)^2 - 2(-0.005)} = 0.20$$

Concept check

(1) 다수 자산에 분산투자할 경우, 포트폴리오 위험감소의 원천은 무엇인가?
(2) 포트폴리오로 결합될 때, 위험(표준편차)이 "0"이 되는 경우는 구성종목간의 상관계수가 "−1"일 때만인가?
(3) 최소분산포트폴리오란 무엇인가? 기존 포트폴리오보다 투자위험이 더 높은 자산이 추가되면 투자위험은 높아지는가?

예제 6-1 포트폴리오 기대수익률과 위험의 측정, 최소분산포트폴리오의 구성

투자기회로서 다음과 같은 수익률의 확률분포를 가지는 증권 1, 2, 3이 있다.

시장여건	확 률	증권 1	증권 2	증권 3
낙관	1/4	16%	4%	20%
중립	1/2	12	6	14
비관	1/4	8	8	8

(1) 개별적으로 한 종목씩 투자할 경우의 기대수익률과 위험(표준편차)을 구하라.
(2) 두 증권으로 포트폴리오를 구성할 경우의 공분산(COV_{12}, COV_{23}, COV_{13})과 상관계수(ρ_{12}, ρ_{23}, ρ_{13})를 구하라.
(3) 증권 1과 2에 50%씩 투자한 포트폴리오의 기대수익률과 위험(분산)을 구하라.
(4) 증권 1과 2로 구성되는 포트폴리오에 있어서 최소분산포트폴리오를 구하라.

➤ 풀이

(1) $E(R_1)=1/4(0.16)+1/2(0.12)+1/4(0.08)=0.12$

$E(R_2)=0.06,\quad E(R_3)=0.14$

$\sigma(R_1)=[1/4\,(0.16-0.12)^2+1/2\,(0.12-0.12)^2+1/4\,(0.08-0.12)^2]^{1/2}=(0.0008)^{1/2}=0.0283$

$\sigma(R_2)=(0.0002)^{1/2}=0.0141,\quad \sigma(R_3)=(0.0018)^{1/2}=0.0424$

(2) $COV_{12}=1/4(0.16-0.12)(0.04-0.06)+1/2(0.12-0.12)(0.06-0.06)+1/4(0.08-0.12)(0.08-0.06)$
$=-0.0004$

$COV_{23}=-0.0006,\quad COV_{13}=0.0012$

$$\rho_{12}=\frac{-0.0004}{0.0283\times 0.0141}=-1,\quad \rho_{23}=-1,\quad \rho_{13}=+1$$

(3) $E(R_P)=1/2\,(0.12)+1/2\,(0.06)=0.09$

$\sigma_p^2=(1/2)^2(0.0008)+(1/2)^2(0.0002)+2(1/2)(1/2)(-0.0004)=0.00005$

(4) $$w_1=\frac{0.0002-(-0.0004)}{0.0008+0.0002-2(-0.0004)}=\frac{1}{3}$$

$w_2=1-1/3=2/3$ ∴ 증권 1에 33.3%, 증권 2에 66.7% 투자

이때의 $E(R_P)$, σ_p^2은 다음과 같다.

$E(R_P)=1/3(0.12)+2/3(0.06)=0.08$

$\sigma_p^2=(1/3)^2(0.0008)+(2/3)^2(0.0002)+2(1/3)(2/3)(-0.0004)=0$

제 4 절 분산투자와 위험감소효과

지금까지 두 개의 자산으로 결합된 포트폴리오의 기대수익률과 위험의 측정방법을 중심으로 투자위험 감소의 원리를 설명하였다. 그러면 세 개 이상 다수(n종목)의 자산들을 결합할 때 포트폴리오 기대수익률과 위험은 어떻게 측정되는가?

1. n자산 포트폴리오의 기대수익과 위험의 측정

(1) n자산 포트폴리오 기대수익률

결합되는 자산의 수가 다수가 되면 두 개의 주식으로 결합될 때보다는 복잡하겠지만, 기본적으로 두 개 자산의 결합관계로 생각할 수 있다. 예를 들어, 앞에서 예로 든 주식 X, Y, Z 세 주식으로 구성되는 포트폴리오의 기대수익률과 위험은 X와 Y 두 개의 주식으로 구성된 포트폴리오를 마치 하나의 주식처럼 보고, 이를 나머지 주식 Z와의 결합관계로 보게 되면, 세 주식의 결합관계를 마치 두 주식의 결합관계처럼 파악할 수 있게 된다.

이제 주식 X, Y로 표기하는 대신 일반화시키기 위해서 주식 1, 2, 3, ⋯ n으로 표시하고, 이들로 구성되는 포트폴리오의 기대수익률과 위험(분산)을 계산하는 식을 표시하기 위해서 다음과 같이 기호를 사용하기로 하자.

$E(R_1)$, $E(R_2)$, ⋯⋯ $E(R_n)$: 주식 1, 2, ⋯ n의 기대수익률
σ_1^2, σ_2^2, ⋯⋯⋯⋯⋯⋯ σ_n^2 : 주식 1, 2, ⋯ n의 분산
COV_{12}, COV_{23}, $COV_{n-1,\,n}$: 주식 1과 2, 2와 3, ⋯ $n-1$과 n 간의 공분산
w_1, w_2, ⋯⋯⋯⋯⋯⋯⋯ w_n : 주식 1, 2, ⋯ n에 대한 투자비율

자산 1과 2로 구성되는 두 자산 포트폴리오의 기대수익률은 식(6.8)에서 설

명한 것과 같이 측정되었는데, 이를 확장하여 n개의 자산으로 구성되는 포트폴리오의 기대수익률은 다음 식(6.14)와 같이 구해진다.

$$E(R_p) = w_1 E(R_1) + w_2 E(R_2) \tag{6.8}$$

$$E(R_p) = w_1 E(R_1) + w_2 E(R_2) + \cdots + w_n E(R_n) = \sum_{j=1}^{n} w_j E(R_j) \tag{6.14}$$

결국 n자산 포트폴리오 기대수익률은 포트폴리오를 구성하는 개별자산 j의 기대수익률 $E(R_j)$를 그 자산에 대한 투자비율 w_j에 따라 가중평균한 것이다.

(2) n자산 포트폴리오분산

자산 1과 2로 구성되는 두 자산 포트폴리오의 분산은 식(6.11)에서 설명한 것과 같이 측정된다. 여기서 포트폴리오분산의 구성내용을 보면 개별자산고유위험과 타자산과의 공분산위험으로 구성됨을 알 수 있다.

$$\sigma_p^2 = w_1^2 \sigma_1^2 + w_2^2 \sigma_2^2 + 2 w_1 w_2 COV_{12} \tag{6.11}$$

=개별자산고유위험+타자산과의 공분산위험

자산 1, 2, 3으로 구성되는 세 자산 포트폴리오의 분산은 동일한 원리로 다음과 같이 측정된다.

$$\sigma_p^2 = w_1^2 \sigma_1^2 + w_2^2 \sigma_2^2 + w_3^2 \sigma_3^2 + 2(w_1 w_2 COV_{12} + w_2 w_3 COV_{23} + w_1 w_3 COV_{13})$$

=개별자산고유위험+타자산과의 공분산위험

마찬가지 방법으로 n개의 자산으로 구성되는 포트폴리오의 분산은 다음 식(6.15)와 같이 구해진다.

$$\sigma_p^2 = \sum_{i=1}^{n} \sum_{j=1}^{n} w_i w_j COV_{ij} \tag{6.15}$$

단, w_i : 주식 i에 대한 투자비율, w_j : 주식 j에 대한 투자비율
COV_{ij} : 주식 i와 주식 j수익률간의 공분산, σ_i : 주식 i수익률의 표준편차
σ_j : 주식 j수익률의 표준편차

2. 구성자산의 수와 위험감소효과

구성자산의 수가 증가할수록 포트폴리오위험은 감소한다. 자산의 수가 증가하면 특정 개별종목의 전체 포트폴리오에서 차지하는 투자비중은 감소하고, 개별기업 고유의 호재나 악재에 의해서 초래되는 위험은 상쇄되므로 상당한 투자위험 감소효과가 나타난다.

이와 같은 위험감소효과는 [그림 6-6]을 통해서도 잘 알 수 있다. [그림 6-6]은 미국 뉴욕증권거래소에 상장된 주식들에 대해 동일한 투자비율로 포트폴리오를 구성하였을 때, 구성주식의 종목수에 따라 포트폴리오분산이 어느 정도 저감되는지를 나타낸 것이다.

여기서 주식의 종목수가 증가함에 따라 0에 가깝게 감소하는 위험은 기업

■ 그림 6-6
구성주식의 종목수가 포트폴리오위험에 미치는 영향 (미국의 경우)

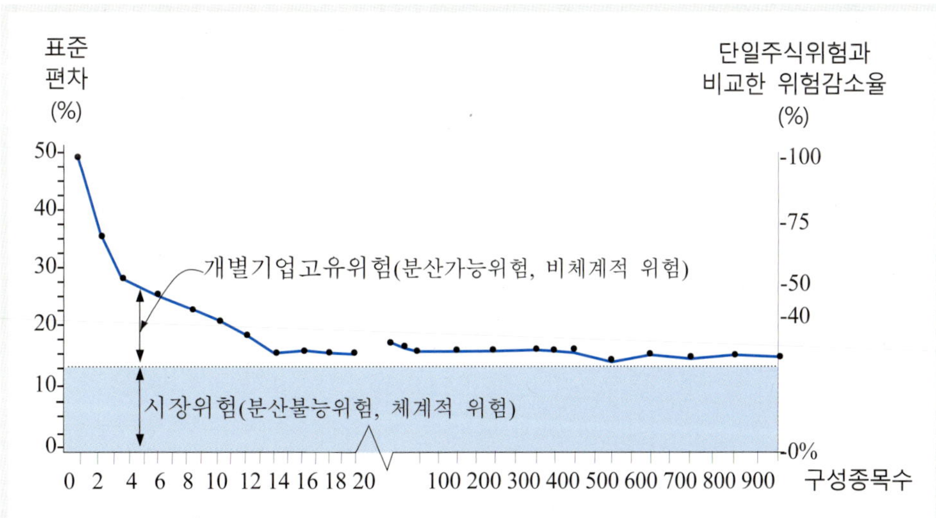

자료 : Meir Statman, "How Many Stock Make a Diversified Portfolio," *Journal of Financial and Quantitative Analysis* 22(Sept. 1987).

고유요인에 의해서 야기되는 개별기업고유위험(firm specific risk)이다. 이를 분산가능위험(diversifiable risk), 비체계적 위험(non-systematic risk), 고유위험(idiosyncratic risk)이라고도 부른다.

반면에 분산투자의 구성종목(자산)수 n을 무한대로 증가시켜도 제거되지 않는 위험이 있다. 이 위험은 타종목과의 공분산위험, 즉 주식시장 전반의 공통적 요인에 의해서 야기되는 시장위험(market risk)이다. 이를 분산불능위험(non-diversifiable risk), 체계적 위험(systematic risk)이라고도 부른다.

[그림 6-6]으로부터 투자위험관리(risk management)에 대한 시사점을 도출하면 다음과 같다.

첫째, 구성주식(자산) 종목의 수가 증가할수록 개별종목(자산)의 영향력은 감소하는데, 다섯 종목 정도까지는 위험분산효과가 현격함을 볼 수 있다.

둘째, 위험감소효과는 체감하는데 네 종목의 경우는 단일종목의 경우보다 위험이 64% 정도로 감소하고, 15~20종목이 되면 분산가능위험의 약 95%까지 감소하며, 구성주식수가 충분히 증가하면 총위험의 50~70% 정도까지 감소하는 효과가 있어, 20여 종목 안팎으로 기업고유위험의 대부분을 제거할 수 있다.

셋째, 위험관리의 주된 대상은 시장위험이지 개별종목고유위험이 아니라는 점이다. 또한 투자위험에 대한 적절한 보상은 분산불능위험인 체계적 위험에 한정해야 한다는 점이다. 특정주식이 포트폴리오위험에 미치는 영향은 특정주식의 분산의 크기가 아니라 타주식과의 공분산(상관관계)에 달려 있고, 적절한 위험프리미엄은 시장위험에 의해서 결정되어야 함을 볼 수 있다.

Concept check

펀드매니저가 포트폴리오에 편입시키는 종목의 수는 얼마쯤이 적정한가? 또 포트폴리오를 구성하면서 구성종목 하나하나의 고유위험을 관리하는 것은 의미 있는 일인가?

3. 위험자산의 최적 선택

시장에는 무수히 많은 투자기회가 존재한다. 앞의 예제에서 보듯이 포트폴리오 구성자산간의 상관계수에 따라서, 그리고 각 자산간의 투자비율을 조정하여 수많은 기대수익률과 위험의 포트폴리오를 구성할 수 있다. 이들 시장에 존재하는 모든 투자기회 중에서 선택의 대상이 되는 것은 지배원리를 만족하는 효율적 포트폴리오이다. 효율적 투자기회집합이 구해지면 최종적으로 투자자의 주관적 효용에 따라 최적포트폴리오를 선택하면 된다.

■ 효율적 포트폴리오

[그림 6-7]의 점들은 수많은 주식들로 이루어지는 모든 가능한 포트폴리오의 기대수익률과 위험의 조합을 나타내고 있다. 이 부분을 투자기회집합(investment opportunity set)이라고 한다. 이 중에서 선택대상으로 적절한 포트폴리오는 XY선상에 위치한 포트폴리오이다. 왜냐하면 지배원리를 충족시키는 포트폴리오이기 때문이다. 이들 XY선상의 포트폴리오가 효율적 투자선(efficient frontier) 또는 효율적 포트폴리오인 것이다.

현실적으로 주식시장에 존재하는 모든 투자기회(포트폴리오)를 대상으로 효율적 투자선을 구하는 방향은 좌상 방향의 포트폴리오를 찾는 것이다. 이를 찾

■ 그림 6-7
위험자산의
효율적 포트폴리오

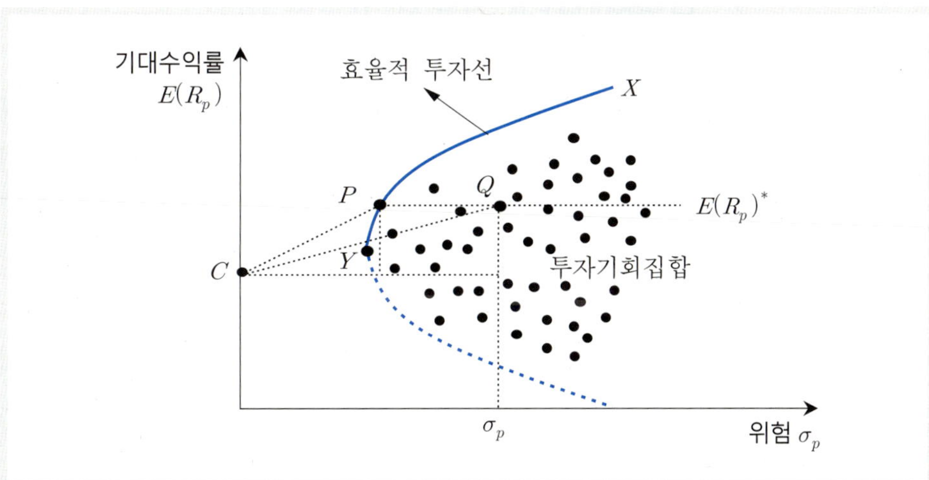

는 구체적 방법은 ① 일정한 기대수익률을 가지는 투자기회 중 위험이 최소인 점이나, ② 일정한 위험수준에서 기대수익률이 최대인 점을 구하면 될 것이다.

이 해를 발견하는 방법의 하나는 다음 식 (6.16)과 같이 포트폴리오 목표기대수익률 $E(R_p)^*$에서 임의의 C값을 차감한 초과수익률을 포트폴리오 표준편차 σ_p로 나눈 비율인 θ값이 최대화되는 포트폴리오를 구하는 것이다.

$$\text{maximize} \quad \theta = \frac{E(R_p)^* - C}{\sigma_p}$$
$$\text{subject to} \quad \sum_{j=1}^{n} w_j = 1.0 \tag{6.16}$$

일정한 목표기대수익률 $E(R_p)^*$를 달성하는 포트폴리오 중에서 가장 왼쪽에 위치하는 효율적 포트폴리오는 임의의 C값에 대하여 $[E(R_p)^* - C]$를 σ_p로 나눈 기울기가 가장 큰 것([그림 6-7]에서 Q보다 P의 기울기가 높음)이기 때문이다. 효율적 투자선 위의 포트폴리오 중 어느 포트폴리오가 특정 투자자에게 최적포트폴리오(optimal portfolio)인가? 특정 투자자에게 최적포트폴리오는 해당 투자자의 위험에 대한 태도에 달려 있다. 공격적인 투자자는 효율적 투자선 위에서 X에 가까운 포트폴리오를 선택할 것이며, 보수적인 투자자는 Y에 가까운 포트폴리오를 선택할 것이다.

4. 무위험자산과 효율적 포트폴리오

이상에서는 위험자산만을 대상으로 위험감소원리와 효율적 포트폴리오 구성방법에 대하여 살펴보았다. 이제 포트폴리오 구성에서 무위험자산을 포함시키면 위험자산만으로 구성할 때보다 더 우월한 투자성과를 기대할 수 있게 된다. 이하에서는 국공채와 같은 무위험자산도 포함할 경우의 효율적 포트폴리오 구성 문제를 살펴본다.

무위험자산(risk-free asset)은 앞에서 정의한 대로 어떠한 상황에서도 확정된 수익이 보장되어 수익률의 변동이 없는 투자자산이며, 단기국공채와 같은 투자대상들이 무위험자산으로 인식되고 있다. 즉,

$$E(R_f)=R_f, \quad \sigma(R_f)=0$$

단, $E(R_f)$, $\sigma(R_f)$: 무위험자산의 기대수익률과 표준편차
R_f : 무위험이자율(risk-free rate)

이제 위험자산 A에 w를 투자하고 무위험자산에 $1-w$를 투자한 포트폴리오의 기대수익률 $E(R_p)$와 위험 σ_p는 단순히 두 개 자산의 결합인 셈이므로 다음과 같다.

$$E(R_P)=w \cdot E(R_A)+(1-w)R_f=R_f+w[E(R_A)-R_f] \tag{6.17}$$

$$\sigma_p^2=w^2\sigma_A^2+(1-w)^2\sigma_{R_f}^2+2w(1-w)COV_{AR_f}=w^2\sigma_A^2 \quad (\because \sigma_{R_f}=0,\ COV_{AR_f}=0)$$

$$\therefore \sigma_p=w \cdot \sigma_A \tag{6.18}$$

단, R_f : 무위험이자율
$E(R_A)$: 위험 있는 주식 포트폴리오 A의 기대수익률
σ_A^2 : 위험 있는 주식 포트폴리오 A의 분산
w : 위험 있는 주식 포트폴리오 A에의 투자비율
$1-w$: 무위험자산에 대한 투자비율

식(6.17)과 식(6.18)을 결합시켜 보면 무위험자산이 포함될 때의 포트폴리오 기대수익률은 다음과 같이 위험(표준편차)에 선형적으로 비례하는 관계를 갖는다.

$$E(R_p)=R_f+\frac{E(R_A)-R_f}{\sigma_A}\sigma_p \tag{6.19}$$

식(6.19)를 [그림 6-8]에서 보면 직선 R_fAa로 표시된다. 이의 의미는 위험자산만으로 포트폴리오를 구성할 때에는 단순히 호 $\overset{\frown}{XAY}$의 투자성과를 얻는 데 비해, 무위험자산이 포함되면 호 $\overset{\frown}{XA}$와 R_fA로 이어지는 더 월등한 투자성과를 얻음을 뜻한다. 더욱이 무위험자산이 포함되는 경우에 R_fA의 투자성과보다는 R_fM의 투자성과가 더 우월하므로 무위험자산에 일부 투자하고 나머지 자금을 위험자산 "M" 포트폴리오에 투자하면 어느 경우보다도 최상의 투자성과를 얻게 된다.

이때 "M" 포트폴리오는 위험자산 중에서 $(E(R_p)-R_f)/\sigma_p$ 비율(이를 위험프

■ 그림 6-8
무위험자산이 포함될 때의 투자기회와 자본배분선(CAL)

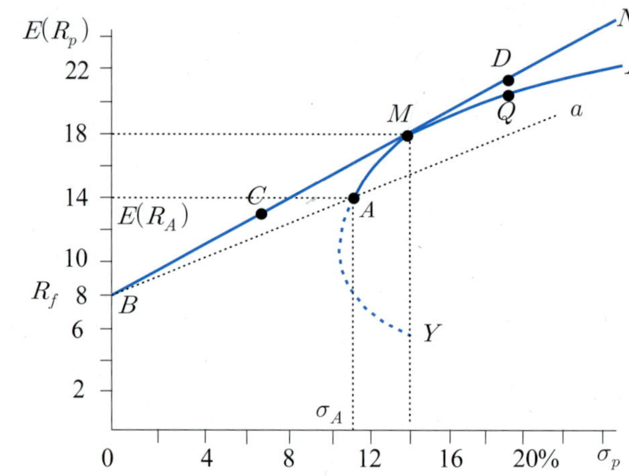

리미엄 대 변동성 비율이라고 한다)이 가장 큰 효율적 포트폴리오가 된다. 따라서 R_fMN을 무위험자산을 포함한 최종적인 효율적 투자선이라고 할 수 있다. 여기서 무위험자산이 포함될 때의 투자기회선인 R_fa (또는 R_fMN)선을 자본배분선(CAL : capital allocation line)이라고도 부른다.6)

결론적으로 중요한 사실은 주식과 같은 위험자산만으로 포트폴리오를 구성하는 것보다도 무위험자산도 포함시켜, 무위험자산 "국공채 'R_f'펀드"와 위험자산 "시장 'M'펀드", 곧 두 펀드에 자산을 배분하는 것이 훨씬 우월한 투자성과를 기대하게 한다는 점이다. 환언하면 무위험자산도 포함시키는 것이 한 단위 위험부담에 대한 투자수익의 증가가 극대화될 수 있음을 알 수 있다.

Concept check

무위험자산도 투자대상으로 존재하는 상황이다. 투자성과를 가장 좋게 하는 효율적 포트폴리오는 어떻게 구성하면 되는가?

---

6) 여기서 R_fMN 상의 포트폴리오는 R_fM과 MN으로 나누어 살펴볼 수 있다. R_fM상의 포트폴리오(투자자금을 R_f와 M에 나누어 투자)는 대출포트폴리오(lending portfolio), MN 상의 포트폴리오(R_f(무위험이자율)로 차입하여 M에 100% 이상 투자)는 차입포트폴리오(borrowing portfolio)라고 부른다.

예제 6-2 무위험자산 포함시의 효율적 포트폴리오

기대수익률과 표준편차가 다음과 같은 주식펀드 A가 있고, 이자율이 6%인 무위험자산이 있다. 이제 이 두 펀드로 포트폴리오를 구성하고자 한다.

주식펀드 A의 기대수익률과 표준편차 : $E(R_A)=18\%,\quad \sigma_A=12\%$

(1) 이제 주식펀드 A와 무위험자산 두 펀드에 대한 투자비율을 60 : 40으로 구성할 때 포트폴리오의 기대수익률과 위험을 계산하라.

(2) 100% 전부를 주식펀드 A에 투자하는 것과 50 : 50으로 나누어 투자하는 것 사이에 위험프리미엄 대 변동성비율이 차이가 있는가?

(3) 이 경우 자본배분선은 어떻게 표시되는가?

➤ 풀이

(1) 주식펀드에 대한 투자비율을 w, 무위험자산에 대한 투자비율을 $1-w$라고 표시하면, 포트폴리오 기대수익률과 위험은 다음 식과 같다.

$$E(R_p)=R_f+w\,[E(R_A)-R_f]=0.06+(0.6)(0.18-0.06)=0.132(13.2\%)$$

$$\sigma_p=w\cdot\sigma_A=(0.6)(0.12)=0.072$$

(2) 투자위험이 한 단위 증가할 때 얻게 되는 위험프리미엄의 증가, 즉 위험프리미엄 대 변동성비율은 투자금액의 비율에 관계없이 일정하다. 이 결과에서 포트폴리오 기대수익률은 위험에 선형적으로 비례함을 확인할 수 있다.

$$\frac{E(R_A)-R_f}{\sigma_A}=\frac{0.18-0.06}{0.12}=\frac{0.12}{0.12}=1.0$$

(3) $E(R_p)=R_f+\dfrac{E(R_A)-R_f}{\sigma_A}\sigma_p=0.06+1.0\sigma_p$

주요 용어

- 위험
- 기업고유위험
- 기대수익률과 분산
- 평균 · 분산기준
- 포트폴리오이론
- 최소분산포트폴리오
- 분산가능위험
- 위험프리미엄 대 변동성 비율
- 개별기업위험
- 시장위험
- 위험프리미엄
- 지배원리
- 공분산, 상관계수
- 체계적 위험
- 분산불능위험
- 자본배분선
- 포트폴리오위험
- 투자위험의 측정
- 무위험자산
- 위험에 대한 태도
- 포트폴리오 결합선
- 비체계적 위험
- 효율적 포트폴리오

연습문제

1. 어떤 주식의 수익률에서 국채(무위험자산)의 수익률을 뺀 값을 무엇이라 부르는가?

① 위험프리미엄　　② 인플레이션위험
③ 비체계적 위험에 대한 보상　　④ 실질수익률
⑤ 체계적 위험에 대한 보상

2. 주식시장을 대표하는 인덱스를 기초자산으로 하는 ETF에 투자하는 이유로 볼 수 없는 것은?

① 특정주식에 대한 투자위험을 최소화하려고 한다.
② Passive한 투자전략을 쓰고 있다.
③ 분산투자가 잘 이루어진 포트폴리오에 투자하고 있다.
④ 개별주식의 체계적 위험에 대한 노출을 최소화하려고 한다.
⑤ 해당 주식시장 인덱스(포트폴리오)의 위험이 ETF 수익률을 설명할 것이다.

3. 다음 중 위험과 수익에 대한 설명으로 올바른 것은?

① 평균보다 위험한 자산은 평균적으로 낮은 수익을 가져온다.
② 위험에 대한 보상은 표준편차라고 알려져 있다.
③ 과거 데이터에 따르면, 위험에 대한 보상은 없다.
④ 투자에 대한 위험의 증가는 위험프리미엄의 감소를 가져온다.
⑤ 일반적으로 높은 위험은 높은 기대수익을 가져온다.

4. 위험과 수익률의 관계를 고려할 때 다음 증권 중 역사적으로 가장 수익률의 변동성이 큰 증권으로 생각되는 것은?

① 1년 만기의 국채
② 3년 만기의 대기업 회사채
③ 대기업의 주식으로 이루어진 포트폴리오
④ 대기업이 발행한 채권으로 이루어진 포트폴리오
⑤ 중소기업의 주식으로 이루어진 포트폴리오

5. 지난해 1년 만기의 국채 수익률이 2%였고, A기업 주식의 수익률은 5%였다. 다음 설명 중 옳지 않은 것은?

① 지난해 무위험자산수익률은 2%였다.
② A기업 주식의 위험프리미엄은 3%였다.
③ 지난해 인플레이션이 1%였다면, 1년 만기 국채의 실질이자율은 2%보다 작았다.
④ A기업의 배당수익률이 1%였다면, 자본이득수익률은 4%이다.
⑤ A기업 투자자는 위험프리미엄이 양(+)의 값을 가지므로 만족한다.

6. A주식 수익률의 표준편차는 다음 중 어떤 위험을 측정하는가?

① 총위험(total risk)
② 분산가능한 위험(diversifiable risk)
③ 시장위험(market risk)
④ 기업고유의 위험(firm specific risk)
⑤ 체계적 위험(systematic risk)

7. 포트폴리오이론에 대한 설명으로 옳지 않은 것은?

① 두 자산수익률의 공분산이 낮을수록 두 자산으로 구성된 포트폴리오의 위험을 낮출 수 있다.
② 표준편차는 총위험(total risk)을 재는 단위이다.
③ 위험프리미엄(risk premium)은 위험자산의 수익률에서 무위험수익률을 뺀 값이다.
④ 두 자산수익률의 상관계수가 0이면, 분산투자의 효과가 제한적이다.
⑤ 두 자산수익률의 상관계수는 보통 1보다 작으므로, 분산투자의 효과가 나타난다.

8. 포트폴리오이론에 대한 설명으로 옳은 것은?

① 무위험자산과 위험자산의 수익률의 상관계수는 −1이다.
② 보통 시장에 존재하는 위험자산들의 수익률의 상관계수는 1보다 크다.
③ 자산들의 수익률 상관관계가 클수록 분산투자의 효과도 크다.
④ 보통 비체계적 위험에 의해 수익률이 결정된다.
⑤ 두 위험자산의 상관계수가 −1이면, 두 자산으로 구성된 무위험 포트폴리오를 만들 수 있다.

9. 분산투자가 가능한 이유는?

ㄱ. 비체계적 위험이 존재한다.
ㄴ. 주식의 상관계수는 보통 1보다 작다.
ㄷ. 개별기업고유위험은 완전히 제거되지 않더라도 상당히 감소될 수 있다.

---

① ㄱ
② ㄷ
③ ㄱ, ㄴ
④ ㄱ, ㄷ
⑤ ㄱ, ㄴ, ㄷ

10. 시장에 존재하는 대부분의 자산에 영향을 미치고, 각각에 크거나 작은 정도의 영향을 주는 위험은 무엇인가?

① 비체계적 위험
② 분산가능위험
③ 자산고유위험
④ 총위험
⑤ 체계적 위험

11. 다음 중 분산투자에 대한 설명으로 올바른 것은? 단, 선정된 주식은 완벽한 상관관계에 있지 않다는 것을 가정한다.

① 포트폴리오의 위험은 주식의 수가 증가함에 따라 비례하여 증가한다.
② 더욱 많은 주식이 포트폴리오에 추가될수록 포트폴리오의 시장위험은 감소한다.
③ 10개의 주식으로 구성된 포트폴리오에 추가된 주식은 근본적으로 위험을 감소시키는 영향이 없다.
④ 점점 많은 주식이 포트폴리오에 추가될수록, 해당 포트폴리오에 투자한 투자자가 개별기업에 노출된 위험수준은 시장위험 수준에 접근한다.
⑤ 100주 이상을 가진 포트폴리오는 무위험이다.

12. 다음 위험에 대한 의미가 다른 것은?

① Idiosyncratic risk
② Diversifiable risk
③ Market risk
④ Firm specific risk
⑤ Unsystematic risk

13. 투자위험으로서 개별기업위험, 포트폴리오위험, 기업고유위험, 시장위험의 개념을 구분하고, 이에 대한 측정방법을 설명하라.

14. 불확실성하의 선택이론으로서 평균·분산기준의 포트폴리오이론이 제시하고 있는 최적투자결정방법을 설명하라.

15. 포트폴리오이론이 제시하고 있는 투자위험 감소의 방법을 간략히 설명하라.

16. 효율적 포트폴리오와 최적포트폴리오를 구성함에 있어서 무위험자산이 존재하지 않는 경우와 존재하는 경우 어떻게 다른지를 비교 설명하라.

17. 포트폴리오 기대수익과 위험의 측정

다음은 다섯 가지 경제상황별로 예상되는 3개 주식, KOSPI, 국공채 수익률의 각 상황별 투자수익률 자료이다.

경제상황	확 률	"동서"	"남북"	"오대양"	KOSPI	국공채
침체	0.10	−22.0%	28.0%	10.0%	−13.0%	8.0%
불황	0.20	−2.0%	14.7%	−10.0%	1.0%	8.0%
보통	0.40	20.0%	0.0%	7.0%	15.0%	8.0%
호황	0.20	35.0%	−10.0%	45.0%	29.0%	8.0%
과열	0.10	50.0%	−20.0%	30.0%	43.0%	8.0%

(1) 위에 제시된 3개 주식, KOSPI 그리고 국공채(수익률)의 기대수익률을 구하고, 기대수익률이 높은 순서대로 제시하라.

(2) 위에 제시된 3개 주식, KOSPI 그리고 국공채 수익률의 표준편차를 구하고, 위험이 높은 순서대로 제시하라.

(3) (1), (2)에서 구해진 $E(R)$, σ를 그림으로 표시하고, 어느 투자대상이 효율적 자산인지를 밝혀라.

(4) 주식 "동서"와 "남북"에 투자자금을 50 : 50으로 나누어 구성한 포트폴리오의 기대수익률과 표준편차를 구하고, 위험감소효과를 평가하라.

18. 최소분산포트폴리오

(주)사랑과 (주)소망에 대한 증권분석 결과, 다음과 같이 예상수익률이 추정되었다.

상 황	확 률	(주)사랑	(주)소망
호황	0.30	0.15	0.01
정상	0.50	0.10	0.20
불황	0.20	0.02	0.25

(1) 두 주식에 대하여 기대수익률과 위험(표준편차)을 구하라.

(2) 두 주식수익률간의 공분산과 상관계수를 구하라.

(3) (주)사랑과 (주)소망에 50 : 50 투자비율로 투자한 포트폴리오의 기대수익률과 표준편차를 구하라.

(4) (주)사랑과 (주)소망으로 구성되는 포트폴리오 중에서 최소분산포트폴리오를 구하라.

19. 포트폴리오위험 감소효과

주식 A와 B에 대한 증권분석 자료는 다음과 같다.

주 식	기대수익률	표준편차	상관계수
A	15%	28%	0.4
B	21	42	

(1) 10억원을 가지고 주식 A와 B에 대하여 각각 60 : 40의 비율로 투자한 포트폴리오의 기대수익률과 위험을 구하라.

(2) 추가로 10억원을 마련하여 (1)의 포트폴리오에 50%, 또 다른 주식 C에 50% 투자하고자 한다. 주식 C는 기대수익률=19%, 표준편차=30%((1)에서 구성한 포트폴리오보다 위험이 높음)이고, 포트폴리오 (1)과 주식 C의 상관계수는 0.3이다. 이렇게 구성되는 새로운 포트폴리오의 기대수익률과 위험을 구하라.

(3) "기존 포트폴리오에 위험이 더 높은 자산을 추가하면 위험이 높아진다"는 주장에 대하여 논평하라.

20. 포트폴리오 수익률, 위험, 최소분산포트폴리오

투자자 김씨는 주식 A와 B에 투자하기 위해 향후 경제와 수익률을 다음과 같이 예측하였다.

경제 예측	확 률	주식 A의 수익률	주식 B의 수익률
Boom	0.3	12%	−2%
Normal	0.6	8%	2%
Bust	0.1	4%	6%

(1) 주식 A와 B의 기대수익률, 분산, 표준편차를 각각 구하라.

(2) 김씨가 6백만원을 A에 투자하고 4백만원을 B에 투자할 경우 김씨 포트폴리오의 기대수익률과 표준편차를 구하라(두 주식 수익률의 correlation coefficient는 −1이다).

(3) 두 주식으로 구성된 최소분산포트폴리오의 표준편차는 얼마인가?

21. 수익률과 표준편차

다음은 경제상황별로 예상되는 주식 A, B, C에 대한 수익률 자료이다.

경제상황	각 경제상황이 발생할 확률	각 경제상황에 따른 수익률		
		주식 A	주식 B	주식 C
불황	0.65	0.07	0.15	0.33
호황	0.35	0.13	0.03	−0.06

이 세 주식을 동일한 비중으로 구성한 포트폴리오의 기대수익률은 얼마인가?

22. 무위험자산 포함시의 포트폴리오

기대수익률과 표준편차가 다음과 같은 주식 A가 있고, 수익률이 5%인 무위험자산이 있다. 이제 이 두 자산으로 포트폴리오를 구성하고자 한다.

주식 A의 기대수익률과 표준편차 : $E(R_A)=10\%$, $\sigma_A=8\%$

(1) 주식 A와 무위험자산에 대한 투자비율을 60 : 40으로 구성할 때 포트폴리오의 기대수익률과 위험을 계산하라.

(2) 위 두 자산수익률의 상관계수는 얼마인가?

해 답

17. (1) $E(R_{동서})=0.10(-22.0\%)+0.20(-2\%)+0.40(20\%)+0.20(35\%)+0.10(50\%)=17.4\%$

$E(R_{오대양})=13.8\%$, $E(R_{KOSPI})=15.0\%$

$E(R_{남북})=1.7\%$, $E(R_{국공채})=8.0\%$

(2) $\sigma(R_{동서})=[(-22\%-17.4\%)^2 0.10+(-2\%-17.4\%)^2 0.20+(20\%-17.4\%)^2 0.40$
$+(35\%-17.4\%)^2 0.20+(50\%-17.4\%)^2 0.10]^{1/2}=20.0\%$

$\sigma(R_{오대양})=18.8\%$, $\sigma(R_{KOSPI})=15.3\%$

$\sigma(R_{남북})=13.4\%$, $\sigma(R_{국공채})=0.0\%$

(3)

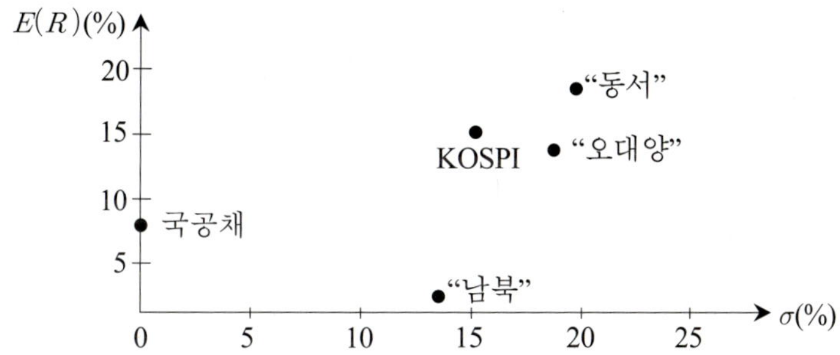

• 효율적 자산(지배원리를 만족시키는 자산) : "동서", KOSPI, 국공채

(4) ① $E(R_p)=0.5(17.4\%)+0.5(1.7\%)=9.6\%$

또는 $E(R_p)=(3.0\%)0.10+(6.4\%)0.20+(10.0\%)0.40+(12.5\%)0.20+(15.0\%)0.10=9.6\%$

② $\sigma_p=[(3.0\%-9.6\%)^2 0.10+(6.4\%-9.6\%)^2 0.20+(10.0\%-9.6\%)^2 0.40$
$+(12.5\%-9.6\%)^2 0.20+(15.0\%-9.6\%)^2 0.10]^{1/2}=3.3\%$

또는 $\sigma_p=[(0.5)^2(20.0\%)^2+(0.5)^2(13.4\%)^2+2(0.5)(0.5)(-0.02677)]^{1/2}=3.3\%$

[공분산 $COV_{(동서,\ 남북)}=(-22.0\%-17.4\%)(28.0\%-1.7\%)0.10$
$+(-2.0\%-17.4\%)(14.7\%-1.7\%)0.20+\cdots\cdots=-0.02677$]

③ 이 포트폴리오의 표준편차 3.3%는 개별주식 "동서"와 "남북"보다 크게 낮다. 이는 두 주식간의 (−)의 공분산(상관계수)에 기인한다.

18. (1) $E(R_{사랑})=0.3(0.15)+0.5(0.10)+0.2(0.02)=9.9\%$

$E(R_{소망})=0.3(0.01)+0.5(0.20)+0.2(0.25)=15.3\%$

$\sigma^2(R_{사랑})=0.3(0.15-0.099)^2+0.5(0.1-0.099)^2+0.2(0.02-0.099)^2=0.002029$

$\therefore\ \sigma_{사랑}=0.045$

$\sigma^2(R_{소망})=0.3(0.01-0.153)^2+0.5(0.2-0.153)^2+0.2(0.25-0.153)^2=0.009121$

$\therefore\ \sigma_{소망}=0.0955$

(2) $COV_{(사랑,\ 소망)}=(0.3)(0.15-0.099)(0.01-0.153)+(0.5)(0.10-0.099)(0.20-0.153)$
$+(0.2)(0.02-0.099)(0.25-0.153)=-0.003697$

상관계수 $\rho=COV_{(사랑,\ 소망)}/(\sigma_{사랑})(\sigma_{소망})=(-0.003697)/(0.045)(0.0955)=-0.860$

(3) $E(R_p)=(0.5)(9.9\%)+(0.5)(15.3\%)=12.6\%$

$\sigma_p^2=(0.5)^2(0.002029)+(0.5)^2(0.009121)+2(0.5)^2(0.045)(0.0955)(-0.860)=0.0009395$

$\therefore\ \sigma_p=0.0306$

(4) $w_{사랑}{}^*=\dfrac{0.009121-(-0.003697)}{0.002029+0.009121-2(-0.003697)}=\dfrac{0.012818}{0.018544}=0.69$

⇒ (주)사랑에 69%, (주)소망에 31% 투자

19. (1) $E(R_p)=0.6(15\%)+0.4(21\%)=17.4\%$

$\sigma_p^2=(0.6)^2(0.28)^2+(0.4)^2(0.42)^2+2(0.6)(0.4)(0.28)(0.42)(0.4)=(0.281)^2$

(2) $E(R_p)=0.5(17.4\%)+0.5(19\%)=18.2\%$

$\sigma_p^2=(0.5)^2(0.281)^2+(0.5)^2(0.30)^2+2(0.5)(0.5)(0.281)(0.30)(0.3)=(0.2343)^2$

(3) (1)과 (2)의 비교를 통하여 알 수 있듯이 비록 위험이 더 높은 자산이 추가되더라도 기대수익은 높아지고(17.4% → 18.2%), 위험은 낮아지고(0.281 → 0.2343) 있다.

20. (1) $E(R_A)=0.3\times12+0.6\times8+0.1\times4=8.8\%$

$E(R_B)=0.3\times(-2)+0.6\times2+0.1\times6=1.2\%$

A의 분산은 $\sigma^2=0.3\times(12-8.8)^2+0.6\times(8-8.8)^2+0.1\times(4-8.8)^2=5.76(\%)^2$이다.

B의 분산은 $\sigma^2=0.3\times(-2-1.2)^2+0.6\times(2-1.2)^2+0.1\times(6-1.2)^2=5.76(\%)^2$이다.

A의 표준편차는 $\sigma^2=2.4\%$이다.

B의 표준편차는 $\sigma^2=2.4\%$이다.

(2) 기대수익률은 $E(R_P)=0.6\times8.8+0.4\times1.2=5.76\%$이다.

분산과 표준편차를 구하기 위해 공분산을 먼저 구하면,

$COV_{A,B}=-1\times2.4\times2.4=-5.76(\%)^2$이다.

이 포트폴리오의 분산을 구하면,

$\sigma^2=0.6^2\times5.76+0.4^2\times5.76+2\times0.6\times0.4\times(-5.76)=0.2304(\%)^2$이다.

따라서 표준편차는 0.48%이다.

(3) 두 주식수익률의 상관계수가 −1이므로 최소분산포트폴리오는 표준편차−수익률 그래프의 Y축 위에 존재한다.

따라서 표준편차는 0이다.

21. 먼저 주식 A, B, C의 기대수익률을 구하면 다음과 같다.

$E(R_A) = 0.65 \times 0.07 + 0.35 \times 0.13 = 0.091$

$E(R_B) = 0.65 \times 0.15 + 0.35 \times 0.03 = 0.108$

$E(R_C) = 0.65 \times 0.33 + 0.35 \times (-0.06) = 0.194$

포트폴리오의 기대수익률은 다음과 같이 구할 수 있다.

$$E(R_P) = \frac{1}{3} \times 0.091 + \frac{1}{3} \times 0.108 + \frac{1}{3} \times 0.194 = 0.13$$

22. (1) 주식 A에 대한 투자비율을 w, 무위험자산에 대한 투자비율을 $1-w$라고 표시하면, 포트폴리오 기대수익률과 위험은 다음과 같다.

$E(R_p) = R_f + w[E(R_A) - R_f] = 0.05 + (0.6)(0.10 - 0.05) = 0.08(8\%)$

$\sigma_p = w \cdot \sigma_A = (0.6)(0.08) = 0.048$

(2) 위험자산과 무위험자산 수익률의 상관계수는 0이다.

CHAPTER

7 자본자산가격결정모형과 효율적시장가설

제6장에서는 개별기업위험과 포트폴리오위험의 개념구분, 이의 측정방법, 불확실성하에서 위험관리에 활용될 수 있는 효율적 분산투자의 원리, 포트폴리오 최적선택방법에 대하여 설명하였다. 본장에서는 재무이론의 기초가 되는 균형가격결정모형인 자본자산가격결정모형($CAPM$)과 차익가격결정이론(APT)에 대하여 설명한다. 또한 효율적시장가설(efficient market hypothesis)에 대해서도 설명한다. 다음은 본장에서 이해해야 할 핵심내용이다.

- $CAPM$의 의의
- 자본시장선(CML)과 증권시장선(SML)의 차이
- 총위험, 체계적 위험, 비체계적 위험의 구분
- 기대수익과 위험의 상충관계와 $CAPM$의 투자결정에의 이용법
  - 증권시장선을 이용한 위험실물자산의 선택
  - 과대 · 과소 평가된 증권의 선별
  - 금융자산의 내재가치평가
- APT의 의의와 차익거래 개념
- 효율적시장가설

주제_생각하기 개별기업위험, 포트폴리오위험, 기업고유위험, 시장위험

위험관리에서는 개별기업위험(총위험), 포트폴리오위험, 기업고유위험, 시장위험에 대한 개념 구분이 필요함을 앞의 제6장에서 설명한 바 있다.

분산투자 효과면에서 구분하면, 개별기업위험(stand-alone risk of a firm)은 다른 기업(증권)과의 관계를 고려하지 않고 독립적 개체로서 평가되는 위험이고, 반면에 포트폴리오위험(portfolio risk)은 다른 증권과의 결합효과로 인하여 변동성이 줄어드는 위험이다.

위험발생의 원천 면에서 보면, 기업고유위험(firm specific risk)은 신제품개발의 성공이나 실패와 같은 미시적 요인의 변동으로 인하여 발생하는 위험이고, 시장위험(market risk)은 개별자산이 지니고 있는 위험 가운데 금리, 환율, 경제성장률 등 시장전반에 영향을 미치는 거시적 요인의 변동으로 발생하는 위험이다.

기업이 실물투자 사업을 수행하면서 지니게 되는 여러 가지 형태의 영업위험이나 재무위험은 효율적 자본시장에서는 증권가격의 변동성으로 반영되게 된다. 이때 위험이 크면 기대수익률이 높아지는 것이 정상이다. 위험이 큰데도 기대수익률이 높지 못하면 투자자들이 투자하려 하지 않을 것이기 때문이다. 결과적으로 기대수익률에는 투자위험이 반영되는 균형관계가 성립되게 될 것이다. 문제는 "위험 중에서 어떤 성격의 위험이 균형수익률에 반영되는가 하는 점"이다.

투자위험을 계량적으로 측정할 때, 제6장에서 본 것처럼 수익률의 분산(표준편차)을 많이 사용하지만, 체계적 위험, 시장위험의 정도를 측정하는 데는 베타계수를 이용한다.

다음은 주식 "인도양", "태평양", "대서양" 그리고 KOSPI와 국공채의 최근 48개월간의 월별수익률 자료로부터 위험측정치로서 표준편차와 베타계수를 측정한 자료이다.

종 목	기대수익률	수익률의 표준편차	베타계수
인도양	0.174	0.200	1.29
태평양	0.017	0.134	−0.86
대서양	0.138	0.188	0.68
KOSPI	0.150	0.153	1.00
국공채	0.080	0.000	0.00

(1) 무위험자산의 기대수익률은 얼마인가?

(2) 위의 자료에서 총위험기준으로 볼 때, 세 주식 중에서 어느 것의 기대수익률이 높은가?

(3) "태평양"의 베타계수가 (−)인 것은 무엇을 의미하는가?

(4) 위의 자료만을 이용할 때, 어느 주식들의 결합이 분산투자효과가 큰가?

(5) 투자위험을 감안한 요구수익률에 기준할 때, 어느 주식이 과소평가의 정도가 제일 큰가?

(6) 증권투자에서는 분산투자가 자유롭지만, 기업이 실물투자 사업을 벌일 때에는 분산투자가 자유롭지 못하다. 이러한 상황에서는 위험수준을 판단할 수 있는 자료로서 표준편차와 베타계수 자료 중 어떤 자료가 더 유용한가?

제 1 절 자본자산가격결정모형(*CAPM*)

투자위험을 고려한 투자결정은 어떻게 내려야 하는가? 앞장에서는 이에 대한 이론적 기초가 되는 포트폴리오이론을 중심으로 투자위험을 줄이는 분산투자의 원리, 효율적 포트폴리오 구성방법에 대하여 설명하였다. 투자자들이 모두 제6장에서 설명한 이러한 방법으로 효율적 분산투자를 시도한다면 시장전체(market aggregation)로 볼 때 증권과 같은 자본자산의 균형가격은 어떻게 결정되는가?

본절에서 다루는 *CAPM*은 자본시장이 균형상태에 있을 때 투자위험을 반영한 자본자산의 적정가격(적정수익률)은 얼마가 되어야 하는지를 설명하고 있다.

1. *CAPM*의 의의와 가정

자본자산가격결정모형(*CAPM* : capital asset pricing model)이란 자본시장이 균형상태를 이룰 때 자본자산의 위험과 기대수익률의 관계를 설명하는 모형이다. 여기서 자본자산(capital asset)이란 미래의 수익에 대해 청구권(claim)을 가지는 자산을 말하는데, 주로 주식, 회사채 등의 유가증권을 가리킨다. 또한 균형상태(equilibrium condition)라는 것은 이들 자본자산이 거래되는 자본시장에서 모든 증권의 수요와 공급이 일치되도록 가격이 형성된 상태를 말한다.

그러므로 자본자산가격결정모형은 개별투자자들이 앞장에서 설명한 방법대로 효율적으로 분산투자하고 시장전체가 균형상태에 있을 때, 주식과 같은 자본자산의 균형가격이 투자위험을 반영하여 얼마가 적정한지를 설명하는 모형이라고 할 수 있다.[1)]

*CAPM*은 다음과 같은 여러 가지 재무의사결정에 활용되고 있기 때문에

---

1) *CAPM*은 1960년대 중반 Sharpe(1964), Lintner(1965)에 의해서 제시되었다.
Sharpe, W. F., "Capital Asset Prices: A Theory of Market Equilibrium under Conditions of Risk," *Journal of Finance*, 19 : 425～442(September 1964) ; Lintner, J., "The Valuation of Risk Assets and the Selection of Risky Investments in Stock Portfolios and Capital Budgets," *Review of Economics and Statistics*, 47 : 13～37(February 1965).

그 중요성이 높다.

① 기업의 자기자본비용 추정
② 위험 실물투자안의 요구수익률(적정투자가치) 추정과 투자결정
③ 과대 · 과소 평가된 증권의 선별
④ 주주의 기회투자수익률과 주식의 내재가치 추정
⑤ 펀드매니저 등에 대한 투자성과 평가

$CAPM$은 자본자산의 균형가격의 결정원리를 설명하고 있으나, 다음과 같은 가정하에서 도출된 것이므로 사용에 유의할 필요가 있다.

가정 Ⅰ (평균-분산기준의 가정) : 투자자는 단일기간에 걸쳐 기대수익과 분산기준에 의해서 포트폴리오를 선택한다.

가정 Ⅱ (동질적 미래예측의 가정) : 모든 투자자는 투자기간이 같고 미래 증권수익률의 확률분포에 대하여 동질적으로 예측(homogeneous expectation)을 한다.

가정 Ⅲ (완전자본시장의 가정) : 자본시장에서의 자본과 정보의 흐름에는 마찰이 없다. 즉, 자본시장은 완전시장(perfect market)이며 거래비용, 세금 등이 없다.

가정 Ⅳ (무위험자산의 존재 가정) : 무위험자산이 존재하며 모든 투자자들은 무위험이자율 수준으로 얼마든지 자금을 차입하거나 빌려줄 수 있다.

가정 Ⅴ (균형시장의 가정) : 자본시장이 수요와 공급이 일치하는 균형상태에 있다.

자본시장이 균형상태를 이룰 때 자본자산의 위험과 기대수익률의 관계를 밝히는 모형으로는 다음에 설명하는 자본시장선(CML)과 증권시장선(SML)이 있다.

2. 자본시장선

$CAPM$을 도출하는 단계로서 자본시장선(CML)은 자본자산의 전체위험과 기대수익률의 관계를 다음과 같이 밝히고 있다.

$$E(R_P) = R_f + \frac{E(R_m) - R_f}{\sigma_m}\sigma_P \tag{7.1}$$

이제 식(7.1)과 같은 위험과 기대수익의 관계가 어떻게 도출되었는지를 살펴보자. 앞의 제6장 4절에서 설명한 것처럼 위험자산만으로 포트폴리오를 구성하는 것보다 무위험자산을 포함하면 더 우월한 포트폴리오 투자성과를 기대할 수 있다. [그림 7-1]은 이를 다시 나타낸 것인데, 위험 있는 주식만으로 포트폴리오를 구성할 경우의 효율적 투자선은 호 $\widehat{XA}$이다. 그러나 포트폴리오에 무위험자산(risk-free asset)도 포함시킬 경우 효율적 투자선은 R_fMN이 된다. R_fMN상에 표시되는 투자성과는 자본을 둘로 나누어 투자자금의 일부를 무위험자산 R_f에, 그리고 나머지 투자자금을 위험자산, 포트폴리오 M에 투자한 경우이다.

여기서 포트폴리오 M은 시장포트폴리오(market portfolio)라고 부르는데, 시장에서 위험 한 단위를 감수하는 것에 대한 초과수익의 비율인 위험프리미엄 대 변동성 비율($[E(R_p) - R_f]/\sigma_p$)이 가장 크고, 위험자산으로서는 유일하게 효율적인 투자대상이다. 따라서 모든 투자가들이 이 시장포트폴리오에 투자하려고 할 것이다.

■ 그림 7-1
자본시장선(CML)

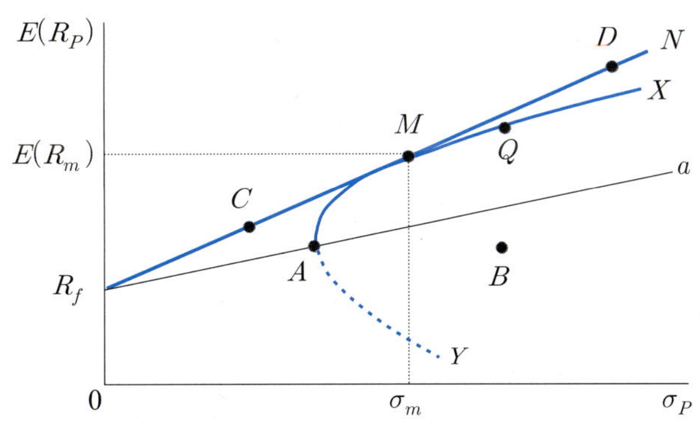

위험자산들의 효율적 결합은 개별투자자들의 위험선호도에 관계없이 항상 일정하며, 위험선호도에 따라 변하는 것은 무위험자산과 시장포트폴리오 M에의 투자비율뿐이다.

따라서 최적포트폴리오의 구성은 두 단계로 분리하여 생각해 볼 수 있다. 첫째 단계에서는 위험선호도와 관계없이 시장포트폴리오 M에 투자하는 것이고, 둘째 단계는 투자자들의 위험선호도를 고려하여 무위험자산과 시장포트폴리오에 대한 투자비율을 결정하는 것이다. 결과적으로 투자결정과 자본조달결정은 서로 별개의 문제가 된다. 왜냐하면 오직 시장포트폴리오 M만이 유일하게 효율적인 포트폴리오이기 때문에 위험자산에 대한 투자결정문제는 모든 투자자 자신의 위험선호도와는 관계없이 M을 구성하는 것으로 해결되고, 다만 무위험자산에 대한 투자비율, 즉 자본조달문제는 개별투자자의 위험선호도에 따라서 결정되기 때문이다. 이를 토빈(J. Tobin)의 분리정리(Tobin's separation theorem)라고 한다.

결과적으로 포트폴리오 M은 시장에 존재하는 모든 투자자산을 포함하게 된다. 균형상태에서는 모든 자산에 시장전체자산에 대한 시가총액기준의 구성비율만큼씩 투자되어 구성된 포트폴리오이다. 완전분산투자된 위험자산의 효율적 포트폴리오가 시장포트폴리오이다.

이러한 방법으로 투자자들이 투자자금을 무위험자산과 완전분산투자된 위험자산의 효율적 포트폴리오 M에 나누어 투자하게 될 때 자본시장이 균형상태에 이르게 되면, 이 효율적 포트폴리오의 위험과 기대수익 사이에는 일정한 선형관계가 성립한다. 이 관계가 표시된 직선 $R_f MN$은 결국 무위험자산과 시장포트폴리오 M의 결합선인데, 이를 자본시장선(CML : capital market line)이라고 부른다.

따라서 자본시장선은 투자자들이 그들의 투자대상에 위험자산뿐만 아니라 정기예금 또는 국공채와 같은 무위험자산도 포함시키고 효율적 분산투자를 할 경우, 균형상태에 이른 자본시장에서 효율적 포트폴리오의 위험과 기대수익의 선형관계를 표시한 것이다. [그림 7-1]에서 Q, A, B와 같이 CML 아래에 위치하는 투자자산은 비효율적 자산이다. 이 자본시장선에서 표시되는 효율적 포트폴리오의 기대수익률 $E(R_P)$와 표준편차 σ_P의 관계는 식(7.1)의 직선식으로 표시된다.

Concept check

[그림 7-1]에서 포트폴리오 Q가 A보다도 더 우월한 포트폴리오라고 할 수 있는 객관적 기준은 무엇인가? 포트폴리오 M의 특성은 무엇인가?

3. 증권시장선

자본시장선에서는 위험을 전체위험을 재는 단위인 표준편차로 사용한 반면, 증권시장선에서는 체계적 위험 단위인 베타를 사용한다. 투자자가 잘 분산된 포트폴리오 내에서 자산을 소유하고 있다면, 개별자산의 비체계적 위험은 거의 상쇄되어 줄어들기 때문에 체계적 위험이 이 투자자에게는 중요하다. $CAPM$을 그래프로 나타내는 증권시장선(SML)은 결론적으로 자본자산의 위험과 기대수익률의 관계를 다음과 같이 밝히고 있다.

$$E(R_j) = R_f + [E(R_m) - R_f] \cdot \beta_j \tag{7.2}$$

단, $E(R_j)$: 주식 j의 기대수익률, R_f : 무위험자산의 수익률
$E(R_m)$: 시장포트폴리오의 기대수익률, β_j : 주식 j의 베타계수(COV_{jm}/σ_m^2)

이제 식(7.2)와 같은 위험과 기대수익의 관계가 어떻게 도출되었는지를 살펴보기 위해서 먼저 증권특성선과 체계적 위험에 대한 개념을 살펴보자.

(1) 증권특성선과 베타계수

앞(식(7.1))에서 설명한 자본시장선은 무위험자산도 투자대상에 포함시켜 완전분산투자하는 경우 가장 효율적인 포트폴리오들의 위험(표준편차)과 기대수익률의 선형적 관계를 나타낸 것이었다. 따라서 자본시장선은 완전히 분산투자가 되지 못한 비효율적 포트폴리오나 개별주식([그림 7-1]에서 Q, A, B와 같은 투자자산)의 기대수익률과 위험의 관계는 설명하지 못하고 있다.

앞에서 설명한 것처럼 효율적 포트폴리오 내에 자산을 소유한 투자자에게 의미 있는 위험은 시장위험이다. 왜냐하면 시장위험은 분산투자자산의 수가 증

가하더라도 제거되지 않는 분산불능위험이기 때문이다. 이제 개별자산의 위험은 다음과 같이 시장전체 공통요인에 연동된 부분과 그렇지 않은 부분(개별기업 고유요인에 의한 부분) 등 두 가지로 나누어 볼 수 있다.

개별자산의 가격변동=시장전체(공통요인)에 연관된 가격변동
+개별기업 고유요인에 연관된 가격변동

이 가정은 일정기간에 있어서 어느 개별증권의 투자수익률에 영향을 주는 사건에는 두 가지 유형이 있음을 뜻한다. 하나는 기대하지 못했던 인플레이션, 공금리의 변화, 석유와 같은 주요 원자재가격의 변화 등과 같은 거의 모든 자산에 공통적으로 영향을 주는 거시적 사건(macro event)이다. 또 하나는 특정기업의 신제품 개발, 노사분규, 공장의 화재, 핵심인물의 이직이나 변고 등의 사건과 같이 여타 종목에는 영향을 주지 않고 특정기업에만 영향을 주는 미시적 사건(micro event)이다.

자산수익률의 변동을 이처럼 두 가지로 구분할 수 있다는 개념을 직선식으로 표시하면 식(7.3)과 같이 자산 j의 수익률이 단 하나의 공통요인인 시장수익률과 선형적인 관계를 갖는 것으로 표시할 수 있다.

$$R_{jt} = \alpha_j + \beta_j R_{mt} + \epsilon_{jt} \tag{7.3}$$

단, R_{jt} : t 시점에서의 자산 j의 수익률(확률변수)
R_{mt} : t 시점에서의 시장지표의 수익률(확률변수)
α_j : 회귀계수 절편
β_j : 회귀계수 기울기
ϵ_{jt} : 잔차항(확률변수)

[그림 7-2]는 식(7.3)을 그림으로 나타내기 위해서 수직축에 개별자산 j의 수익률(R_j)을 종속변수로, 그리고 수평축에 시장전체 수익률을 대표하는 시장지수(종합주가지수)의 수익률(R_m)을 독립변수로 하여 대응시킨 것이다. 여기서 R_j를 R_m에 관하여 회귀분석(regression)하면 [그림 7-2]에서 보는 것처럼 양자 사이의 관계를 나타내는 다음과 같은 직선식을 구할 수 있다.

$$R_j = \hat{\alpha}_j + \hat{\beta}_j R_m \tag{7.4}$$

단, ^는 회귀계수 추정치

■ 그림 7-2
증권특성선

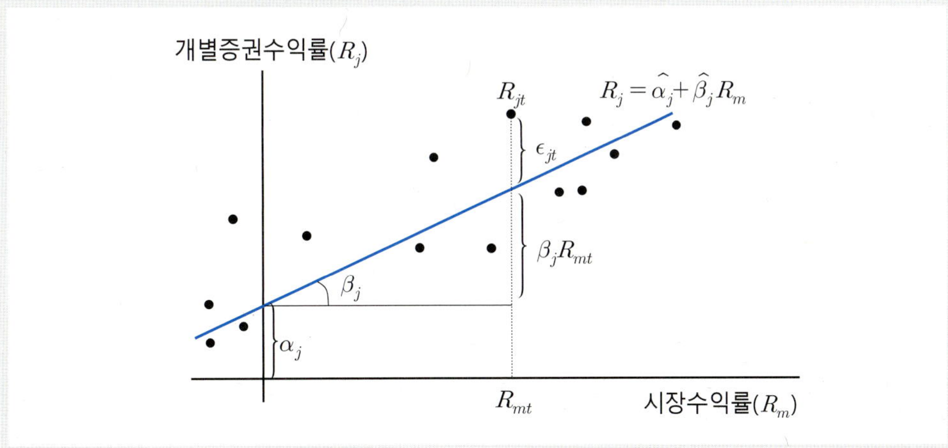

식(7.4)의 회귀분석에서 추정된 회귀계수 $\hat{\alpha}_j$, $\hat{\beta}_j$는 증권의 수익률과 위험에 관한 여러 특성을 나타내므로, 이를 증권특성선(CL : characteristic line)이라 부른다.

증권특성선에서 기울기 베타계수 $\hat{\beta}_j$는 자산 j 수익률의 시장수익률의 변동에 대한 평균적인 민감도(average sensitivity to market movement)를 나타낸다. 베타계수는 시장위험(market risk)의 정도를 측정한 것으로서, 시장전체의 수익률에 영향을 주는 거시적 사건이 발생했을 때 특정주식이 이에 얼마나 민감하게 반응하는지를 계량적으로 측정한 것이다. 만약 어느 자산의 β계수가 1.5라고 하면 시장수익률이 10%만큼 증감한다고 할 때 평균적으로 이것의 1.5배인 15%만큼 증감하는 성향이 있는 자산임을 의미한다. 절편 $\hat{\alpha}_j$는 시장수익률이 영(0)일 때의 수익률의 정도를 나타낸다.

한편 증권특성선으로부터 수직적 거리로 측정되는 잔차수익률(잔차항) ϵ_{jt}는 시장전체의 변동과는 관계없이 특정기업의 고유한 미시적 사건(호재, 악재)에 의해서 영향받는 자산수익률을 측정한 것이다.

그러면 이 같은 의미의 β, α, ϵ_j는 어떻게 측정하는가? 증권특성선 기울기 $\hat{\beta}_j$와 절편 $\hat{\alpha}_j$는 개별자산 j의 수익률(R_j)과 시장수익률(R_m)의 관계를 잘 대표하는 직선의 회귀계수이므로 최소자승법을 이용하여 다음과 같이 구한다.[2)]

2) $COV_{jm} = \sigma_j \sigma_m \rho_{jm}$ (ρ_{jm}은 상관계수)이므로 베타계수는 상관계수를 이용하여 다음과 같이 측정하기도 한다.

$$\hat{\beta}_j = \frac{\sigma_j \rho_{jm}}{\sigma_m}$$

$$\hat{\beta}_j = \frac{\sum [R_{jt} - E(R_j)][R_{mt} - E(R_m)]}{\sum [R_{mt} - E(R_m)]^2} = \frac{COV_{jm}}{\sigma_m^2} \tag{7.5}$$

$$\hat{\alpha}_j = \overline{R}_j - \hat{\beta}_j \overline{R}_m \tag{7.6}$$

단, $\overline{R}_j$: 자산 j의 평균수익률, $\overline{R}_m$: 시장수익률의 평균

$$\epsilon_{jt} = R_{jt} - \hat{R}_{jt} = R_{jt} - \hat{\alpha}_{jt} - \hat{\beta}_{jt} R_{mt} \tag{7.7}$$

단, ϵ_{jt} : t기간중 자산 j 수익률의 잔차
R_{jt} : t기간중 자산 j의 실제수익률
$\hat{R}_{jt}$: t기간중 자산 j의 증권특성선에 의해서 추정된 기대수익률

(2) 체계적 위험과 비체계적 위험

주식투자수익률의 움직임이 시장전체의 공통요인과 개별기업의 특유요인 두 가지 원천에 의해서 영향받는 것을 가정한 식(7.3)으로부터 수익률의 변동성을 나타내는 분산을 구하면 식(7.8)의 관계식을 얻게 된다.

$$R_j = \alpha_j + \beta_j R_m + \epsilon_j \tag{7.3}$$

$$\sigma_j^2 = \beta_j^2 \sigma_m^2 + \sigma^2(\epsilon_j) \tag{7.8}$$

단, σ_j^2 : 증권수익률의 분산
β_j : 증권특성선에서 추정되는 기울기, 베타계수
$\sigma^2(\epsilon_j)$: 잔차항의 분산

이와 같은 관계는 개별주식뿐 아니라 포트폴리오의 경우에도 그대로 성립하므로 다음 관계식과 같이 포트폴리오분산을 표시할 수 있게 된다.

$$\sigma_p^2 = \beta_p^2 \sigma_m^2 + \sigma^2(\epsilon_p) \tag{7.9}$$

식(7.8)은 증권수익률의 분산을 베타와의 관계에서 표현한 것으로 우변 첫째항 $\beta_j^2 \sigma_m^2$을 체계적 위험(systematic risk)이라고 부른다. $\beta_j^2 \sigma_m^2$의 크기는 개별주식의 총위험 중에서 시장전체와 연동된 위험의 크기를 나타낸 것이다. 식(7.8)의 우변 둘째항 $\sigma^2(\epsilon_j)$는 잔차분산(residual variance) 혹은 비체계적 위험(unsystematic risk)이라고 부른다. 잔차분산 $\sigma^2(\epsilon_j)$는 시장전체 변동에 관련이 없는 주식 j의 고유요인에 연관된 위험의 크기를 나타낸다.[3]

개별기업위험(총위험) = 체계적 위험 + 비체계적 위험
　　　　　　　　　= 분산불능위험(시장위험) + 분산가능위험(잔차분산)

식(7.8)에 의하면 어느 자산이든 분산(총위험)은 두 가지 부분, 즉 체계적 위험($\beta_j^2\sigma_m^2$) 부분과 잔차분산($\sigma^2(\epsilon_j)$) 부분으로 나누어볼 수 있는데, 투자자에게 중요한 위험은 β계수로 대표되는 체계적 위험만이다. 왜냐하면 잔차분산은 분산투자로 자산의 수를 증가시키면 제거되는 반면에, 체계적 위험만은 분산불능위험으로 제거되지 않기 때문이다. 따라서 투자자의 관심대상이 될 수 없는 잔차분산은 자본자산의 가격(기대수익률)결정에 아무런 영향을 미치지 못한다. 오로지 체계적 위험을 나타내는 β계수만이 가격결정에 반영되어야 하는 것이다.

증권특성선의 기울기인 β_j가 식(7.5)와 같이 측정되는 것의 또 다른 중요한 의미는 [그림 7-3]에서 보는 것처럼 개별증권의 위험을 시장수익률과의 관계에서 측정하면서 위험측정방법이 단순화된다는 것이다. 앞의 제6장에서 설명한 포

■ 그림 7-3
베타계수(β_j)에 의한 위험측정의 의미

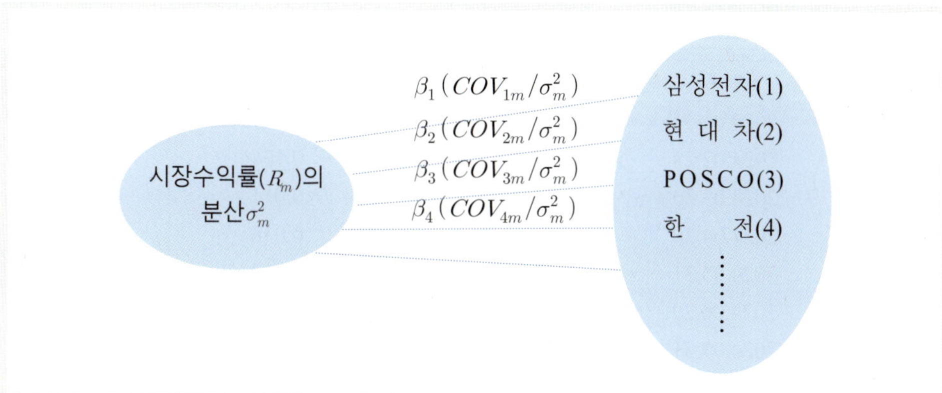

3) 여기서 포트폴리오 베타(β_p)는 포트폴리오를 구성하는 개별주식의 베타계수(β_j)를 그 주식에 대한 투자비율에 따라 가중평균하면 구해진다. 즉, $\beta_p = \sum_{j=1}^{n} w_j \beta_j$
또 포트폴리오의 잔차분산 $\sigma^2(\epsilon_p)$는 개별주식의 잔차분산에 그 주식에 대한 투자비율의 자승을 곱한 것이 된다. 즉, $\sigma^2(\epsilon_p) = \sum_{j=1}^{n} w_j^2 \sigma^2(\epsilon_j)$

트폴리오위험(분산)은 증권 서로간의 공분산(COV_{ij})이 모두 고려되어 측정되므로 n종목의 경우 n개의 분산계산과 $n(n-1)/2$의 공분산계산량이 필요하였는데, 식 (7.9)와 같이 위험을 측정하면 시장수익률과의 공분산(COV_{jm}) n개와 시장수익률 분산(σ_m^2) 1개의 계산량만 있어도 위험을 평가할 수 있다는 장점이 있다.

Concept check

강세시장에서 $\hat{\beta}_j$가 1.8인 주식은 $\hat{\beta}_j$가 1.2인 주식보다도 주가상승률이 항상 높은가?

예제 7-1 증권특성선과 베타계수의 추정

β계수는 본래 미래 일정기간을 예측한 사전적 수익률 자료(ex-ante data)에 근거하여 추정해야 한다. 그런데 실무에서는 미래의 사전적 자료를 예측하는 대신에 미래수익률이 과거수익률의 패턴을 보일 것이라는 가정하에 과거 일정기간의 사후적 자료(ex-post data)를 이용하여 β계수를 추정하는 방법을 많이 사용하고 있다.

다음은 과거 12개월간에 걸친 현대자동차, 삼성전자, 그리고 종합주가지수(KOSPI)의 수익률 자료라고 가정하자. 두 주식의 베타(β_j), 알파(α_j)를 추정하고 증권특성선을 도출하라. 또 두 주식의 특성을 설명하라.

일 자	현대자동차	삼성전자	KOSPI
2024.01.31	0.276	0.077	0.203
2024.02.28	0.003	0.134	−0.067
2024.03.30	0.072	−0.011	−0.100
2024.04.30	0.180	0.016	0.098
2024.05.31	0.204	0.112	0.059
2024.06.29	0.114	−0.130	−0.028
2024.07.31	−0.250	−0.032	−0.094
2024.08.31	−0.035	0.076	0.007
2024.09.28	−0.237	0.014	−0.128
2024.10.31	0.214	0.011	0.114
2024.11.30	0.200	0.091	0.180
2024.12.28	0.057	0.044	0.075

➤ 풀이

① 현대자동차[4]

	현대자동차	삼성전자	KOSPI
기대수익률	6.7%	3.4%	2.7%
표준편차	17.2	7.2	11.2

i) 현대자동차와 KOSPI의 공분산

$COV_{jm}=[(0.276-0.067)(0.203-0.027)+(0.003-0.067)(-0.067-0.027)+\cdots\cdots]\div 12=0.014347$

∴ 현대자동차의 β계수 :

$$\beta_j=\frac{COV_{jm}}{\sigma_m^2}=\frac{0.01435}{0.01249}=1.149$$

ii) $\alpha_j=0.067-1.149(0.027)=0.036$

따라서 증권특성선은 $R_j=0.036+1.149R_m$

현대자동차의 β계수가 1.149라는 것은 시장수익률이 10% 증감할 때, 현대자동차의 투자수익률은 평균적으로 11.49%만큼 증감하는, 공격적 증권의 성향이 있음을 뜻한다.

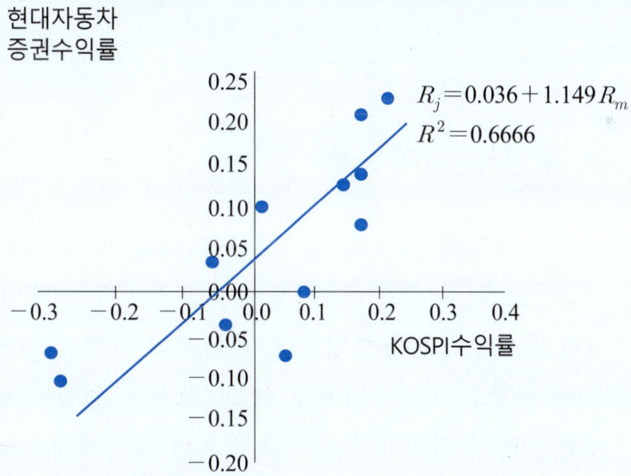

② 마찬가지 방법으로 삼성전자에 대하여 추정하면

i) 삼성전자와 KOSPI의 공분산 $COV_{jm}=0.00263$

∴ 삼성전자의 β계수 :

$$\beta_j=\frac{COV_{jm}}{\sigma_m^2}=\frac{0.00263}{0.01249}=0.210$$

4) EXCEL에 의하여 증권특성선을 도출하는 방법에 대하여는 본서 [부록 1]의 10. 참조.

ii) $\alpha_j = 0.034 - 0.210(0.027) = 0.028$

따라서 증권특성선은 $R_j = 0.028 + 0.210 R_m$

삼성전자의 β계수가 0.210이라는 것은 시장수익률이 10% 증감할 때, 삼성전자의 투자수익률은 평균적으로 2.1%만큼 증감하는, 방어적 증권의 성향이 있음을 뜻한다.

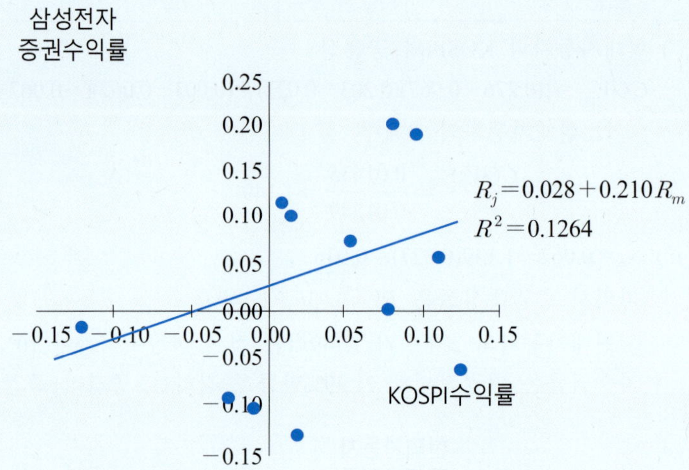

(3) 증권시장선의 도출

그러면 체계적 위험의 정도를 나타내는 베타계수와 기대수익률은 어떤 관계가 성립하는가? 시장포트폴리오가 효율적이라면 베타계수와 기대수익률 사이에는 완전한 선형관계가 성립한다. 왜냐하면 균형된 자본시장에서는 체계적 위험(β계수)이 높으면 기대수익률도 높고, 체계적 위험이 낮으면 기대수익률도 낮다. 이러한 선형적 관계가 성립하지 않으면 차익거래(arbitrage)가 발생하여 추가적인 위험부담 없이 초과수익을 누릴 수 있기 때문이다.

그래서 식(7.2)와 같이 베타계수와 기대수익률 사이에는 선형관계가 성립하는데, 이를 증권시장선(SML : security market line)이라고 부른다.[5]

---

5) $CAPM$도출의 상세한 증명은 장영광 저, 현대투자론, 제5판(2007), pp.290~291을 참조하기 바란다. 여기서는 이에 대한 도출과정을 개념적으로 간단히 보인다.

[그림 7-4](a)의 CML(절편은 R_f이고 기울기는 $[E(R_m) - R_f]/\sigma_m$)은 완전분산투자된 효율적 포트폴리오에 대하여 기대수익률 $E(R)$과 표준편차 σ의 공간에서 양자의 선형관계가 표시된 것이다. 이제 효율적이든 비효율적이든 모든 자산에 있어서 기대수익률 $E(R)$과 β의 관계([그림 7-4](b))를 도출함에 있어서 두 자산－무위험자산과 시장포트폴리오－을 기준으로 삼을 수 있다. 무위험자산의 β는 영(0)이고 수익률은 R_f이다. 한편 시장포트폴리오의 베타

■ 그림 7-4
증권시장선의 도출

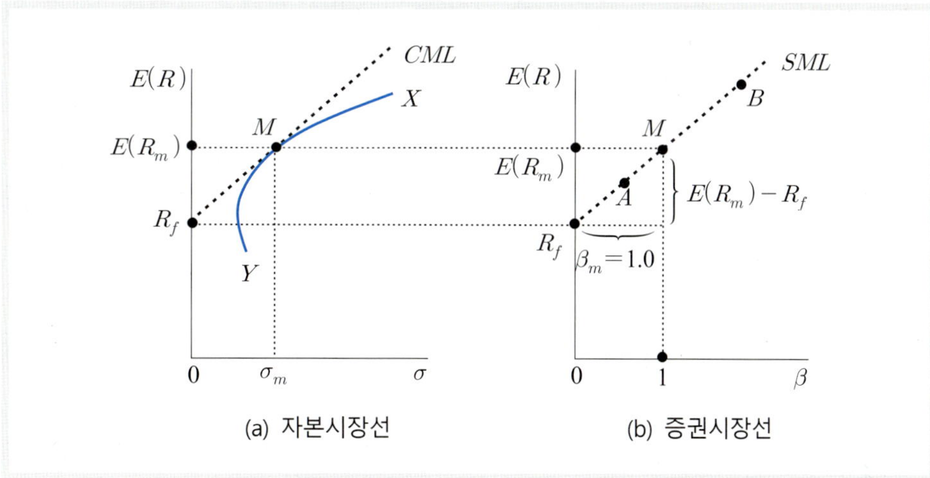

$$E(R_j) = R_f + [E(R_m) - R_f] \cdot \beta_j \qquad (7.2)$$

단, $E(R_j)$: 주식 j의 기대수익률, R_f : 무위험자산의 수익률
$E(R_m)$: 시장포트폴리오의 기대수익률, β_j : 주식 j의 베타계수(COV_{jm}/σ_m^2)

증권시장선이 뜻하는 바는 자산가격에 반영되어야 할 위험은 β계수로 대표되는 체계적 위험만이고, 자산의 기대수익률은 이 체계적 위험에 선형적으로 비례한다는 것이다. 투자위험으로서 체계적 위험지수인 베타계수만이 의미 있다는 것은 개별자산의 위험은 전체 시장포트폴리오의 위험에 어느 정도 영향을 미치느냐에 따라 평가되어야 함을 의미한다.

균형상태에서는 주식 A나 B나 시장포트폴리오 M이나 다음 관계에서 보는 것과 같이 체계적 위험을 한 단위 부담하는 것에 대한 초과수익의 비율인 변동성보상비율($RVOL$: reward to volatility ratio)이 동일해야 한다.

$$\frac{E(R_A) - R_f}{\beta_A} = \frac{E(R_B) - R_f}{\beta_B} = \frac{E(R_M) - R_f}{\beta_M} \qquad (\beta_M = 1.0)$$

(β_m)는 1이고 수익률은 $E(R_m)$으로 표시된다. 이 두 자산의 관계를 밝히는 직선식은 절편이 R_f, 기울기가 $[E(R_m) - R_f]$가 된다. 이로부터 식(7.2)의 증권시장선이 도출된다.

식(7.2)는 다음과 같이 초과수익률 형태로 표시해 볼 수 있다.

$$E(R_j)-R_f=[E(R_m)-R_f]\cdot\beta_j \tag{7.10}$$

이 식에서 보면 위험프리미엄(risk premium)은 두 가지 부분으로 구성된다. 첫 부분 $[E(R_m)-R_f]$는 시장전체에 대한 평균적인 시장위험프리미엄(market risk premium)이다. 시장위험프리미엄이 어느 수준인지에 대한 많은 연구가 있는데, 과거 시계열자료에 근거하여 추정할 때, 미국시장의 시장위험프리미엄은 평균적으로 5% 안팎의 수준을 보여 왔다.[6)]

또 한 부분은 특정 개별증권의 체계적 위험을 나타내는 β계수(β_j)이다. 베타계수가 높을수록 위험프리미엄은 높아야 함을 뜻한다. 수익률이 아닌 가격으로 설명하면 베타계수가 높을수록 균형가격은 낮아야 함을 의미한다. 따라서 특정증권위험프리미엄(security risk premium)은 식(7.10)과 같이 평균적인 시장위험프리미엄에 개별증권의 체계적 위험지수(베타계수)를 곱하여 추정할 수 있다.

4. *CML*과 *SML*의 비교

먼저 표면적으로 보면 시장균형모형으로서 *CML*은 $E(R)$, σ공간에 표시되고, *SML*은 $E(R)$, β공간에 표시된다는 점에서 차이가 있다. *CML*상에는 완전분산투자된 효율적 포트폴리오에 한하여 기대수익률이 표준편차(σ)의 함수로서 표시된 반면에, *SML*상에는 비효율적 포트폴리오나 개별주식도 포함된 투자자산에 대하여 기대수익률이 시장전체에 대한 개별주식위험의 기여도를 나타내는 베타계수(β)의 함수로서 표시된다는 점에서 차이가 있다.

잔차분산을 지니고 있는 비효율적인 개별증권은 효율적 포트폴리오만 표시되는 *CML*선상에 위치하지 못한다. 잔차분산(비체계적 위험)이 클수록 오른쪽에 위치하게 된다. 그러나 *SML*선상에는 위치한다. *SML*선상에는 비효율적 자산까지 포함한 모든 자산의 기대수익이 β계수(체계적 위험지수)와의 관계에서 표시되기

6) 국가별 시장위험프리미엄은 제9장 〈주제_생각하기〉를 참고하라.

■ 그림 7-5
CML 과 *SML* 의 관계

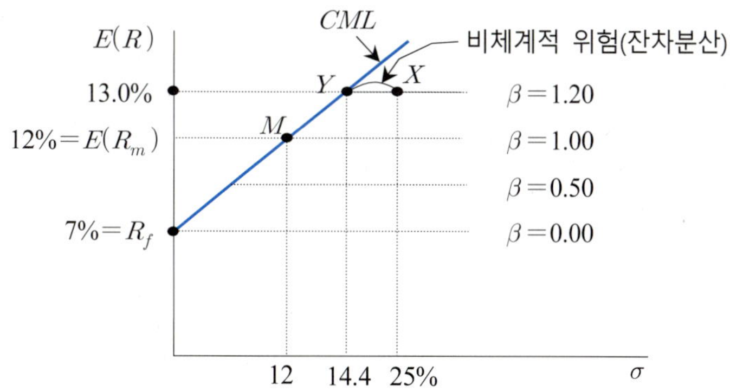

때문이다. *SML* 에 의하면 동일한 베타이면 동일한 기대수익률을 갖게 되어 동일한 수평선상에 놓이게 되는데, 이 수평선을 등베타선(iso-beta line)이라고 부른다.

[그림 7-5]에서 보는 것처럼 $E(R_m)=12\%$, $R_f=7\%$이고, 자산 X, Y의 β가 1.2로 동일하다면 이 두 자산은 1.2의 β에 상응하는 동일한 기대수익률(13.0%)의 수평선상에 놓이게 된다. 등베타선상의 어느 점에 위치하느냐는 비체계적 위험(잔차분산)의 크기에 달려 있다. 주식 X처럼 잔차분산이 커질수록 오른쪽 편에 위치하게 된다. 반면에 주식 Y처럼 잔차분산이 0인 주식은 정확히 *CML* 선상에 놓이게 된다.

이처럼 주식 X가 총위험(표준편차)은 크지만, 주식 Y와 베타는 동일하여, 두 주식의 기대수익률이 동일한 것은 주식 X가 표준편차가 큰 것만큼 시장수익률과의 민감도가 크지 않기 때문이다. 다음 [그림 7-6]에서 보는 것처럼 주식 A는 표준편차는 작지만, 시장수익률과의 민감도가 높아서 베타가 크므로 기대수익률이 높은 것이다. 반면에 주식 B는 표준편차는 크지만, 시장수익률과의 민감도가 낮아서 베타가 작으므로 기대수익률이 낮은 것이다.

이처럼 증권시장이 균형을 이룰 때, 비효율적 투자대상까지 포함한 모든 투자자산의 위험과 기대수익의 관계를 설명해 주는 것이 증권시장선(*SML*)이다. 따라서 보다 일반화된 가격결정모형이라고 할 수 있다.

■ 그림 7-6
표준편차와 시장수익률과의 민감도(베타계수)

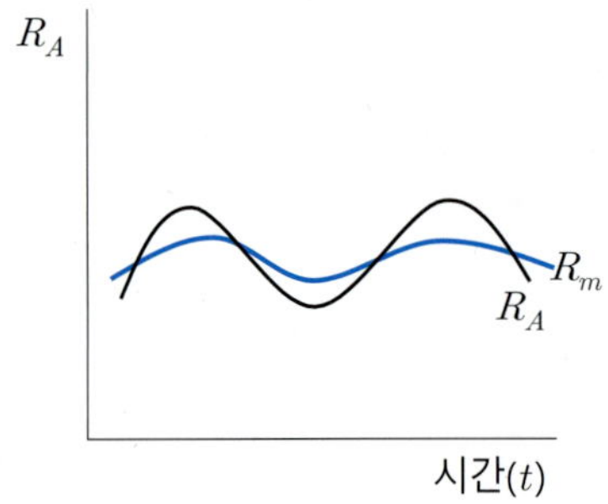

(a) 표준편차는 작지만, 시장수익률과의 민감도가 상대적으로 높은 경우

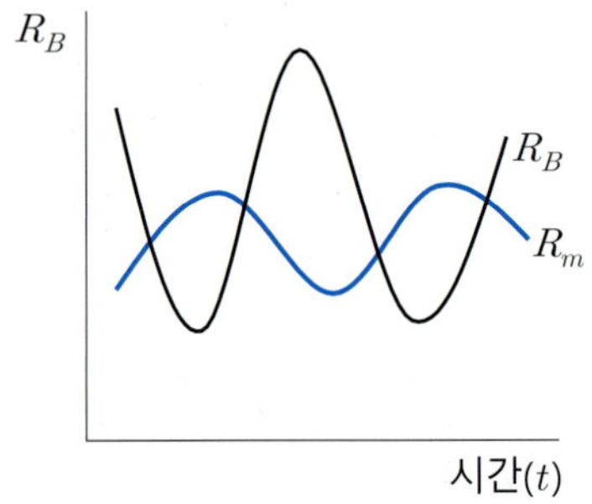

(b) 표준편차는 크지만, 시장수익률과의 민감도가 상대적으로 낮은 경우

Concept check

A주식 수익률의 표준편차는 40%, 베타계수는 0.5이고, B주식 수익률의 표준편차는 25%, 베타계수는 1.5이다. 어느 주식의 기대수익률이 더 높아야 하는가? 그 이유는?

예제 7-2 ***CML* 과 *SML* 의 관계**

지금 시장관계자료와 주식 X, Y의 자료가 다음과 같다.

- 시장포트폴리오 기대수익률 $E(R_m)=12\%$
- 시장포트폴리오 표준편차 $\sigma_m=12\%$ (분산 $\sigma_m^2=0.0144$)
- 무위험이자율 $R_f=7\%$

	베타(β_j)	수익률의 표준편차(σ_j)	분산(σ_j^2)
주식 X	1.2	25%	0.0625
주식 Y	1.2	14.39%	0.0207

(1) 주식 X, Y의 체계적 위험과 비체계적 위험(잔차분산)을 구하고 그 특징을 서로 비교하라.
(2) 주식 X, Y의 균형기대수익률을 구하라.
(3) 주식 X, Y를 CML의 공간에 표시하라.

➢ **풀이**

(1) 총위험=체계적 위험+비체계적 위험

$$\sigma_j^2 = \beta_j^2 \sigma_m^2 + \sigma^2(\epsilon_j)$$

	총위험	체계적 위험	비체계적 위험(잔차분산)
주식 X	0.0625	$(1.2)^2(0.0144)=0.0207$	$0.0625-0.0207=0.0418$
주식 Y	0.0207	$(1.2)^2(0.0144)=0.0207$	$0.0207-0.0207=0$

총위험은 주식 X가 높지만 베타는 주식 X, Y가 모두 동일하다. 구체적으로 주식 X와 Y는 체계적 위험이 0.0207로 동일하지만, 비체계적 위험에는 차이가 있다. 주식 X는 0.0418의 잔차분산을 가지고 있다.

(2) 주식 X에 대한 균형기대수익률을 SML에서 구하면 13.0%가 된다.

$$E(R_X) = R_f + [E(R_m) - R_f] \cdot \beta_X$$
$$= 0.07 + (0.12 - 0.07)1.2 = 0.13$$

한편, 주식 Y는 총위험이 주식 X보다 적지만, 베타가 1.20으로 동일하므로 균형기대수익률은 동일하다.

$$E(R_Y) = 0.07 + (0.12 - 0.07)1.2 = 0.13$$

균형기대수익률에 영향을 주는 것은 총위험이 아니라 베타, 즉 체계적 위험뿐이다.

(3) [그림 7-5] 참조. 주식 X, Y의 베타가 동일하므로 균형기대수익률 13.0%선(등베타선)상에 모두 놓인다. 다만 주식 X는 잔차분산을 지니고 있으므로 CML선상에서 오른쪽에 위치하고, 주식 Y는 잔차분산이 0(상관계수 $\rho_{jm}=1.0$)이므로 정확히 CML선상에 위치한다.

제 2 절 위험투자안에 대한 투자결정

앞에서 설명한 $CAPM$은 위험과의 관계에서 투자자산의 적정가격을 설명하고 있기 때문에 불확실성하의 여러 가지 투자결정에 활용될 수 있다. $CAPM$이 투자결정에 활용되고 있는 예는 다음과 같다.

① 위험하의 자본예산결정
② 자기자본비용의 추정
③ 금융자산의 과대·과소 평가 및 내재가치 평가

본절에서는 $CAPM$이 투자결정에 활용되고 있는 구체적인 예를 살펴본다.

1. 투자결정에 반영되어야 할 투자위험의 형태

위험투자안을 평가할 때 먼저 판단해야 할 점은 투자위험 중에서 어떤 위험을 고려해야 할 것인가의 문제이다. 포트폴리오이론 편에서 설명한 것처럼 개별투자안의 위험(총위험)은 포트폴리오의 구성으로 제거가능한 비체계적 위험과 포트폴리오의 구성으로도 제거 불가능한 체계적 위험으로 나눌 수 있다. 즉,

총위험＝체계적 위험＋비체계적 위험

위험투자안을 평가할 때 반영시켜야 하는 위험을 체계적 위험에 한정해야 할 것인가 아니면 총위험으로 할 것인가? 분산투자가 자유롭지 못한 경영자나 기업주 입장에서는 투자안의 체계적 위험보다는 총위험을 고려해야 할 것이다. 왜냐하면 자본조달의 제약 등의 이유 때문에 분산투자가 자유롭지 못한 결과, 어느 특정자산(사업)에 집중투자하고 있는 경우 비체계적 위험을 피할 수 없기 때문이다.

그러나 자본시장이 정상적으로 기능하고 있는 상황이라면 체계적 위험만이 위험투자안 평가에 반영되어야 한다. 왜냐하면 시장에서 분산투자가 얼마든지 가능한 개별투자자의 입장에서 보면 둘 이상의 다수 자산에 분산투자를 하는 것이 얼마든지 가능하므로 추가적인 부담 없이 투자위험 중에서 비체계적 위험은 제거가 가능하기 때문이다. 결국 투자안의 채택여부는 다른 자산(투자사업)과의 결합관계에서 평가되어야 하고, 분산투자시에 제거가 가능한 비체계적 위험이 반영되어서는 안 된다. 특히 분산투자가 자유로운 자본시장에서는 더욱 그러하다.

2. 위험하의 투자결정

증권시장선(SML)은 앞에서 설명한 것처럼 투자위험 가운데 체계적 위험만이 적정가격(기대수익률)에 반영되어야 하고, 적정가격은 체계적 위험의 척도인 β의 크기에 선형적으로 결정되어야 함을 밝히고 있다. 포트폴리오 분산투자를 하면 제거가 가능한 비체계적 위험에 대해서는 보상받을 수 없다는 논리에 기초하고 있는 것이다.

만약 시장이 불균형 상태이어서 [그림 7-7]에서의 U와 같은 자산이 존재한다면 이 상태는 오래 계속되지 못한다. 왜냐하면 자산 U의 체계적 위험, β_U수준에서는 U'수준의 균형수익률이 적절한데, 이보다 높은 수익률을 기대할 수 있으므로 이성적인 투자자라면 이와 같은 과소평가(under-priced)된 자산을 매입하려고 할 것이기 때문이다. 매입하고자 하는 압력이 높게 작용하면 가격은 상승하고 기대수익률은 하락하여 U'수준이 될 것이다.

반대로 자산 O와 같이 체계적 위험, β_O수준에서의 균형수익률보다 낮은 수익률이 예상되는 자산이 존재한다면, 이는 과대평가(over-priced)된 자산이므로 이성적 투자자는 이러한 자산을 팔려고 할 것이다. 매도하고자 하는 압력이 높게 작용하면 가격은 하락하고 기대수익률은 O'수준으로 상승 회복하게 될 것이다.

SML은 균형상태에서 주식과 같은 위험자산의 적정기대수익률을 나타내므로 주주 입장에서는 기회투자수익률을 평가하는 기준이 되며 기업 입장에서는

■ 그림 7-7
증권시장선과 균형가격의 형성

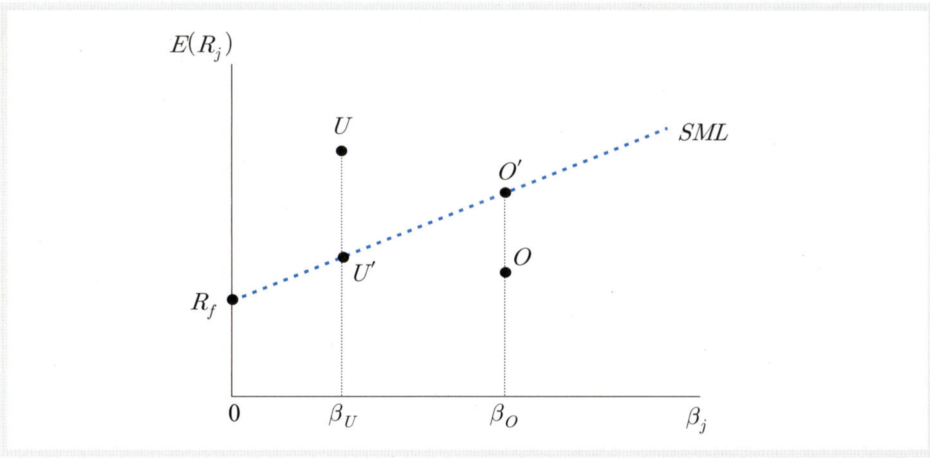

자기자본비용(R_e) 추정의 기준이 된다.

$$R_e = E(R_j) = R_f + [E(R_m) - R_f] \cdot \beta_j$$

따라서 SML은 투자자금을 자기자본으로만 조달하고 있는 것을 가정하여 위험투자안 평가에 적용되어야 할 요구수익률(required rate of return)을 추정할 때 이용할 수 있다. 위험투자안을 평가할 때에는 위험에 대한 평가가 적절히 이루어져야 하는데, SML을 이용하면 그 위험투자안이 지니고 있는 체계적 위험에 상응하는 적정균형수익률을 추정할 수 있기 때문이다. 이렇게 추정된 요구수익률보다도 위험투자안의 예상투자수익률(불균형상태를 가정한 기대수익률)이 높으면 채택되고, 그 반대이면 기각의 의사결정을 내리면 된다.

위험투자안의 요구수익률 $R = R_f + [E(R_m) - R_f] \cdot \beta$

요구수익률(R) < 예상투자수익률($E(R)$) ⇒ 채택

요구수익률(R) > 예상투자수익률($E(R)$) ⇒ 기각

예제 7-3 ***SML*을 이용한 위험투자안 평가**

부채를 사용하고 있지 않는 (주)엔젤전자에서는 기존의 TV생산라인을 확장하여 LED, 냉장고, 휴대폰 사업에 대한 투자를 고려중이다. 다음은 이들 제품라인과 시장관계자료이다.

구 분	TV	LED	냉장고	휴대폰
예상수익률 $E(R)$	0.24	0.22	0.15	0.18
시장포트폴리오의 공분산 COV_{jm}	0.8	0.6	0.5	0.3

* 시장포트폴리오 기대수익률 $E(R_m)=0.2$, 분산 $\sigma_m^2=0.5$, 무위험이자율 $R_f=0.1$

(1) 위험을 고려하지 않는다면 어떤 순서로 투자를 선택할 것인가?

(2) 증권시장선(SML) 식을 제시하라.

(3) 각 투자사업에 대한 요구수익률을 계산하고, 수익성에 문제 있는 투자사업을 지적하라.

> 풀이

(1) 투자위험을 고려하지 않는다면 투자사업의 예상수익률 $E(R)$이 높은 순서대로, 즉 TV, LED, 휴대폰, 냉장고 순으로 투자안을 선택한다.

(2) $SML: \ E(R_j) = R_f + [E(R_m) - R_f] \cdot \beta_j$

$$= 0.1 + (0.2 - 0.1)\beta_j = 0.1 + 0.1\beta_j$$

(3) 각 투자사업의 요구수익률은 위의 SML에 베타계수 $\beta_j = COV_{jm} / \sigma_m^2$을 계산하여 추정한다. 과대・과소 여부의 판단은

요구수익률(R) < 예상투자수익률$(E(R))$ ⇒ 채택

요구수익률(R) > 예상투자수익률$(E(R))$ ⇒ 기각

투자사업	베타계수(β_j)	요구수익률	예상수익률	과대/과소 평가여부
TV(A)	$\frac{0.8}{0.5}=1.6$	0.1+0.1(1.6)=26%	24%	2% 과대평가
LED(B)	$\frac{0.6}{0.5}=1.2$	0.1+0.1(1.2)=22%	22%	0% 균형수익
냉장고(C)	$\frac{0.5}{0.5}=1.0$	0.1+0.1(1.0)=20%	15%	5% 과대평가
휴대폰(D)	$\frac{0.3}{0.5}=0.6$	0.1+0.1(0.6)=16%	18%	2% 과소평가

∴ 수익성에 문제 있는 투자사업은 TV와 냉장고 사업이다.

3. 금융자산의 과대・과소 평가

SML은 시설투자와 같은 실물투자에 대한 투자결정에 쓰이는 것처럼 증권과 같은 금융투자에 대한 투자결정에도 이용된다. 즉 SML상의 균형수익률은 주주입장에서 볼 때 체계적 위험을 감안한 적정요구수익률의 의미가 있으므로 특정증권이 과소평가되었는지 아니면 과대평가되었는지를 판단하는 기준으로 쓰인다. 이를테면, 다음 식에서 표시된 것처럼 예상기대수익률$(E(R_j))$은 해당주식에 대한 증권분석이나 과거 시계열자료의 분석에서 추정하고, 요구수익률(R)은 SML상의 적정균형수익률로 대용하여 이들 양자의 차이(α)를 구하면 과대평가 혹은 과소평가 여부를 판단할 수 있다. 이 α가 양(+)이면 과소평가, 음(−)이면 과대평가된 증권일 것이다.

$$\alpha = E(R_j) - R_j$$

단, α : 과소평가(+), 과대평가(−)의 크기
$E(R_j)$: 증권분석이나 시계열분석 결과 추정된 예상수익률
R_j : SML상에서 추정된 요구수익률(RRR)

한편 SML상에 표시되는 요구수익률은 기업에게는 자기자본비용 내지 주주들의 기회투자수익률(R_e)이므로 주식의 내재가치를 구하는 데 활용할 수 있다. 예를 들어 제5장에서 설명한 여러 가지 주식모형들 중에서 주식의 이익배당흐름이 매년 g%만큼 계속적으로 성장할 것으로 가정한, 다음 식의 정률성장모형이 있었는데, 분모의 요구수익률(R_e)을 추정할 때에 SML을 이용한다.

$$S_0 = \frac{d_1}{R_e - g}$$

단, S_0 : 주식의 내재가치
d_1 : 차기의 주당배당금
R_e : 주주의 기회투자수익률(자기자본비용)
g : 이익 · 배당의 성장률(매년 정률적으로 성장한다고 가정)

예제 7-4 과대 · 과소 평가된 증권평가

다음은 주식 A의 수익률(R_j)과 시장수익률(R_m)에 대해 증권분석한 예상자료이다. 한편 무위험이자율(R_f)은 6%이다.

상 황	확 률	R_m	R_j
Ⅰ	0.2	0.20	0.50
Ⅱ	0.3	0.05	0.00
Ⅲ	0.4	0.15	0.20
Ⅳ	0.1	−0.15	−0.30

(1) 주식 A와 시장의 예상기대수익률은 얼마인가?
(2) 증권시장선(SML)을 도출하라.
(3) 주식 A에 대한 요구수익률(RRR)을 구하고, 주식 A가 과소평가되었는지 혹은 과대평가되었는지를 평가하라.
(4) 증권분석 결과 주식 A의 차기 배당금(d_1)이 1,840원, 연간성장률이 10%로 일정하리라고 예상되고 있다. 주식 A의 내재가치는 얼마인가?

➤ 풀이

(1) 주식 A의 예상수익률 :

$$E(R_j)=0.50(0.2)+0.00(0.3)+0.20(0.4)+(-0.30)(0.1)=0.15$$

시장의 기대수익률 :

$$E(R_m)=0.20(0.2)+0.05(0.3)+0.15(0.4)+(-0.15)(0.1)=0.10$$

(2) 증권시장선의 도출 :

$$E(R_j)=R_f+[E(R_m)-R_f]\cdot\beta_j=0.06+[0.10-0.06]\beta_j=0.06+0.04\beta_j$$

(3) 증권분석 결과의 예상수익률 : $E(R_j)=0.15,\ E(R_m)=0.10$

주식 A에 대한 요구수익률 추정 :

$\beta_j=\dfrac{COV_{jm}}{\sigma_m^2}$ 이므로 $COV_{jm},\ \sigma_m^2$을 각각 구하면

$$COV_{jm}=(0.20-0.10)(0.50-0.15)(0.2)+(0.05-0.10)(0.00-0.15)(0.3)$$
$$+(0.15-0.10)(0.20-0.15)(0.4)+(-0.15-0.10)(-0.30-0.15)(0.1)=0.0215$$

$$\sigma_m^2=(0.20-0.10)^2(0.2)+(0.05-0.10)^2(0.3)+(0.15-0.10)^2(0.4)+(-0.15-0.10)^2(0.1)=0.01$$

$$\therefore\ \beta_A=\frac{COV_{jm}}{\sigma_m^2}=\frac{0.0215}{0.01}=2.15$$

⇒ 주식 A의 요구수익률 $R_A=0.06+0.04(2.15)=0.146$

결론 : 요구수익률 14.6%보다 예상수익률 15%가 더 높으므로 주식 A는 과소평가되어 있다.

(4) 주식 A의 내재가치 :

$$S_0=\frac{d_1}{R_e-g}=\frac{1,840}{0.146-0.10}=40,000\text{원}$$

4. 요구수익률의 결정요인 분석

식(7.2)의 SML 모형에서 보면 증권의 요구수익률의 결정요인은 무위험이자율, 시장위험프리미엄, 베타계수(체계적 위험의 척도)이다. 따라서 특정기업의 위험의 변화, 시장과 경제 상황의 변화가 있게 되면 요구수익률은 달라지고 주가는 다음과 같이 변화하게 된다.

① 경제의 무위험이자율이 상승하거나 하락하면 요구수익률도 상승하거나 하락한다. 따라서 기대인플레이션의 증감이 예상되거나 실질금리의 변

동을 초래하는 상황이 발생하면 요구수익률은 변동한다. 결국 무위험이자율의 변동은 *SML* 절편의 이동으로 표현된다([그림 7-8]의 (a)).

② 투자자의 위험회피도(risk aversion)의 변화로 시장위험프리미엄(market risk premium)$[E(R_m)-R_f]$의 크기가 달라지면 요구수익률의 변동을 초래한다. 경제 전반의 불확실성이 높아지면 투자자의 위험회피도가 커져, 요구수익률이 증가한다. 이 같은 요인에 의한 요구수익률의 변동은 결국 *SML* 기울기의 변동으로 표현된다([그림 7-8]의 (b)). 기울기가 높아지면 β계수가 큰 주식의 요구수익률의 상승폭이 보다 크다.

③ 개별기업의 체계적 위험(영업위험, 재무위험)의 변화가 있으면 β의 크기가 달라지고 요구수익률이 달라진다. 이를테면 부채의존도가 낮아지거나 경기변동에 민감한 제품의 매출액구성비가 낮아지면, 체계적 위험이 낮아져 요구수익률이 하락한다. 이 경우는 *SML* 선상을 따라 아래쪽으로 이동하는 모양으로 나타나게 된다([그림 7-8]의 (a) 하단).

■ 그림 7-8
요구수익률 결정 요인의 변동에 따른 *SML* 의 변화

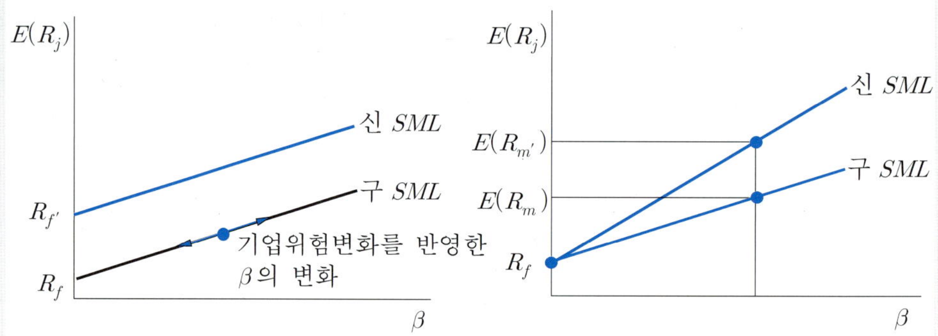

(a) 이자율변동과 *SML* 절편의 이동

(b) 시장위험프리미엄의 변화와 *SML* 의 기울기

Concept check

(1) 경제의 불확실성 증가로 시장위험프리미엄이 증가(공금리는 불변)한다면, 기대수익률 면에서 베타계수가 낮은 주식과 높은 주식에 어떻게 서로 다른 변화를 주는가?

(2) 사업다각화로 경기변동에 대한 민감도가 낮아진다면, 기대수익률에는 어떤 영향을 주는가?

제 3 절 차익가격결정이론(*APT*)

앞절에서 설명한 자본자산가격결정모형(*CAPM*)은 자본자산의 기대수익률을 단일공통요인인 시장포트폴리오의 민감도로 측정되는 체계적 위험척도(β계수)와의 관계에서 설명하는 시장균형모형이다. 그러나 *CAPM*은 그 검증가능성에 대하여 여러 가지 비판이 있었다.[7] 이에 따라 *CAPM*의 대안으로 1976년 로스(S. A. Ross)에 의해서 제시된 시장균형모형이 차익가격결정이론(*APT*)이다.[8]

1. 차익가격결정이론의 특징과 요인모형

차익가격결정이론(*APT* : arbitrage pricing theory)은 *CAPM*과는 달리 증권수익률을 다수의 공통요인의 선형함수로 나타내는 보다 일반화된 시장균형모형이다.

시장균형모형으로서 *APT*의 특징을 요약하면 다음과 같다.

① 균형상태의 시장에서는 추가적인 위험부담이 없이 차익거래에 의한 초과이익(재정이익)의 실현이 불가능하다는 논리에서 기대수익과 위험의 관계를 설명한다.

② *CAPM*에서처럼 관찰할 수 없는 이론적 시장포트폴리오에 의존하지 않고, 이에 대한 대안으로 현실적으로 관찰가능하고 충분히 분산투자된 포트폴리오의 구성하에서 균형가격결정원리를 설명한다.

③ 증권수익률의 움직임을 단일 공통요인보다는 다수 공통요인과의 선형관

7) 롤(R. Roll)의 연구에 의하면 *CAPM*은 시장포트폴리오의 대용지수가 효율적이어야만 성립하는데, 현실적으로 진정한 의미의 시장포트폴리오의 관찰은 불가능하다고 비판하고 있다. Roll, R., "A Critique of the Asset Pricing Theory's Tests; Part I : On Past and Potential Testability of the Theory," *Journal of Financial Economics*, 4 : 129～176 (March 1977).

8) Ross, S. A., "The Arbitrage Theory of Capital Asset Pricing," *Journal of Economic Theory*, 13 : 341～360 (December 1976).

계에서 표시한다.

본래 차익거래(arbitrage) 혹은 재정거래란 상품시장에서 동일한 상품은 서로 다른 가격으로 판매될 수 없기 때문에, 만약 상이한 가격으로 거래되고 있다면 싼 것을 매입하고 동시에 비싼 것을 매각하여 일물일가의 법칙(law of one price)이 성립할 때까지 초과이익을 취하고자 하는 계속적인 활동을 말한다.

증권의 경우도 일물일가의 법칙이 성립하므로 균형상태의 시장에서는 위험수준이 동일한 증권들은 동일한 기대수익률을 가져야 한다. 만약 위험수준은 동일한데 두 증권의 기대수익률이 다르게 형성되어 있으면, 부의 극대화를 추구하는 투자자들은 기대수익률이 낮은 증권을 공매(short sales)하는 동시에 그 매각대금으로 기대수익률이 높은 증권에 투자함으로써 위험부담이 없이 초과수익을 획득할 수 있게 된다. 이러한 차익거래행위는 초과수익이 더 이상 발생하지 않는 상태(no arbitrage condition)에 이르기까지 계속되어 수요와 공급이 일치되는 균형상태에 이르면 위험수준이 동일한 두 증권의 기대수익률은 같게 된다.

본래 APT는 요인모형에 기초하고 있다. 요인모형(factor model)이란 자산수익률이 GNP성장률, 이자율, 유가 등 공통요인의 영향을 받아서 변동한다고 보는 수익생성모형이다.

주식 j의 다음 기에 얻게 되는 실현수익률 R_j는 두 가지로 나누어 볼 수 있다. 한 가지는 현재 시점의 예상되는 각종 정보에 근거한 주식 j에 대한 기대수익률 $E(R_j)$이다. 또 한 가지는 다음 기에 예상치 못한 새로이 발생하는 정보에 의해 형성되는 기대치 못한 수익률 U_j이다. 결국 주식 j의 다음 기 실현수익률은 다음과 같이 표시할 수 있다.

$$R_j = E(R_j) + U_j \tag{7.11}$$

여기에서 기대하지 못한 정보에 의해 야기되는 수익률 U_j는 시장에 있는 모든 자산에 공통적으로 영향을 미치는 공통요인들의 예상치 못한 변동(체계적 위험) S_j와 주식 j에만 영향을 미치는 기업고유요인의 예상치 못한 변동(비체계적 위험) ϵ_j에 의해 발생하는 부문으로 나누어 다음과 같이 표시할 수 있다.

$$R_j = E(R_j) + S_j + \epsilon_j \tag{7.12}$$

이제 체계적 위험에 따른 주식 j의 수익률 변동의 정도는 공통요인의 예상치 못한 변동(F)에 대한 주식 j 수익률의 민감도를 측정한 베타계수(β_j)로 추정될 수 있다. 1절에서 시장수익률 변동에 대한 특정주식의 수익률의 민감도 정도를 베타계수로 추정한 것과 동일한 방법이다.

$$R_j = E(R_j) + \beta_j F + \epsilon_j \tag{7.13}$$

식(7.13)은 공통요인을 하나로 본 것이지만, 공통요인을 다수의 k공통요인(예를 들어 GNP성장률 변화, 기대인플레이션의 변화, 유가변화 등)으로 확대하면 다요인모형(multi-factor model)이 되는데, 주식 j의 수익률(R_j)을 다음과 같이 표시할 수 있다.

$$R_j = E(R_j) + \beta_{j1} F_1 + \beta_{j2} F_2 + \cdots\cdots + \beta_{jk} F_k + \epsilon_j \tag{7.14}$$

단, $E(R_j)$: 주식 j의 기대수익률
β_{jk} : 주식 j 수익률의 k요인에 대한 베타계수
F_k : 공통요인 k의 예상치 못한 변동, $k=1, 2, \cdots\cdots, k$
($F_k \equiv$공통요인의 실현된 값－공통요인에 대한 기대값)
ϵ_j : 주식 j의 기업고유요인에 기인하는 수익률 변동

2. APT의 도출

APT의 주요 특징의 하나는 기대수익과 위험의 관계를 설명함에 있어서 $CAPM$에서처럼 관찰이 가능하지 않은 시장포트폴리오 대신에 관찰이 가능한 충분히 분산된 포트폴리오(well-diversified portfolio)의 구성에 기초하고 있는 점이다. 그리고 또 다른 특징은 증권수익률의 움직임이 단일공통요인이 아니라 식(7.14)에서 보는 것처럼 다수공통요인(multi-factor)의 선형함수로 표시될 수 있음을 전제하는 점이다.

증권수익률이 식(7.14)의 다요인모형에 따라서 형성된다고 할 때, 차익(재정)이익의 실현이 불가능한 균형상태의 시장에서 증권의 기대수익률과 위험 사이

의 관계는 어떻게 나타나는가?

이제 추가적인 투자 없이, 추가적 위험부담 없이, 포트폴리오를 구성해 보기로 하자. 균형상태라면 일물일가원칙에 의해서 이러한 포트폴리오는 초과수익을 얻는 것이 불가능해야 한다. 이를 식으로 표시하면 다음과 같다.

① $\sum_{j=1}^{n} w_j = 0$: 추가적 투자가 없다(no net investment).

② $\sum_{j=1}^{n} w_j \beta_{jk} = 0$: 추가적 위험부담이 없다(no net risk).

③ $E(R_p) = \sum_{j=1}^{n} w_j E(R_j) = 0$: 초과기대수익률은 0이어야 한다(no net return).

이는 다음과 같은 의미를 지닌다. 이제 투자자가 어느 개별종목의 투자비중이 매우 적도록 충분히 분산투자된 포트폴리오를 구성하면 잔차분산 $\sigma^2(\epsilon_p)$는 영(0)에 가까워지게 된다($\sigma^2(\epsilon_p)=0$). 결국 공통요인에 대한 민감도를 나타내는 체계적인 위험 β_{p1}, β_{p2}, ……, β_{pk}만이 중요하게 된다. 그러면 체계적 위험 β_{pk}만이 수익률의 움직임에 영향을 미친다면, 균형상태에서 투자자산의 기대수익률과 체계적 위험 β_{pk} 사이에는 어떠한 관계가 성립하는가?

균형상태에서는 동일한 체계적 위험 β_{pk}(k 요인에 대한 민감도)에 대해서 동일한 기대수익률이 형성되어야 할 것이다. 만약 동일한 β_{pk}에 대하여 상이한 수익률이 기대된다면, 투자자들은 수익률이 낮은 것을 공매하고 그 자금으로 수익률이 높은 것을 매입(차익거래)하여 추가적인 투자자금 없이($\sum_{j=1}^{n} w_j=0$) 그리고 전혀 위험부담 없이($\sum_{j=1}^{n} w_j \beta_{jk}=0$) 초과이익을 획득할 수 있을 것이다.

예를 들어 무위험이자율이 7%인데, [그림 7-9]에 나타나 있는 것처럼 잘 분산투자된 포트폴리오 A와 D의 기대수익률, 공통요인 1에 대한 민감도가 다음과 같다고 하자.

	기대수익률	공통요인 1에 대한 민감도
포트폴리오 A	15%	1.4
포트폴리오 D	10%	0.7
무위험자산	7%	0.0

■ 그림 7-9
기대수익률과 체계적 위험의 관계 : 차익거래기회

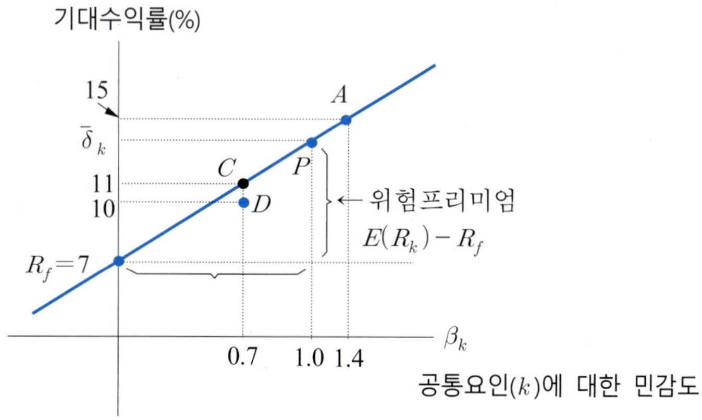

위의 상황에서 차익(재정)거래기회가 존재하는가? 이제 포트폴리오 $A(\beta=1.4)$와 무위험자산($\beta=0$)에 각각 50%씩 투자하여 만들어지는 포트폴리오 C를 구성해 보자. 포트폴리오 C의 β는 D와 마찬가지로 $0.7(=1.4\times1/2+0\times1/2)$인 반면, 기대수익률은 $11\%(=15\times1/2+7\times1/2)$가 된다. 동일한 β인데 포트폴리오 D의 기대수익률이 10%이므로 포트폴리오 C는 과소평가되어 있다. 따라서 포트폴리오 D를 공매한 자금으로 포트폴리오 C에 투자하게 되면 무위험의 초과이익을 얻을 수 있는 차익거래가 가능하게 된다.

결론적으로 차익(재정)거래기회가 존재하지 않는 균형상태에서의 기대수익률은 체계적 위험(β)의 크기에 선형으로 비례하여 R_fA선상에 놓이게 된다. 다음 식(7.15)와 같이 k공통요인 1단위의 체계적 위험에 대한 위험프리미엄(λ_k)이 동일하게 될 때 R_fA상에 놓이게 되고, 차익거래가능성이 사라진다.

$$\frac{E(R_{A1})-R_f}{\beta_{A1}}=\frac{E(R_{C1})-R_f}{\beta_{C1}}=\frac{E(R_{pk})-R_f}{\beta_{pk}}=\lambda_k(\text{상수}) \tag{7.15}$$

λ_k : k공통요인 1단위의 체계적 위험(β)에 대한 위험프리미엄

그러면 최종적으로 자산의 균형기대수익률과 각 공통요인에 대한 베타계수(체계적 위험)의 선형관계를 밝히는 구체적 식(APT)은 어떻게 표시될 것인가?

이제 식(7.15)로부터 충분히 분산투자된 포트폴리오 P의 경우 공통요인 k

에 대하여 다음과 같은 균형식이 성립함을 알 수 있다.

$$E(R_p) = R_f + \lambda \cdot \beta_p \tag{7.16}$$

이 같은 논리를 다수의 공통요인에 적용할 수 있다. 자산의 위험 중에서 여러 공통요인에 대한 민감도를 나타내는 베타계수(체계적 위험)만이 적절한 위험이므로 자산 j의 균형기대수익률은 무위험이자율과 자산 j의 각 요인에 노출된 위험프리미엄을 모두 합한 것이 될 것이다. 그런데 자산 j의 각 요인에 노출된 위험프리미엄(risk premium for exposure to common factor)은 각 요인에 대한 위험프리미엄에 자산 j의 각 요인 베타계수를 곱한 것이 된다.

자산 j의 k요인에 노출된 위험프리미엄
=k요인에 대한 위험프리미엄(λ_k)×자산 j의 k요인에 대한 베타계수

여기서 k요인에 대한 위험프리미엄(λ_k)은 k요인에 연관된 위험을 감수하는 데에 대한 대가이다. 이러한 의미에서 요인가격(factor price)이라고 부른다. 이 λ_k는 k요인에 대한 체계적 위험만이 1이고, 나머지 다른 요인에 대한 체계적 위험은 0인 포트폴리오에 대한 위험프리미엄을 구하여 측정할 수 있다. 요인 k에 대한 민감도(체계적 위험)만이 1($\beta_{jk}=1$)이고, 나머지 요인에 대한 체계적 위험은 0인 포트폴리오를 요인포트폴리오(factor portfolio)라고 하는데, 요인포트폴리오의 기대수익률을 $E(R_{Fk})$라고 표시하면 기대수익률 $E(R_{Fk})$는 식(7.17)과 같이 무위험이자율(R_f)에 위험프리미엄(λ)과 k요인 베타계수의 곱의 결과를 합한 것이므로 요인가격 λ_k는 다음 식(7.18)과 같이 표시된다.

$$E(R_{Fk}) = R_f + \lambda_k \cdot \beta_k \qquad (\because\ \beta_k = 1) \tag{7.17}$$

$$\lambda_k = E(R_{Fk}) - R_f \tag{7.18}$$

따라서 자산 j의 균형기대수익률은 다음과 같이 무위험이자율(R_f)에 더하여 각 k요인에 대한 위험프리미엄에 자산 j의 k요인에 대한 베타계수를 곱한 것을 모두 합한 것이 된다. 이것이 APT이다.

$$E(R_j) = R_f + [E(R_{F1}) - R_f]\beta_{j1} + [E(R_{F2}) - R_f]\beta_{j2} + \cdots\cdots + [E(R_{Fk}) - R_f]\beta_{jk} \quad (7.19)$$

$$= R_f + \lambda_1\beta_{j1} + \lambda_2\beta_{j2} + \cdots\cdots + \lambda_k\beta_{jk} \quad (7.20)$$

$$= R_f + \sum_{j=1}^{n}\lambda_k\beta_{jk} \quad (7.21)$$

단, λ_k : 요인 k에 대한 위험프리미엄($=E(R_{Fk}) - R_f$), 요인가격

$E(R_{Fk})$: 요인 k에 대한 체계적 위험만이 1이고, 그 이외의 요인에 대한 체계적 위험은 0인 포트폴리오의 기대수익률

β_{jk} : 주식 j의 k공통요인에 대한 민감도(다요인모형에서의 기울기)

결론적으로 APT는 주식수익률이 다요인모형에 따라서 형성된다고 가정하였을 때 시장균형하에서의 주식 j의 기대수익률은 주식 j 수익률의 공통요인 $k(F_k)$에 대한 민감도(β_{jk})의 선형함수로 표시된다.

Concept check

(1) 단일요인(시장지수)만이 존재하는 상황에서 잘 분산된 포트폴리오 A와 B의 자료가 다음과 같다. 지금 베타가 0.5인 포트폴리오 C의 기대수익률이 17%라고 한다. 차익거래기회가 존재하는가? 어떠한 차익거래전략을 구사할 수 있는가?

포트폴리오 A : 기대수익률=10%, 베타=0.6

포트폴리오 B : 기대수익률=20%, 베타=1.2

(2) 무위험이자율이 6%이다. 공통요인 1, 2에 대한 민감도 β_1=1.5, β_2=2 그리고 요인위험프리미엄 λ_1=0.03, λ_2=0.02로 추정된다. APT가 성립한다고 가정할 때, 이 주식에 기대하는 수익률은 얼마인가?

예제 7-5 APT 와 무위험차익거래방법

무위험이자율이 12%인 상황에서, 두 가지의 공통요인, GNP성장률(요인 1 : F_1)과 이자율(요인 2 : F_2)의 기대수익률이 각각 $E(R_{F1})=15\%$, $E(R_{F2})=17\%$이다.

한편 충분히 분산투자된 포트폴리오 P가 있는데, 이를 두 공통요인 F_1과 F_2에 대한 베타계수가 각각 $\beta_{p1}=0.6$, $\beta_{p2}=1.4$이다. 그리고 이 포트폴리오 P의 예상수익률이 17%이다.

(1) 요인포트폴리오 1, 2의 요인모형과 요인 1, 2에 대한 위험프리미엄을 제시하라.

(2) 포트폴리오 P의 요인모형과 포트폴리오 P의 두 요인에 노출된 위험프리미엄의 합계를 구하라.

(3) 균형상태에서의 포트폴리오 P의 기대수익률을 구하라.

➤ 풀이

(1) 요인포트폴리오 1, 2의 요인모형과 요인 1, 2에 대한 위험프리미엄

- 요인포트폴리오 1의 요인모형 : $R_{F1} = E(R_{F1}) + 1 \cdot F_1 = 0.15 + 1 \cdot F_1$
- 요인포트폴리오 2의 요인모형 : $R_{F2} = E(R_{F2}) + 1 \cdot F_2 = 0.17 + 1 \cdot F_2$
- 요인 1에 대한 위험프리미엄 : $\lambda_1 = E(R_{F1}) - R_f = 0.15 - 0.12 = 0.03$
- 요인 2에 대한 위험프리미엄 : $\lambda_2 = E(R_{F2}) - R_f = 0.17 - 0.12 = 0.05$

(2) 포트폴리오 P의 요인모형과 포트폴리오 P에 대한 위험프리미엄

- 포트폴리오 P의 요인모형 : $R_p = E(R_p) + 0.6F_1 + 1.4F_2$
- 공통요인 F_1과 F_2에 대해 1단위의 체계적 위험을 부담함으로써 투자자들이 얻는 위험프리미엄은 각각 3%, 5%이므로 포트폴리오 위험프리미엄은 이 값에 베타값을 곱한 것의 합이 될 것임.

$$\lambda_1\beta_{p1} + \lambda_2\beta_{p2} = (0.03)(0.6) + (0.05)(1.4) = 0.018 + 0.07 = 0.088$$

(3) 균형상태에서의 포트폴리오 P의 기대수익률

$$E(R_p) = R_f + [E(R_{F1}) - R_F]\beta_{p1} + [E(R_{F2}) - R_F]\beta_{p2}$$
$$= R_f + \lambda_1\beta_{p1} + \lambda_2\beta_{p2} = 0.12 + (0.03)(0.6) + (0.05)(1.4) = 0.208$$

3. *CAPM*과 *APT*에 대한 평가

*CAPM*은 사실상 *APT*에서 공통요인이 하나인 경우에 해당하는 시장균형모형이다. *CAPM*에 대한 검증가능성의 문제를 제기한 Roll의 연구 이외에도 *CAPM*의 유효성에 의문을 제기하는 여러 연구들이 제시되고 있다.[9] 또 *CAPM*에서는 투자결정에 반영되어야 할 적절한 위험은 시장위험 내지 체계적 위험인 것으로 설명하지만, 실제의 투자자들은 시장위험 이외에 개별자산위험도 여전히 고려한다는 점과 역사적 베타계수 측정과 이용상의 문제점 등 역시 지적되고 있다.

반면 *APT*는 다수의 공통요인과 연관지어 증권의 기대수익률을 설명하려는 보다 일반화된 시장균형모형으로서 *CAPM*과 비교하면, 이론적으로 다음과 같은 장점을 지닌다.

9) Fama, E. F., and K. R. French, "The Cross-Section of Expected Stock Returns," *Journal of Finance*, Vol. 47 : 427～465(1992) ; Fama, E. F., and K. R. French, "Common Risk Factors in the Returns on Stocks and Bonds," *Journal of Financial Economics*, Vol. 33 : 3～56(1993).

① $CAPM$에서는 균형가격 형성에는 수많은 투자자들의 시장참여를 전제로 한다. 그러나 APT에서는 차익거래의 논리에 기초하여 차익포트폴리오를 구성하는데, 균형상태의 회복에는 많은 수의 투자자를 필요로 하지 않는다.

② $CAPM$에서는 투자대상수익률의 확률분포가 정규분포인 것을 가정하거나 투자자의 효용함수는 2차함수의 형태를 띰을 가정하고 있다. 그러나 APT는 확률분포나 효용함수에 대해서 특별한 가정을 하고 있지 않다.

③ $CAPM$에서 핵심적인 역할을 하는 시장포트폴리오는 투자자의 최적투자대상으로 고려되는데, 진정한 시장포트폴리오의 확인은 불가능하다. 그러나 APT에서는 모든 자산을 고려할 필요 없이 분산투자가 잘 이루어진 특정 자산집합에 대해서도 적용가능하므로 시장포트폴리오를 필요로 하지 않는다.

④ $CAPM$에 비해 APT는 무위험자산에 대해 아무런 가정을 하지 않으며 투자기간을 다기간까지 쉽게 확장할 수 있다.

그러나 APT는 이에 대한 실증분석의 결과를 얻게 되는 몇 개의 공통요인을 찾을 때, 그것의 경제적 의미에 대하여 설명이 어렵고, 실제의 투자결정에 대한 적용가능성이 $CAPM$보다 뒤떨어진다는 문제점이 지적되고 있다.

제4절 효율적시장가설

1. 효율적시장가설

(1) 효율적시장과 효율적시장가설

금융시장이 효율적이라면 주식의 가격은 새로운 정보가 발생하면 이에 대해 신속하고 정확하게 반영할 것이고, 연속적인 주가는 무작위적인 움직임을 보일 것이다. 결과적으로 효율적시장에서는 이용가능한 정보를 이용하여 초과수익을 얻을 수 없다. 이처럼 증권가격이 이용가능한 모든 정보를 신속·정확·충분하게 반영하고 있어 그 정보로는 초과수익을 얻을 수 없다는 주장을 효율적시장가설(EMH : efficient market hypothesis)이라고 한다.

이와 같은 효율적시장이 현실적으로 성립할 수 있다면 그것은 실제 증권시장이 여러 형태의 정보에 대해서 다음과 같이 작동하므로 가능하다.

① 어느 특정증권의 가치에 영향을 주는 정보는 사전에 예측할 수 없게 무작위로 발표된다.
② 증권시장에는 독립적으로 투자수익을 극대화시킬 목적하에서 증권정보를 경쟁적으로 입수하여 분석하려는 수많은 증권전문가들이 존재한다.
③ 수많은 증권전문가들의 경쟁적인 정보입수와 분석활동 때문에 새로운 정보가 발생할 때마다 증권가격은 곧바로 조정된다.

(2) 효율적시장가설(EMH)의 형태

증권시장의 효율성 문제는 엄격하게 효율적이냐 아니면 비효율적이냐로 구분될 수 없는 상대적인 것이다. 즉, 증권시장의 효율성은 증권가격이 여러 정보 중 특정 정보의 신속한 반영여부에 따라 효율성의 정도를 상대적으로 평가해야 한다. 증

■ 그림 7-10
특정증권에 관련된 이용 가능한 세 가지 정보집합

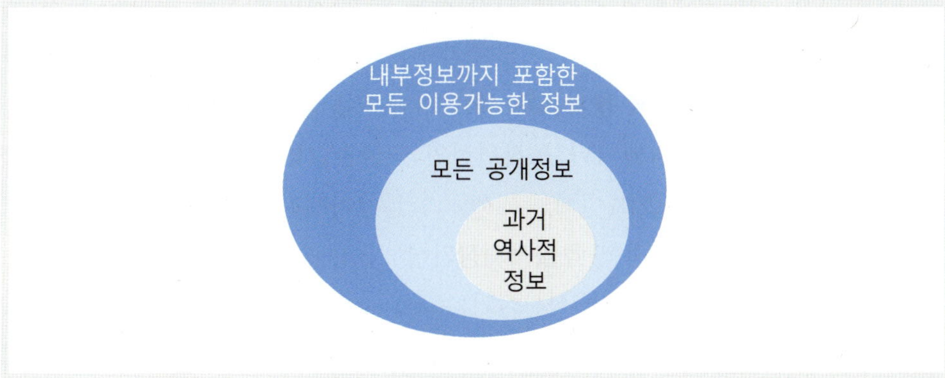

권가격에 반영되는 이용가능한 모든 정보집합(information sets)은 [그림 7-10]과 같이 구분해 볼 수 있다.

한가운데 가장 작은 원은 증권가격의 과거 역사적 움직임을 분석함으로써 얻어낼 수 있는 역사적 정보집합을 나타낸다. 두 번째 큰 원은 특정기업의 이익이나 합병발표와 같은 공개적으로 이용가능한 정보집합을 나타낸다. 따라서 내부정보나 사적 정보는 제외된 집합이 된다. 이 그림에서 가장 큰 원은 투자자들이 현재 확보할 수 있는 것으로서 특정증권의 평가에 적절히 이용될 수 있는 모든 정보를 나타낸다. 이 정보집합에는 특정기업과 당해산업, 국내외경제에 관한 공개적으로 이용가능한 정보뿐만 아니라 특정 투자자들에 의해서만 사적으로 수집된 비공개적 내부정보까지도 포함된다.

효율적시장가설(EMH)은 세 가지 종류의 정보집합 중에서 어떤 정보가 증권가격에 반영되었는가, 환언하면 투자자가 어떤 정보를 이용하여 초과수익을 얻을 수 있는 것인가에 따라 증권시장의 효율성에 상대적 차이가 있다고 보고, 다음과 같이 세 가지 형태로 나누어 볼 수 있다.[10)]

1) 약형 효율적시장가설

약형 효율적시장가설(weak-form EMH)이란 현재의 주가는 과거 주가변동의 양

10) 효율적시장가설의 세 가지 형태를 처음 제시한 사람은 Eugene Fama(1970)이다. Fama, E. F., "Efficient Capital Markets : A Review of Theory and Empirical Work," *Journal of Finance*(May 1970). 시카고대학의 Fama 교수는 이 업적을 바탕으로 2013년 노벨경제학상을 수상하였다.

상, 거래량의 추세에 관한 정보 등 과거의 역사적 정보를 완전히 반영하고 있으므로 어떤 투자자도 과거 주가변동의 형태와 이를 바탕으로 한 투자전략으로는 초과수익을 얻을 수 없다는 주장이다. 일련의 연속적인 주가움직임이 아무런 상관성이 없이 움직이거나 무작위적인 변동을 보이면 이러한 주장을 뒷받침할 것이다.

2) 준강형 효율적시장가설

준강형 효율적시장가설(semi-strong form EMH)이란 현재의 주가는 공개적으로 이용가능한 모든 정보(all publicly available information)를 완전히 반영하고 있으므로 투자자들은 공표된 어떠한 정보나 이에 바탕을 둔 투자전략으로는 초과수익을 달성할 수 없다는 주장이다. 여기서 공개적으로 이용가능한 정보(공표정보)란 과거의 주가나 거래량 같은 역사적 정보뿐만 아니라 기업의 회계정보(순이익 등) 발표, 공표된 정부의 경제정책, 경쟁업체의 공시사항, 기업의 배당이나 유·무상증자 또는 합병계획과 같은 사건발표 등의 정보가 포함된다.

만약 기업이 어떤 공시정보를 발표했을 때, 이에 대하여 즉시 주가반응과 조정이 이루어지고, 그 정보를 활용해도 평균 이상의 수익을 올릴 수 없는 시장이라면 이러한 주장은 뒷받침될 것이다.

3) 강형 효율적시장가설

강형 효율적시장가설(strong-form EMH)이란 일반에게 공개된 정보뿐만 아니라 공개되지 않은 내부정보까지도 주가에 반영되어 있으므로 투자자는 어떠한 정보에 의해서도 초과수익을 얻을 수 없다는 주장이다. 만약 일반인이 접근하기 어려운 정보가 비교적 많은 개인이나 집단(예를 들어, 투자신탁회사 등의 기관투자가집단)도 초과수익 달성이 어려운 것으로 나타나면 이러한 주장은 뒷받침될 수 있다.

2. 효율적시장의 특성

이처럼 현실의 증권시장이 얼마나 효율적인가는 재무의사결정시 고려해야 할 매우 중요한 요소가 된다. 따라서 현실의 증권시장이 얼마나 효율적인가를 밝히는 실증분석이 중요해진다. 실증분석의 전단계로 시장이 효율적이라면 어떤 행태적 특성을 지닐지를 밝히는 것이 필요하다.

(1) 주가의 무작위적 변화

효율적시장에서의 연속적인 증권가격변동은 무작위적(random walk)이어야 한다. 즉, 과거시점의 가격변화와 현재시점의 변화는 상관관계가 없어야 한다. 왜냐하면 과거의 정보는 증권가격에 이미 반영되어 있고 미래의 주식가격은 미래의 새로운 정보에 달려 있는데, 그 새로운 정보는 언제 어디서 발표될 것인지 누구도 예측할 수 없을 정도로 무작위적으로 발생되고, 발생되면 수많은 증권분석가들의 경쟁적인 활동에 의해서 즉각적으로 평가되어 이에 따라 가격조정이 이루어지기 때문이다. 따라서 증권시장이 효율적이라면 오늘의 증권가격변화는 과거에 발생한 주가변화와 완전히 무관하다. 한번 상승하기 시작한 주가가 계속 상승추세를 보이는 것처럼 연속적인 주가움직임이 과거의 주가변화와 종속성이나 상관성이 있다면 시장은 비효율적이다.

(2) 새로운 정보에 대한 신속 · 정확한 주가반응

효율적시장에서의 증권가격은 증권의 가치평가에 관련된 새로운 정보가 발생하면 이에 대해 신속하고 정확하게 반응하는 행태를 보일 것이다. 증권시장에는 매일 수많은 정보가 유입된다. 특정기업 관련정보뿐만 아니라 일반경제상황, 국내정치, 국제관계, 노사분규, 원자재난 등 증권가치평가에 적절한 정보가 전파되면서 증권가격에 영향을 끼친다. 증권시장이 효율적이라면 시장이 정보를 입수하자마자 증권가격은 이들 정보에 신속하게 반응한다. 효율적시장에서는 정보수집처리과정이 신속하기 때문이다. 또한 시장가격이 새로운 정보에 편의 없이(unbiased) 반응해야 한다. 즉 [그림 7-11]에서 ①의 경우처럼 새로운 정보에 대해 가격이 최초의 반응을 보일 때 그 정보가 증권가치에 대해 지니는 진정한 의미를 신속하고 정확히 반영해야 한다. ②의 경우처럼 지연된 반응(delayed reaction)을 보인다든지, ③의 경우처럼 과잉반응(overreaction)을 보인 다음에 추후 수정되는 형태를 보인다면 효율적시장이라고 볼 수 없다.

■ 그림 7-11
새로운 정보 발생에 대한 주가반응의 형태

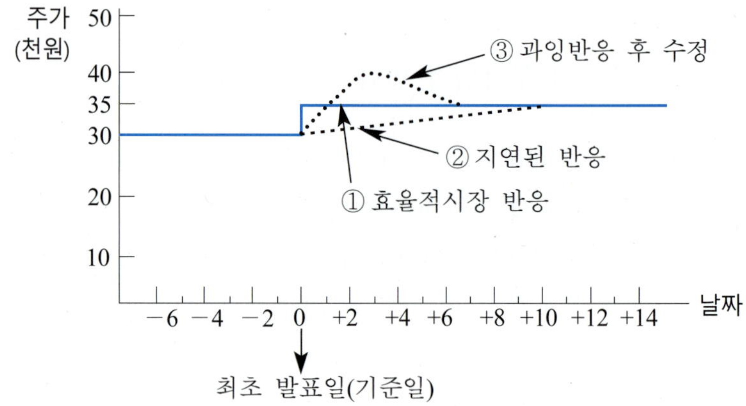

(3) 성공적인 투자전략의 부재

효율적시장이라면 어느 시점에서 이용가능한 정보에 기초한 투자전략이나 거래규칙을 수립했을 때 미래 평균투자수익률 이상의 투자성과를 지속적으로 획득할 수 없다. 시장이 효율적이라면 이용가능한 특정정보에 기초한 투자전략이 세워졌을 때 그 투자전략은 한순간 유효하였을지 몰라도 곧 이 투자전략의 내용과 정보가치가 신속하게 알려지게 되고, 모든 투자자들이 이를 모방하게 되므로 곧 이 투자전략의 정보가치와 초과수익이 사라지게 된다. 지속적으로 평균 이상의 투자수익을 얻는 것이 불가능해진다.

예를 들어, 시장이 기업의 이익보고서와 같은 공표된 새로운 정보에 느리게 반응한다고 가정하고, 당해연도에 주당이익(*EPS*) 증가가 제일 높은 상위 10여 개 기업에 투자하는 전략을 세웠을 때 이 전략이 과연 적정수준 이상의 투자성과를 계속적으로 가져올 것인가? 시장이 효율적이라면 이와 같은 투자전략은 설령 한두 번은 성공할 수 있어도, 그 정보가치는 소멸할 것이므로 곧 실패할 것이다.

(4) 전문투자자의 보통수준의 투자성과

효율적시장에서는 특정정보를 알고 있는 전문투자자들과 모르고 있는 투자자들의 평균적인 투자성과 사이에는 의미 있는 차이가 없다. 만약 투자성과의 차이가 존재한다면 전혀 우연적인 것이며, 주가에 반영되지 않은 정보를 발견하는

Fama-French 3-factor model

1964년 자본자산가격결정모형($CAPM$)으로 주식수익률을 설명할 수 있다는 이론이 제시된 이후 이 모형의 실효성에 대한 의문이 계속 제기되어 왔다. 많은 학자들과 실무자들이 $CAPM$으로 설명할 수 없는 현상들을 발견하고, $CAPM$은 현실을 반영하지 못한다고 주장하였다. 대표적인 소위 "시장의 이례적 현상"(market anomalies)의 증거는 다음과 같은 것이 있다.

- 기업규모효과 : 기업규모가 작은 소규모기업의 포트폴리오가 대규모기업의 그것보다 높은 수익률을 보이는 현상
- book-to-market 효과 : book-to-market 비율(자산의 장부가치/자산의 시장가치)이 높은 기업들로 구성한 포트폴리오가 book-to-market 비율이 낮은 기업들로 구성한 포트폴리오보다 장기적으로 높은 수익률을 보이는 현상. 보통 book-to-market 비율이 높은 기업의 주식을 가치주(value stock), 반대의 경우를 성장주(growth stock)라 부르며, Warren Buffett은 가치주에 투자하여 지속적으로 높은 수익률을 기록했다고 한다.

기업규모효과와 book-to-market 효과를 고려하여 Fama와 French는 1992년 주식수익률 모델을 발전시켰다. $CAPM$에서는 하나의 factor에 의해 주식수익률이 결정되기 때문에 1-factor모델이지만, Fama와 French 이론에서는 세 가지 factor에 의해 주식수익률이 결정되기 때문에 Fama-French 3-factor모델이라 부른다. Fama와 French는 다음과 같은 식에 의해서 주식의 수익률이 결정된다고 주장하였다.

$$R_i = R_f + \beta \times MRP + \beta_{SMB} \times R_{SMB} + \beta_{HML} \times R_{HML}$$

단, R_i : i주식의 수익률

R_f : 무위험자산수익률

MRP : 시장위험프리미엄(market risk premium)

R_{SMB} : 시가총액을 기준으로 규모가 작은 기업(Small)들은 매수하고 큰 기업(Big)들은 공매도한 포트폴리오의 수익률

R_{HML} : Book-to-market 비율이 큰 기업(High)들은 매수하고 작은 기업(Low)들은 공매도한 포트폴리오의 수익률

능력면에서도 체계적이고 영속적인 차이를 보일 수 없다. 또 효율적시장에서는 일반투자자보다도 더 많은 사적 정보나 내부정보를 가지고 있더라도 평균 이상의 투자성과를 지속적으로 얻을 수 없다. 왜냐하면 효율적시장에서는 주가에 영향을 미칠 사적 정보라도 관련 경영능력이 사전에 시장에서 평가될 것이므로 아직 주가에 반영되지 않은 어떠한 정보를 근거로 투자해도 초과수익을 얻을 수 없다.

주요 용어

- 자본자산가격결정모형($CAPM$)
- 자본자산
- $CAPM$의 가정
- 자본시장선(CML)
- 시장포트폴리오
- 증권시장선(SML)
- 총위험
- 체계적 위험
- 비체계적 위험
- 베타계수
- 균형가격의 형성
- 차익가격결정이론(APT)
- 차익거래
- 요인모형
- 다요인모형
- 요인가격
- 효율적시장
- 효율적시장가설

연습문제

1. 어떤 주식의 베타와 기대수익률의 관계를 표현한 그래프를 무엇이라 부르는가?

① 증권시장선　　② 자본시장선
③ 증권특성선　　④ 자본배분선

2. 주식시장에서 투자자들이 많이 쓰는 가치주(value stock) 투자전략은 다음의 어떤 효과와 관련이 있는가?

① Size 효과　　② Book-to-market 효과
③ Momentum 효과　　④ Profitability 효과

3. 주식시장과 수익률에 관한 다음 설명 중 타당성이 가장 떨어지는 것은?

① 베타에 의해 기대수익률이 결정된다는 이론이 있다.
② 주식수익률은 배당수익률과 자본이득수익률의 합으로 볼 수 있는데, 국내 시장에서는 일반적으로 배당의 중요성이 크다.
③ 장기투자는 보통 가치주 중심으로 이루어진다.
④ 시장이 효율적이라면 초과수익률을 내기 어렵다.
⑤ 주가수익비율(*PER* : price-to-earnings ratio)이 상대적으로 크면 성장주, 작으면 가치주로 분류할 수 있다.

4. 시장 인덱스의 수익률과의 상관관계에 기반하여 특정주식의 체계적 위험을 측정하는 단위는?

① 표준편차　　② 포트폴리오 비중
③ 무위험이자율　　④ 위험프리미엄 대 변동성 비율
⑤ 베타계수

5. 다음 중 최근 금융시장에서 많이 거래되고 있는 인버스(inverse) ETF의 베타로 생각되는 숫자는?

① 0　　② −1
③ 2　　④ 3

6. 효율적시장가설(efficient market hypothesis)에 관한 다음 설명 중 타당한 것은?

① 기업이 발표한 공적 정보(public information)를 이용하여 초과수익(abnormal earnings)을 얻을 수 있다.
② 투자전문가인 펀드매니저는 개인투자자보다 항상 큰 수익률의 성과를 보인다.
③ 기술적 분석(technical analysis)은 초과수익을 얻기 위한 중요한 수단이다.
④ 효율적시장을 믿는 투자자는 passive investment strategy를 사용하는 게 바람직하다.
⑤ 주가의 시계열분석에 바탕하여 주가의 저점에서 사고, 고점에서 팔면 초과수익을 얻을 수 있다.

7. 특정기업이 발행한 주식의 주가수익비율(*PER* : price-to-earings ratio)이 25이고, 이 기업이 발행한 채권의 수익률이 연 6%라고 가정하자. 다음 설명 중 바른 것은?

① 이 회사의 주식은 공정가격(fair value)에 거래되고 있다.
② 이 회사의 주식은 고평가되어 있다고 볼 수 있다.
③ 이 회사의 주식은 저평가되어 있다고 볼 수 있다.
④ 주식가격의 적정성을 알 수 없다.
⑤ 채권의 수익률은 변하지 않을 것이다.

8. 다음에 제시된 효율적시장 형태 중 미국의 거래소처럼 잘 조직된 시장에서 적용되는 것은?

ㄱ. 강형 효율적시장	ㄴ. 준강형 효율적시장	ㄷ. 약형 효율적시장

① ㄱ　　② ㄴ
③ ㄷ　　④ ㄴ, ㄷ
⑤ ㄱ, ㄴ

9. 어떤 투자자가 증권시장선을 표시하는 그래프를 작성하다 증권시장선보다 아래에 있는 주식을 발견하였다면?

① 주식이 저평가되어 있다.
② 주식이 기대보다 높은 수익을 제공한다.

③ 주식의 위험프리미엄이 매우 낮다.
④ 주식의 베타가 매우 낮다.
⑤ 주식의 시장 평균 수익보다 높은 수익을 제공한다.

10. 무위험수익률은 7%, 주식 A의 베타는 1.2, 주식 B의 베타는 0.8이다. 주식 A의 기대수익률은 13.5%, 그리고 주식 B의 기대수익률은 11.0%이다. 주식 A의 가격이 적절히 측정되었다는 것과, 주식 A와 주식 B의 베타가 정확하다는 것을 알고 있다면, 다음 설명 중 올바른 것은?
① 주식 B의 가격은 적절히 측정되었다.
② 주식 B의 기대수익률은 매우 높다.
③ 주식 A의 기대수익률은 매우 높다.
④ 주식 B의 가격은 매우 높다.
⑤ 주식 A의 가격은 매우 높다.

11. 자본시장선(capital market line)의 기울기는 무엇인가?
① 표준편차 ② 포트폴리오 비중
③ 무위험이자율 ④ 위험프리미엄 대 변동성 비율
⑤ 베타계수

12. 다음 중 펀드 등의 투자성과를 평가하는 지표가 아닌 것은?
① 샤프지수 ② 트레이너지수
③ 젠슨의 알파 ④ 파머지수

13. *CAPM*의 의의와 기본가정에 대하여 설명하라.

14. 시장위험과 베타계수에 대해서 설명하라. 또 투자위험으로서 체계적 위험과 비체계적 위험을 비교 설명하고, 이의 측정방법을 제시하라.

15. 자본시장선(*CML*)과 증권시장선(*SML*)의 의의를 설명하고, *CAPM*으로서 양자를 비교하라.

16. 만약 무위험이자율은 변화가 없고 시장위험프리미엄만 증가한다면 증권시장선에는 어떤 영향이 있겠는가?

17. *CAPM*이 실물투자, 금융투자 결정에 어떻게 활용되고 있는지를 설명하라.

18. 시장균형모형으로서 *APT*의 특성을 제시하고, 차익거래의 일반적 원리를 설명하라.

19. 총위험과 체계적 위험

주식 C와 D에 대한 자료가 다음과 같다. 시장기대수익률은 16%이고 무위험이자율은 6%이다.

주 식	표준편차	베타계수
C	20%	1.25
D	30%	0.95

(1) 총위험은 어느 주식이 큰가?
(2) 체계적 위험은 어느 주식이 큰가?
(3) 자본시장이 균형상태에 있다고 가정하면, 기대수익률은 어느 주식이 높은가?
(4) 주식 C와 D에 60 : 40의 비율로 투자한 포트폴리오를 구성할 때, 자본시장이 균형상태에 있는 것을 가정하면, 포트폴리오의 균형기대수익률은 얼마인가?

20. *CAPM*과 실물자산 투자결정에의 이용

*CAPM*은 자본예산의 수립에도 활용된다. 지금 무부채기업인 (주)소망에서는 다음과 같은 납세후 현금흐름이 예상되는 투자사업의 채택여부를 검토하고 있다.

(단위 : 억원)

향후연도	납세후 현금흐름
0	−20
1～9	10
10	20

이 투자사업의 베타(β)는 1.7이고 무위험이자율(R_f)은 9%, 시장포트폴리오 기대수익률 $E(R_m)$은 19%이다.

(1) 이 투자사업의 순현가(*NPV*)는 얼마인가?
(2) 이 투자사업의 순현가가 음(−)이 되지 않기 위해서 필요한 베타계수의 최대치는 얼마인가?

21. *SML*과 균형가격의 형성

자본시장은 균형상태에 있다. 주식 A의 베타와 기대수익률은 0.8, 14%이고, 주식 B의 베타와 기대수익률은 1.2, 20%이다. 베타가 1.6인 주식 C의 기대수익률은 얼마인가?

22. *SML* 과 증권평가

현재 무위험자산 이자율이 6%이고, 시장기대수익률은 16%이다. 베타가 0.8인 주식의 균형기대수익률은 얼마인가? 그리고 이 주식을 20,000원에 매입하였다. 연말배당금이 2,000원으로 예상되고, 연말가격이 22,000원으로 예상된다면, 이 주식은 % 기준으로 얼마나 과대평가 혹은 과소평가되었는가?

23. *CML* 과 *SML* 의 도출, 과대 · 과소 평가된 증권의 선별

주식 A의 수익률(R_A)과 시장수익률(R_m)이 다음과 같이 예상되었다. 무위험이자율(R_f)은 4%이다.

상 황	확률(P_i)	R_A	R_m
Ⅰ	0.2	0.30	0.18
Ⅱ	0.4	0.10	0.15
Ⅲ	0.3	0.25	0.10
Ⅳ	0.1	−0.05	−0.10

(1) 자본시장선(*CML*)의 관계식을 도출하라.

(2) 증권시장선(*SML*)의 관계식을 도출하고, 이를 도시하라.

(3) 주식 A의 베타(β_A)를 계산하고, 주식 A에 대한 요구수익률을 추정하라.

(4) 주식 A가 과대평가되었는지 과소평가되었는지를 평가하라.

24. *SML* 과 과대 · 과소 평가

제6장 연습문제 17번에서 제시된 증권들의 기대수익률과 β계수가 다음과 같다. 무위험이자율(R_f)은 8%이다.

증 권	"동서"	"남북"	"오대양"	KOSPI	국공채
기대수익률(%)	17.4	1.7	13.8	15.0	8.0
베타계수	1.29	−0.86	0.68	1.0	0.0

(1) 시장위험프리미엄은 얼마인가?

(2) 3개 주식들에 대한 요구수익률을 구하라.

(3) 이들 3개 주식에 대해 "과대평가" 또는 "과소평가" 여부를 판단하라.

(4) "동서"와 "남북"에 50 : 50 투자한 포트폴리오의 베타는 얼마인가? 또 요구수익률은 얼마인가?

25. *CML*과 *SML*의 비교, 투자결정에의 이용

*CAPM*은 불확실성하에서의 기업의 재무의사결정에 널리 활용되고 있다. 무부채기업인 (주)엔젤화학에서는 새로운 세 가지 투자안의 경제적 타당성을 검토하기 위해 *CAPM*을 활용하고자 한다. 무위험이자율은 10%, 시장포트폴리오의 기대수익률은 14%이며, 시장수익률의 표준편차는 0.05이다. 다음은 (주)엔젤화학과 세 가지 투자안 A, B, C에 대한 정보이다.

투자안	기대수익률	표준편차(σ)	시장수익률과의 상관계수(ρ_{im})
(주)엔젤화학	12%	0.36	0.1
A	20	0.075	1.0
B	20	0.25	0.2
C	15	0.25	0.3

(1) 위의 자료를 이용하여 자본시장선(*CML*)과 증권시장선(*SML*) 식을 제시하라.

(2) 각 투자안의 베타계수와 요구수익률을 구하라.

(3) 각 투자안의 총위험과 체계적 위험, 비체계적 위험을 계산하라. 총위험이 동일한 투자안과 체계적 위험이 동일한 투자안은 어느 투자안인가? 또 이들 투자안의 총위험이 상이할지라도 체계적 위험이 동일한 이유와 이때에는 어느 위험을 기준으로 할 것인지를 설명하라.

(4) $E(R)$, σ로 표시되는 공간에 자본시장선(*CML*)을 그림으로 나타내고, 투자안 A, B, C, (주)소망화학(*W*로 표시할 것) 그리고 시장포트폴리오 *M*을 점으로 표시하라.

(5) 자본제약이 없다면 세 투자안 중에 어떤 투자안을 채택할 것인가?

26. *APT*와 차익거래

잘 분산투자된 포트폴리오 A, B, C가 있는데, 기대수익률과 공통요인 1, 2에 대한 민감도가 다음과 같다.

포트폴리오	기대수익률	β_{j1}	β_{j2}
A	10%	0.3	0.2
B	15	1.0	0.6
C	14	0.5	1.0

(1) 차익(재정)거래기회가 사라진 균형상태에서 무위험이자율과 공통요인 1, 2에 대한 위험프리미엄은 얼마인가?

(2) 균형기대수익률과 공통요인 1, 2에 대한 민감도(베타계수) 사이에는 어떠한 관계가 성립하는가?

(3) 포트폴리오 A, B, C에 각각 1/3씩 투자하여 얻게 되는 포트폴리오를 D라고 할 때 D의 기대수익률 $E(R_p)$와 1, 2요인에 대한 민감도 β_{p1}, β_{p2}는 얼마인가?

(4) 포트폴리오 E의 기대수익률 $E(R_p)$는 15%이고, 체계적 위험은 $\beta_{p1}=0.6$, $\beta_{p2}=0.6$이다. (3)의 포트폴리오 D와 비교할 때 시장에서 차익(재정)거래기회가 존재하는가? 존재한다면 100만원의 자금을 이용하는 차익거래의 과정을 밝혀라.

27. *CAPM*의 적용

자산 A의 기대수익률이 16%, 무위험수익률이 7%, 그리고 베타가 1.2일 때, 시장 기대수익률은?

28. 위험프리미엄의 계산

무위험수익률이 5%일 때, 다음의 수익에 대한 위험프리미엄은?

상 황	확 률	수익률
낙관	.25	.60
중립	.50	.20
비관	.25	−.10

해답

19. (1) 총위험은 표준편차의 크기로 평가되므로 주식 D의 총위험이 크다.

(2) 체계적 위험은 베타계수의 크기로 평가되므로 주식 C의 체계적 위험이 크다.

(3) 자본시장이 균형상태에 있으면, 기대수익률은 베타계수가 높은 주식 C가 높다.

$E(R_j) = R_f + [E(R_m) - R_f]\beta_j = 0.06 + (0.16 - 0.06)1.25 = 18.5\%$

(4) 포트폴리오의 경우도 *SML*의 균형관계가 성립한다.

$E(R_p) = R_f + [E(R_m) - R_f]\beta_p$

$\beta_p = \sum(\text{투자비율})(\text{개별자산}\beta) = (0.6)(1.25) + (0.4)(0.95) = 1.13$

$E(R_p) = 0.06 + (0.10)(1.13) = 17.3\%$

20. (1) *SML*에서 할인율(R) 추정

$R = R_f + [E(R_m) - R_f] \cdot \beta = 9\% + [19\% - 9\%] \cdot 1.7 = 26\%$

$$NPV = -20\text{억} + \sum_{t=1}^{9}\frac{10\text{억}}{(1+0.26)^t} + \frac{20\text{억}}{(1+0.26)^{10}} = 15.64\text{억}$$

⇒ 이 투자안은 기업가치를 증가시키는 투자안이다.

(2) *NPV*가 0이 되는 할인율(곧 *IRR*)을 구하면 49.55%이다.

$$NPV = -20\text{억} + \sum_{t=1}^{9}\frac{10\text{억}}{(1+r)^t} + \frac{20\text{억}}{(1+r)^{10}} = 0 \Rightarrow r = 49.55\%$$

따라서 β계수의 최대치는 다음 관계식을 만족하는 베타계수이다.

$9\% + [19\% - 9\%] \cdot \beta = 49.55\% \quad \therefore \ \beta = 4.055$

21. 균형상태에서는 *SML*로 표시되는 다음 관계가 성립해야 한다.

$E(R_j) = R_f + [E(R_m) - R_f]\beta_j$

주식 A : $E(R_A) = R_f + [E(R_m) - R_f]0.8 = 14\%$ ………… ①

주식 B : $E(R_B) = R_f + [E(R_m) - R_f]1.2 = 20\%$ ………… ②

①과 ②에서 $E(R_m)$과 R_f를 구하면, $E(R_m) = 17\%$, $R_f = 2\%$

따라서 주식 C의 기대수익률 : $E(R_C) = 2\% + [17\% - 2\%]1.6 = 26\%$

22. 요구수익률$=0.06+(0.16-0.06)\cdot 0.8=0.14(14\%)$

예상수익률$=\dfrac{2{,}000+22{,}000}{20{,}000}-1=0.2(20\%)$

예상수익률 20%>요구수익률 14%, ∴ 6% 과소평가

23. (1) $CML:\ E(R_p)=R_f+\left[\dfrac{E(R_m)-R_f}{\sigma_m}\right]\sigma_p$

$$* \ E(R_m)=0.2\times0.18+0.4\times0.15+0.3\times0.1+0.1\times(-0.1)=0.116$$

$$Var(R_m)=E(R_m^2)-[E(R_m)]^2$$

$$=0.2\times0.18^2+0.4\times0.15^2+0.3\times0.1^2+0.1\times(-0.1)^2-(0.116)^2$$

$$=0.006024 \qquad \sigma_m=0.0776$$

$$\therefore\ E(R_p)=0.04+\left[\frac{0.116-0.04}{0.0776}\right]\cdot\sigma_p=0.04+0.9794\sigma_p$$

(2) $SML:\ E(R_j)=R_f+[E(R_m)-R_f]\cdot\beta_j$

$$E(R_j)=0.04+[0.116-0.04]\beta_j=0.04+0.076\beta_j$$

(3) $\beta_A=\dfrac{Cov(R_A,\ R_m)}{\sigma_m^2}=\dfrac{0.00508}{0.006024}=0.8433$

$$Cov(R_A,\ R_m)=0.2(0.3-0.17)(0.18-0.116)+0.4(0.10-0.17)(0.15-0.116)$$
$$+0.3(0.25-0.17)(0.10-0.116)+0.1(-0.05-0.17)(-0.10-0.116)$$
$$=0.00508$$

요구수익률$=0.04+0.076\times0.8433=0.1040908(10.41\%)$

(4) 요구수익률(10.41 %) <기대수익률(17%)이므로 과소평가되어 있다.

24. (1) 시장위험프리미엄$=E(R_m)-R_f=0.15-0.08=7\%$

(2) 요구수익률$(RRR)=R_f+[E(R_m)-R_f]\cdot\beta$

RRR(동 서)$=8.0\%+7\%(1.29)=17.0\%$

RRR(남 북)$=8.0\%+7\%(-0.86)=2.0\%$

RRR(오대양)$=8.0\%+7\%(0.68)=12.8\%$

(3)

	기대수익률		요구수익률(RRR)	과대 · 과소 평가여부
동서	17.4%	>	17.0%	과소평가
남북	1.7%	<	2.0%	과대평가
오대양	13.8%	>	12.8%	과소평가

(4) $\beta_p=\sum w_j\beta_j$

$$=0.5(1.29)+0.5(-0.86)=0.22$$

$RRR_p=R_f+[E(R_m)-R_f]\cdot\beta_p$

$$=0.08+0.07(0.22)=9.5\%$$

25. (1) $E(R_m)=14\%$, $R_f=10\%$, $\sigma_m=0.05$이므로

$$CML: E(R_p)=R_f+\frac{E(R_m)-R_f}{\sigma_m}\cdot\sigma_p=0.1+\frac{0.14-0.1}{0.05}\cdot\sigma_p=0.1+0.8\sigma_p$$

$$SML: E(R_j)=R_f+[E(R_m)-R_f]\cdot\beta_j 0.1+(0.14-0.1)\beta_j=0.1+0.04\beta_j$$

(2) SML에 대하여 요구수익률 추정

- 요구수익률 : $R_j=R_f+[E(R_m)-R_f]\cdot\beta_j=0.1+0.04\beta_j$
- 베타추정 : 자료가 상관계수로 주어져 있으므로 다음과 같이 변환

$$\beta_j=\frac{COV_{jm}}{\sigma_m^2}=\frac{\sigma_j\sigma_m\rho_{jm}}{\sigma_m^2}=\frac{\sigma_j\rho_{jm}}{\sigma_m}$$

투자안	베타계수	요구수익률
(주)엔젤화학	$\frac{(0.36)(0.1)}{0.05}=0.72$	$R=0.1+0.04(0.72)=12.88\%$
A	$\frac{(0.075)(1.0)}{0.05}=1.5$	$R=0.1+0.04(1.5)=16\%$
B	$\frac{(0.25)(0.2)}{0.05}=1.0$	$R=0.1+0.04(1.0)=14\%$
C	$\frac{(0.25)(0.3)}{0.05}=1.5$	$R=0.1+0.04(1.5)=16\%$

(3) 1) 총위험 : $\sigma_j^2=\beta_j^2\sigma_m^2+\sigma^2(\epsilon_j)$에서 체계적 위험$=\beta_j^2\sigma_m^2$, 비체계적 위험$=\sigma_j^2-\beta_j^2\sigma_m^2$

투자안	체계적 위험 ($\beta_j^2\sigma_m^2$)	비체계적 위험 ($\sigma_j^2-\beta_j^2\sigma_m^2$)	총위험 (σ_j^2)
(주)엔젤화학	0.001296	0.128304	0.1296
A	0.005625	0.000	0.005625
B	0.0025	0.0600	0.0625
C	0.005625	0.056875	0.0625

2) 총위험이 동일한 투자안 : 투자안 B와 C
체계적 위험이 동일한 투자안 : 투자안 A와 C

3) 투자안 A와 C는 체계적 위험이 같으나 투자안 A의 경우 비체계적 위험은 없고, 투자안 C의 경우는 총위험 중 분산가능한 비체계적 위험이 91%$\left[=\left(\frac{\text{비체계적 위험}}{\text{총위험}}\right)=\frac{\sigma_j^2-\beta_i^2\sigma_m^2}{\sigma_i^2}=\frac{0.056875}{0.0625}\right]$나 차지한다.

체계적 위험이 동일한 이유는 두 투자안의 베타(β)가 같기 때문이다.

위험투자안 평가시 고려되어야 할 위험은 체계적 위험이다. 그 이유는 비체계적 위험은 분산가능위험으로서 위험보상이 필요치 않은 반면에, 체계적 위험은 분산불능위험으로서 위험보상에 반영되어야 하기 때문이다.

(4)

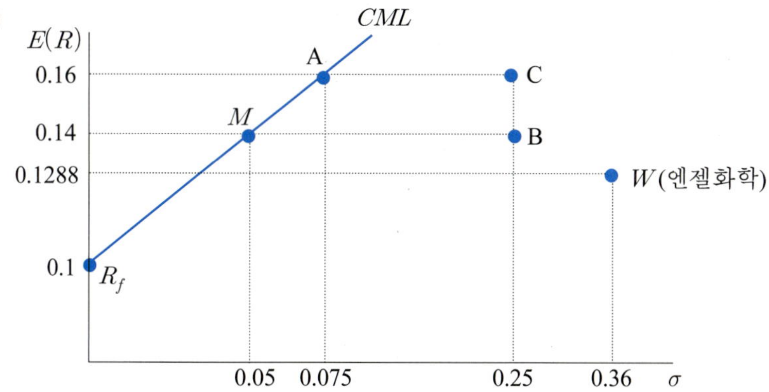

(5) 위험투자안의 채택여부는 요구수익률과 기대수익률의 비교를 통해서 이루어진다. 투자안의 요구수익률은 (2)에서 추정한 *SML*식에서 구한다.

투자안	요구수익률(%)		기대수익률(%)
A	16	<	20
B	14	<	20
C	16	>	15

투자안 A와 B의 기대수익률이 요구수익률보다도 높으므로 이 두 투자안을 채택한다.

26. (1) 균형기대수익률과 공통요인의 체계적 위험(베타계수)의 관계는

$E(R_j) = \lambda_0 + \lambda_1 \beta_{j1} + \lambda_2 \beta_{j2}$로 표시된다.

주어진 자료를 이에 대입하여 미지수 λ_0, λ_1, λ_2를 구하면, 이것이 무위험이자율과 위험프리미엄이다.

$0.10 = \lambda_0 + 0.3\lambda_1 + 0.2\lambda_2$

$0.15 = \lambda_0 + 1.0\lambda_1 + 0.6\lambda_2$

$0.14 = \lambda_0 + 0.5\lambda_1 + 1.0\lambda_2$

이를 관계식으로부터 연립방정식의 해를 구하면

$\lambda_0(R_f) = 7.75\%$

λ_1(공통요인 1에 대한 위험프리미엄)$=5\%$

λ_2(공통요인 2에 대한 위험프리미엄)$=3.75\%$

(2) (1)의 결과로부터 *APT*를 도출하면

$E(R_j) = 0.0775 + 0.05\beta_{j1} + 0.0375\beta_{j2}$

(3) $E(R_p) = \frac{1}{3}(10) + \frac{1}{3}(15) + \frac{1}{3}(14) = 13\%$

$\beta_{p1} = \frac{1}{3}(0.3) + \frac{1}{3}(1.0) + \frac{1}{3}(0.5) = 0.6$

$$\beta_{p2}=\frac{1}{3}(0.2)+\frac{1}{3}(0.6)+\frac{1}{3}(1.0)=0.6$$

(4) 포트폴리오 E의 체계적 위험은 $\beta_{p1}=0.6$, $\beta_{p2}=0.6$으로서 포트폴리오 D와 같지만 기대수익률은 13%가 아니고 15%이다. 따라서 차익(재정)거래기회가 존재한다.

차익거래전략예시 : 포트폴리오 D를 100만원어치 공매하여 그 100만원으로 포트폴리오 E를 매입. 이 전략은 다음과 같이 기말에 2만원의 초과수익을 얻게 된다.

	기초현금흐름	기말현금흐름	β_{j1}	β_{j2}
포트폴리오 D	+100만원	−113만원	−0.6	−0.6
포트폴리오 E	−100만원	+115만원	0.6	0.6
	0	+ 2만원	0.0	0.0

이와 같은 차익거래를 통한 2만원의 초과수익은 새로운 투자자금의 유입 없이(zero investment) 그리고 체계적 위험(β_{j1}과 β_{j2})의 부담 없이(no systematic risk) 획득된 것이다. 이와 같은 차익거래는 초과수익이 사라질 때까지 계속될 것이다.

27. $CAPM$에 의하여

$16\%=7\%+1.2[E(R_M)-7\%]$

따라서 $E(R_M)=14.5\%$

28. 기대수익률$=0.25\times0.6+0.5\times0.2+0.25\times(-0.1)=0.225$

따라서 위험프리미엄$=22.5\%-5\%=17.5\%$

PART

III

기업의 투자결정(자본예산)

기업의 주된 의사결정은 투자결정과 자본조달결정으로 구분될 수 있다. 제Ⅲ편에서는 기업이 제품과 서비스를 생산하고, 성장하기 위한 투자결정문제를 다룬다. 기업의 장기적인 투자결정과정을 자본예산이라고 부르는데, 자본예산의 핵심과정인 투자안으로부터의 현금흐름 측정, 자본비용 측정, 투자안의 경제성 분석에 대해 공부한다.

먼저 제8장에서는 투자안의 경제성 평가방법에 대하여 설명한 후 투자안의 경제성 분석시에 현실적으로 고려되어야 하는 몇 가지 논점에 대하여 다룬다.

제9장에서는 투자안의 위험 정도에 따른 자본비용 측정에 대해 다룬다.

그리고 제10장에서는 투자안으로부터의 증분현금흐름 추정방법에 대해 다룬다.

CHAPTER

8 자본예산 1 – 경제성 평가방법

기업이 추진하는 투자사업은 투자수입의 현재가치가 투자액을 상회할 경우, 기업가치 증가에 공헌하는 경제성 있는 사업이 된다. 기업이 투자안의 경제성을 평가할 때 사용하는 가장 보편적인 방법은 투자안으로 인한 증분 현금흐름을 자본비용으로 할인한 순현재가치(*NPV*)를 기준으로 결정하는 방법이다. 본장에서는 현금흐름과 자본비용을 알고 있다는 가정하에 의사결정의 문제를 다루는 자본예산에 대해서 설명한다. 본장에서 강조되는 핵심내용은 다음과 같다.

- 자본예산(capital budgeting) 수립절차와 고려요소
- 투자안의 경제성 평가방법인 순현가법, 내부수익률법, 회수기간법, 회계적 이익률법의 특징과 장단점
- 상호배타적 투자안을 평가할 때 *NPV*법과 *IRR* 법이 상충되는 이유
- *NPV*법의 우위성
- 투자안들의 투자규모가 크게 상이할 경우의 투자결정방법
- 자본제약이 있을 경우의 투자결정방법

영국의 유명 경제지 Financial Times는 2024년 “Is South Korea's Economic Miracle Over?”라는 제목의 기사를 싣고 한국의 경제 전망이 밝지 않다고 예측했다. 이 기사와 마찬가지로 많은 경제전문가들은 한국이 본격적인 저성장시대에 접어들었다고 주장한다.

한국 경제는 제조업 분야에서 세계적 경쟁력을 갖고 있는 대기업에 의존해 왔다. 자동차, 조선, 반도체, 디스플레이, 가전 등 한국의 경제성장을 이끌었던 주력산업의 글로벌 존재감은 최근 점차 위축되는 상황이다.

기업의 생존 및 성장은 Research & Development(R&D) 투자를 얼마나 성공적으로 수행하느냐에 달려 있다. R&D 투자와 같은 기업의 장기적인 투자의 총체적인 관리과정을 제8~10장에서 다루는 자본예산(capital budgeting)이라 부른다. 기업은 이 과정을 통해 투자안의 경제성을 평가하고 투자시행 여부를 결정한다. 각 투자안으로부터 예상되는 현금흐름 예측, 위험 평가, 그리고 경제성 평가방법의 적용 등의 과정을 거쳐 해당 투자안이 기업가치를 향상시키는지 평가하는 것이다.

한국 기업들의 미래 성장가능성은 연구개발(R&D) 지표를 통해 가늠해 볼 수 있다. 2025년 3월 대한상공회의소가 발표한 2023년 세계 R&D 투자 상위 2,000대 기업의 국가별 분포는 아래 표와 같다. 한국은 기업 수 기준으로 8위이지만, 기업의 수가 2013년 54개에서 2023년 40개로 줄어들었다. 한국은 대규모 R&D 투자를 하는 기업의 수가 줄어들고 있지만, 미국과 중국은 늘어나고 있다. 또한 한국 기업들의 R&D 투자는 부익부 빈익빈 현상이 심화되고 있다. 국내 투자규모 상위 10대 기업의 투자액은 1,000대 기업 전체 투자액의 약 63%를 차지할 정도다. 한국 경제성장을 위해 대기업뿐만 아니라, 중견기업 및 중소기업들의 적극적 투자가 절실한 상황이다.

세계 R&D 투자 2,000대 기업 국가별 현황

Top10 국가	기업 수(개)			투자액(억 유로)		
	2013년	2023년	증 감	2013년	2023년	증가(배)
미국	668	681	+13	1,910	5,319	2.8
중국	119	524	+405	188	2,158	11.5
일본	320	185	−135	844	1,048	1.2
독일	123	106	−17	592	1,119	1.9
영국	118	63	−55	233	354	1.5
대만	75	55	−20	93	248	2.7
프랑스	78	50	−28	280	337	1.2
한국	54	40	−14	193	425	2.2
스위스	53	39	−14	227	362	1.6
네덜란드	33	33	0	126	299	2.4

* 국가 순위는 2023년 등재 기업 수 기준

제 1 절 자본예산의 의의와 수립절차

1. 자본예산의 의의

기업경영을 위해서는 시설투자나 운전자본에 자금이 지출되어야 한다. 기업의 자금지출은 경상적 지출과 자본적 지출로 구분될 수 있다. 경상적(수익적) 지출은 원자재 구입비, 인건비 지급처럼 경상적 영업활동을 위해 매일매일 반복되는 자금지출로서 그 지출의 효과가 단기간에 걸쳐 나타나는 지출을 말한다. 반면에, 자본적 지출이란 신규사업투자, 시설투자, 연구개발투자와 같이 그 지출규모가 대규모 단위이고, 지출의 효과가 장기간에 걸쳐서 나타나는 지출을 말한다.

본절에서 설명하고자 하는 자본예산(capital budgeting)이란 1년 이상 장기간에 걸쳐 그 효과가 지속되는 자본적 지출에 대해 총괄적인 계획을 수립하는 활동을 말한다. 따라서 자본예산은 대규모 투자를 요하는 장기성자산의 취득에 관한 의사결정이라고 할 수 있다.

자본적 지출에 관한 의사결정은 다음과 같은 이유 때문에 중요하다.

① 자본적 지출의 결과는 기업의 장기적인 수익성과 위험에 결정적인 영향을 미친다. 결과적으로 기업의 미래가치를 좌우하는 가장 중요한 의사결정이다.

② 자본적 지출은 보통 대규모의 현금유출을 필요로 하기 때문에 기업의 자금사정, 유동성에 큰 영향을 미친다. 일단 자본투자가 이루어지면 장기간 그 자산에 자금이 잠기므로 기업의 현금사정, 유동성을 저하시킬 수 있다.

③ 현대 기업은 경쟁력을 높이고 미래의 지속적인 성장을 위한 다각적인 노력을 하는데, 자본적 지출은 경쟁우위를 확보할 수 있는 근간이 된다.

2. 자본예산의 수립과정

자본예산의 수립과정에 있어서 가장 핵심이 되는 구성요소는 다음과 같이 정리될 수 있다.

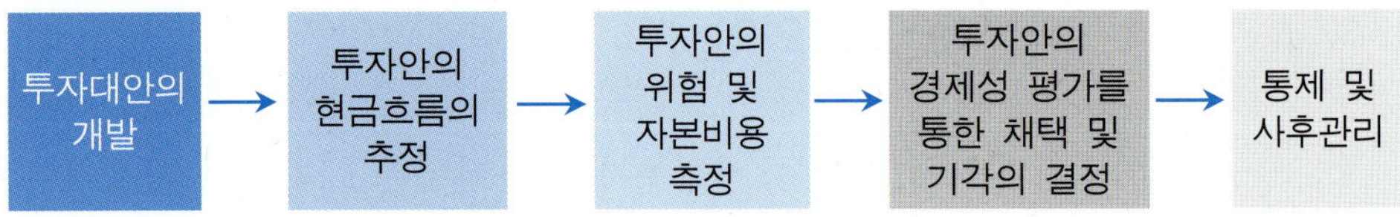

이들 과정을 상세히 구분해 보면 다음과 같이 8단계로 나누어 볼 수 있다.

[1단계] 투자목적의 설정

기업이 여러 가지 투자사업을 추진해 나갈 때에는 기업의 장기 경영전략과 연관지어 투자목적을 분명히 해야 한다. 적절한 투자목적을 내세우기 위해서는 기초작업으로 SWOT(strength-weakness-opportunity-threat)분석을 할 필요가 있다. 먼저 기업을 둘러싼 외부환경(경제적, 법적, 사회적, 문화적 환경)의 관점에서 어떤 변화가 이루어지고 있는지를 철저히 분석하여, 환경변화 가운데 기업이 직면하게 될 위협적 요소와 기회적 요소를 파악하는 것이 필요하다. 그 다음 시설, 자금, 인력 등 기업내부능력 면에서 경쟁업체와 비교하여 강・약점을 평가해야 한다.

투자목적은 환경변화 면에서 유리한 기회와 기업이 지니고 있는 강점을 접합시키는 방향에서 설정한다. 설정하는 투자목적은 자기자본이익률 15%, 기업가치 10% 증대 등과 같이 계량화시키는 것이 필요하다.

[2단계] 투자대안들의 물색

투자목적을 달성할 수 있는 여러 투자대안들 — 신제품개발안, 기계교체안 등 — 을 물색한다. 투자안에 대한 아이디어를 얻는 원천은 주로 기존 고객, 시장조사, 연구개발부서, 경쟁업체, 생산부서, 제안제도 등이다.

투자대안들이 제시되면 투자안들에 대하여 시장성(수요측면)을 검토하고 기술적 타당성(공급측면)을 평가하여, 다음 단계의 재무측면에서의 경제성 분석이 실시되도록 투자대안을 구체화시킨다.

[3단계] 투자안의 분류

여러 가지 투자대안들이 제시되면 체계적인 경제성 분석을 위해서 먼저 투자안들을 여러 기준에 따라 분류할 필요가 있다. 투자안의 성격에 따라 분석방법, 투자결정의 기준이 달라지기 때문이다.

■ 성격에 의한 분류

① 신규투자 : 신제품 또는 새로운 시장확장을 위한 투자
② 대체투자 : 원가절감 등을 목적으로 기존의 기계나 설비를 신형으로 바꾸는 투자
③ 확장투자 : 수요증가에 대처하거나 시장점유율의 제고를 위하여 기존의 생산규모를 확장하는 투자
④ 전략적 투자 : 타제품과의 보완관계, 광고효과, 공동연구개발, 지역사회개발, M&A 등 경영전략적인 목적을 가진 투자

■ 투자안의 상호관계에 따른 분류

① 독립적(independent) 투자안 : 투자안간에 직접적인 연관이 없어서 채택 여부에 서로 영향을 주지 않는 투자안을 말한다. 따라서 최소 기준(minimum acceptance)만 충족하면 모두 채택될 수 있다.
② 상호배타적(mutually exclusive) 투자안 : 한 투자안이 채택되면 다른 투자안은 당연히 기각되는 경우처럼 경쟁관계에 있는 투자안을 말한다. 최소기준을 충족하는 투자안들에 대하여 순위(ranking)를 정하여 제일 좋은 투자안 하나만을 택해야 한다.
③ 보완적(complementary) 투자안 : 한 투자안에 대하여 다른 추가적인 투자안이 이를 보완하는 경우(정화시설과 정수시설 등)의 투자안이다.
④ 종속적(dependent) 투자안 : 한 투자안이 채택되면 이와 관련된 다른 투자안이 반드시 채택되어야 하는 경우의 투자안이다.

[4단계] 현금흐름의 추정과 편익 · 비용 분석

재무적 측면에서 투자안의 경제적 타당성을 보기 위해서 각 투자안의 편익(benefit)과 투자비용(cost)을 추정한다. 이때 편익과 비용의 추정을 통해 투자안으로부터 예상되는 증분현금흐름을 계산할 수 있다. 구체적 내용은 제10장에서 상세히 설명된다.

[5단계] 투자안의 위험 평가와 자본비용의 추정

기업의 장기적인 투자안은 항상 위험을 수반한다. 4단계에서 추정하는 투자안으로부터의 현금흐름은 경제상황에 따라 얼마든지 달라질 수 있다. 투자안의 위험은 현금흐름의 변동성으로 측정할 수 있는데, 이 위험에 따라 자본비용이 결정된다. 구체적 내용은 제9장에서 자세히 설명된다.

[6단계] 투자안의 경제성 평가

투자안으로부터의 기대현금흐름과 자본비용을 알면 경제성을 평가할 수 있다. 투자안의 경제성을 평가하는 방법으로는 본장에서 설명되는 순현가(*NPV*)법, 내부수익률(*IRR*)법 등이 이용된다. 이 경제성 평가방법에 따라 투자안의 채택 및 기각 결정이 이루어진다.

[7단계] 최적투자안의 결정단계와 소요자금의 조달

기업은 보통 다수의 투자안을 갖고 있는데, 기업가치를 극대화할 수 있는 투자안과 투자규모를 결정한다. 선정된 투자사업을 추진하는 데 필요한 소요자금의 조달방안을 강구한다.

[8단계] 투자 후의 재평가와 통제

채택된 투자안을 집행하다 보면 처음에 예상한 것보다 편익이 적다거나 비용이 많아지는 등의 여건 변화가 있게 된다. 따라서 여건 변화를 감안하여 채택된 투자안의 실행이 기업목표를 달성하고 있는지를 지속적으로 재평가, 통제하는 사후관리를 한다.

위에서 소개한 8가지 단계 가운데 재무적 관점에서 가장 중요한 단계는 5, 6, 7단계로서, 이 과정을 자본예산이라고 부른다. 먼저 투자안의 경제성 평가방법에 대해서 알아보자.

제 2 절 투자안의 경제성 평가방법

투자안으로부터 예상되는 미래의 현금흐름과 자본비용을 알고 있다고 가정할 때 각 투자안이 기업가치의 증가에 어느 정도 공헌하는지, 그 경제성을 평가해야 한다.

기업의 CFO들은 보통 투자안의 경제성을 평가할 때 화폐의 시간가치를 고려하여 순현가법과 내부수익률법을 가장 많이 사용한다. 화폐의 시간가치를 고려하지 않는 방법으로 회수기간법과 회계적 이익률법이 있다. 이 외에도 수익성지수법 등이 투자안의 경제성 평가방법으로 사용된다.

1. 순현가(NPV)법

투자안과 관련된 현금흐름(CF)은 편익에 해당되는 현금유입(CI : cash inflow)과 비용(투자액)에 해당되는 현금유출(CO : cash outflow)로 나눌 수 있다. 보통의 투자안의 경우 투자시점에 많은 현금유출이 일어나고 미래에는 현금유입이 발생한다. 이렇게 투자시점인 초기에는 현금유출, 미래에는 현금유입만 발생하는 현금흐름을 전통적인 현금흐름(conventional cash flow)이라 한다. 순현재가치(NPV :

net present value)는 투자로 인한 미래 기대현금흐름을 적절한 할인율로 할인한 현재가치에서 투자액(현금유출)의 현재가치를 차감한 것이다. 기업의 대부분 투자안은 미래에는 현금유입을 발생시키고, 초기시점(0시점)에는 대규모 현금유출을 수반한다. NPV는 제3장에서도 설명한 것처럼 다음과 같이 계산한다.

$$
\begin{aligned}
NPV &= \text{미래 현금흐름의 현재가치의 합} - \text{초기 투자액} \\
&= \sum_{t=1}^{n} \frac{CF_t}{(1+R)^t} - I_0 \qquad (8.1)
\end{aligned}
$$

단, CF_t : t시점에서 예상되는 현금흐름
I_0 : 최초투자액
R : 할인율 또는 요구수익률(RRR, 자본비용)

여기에서 적절한 할인율이란 투자안에 대해서 자본제공자들이 요구하는 최저요구수익률(RRR : required rate of return)로서 소요자본을 조달하면서 자본제공자에게 자본사용의 대가로 지급하는 자본비용을 가리킨다.

NPV법은 NPV를 위와 같이 계산하여, $NPV>0$이면 경제성이 있는 투자안으로 판정하는 방법인데, 구체적 의사결정은 다음 기준에 의한다.

- 독립적 투자안 : 투자안이 $NPV>0$이면 이 투자안을 채택한다.
- 상호배타적 투자안 : 투자안들 중에서 $NPV>0$이면서 NPV가 가장 큰 것을 채택한다.

NPV법은 몇 가지 특징을 지닌다. NPV법은 화폐의 시간가치가 고려된 방법이고, 오직 현금흐름의 기대치와 자본비용만이 고려될 뿐 회계수치와는 무관하다. 또 투자안의 NPV는 기업가치 중 그 투자안이 기여하는 부분을 의미하며 채택된 모든 투자안의 NPV합계는 곧 기업가치가 된다. 결과적으로 기업가치 극대화라는 재무관리 목표에 충실한 평가기법이고, 여러 경제성 평가방법 중에서 가장 우월한 방법이라고 할 수 있다.[1)]

1) 이 밖의 NPV법의 특징, 장단점에 대하여는 다음 3절 'NPV법과 IRR법의 비교' 참조.

예제 8-1 NPV법에 의한 투자안의 경제성 평가

독립적인 투자안과 상호배타적인 투자안의 NPV를 각각 계산하고 채택 여부를 결정하라(EXCEL을 이용한 계산은 [부록 1]의 11. 참조).

(1) (주)에이스네트워크에서는 컴퓨터 A로 바꾸는 내용연수 5년의 투자안의 경제성을 평가하고자 한다. 이 투자안으로부터의 현금흐름은 아래 표와 같이 예측되었으며, 할인율(자본비용) 10%를 이 투자안의 경제성 평가를 위해 적용할 수 있다고 가정하자. 컴퓨터 A로 바꾸는 투자안을 독립적인 투자안으로 가정하고 경제성을 평가하라.

연 도	컴퓨터 A 현금흐름(만원)	컴퓨터 B 현금흐름(만원)
0	−1,500	−1,500
1	150	300
2	300	450
3	450	750
4	600	750
5	1,875	900

(2) 이 기업은 다른 컴퓨터 공급회사로부터 컴퓨터 B로 바꾸는 투자안을 제시받았다. 그리고 컴퓨터 B로 바꿀 때의 현금흐름은 위의 표와 같이 예측되었다. 컴퓨터 A와 B로 바꾸는 투자안이 상호배타적이라면 어느 투자안을 선택해야 하는가?

➤ **풀이**

(1) 컴퓨터 A로 바꾸는 투자안의 경제성 평가

NPV는 1~5년차의 각각의 CF의 현재가치의 합을 계산한 후 0시점의 투자비 1,500만원을 빼면 된다. 따라서 다음과 같이 계산할 수 있다([부록 2]의 〈표 A-2〉 단일금액 1원의 현재가치를 이용한다).

$NPV = 150 \times 0.91 + 300 \times 0.83 + 450 \times 0.75 + 600 \times 0.68 + 1{,}875 \times 0.62 - 1{,}500 =$ 약 796만원

의사결정 : (주)에이스네트워크가 오늘 시점에서 컴퓨터 A로 바꿀 경우 약 796만원의 기업가치를 향상시킬 수 있다. 따라서 이 투자안을 채택해야 한다.

(2) 컴퓨터 B로 바꾸는 투자안의 NPV를 위와 같은 방법으로 계산하면 NPV는 약 779만원이다.

컴퓨터 A의 NPV=796만원

컴퓨터 B의 NPV=779만원

의사결정 : 위 두 투자안이 상호배타적이라면 컴퓨터 A를 선택하는 것이 기업가치를 더 향상시킬 수 있다. 따라서 컴퓨터 A를 선택해야 한다.

2. 내부수익률(IRR)법

앞의 NPV법은 절대금액(₩)으로 경제성을 평가한 방법이다. 반면에 IRR법은 예상투자수익률(%)로 평가하는 방법이다. 내부수익률(IRR : internal rate of return)은 투자안의 수행 결과 예상되는 미래의 기대현금흐름의 현재가치와 초기 투자금액을 일치시켜주는 할인율이다. 또는 NPV를 0으로 만드는 수익률이다. 그러므로 다음 식에서 좌변(benefit의 현가 또는 전통적인 현금흐름의 경우 현금유입액의 현가)과 우변(cost, 초기 투자금액)을 일치시키는 할인율이다. 따라서 화폐의 시간가치가 감안된 예상투자수익률이 된다.

$$\sum_{t=1}^{n}\frac{CF_t}{(1+IRR)^t}=I_0 \text{ 또는 } 0=\sum_{t=1}^{n}\frac{CF_t}{(1+IRR)^t}-I_0 \quad (8.2)$$

IRR의 정의에 의하면 투자안의 현금흐름만 예측할 경우, 자본비용을 몰라도 IRR은 계산할 수 있다. IRR은 일반 계산기로 구할 수 없으므로 재무계산기 혹은 EXCEL을 이용하여 구한다. 또한 IRR은 시행착오법으로 구하거나, 현가표를 이용할 때에는 보간법을 적용하여 계산할 수도 있다.

IRR이 구해지면 이 IRR과 기업의 요구수익률(자본비용)을 비교하여 다음과 같이 투자결정한다.

- 독립적인 투자안 : $IRR > R$ (요구수익률 또는 자본비용)이면 채택한다.
- 상호배타적인 투자안 : $IRR > R$이면서 IRR이 가장 큰 투자안을 채택한다.

IRR법은 몇 가지 특징을 지닌다. 먼저 IRR은 투자수입액과 투자액의 시간성이 고려된 평균투자수익률(%)을 의미한다. 즉, NPV와 같이 절대금액이 아니라 화폐의 시간가치가 감안된 투자수익률로 투자안을 평가한다는 점이다.

IRR법은 투자규모를 반영한 상대적 수익성을 나타내므로 의사소통상 편리한 점은 있으나, 계산상의 문제, 상호배타적 투자안의 평가시 의사결정이 잘못 이루어질 가능성이 있는 등의 문제점이 있다.[2)]

---

2) 이 밖의 IRR법의 특징, 장단점에 대하여는 다음 3절 'NPV법과 IRR법의 비교' 참조.

예제 8-2 *IRR* 법에 의한 투자안의 경제성 평가

(1) (주)엔젤건설에서는 초년도에 770억원의 투자가 필요한 건설공사를 추진하고자 한다. 실행 후 예상되는 미래 각 연도별 현금유입액은 다음과 같다. 이 투자사업의 내부수익률(*IRR*)을 구하고, 자본비용이 연 10%일 경우 채택 여부를 결정하라.

연 도	0	1	2	3
현금흐름	−770	500	125	250

(2) [예제 8-1] (1)에서 예측한 컴퓨터 A 투자안의 현금흐름을 이용하여 *IRR*을 계산하고 채택 여부를 결정하라.

➢ 풀이

(1) *IRR*의 계산(EXCEL에 의한 분석은 본서 권말의 [부록 1]의 11. 참조)

$$\frac{500}{(1+r)}+\frac{125}{(1+r)^2}+\frac{250}{(1+r)^3}=770$$

위 식에서 좌변과 우변의 값을 일치시켜 주는 할인율 r을 시행착오법에 의해서 구하면,

연 도	현금흐름 (억원)	① 만약 r =7%이면		② 만약 r =8%이면	
		할인요소	현가(억원)	할인요소	현가(억원)
1	500	0.935	467.5	0.926	463.0
2	125	0.873	109.1	0.857	107.1
3	250	0.816	204.0	0.794	198.5
			780.6		768.6

$$IRR=7\%+\frac{780.6-770.0}{780.6-768.6}(\%)=7\%+0.88\%=7.88\%$$ [보간법 적용]

⇒ 이 투자안은 현금흐름의 화폐의 시간가치를 감안할 때 7.88%의 투자수익률이 예상되는 사업이다(비교 : 이 투자안의 단순투자수익률, 즉 화폐의 시간가치를 감안하지 않은 산술평균수익률은 [(875,000/770,000) − 1] ÷ 3년 = 4.545%이다).

내부수익률(7.88%)이 자본비용(10%)에 못 미치므로 이 투자안은 기각한다.

(2) Excel 또는 재무계산기를 이용하여 *IRR*을 계산하면 약 22.8%이다.

⇒ *IRR* = 22.8% > 자본비용 = 10%이므로 채택

3. 회수기간법

회수기간(payback period)이란 투자원금을 그 투자안의 미래의 현금유입액으로부터 회수하는 데 걸리는 기간을 말한다. 회수기간은 현금흐름이 연간 균등하게 발생하는 경우는 다음 식(8.3)과 같이 구하는데, 누적 현금유입액이 투자원본과 일치되는 데 걸리는 시간이 된다.

$$\text{회수기간} = \frac{\text{투자액}}{\text{연간현금유입액}} \tag{8.3}$$

회수기간이 계산되면 기업이 설정한 목표회수기간과 비교하여 다음과 같이 투자결정한다.

- 독립적인 투자안 : 회수기간이 목표회수기간보다 짧으면 투자안을 채택한다.
- 상호배타적인 투자안 : 회수기간이 목표회수기간보다 짧은 투자안들 중에서 회수기간이 가장 짧은 투자안을 채택한다.

회수기간법은 다음과 같은 장점이 있다.

- 계산이 간단하고 이해하기 쉽다.
- 위험지표(risk indicator)로서의 정보를 제공한다. 즉 회수기간이 짧을수록 안전한 투자안이라고 볼 수 있다.
- 간접적으로 유동성(liquidity)에 관한 정보가 있다. 회수기간이 짧을수록 빠른 자금회수를 의미하므로 기업의 유동성이 증가하고 있음을 보여준다.
- 시설재의 내용수명 적정성을 평가하는 판단기준이 된다. 특히 수요변화나 기술진부화 등의 위험이 클 경우에 유용한 방법이다. 단기성과에 관심이 높은 경영자에게는 성과측정에 대한 정보를 제공해 준다.

반면에 회수기간법은 다음과 같은 단점이 있다.

- 화폐의 시간가치를 고려하지 않는 방법이다.
- 회수기간 이후의 현금흐름은 고려하지 않는 방법이다.
- 회수기간만을 고려하기 때문에 투자안의 수익성 자체는 고려되지 못한다.
- 목표회수기간의 설정이 주관적이다.
- R&D 투자안과 같은 장기투자안일수록 부정적인 편의가 심해진다.
- 투자안에 따라서는 회수기간이 존재하지 않을 수 있다.
- 목표회수시간 내에 회수되는 투자안이지만 NPV는 (−)일 수 있다.

회수기간법은 앞에서 지적한 것처럼 화폐의 시간가치가 고려되지 않는 단점을 지닌다. 할인회수기간법(discounted payback period method)은 이를 보완하여 각 기간의 현금흐름의 현재가치에 대한 회수기간을 구하여 의사결정을 하는 방법이다.

예를 들어 다음 표에서 제시되고 있는 단순현금흐름에 대하여 회수기간을 구하면 4년이다. 그러나 자본비용 연 10%를 가정하여 할인현금흐름을 구하고, 이에 근거하여 할인회수기간을 구하면 4.8년이다. 이 회수기간 4.8년은 투자원본과 자본비용의 회수가 고려된 회수기간이 된다.

기 간	0	1	2	3	4	5
(단순)현금흐름	−100	10	20	30	40	50
할인현금흐름		9	17	23	27	31

이처럼 할인회수기간법은 화폐의 시간가치(time value of money)가 감안되어 있다. 그러나 이 방법 또한 회수기간 이후의 현금흐름은 무시된다는 단점은 그대로 남는다.

예제 8-3 회수기간법에 의한 투자안의 경제성 평가

(1) 엔젤기업의 목표회수기간은 2년 이내이다. 다음 세 가지 투자안에 대하여 회수기간을 구하라. 의사결정이 잘못된 경우는 어느 경우인가?

기간(t)	0	1	2	3	NPV @ 10%
투자안 A	−2,000	500	500	5,000	+2,624
투자안 B	−2,000	500	1,800	0	−58
투자안 C	−2,000	1,800	500	0	+50

(2) [예제 8-1] (1)에서 예측한 컴퓨터 A 투자안의 현금흐름을 이용하여 회수기간을 구하라. 이 기업이 3년 이내에 최초 투자액을 회수하려 한다면 이 투자안에 대한 결정은?

➤ 풀이

(1) 투자안 A, B, C의 회수기간

투자안 A : 2년+[(2,000−1,000) / 5,000]=2.2년

투자안 B : 1년+[(2,000−500) / 1,800]=1.83년

투자안 C : 1년+[(2,000−1,800) / 500]=1.4년

투자안 A는 목표회수기간이 2년이므로 기각한다. 그러나 NPV는 +이므로 이 투자안을 기각하면 기업의 가치는 훼손된다.

(2) 컴퓨터 A로 바꾸는 투자안에 소요되는 초기 투자액 1,500만원을 회수하는 데 걸리는 기간은 4년이다. 그러므로 이 투자안은 기각되어야 한다.

4. 회계적 이익률법

회계적 이익률법(ARR법, accounting rate of return)이란 장부가치기준으로 연평균투자액에 대한 연평균 회계적 순이익의 비율을 구하여 투자결정하는 방법이다. 장부가치기준의 평균이익률이 된다는 의미에서 장부가치 수익률(book rate of return)이라고 한다.

$$\text{회계적 이익률} = \frac{\text{연평균순이익}}{\text{연평균투자액(장부가치)}} \text{ 또는 } \frac{\text{연평균순이익}}{\text{총투자액}/2} \tag{8.4}$$

식(8.4)에서 연평균순이익은 투자안의 내용연수 동안 매 기간별 회계적 순이익의 총액을 내용연수로 나누어 구한다. 또한 순이익은 부채를 사용하는 경우 손익계산서상의 순이익을 그대로 쓰는 것이 아니라 투자금액을 100% 자기자본으로 조달한 경우를 전제로 다시 작성한 손익계산서상의 순이익이라는 점에 유의해야 한다. 그리고 연평균투자액은 초기투자비용으로서 설비투자원가와 잔존가치의 합을 2로 나눈 것이다.

회계적 이익률이 구해지면 기업의 목표 회계적 이익률과 비교하여 다음과 같이 투자결정한다.

- 독립적인 투자안 : 투자안의 회계적 이익률이 기업의 목표 회계적 이익률(요구수익률)보다 높다면 투자안을 채택한다.
- 상호배타적인 투자안 : 투자안의 회계적 이익률이 기업의 목표 회계적 이익률보다 높은 투자안들 중에서 회계적 이익률이 가장 높은 투자안을 채택한다.

회계적 이익률법은 다음과 같은 장점이 있다.

- 계산이 간편하고 이해하기 쉽다.
- 쉽게 얻을 수 있는 회계자료를 이용하므로 편리하다.

반면에 다음과 같은 단점이 있다.

- 화폐의 시간가치를 무시한 방법이다.
- 회계처리방법(예컨대 감가상각방법의 차이)에 따라 순이익이 달라지므로 객관적이지 못하다. 근본적으로 장부가치기준이기 때문에 실질가치를 반영하지 못한다.
- 목표 회계적 이익률의 결정이 자의적이다.

예제 8-4 회계적 이익률법에 의한 투자안의 경제성 평가

어떤 투자안으로부터 예측되는 당기순이익이 1년차 10억원, 2년차 15억원, 3년차 5억원, 4년차 10억원이다. 연평균투자액이 32.5억원이라면 이 투자안의 회계적 이익률을 구하라.

➢ 풀이

연평균순이익＝10.0억원

∴ 회계적 이익률＝10.0/32.5＝30.8%

Concept check

(1) 다음 3절에서 상세히 다루어지겠지만, 투자안의 경제성 평가방법 중에서 순현가(NPV)법의 장 · 단점과 내부수익률(IRR)법의 장 · 단점은 무엇이라고 생각하는가?
(2) 경제성 평가방법의 하나로 할인회수기간법의 장 · 단점은 무엇인가?

제 3 절 NPV법과 IRR법의 비교

전 절에서 살펴본 것처럼 NPV법과 IRR법은 화폐의 시간가치를 고려한 합리적인 경제성 평가방법이며, 기업들이 투자안의 경제성 평가시 가장 많이 사용하는 방법들이다. 그러나 상호배타적 투자안들을 평가할 때 두 방법은 상충되는 결론을 제시할 수 있다. 예를 들어 A, B 두 투자안이 상호배타적 관계의 투자안인데, 다음과 같이 NPV는 투자안 A가 더 크고, IRR은 투자안 B가 더 크게 나올 수 있다.

$$NPV_A > NPV_B, \quad IRR_A < IRR_B$$

위와 같은 결론이 제시될 때, NPV법과 IRR법 중 어느 방법에 의하여 투자결정을 내려야 하는가? 본절에서는 양 방법의 관계, 양 방법이 상충되는 경우 그 이유와 해결방법에 대해서 살펴본다.

1. *NPV*법과 *IRR*법의 관계

(1) 독립투자안의 경우

*NPV*법은 다음 식과 같이 미래의 현금흐름(또는 cash inflow)을 자본비용 R로 할인하여 더한 후 초기의 투자액을 빼서 구한다.

$$NPV = \sum_{t=1}^{n} \frac{CF_t}{(1+R)^t} - I_0$$

그런데 위의 식에서 $NPV=0$이 되는 경우, 즉

$$\sum_{t=1}^{n} \frac{CF_t}{(1+R)^t} = I_0$$

인 경우는 미래 현금흐름의 현가와 초기 투자액이 같은 경우를 말한다. 그런데 미래 현금흐름의 현가와 초기 투자액을 같게 만드는 할인율이 *IRR*이므로 *NPV*가 0이 되는 할인율 R이 곧 *IRR*이 된다. 이 관계를 그림으로 표시하면 [그림 8-1]과 같다. 할인율이 증가할수록 *NPV*는 감소하는데, $NPV=0$이 되는 할인율이 *IRR*이다.

투자안의 현금흐름 형태는 일반적으로 최초에 투자액에 해당되는 음(−)의 현금유출이 있고, 그 이후 투자수입만큼의 양(+)의 현금흐름이 계속되는 형태이다.[3)]

시 점	0	1	2	3	4	………	t
현금흐름	−	+	+	+	+	………	

3) 이러한 형태의 투자사업을 전통적 현금흐름((순)투자형 현금흐름)의 투자안이라고 한다. 다른 형태의 현금흐름(차입형, 혼합형)의 투자안에 대하여는 다음 2항 (4)의 '투자안 평가기준의 일관성'을 참조.

■ 그림 8-1
독립투자안의 관계에서 *NPV*와 *IRR*

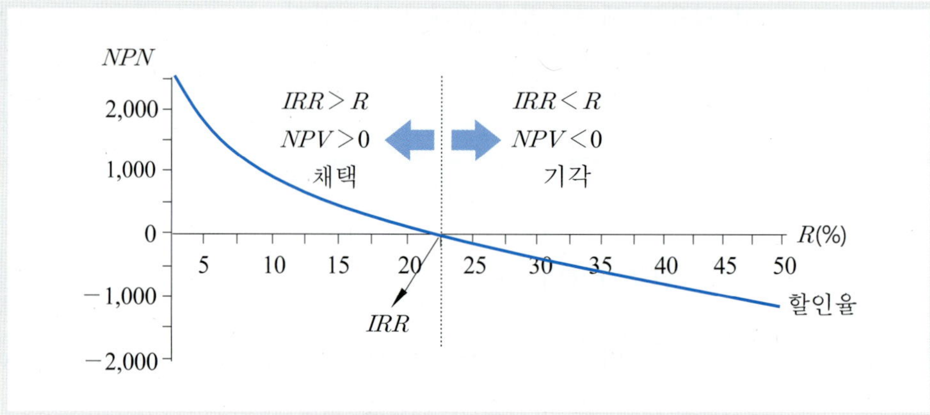

위와 같은 현금흐름의 형태를 갖는 독립된 투자사업에 대하여 *NPV*법과 *IRR*법을 적용하면, 다음과 같이 투자결정을 내리게 되므로 동일한 결론, 같은 평가결과를 얻게 된다([그림 8-1] 참조).

$IRR > R$일 때 $NPV > 0$ ⇒ 투자안 채택
$IRR = R$일 때 $NPV = 0$
$IRR < R$일 때 $NPV < 0$ ⇒ 투자안 기각

(2) 상호배타적 투자안의 경우

상호배타적 투자안의 우선순위를 평가할 때 *IRR*법과 *NPV*법 두 방법에 의한 평가결과가 [그림 8-2]의 (a)처럼, 다음과 같은 결과로 나타나면 상충되지 않는다. 따라서 이러한 경우 투자안 B를 채택하면 된다.

$$NPV_A < NPV_B, \qquad IRR_A < IRR_B$$

그러나 [그림 8-2]의 (b)처럼 기업의 자본비용의 크기가 A, B 두 투자안의 *NPV* 곡선이 상호교차하는 점의 수익률(교차수익률이라고 함)보다도 작을 때, A, B 두 투자안의 *NPV*와 *IRR*은 다음과 같은 결과로 나타나기 때문에, 서로 다른 결론을 제시하게 된다.

■ 그림 8-2
상호배타적 투자안의 관계에서 NPV법과 IRR법의 비교

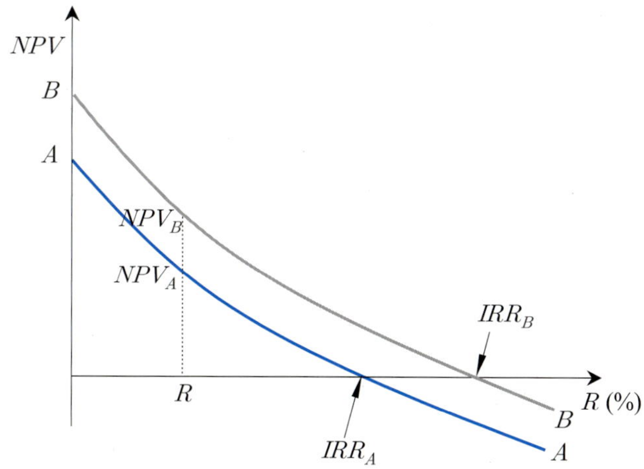

(a) 상충되지 않는 경우

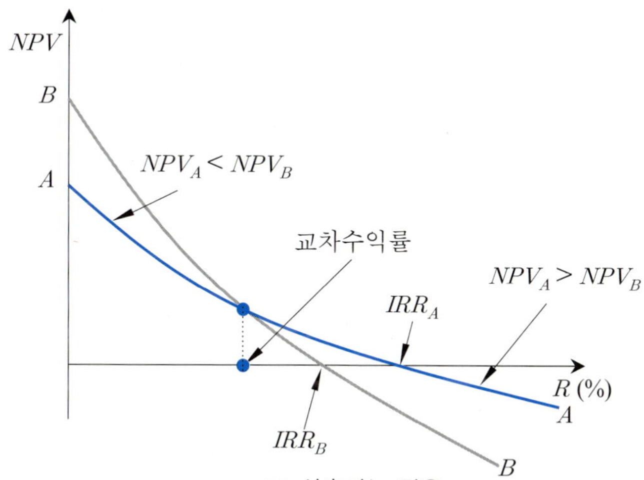

(b) 상충되는 경우

$$NPV_A < NPV_B, \qquad IRR_A > IRR_B$$

이처럼 상충되는 결론이 제시될 수 있는 경우를 살펴보면 다음과 같다.

i) 투자규모가 서로 크게 다른 경우

ii) 투자수명이 서로 크게 다른 경우

iii) 현금흐름이 초기에 집중되거나 후기에 집중되는 경우처럼, 현금흐름의 시간적 양상이 서로 크게 다른 경우

이와 같이 상충되는 결론이 제시되는 이유는 근본적으로 두 평가방법에서 재투자수익률의 가정이 서로 상이하기 때문이다. 즉, *NPV*법은 투자수명기간 중 현금흐름을 자본비용수준으로 재투자한다고 가정한다. 그러나 *IRR*법은 투자수명기간 중 현금흐름을 *IRR*수준으로 재투자한다고 가정한다. 이것이 무엇을 의미하는지 예를 들어 설명하기로 한다.

다음은 [예제 8-5]에서 제시되는 투자안 A의 연도별 현금흐름이다.

−800	400	400	100	100	50	50

이제 투자안 A의 *NPV*를 구하면 다음과 같다.

$$NPV(A)=\frac{400}{(1.08)^1}+\frac{400}{(1.08)^2}+\frac{100}{(1.08)^3}+\frac{100}{(1.08)^4}+\frac{50}{(1.08)^5}+\frac{50}{(1.08)^6}-800=132$$

위 식에서 양변에 $(1+\text{자본비용})^6$, 즉 $(1+0.08)^6$을 곱하여, 이 투자안의 종료시점($t=6$)의 가치를 계산하면 다음과 같은 관계식으로 정리된다.

$$\underbrace{400(1.08)^5+400(1.08)^4+\cdots\cdots+50(1.08)^1+50(1.08)^0}_{①}=\underbrace{800(1+0.08)^6}_{②}+\underbrace{132(1.08)^6}_{③}$$

[① 투자수입이 있을 때마다 남은 기간 8%로 증식된 가치의 종료시점 가치]
= [② 투자원본의 종료시점 가치]+[③ *NPV*의 종료시점 가치]

위의 관계식에서 우변은 투자원본의 종료시점의 가치에 *NPV*(증식된 가치의 시작시점에서의 순가치)의 종료시점 가치의 합을 나타낸다. 그런데 이 정도의 부(가치)가 종료시점에서 형성되려면, 좌변처럼 중도 현금흐름에 대하여 투자수입이 있을 때마다 남은 기간 연 8%, 즉 자본비용으로 재투자하는 것이 필요하다.

반면에 *IRR*법은 다음과 같이 *IRR*(여기서는 r)에 재투자함을 가정하고 있다.

$$\frac{400}{(1+r)^1}+\frac{400}{(1+r)^2}+\frac{100}{(1+r)^3}+\frac{100}{(1+r)^4}+\frac{50}{(1+r)^5}+\frac{50}{(1+r)^6}=800$$

IRR을 구하는 앞의 식의 양변에 $(1+r(IRR))^6$, 즉 이 식의 IRR 16.4%, $(1.164)^6$을 곱하면, 투자종료시점에서의 부(가치)는 다음의 관계식으로 정리된다.

$$400(1.164)^5+400(1.164)^4+\cdots\cdots+50(1.164)^1+50(1.164)^0=800(1.164)^6$$

위의 관계식에서 우변은 800백만원의 투자원본이 6년 동안 매년 16.4%(IRR)의 수익률로 증식된, 종료시점의 부의 크기이다. 이처럼 6년 후 $800(1.164)^6$의 부가 형성되기 위해서는 좌변처럼 중도 투자수입이 있을 때마다 남은 기간 IRR인 16.4%로 재투자하는 것이 필요하다.

이와 같이 두 투자안 평가방법의 재투자수익률 가정이 상이하기 때문에 할인율이 변화할 때 후기에 현금흐름이 많으면 그 현재가치는 민감하게 변화한다.

NPV법과 IRR법이 서로 다른 결과를 제시하게 되면 [그림 8-2]의 (b)에서와 같이 A, B 두 투자안의 NPV선이 만나는 점이 존재할 수 있다. 이처럼 두 투자안의 NPV를 같게 하는 할인율을 교차수익률(crossover rate)이라고 한다. 할인율이 커질 때 한쪽 투자안의 NPV가 감소하는 것보다도 다른 쪽의 NPV가 더 큰 폭으로 감소하는 경우가 존재하게 된다.

교차수익률은 다음 식과 같이 투자안 A의 현금흐름의 현재가치와 투자안 B의 현금흐름의 현재가치를 일치시켜 주는 할인율을 계산하면 된다.

$$\sum_{t=1}^{n}\frac{NCF_{At}}{(1+R)^t}=\sum_{t=1}^{n}\frac{NCF_{Bt}}{(1+R)^t} \tag{8.5}$$

단, R : 교차수익률

다음 [예제 8-5]에서 상호배타적 투자안 A, B에 대하여 현금흐름을 이용하여 교차수익률을 계산해 보자. 교차수익률을 계산하기 위해서는 증분현금흐름 A−B 또는 B−A를 먼저 계산해야 한다. 증분현금흐름 B−A를 계산하면 다음 표 마지막 줄과 같다.

연 도	0	1	2	3	4	5	6
투자안 B	−800	50	150	200	250	300	400
투자안 A	−800	400	400	100	100	50	50
증분현금흐름(B−A)	0	−350	−250	100	150	250	350

이제 증분현금흐름(B−A)의 *IRR*을 구하면 다음과 같이 10.3%이다.

$$0=\frac{-350}{(1+R)^1}+\frac{-250}{(1+R)^2}+\frac{100}{(1+R)^3}+\frac{150}{(1+R)^4}+\frac{250}{(1+R)^5}+\frac{350}{(1+R)^6}$$

$$\therefore\ IRR=10.3\%$$

여기서, *IRR*은 증분현금흐름(B−A)의 *NPV*를 0으로 하는 할인율, 즉 *NPV*(B−A)=0인 할인율이므로 *NPV*(B)−*NPV*(A)=0이 성립한다. 따라서 이 *IRR*은 *NPV*(B)=*NPV*(A)인 할인율이므로 *NPV*를 동일하게 하는 할인율인 교차수익률이 됨을 알 수 있다.

Concept check

상호배타적 투자안의 경제성 평가시에 *NPV*법과 *IRR*법이 서로 상반되는 투자결정을 내리는 것은 어떤 경우이며, 왜 그러한 상황이 발생하는가? 교차수익률이란 무엇인가?

예제 8-5 *NPV*법과 *IRR*법의 비교

(주)엔젤기업은 상호배타적인 A, B 두 투자안의 경제성을 비교 검토하고 있다. 두 투자안은 모두 초기에 800백만원의 투자를 요하고 연도별 현금유입액은 다음과 같다. 이 기업의 자본비용은 연 8%이다.

(단위 : 백만원)

CF \ 연 도	0	1	2	3	4	5	6
투자안 A	−800	400	400	100	100	50	50
투자안 B	−800	50	150	200	250	300	400

(1) 자본비용(R)이 각각 연 0, 6, 8, 10, 15, 20%일 때의 두 투자안의 순현가(NPV)를 각각 계산하라.
(2) 두 투자안의 내부수익률(IRR)을 구하라. 그리고 IRR 법과 NPV 법에 의하여 두 투자안을 평가하라.
(3) 교차수익률을 구하라.
(4) (1)에서 얻어진 결과를 그래프로 나타내라(수평축에 자본비용, 수직축에 순현재가치를 표시하여 그릴 것).
(5) (2)에서 NPV 법과 IRR 법의 평가결과가 일치하지 않는 상황은 어떤 상황이며, 교차수익률과 자본비용 간에 어떤 관계일 때 발생하는가?
(6) (2)에서 투자안 평가결과가 일치하지 않는다면 그 이유는 무엇인가? 또한 이 경우 어느 방법을 선택해야 하며, 그 이유(그 방법의 우월성)는 무엇인가?

➤ 풀이

(1) 자본비용이 연 8%인 경우의 투자안 A의 NPV는 다음과 같이 계산된다.

$$NPV(\text{A}) = \frac{400}{(1.08)^1} + \frac{400}{(1.08)^2} + \frac{100}{(1.08)^3} + \frac{100}{(1.08)^4} + \frac{50}{(1.08)^5} + \frac{50}{(1.08)^6} - 800$$
$$= 132(\text{백만원})$$

마찬가지 방법으로 투자안 B의 NPV를 구하면 174(백만원)이다.

또 자본비용(R)이 0, 6, 10, 15, 20%인 경우의 NPV를 계산하면 다음 표와 같다.

R (%)	0	6	8	10	15	20
PV(A)	1,100	969	932	897	820	754
NPV(A)	300	169	132	97	20	−46
PV(B)	1,350	1,053	974	903	753	637
NPV(B)	550	253	174	103	−47	−163

(2) • IRR 법 : 투자안 A의 IRR은 다음을 만족시키는 할인율(r)이다.

$$\frac{400}{(1+r)^1} + \frac{400}{(1+r)^2} + \frac{100}{(1+r)^3} + \frac{100}{(1+r)^4} + \frac{50}{(1+r)^5} + \frac{50}{(1+r)^6} = 800$$

시행착오법을 이용하여 투자안 A, B의 IRR을 구하면,

$IRR_A = 16.4\%$, $IRR_B = 13.3\%$

$IRR_A = 16.4\% > IRR_B = 13.3\%$이므로 IRR 법에 의하면 투자안 A가 우월

• NPV 법 : 자본비용이 8%일 때, (1)에서의 계산에 의하면,

$NPV_A = 132$(백만원), $NPV_B = 174$(백만원)이다.

$NPV_A = 132$(백만원) $< NPV_B = 174$(백만원)이므로 NPV 법에 의하면 투자안 B가 우월

⇒ NPV 법과 IRR 법이 상충되는 결과를 보인다.

(3) 투자안 A와 B의 교차수익률 R은 식(8.5)를 만족시키는 R값이다.

$$\sum_{t=1}^{6} \frac{\text{현금흐름(A)}}{(1+R)^t} - 800 = \sum_{t=1}^{6} \frac{\text{현금흐름(B)}}{(1+R)^t} - 800$$

이를 만족시키는 R을 구하면, $R=10.3\%$이다.

(4)

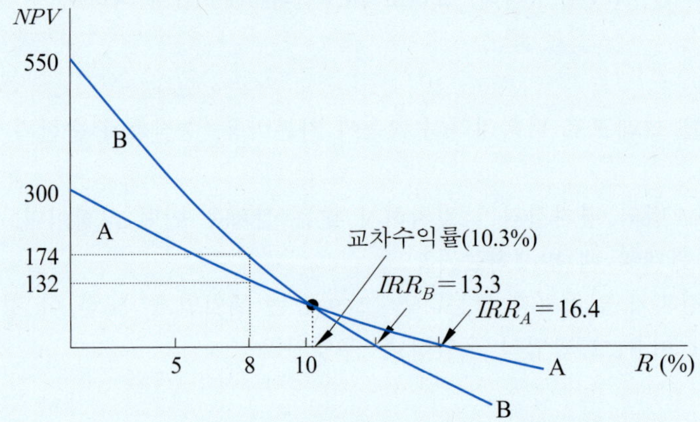

(5) • NPV법과 IRR법이 상충되는 상황은 다음과 같다.

① 투자규모가 서로 현저히 다른 경우

② 투자수명이 서로 현저히 다른 경우

③ 현금흐름의 시간적 양상이 서로 다른 경우에 발생한다.

• [예제 8-5]에서 주어진 상황은 ③의 상황이다. 투자안 A처럼 초기에 현금유입이 많다가 말기로 갈수록 줄어드는 유형은 Mining Type이라고 하며, 투자안 B처럼 반대의 현금흐름 유형을 Orchard Type이라고 한다. 높은 자본비용하에서는 초기에 현금유입이 많은 투자안이 더욱 유리하다.

[참고] 투자규모의 차이가 있을 경우는 소규모 투자안이, 높은 자본비용하에서 유리하다.

• (4)의 그래프와 같이 자본비용(8%)이 교차수익률(10.3%)보다 작을 때 NPV법과 IRR법의 평가결과가 상반된다.

[참고] IRR법은 항상 투자안 A만 채택되고, NPV법은 자본비용이 교차수익률보다 클 때만 투자안 A가 채택된다.

(6) NPV법과 IRR법에 차이가 발생하는 이유는 재투자수익률에 대한 가정이 다르기 때문이다. 즉, NPV법은 투자기간 내 현금흐름이 자본비용과 동일한 수익률로 재투자된다고 가정하고 있는 반면, IRR법은 그 투자안의 IRR과 동일한 수익률로 재투자된다고 가정하고 있기 때문이다.

NPV법과 IRR법의 평가결과가 차이가 날 때에는 NPV법을 선택해야 한다. 그 이유들은 이하에서 상세히 설명되겠지만, 가장 중요한 이유는 현실적으로 투자의 한계수익률이 체감하므로 NPV법의 재투자수익률에 대한 가정이 보다 합리적이기 때문이다. IRR법의 재투자수익률의 가정은 낙관적인 경향이 있다.

2. *NPV*법의 우위성

*NPV*법과 *IRR*법의 평가결론이 상충될 때에는 *NPV*법으로 투자결정을 해야 한다. 왜냐하면 다음과 같은 근거에서 *NPV*법이 *IRR*법보다 우월하기 때문이다.

(1) 재투자수익률의 가정

앞에서 설명한 것처럼 *NPV*법은 투자기간 내 현금흐름을 투자규모의 차이 및 투자수명의 차이에 관계없이 자본비용으로 재투자한다고 가정한다. 반면에, *IRR*법은 그 투자안의 *IRR*수준으로 재투자한다고 가정한다. 현실적으로 투자사업의 한계수익률은 체감하므로 자본비용수준으로 재투자한다는 *NPV*법의 재투자수익률 가정은 현실적이고 합리적이라고 할 수 있다. 반면에 투자안에 따라 매우 높은 *IRR*이 소수 존재할 수는 있지만, 높은 *IRR*에 반복 재투자할 수 없다. *IRR*법의 재투자수익률 가정은 비현실적이다.

(2) 복수해 또는 해의 부재

*IRR*은 시행착오법으로 구하기 때문에 계산이 복잡하다는 단점이 있다. 또한 다음 예에서의 투자안 C처럼 *IRR*이 2개 이상 복수로 존재하는 경우도 있다. 즉, 서로 다른 2개 이상의 할인율에서 $NPV=0$이 되는 경우가 있다. 그리고 투자안 D처럼 *IRR*이 아예 없는 경우(허수의 해)도 있는 등 계산상의 문제점이 있다.

기 간	0	1	2	*IRR*의 해
투자안 C	−1,600	10,000	−10,000	25%, 400%
투자안 D	−1,000	3,000	−2,500	$\frac{3\pm\sqrt{-1}}{2}$

(3) 기업가치의 극대화 반영

투자결정의 목표는 기업가치의 극대화이다. *NPV*법으로 측정되는 순현가는 투자로 인한 절대부의 증감액을 의미하므로 투자결정의 목표에 부합되는 평가방법이다.

반면에 *IRR*법은 그렇지 못하다. 다음 예에서 볼 수 있는 것처럼 *IRR*이 높다고 해서 반드시 좋은 투자안은 아니다. 투자안 E의 *IRR*이 투자안 F의 그것보다 높은 것은 단지 투자규모를 감안한 상대적 수익성이 좋기 때문이다. 의사결정의 기준은 투자규모 대비 상대적 수익성이 아니라 가치변동액 그 자체이다. *IRR*은 부의 상대적 증가율을 나타낼 뿐이다. 따라서 *IRR*은 상호배타적 투자안 평가시 투자규모의 차이가 클 경우 잘못된 의사결정에 이르게 된다.

기 간	CF_0	CF_1	*IRR*	(*NPV* @*R*=10%)
투자안 E	−10,000	+20,000	100%	8,185
투자안 F	−20,000	+35,000	75%	11,818

(4) 투자안 평가기준의 일관성

투자안의 현금흐름은 다음과 같이 (순)투자형, 차입형(反투자형), 혼합형으로 분류할 수 있다.

① (순)투자형 현금흐름(traditional 또는 conventional cash flow) : − + + + ……
② 차입형 현금흐름 : + − − − ……
③ 혼합형 현금흐름(unconventional cash flow) : − + + − − + ……

각 유형하에서 *NPV*법과 *IRR*법의 관계를 살펴보면 다음과 같다.

*NPV*법은 현금흐름유형에 관계없이 $NPV \gtreqless 0$임을 판단하는 항상 동일한 투자안 평가기준을 사용한다. 그러나 *IRR*법은 현금흐름유형에 따라 서로 다른 투자안 평가기준을 사용한다.

- 전통적 현금흐름((순)투자형 현금흐름) : $IRR > R$(자본비용)이면 투자안 채택
- 차입형 현금흐름 : $IRR < R$(자본비용)이면 투자안 채택

차입형 현금흐름은 금융기관으로부터 자금을 차입하여 나중에 상환하는 형

■ 그림 8-3
투자형, 차입형, 혼합형 현금흐름 투자안의 IRR과 NPV

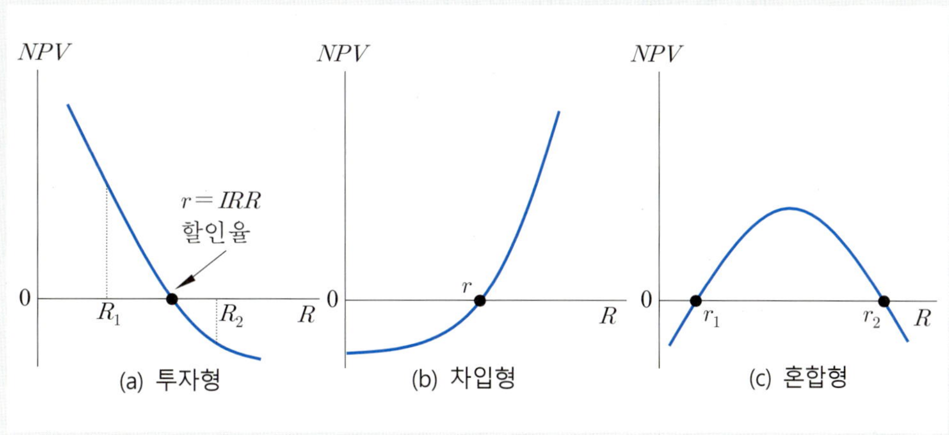

태(financing)의 현금흐름이다. 이 경우의 내부수익률은 투자수익률이 아니라 차입이자율이다. 따라서 $IRR < R$인 투자안이어야 채택된다.

다음 예의 차입형 투자안인 경우 NPV는 [그림 8-3]에서 보는 것처럼 할인율이 증가할수록 투자안의 NPV가 증가한다. 정상적인 투자안(투자형)의 경우는 할인율이 증가하면 NPV가 감소하는 것과 반대되는 결과를 보인다.

기 간	0	1	2	3	IRR	$NPV(R=10\%)$
현금흐름	+1,000	−3,600	−4,300	−1,728	20%	−75

이러한 측면에서 보면, IRR법은 투자(investing)의 문제와 자금조달(financing)의 문제를 구분하지 못하는 문제점을 지니고 있다.

혼합형 또는 비전통적 현금흐름(unconventional cash flow)은 수년간에 걸쳐서 진행되는 대형선박건설 투자안, 원자력발전소건설 투자안이나, 종료시점에서 폐쇄를 위한 현금유출이 요구되는 경우처럼, 현금흐름의 방향(유출입)이 한 번 이상 변하는 현금흐름을 말한다. 이 경우 복수의 IRR이 존재할 수 있으며 복수의 IRR은 올바른 IRR이 아니다. 이러한 문제점을 해결하기 위해 다음 4항에서 설명하는 수정IRR(Modified IRR)을 사용할 수 있다.

(5) 가치합산원리의 적용가능성

가치합산원리(value additivity principle)는 전체를 구성하는 부분들의 가치 합은 전체가치의 합과 일치한다는 원리를 말한다. NPV법은 가치합산원리가 적용되기 때문에 여러 개별투자안을 독립적으로 평가하든 총합적으로 평가하든지 관계없이 결론은 동일하게 된다. 그러나 IRR법은 이 원리가 적용되지 않는다.

$$NPV(\mathrm{A}) + NPV(\mathrm{B}) = NPV(\mathrm{A+B})$$
$$IRR(\mathrm{A}) + IRR(\mathrm{B}) \neq IRR(\mathrm{A+B})$$

예를 들어, 다음 두 투자안 G, H에 대하여 개별적으로 실행된다고 가정하여 각각의 NPV와 IRR을 구해보고, 동시에 실행된다고 가정하여 각각의 현금흐름을 합한 결합투자안(G+H)의 NPV와 IRR을 구해보기로 하자. NPV법은 가치합산원리가 적용되지만, IRR법은 그렇지 않음을 알 수 있다. NPV법은 가치합산원리가 적용되므로 투자계획수립의 융통성이 높다.

	CF_0	CF_1	NPV	IRR
투자안 G	−6	15	−6+(15/1.5)=4	6=15/(1+r), r=150%
투자안 H	5	−6	5− (6/1.5)=1	5= 6/(1+r), r= 20%
결합투자안(G+H)	−1	9	−1+ (9/1.5)=5	1= 9/(1+r), r=800%

Concept check

NPV법과 IRR법이 상충될 경우, NPV법에 의한 투자결정이 우위성을 가지는 근거는 무엇인가?

3. NPV법의 단점과 IRR법의 유용성

NPV법은 할인율로 쓰이는 자본비용이 정확히 추정되어야 유용성이 높다. 그러나 제9장에서 설명되겠지만, 자본비용을 추정하는 데에는 여러 어려움이 있는

단점이 있다.

반면에 *IRR*법은 투자규모를 감안한 상대적 수익성인 투자수익률(%)로 측정된다. 실무적으로 경영자들은 투자규모가 상이한 다수의 투자사업을 추진하는 여러 가지 상황에서 수익성을 평가할 때 예상투자수익률(%) 기준으로 검토하는 경향이 있어 나름대로 정보의 유용성이 있다.

4. 수정*IRR*법

복수의 *IRR*이 존재하거나 *IRR*을 구할 수 없는 것은 (−), (+)의 현금흐름이 두 번 이상 교차하는 혼합형 현금흐름(unconventional cash flow) 투자안의 경우이다. 복수의 또는 존재하지 않는 *IRR*법의 문제점을 해결하고, 비현실적인 *IRR*법의 재투자수익률 가정의 문제를 해결하기 위해 수정*IRR*을 사용할 수 있다.

수정*IRR*(modified *IRR*, *MIRR*)은 몇 가지 방법으로 구할 수 있다. 이 책에서는 수정*IRR*을 구하기 위해 투자안의 중도 현금흐름이 *IRR*이 아닌 자본비용으로 재투자된다는 것을 가정하는 재투자법을 사용한다. *MIRR*은 투자안의 초기 투자액을 제외한 중도 현금흐름을 종료시점의 미래가치로 환산하여 모두 더한 영구가치(terminal value)를 구한 다음, 이 종료시점의 영구가치의 현재가치와 초기 투자액을 일치시키는 할인율이다. 독립적인 투자안의 경우 *MIRR*이 자본비용보다 클 때 경제성이 있다고 결론 내릴 수 있고, 상호배타적인 투자안의 경우 *MIRR*이 상대적으로 더 큰 투자안을 채택하면 된다.

예를 들어 앞의 [예제 8-5]에서 이들 두 투자안이 각각의 *IRR*인 16.4%, 13.3%로 재투자되는 것을 가정하는 것이 아니라, 요구수익률(할인율 또는 자본비용)인 8%로 재투자되는 것을 가정하면, 투자안 A의 6년말의 미래가치는 1,478.54백만원이고, 투자안 B는 1,545.08백만원이다. 이 미래가치와 투자액 800백만원을 일치시키는 두 투자안의 *MIRR*은 다음과 같이 계산된다.

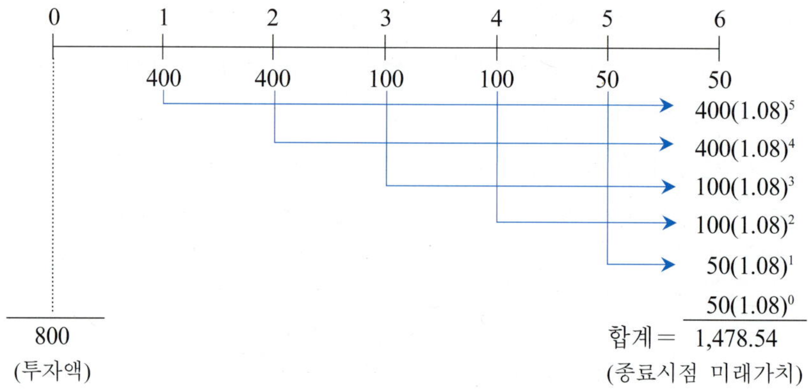

투자안 A : $400(1.08)^5+400(1.08)^4+\cdots\cdots+50(1.08)^1+50(1.08)^0=1{,}478.54$백만원

$$800=\frac{1{,}478.54}{(1+MIRR)^6}\qquad MIRR=10.8\%$$

투자안 B : $800=\dfrac{1{,}545.08}{(1+MIRR)^6}\qquad MIRR=11.6\%$

두 투자안 모두 자본비용보다 큰 *MIRR*을 갖고 있고, *MIRR* 기준으로 보면, 투자안 B가 우월한 투자안이다. 이는 *NPV*에 의한 결론과 일치한다.[4] *MIRR* 방법을 사용하여 상호배타적 투자안을 평가할 때 유의할 점은 투자안의 규모가 비슷할 경우에만 제한적으로 사용된다는 점이다. 그렇지 않으면 *NPV*법의 결론과 상충할 수 있다. *NPV*법과 상충하는 결론을 얻을 때에는 *NPV*법에 따라 상호배타적 투자안을 평가해야 한다.

앞장에서 설명한 투자안의 경제성 분석에서는 각 투자안들에 대해 다음과 같은 가정을 하였다.

① 투자안의 위험이 비슷하다.
② 내용연수가 동일하다.
③ 자본제약이 없다.

4) 수정 *IRR*을 EXCEL로 계산하는 것은 함수식 "=*MIRR*(현금흐름영역, 자본비용, 재투자수익률)"을 사용하는 것이다. 위의 예제를 EXCEL로 처리한 결과는 [부록 1]의 12.를 참조할 것. 여기서는 자본비용과 재투자수익률을 8%로 동일한 것으로 보고 적용하였다.

그러나 현실적으로는 이러한 가정들이 성립하지 않을 경우가 많다. 이하에서는 자본제약이 있는 경우의 투자안 분석방법에 대해 설명한다.

Concept check

*IRR*법에 의한 투자결정방법이란 무엇인가? 또 혼합형 현금흐름(unconventional cash flow)으로 인하여 복수 *IRR*이 존재할 경우 진정한 *IRR*을 구하는 방법은 무엇인가? 수정*IRR*을 계산하는 데 가정은 무엇인가?

제 4 절 수익성지수법과 자본제약하에서의 투자안 평가

미래 현금흐름 또는 현금유입(benefit)의 현가와 현금유출(cost : 기초투자액)의 현가, 양자의 절대차이를 측정하여 투자결정을 하는 방법이 *NPV*법이고, 양자를 비율로 측정하여 평가하는 방법이 수익성지수법이다. 즉, 수익성지수(*PI* : profitability index)법은 미래 현금흐름의 현가를 기초투자액으로 나눈 비율로서, 투자액단위당 투자이익의 현재가치의 크기를 상대적으로 비교하여 투자결정을 하는 방법이다. 따라서 총투자액 규모를 감안하여 투자효율성을 비율로 비교할 수 있는 지표라는 특성이 있다. 자본조달 재원의 제약이 있을 때 많이 검토된다.

$$\text{수익성지수}(PI) = \frac{\text{미래 현금흐름(편익)의 현가}}{\text{기초투자액(비용)의 현가}} \gtrless 1$$

*PI*가 측정되면 의사결정은 "1"을 기준으로 다음과 같이 투자결정을 한다.

① 독립적인 투자안 : *PI*가 1보다 큰 투자안을 채택한다.
② 상호배타적인 투자안 : *PI*가 1보다 큰 투자안 중에서 *PI*가 가장 큰 투

자안을 채택한다.

PI는 상이한 투자규모가 고려된 benefit의 현가와 cost의 현가를 대응시킨 비율이라는 측면에서 편익 · 비용 비율(B/C비율)이라고도 한다. 정부나 지방자치단체는 공항 건설, 고속도로 건설 등 사회간접자본에 많은 투자를 하는데 이러한 투자의 경제성을 평가하는 데에도 B/C비율을 많이 사용한다.

미래 현금흐름의 현가와 기초투자액에 대하여 NPV법은 양자의 절대차이를 측정한 것이고, 수익성지수(PI)법은 양자를 비율로 표시한 것이므로 NPV법과 PI법은 다음 관계에 있다.

$$PI=(NPV+\text{초기 투자액})/\text{초기 투자액}$$

PI법에 의하면 IRR법과 마찬가지로 상대적 투자규모를 감안하여 수익성을 평가할 수 있는 장점이 있지만, 상호배타적인 투자안 평가의 경우 NPV법과 PI법이 서로 상충되는 경우도 있다. 단순한 PI법의 평가에서는 상대적으로 투자규모가 작은 투자안에 투자하고 남은 유휴자금의 기회비용이 고려되지 않기 때문이다. 따라서 상호배타적인 투자안의 경우 올바른 의사결정은 NPV법의 결론에 따라야 한다.

Concept check

PI법, NPV법, IRR법의 관계를 설명하라.

예제 8-6 수익성지수에 의한 투자안 평가

(1) 다음과 같은 독립적인 두 투자안을 고려하고 있다. 수익성지수(PI)법으로 두 투자안을 평가하라.

	투자안 A	투자안 B
투자규모(원)	1,000,000	100
미래 현금흐름의 현재가치(원)	1,001,000	200

(2) 아래와 같은 현금흐름을 갖는 상호배타적 투자안 A, B의 순현가를 할인율 10%를 이용하여 아래와 같이 계산하였다. *PI*를 계산하고 어느 투자안을 선택할지 결정하라.

연 도	투자안 A	투자안 B
0	−1,000	−2,000
1	500	1,000
2	400	800
3	300	600
4	100	100
NPV(할인율 10%)	78.8	89.3

➤ 풀이

(1) 투자안 A의 $PI = \frac{1,001,000}{1,000,000} = 1.001$

투자안 B의 $PI = \frac{200}{100} = 2.00$

*PI*법에 의하면, 두 투자안 모두 1보다 크므로 경제성이 있다.

(2) 투자안 A의 *PI*는 약 1.08이고, 투자안 B의 *PI*는 1.04이다. 그러므로 *PI*를 기준으로 투자안 A가 우월하다. 그러나 투자안 B의 *NPV*가 더 크다. 이러한 상충된 결과가 나온 이유는 투자안 B의 초기 투자 규모가 A보다 2배이기 때문이다. 이런 경우에는 *NPV*에 의해서 투자결정을 해야 한다.

자본조달에 제약이 없으면 $NPV > 0$인 모든 투자안을 채택하면 된다. 그러나 자본조달의 제약이 있는 경우는 조달 자본예산의 한도 내에서 기업가치를 극대화시키는 투자사업들을 선정해야 한다.

고려중인 투자안들의 *NPV*가 모두 양(+)이라 하더라도 현실적으로 투자자본의 제약이 있으면 일부는 채택할 수 없는 경우가 발생한다. 이때에는 *PI*가 큰 순서대로 투자안을 채택하는 것이 합리적인 경우가 많다. 한 개의 투자안 또는 두 개 이상의 투자안 조합 중에서 예산의 효용(결합투자안의 *NPV*)을 극대화하는 투자안을 선택해야 한다.

예제 8-7 자본제약시 투자결정

투자재원이 300억원으로 제약되어 있다. 투자안 B의 *NPV*와 *PI*를 구하라. *NPV*기준으로 판단할 때, 자본제약하에서 어느 투자안을 채택해야 하는가?

투자안	투자규모(억원)	*PV*(억원)	*PI*	*NPV*(억원)
A	200	230	1.15	30
B	125	141.25	?	?
C	175	194.25	1.11	19.25
D	150	162	1.08	12

➤ 풀이

$NPV = (PI - 1.0)$ (투자액) $= PV -$ 투자액, $PI = PV$(미래 현금흐름의 현재가치) / 투자액이므로

$NPV(\text{B}) = 141.25 - 125 = 16.25$억원

$PI(\text{B}) = 141.25/125 = 1.13$

－투자재원 300억원의 제약하에서 수행할 수 있는 투자안들의 결합과 그 *NPV*:

$NPV(\text{B}+\text{D}) = 16.25 + 12 = 28.25$

$NPV(\text{B}+\text{C}) = 16.25 + 19.25 = 35.5$

$NPV(\text{A}) = 30$

⇒ *PI*가 가장 큰 투자안은 A이다. 다만 A에 투자결정을 하면 200억원을 소비하고, 남는 100억원으로 B, C, D 어느 것도 선택할 수 없다. *NPV*가 가장 큰 투자안의 결합은 B와 C에 투자하는 경우이다.

주요 용어

- 자본예산
- 투자안의 경제성 평가방법
- 순현가(*NPV*)법
- 내부수익률(*IRR*)법
- 회수기간법
- 할인회수기간법
- 회계적 이익률법
- *NPV*법과 *IRR*법의 비교
- 교차수익률
- *NPV*법의 우위성
- (순)투자형 현금흐름
- 차입형 현금흐름
- 혼합형 현금흐름
- 가치합산원리
- 수정*IRR*법
- 수익성지수(*PI*)법
- 자본제약

연습문제

1. 혼합형 현금흐름(unconventional cash flow)을 갖는 것으로 예측되는 독립적인 투자안의 경우 복수의 *IRR*이 존재할 수 있다. 이를 보완한 경제성 평가방법은 무엇인가?

① *PI* ② *EAC*
③ Discounted payback period ④ *MIRR*
⑤ Payback period

2. 다음 중 *NPV*법과 *IRR*법에 대한 설명으로 타당하다고 생각되는 것은?

① *NPV*와 *IRR*은 기업가치의 증분을 나타내는 점에서는 동일하다.
② 두 투자안의 내부수익률을 일치시키는 할인율을 crossover rate라 한다.
③ 상호배타적 투자안의 평가에서는 두 방법의 결과가 일치하지 않을 수 있다.
④ *IRR*은 해당기업의 자본비용에 따라 달라진다.
⑤ 기업의 매니저들은 *IRR*법을 선호해야 한다.

3. *IRR*을 사용해 투자안을 평가할 때 생겨나는 문제점이 아닌 것은?

① 복수의 *IRR*이 존재할 수 있다.
② *IRR*을 구할 수 없는 경우도 있다.
③ 상호배타적 투자안의 평가에서는 *NPV*를 사용할 때의 결론과 다른 결과를 얻을 수 있다.
④ *IRR*은 계산시 적용되는 재투자수익률 가정에 문제가 있다.
⑤ 독립적인 투자안이 전통적인 현금흐름을 가질 경우 *NPV*법과 결과가 다를 수 있다.

4. 어떤 투자안으로부터 창출되는 미래 현금흐름의 현재가치의 합을 최초 투자액으로 나눈 값을 무엇이라 부르는가?

① *PI* ② *NPV*
③ *IRR* ④ *MIRR*
⑤ Payback period

5. 수익성지수(*PI*)법에 관한 설명 중 옳지 않은 것은?

① B/C 지수라고도 부른다.
② 최근 정부나 지방자치단체가 시행하는 공공 프로젝트의 경제성을 평가하는 데 많이 쓰인다.
③ 상호배타적 투자안을 평가할 때 *NPV*법과 항상 같은 결론을 도출한다.
④ 독립적인 투자안을 평가할 때 *PI*가 1보다 크면 경제성이 있다고 볼 수 있다.
⑤ 많은 투자기회에 비해 자본이 부족한 기업이 다수의 투자안을 평가할 때 유용하다.

6. 벤처캐피털이나 헤지펀드와 같은 사모펀드의 성과평가시에 사용하는 평가방법은?

① *PI* ② *NPV*
③ *IRR* ④ *EAC*
⑤ Payback period

7. 다음 중 투자안 경제성 평가방법에 대한 설명으로 옳지 않은 것은?

① 내부수익률(*IRR*)법은 수익률과 자본비용을 비교하는 직관적이고 이해하기 쉬운 방법이므로 모든 평가에 사용해야 한다.
② 수정내부수익률(*MIRR*)법은 재투자율에 관한 가정이 내부수익률(*IRR*)법과 다르다.
③ 두 투자안의 내용연수가 상이하고 반복되며 상호배타적일 경우 *NPV*가 큰 투자안이라도 선택되지 않을 수 있다.
④ 경우에 따라서 순현재가치(*NPV*)법은 *IRR*법과 다른 결론을 제시할 수 있다.
⑤ 경우에 따라서는 수익성지수(*PI*)가 큰 투자안이라 하더라도 기업가치에 공헌하는 정도가 작을 수 있다.

8. 경제성 평가방법의 장·단점을 고려할 때 다음 세 가지 조건을 만족해야 한다. 이 세 가지 조건을 만족하는 가장 바람직한 방법은?

- 화폐의 시간가치 고려
- 투자안으로부터 모든 현금 고려
- 기업가치 증분 계산

① *PI* ② *NPV*
③ *IRR* ④ *MIRR*
⑤ Payback period

9. 다음 중 *MIRR*법에 대한 설명으로 타당하다고 생각되는 것은?

① *NPV*와 *MIRR*은 기업가치의 증분을 나타내는 점에서는 동일하다.
② 두 투자안의 내부수익률을 일치시키는 할인율을 *MIRR*이라 한다.
③ 상호배타적 투자안에서는 *NPV*법과 *MIRR*법의 결과가 일치하지 않을 수 있다.
④ *MIRR*은 해당회사의 할인율과 관계없이 계산할 수 있다.

10. 다음 중 기업의 자금사정과 유동성을 가장 중시하는 투자안 평가방법은?

① 회수기간법
② *NPV*
③ *IRR*
④ *MIRR*
⑤ *EAC*

11. (순)투자형(conventional) 현금흐름을 가진 투자안을 평가하여 *NPV*가 0보다 큰 결과를 얻었다. 이 투자안에 대한 다음 설명 중 틀린 것은?

① *IRR*이 자본비용보다 크다.
② *PI*가 1보다 크다.
③ 할인회수기간법에 의하면 이 투자안의 내용연수가 끝나기 전에 초기 투자액을 회수할 수 있다.
④ *MIRR*이 *IRR*보다 크다.

12. 다음 중 투자안 평가방법에 대한 설명으로 옳지 않은 것은?

① 경우에 따라서는 *PI*가 큰 투자안이라 하더라도 기업가치에 공헌하는 정도가 작을 수 있다.
② 수정내부수익률(*MIRR*)법은 재투자율에 관한 가정이 내부수익률법과 다르다.
③ 두 투자안의 내용연수가 상이하고 반복되며 상호배타적일 경우 *NPV*가 큰 투자안이라도 선택되지 않을 수 있다.
④ *NPV*법은 *IRR*이 2개인 경우는 영향을 받지 않지만, 3개 이상인 경우에는 영향을 받는다.

13. *NPV*와 *IRR*의 계산

김소망 씨는 4,000만원을 투자하여 자판기 영업을 하고자 한다. 자판기 영업을 통해서 향후 2년간에 걸쳐 첫해에는 2,000만원, 둘째 해에는 4,000만원의 현금유입이 있을 것으로 예상한다. 투자자의 요구수익률은 연 15%이다.

(1) 자판기 영업의 *NPV*는 얼마인가? 어떤 투자결정을 내려야 하는가?
(2) 자판기 영업의 *IRR*은 얼마인가? 어떤 투자결정을 내려야 하는가?

14. *NPV* 와 *IRR* 의 비교

(주)엔젤건설은 두 가지 상호배타적인 투자안을 고려중이다.

(단위 : 만원)

투자안	현금흐름			
	C_0	C_1	C_2	*IRR*(%)
A	−400	241	293	21
B	−200	131	172	31

이 기업의 자본비용이 9%이므로 (주)엔젤건설은 *IRR*이 상대적으로 더 높은 투자안 B를 채택하려 한다.

(1) 두 투자안의 *NPV*를 계산하고, 이를 *IRR*과 비교하라.

(2) (주)엔젤건설의 의사결정이 옳지 않은 이유를 설명하라.

15. 투자규모와 *PI*에 의한 경제성 평가

다음과 같이 투자규모와 현금흐름이 크게 다른 두 투자안이 있다. 자본비용은 모두 10%이다. 어느 투자안이 경제성이 높은가?

투자안	0	1
X	−1억원	1.65억원
Y	−10억원	13.2억원

16. 투자안 경제성 평가방법의 적용과 비교

(주)엔젤통상에서는 다음과 같은 세후현금흐름을 갖는 상호배타적인 투자안 A와 B를 고려중에 있다. 이 기업의 자본비용은 10%이다.

(단위 : 억원)

연도말	현금흐름	
	A	B
0	−1,000	−1,000
1	200	600
2	300	500
3	400	400
4	500	400
5	600	300

(1) 회수기간법으로 투자안을 평가하라. 목표회수기간은 4년이다.

(2) 회계적 이익률법으로 투자안을 평가하라. 목표 회계적 이익률은 30%이다.

(3) *IRR*법으로 투자안을 평가하라.

(4) *NPV*법으로 투자안을 평가하라.

17. 수정내부수익률과 할인회수기간에 의한 투자안 평가

삼성그룹 재무팀 이씨는 다음과 같은 현금흐름을 가진 투자안을 평가하려 한다.

(단위 : 만원)

연 도	현금흐름
0	−1,000
1	500
2	300
3	−200
4	500

(1) 수정내부수익률(*MIRR*)을 이용해 평가한다면 이 투자안을 선택해야 하는가? (자본비용=10%)

(2) 재무팀장이 갑자기 위의 투자안에 투자한 자본을 3년 내에 회수해야 한다고 요구한다. 할인회수기간(discounted payback period)을 계산한 후 이 투자안을 평가하라.

18. 내부수익률의 계산

어떤 회사가 자신의 모든 투자안을 내부수익률법을 사용하여 평가하고 있다. 요구수익률이 16%라면 이 회사는 다음과 같은 투자안을 채택해야 하는가?

연 도	현금흐름
0	−28,000
1	12,000
2	15,000
3	11,000

19. 회수기간의 계산

B사는 어떤 해외투자에 대해 회수기간을 3년으로 정하고 있다. 이 회사가 다음과 같은 두 가지 투자안을 갖고 있다면 어느 투자안을 선택해야 하는가?

(단위 : 만원)

연 도	현금흐름	
	A	B
0	−60,000	−70,000
1	23,000	15,000
2	28,000	18,000
3	21,000	26,000
4	8,000	230,000

20. *IRR*의 문제점

어떤 투자안의 현금흐름이 다음과 같다.

(단위 : 만원)

연 도	현금흐름
0	42,000
1	−21,000
2	−32,000

이 투자안의 *IRR*은 얼마인가? 요구수익률이 12%라면 이 투자안은 선택되어야 하는가? 이 투자안의 *NPV*는 얼마인가? 요구수익률이 0%라면 이 투자안의 *NPV*는 얼마인가? 24%라면? 어떤 상황이 발생하고 있는가? 답을 구하기 위해 이 투자안의 순현가선을 그려보라.

21. *IRR*의 문제점

어떤 투자안의 현금흐름이 다음과 같다.

(단위 : 만원)

연 도	현금흐름
0	−60
1	+155
2	−100

이 투자안의 *NPV*를 0으로 만드는 할인율을 구하라. 이 할인율을 무엇이라 부르며, 문제점이 무엇인가?

22. 자본제약시 투자결정

(주)성산은 다음 3개의 투자안을 평가하고 있다. 세 투자안 모두 양(+)의 *NPV*를 갖는 투자안이지만 현재 투자자본이 20억원뿐인 이 회사는 세 투자안 모두를 선택할 수 없다. 이 회사는 어떤 투자안(들)을 선택해야 하는가? 이 회사의 자본비용은 12%이다.

(단위 : 억원)

연 도	프로젝트 E	프로젝트 F	프로젝트 G
0	−20	−10	−10
1	70	15	−5
2	10	40	60

해 답

13. (1) NPV의 계산 :

$$NPV=\frac{2,000}{(1+0.15)^1}+\frac{4,000}{(1+0.15)^2}-4,000$$

$$=4,763.7-4,000=763.7\text{만원}$$

$NPV > 0$이므로 채택

(2) IRR의 계산 :

$$4,000=\frac{2,000}{(1+IRR)^1}+\frac{4,000}{(1+IRR)^2}$$

$\therefore\ IRR=28.08\%$

$IRR(28.08\%) > R(15\%)$이므로 채택

14. (1) $NPV_A=\frac{241}{1.09}+\frac{293}{1.09^2}-400=67.71$

$NPV_B=\frac{131}{1.09}+\frac{172}{1.09^2}-200=64.95$

$IRR_A=21\%,\ IRR_B=31\%$

IRR은 투자안 B가 더 크지만, NPV는 투자안 A가 더 크므로 투자안 A를 채택하는 것이 타당하다.

(2) 근본적으로 IRR은 최적투자결정기준이 될 수 없는 경우가 있다.

IRR은 투자수익률의 하나로서 단지 투자규모가 감안된 상대적 비율이다.

IRR은 의사결정목표인 "가치극대화" 정도를 적절히 측정하지 못한다.

IRR이 높다고 반드시 우월한 투자안이 아니다.

이 밖에도 IRR법은 재투자수익률에 대한 가정의 비현실성, 계산상의 문제점 등의 한계점이 있다.

15. 투자규모가 다른 투자안의 평가 : NPV와 PI 계산

투자안	PV	투자액	NPV	PI
X	1.65/1.1=1.5억원	1억원	0.5억원	1.5
Y	13.2/1.1=12.0억원	10억원	2억원	1.2

*NPV*는 Y가 더 크고, *PI*는 X가 더 크다. 위와 같이 상호배타적 투자안에서는 *NPV*법과 수익성지수법(*PI*법)이 상반되는 결과를 도출할 수 있다. 이런 문제에 부딪힐 때에는 *NPV* 결과를 이용해 최종 결정을 해야 한다. 자본제약이 없다고 가정하면 Y를 선택했을 때 기업가치를 극대화할 수 있다.

16. 평가방법비교

(1) 회수기간 측정

$$A : 3+\frac{(1{,}000-200-300-400)}{500}=3.2\text{년}$$

$$B : 1+\frac{(1{,}000-600)}{500}=1.8\text{년}$$

⇒ 상호배타적인 투자안이므로 목표회수기간(4년) 이내면서 가장 짧은 회수기간인 투자안 B를 선택한다.

(2) 회계적 이익률＝연평균순이익/연평균투자액

법인세차감후순이익＝현금흐름－감가상각비

(∵ 현금흐름＝법인세차감후순이익＋감가상각비)

A, B의 감가상각비는 1,000÷5＝200

(단위 : 억원)

연도말	순이익	
	A	B
1	0	400
2	100	300
3	200	200
4	300	200
5	400	100
합계	1,000	1,200
연평균순이익(합계÷5)	200	240

회계적 이익률

$$A : \frac{200}{1{,}000\div 2}=40\% \qquad B : \frac{240}{1{,}000\div 2}=48\%$$

⇒ 상호배타적인 투자안이므로 목표 회계적 이익률(30%)보다 높으면서, 가장 높은 회계적 이익률의 투자안 B를 선택한다.

(3) 내부수익률(*IRR*)

$$A : \frac{200}{1+IRR}+\frac{300}{(1+IRR)^2}+\frac{400}{(1+IRR)^3}+\frac{500}{(1+IRR)^4}+\frac{600}{(1+IRR)^5}=1{,}000$$

$\therefore\ IRR_A = 23.29\%$

$$B: \frac{600}{1+IRR}+\frac{500}{(1+IRR)^2}+\frac{400}{(1+IRR)^3}+\frac{400}{(1+IRR)^4}+\frac{300}{(1+IRR)^5}=1{,}000$$

$\therefore\ IRR_B = 39.28\%$

⇒ 상호배타적인 투자안이므로, $IRR > R(10\%)$이면서 IRR이 높은 투자안 B를 선택한다.

(4) 순현재가치(NPV)

$$A: \frac{200}{(1.1)}+\frac{300}{(1.1)^2}+\frac{400}{(1.1)^3}+\frac{500}{(1.1)^4}+\frac{600}{(1.1)^5}-1{,}000=444.34\text{억원}$$

$$B: \frac{600}{(1.1)}+\frac{500}{(1.1)^2}+\frac{400}{(1.1)^3}+\frac{400}{(1.1)^4}+\frac{300}{(1.1)^5}-1{,}000=718.69\text{억원}$$

⇒ 상호배타적인 투자안이므로, $NPV > 0$ 이면서, NPV가 높은 투자안 B를 선택한다.

17. (1) 수정내부수익률($MIRR$)

$$\begin{aligned} 500\times(1.1)^3 &= 666 \\ 300\times(1.1)^2 &= 363 \\ -200\times(1.1) &= -220 \\ +\ \ 500 &= 500 \\ \hline \text{Terminal value} &= 1{,}309 \end{aligned}$$

$$1{,}000=\frac{1{,}309}{(1+MIRR)^4}$$

위의 식을 $MIRR$에 관해 풀면 $MIRR = 6.96\%$

$MIRR(6.96\%) < R(10\%)$

∴ 기각

(2) 3년 내에 투자비 1,000만원을 회수할 수 없다.

∴ 기각

18. EXCEL을 이용하여 IRR 을 계산하면 17.18%이다.
IRR 이 요구수익률(16%)보다 크므로 이 투자안을 채택해야 한다.

19. A투자안의 경우 초기 투자비가 60,000만원이고, 3년차말까지 72,000만원을 회수한다.
B투자안의 경우 초기 투자비가 70,000만원인데, 3년차말까지 59,000만원을 회수한다.
따라서 투자안 A를 채택해야 한다.

20. 재무계산기나 EXCEL을 이용하여 IRR 을 계산하면 16%이다. 단순한 IRR 법에 의하면 요구수익률(12%)보다 IRR 이 크므로 이 투자안을 채택해야 한다.

요구수익률 12%에서 *NPV*를 계산하면,

$$NPV=\frac{-21,000}{(1+0.12)}+\frac{-32,000}{(1+0.12)^2}+42,000=-2,260\text{만원이다.}$$

따라서 *NPV*에 의하면 이 투자안을 기각해야 한다.

이런 모순된 결과가 나온 이유는 이 투자안의 *CF*가 [그림 8-3]의 (b)와 같은 차입형이기 때문이다. 이 문제를 차입의 입장에서 생각해 보면, 0시점에 42,000만원을 빌린 후 1년 후 21,000만원, 2년 후 32,000만원을 갚는 *CF*이다. 내부수익률 16%의 의미는 차입자가 12%의 이자만 부담하려고 하는데 *CF*에 따르면 16%의 이자를 지불하는 셈이다. 따라서 이런 차입은 기각해야 한다.

다시 말해, *IRR*은 투자와 차입(또는 자본조달)을 구별하지 못하는 방법이다.

요구수익률이 0%이면 $NPV=-11,000$만원이다.

요구수익률이 24%이면 $NPV=4,253$만원이다.

21. Excel을 이용하여 답을 구하면 다음과 같다.
할인율 25% 또는 33.3%를 적용하면 *NPV*가 0이므로 복수의 *IRR*이 존재함을 알 수 있다. 이 투자안의 현금흐름이 혼합형 또는 비전통적이므로 복수의 *IRR*이 존재한다. 이 경우에 *IRR*을 이용하여 투자안의 경제성을 평가하기 어렵다.

22. 세 투자안의 *NPV*를 각각 구해보자.

E : $NPV=50.5$억원

F : $NPV=35.3$억원

G : $NPV=33.3$억원

현재 투자자본이 20억원밖에 없는 (주)성산이 프로젝트 E를 선택할 경우 50.5억원만큼 기업가치를 향상시킬 수 있다. 프로젝트 F와 G는 각각 10억원의 투자자본이 필요하다. 따라서 이 회사는 E에 투자하지 않고 20억원을 이용해 F와 G에 동시에 투자할 수 있다. *NPV*는 가치합산원리를 적용할 수 있으므로 두 프로젝트에 투자하여 얻는 *NPV*는 68.6억원(=35.3+33.3)이다. 따라서 E에 투자하지 않고, F와 G에 투자하는 것이 *NPV*가 더 크고 기업가치를 더 향상시킬 수 있다.

CHAPTER

9 자본예산 2 - 자본비용

기업의 투자안은 투자자금 조달의 대가로 자본제공자에게 지불하는 자본비용 수준에 따라 사업이 수행되지 않을 수도 있다. 즉 자본비용이 추정되어야 투자사업의 경제성을 적절히 평가할 수 있는 것이다. 자본비용의 수준은 투자안의 위험 정도에 따라 결정된다. 기업가치는 투자사업으로부터의 투자수익이 자본비용을 상회하는 정도에 따라서 창출될 수 있으므로 자본비용의 개념과 측정은 재무의사결정에 매우 중요한 기준이다. 다음은 본 장을 학습하는 데 이해해야 할 주요 내용들이다.

- 기업 자본조달의 수단과 수단별 평가기준
- 투자안에 대한 요구수익률의 의미와 측정방법
- 자본비용의 개념과 재무의사결정에의 이용방법
- 가중평균자본비용의 추정원칙
- 원천별 자본비용으로서 부채비용과 자기자본비용의 추정방법
- 기업전체의 자본비용과 투자안의 자본비용의 구분
- 기업이 내부수익률(IRR)이 다른 다수의 투자사업을 벌이고, 추가자금조달에 따라 한계자본비용(MCC)이 변화할 때의 최적자본예산의 결정문제

주제_생각하기 세계 주요 국가의 무위험자산수익률(R_f)과 시장수익률(R_m)

기업은 대규모 투자를 실행하기 위해 부채(타인자본)를 발행하거나 이익유보금 또는 유상증자를 통해 조달한 자기자본을 이용할 수 있다. 부채발행을 통해 자본조달을 할 경우 채권수익률(만기수익률) 또는 표면이자율 등을 알 수 있기 때문에 부채비용을 추정할 수 있다. 하지만 이익유보금 또는 유상증자 등 자기자본 형태의 자본조달을 할 경우 기업이 지불해야 할 비용은 어떻게 추정할 수 있는가? 자기자본비용을 추정해야 할 경우 제5장에서 배운 배당평가모형 또는 제7장에서 배운 자본자산가격결정모형(*CAPM*)을 이용할 수 있다. 배당평가모형을 사용할 경우 해당기업이 배당을 주기적으로 하고 있어야 한다. 하지만 국내의 많은 상장기업들이 배당을 하고 있지 않기 때문에 이 모형을 쓸 수 없다. 따라서 자기자본비용 추정을 위해 자본자산가격결정모형을 사용하는 경우가 대부분이다. 이 모형을 사용하기 위해서는 해당기업의 β, 무위험자산수익률(R_f), 시장수익률(R_m)을 알아야 한다. β는 기업별로 다른 체계적 위험을 재는 단위이지만, 무위험자산수익률과 시장수익률은 어떻게 알 수 있을까? 무위험자산수익률은 국채의 수익률을, 시장수익률은 주식시장을 대표하는 인덱스의 수익률을 보통 사용한다. Fernandez et al.(2015)[1]은 각국의 교수, 기업인, 애널리스트 등을 대상으로 설문조사를 하여 다음과 같이 각국의 무위험자산수익률과 시장수익률 추정치를 발표하였다.

국 명	무위험자산수익률 (R_f, %)	시장수익률 (R_m, %)	국 명	무위험자산수익률 (R_f, %)	시장수익률 (R_m, %)
미국	2.4	7.9	한국	2.3	8.5
스페인	2.2	8.1	중국	4.5	12.6
독일	1.3	6.6	인도네시아	7.5	16.4
프랑스	1.5	7.2	태국	8.7	16.0
영국	2.1	7.2	터키	7.8	17.2
이탈리아	1.5	7.0	아르헨티나	12.6	35.5
캐나다	2.3	8.3	러시아	7.4	17.1
벨기에	1.3	6.7	인도	7.4	15.8
덴마크	1.3	6.8	멕시코	4.3	12.2
일본	0.7	6.6	칠레	3.9	10.4

위 표에서 왼편에 있는 나라들은 선진국이다. 이들 선진국의 시장위험프리미엄(market risk premium)은 오른편에 있는 나라들에 비해 어떤가? 위 표에 의하면 선진국 기업일수록 자기자본비용이 높을까 또는 낮을까? 어떤 한국기업의 β가 1.5라면 이 기업의 자기자본비용은 얼마인가?

1) Fernandez et al., Discount rate (risk-free rate and market risk premium) used for 41 countries in 2015: a survey, SSRN working paper(2015).

제 1 절 기업의 자본조달수단

본절에서는 자본비용 추정방법을 다루기 전에 여러 자본조달수단을 개관하고, 자본조달수단에 대한 선택기준과 주요 수단별 특징을 살펴본다.

1. 기업의 자본조달수단의 분류

기업은 필요한 투자자금을 조달하기 위하여 여러 자본조달수단(원천)을 이용한다. 재무상태표에는 일정시점에서의 자본조달의 내역이 구분표시되는데, 자금원별 특성을 요약하면 다음 〈표 9-1〉과 같다.

기업이 이용할 수 있는 자본조달수단은 여러 가지로 분류될 수 있다. 자본제공자의 법적 지위에 따라서는 자기자본과 타인자본으로 분류한다.[2)]

① 자기자본 : 주주의 지분이 되는 자기자본조달의 방법에는 두 가지가 있다. 하나는 기업의 순이익 중에서 주주에게 배당한 후 사내유보된 자금인 유보이익으로 조달하는 내부금융의 방법이고, 다른 하나는 보통주주의 출자와 유상증자 형태로 조달하는 외부금융의 방법이다. 주식발행을 통하여 조달하면 그 대가로 배당을 지급해야 한다. 배당은 기업의 영업성과와 재무정책을 고려해서 지급되는 것이지만, 배당수익률과 주가상승에 의한 자본이득수익률이 기대수익률에 못 미치면 지속적인 자기자본조달이 이루어질 수 없다.

② 타인자본 : 채권자의 지분이 되는 타인자본에 의한 조달은 은행의 장·단기차입금, 회사채 발행 등의 이자지급부채로 조달할 수도 있고, 거래처로부터 원자재를 외상으로 사들이는 매입채무처럼 이자지급은 없고

2) 자본조달수단으로서의 장단점에 대한 논의는 제12장을 참조할 것. 매입채무와 같은 단기자금의 조달수단에 대해서는 제14장 기타 기업재무 이슈에서 설명한다.

● 표 9-1
재무상태표와 자금원별 특성

재무상태표
202×년 12월 31일 현재

자 산	부채 · 자본	자금원의 성격	지급대가의 성격
Ⅰ. 유동자산	Ⅰ. 유동부채	[단기성 자본]	확정채무
(당좌자산)	1. 매입채무		무이자부채
1. 현금/현금성자산	2. 단기차입금		이자지급부채
2. 단기금융자산	3. 유동성장기부채		
3. 매출채권			
(재고자산)	Ⅱ. 비유동부채	[장기성 자본]	확정채무
	1. 장기차입금		이자지급부채
Ⅱ. 비유동자산	2. 회사채		이자지급부채
1. 투자자산	3. 퇴직급여채무		무이자부채
2. 유형자산	(부채총계)		
토지			
건축물	자 본	[장기성 자본]	상환의무 없음
기계장치	Ⅰ. 자본금	외부금융	배당, 주가상승
3. 무형자산	Ⅱ. 자본잉여금		
	Ⅲ. 이익잉여금	내부금융	배당, 주가상승
	(자본총계)		
자산총계	부채와 자본총계		

매입대금만 갚는 무이자부채 형태로 조달할 수도 있다. 기업의 원리금 상환능력, 신용도에 따라 차입이자율은 달라진다.

기업의 자본조달수단은 자본사용 기간의 장단에 따라 단기자본과 장기자본으로 구분한다.

① 단기자본 : 매입채무, 미지급비용, 은행 단기차입 등 1년 이내에 만기가 도래하는 단기성 타인자본(유동성 부채)을 말한다. 상환기간이 조만간에 도래하는 단기성 부채가 많아지면 기업의 안정성이 크게 흔들릴 수 있다.

② 장기자본 : 장기차입금, 리스금융, 회사채 등 1년 이상 사용할 수 있는 장기성(비유동성) 타인자본과 영구적으로 이용할 수 있는 유보이익, 보통주 등 자기자본을 말한다. 단기성 부채와는 달리 장기성 자본은 안정적

인 자본조달원이 된다.

기업의 자본조달수단은 조달의 원천이 기업의 내부인지 외부인지에 따라 내부금융자본과 외부금융자본으로 분류할 수 있다.

① 내부금융자본 : 기업의 영업이익 중에서 부채에 대한 이자 및 주주에 대한 배당금을 제외한 나머지를 기업 내부에 유보시킨 유보이익과 제충당금 등 자금조달의 원천이 기업 내부인 경우의 자본을 말한다. 외부에서 조달하는 것이 아니므로 조달경비를 발생시키지 않지만, 유보된 자금의 기회비용을 고려해야 한다.

② 외부금융자본 : 기업 외부에서 자금을 조달하는 것으로서 보통주와 우선주 등의 주식발행, 회사채의 발행, 은행에서의 차입, 기타 단기차입 등에 의해 조달한 자본을 말한다. 외부에서 조달하면 발행수수료, 증권발행비 등 조달경비가 추가적으로 소요된다.

2. 자본조달수단의 선택기준

기업이 자본을 조달할 수 있는 원천들은 이처럼 매우 다양한데, 기업이 어떤 원천에서 자본조달을 할 것인가를 결정할 때에는 자본조달 원천별로 선택기준이 있어야 한다. 다음은 자본조달의 원천에 대한 선택기준들이다.

① 자본비용 : 조달된 자본에 대한 사용대가로 지불되는 지급대가(비율)로 측정되는 자본비용(cost of capital)의 수준, 세금효과나 조달경비(증권 인쇄비, 수수료 등)의 면에서 저렴한 자본조달 원천인가?

② 자금조달의 용이성 : 장기자본 수단들은 조달에 시간이 많이 소요되기도 하고, 적절한 조달시기의 선택(timing)이 용이하지 않을 때도 있다. 자금조달의 소요기간은 어떠한가? 자금이 필요한 시기에 쉽게 조달할 수 있는 원천인가?

③ 자금조달의 융통성 : 다음에 있을 자금조달방법의 선택에 어떤 제한을

미치는지, 융통성을 주는 원천인가?

④ 재무위험 : 자본조달의 결과 손익확대효과, 채무불이행의 가능성 등 재무위험은 증가하는가?

⑤ 자본사용의 용도 : 유동자산 또는 비유동자산 중 어느 자산 구입에 사용할 것인가? 자금의 조달과 운용 사이의 불일치의 문제는 없는가?

⑥ 기업지배권 : 보통주나 전환증권 발행에 의한 자본조달은 소유지분율 감소로 기업지배권에 대한 영향력이 줄어들 수 있다. 기업의 소유권과 경영지배권에 영향을 주지 않는가?

⑦ 기타 : 기업의 성장단계, 영업성격, 매출안정성 등을 고려할 때 적합한 조달수단은 무엇인가?

제 2 절 투자안의 요구수익률

지금까지 설명한 경제성 평가방법에서 요구수익률(RRR)이란 용어를 투자안으로부터 벌어들여야 하는 최소한의 투자수익률이라는 의미로 사용하였다. 이 요구수익률(R)은 다음 식에서 다시 보는 것과 같이 NPV법에서는 미래 현금흐름을 현재가치로 할인하는 할인율로 사용되고, IRR법에서는 IRR이 높은 수준인지 낮은 수준인지를 판단하는 거부율(cut-off rate)로 사용된다.

$$NPV = \sum_{t=1}^{n} \frac{CF_t}{(1+R)^t} - I_0 \geqq 0$$

$$IRR : \sum_{t=1}^{n} \frac{CF_t}{(1+R)^t} = I_0 : IRR \geqq R(\text{요구수익률})$$

단, I_0 : 0시점의 현금유출액, 즉 투자소요액이 같은 요구수익률은 구체적으로 어떤 의미가 있으며, 어떻게 측정되는가?

투자사업을 추진하기 위해서는 자본조달이 전제되어야 한다. 자본조달은 주주들이나 채권자들(금융기관, 회사채권자 등)로부터 이루어져야 한다. 그런데 이들 자본제공자들이 어떤 투자안에 투자할 때에는 자본제공액에 대한 지급대가가 최소한 위험도가 유사한 다른 대체투자수단에 투자하였을 때 얻을 수 있는 기회투자수익률보다 같거나 커야 자본을 제공하려 할 것이다. 즉, 자본을 조달하는 기업이 조달하는 자본에 대하여 지급하는 보상(이를 자본비용이라고 한다)이 자본제공자들의 기회투자수익률 이상이 될 것으로 기대될 때 자본조달이 가능하게 된다. 결국 자본제공자의 기회투자수익률은 자본조달하는 기업의 입장에서 보면 곧 자본비용이 된다. 따라서 투자안에 대해서 벌어들여야 하는 요구수익률은 자본비용인 것이다. 결국 자본비용에는 투자안의 위험도가 반영되고 있는 것이다.

자본비용을 측정하는 상세한 방법은 3절에서 상세히 다루겠지만, 간단히 표시하면 다음 식과 같이 원천별 자본비용(타인자본비용, 자기자본비용)에 자본구성비에 따라 가중치를 주어 계산된 가중평균자본비용($WACC$: weighted average cost of capital)으로 측정한다.

$$WACC = R_d(1-t_c)\left(\frac{B}{B+S}\right) + R_e\left(\frac{S}{B+S}\right) \quad (9.1)$$

$$= \text{채권자에 대한 보상분} + \text{주주에 대한 보상분}$$

단, $WACC$: 가중평균자본비용, t_c : 법인세율
R_d : 세전타인자본비용, R_e : 자기자본비용
B : 타인자본가치, S : 자기자본가치

결국, NPV법에 의하여 경제성을 평가할 때 분모 할인율에는 투자자금의 제공자인 채권자, 주주에게의 보상분이 반영되고 있는 것이다. 따라서 증분의 현금흐름(ΔCF)을 구하는 식 $\Delta CF = (\Delta S - \Delta C - \Delta D)(1-t_c) + \Delta D - \Delta I$에서, ΔC 측정시 금융비용을 제외시키는 것은 이 금융비용의 이중계산을 피하기 위함이다.

NPV법은 이 같은 요소들이 반영된 수치이기 때문에 NPV값은 투자안으로부터의 현금유입의 현재가치에서 투자액과 자본제공자에게 돌아가는 보상분인 자본비용까지를 차감한, 기업가치 순증가에 기여하는 금액이 된다.

예제 9-1 요구수익률의 추정

(주)엔젤에서는 투자자금의 조달시에 세전부채비용(R_d)은 연 10%, 자기자본비용(R_e)은 연 16%가 발생할 것으로 예상하고 있다. 자본조달의 구성비(부채 대 자기자본의 비율)는 1 : 3의 비율을 유지할 계획이고, 법인세율은 20%이다.

한편 (주)엔젤에서는 다음과 같은 현금흐름의 투자사업을 검토하고 있다.

(단위 : 억원)

기 간	0	1	2	3
현금흐름	−100	10	60	80

(1) (주)엔젤이 추진하는 투자사업에 적용될 요구수익률은 얼마인가?

(2) 이 회사가 추진할 위의 투자사업은 경제성이 있는가?

➤ 풀이

(1) · 세후부채비용＝10%(1－0.2)＝8%

· 자기자본비용＝16%

· 자본구성비 : 부채구성비율＝$\frac{1}{4}$, 자기자본구성비율＝$\frac{3}{4}$

⇒ 요구수익률(가중평균자본비용)＝$8\%\left(\frac{1}{4}\right)+16\%\left(\frac{3}{4}\right)=14\%$

(2) 투자사업의 NPV :

$$NPV=\frac{10}{(1.14)^1}+\frac{60}{(1.14)^2}+\frac{80}{(1.14)^3}-100=8.94\text{억원}$$

⇒ NPV＝8.94억원 > 0이므로 경제성이 있다.

제 3 절 가중평균자본비용의 추정

자본조달수단의 선택기준 가운데 가장 중요한 요소는 자본비용이다. 투자결정이나 자본조달결정에 의사결정의 기준으로 이용되는 자본비용은 일반적으로 가중평균자본비용을 사용한다. 본절에서는 자본비용의 의의와 기능, 가중평균자본비용의 추정원칙과 구체적 측정방법을 설명한다.

1. 자본비용의 의의

기업이 투자자금을 조달하여 사용하게 되면 그 대가를 지불해야 한다. 부채로 조달하면 이자를, 주식을 발행하면 배당을 지급해야 한다. 자본비용(cost of capital)이란 기업입장에서 보면, 필요한 투자자본을 조달함에 있어서 조달된 자본액에 대해서 자본사용의 대가로 치르는 지급대가를 말한다.

$$[\text{기업 관점}] \quad \text{자본비용} = \frac{\text{지급대가}}{\text{조달자본액}}$$

한편 투자자금을 제공하는 자본제공자들(채권자와 주주)의 입장에서는 그 투자자금을 위험도가 동일한 다른 투자대상에 대하여 투자하였을 때 얻을 수 있는 기회투자수익률(기대수익률)과 그 기업이 반대급부로 지불하는 대가(이자, 배당 등) 수준을 비교하게 된다. 최소한 반대급부로 받는 수익률이 자본제공자의 기회투자수익률을 충족시켜야 투자자금의 조달이 성사될 수 있다. 따라서 자본제공자 입장에서 보면 자본비용은 기회투자수익률이다. 이러한 의미에서 의사결정을 위한 자본비용은 기회비용(opportunity cost)의 의미를 지닌다.

$$[\text{자본제공자 관점}] \quad \text{자본비용} = \frac{\text{기회투자수익}}{\text{자본제공액}} = \text{기회투자수익률}$$

따라서 기업이 자본제공자들의 기회투자수익을 만족시키는 수준의 지급대가를 치르고 투자자금을 조달하였으면, 그 투자에 대해서는 최소한 자본비용 수준의 투자수익률을 올려야 할 것이다. 결국, 자본비용은 투자사업에 대하여 주주의 부가 영향을 받지 않도록 하기 위해, 조달된 자본액에 대해서 벌어들여야 하는 최소한의 요구수익률(required rate of return)이 된다.

$$\text{자본비용} = \text{기회투자수익률} = \text{요구수익률}$$

자본비용의 추정은 다음과 같은 재무의사결정에서 적용되므로 중요시된다.

① 자본비용을 최소화할 때 기업가치가 극대화되므로 자본조달결정의 기준이 된다.

② 자본비용은 투자와 관련하여 자본제공자에게 보상해 주어야 할 최소한의 요구수익률이므로 투자결정의 기준이 된다. 본서 제8장에서 살펴본 것처럼 투자결정시에 *NPV*법에서는 미래 현금흐름을 현재가치로 할인하는 할인율(discount rate), 자본환원율(capitalization rate)로 사용된다. 그리고 *IRR*법에서는 *IRR*이 높은 수준인지 낮은 수준인지를 판단하는 거부율(cut-off rate)로 사용된다.

③ 자본비용은 투자안에 대한 평가뿐 아니라 기업전체가치를 평가하는 데 사용된다. 기업이 보유하고 있는 자산의 위험도는 시장에서 기회투자수익률(자본비용)에 반영되므로 기업가치평가, M&A 결정 등의 기준이 된다.

④ 이 밖에도 리스금융, 운전자본관리, 배당결정 등에 있어서 의사결정의 기준이 된다.

2. 가중평균자본비용의 추정원칙

가중평균자본비용($WACC$: weighted average cost of capital)은 자본조달의 원천이 예컨대 자기자본(S)과 타인자본(B)만으로 이루어진다면, 다음 식(9.2)와 같이 자본원천별로 각각의 자본비용을 구한 다음, 이에 각 자본의 구성비율에 따라 가중평균한 것이다.

$$WACC = R_d(1-t_c)\cdot\left(\frac{B}{B+S}\right) + R_e\cdot\left(\frac{S}{B+S}\right) \tag{9.2}$$

단, R_d : 세전부채비용, t_c : 법인세율, R_e : 자기자본비용
B : 부채의 시장가치, S : 자기자본의 시장가치

따라서 가중평균자본비용의 추정에는 ① 부채비용(R_d)의 추정, ② 자기자본

비용(R_e)의 추정, ③ 자본구성비율의 추정이 관건이 된다. 만약, 자기자본이 우선주를 발행해 조달한 자본을 포함한다면, 식(9.2)는 다음과 같이 표시할 수 있다.

$$WACC = R_d(1-t_c)\left(\frac{B}{B+P+S}\right) + R_p\left(\frac{P}{B+P+S}\right) + R_s\left(\frac{S}{B+P+S}\right)$$

단, B : 부채의 가치, P : 우선주의 가치, S : 자기자본(보통주)의 가치,
R_d : 세전부채비용, R_p : 우선주비용, R_s : 보통주비용이다.
그리고 자본의 합($B+P+S$)은 기업의 가치이다.

이제 이들 요소를 추정하고, $WACC$를 계산하기 위해서는 다음 측면에 유의해야 한다.

① 과거 대 미래의 자본비용 : 자본비용은 물론 업적평가용으로 사후적으로 측정하기도 한다. 사후적 자본비용은 지급이자와 같은 명시적 비용지출액을 실제 조달했던 금액으로 나누어 측정한다. 100억원의 은행차입금을 조달하는 대가로 8억원의 이자를 지급하였다면 사후적으로 측정한 세전부채비용은 8%이다.

그러나 의사결정에 필요한 것은 미래의 자본비용(사전적 자본비용)으로서, 기업이 필요한 자본을 한 단위 새로이, 추가적으로 조달할 때 드는 자본비용인 한계자본비용(MCC : marginal cost of capital)이다. 자본조달결정 시에는 과거의 역사적인 비용이 아니라 현재와 미래의 추가조달비용인 한계자본비용이 고려되어야 한다.

② 기회비용 : 투자자본은 자본제공자의 기회투자수익률이 보전되어야 조달할 수 있다. 따라서 기회비용기준으로 추정되어야 한다. 기회비용은 자본시장에서 형성되는 유가증권의 시장가치(market value)를 기준으로 삼을 때 가장 잘 측정될 수 있다. 장부가치(book value)기준으로 측정하면 오류를 범하게 된다.

③ 명시적 비용 대 묵시적 비용 : 과거 자본비용은 지급이자나 발행수수료와 같은 직접적이고 명시적 비용(explicit cost) 중심으로 추정하게 된다. 그러나 투자결정에 적용할 자본비용은 명시적 비용뿐만 아니라 자본조달로 인한 위험증가 등으로 발생하는 묵시적 비용(implicit cost)까지도 포함해야 한다.

이하에서는 이상의 원칙을 적용하여 가중평균자본비용($WACC$)을 구체적으로 추정하는 방법을 살펴본다. 먼저 부채, 우선주, 자기자본 등 자본조달원별로 나누어 원천별 자본비용 추정방법을 알아보고, 가중치 부여방법에 대하여 설명한다.

3. 부채비용의 추정

부채비용(cost of debt)은 일반적으로 채권자들이 기업에 제공하는 부채에 대해서 받고자 하는 요구수익률이다. 부채비용은 금액기준으로 타인자본 이용의 대가로 지급하는 지급이자액으로 측정하기도 하고, 타인자본 이용의 대가(지급이자)가 조달되는 타인자본에서 차지하는 상대적 비율로 표시하기도 한다. 통상적으로 기존 부채에 대한 부채비용은 차입이자율로 표시하기도 한다.

그러나 신규 부채에 대한 부채비용은 타인자본 제공자(은행, 회사채 채권자 등)의 기회투자수익률기준으로 측정되어야 한다. 이 기준에 의한 방법으로는 만기수익률을 이용하는 방법, 무위험이자율에 신용위험 스프레드를 가산하는 방법 등이 이용된다. 물론 이때 부채 조달금액에 포함되는 것은 장기차입금, 회사채와 같은 이자지급부채이다. 매입채무 등은 투자자(자본제공자)로부터 제공되는 것이 아니고, 투자안 평가시에 분자 현금흐름에 반영되므로 제외한다.

(1) 만기수익률을 이용하는 방법

부채비용을 구하는 한 방법은 채권시장에서 거래되는 같은 종류의 채권에 대하여 계산된 만기수익률을 사용하는 것이다. 채권의 만기수익률(YTM : yield to maturity)은 식(9.3)에서 채권의 현재 시장가격(P_0)과 채권투자로부터의 예상되는 미래 투자수입(이자수입 C_t, 원금 F)의 현재가치를 일치시키는 예상 투자수익률이다.[3] 따라서 만기수익률은 채권투자자의 기회투자수익률, 요구수익률이 되기 때문에 이론적으로 가장 타당한 부채비용 측정방법이다. 이러한 의미에서 부채의 단순 표면이자율(coupon rate)을 부채비용으로 추정하는 것은 적절하지 못하다.

3) 만기수익률에 대한 상세한 설명과 측정방법은 제4장 4절을 참고할 것.

$$P_0 = \sum_{t=1}^{n} \frac{C_t}{(1+YTM)^t} + \frac{F}{(1+YTM)^n} \tag{9.3}$$

예제 9-2 부채비용의 추정

액면금액 100만원, 액면이자율 10%, 연 1회 이자후급, 3년만기, 현재가격 90만원인 회사채의 만기수익률(YTM)은 얼마인가? 또한 법인세율이 30%이면 세후부채비용(R_i)은 얼마인가?

➤ 풀이

$$900{,}000 = \frac{100{,}000}{(1+YTM)^1} + \frac{100{,}000}{(1+YTM)^2} + \frac{100{,}000}{(1+YTM)^3} + \frac{1{,}000{,}000}{(1+YTM)^3}$$

$YTM = R_d = 14.33\%$, $R_i = R_d\,(1-t_c) = 14.33(1-0.3) = 10.03\%$

(2) 무위험이자율에 신용위험 스프레드를 더하는 방법

만기수익률 자료가 얻기 어려우면, 무위험이자율에 그 기업과 신용위험이 유사한 회사의 신용등급에 나타나 있는 신용위험 스프레드를 더하여 측정하는 방법을 사용할 수 있다.

회사의 채권자는 당해기업이 지니는 영업위험과 재무위험이 높으면 원리금 상환능력이 의문시되므로, 무위험이자율에 추가하여 지급불능위험에 대한 프리미엄을 요구한다. 여러 신용평가전문기관이 평가하는 회사채에 대한 신용등급(bond rating)에는 이와 같은 신용위험이 반영된다. 채권시장에서 형성되는 만기수익률에는 다음 표에서 보는 것처럼 신용위험이 반영된 신용등급별로 서로 다른 만기수익률과 신용위험 스프레드가 형성된다.

채 권		만기수익률	수익률 스프레드
3년만기 국고채		5.00	
회사채	AAA	5.50	50bp*
	AA	5.94	94bp
	A	6.54	154bp
	BBB	7.44	244bp
	BB	8.47	347bp
	B	10.47	547bp

* bp란 basis point로서 100bp는 1%를 의미한다.

만기수익률에서 무위험이자율을 차감한 수치는 결국 신용위험이 반영된 수익률 스프레드(yield spread)가 되므로, 향후 예상되는 무위험이자율에 그 기업과 신용위험이 유사한 회사의 신용등급의 수익률 스프레드를 더한 값은 채권자의 기회투자수익률의 근사치가 된다. 따라서 부채비용을 측정하는 한 방법은 당해 기업 또는 유사기업의 회사채등급이 어느 그룹에 속해 있는지를 확인하여, 향후 예상되는 무위험이자율에 그 신용등급의 스프레드를 더하여 계산하는 것이다.

$$\text{부채비용} = \text{무위험이자율} + \text{유사 회사채 신용등급의 스프레드} \tag{9.4}$$

(3) [지급이자 / 이자지급부채액]의 계산방법

위의 (1)방법이나 (2)방법이 여의치 못하면 부채비용을 구하는 마지막 방법은 명시적 비용인 지급이자액을 이자지급부채의 크기로 나누어 측정할 수밖에 없다. 여기서 이자지급부채는 매입채무와 같은 무이자부채를 제외시키고, 리스계약과 같은 부채성 항목은 포함시켜 측정한다.

(1), (2)의 경우도 마찬가지이지만, 부채비용은 앞에서 구한 세전부채비용(R_d)에 [1－유효법인세율(t_c)]을 곱하여 세후기준(R_i)으로 측정해야 한다. 왜냐하면, 부채사용에 대한 대가인 지급이자는 법인세 계산에서 손비처리(tax deductible)가 되어 절세효과를 가져오기 때문이다. 절약된 세금(현금흐름)의 크기는 [이자비용×유효법인세율]만큼이므로 이를 차감해야 한다.

$$\text{부채비용}(R_i) = \text{세전부채비용}(R_d) \times (1 - \text{유효법인세율}(t_c)) \tag{9.5}$$

Concept check

(1) 부채비용을 측정할 때 지급이자율로 측정하는 것은 적절치 못하고, 채권의 만기수익률이나 무위험이자율에 신용위험 수익률 스프레드를 더하는 방법이 타당한 이유는 무엇인가?
(2) 부채비용은 우선주나 자기자본비용과는 달리 왜 납세후기준으로 측정해야 하는가?

4. 우선주 자본비용의 추정

기업이 우선주로 자본을 조달할 때에는 우선주배당금을 지급해야 하는데, 우선주배당금은 일정금액을 영속적으로 지급하는 것이 일반적이다. 따라서 우선주가격은 우선주배당금을 우선주 주주의 요구수익률로 나눈 것이 되므로, 우선주 자본비용(R_p)은 식(9.6)과 같이 추정할 수 있다. 여기서 우선주배당금은 비용처리되지 않으므로 세금에 대한 조정이 필요하지 않다.

$$R_p = \frac{\text{우선주배당금}}{\text{우선주가격}} \tag{9.6}$$

5. 자기자본(보통주)비용의 추정

자기자본비용(cost of equity)이란 기업이 주주 자본에 대하여 벌어들여야 하는 최소한의 요구수익률이다. 주주 자본은 유보이익과 주식자본으로 구성되므로 자기자본비용은 유보이익 자본비용과 주식자본비용으로 구분하여 측정한다.

유보이익을 재원으로 투자자금을 조달할 경우 명시적으로 지급되는 비용은 없다. 그렇지만 주주들이 주주의 몫인 사내유보금을 유보 대신 배당형태로 지급받으면 주주들은 그 자금을 다른 투자대상에 투자하여 일정한 투자수익률을 올릴 수 있다. 즉, 주주들의 몫인 유보이익은 기회비용을 발생시킨다. 따라서 유보이익의 자본비용은 전적으로 주주들의 기회비용을 기준으로 측정해야 한다.

유상증자와 같은 자기자본조달시 발생하는 주식자본비용은 유보이익 자본비용에 주식발행경비를 추가하여 추정한다. 이하에서는 자기자본비용 추정방법을 살펴본다.

(1) 배당평가모형에 의한 추정

제5장에서 설명한 것처럼 주식가치는 미래배당흐름을 주주들의 요구수익률로 할인한 현재가치인데, 미래배당흐름이 매년 g%만큼 일정하게 성장한다면 다음과 같이 추정된다.

$$S_0 = \frac{d_1}{R_e - g} \cong P_0 \tag{9.7}$$

단, S_0 : 주식의 이론적 가치, d_1 : 차기의 배당금
R_e : 주주의 요구수익률, g : 이익배당의 성장률
P_0 : 주식의 현재 시장가격

이제 현재의 시장가격(P_0)이 위의 모형에서 설명하는 주식가치(S_0)에 근접하고 있다고 가정하면, 역으로 요구수익률 R_e는 식(9.8)과 같이 표시된다. 이 관계를 이용하여 당해기업의 배당수익률(d_1/P_0)과 이익배당의 성장률(자본이득수익률)을 합하여 자기자본비용을 측정한다.

$$R_e = \frac{d_1}{P_0} + g \tag{9.8}$$

여기서 성장률(g)은 과거 자료에서 추정하기도 하는데, 과거 수년간에 걸친 이익배당 성장률의 평균치를 이용할 수 있다.

배당평가모형을 이용하여 자기자본비용을 추정하는 것은 이해하기 쉽고, 적용하기 편리하다는 장점이 있다. 그러나 ① 배당지급회사에만 적용가능하다. ② 성장률의 변동성이 큰 회사는 적용이 쉽지 않다. ③ 1% 성장률의 증가는 1%의 자기자본비용 증가로 나타날 정도로 성장률 수준에 자기자본비용이 매우 민감하다. ④ 위험을 명시적으로 고려하고 있지 못하다는 몇 가지 한계점을 지닌다.

(2) 자본자산가격결정모형($CAPM$, 또는 증권시장선(SML))을 이용한 추정

위의 방법은 사실상 개별주식의 위험을 명시적으로 고려하지 않고 있다. 자기자본에 대한 요구수익률은 무위험이자율에 적정한 위험프리미엄이 더해져야 하는데, 현대자본시장이론에서 설명하는 $CAPM$에 의하면, 본서 제7장에서 설명한 것처럼 특정주식에 대한 위험프리미엄은 분산투자하더라도 제거될 수 없는 분산불능위험인 체계적 위험을 반영해야 한다. 그런데 특정주식의 체계적 위험의 정도는 시장수익률과의 관계에서 기울기로 계산되는 베타(β)계수로 측정될 수 있기 때문에, 주주의 기회투자수익률(자기자본비용)은 식(9.9)(제7장에서 설명한

SML)와 같이 시장수익률과 무위험이자율의 차이($E(R_m)-R_f$)인 증권시장의 위험프리미엄(market risk premium)에 특정주식의 체계적 위험을 나타내는 β계수를 곱한 다음, 이 값에 무위험이자율을 더하여 추정할 수 있다.

$$R_e = E(R_j) = R_f + [E(R_m) - R_f] \cdot \beta_j \tag{9.9}$$

단, R_e : 주식에 대한 요구수익률
R_f : 무위험이자율
β_j : 주식 j의 체계적 위험지수(β계수)
$E(R_m)$: 시장포트폴리오에 대한 기대수익률
$E(R_m)-R_f$: 시장위험프리미엄

위 모형을 이용하여 자기자본비용을 측정하려면 R_f, $(E(R_m)-R_f)$, β 등의 투입정보가 추정되어야 하는데, R_f로는 국공채수익률을 많이 사용한다. 〈주제_생각하기〉에서 본 것처럼 시장위험프리미엄($E(R_m)-R_f$)은 미국시장 같은 경우는 역사적 시계열 자료상의 측정에 근거하여 5.0~6.0% 정도를 적용하고 있다. 반면 우리나라 증권시장에서의 위험을 감안한 위험프리미엄은 시장상황에 따라 7% 내외의 값을 사용하는 것이 적절한 것으로 판단된다. 마지막으로, β계수 추정은 개별증권수익률과 시장수익률에 대하여 일별, 주별, 월별 수익률 자료가 사용될 수 있는데, 만약 β의 불안정성이 크면 산업평균베타계수를 사용하는 것이 권장된다.

SML을 이용하여 자기자본비용을 추정하는 것은 ① 체계적 위험이 반영되며, ② 베타가 계산될 수 있는 모든 기업에 적용될 수 있다는 장점이 있다. 그러나 ① 시간의 흐름에 따라 달라질 수 있는 시간가변성(time-varying)의 시장위험프리미엄과 베타계수를 이용해야 하며, ② 일반적으로 미래예측에 과거 수익률 자료를 이용하므로 시계열상의 구조적 변화가 클 경우는 신뢰성이 떨어질 수 있다는 단점을 지닌다.

Concept check

유보이익으로 투자자금을 마련하면 명시적 비용이 발생하지 않는데도, 왜 유보이익의 자본비용은 부채비용보다도 높은가?

예제 9-3 자기자본비용의 추정

(1) (주)유보기업은 2025년말 현재 주당이익(EPS)이 2,000원이며, 5년 전인 2020년의 주당이익은 1,361.2원이었다. 지금까지 유보기업은 이익의 40%를 배당지급해 왔고, 현재의 주가는 21,600원이다. 과거의 성장률이 내년에도 계속되리라 가정하면, 유보기업의 유보이익에 대한 자본비용은 얼마인가?

(2) (주)유보기업의 베타계수 $\beta=0.67$, 시장 기대수익률 $E(R_m)=15\%$, 무위험이자율 $R_f=6\%$로 추정되고 있다. 이 자료에 근거할 때의 자기자본비용(R_e)은 얼마인가?

➤ 풀이

(1) 유보이익의 자본비용은 조달경비가 없는 경우의 자기자본비용(R_e)과 같으므로 배당평가모형을 이용하여 추정할 수 있다.

$R_e=\dfrac{d_1}{P}+g$ 에서,

$g=\sqrt[5]{\dfrac{2,000}{1,361.2}}-1=0.08$ ($\because$ $1,361.2\times(1+g)^5=2,000$)

$d_1=2,000(0.4)(1+0.08)=864$원

$\therefore\ R_e=\dfrac{864}{21,600}+0.08=0.12(12\%)$

(2) SML을 이용하면, $R_e=0.06+(0.15-0.06)0.67=12\%$

(3) 자본조달경비의 반영

유보이익으로 자본조달하지 않고, 유상증자를 하면 발행비용이 추가적으로 발생한다. 즉, 외부에서 주식자본을 조달할 때에는 증권인쇄비용, 각종 수수료 등과 같은 조달경비(flotation cost)가 수반된다. 투자안의 평가시 이러한 자본조달경비를 고려하는 방법에는 두 가지가 있다.

1) 자본조달액에서 차감하는 방법

이 방법은 자금조달액에서 자금조달경비를 직접 차감하여 지급대가를 순수취액(조달순액)으로 나누어 추정하는 방법이다. 부채(타인자본)비용(R_i), 우선주의 자기자본비용(R_p), 보통주의 자기자본비용(R_e)에 있어서 각각의 처리방법은 다음과 같다.

$$R_i = \frac{\text{이자}}{\text{차입금} - \text{차입금조달비용}}(1 - t_c) \tag{9.10}$$

$$R_p = \frac{\text{우선주배당금}}{\text{우선주가격} - \text{주당발행비용}} \tag{9.11}$$

$$R_e = \frac{\text{차기의 배당금}(d_1)}{\text{보통주가격} - \text{주당발행비용}} + \text{성장률}(g) \tag{9.12}$$

2) 현금흐름에 반영하는 방법

투자에 따르는 증분현금흐름을 추정할 때 자본조달경비를 현금유출로 처리하는 방법이다. 자금조달경비는 투자사업과 관련하여 현금유출을 구성한다는 논리에서이다.

자본조달시의 조달경비는 기업의 영업위험과 재무위험 수준 그리고 어떤 자본조달수단을 이용하느냐에 따라 약간 영향받을 수 있다. 부채의 발행경비는 부채비용 계산시에 무시해도 좋을 정도로 매우 적다. 보통주의 경우는 발행경비가 부채보다는 높은 편이지만 보통 수년에 한 번 정도씩 발생하는 면이 있으므로 실무적으로는 $WACC$ 계산에서 발행경비를 무시하고 계산하는 경향이 있다.

6. 자본구성 가중치 계산방법

원천별 자본비용들이 계산되면, 이들에 자본구성의 가중치에 따라 가중평균하여 우리가 구하고자 하는 $WACC$를 추정한다. 각 원천의 가중치를 계산하는 방법은 크게 세 가지로 나뉜다.

(1) 시장가치기준

시장가치는 기업의 실질적 가치를 잘 반영하고 있을 뿐만 아니라 현실적으로도 증권시장에서 객관적으로 평가될 수 있는 자료로서 자본제공자들의 기회비용을 가장 잘 나타내고 있다. 원천별 자본비용도 시장가치에 근거한 기회투자수익률 기준으로 측정하고 있으므로 일관성 유지를 위해서도 시장가치기준으로 가중치를 계산해야 한다. 특히 자본의 장부가치가 시장가치와 큰 차이를 보일 때 타당한 기준이다.

(2) 장부가치기준

수시로 변하는 자본시장의 상황 때문에 시장가치의 변동이 잦아 객관적인 시장가치를 결정하기 어려울 때에는 장부가치에 의거하여 가중치를 계산하는 방법이 사용될 수 있다. 그러나 재무상태표상의 장부가치는 역사적 원가에 의한 것이므로 자본의 실질적인 가치와 크게 차이가 있을 수 있다는 결점이 있다.

(3) 목표자본구조

이론적으로는 (1)의 방법처럼 부채와 자기자본의 시장가치를 구하여 이에 따라 가중치를 주어야 할 것이다. 그러나 이 방법도 다음과 같은 문제점이 있다.

- 부채와 자기자본의 시장가치는 계속적으로 변한다.
- 미래 장기간에 걸친 *CF*에 대해 *WACC*를 할인율로 사용하여 의사결정하는데, *WACC*는 현재의 자본구조만을 반영한 것으로서 미래의 자본구조를 대표하지 못한다.
- 할인율로 사용되는 *WACC*는 기간별로 다른 값을 사용하는 것이 아니라, 1개의 *WACC*를 사용한다. 따라서 장기적 목표치를 사용하는 것이 합리적이다.
- 시장가치기준을 적용할 때에는 순환성의 문제가 야기된다. 즉, 자기자본의 시장가치를 모르면 *WACC* 계산이 불가능하고, 또 *WACC*를 모르면 자기자본의 시장가치를 측정할 수 없다.

따라서 그 기업의 장기 목표부채비율, 목표자본구조(target capital structure)에 따라 가중치를 주는 방법이 권장된다. 현실적으로는 자본구성비대로 가중치를 둘 때에는 다음 세 가지를 복합적으로 고려하는 방법이 합리적이다.

① 현재의 시장가치기준의 자본구조
② 비교가능기업의 자본구조
③ 재무정책을 감안한 목표자본구조

Concept check

어떤 기업의 자본비용은 해당기업이 수행하는 투자안들의 위험을 반영해야 한다. 이 관점에서 자기자본비용을 구할 때 배당평가모형을 사용해서는 안 되는 이유를 설명하라. 또 부채비용을 구할 때 가급적 해당기업이 발행한 채권의 표면이자율을 사용해서는 안 되는 이유를 설명하라.

예제 9-4 가중평균자본비용의 추정

(주)소망은 다음과 같은 장부가치로 표시된 자본구조를 갖고 있다.

자본구조	장부가치
사채	4,000억원
우선주	3,000억원
보통주(2,000만주)	6,000억원

(주)소망은 2025년말 현재 투자안 A에 대한 투자자본으로 1,000억원이 필요하다. 이를 사채, 우선주, 보통주로 조달하고자 한다.

사채(액면금액 100만원, 5년만기, 액면이자율 8%, 연 2회 이자후급)는 96.044만원에 발행할 수 있다.

우선주(액면금액 6만원, 배당률 8%)는 주당 48,000원에 발행할 수 있다.

보통주는 현재 주당 35,000원에 거래되고 있다. 주당이익(EPS)은 과거 10년 동안 8% 성장률을 꾸준히 유지했으며, 미래에도 이 수준을 유지할 것으로 예측된다. 배당률 역시 이와 동일한 성장률이 기대되며, 내년말의 기대 주당이익은 2,700원이다. 이 기업의 배당성향은 30%이며, 새로 발행되는 보통주는 현재의 시장가격수준으로 판매할 수 있다. 단, 유보이익은 없고, 발행경비 또한 없다.

또 이 기업에 적용되는 법인세율은 40%이다. (주)소망은 현재의 시장가치기준의 자본구조가 최적이라고 판단하고 있다.

(1) 주어진 자료에 근거할 때 납세 후 부채비용(R_i)은 얼마인가?
(2) 우선주비용(R_p)은 얼마인가?
(3) 보통주비용(R_e)은 얼마인가?

(4) 시장가치기준으로 할 때 각각의 가중치－부채(w_d), 우선주(w_p), 보통주(w_s)의 가중치를 계산하라.

(5) 가중평균자본비용($WACC$)을 계산하라.

➤ 풀이

(1) 사채의 만기수익률을 계산할 수 있는 자료가 제시되었으므로 이를 부채비용으로 추정한다. 사채가격(P_0)은 96.044만원, 이자는 4(＝100×(8%/2))만원(복리계산 횟수는 10회), 액면금액 100만원이므로 시행착오법으로 다음 식의 해를 구한다.

$$96.044=\frac{4}{(1+r)}+\frac{4}{(1+r)^2}+\cdots\cdots+\frac{4+100}{(1+r)^{10}}$$

(또는 근사법으로 $\frac{4+(100-96.044)/10}{(100+96.044)/2}$의 해를 구한다)

6개월 기준 만기수익률 $r=4.5\%$

⇒ 1년 만기수익률(YTM)＝4.5×2＝9%

∴ 세후부채비용(R_i)＝9%(1－0.4)＝5.4%

(2) $R_p=[60,000(0.08)]/48,000=10\%$

(3) 보통주 자본비용(R_e)을 평가하기 위해서 다음 배당평가모형을 사용한다.

$$R_e=\frac{d_1}{P_0}+g=\frac{810}{35,000}+0.08=10.3\%$$

(4) 자본조달의 가중치 계산

	① 수 량	② 단위당 시장가치	③ 총시장가치(①×②)	④ 가중치
사채	$\frac{4,000억원(장부가치)}{100만원(액면금액)}$＝ 40만단위	96.044만원	3,841.76억원	29%
우선주	$\frac{3,000억원(장부가치)}{6만원(액면금액)}$＝500만단위	4.8만원	2,400억원	18%
보통주	2,000만단위	3.5만원	7,000억원	53%
			13,241.76억원	100%

(5) $WACC=R_d(1-t_c)\times\frac{B}{V}+R_p\times\frac{P}{V}+R_e\times\frac{S}{V}$

$=9.0\%(1-0.4)\times0.29+10\%\times0.18+10.3\%\times0.53$

$=8.8\%$

제 4 절 자본비용 추정의 논점

앞절에서는 기업전체의 가중평균자본비용($WACC$)을 추정하는 방법을 살펴보았다. 이렇게 추정되는 $WACC$는 기업전체의 영업위험, 재무위험이 반영된 것으로서, 기업이 추진하는 신규투자사업의 위험과 자본조달방법이 동일하다면, 이 $WACC$를 투자안 평가의 할인율(요구수익률)로 사용하면 된다.

그러나 신규투자안의 위험이 기존 사업의 위험도와 다르면, 기업전체의 $WACC$와 투자안의 자본비용 중 어느 것을 사용해야 하는가? 또 다수의 투자안을 추진하면서 자본조달금액에 따라 한계자본비용이 달라질 때에는 어떻게 투자결정해야 하는가? 가치경영에 활용되고 있는 경제적 부가가치(EVA)는 자본비용의 개념과 어떤 연관이 있는가? 본절에서는 이 세 가지 논점을 다룬다.

1. 기업전체의 자본비용과 투자안의 자본비용

3절에서 설명한 방법에 의해서 추정된 $WACC$는 신규투자사업의 위험이 기존 사업의 위험과 동일할 경우 할인율로 사용된다. 그러나 사업위험이 서로 다르면 신규투자안(project), 신규사업부(division)의 위험이 반영된 자본비용을 새로이 추정하여 할인율로 사용해야 한다.

투자위험이 상이함에도 불구하고 기업전체의 기존 위험을 반영한 기업전체 자본비용(the firm's cost of capital)을 사용하게 되면 투자결정이 잘못 이루어진다. 예를 들어 [그림 9-1]에서 보는 것처럼, A기업 전체의 $WACC$는 15%인데, 위험도(요구수익률)가 상이한 다음 투자안들에 대하여 채택여부를 결정한다고 하자.

투자안	내부수익률(IRR)	요구수익률(SML상)
A	12%	10%
B	18%	15%
C	17%	20%

■ 그림 9-1
기업전체 자본비용과 투자안 자본비용

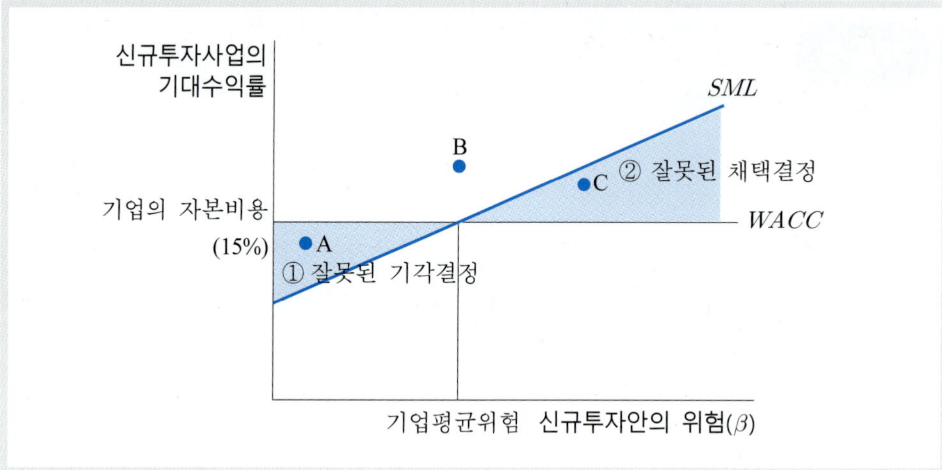

각 투자안에 대하여 상이한 위험도를 고려하지 않고 동일한 15%의 할인율을 적용한다고 할 때, 12% 기대수익률의 투자안 A는 *WACC*가 15%에 못 미치므로 기각, 17% 기대수익률의 투자안 C는 *WACC*가 15%를 상회하므로 채택하는 의사결정을 내리면 어떤 결과가 발생하는가? 투자안 A는 위험을 감안한 적정 요구수익률인 10% 이상의 기대수익률이 예상되는 투자안인데 기각하였으므로 '잘못된 기각결정'(①의 영역)을 내린 것이다. 반면에 투자안 C는 위험을 감안한 적정 요구수익률인 20% 이하의 기대수익률이 예상되는 투자안인데 채택하였으므로 '잘못된 채택결정'(②의 영역)을 내린 것이다.

요약하면, 위험투자안의 채택기준이 되어야 할 요구수익률은 기업전체의 자본비용이 아니라, 그 신규투자안 자체의 투자위험이 반영된 투자안 자본비용(the project's cost of capital)이어야 한다.

이제 비상장회사를 포함하여 투자위험이 상이한 신규투자안의 자본비용을 추정하는 방법을 정리하면 다음과 같다.[4)]

4) 투자위험의 상이함만을 고려하였는데, 자본조달방법도 상이하면 제11장에서 설명하는 Hamada모형을 이용해야 한다. 간단히 요약하면 자기자본으로 투자자금을 마련하는 경우, 즉 무부채기업의 경우는 *SML*상에서 추정된 요구수익률(거부율)이 자기자본비용이므로 이것과 예상투자수익률을 직접 비교하여 의사결정하면 된다. 그러나 부채사용기업은 기존의 자본구조대로 투자소요자금을 조달할 경우 *SML*을 이용하여 추정한 자기자본비용과 부채비용을 가중평균하여 구한 가중평균자본비용(*WACC*)을 의사결정의 기준으로 삼아야 한다.

(1) 위험도가 비슷한 유사기업의 자본비용의 적용

적절한 비교대상기업을 발견하기 어려우면 비교적 유사한 기업들을 찾아 이들의 베타계수와 요구수익률을 구하고, 이의 평균을 취한 값으로 그 사업위험도에 적합한 할인율을 구한다.

(2) 주관적 판단의 적용

비교대상기업의 식별이 용이하지 않을 때에는 주관적으로 판단하여 기존 사업보다 높은 위험도에 대해서는 기존 $WACC$보다 높은 할인율, 기존 사업보다 낮은 위험도에 대해서는 기존 $WACC$보다 낮은 할인율을 적용한다.

Concept check

유통업체인 (주)소망에서는 무선인터넷 사업에 진출하고자 한다. 이 회사의 CFO는 "이 투자사업의 예상 기대수익률은 20%, 기업의 자본비용은 15%이므로 이 사업에의 진출은 경제적 타당성이 있다"고 주장하고 있다. 이 주장의 문제점은 무엇인가?

2. 최적자본예산 : MCC와 IOS

기업에 가장 유리한 최적의 생산수준을 결정하는 방법은 미시경제학에서 설명하는 것처럼 한계수익(marginal revenue)이 한계비용(marginal cost)보다 클 때에는 생산수준을 늘리고, 양자가 같게 되는 수준이 최적생산량이다. 기업이 다수의 투자사업을 추진할 때, 어느 투자사업까지 채택할 것인지를 결정하는 방법도 마찬가지로 결정하면 된다. 이하에서는 이 개념을 적용한 최적자본예산의 문제를 설명한다.

(1) 최적자본예산의 의의

기업은 내부수익률(IRR)이 다른 다수의 투자사업 추진을 검토하는 경우가 많다.

이때 추가적인 투자자금을 조달하면 한계자본비용(*MCC*)이 변화하게 된다. 이러한 상황에서 기업가치를 극대화시키는 투자사업을 채택하고 투자규모를 결정해야 한다. 최적자본예산(optimal capital budgeting)이란 추가적인 자본조달이 가능한 상황에서 수익률이 다른 다수의 투자사업을 수행하고자 할 때, 기업가치를 극대화시키는 투자사업들을 선정하고, 투자규모를 결정하는 것을 말한다. 최적자본예산은 기업의 한계자본비용선(*MCC*)과 투자기회선(*IOS*)이 교차하는 수준에서 선택해야 할 투자사업과 투자규모가 결정된다.

(2) 투자기회선과 한계자본비용

투자기회선(*IOS* : investment opportunity schedule)은 고려중인 투자사업을 투자규모(금액)와 함께, 그 투자사업의 내부수익률, 즉 투자수익률의 크기 순서대로 나타낸 것이다. 자본조달 가능액이 증가하게 되면, [그림 9-2]의 ①처럼 내부수익률(*IRR*)이 큰 순서대로 투자사업을 수행할 것이다. 결과적으로 수확체감의 원리에 의해서 *IOS*는 감소하는 모양을 나타낸다.

반면에 소요자본을 추가적으로 조달할 때 발생하는 자본비용인 한계자본비용(*MCC* : marginal cost of capital)은 자본조달규모가 누적적으로 증가함에 따라 증가한다. 새로이 추가조달하는 자금액이 늘어나면 원천별로 개별 자본비용은 위험증가 등의 이유 때문에 [그림 9-2]의 ②처럼 증가하기 때문이다. 기업이 조달

■ 그림 9-2
*MCC*와 *IOS*를 이용한 투자결정

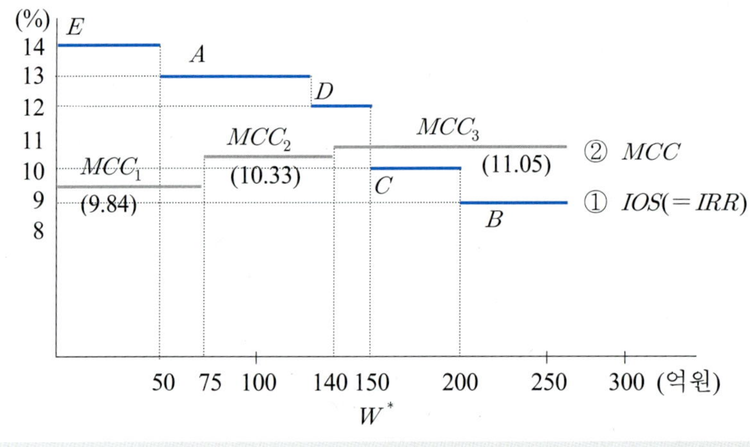

하는 자금의 규모가 증가함에 따라 한계자본비용이 증가하는 이 같은 관계 때문에 한계자본비용은 증분자본비용(incremental cost of capital)이라고 할 수 있다. 한계자본비용은 기존 자본구조와 동일하게 자본조달함을 가정하고, 다음 절차에 따라 계산한다.

한계자본비용의 계산절차 :

① 자금조달원천(부채, 우선주, 보통주, 유보이익)별로 자금조달비율을 확인

② 원천별 자본비용의 증가가 발생하는 분기점(break-even point)을 계산

$$\text{분기점의 총자본조달규모} = \frac{\text{자본비용 상승 전의 최대자금조달액}}{\text{해당 자본조달원의 자본구성비율}}$$

③ 위의 분기점을 중심으로 각 구간별 원천별 자본비용을 계산

④ 각 구간별로 가중평균자본비용을 계산하여 자본조달규모의 증가에 따라 달라지는 한계자본비용(MCC)을 도출

(3) 최적자본예산의 결정

최적자본예산은 감소하는 투자기회선(내부수익률선)과 증가하는 한계자본비용선이 만나는 수준에서 결정된다. 다음 예제에서 W^*가 최적자본예산 규모이고, 투자사업으로는 E, A, D가 채택되어야 한다.

예제 9-5 최적자본예산의 결정

(주)남북기업은 현재 자기자본이 70%, 부채가 30%인 자본구조를 유지하고 있는데, 최적으로 생각하고 있다. 한편 순이익은 10,500백만원으로 예상하고 있으며, (주)남북기업이 은행차입을 할 경우 다음과 같은 조건으로 빌릴 수 있다.

은행차입액	이자율
4,200백만원 이하	8%
4,200백만원 초과	12%

현재 (주)남북기업의 주가는 5,000원이고, 최근의 배당금은 주당 185원, 기대성장률은 8%이다. 유상증자를 할 경우 15%의 발행비용이 들 것이다. (주)남북기업의 지금까지의 배당성향은 50%이었으며 법인세율은 40%이다. (주)남북기업의 내년도 투자사업안의 내역은 다음과 같다.

투자사업	투자액	연간현금흐름	내용연수	*IRR*
A	7,500백만원	1,562.9백만원	8년	13%
B	10,000	1,558.0	10	9
C	5,000	1,577.5	4	?
D	2,500	1,479.2	2	12
E	5,000	1,285.8	6	?

(1) C와 E 투자사업의 *IRR*을 구하고, *IOS*를 도시하라.
(2) 자본비용이 상승하는 분기점을 구하고, 구간별 *MCC*를 계산하라.
(3) 어떤 투자사업을 채택해야 하는가? 최적자본예산은 얼마인가?
(4) 투자사업평가를 위한 할인율을 결정하라.

➤풀이

(1) ① 투자안 C의 내부수익률 계산 :

$$\frac{1,577.5}{(1+r)}+\frac{1,577.5}{(1+r)^2}+\cdots+\frac{1,577.5}{(1+r)^4}=5,000\text{백만원}$$

$$1,577.5(r\,\%,\ 4\text{년 연금현가계수})=5,000$$

$$(r\,\%,\ 4\text{년의 연금현가계수})=\frac{5,000}{1,577.5}=3.1696$$

이를 연금현가표에서 $n=4$인 경우에서 연금현가계수가 3.1696에 가장 가까운 이자율을 찾으면(또는 시행착오법으로 풀면) ⇒ $IRR_C \cong 10\%$

② 투자안 E의 내부수익률 계산 :

$$(r\,\%,\ 6\text{년의 연금현가계수})=\frac{5,000}{1,285.8}=3.8886$$

이를 연금현가표에서 $n=6$인 경우에서 연금현가계수가 3.8886에 가장 가까운 이자율을 찾으면(또는 시행착오법으로 풀면) ⇒ $IRR_E \cong 14\%$

따라서 *IOS*(투자기회선)는 *IRR*이 높은 순서인 E, A, D, C, B 순으로 투자규모만큼 표시된다.

(2) 한계자본비용(*MCC*)의 계산 :

① 투자자금의 조달은 자기자본 70%, 부채 30%의 자본구조를 유지하며 조달함을 가정한다.

② 원천별 자본비용의 증가가 발생하는 분기점의 계산

$$\text{분기점 계산}=\frac{\text{자본비용 상승 전의 최대자금조달액}}{\text{해당 자본조달원의 자본구성비율}}$$

a. 첫 번째 분기점 : 순이익 10,500백만원 중 50%를 배당하므로

유보이익 $=10{,}500\times0.5=5{,}250$백만원

∴ 첫 번째 분기점 $=5{,}250/0.7$(자기자본구성비)$=7{,}500$백만원

(첫 번째 분기점까지 이르면 유보이익(5,250백만원)은 모두 소진되고 낮은 이자율(8%)의 은행차입이 7,500백만원 − 5,250백만원 = 2,250백만원만큼 이루어진다)

b. 두 번째 분기점 : $4{,}200/0.3$(부채구성비)$=14{,}000$백만원

(낮은 이자율(8%)의 은행차입 4,200백만원이 모두 소진되어, 이를 초과하는 금액은 높은 이자율(12%)에 차입해야 되고, 최적자본구조를 유지하기 위하여 유상증자를 해야 한다)

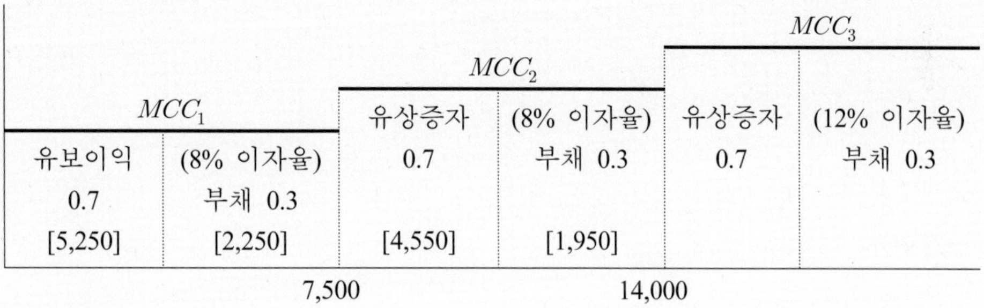

③ 각 구간의 MCC 계산 :

a. 첫 번째 구간(8% 이자율의 부채차입, 유보이익사용)의 MCC_1

㉠ 부채비용 $0.08(1-0.4)=4.8\%$

㉡ 유보이익의 자본비용

$$R_e=\frac{d_1}{P_0}+g=\frac{185(1.08)}{5{,}000}+0.08=12\%$$

㉢ $MCC_1=0.3(4.8\%)+0.7(12\%)=9.84\%$

(자본구성비는 부채 : 자기자본 = 30 : 70으로 구성되어 있음)

b. 두 번째 구간(8% 이자율의 부채차입, 유상증자)의 MCC_2

㉠ 부채비용 $0.08(1-0.4)=4.8\%$

㉡ 유상증자로 인한 자본비용

$$R_e=\frac{d_1}{P_0(1-F)}+g=\frac{185(1.08)}{5{,}000(0.85)}+0.08=12.7\%$$

(단, F : 발행비용비율)

㉢ $MCC_2=0.3(4.8\%)+0.7(12.7\%)=10.33\%$

c. 세 번째 구간(12% 이자율의 부채차입, 유상증자)의 MCC_3

㉠ 부채비용 $0.12(1-0.4)=7.2\%$

㉡ 유상증자로 인한 자본비용 12.7%

㉢ $MCC_3 = 0.3(7.2\%) + 0.7(12.7\%) = 11.05\%$

(3) MCC와 IOS의 도해 : 본문 설명의 [그림 9-2] 참조

MCC와 IOS가 교차하는 수준인 W^*가 최적자본예산이므로 E, A, D사업에 투자하고 이때의 투자규모는 150억원이다.

(4) 투자사업 평가에 사용될 할인율은 MCC_3인 11.05%이다.

주요 용어

- 자기자본
- 타인자본
- 내부금융자본
- 외부금융자본
- 자본비용
- 기회투자수익률
- 요구수익률
- 가중평균자본비용
- 한계자본비용
- 묵시적 비용
- 부채비용
- 만기수익률
- 우선주 자본비용
- 자기자본비용
- 자본조달경비
- 자본구성 가중치
- 목표자본구조
- 투자안 자본비용
- 최적자본예산
- 투자기회선(IOS)
- 한계자본비용(MCC)

연습문제

1. 다음 주장 중 $WACC$를 계산할 때 올바른 설명은 무엇인가?

① 부채비용을 계산할 때, 기존 부채의 표면이자율을 사용한다.

② 자기자본비용을 SML을 이용하여 추정할 때, $E(R_m)$은 과거 시장수익률 자료를 이용하고, R_f는 현재의 무위험이자율을 사용한다.

③ 자본구성비의 계산에서 가중치를 줄 때, 장부가치기준으로 계산한다.

④ 부채에 의한 조달금액을 계산할 때, 매입채무와 같은 유동부채를 포함시킨다.

⑤ 신규 증권의 발행을 통해 자본조달시 발행비용은 자본비용을 증가시킨다.

2. 기업이 어떤 형태의 부채나 우선주를 발행한 적이 없다면, 해당기업의 가중평균자본비용($WACC$)은 무엇과 같은가?

① 부채비용 ② 우선주비용

③ 보통주비용 ④ 알 수 없음

3. 어떤 기업의 우선주비용을 측정하는 수단으로 가장 적절한 것은?

① 자본이득수익률 ② 배당수익률

③ Earnings yield ④ 자기자본순이익률

⑤ 자산순이익률

4. 어떤 기업의 자기자본(보통주)비용을 측정하는 수단으로 가장 적절한 것은?

① $CAPM$을 이용하여 추정한 주식수익률

② 배당수익률에 기초한 자기자본비용

③ Earnings yield

④ 자기자본순이익률

⑤ 자산순이익률

5. 어떤 기업이 회사채, 우선주, 보통주를 발행하여 자본조달을 하였다면 다음 중 어떤 비용이 가장 클 것으로 예상되는가?

① 회사채비용　　② 우선주비용
③ 보통주비용　　④ 가중평균자본비용

6. 어떤 기업의 부채비용을 측정하는 수단으로 적절치 않은 것은?

① 해당기업이 발행한 채권의 만기수익률
② 무위험자산수익률＋해당기업의 신용 스프레드
③ 재무제표에서 구한 이자비용/부채의 장부가치
④ 보통주와 우선주 비용의 차이

7. 타인자본과 자기자본으로 자본을 조달하는 기업의 투자결정의 거부율(cut-off rate)은 무엇인가?

① 가중평균자본비용　　② 부채비용
③ 자기자본비용　　④ 모두

8. 기업의 자본비용($WACC$)은 어떤 투자안의 적절한 할인율인가?

① 기업 평균보다 낮은 위험투자안　　② 기업 평균보다 높은 위험투자안
③ 기업 평균 위험투자안　　④ 모두

9. 만약 기업이 모든 투자안을 평가할 때 동일한 기업자본비용($WACC$)을 사용한다면, 다음에 제시된 항목 중 올바른 것은?

ㄱ. 기업 평균보다 낮은 위험의 투자안을 기각할 수 있다.
ㄴ. 기업 평균보다 높은 위험의 투자안을 선정할 수 있다.
ㄷ. 평균 위험의 투자안을 정확하게 선정한다.

---

① ㄱ　　② ㄴ
③ ㄷ　　④ ㄱ, ㄴ, ㄷ

10. 기업의 가중평균자본비용($WACC$)에 대한 설명으로 타당한 것은?

① 상장기업은 일반적으로 배당평가모형으로 자기자본비용을 구할 수 있다.
② 기업은 보통 한 종류의 회사채를 발행하기 때문에 타인자본비용을 쉽게 구할 수 있다.
③ 자본의 가중치를 구할 때 시장가치보다 장부가치를 사용하는 것이 더 정확하다.
④ 비상장기업의 자기자본비용은 자본자산가격결정모형을 이용하여 손쉽게 구할 수 있다.

⑤ 투자안의 경제성 평가시 신규투자안의 위험이 해당기업의 평균 위험과 비슷할 때 *WACC*를 사용할 수 있다.

11. 기업이 자본을 조달할 수 있는 원천들은 다양하고, 서로 다른 장단점을 지닌다. 기업이 어떤 원천에서 자본조달을 할 것인가를 결정하면서 자본조달 원천별로 장단점을 평가할 때 사용될 수 있는 기준들을 제시하라.

12. 자본비용은 어떤 재무의사결정에 어떻게 사용되는가?

13. 새로운 투자안에 대한 적용할인율로 기업의 자본비용(*WACC*)을 사용할 수 있는 상황은 어느 경우인가?

14. *WACC*를 추정할 때 자본구성의 가중치는 시장가치기준보다도 목표자본구조의 가중치가 더 합리적인 이유는 무엇인가?

15. *WACC*의 추정

(주)소망은 주식과 회사채를 발행하여 다음과 같이 자본을 조달하고자 한다.

(수식관련자료)	• 발행주식수＝500만주	• 주가＝80,000원
	• 베타계수＝1.15	• 시장위험프리미엄＝9%
	• 무위험이자율＝5%	
(회사채관련자료)	• 액면금액＝100,000원(1백만 단위, 총 1,000억원)	
	• 현재 회사채가격＝110,000원	• 만기＝15년
	• 표면이자율＝9%(반기 이자지급)	• 법인세율＝40%

(1) 자기자본비용은 얼마인가?

(2) 부채비용은 얼마인가?

(3) *WACC*는 얼마인가?

16. *WACC*의 추정과 사업부의 자본비용

가전업을 영위하고 있는 (주)소망전자의 주식가격은 50,000원이고, 발행주식수는 3백만주이다. 그리고 250억원의 우선주, 750억원의 회사채로 자본조달하고 있다. 원천별 자본비용으로서 세전부채비용은 10%, 우선주비용은 9%, 베타계수는 1.167이다. 한편 법인세율은 40%, 무위험이자율은 7%, 시장위험프리미엄은 6%이다.

(주)소망전자에서는 바이오사업을 사업부 체제로 창업을 검토하고 있는데, 자기자본과 부

채로만 조달하여 목표부채구성비율(부채/총자본)은 10%, 세전부채비용은 12%, 바이오사업의 베타계수는 1.7인 것으로 알려졌다.

(1) (주)소망전자의 $WACC$를 구하라.
(2) 바이오사업부에 적용할 자본비용은 얼마인가?
(3) 바이오사업부의 예상 투자수익률은 15.0%이다. 바이오사업에 투자해야 하는가?

17. MCC와 IOS : 최적자본예산

명륜전자(주)는 다음과 같은 상호독립적인 투자사업 A, B, C, D의 경제적 타당성을 검토중이다. 이들 투자사업들의 위험도는 모두 동일하다.

투자사업	투자소요액	연간순현금유입액	내용연수
A	10,000백만원	3,503백만원	4년
B	8,000	2,859	4
C	6,000	2,318	4
D	7,000	2,353	4

한편 이들 투자사업과 관련된 자료는 다음과 같다.

① 현재의 자본구조는 부채 40%, 자기자본 60%로서, 최적자본구조인 것으로 가정하여 추가자본의 조달은 이에 비례적으로 조달한다(법인세율은 50%).

② 부채를 차입할 경우 조달금액에 따라 다음과 같이 이자율이 상이하다.
0~8,000백만원까지는 10% 이자율에 차입
8,001백만원 이상은 16% 이자율에 차입

③ 금년도 순이익은 12,000백만원으로 추정되고, 배당성향은 50%로 할 예정이다. 사내유보자금을 초과하는 자기자본 몫은 유상증자에 의존하는데, 유상증자시의 자본비용은 발행비용 때문에 유보이익의 자본비용보다 2%의 추가적인 부담이 더 있게 된다.

④ 명륜전자의 주식수익률의 분산(σ_i^2)은 0.6823이고, 시장수익률의 기대수익률 $E(R_m)$은 14.25%, 시장수익률의 분산(σ_i^2)은 0.20이다. 또한 명륜전자 주식수익률과 시장수익률의 공분산 $Cov(R_i, R_m)$은 0.32이다. 무위험자산수익률(R_f)은 8%이다.

(1) 투자사업 A, B, C, D의 IRR을 다음 현가표를 이용하여 구하고, 투자사업의 수익성을 평가하라.

	연 \ %	10%	12%	13%	14%	15%	16%	18%	20%	22%
현가계수	4년	0.68301	0.6355	0.6133	0.5921	0.5718	0.5523	0.5158	0.4822	0.4514
연금현가계수	4년	3.1699	3.0373	2.9745	2.9137	2.8550	2.7982	2.6901	2.5887	2.4936

(2) 명륜전자의 투자소요액이 증가함에 따라서 달라지는 한계자본비용(MCC)을 구하라.

(3) 모든 투자사업을 일부분만으로 분할하여 수행할 수 있다면

1) 어떤 투자사업을 채택해야 할 것인가?

2) 그때의 최적자본예산은 얼마인가?

3) 이 기업의 투자사업 심사에 적용되는 요구수익률(자본환원율)은 얼마인가?

(4) 만약 투자사업들을 분할하여 일부분만 따로 수행할 수는 없다고 한다면, (3)번 문제에서 내려진 투자결정에 어떤 변화가 있어야 하는가?

18. 자본비용의 계산

CK(주)가 발행한 보통주의 시장가치는 2,000만원, 무위험부채의 시장가치는 500만원이다. 회사 보통주의 베타가 1.25이고 시장위험프리미엄이 8%이다. 만약 무위험수익률이 5%일 때 회사의 자본비용은 얼마인가? 단, 해당기업이 무위험부채를 발행할 수 있다고 가정하고 세금은 무시한다.

19. 자기자본비용 계산방법의 응용

태양물산의 보통주에 대한 현재 배당금은 1주당 3,000원이다. 현재의 상황이라면 배당금은 매년 6%씩 성장할 것으로 예상된다. 이 회사주식의 베타는 1.2이고 무위험이자율은 8%이다. 그리고 시장지수의 기대수익률은 13%라고 한다. 이 회사의 보통주 가격은 현재 얼마가 적당하다고 생각하는가?

20. *WACC*의 추정

A기업은 신규투자를 위해 회사채, 우선주, 보통주 발행을 통해 자본을 조달하려 한다. 필요한 자금의 일부는 회사채를 발행하여 조달할 계획인데, 그 회사채의 액면이자율은 9%가 될 것이며, 이자는 매년말 지급된다. 액면가가 100만원인 그 채권의 만기는 10년이고, 채권 1장당 100만원에 판매될 수 있다. 액면가가 1만원인 우선주의 배당비율은 8%이고, 가격은 8천원이다. 이 회사 보통주의 베타는 1.2이고, 무위험자산수익률은 5%, 시장위험프리미엄은 5%로 예측된다. 이 회사의 목표 자본구조는 부채 20%, 우선주 5%, 보통주 75%이다. 신규투자안의 위험수준은 이 기업 전체의 위험과 비슷하다고 가정할 때, 신규투자안의 경제적 타당성을 평가하기에 적당한 가중평균자본비용을 산출하라(법인세율=20%).

해답

15. (1) 자기자본비용은 자본자산가격결정모형($CAPM$)에 의해서 추정한다.

$R_e = 5\% + 9\%(1.15) = 15.35\%$

(2) 부채비용은 회사채의 만기수익률로 추정한다.

$$110{,}000 = \frac{4{,}500}{(1+YTM)} + \frac{4{,}500}{(1+YTM)^2} + \cdots\cdots + \frac{100{,}000}{(1+YTM)^{30}}$$

반기 $YTM = 3.93\%$ ⇒ 즉, 연간 $YTM = 3.93\% \times 2 = 7.86\%$ = 세전부채비용

세후부채비용 $= 7.86\%(1-0.4) = 4.72\%$

(3) 자본조달의 구성비

자기자본의 시장가치＝(500만주)(80,000원)＝4,000억원

부채의 시장가치＝(100만 단위)(110,000원)＝1,100억원

총자본＝4,000억원＋1,100억원＝5,100억원

$$자기자본구성비 = \frac{4{,}000}{5{,}100} = 0.7843$$

$$부채구성비 = \frac{1{,}100}{5{,}100} = 0.2157$$

⇒ $WACC = 15.35\%(0.7843) + 4.72\%(0.2157) = 13.06\%$

16. (1) • 총자본 시장가치의 계산

보통주＝50,000원×3백만주＝1,500억원

우선주＝250억원

회사채＝750억원

⇒ 총자본 시장가치＝2,500억원

• 원천별 자본구성비

보통주＝1,500/2,500＝0.6

우선주＝250/2,500＝0.1

회사채＝750/2,500＝0.3

• 원천별 자본비용

세전부채비용＝10%

우선주비용＝9%

보통주자본비용 = 7% + (6%)1.17 = 14%

• (주)소망전자의 $WACC$ = 0.3(10%)(1 − 0.4) + 0.1(9%) + 0.6(14%) = 11.1%

(2) • 바이오사업부의 원천별 자본비용

세전부채비용 = 12%,

보통주자본비용 = 7% + (6%)1.7 = 17.2%

• 바이오사업부의 $WACC$ = 0.1(12%)(1 − 0.4) + 0.9(17.2%) = 16.2%

(3) 바이오사업의 투자수익률 15.0%는 기업전체의 $WACC$(11.1%)보다는 높지만, 사업부의 자본비용(요구수익률) 16.2%보다는 낮다. 따라서 경제성이 없다.

17. (1) IRR의 계산(IOS 도출)

투자사업 A : 10,000/3,503 = 2.855 이를 연금의 현가표(4년, r% 연금현가계수 = 2.855)에서 찾으면 IRR_A = 15%

투자사업 B : 8,000/2,859 = 2.798 ∴ IRR_B = 16%

투자사업 C : 6,000/2,318 = 2.588 ∴ IRR_C = 20%

투자사업 D : 7,000/2,353 = 2.975 ∴ IRR_D = 13%

IRR을 기준으로 할 때 투자사업의 수익성은 C, B, A, D 순으로 높다.

(2) 한계자본비용(MCC)의 계산

1) 분기점의 계산

① 첫 번째 분기점 : 사내유보금 6,000/0.6(자기자본구성비) = 10,000백만원

② 두 번째 분기점 : 부채차입금 8,000/0.4(부채구성비) = 20,000백만원

2) 각 구간의 한계자본비용(MCC)의 계산

① MCC_1(첫째 구간) : 10,000백만원까지

(10% 이자율 부채 4,000백만원, 사내유보 6,000백만원)

$R_i = 10\%(1 - 0.5) = 5\%$

$R_e = 0.0 + [0.1425 - 0.08]\beta_i$

$$\beta_i = \frac{COV_{im}}{\sigma_m^2} = \frac{0.32}{0.20} = 1.6$$

∴ $R_e = 0.08 + (0.0625)(1.6) = 0.18 = 18\%$

부채구성비 = 40%, 자기자본구성비 = 60%이므로

∴ $MCC_1 = R_o = 5\%(0.4) + 18\%(0.6) = 12.8\%$

② MCC_2(둘째 구간) : 20,000백만원까지

(10% 이자율 부채 4,000백만원, 유상증자 6,000백만원)

$R_i = 10\%(1 - 0.5) = 5\%$

$R_e = R_e$(MCC_1 구간에서의) + 2% = 20% (∵ 유상증자시 2% 추가부담)

$\therefore\ MCC_2 = WACC = 5\%(0.4) + 20\%(0.6) = 14\%$

③ MCC_3(셋째 구간) : 20,000백만원 이상

(16% 이자율 부채, 유상증자)

$R_i = 16\%(1-0.5) = 8\%$ (∵ 부채가 8,001백만원 이상)

$R_e = 20\%$

$\therefore\ MCC_3 = WACC = 8\%(0.4) + 20\%(0.6) = 15.2\%$

(3) 최적자본예산의 도해

1) $IOS(IRR) > MCC$인 부분, 즉 투자사업 C, B와 A 중 6,000백만원만 수행한다.

2) 최적자본예산 : C+B+A 일부=6,000+8,000+6,000=20,000백만원

3) $WACC = MCC_2 = 14\%$

(4) 1) MCC와 IOS가 관통하기 때문에 투자사업 A의 채택여부를 먼저 결정해야 한다. 투자사업 A의 NPV를 구하기 위해서는 ②(14%), ③(15.2%)에서 구한 자본비용을 0.6 대 0.4로 가중평균한 14.48%를 할인율로 사용해야 한다.

할인율 $= 14\%(0.6) + 15.2\%(0.4) = 14.48\%$

$NPV_A = 3{,}503(PVIFA_{0.1448,\ 4}) - 10{,}000 = 107$백만원

$NPV_A > 0$이므로 투자사업 A를 채택한다.

∴ 투자사업 C, B, A를 채택한다.

2) 최적자본예산=6,000+8,000+10,000=24,000백만원

3) $WACC = 14\%(0.6) + 15.2\%(0.4) = 8.4\% + 6.08\% = 14.48\%$

18. 부채비용=5%

자기자본비용 $= 5\% + 1.25 \times 8\% = 15\%$

기업가치=2,000+500=2,500만원

부채의 가중치=500/2,500=0.2

자기자본의 가중치=2,000/2,500=0.8

$WACC = 0.2 \times 5\% + 0.8 \times 15\% = 13\%$

19. 이론적으로 자기자본비용은 배당평가모형 또는 자본자산가격결정모형($CAPM$)으로 측정시 같은 값을 가져야 한다. 따라서

$$\frac{3{,}000(1+0.06)}{P_0} + 0.06 = 0.08 + 1.2 \times (0.13 - 0.08)$$

위 식을 풀면 $P_0 = 39{,}750$이다.

20. 부채비용은 채권의 액면가와 현재가가 같으므로 9%이다.

$$\text{우선주비용} = \frac{800}{8,000} = 10\%$$

$$\text{보통주비용} = 5\% + 1.2 \times 5\% = 11\%$$

$$WACC = 0.2 \times 9\% \times (1 - 0.2) + 0.05 \times 10\% + 0.75 \times 11\% = 10.19\%$$

CHAPTER

10 자본예산 3 - 투자안의 현금흐름 측정

투자결정(자본예산)의 가장 중요한 요소는 투자안으로부터의 현금흐름 추정이다. 본장에서는 투자안의 현금흐름에 미치는 요인들을 살펴본 후 증분현금흐름 측정방법 및 투자안의 위험을 고려한 민감도 분석과 NPV분기점 분석을 다룬다. 그리고 현금흐름할인법을 이용한 기업가치평가와 실물옵션도 다룬다. 다음은 꼭 이해해야 할 핵심내용이다.

- 투자안으로부터 예상되는 편익 · 비용 측정방법
- 증분현금흐름의 의미와 추정방법
- 투자안의 현금흐름에 영향을 미치는 요인과 증분현금흐름 측정
- 자본예산 종합
- 내용연수가 다른 투자안의 평가방법
- 위험하에서의 투자결정방법의 하나로서 민감도 분석과 NPV분기점 분석
- 기업가치평가
- 실물옵션

[상황 1] 한국기업들이 여유자금을 투자하기보다는 현금으로 보유하는 비중이 늘고 있다. 반면에 생산설비에 대한 투자는 상대적으로 줄면서 노후화된 생산설비가 늘고 있다. 2008~2009년 글로벌금융위기 이후 국내기업들의 영업활동으로 인한 현금흐름 대비 설비투자 비중은 감소세를 나타내 설비투자가 둔화되고 있음을 보여준다. 전체 상장기업의 영업활동에서 발생한 현금흐름 중 설비투자가 차지하는 비중은 2011년 111.8%에서 2014년 80.2%로 감소하였다. 이러한 추이는 결국 생산설비의 노후화가 빠르게 진행되어 생산성이 떨어진다는 우려를 낳고 있다. 아래 〈표〉는 대기업과 중소기업의 영업활동으로 인한 현금흐름 대비 설비투자 비율 추이를 보여주고 있다.

영업활동으로 인한 현금흐름 대비 설비투자 비율(%)

	2010년	2011년	2012년	2013년	2014년
30위 기업	82.2	97.8	87.0	80.5	81.8
대기업	87.9	110.4	91.6	80.6	80.1
중소기업	104.7	130.2	97.2	80.9	82.0

설비투자가 대기업에 지나치게 집중되어 있는 구조적 문제도 심화되고 있다. 전체 상장기업 중 중소기업 설비투자가 차지하는 비중은 2000년 11.1%에서 2014년 5.9%로 하락하여 대기업과 중소기업의 격차가 지나치게 커지고 있으며, 한국 경제의 대기업으로의 집중 현상이 심화되고 있다.

CFO로서 설비의 교체시기—현재냐 아니면 연기냐—를 결정하는 것도 중요한 과제의 하나이다. 교체시기에 따라 구설비의 처분가격, 연간 유지운용비용이 시기적으로 다르게 발생하기 때문에 당장 교체하는 것이 유리할 수도 있고, 몇 년 후로 미루는 것이 유리할 수도 있다. 어느 것이 교체시점(timing)상으로 유리한가?

[상황 2] 음료사업부에서 요구하고 있는 투자안 A와 주류사업부에서 요구하고 있는 투자안 B에 대한 현금흐름 추정치와 *NPV*, *IRR*이 다음과 같다.

(단위 : 백만원)

CF \ 년	0	1	2	3	4	5	6	*NPV*	*IRR*
투자안 A	−800	400	400	100	100	50	50	132	16.4%
투자안 B	−800	50	150	200	250	300	400	174	13.3%

자본제약으로 두 투자안 중에 한 투자안만 선정해야 하는데, 투자안 A는 *IRR*이 더 높고, 투자안 B는 *NPV*가 더 높다. 어느 투자안을 택해야 하나?

제1절 현금흐름의 추정(편익 · 비용의 추정)

어떤 투자안이 경제성이 높은 투자안인가? 투자안으로부터 편익(benefit)이 많이 발생하고, 비용(cost)은 적게 발생하는 투자안이 투자가치가 높은 투자안일 것이다. 본절에서는 편익 · 비용 추정의 원칙과 구체적인 추정방법을 설명한다.

1. 편익 · 비용 추정의 원칙

투자안의 경제성 분석의 첫 단계인 편익 · 비용의 추정작업은 다음 원칙을 기준으로 실시한다.

① 회계적 순이익 개념이 아닌 현금흐름(cash flow)기준으로 추정해야 한다.
회계적 이익은 일정한 회계기준, 다양한 회계처리방법에 근거하여 추정되는 인위적 수치이다. 회계적 이익은 (+)이지만 현금이 부족하여 채무이행을 못하는 경우에는 흑자도산할 수도 있고, 적용하는 회계처리방법의 여하에 따라 이익이 서로 다르게 측정 계산된다. 그러나 현금흐름은 투자로 인한 실질적인 가치변동을 인식하는 적절한 기준이 된다. 이때 현금흐름은 영업이익기준의 영업현금흐름(operating cash flow)으로 측정한다.

② 증분기준(incremental basis)으로 추정해야 한다.
증분기준이란 현재 고려하고 있는 투자안으로 인하여 달라지는 미래의 현금유입과 현금유출만을 고려해야 한다는 것이다.

③ 법인세효과를 고려한 납세후(after-tax)기준으로 추정해야 한다.

이상의 원칙을 요약하면, 납세후 증분현금흐름(after-tax incremental cash flow)기준으로 편익과 비용을 추정해야 한다. 이하에서는 납세후 증분현금흐름의 구체적인 측정방법을 살펴본다.

2. 증분현금흐름의 추정

(1) 현금흐름

제4장에서 본 것처럼 투자자산의 형태가 무엇이든 그 자산의 투자가치(V_0)는 t기에 발생하는 현금흐름(CF_t)을 적절한 할인율(R)로 할인한 현재가치의 합이다.

$$V_0 = \sum_{t=0}^{n} \frac{CF_t}{(1+R)^t} \tag{10.1}$$

본장에서 다루고 있는 자본예산의 문제에서 CF_t는 투자사업으로 인하여 예상되는 순현금흐름이고, R은 투자사업의 위험도가 반영된 기업의 요구수익률(대부분의 경우 $WACC$)이다. 먼저 투자사업으로 인하여 예상되는 현금흐름(CF_t)은 투자사업으로부터의 현금유입에서 투자사업에 투자되는 현금유출을 차감하여 추정한다.

현금흐름(cash flow)의 측정은 제2장에서 설명한 자산으로부터의 현금흐름(또는 free cash flow) 측정방법을 그대로 사용한다. 자본예산에서의 현금흐름은 기업이 투자한 자산들의 운용 결과, 생산 · 판매 · 관리활동에서 창출하는 증분현금흐름(incremental cash flow)이다. 증분현금흐름을 측정하기 위해서는 먼저 영업현금흐름(operating cash flow)을 계산해야 한다. 영업이익기준의 현금흐름은 다음과 같은 특징을 지닌다.

- 기업의 핵심경영활동인 생산 · 판매 · 관리활동에서 창출한 현금흐름이다.
- 채권자에 지급하는 이자비용과 주주에게 지급되는 배당의 원천이 되는 현금흐름이다.
- 재무구조의 차이에 영향을 받지 않는 현금흐름이다. 따라서 부채를 사용하는 기업이라 하더라도 부채를 사용하지 않는다고 가정할 경우의 현금흐름이다.
- 배당정책에 영향을 받지 않는 현금흐름이다.

투자로 인하여 예상되는 편익과 비용의 발생내역은 손익계산서 체계에 따라 분석하면 편리하다. 그러면 손익계산서 체계에 따라서 영업현금흐름은 어떻게 측정되는가?

손익계산서에서 계산되는 회계이익은 수익·비용의 대응원칙과 회계기준에 의해서 산출되는 경영성과 측정치로서 현금흐름기준으로 측정되는 것이 아니다.

회계이익＝수익－비용
순현금흐름＝현금유입－현금유출

따라서 회계이익은 자본예산에서 필요로 하는 현금흐름과 차이가 있게 되므로, 이 부분을 조정해 주어야 한다. 회계이익과 현금흐름의 차이를 가져오는 원인에 대하여는 제2장에서도 설명한 바 있는데, 가장 큰 원인은 비유동(고정)자산 투자에 대한 처리가 서로 다르기 때문이다.

현금흐름기준으로 보면, 비유동자산 투자는 투자시점(초기)에 전액 현금유출로 인식된다. 그러나 회계처리에서는 비유동자산 투자액은 그 취득원가가 재무상태표의 자산으로 계상되고, 손익계산서상에는 취득원가를 내용연수기간으로 나눈 1년간의 소모분(사용분)이 비용으로서 매년 배분되어 감가상각비로 계상된다. 투자 이후의 기간에는 실제적인 현금유출은 없으나 회계이익의 계산과정에서 매년마다의 자산소모분인 감가상각비를 비용으로 인식하여 이를 수익에서 차감한다. 이와 같은 의미에서 감가상각비와 같은 항목은 비현금성 비용(non-cash charges)이라고 부른다고 설명하였다. 결과적으로 매년의 회계이익과 현금흐름은 비현금성 비용인 감가상각비만큼 차이가 발생하게 된다. 따라서 매출은 모두 현금으로 유입되고, 제반 영업비용은 모두 현금지출된다고 가정하면, 영업현금흐름은 회계적 영업이익에 감가상각비를 가산하여 추정할 수 있다.[1)]

$$\text{영업현금흐름} = \text{세후영업이익} + \text{감가상각비} \qquad (10.2)$$

이제 현금영업수익을 S, 현금영업비용을 C, 감가상각비를 D, 법인세율을 t_c, 투자소요액(운전자본소요액 포함)을 I라고 하면, 투자안에서 발생되는 세후현금흐름(CF)은 영업현금흐름에서 투자소요액을 차감하여 추정할 수 있다.[2)]

1) 현금흐름을 손익계산서 양식에 따라 추정하는 것은 편리함 이외에도 법인세가 추정되어야 하기 때문이다.

세후현금흐름 = 현금영업수입 − 현금영업비용 − 세금
− 비유동자산과 순운전자본 투자액

$$CF = (S - C - D)(1 - t_c) + D - I \quad (10.3)$$

$(S-C-D)(1-t_c)$: 세후영업이익

$(S-C-D)(1-t_c) + D$: 세후영업현금흐름

$(S-C-D)(1-t_c) + D - I$: 세후현금흐름

(2) 증분현금흐름의 추정

현금흐름을 추정할 때에는 증분기준으로 측정해야 함은 앞서 밝힌 바 있다. 증분현금흐름(incremental cash flow)은 현재 고려하고 있는 투자안이 채택되어 실행될 경우 달라지는 현금흐름이다. 따라서 다음과 같이 그 투자안을 추진할 경우(with the project)의 현금흐름에서 추진하지 않을 경우(without the project)의 현금흐름을 차감한 현금흐름의 차이로 추정한다.

증분현금흐름 = 투자안을 추진할 경우의 현금흐름
− 투자안을 추진하지 않을 경우의 현금흐름

따라서 식(10.3)에 증분기준을 적용하여 증분영업현금흐름(ΔOCF)으로 표현하면 다음 식(10.4)와 같다.

$$\Delta OCF = (\Delta S - \Delta C - \Delta D)(1 - t_c) + \Delta D \quad (10.4)$$

단, ΔOCF : 증분영업현금흐름
ΔS : 매출액(현금영업수익) 증가액
ΔC : 비용(현금영업비용) 증가액
ΔD : 감가상각비 증가액
t_c : 법인세율

식(10.4)는 투자안의 경제성 분석시 영업현금흐름을 추정하는 기본모형이다.

2) 현금흐름 측정시 자본조달방법 여하에 따라 발생할 수 있는 지급이자비용 등은 분자 현금흐름이 아니라, 분모 할인율에 반영하게 된다. 현금흐름은 소요자금 조달방법과 무관한 현금흐름으로서, 결과적으로 보면 소요자금을 전액 자기자본으로 조달한다고 가정할 경우의 현금흐름과 일치하게 된다. 투자안에서 발생하는 현금흐름은 제2장에서 설명한 *FCF*개념과 동일하다.

이 식에서 비현금성 비용항목인 감가상각비 부분을 별도로 분리하여 추정하면 식(10.5)와 같이 표시되는데, 추정자료의 성격에 따라서 식(10.5)에 의해서 추정하는 것이 편리할 때도 있다. 여기서 $t_c \cdot D$를 감가상각비의 법인세 절약액(depreciation tax shield)이라고 한다.

$$\Delta OCF = (\Delta S - \Delta C)(1 - t_c) + t_c \cdot \Delta D \tag{10.5}$$

식(10.4) 또는 식(10.5)와 같이 증분영업현금흐름을 계산한 후 새로운 투자안을 채택함으로써 발생하는 비유동자산에 대한 투자액(또는 순자본지출, net capital spending)과 순운전자본에 대한 투자액을 빼면 다음 식(10.6)에서와 같이 증분현금흐름을 구할 수 있다.

$$\Delta CF = \Delta OCF - \Delta \text{비유동자산} - \Delta \text{순운전자본} \tag{10.6}$$

실제의 자본예산 작업에서 증분기준을 적용할 때 오류를 범하는 경우가 있게 된다. 다음은 증분현금흐름 추정시 반드시 포함해야 할 항목과 제외해야 할 항목이다.

1) 증분현금흐름의 추정시 비용 등에 반드시 포함시켜야만 하는 항목

① 잠식비용(erosion cost) : 신규 투자안이 기존 투자안의 현금흐름을 감소시키는 경우의 비용이다. 예컨대, 한 아이스크림회사에서 새로운 맛의 초코 아이스크림을 시판한 것으로 인하여 기존에 판매중이던 딸기 아이스크림의 매출감소로 인해 손실액이 발생하면 이는 잠식비용이다. 반대로 신규 투자안 추진으로 인하여 시너지효과가 생겨서 기존 제품의 매출이 증가하는 부수수익이 있으면 이는 현금유입으로 가산해야 한다.

② 자원의 기회비용(opportunity cost) : 실질적인 현금유출은 수반하지 않지만 그 자원을 차선책의 다른 용도(second best alternatives)에 사용하였을 경우에 얻을 수 있는 이득이다. 어느 투자안을 추진하게 되면 차선책의 다른 투자대안으로부터의 이득을 포기하게 되므로, 이 부분을 기회비용으로 현금유출에 포함시켜야만 한다. 예컨대, 기업이 현재 보유하고 있는 임

대가능한 사무실을 새로운 투자사업에 사용하려고 하는 경우, 이로 인하여 포기해야 하는 기존의 임대수입은 기회비용으로 현금유출에 포함시켜야만 한다. 기회비용이 확인되면 이를 세후기준으로 측정해야 한다.

③ 추가적인 운전자본소요액 : 기업의 생산판매를 뒷받침하기 위해서는 매출채권이나 재고자산과 같은 운전자본에 대한 투자가 이루어져야 한다. 운전자본투자액은 시설투자와 같이 현금유출을 수반하므로 증분현금흐름 추정에 포함시켜야만 한다. 투자기간중의 운전자본투자액(현금유출)은 대부분 내용연수 이내에 회수되기 때문에 명목상의 현금유출과 현금유입의 크기는 동일할 수 있다. 그러나 그러한 경우도 운전자본이 투자되는 시점과 회수되는 시점이 다르기 때문에 화폐의 시간가치를 고려하면 그 가치가 동일하지 않게 된다. 주의할 점은 기말 기준의 운전자본투자액을 사용하는 것이 아니라, 기간중 운전자본증감액(기초와 기말의 운전자본의 차액)을 사용한다는 점이다.

2) 증분현금흐름의 추정시 비용에서 제외시켜야만 하는 항목

① 매몰비용(sunk cost) : 과거에 발생한 비용으로서 현재시점의 투자안 채택여부에 영향을 줄 수 없는 비용을 말한다. 예컨대, 신제품 개발 프로젝트 수행 전 그 타당성을 검토하기 위하여 20억원의 시장조사비용이 지출되었다면, 이 시장조사비는 매몰비용이다. 이 20억원은 이 프로젝트를 추진하게 되든지 또는 되지 않든지에 관계없이 지출된 것이므로 증분현금흐름이 영(0)이다. 구자산의 취득원가, 신제품 개발을 위해 이미 지출한 연구개발비 등도 이에 해당된다. 이러한 매몰비용은 현금흐름 추정시에 제외시켜야만 한다.

② 감가상각비 등의 비현금지출비용 : 감가상각비는 별도로 계상되고 있으므로 현금지출비용(ΔC)의 추정에 포함시키지 말아야 한다. 앞서 설명한 것처럼 비유동자산의 취득원가는 사업초기(구입시점)에 현금유출로 인식한다. 매년마다 감가상각비를 현금유출로 인식하게 되면 현금유출이 이중계산되는 결과가 된다.

③ 이자비용, 배당 등의 금융비용 : 투자안을 평가할 때에는 투자안의 현금흐름을 자본비용으로 할인하여 투자가치를 추정하게 된다. 결과적으로

금융비용은 분모인 할인율에 반영시키고 있다. 따라서 이자비용이나 배당 등이 현금유출에 포함되면 금융비용이 이중계산되는 결과가 된다.

(3) 투자안 현금흐름 측정(가치창출요인)의 실제

투자안의 현금흐름 추정식인 식(10.6)에서 볼 수 있는 것처럼 투자안의 현금흐름은 영업수익, 영업비용, 법인세율, 감가상각방법, 시설투자액, 운전자본소요액, 잔존가치, 투자세액공제액 등에 의해서 영향을 받는다. 현금흐름을 결정짓는 이들 요소의 추정이 정확해야 한다. 이를 위해서는 이들 요소별로 고려해야 할 현실의 상황과 관련 제도를 충분히 감안해야 한다.

① 영업수익 : 시장상황, 마케팅능력을 적절히 평가하여 판매단가와 판매량을 추정해야 한다. 제품별, 지역별로 세분하여 수요 상황과 매출액 증가효과를 예측할 필요가 있다. 기존 제품과의 관계에서 매몰비용, 시너지효과로 인한 부수수익이 발생하는지를 검토한다.

② 영업비용 : 엔지니어링의 특성을 감안하여 원가절감효과를 정확히 추정하는 것이 필요하다. 구체적으로 비용은 다음 예에서 보는 것같이 생산판매량과 관계없이 일정하게 발생되는 고정비와 생산판매량 증감에 비례하는 변동비로 구분하여 추정한다.

- 고정비 : 고정인건비, 임차료, 제세공과금, 광고비, 감가상각비 등
- 변동비 : 재료비, 직접노무비, 판매비 등

잠식비용이나 기회비용 부분이 적절히 반영되었는지를 점검해야 한다.

③ 법인세율 : 자본예산에서는 영업이익기준으로 법인세를 추정한다. 즉, 전액 자기자본만으로 조달하는 것을 가정하여 법인세를 추정한다. 우리나라의 경우 2025년 현재 과세표준소득 2억원 이하에 대하여는 9%, 2~200억원은 19%, 200~3,000억원은 21%, 3,000억원 초과분에 대하여는 24%의 법인세율이 적용되고 있다.

④ 감가상각방법 : 어떤 감가상각방법을 사용하느냐에 따라서 현금흐름이 달라지므로 적용할 감가상각방법을 확인한다. 정액법보다도 정률법이나 연수합계법이 내용연수 초기에 감가상각비를 더 많이 계상하여 절세효과가 발생한다.[3]

⑤ 시설투자액과 운전자본소요액 : 고정설비(비유동)자산 구입액은 당연히 현금유출에 포함된다. 기존 설비를 새로운 설비로 대체하는 경우는 기존 설비의 매각대금만큼은 현금유출을 줄여주게 될 것이다. 이때 기존 설비의 처분가격이 장부가치보다도 낮은지 높은지에 따라서 세금에도 차이가 생기므로 다음 ⑥의 방법처럼 세금효과를 반영하여 조정한다. 매출을 뒷받침하는 데 필요한 운전자본은 고정설비자산 구입액처럼 현금유출에 포함시킨다.

⑥ 잔존가치와 세금효과 : 잔존가치가 실제 장부가치와 다를 경우에도 법인세효과(tax effect)가 발생한다. 장부가치(BV)보다도 처분가치(SV)가 낮으면(높으면) 매각처분손실(이익)에 따른 세금절감(손실)효과가 발생한다(2절 참조). 이때의 증분현금흐름은 다음과 같다.

$$\Delta CF = SV - (SV - BV) \cdot t_c$$

단, SV : 처분가격(시장가치), BV : 장부가치
t_c : 법인세율

⑦ 투자세액공제 : 투자세액공제제도(investment tax credit)는 특정시설에 투자하는 경우 일정액을 산출세액에서 공제하여, 기업들의 설비투자를 촉진하기 위한 제도이다. 그간 한시적으로 기자재에 따라 5%, 15%의 세액공제가 이루어져 왔다. 만약 이 세제가 실시되고 있는 상황이면 투자세액공제액은 현금유입을 발생시킨다.

(4) 기간별 증분현금흐름

식(10.6)을 실제로 적용할 때, 투자시작연도, 정상영업연도, 최종연도별로 현금흐름의 형태가 다르므로, 기간별로 구분 적용할 필요가 있다. 현금흐름에 영향을

---

3) 감가상각 계상에는 다음과 같은 방법이 사용된다.
a. 정 액 법 : (취득원가－잔존가치) / 내용연수＝연간상각액
b. 정 률 법 : 장부가×상각률＝취득가$(1-\text{상각률})^{n-1}$×상각률＝연간상각액
단, 상각률$=1-\sqrt[n]{(\text{잔존가치}/\text{취득원가})}$
c. 연수합계법 : (특정연도의 상각률)×(취득원가－잔존가치)＝연간상각액
이때, 특정연도의 상각률＝잔존내용연수(계산당시)$/\frac{n(n+1)}{2}$

■ 그림 10-1
증분현금흐름의 기간별 고려항목들

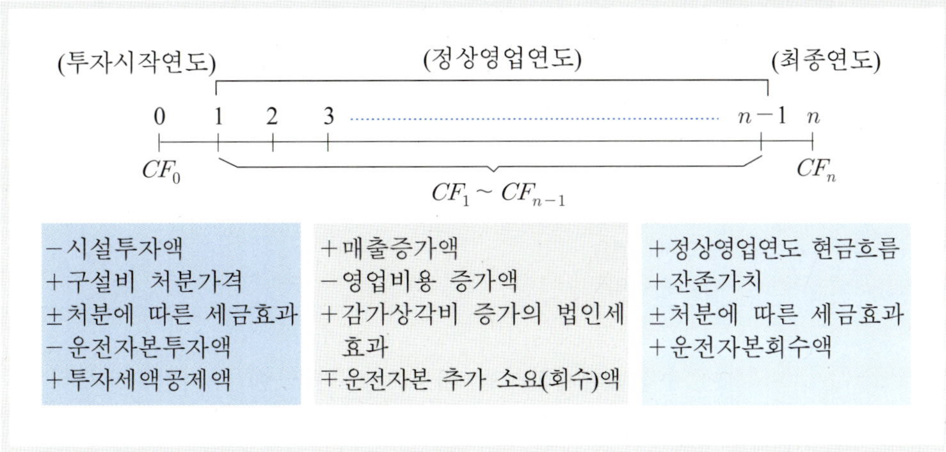

미치는 요인들을 기간별로 적용해 보면 [그림 10-1]과 같이 표시된다. 이제 현금흐름 계산방법을 바탕으로 자본예산 전 과정을 다음의 예를 가지고 살펴보자.

(주)명륜당은 통조림을 제작・판매하는 회사인데, 몇 년간에 걸쳐 참치통조림을 개발하여 시판을 앞두고 있다. 이 회사는 그동안 개발 및 마케팅조사 비용으로 10,000천원을 들여 이 제품을 개발했고, 재무팀은 시장에서 판매가 시작될 경우 이 투자안이 기업가치를 향상시킬 것인지 구체적인 재무예측을 다음과 같이 하였다.

통조림 캔 한 개당 4,000원의 가격에 연간 50,000개를 판매할 수 있다고 하자. 캔 한 개당 생산비용은 2,500원이며, 이와 같은 제품은 일반적으로 3년의 사업수명을 갖는다. 이 사업의 위험은 이 회사의 기존 사업의 위험과 비슷하며, 이 회사의 $WACC = 20\%$를 적용하여 평가할 수 있다. 이 투자안의 고정비용은 매년 12,000천원이 소요된다. 또한 초기에 생산시설 확충에 90,000천원이 투자되어야 하며, 이 투자액은 정액법에 의하여 잔존가치 0원까지 3년에 걸쳐 감가상각할 수 있다. 이 생산시설이 들어서는 땅은 원래 이 회사가 소유하고 있었는데, 이 투자안이 아니었다면 10,000천원에 팔 수 있다. 이 투자안은 초기에 20,000천원의 순운전자본에 대한 투자가 필요하며, 사업이 종료될 때 이 순운전자본에 대한 투자액은 회수할 수 있다. 이 회사의 법인세율은 20%로 가정하자.

위의 정보를 이용하여 먼저 이 투자안과 연관된 첫해의 추정손익계산서(pro forma income statement)를 작성해 보자. 이 추정손익계산서는 3년 동안 모두 같다.

추정손익계산서 (단위 : 천원)

매출액(캔당 4,000원에 50,000개 판매)	200,000
변동비용(캔당 2,500원)	125,000
고정비용	12,000
감가상각비	30,000
영업이익(이자와법인세차감전이익)	33,000
법인세(20%)	6,600
당기순이익	26,400

이 추정손익계산서를 바탕으로 먼저 이 투자안으로부터의 증분영업현금흐름을 계산해 보자.

$$영업현금흐름 = 33,000 - 6,600 + 30,000 = 56,400(천원)$$

이제 사업기간 동안의 증분현금흐름을 계산해 보자. 주의해야 할 점은 개발 및 마케팅조사 비용(10,000천원)은 매몰비용이므로 현금흐름 계산에서 고려할 필요가 없지만, 땅값(10,000천원)은 기회비용이므로 이 경우 초기비용에 포함되어야 한다. 이 외에 순운전자본에 대한 투자와 회수를 고려하여 증분현금흐름을 계산하면 다음 표와 같다.

사업연도	0	1	2	3
영업현금흐름		56,400	56,400	56,400
생산시설	−90,000			
땅값	−10,000			
순운전자본	−20,000			20,000
증분현금흐름	−120,000	56,400	56,400	76,400

이제 증분현금흐름과 자본비용($WACC = 20\%$)을 알기 때문에 제8장에서 배운 투자안의 경제성 평가방법을 적용할 수 있다. NPV와 IRR을 계산하면 대략 다음과 같다.

$$NPV = 10,380(천원)$$
$$IRR = 25\%$$

이 투자안의 NPV가 0보다 크고 IRR이 $WACC$보다 크다. 따라서 이 투자안은 기업가치를 향상시킬 수 있으므로 채택해야 한다.

제2절 자본예산 종합

지금까지 제8, 9, 10장에서 단계별 자본예산과정을 다루었다. 기업의 재무팀은 투자안 평가시 먼저 투자안으로부터 창출할 수 있는 현금흐름을 예측한다. 그리고 해당 투자안의 위험을 평가하여 자본비용을 결정한다. 현금흐름과 자본비용을 알면 NPV, IRR 등을 이용하여 투자안의 경제성을 평가할 수 있다. 다음 예를 통해 이 자본예산과정을 복습해 보자.

주식회사 H Steel에서는 생산효율성을 높이기 위하여 새 용광로를 설치할 것을 검토하고 있다. 새 용광로가 설치되면 매년 10억원의 매출액이 증가되고, 매년 20억원의 원가가 절감될 것으로 보고 있다. 새 용광로의 가격은 180억원이고, 설치비는 40억원이며, 내용연수는 5년이고, 예상되는 잔존가치 20억원까지 정액법으로 감가상각할 수 있다. 구용광로는 감가상각이 다 끝났지만, 지금 매각한다면 6억원을 받을 수 있다. 새 용광로의 설치와 동시에 순운전자본을 2억원 늘려야 하며, 5년 후 늘어난 운전자본을 회수할 수 있다. 필요한 자금의 일부는 회사채를 발행하여 조달할 계획인데, 그 회사채의 표면이자율은 9%가 될 것이며, 이자는 매년말 지급된다. 액면가가 100만원인 이 채권의 만기는 10년이고, 채권 1매당 100만원에 판매될 수 있다. 이 회사 보통주의 베타는 1.2이고, 무위험자산수익률은 5%, 시장위험프리미엄은 5%로 예측된다. 이 회사의 목표자본구조는 부채 20%, 자기자본 80%이다. 이 기업의 한계법인세율이 20%라면, 이 회사가 현재 시점에서 구용광로를 매각하고 새 용광로를 설치하는 결정을 내려야 하는지 판단해 보자.

1. 증분현금흐름의 측정

구용광로를 매각하고 새 용광로를 설치하는 것이 경제성이 있는지를 판단하기 위해서는 먼저 5년 동안의 증분현금흐름을 예측해야 한다. [그림 10-1]의 과정을 따라 먼저 투자시작연도의 현금흐름을 계산해야 한다.

시설투자액＝180억원＋40억원
구용광로 처분에 따른 세후현금흐름＝6－(6－0)×0.2＝4.8억원
운전자본 투자액＝2억원

다음으로 5년 동안의 영업현금흐름을 계산해 보자. 위 설명에서 볼 수 있듯이 매년 증분현금흐름이 같다. 영업현금흐름을 계산하기 위해 먼저 매년 발생하는 감가상각비를 계산하면, (220－20)/5＝40억원이다.

식(10.5)를 이용하여 증분영업현금흐름을 계산해 보면 다음과 같다.

영업현금흐름＝(10－(－20))(1－0.2)＋0.2×40＝32억원

그리고 이 투자안의 내용연수가 끝나는 5년차 말에는 새 용광로를 처분하여 20억원(잔존가치)을 회수할 수 있고, 운전자본 투자액 2억원도 회수할 수 있다. 이상의 현금흐름 계산을 표로 정리해 보면 다음과 같다.

연 도	0	1	2	3	4	5
영업현금흐름		32	32	32	32	32
비유동자산 변화	－220 ＋4.8					＋20
순운전자본 변화	－2					＋2
증분현금흐름	－217.2	32	32	32	32	54

2. 자본비용의 측정

다음 단계로 이 투자안의 위험을 평가하여 자본비용을 결정해야 한다. H Steel의 입장에서 새 용광로를 설치하는 투자안의 위험은 기존 사업의 위험과 유사할 것이다. 그리고 목표자본구조를 유지한다는 가정을 하면 가중평균자본비용을 이 투자안의 자본비용으로 사용할 수 있다.

먼저 부채비용(타인자본비용)을 계산해 보자. 위 문제에서 회사채를 신규 발행할 때 이 회사채의 액면가와 판매가격이 100만원으로 동일하다. 제4장에서 액면가와 판매가격이 같은 회사채의 만기수익률은 표면이자율과 같다고 배웠다. 따라서 세전타인자본비용(만기수익률)은 표면이자율과 같은 9%이다. 그리고 $CAPM$을 이용하여 자기자본비용을 구하면 다음과 같다.

$$\text{자기자본비용} = 5 + 1.2 \times 5 = 11\%$$

따라서 가중평균자본비용($WACC$)은 다음과 같다.

$$WACC = 0.2 \times 9\% \times (1 - 0.2) + 0.8 \times 11\% = 10.24\%$$

3. 경제성 평가

위 투자안의 현금흐름을 모두 측정했고, 가중평균자본비용을 알고 있으므로 이제 NPV를 계산할 수 있다.

$$NPV = \frac{32}{(1+0.1024)} + \frac{32}{(1+0.1024)^2} + \frac{32}{(1+0.1024)^3} + \frac{32}{(1+0.1024)^4} + \frac{54}{(1+0.1024)^5} - 217.2 = -83$$

NPV가 약 -83억원으로 현재 시점에서 구용광로를 새 용광로로 교체할 경우 이 기업의 가치는 83억원만큼 훼손된다. 따라서 이 기업은 용광로를 교체

하지 않고 계속 사용하는 것이 경제성 있는 결정이다.

Concept check

(1) 자본예산 수립시 감가상각비에 대한 회계처리방법을 ① 정액법에서 정률법으로 변경하거나 ② 내용연수를 단축시키면, 기간별 현금흐름과 최종적인 투자결정에는 어떤 영향을 주는가?

(2) 자본예산 수립시 증분영업현금흐름 측정에서 "매몰비용"은 제외되고, 기회비용은 포함시켜야 하는 이유는 무엇인가?

예제 10-1 자본예산

(주)엔젤메디컬에서는 신약 "감마" 생산을 검토중이다. 관련된 자료는 다음과 같다.

- 생산설비 투자소요액 : 60억원
- 예상 연간매출액 : 120억원(판매단가=20,000원, 판매량=600,000개)
- 소요비용 : 고정비=18억원(감가상각비 불포함), 변동비=개당 12,000원
- 감가상각 : 정액법으로 내용연수 4년에 잔존가치는 없다고 보고 회계처리
- 법인세율 : 33.3%
- 운전자본소요액 : 5억원(시작연도 초에 지출되고, 내용연수 말에 모두 회수됨)
- 신약 판매 관련 시장조사비 및 연구개발비 : 10억원

(1) 이 투자안으로부터의 증분현금흐름을 추정하라. 단, 연간판매액과 비용은 매년말에 현금으로 처리(회수, 지급)된다고 가정한다.

(2) 이 투자안의 위험은 (주)엔젤메디컬의 기존 사업의 위험과 유사하다. 또한 이 기업의 목표자본구조는 새로운 자본조달 이후에도 변하지 않는다고 가정한다. 이 기업의 목표부채비율(타인자본/자기자본)은 50%이며, 타인자본에 대한 이자비용은 무위험자산수익률(5%)에 신용등급 BBB 채권에 대한 신용스프레드 9%를 더한 것이다. 그리고 자기자본비용은 *CAPM*을 이용해 계산할 수 있는데, 이 기업의 베타계수는 1.2이고, 시장위험프리미엄은 11%이다. 이 투자안 평가를 위한 *WACC*를 계산하라.

(3) 이 투자안의 *NPV*를 계산한 후 경제성을 평가하라.

➤ 풀이

(1) 증분의 영업현금흐름을 기간별로 측정

- 시작연도 증분현금흐름 :
  생산설비투자액 60억원, 운전자본투자액 5억원

신약 판매 관련 시장조사비 및 연구개발비 10억원은 매몰비용이므로 포함하지 않음.

$\Delta CF_0 = -60 - 5 = -65$억원

- 정상영업연도 증분현금흐름 : $\Delta CF_{1\sim3} = (\Delta S - \Delta C - \Delta D)(1 - t_c) + \Delta D$

  매출수익(ΔS)=20,000원×600,000개=120억원

  생산비용(ΔC)=고정비(18억원)+변동비(72억원)=90억원

  (∵ 변동비=개당 12,000원×60만개=72억원)

  감가상각비(ΔD)=60억원÷4년=15억원

  ∴ $\Delta CF_{1\sim3} = (120-90-15)(1-0.333)+15 = 10+15 = 25$억원

- 최종연도 추가 증분현금흐름 :

  ΔCF_4=정상영업연도 현금흐름+잔존가치+운전자본회수액

  이 예에서는 생산설비의 잔존가치 0원, 운전자본회수액 5억원

  ∴ $\Delta CF_4 = 25 + 5 = 30$억원

- 증분현금흐름 요약 (단위 : 억원)

기간(t)	0	1	2	3	4
현금흐름	−65	25	25	25	25+5

(2) $WACC$ 계산

세전타인자본비용=5%+9%=14%

자기자본비용=5%+1.2×11=18.2%

$WACC = 1/3 \times 14\% \times (1-0.333) + 2/3 \times 18.2 =$ 약 15%

(3) 신약 "감마" 생산 투자안의 NPV를 통한 경제성 평가

(1)에서 구한 증분현금흐름과 (2)에서 구한 $WACC$를 이용하면,

0	1	2	3	4
−65	25	25	25	25+5(억원)

$$NPV = \frac{25}{(1.15)} + \frac{25}{(1.15)^2} + \frac{25}{(1.15)^3} + \frac{25}{(1.15)^4} + \frac{5}{(1.15)^4} - 65$$

=25(15%, 4년 연금현가계수)+5(15%, 4년 현가계수)−65

=25(2.8550)+5(0.5718)−65≒9.233억원

⇒ 의사결정 : $NPV > 0$이므로 이 신제품 생산 투자안을 채택한다. 그 이유는 이 투자안이 기업가치를 9.233억원만큼 증가시키는 경제성 있는 투자안이기 때문이다.

예제 10-2 경쟁입찰

지금까지 배운 자본예산과정은 입찰가를 설정하는 데 적용할 수 있다. 어떤 정부나 기업이 발주한 프로젝트(투자안)에 대한 경쟁입찰의 경우 가장 낮은 입찰가를 제시하는 기업이 프로젝트를 수주하게 된다. 입찰가 결정과정을 이해하기 위해 다음 예를 보자.

대한민국 육군은 전력강화를 위해 산악지역에서 운용할 수 있는 특수차량을 향후 4년간 매년 5대, 20대 납품받는 경쟁입찰을 제안했다. (주)성균관은 육군의 요구사항을 만족하면서 계약을 수주하기 위한 최저가격을 결정해야 한다. 기업가치를 훼손하지 않으려면 이 기업의 자본비용 20%를 적용한 후 *NPV*는 최소 0이 되어야 한다. 따라서 최저가격은 *NPV*를 0으로 만드는 가격이다.

이 문제를 풀기 위해 먼저 특수차량 5대를 생산하는 데 드는 연간비용을 추정해 보자. 연간고정영업비용이 2,400만원이고, 특수차량 1대당 변동비용이 1,400만원이면, 연간영업비용은 2,400+5×1,400=9,400만원이다. 이 특수차량을 생산하기 위한 새로운 장비를 구입하기 위해 초기에 6,000만원을 투자할 필요가 있다. 이 장비는 4년간 정액법으로 감가상각되며, 내용연수 이후 장부상 잔존가치는 0이다. 하지만 이 장비는 4년 후 실제로는 500만원에 판매할 수 있으며, 이 기업의 한계법인세율이 20%라면 세후 잔존가치는 400만원이다. 초기에 순운전자본에 4,000만원을 투자해야 하며, 순운전자본은 4년 후 회수할 수 있다.

특수차량의 판매가격을 모르기 때문에 영업현금흐름은 알 수 없지만, 연도별 현금흐름을 도출하면 다음과 같다.

연 도	0	1	2	3	4
증분영업현금흐름		*OCF*	*OCF*	*OCF*	*OCF*
순운전자본의 변화	−4,000				+4,000
비유동자산의 변화	−6,000				+400
증분현금흐름	−10,000	*OCF*	*OCF*	*OCF*	*OCF*+4,400

위 표에서 4년차의 현금흐름 4,400만원을 현재가치로 환산하여, 기초투자액 10,000만원에서 차감하면 7,878만원이다. 이를 감안한 연도별 현금흐름은 다음과 같게 된다.

연 도	0	1	2	3	4
증분현금흐름	−7,878	*OCF*	*OCF*	*OCF*	*OCF*

위 표에서 연도별 영업현금흐름(*OCF*)이 같기 때문에 *NPV*를 0으로 만드는 *OCF*를 다음과 같이 구할 수 있다. 20%, 4년간 정상연금의 현가계수는 2.5887이므로

$$NPV = 0 = -7{,}878 + OCF \times 2.5887$$

$$OCF = 3{,}043(\text{만원})$$

*NPV*를 0으로 만드는 연도별 영업현금흐름(*OCF*)을 구했지만, 이 기업의 목표는 최저입찰가격을 구하는 것이다. 최저입찰가격을 구하기 위해, 위에 제시된 정보를 다음 영업현금흐름을 구하는 공식에 대입하여 먼저 매출액을 계산해 보자.

영업현금흐름=(매출액−영업비용−감가상각비)(1−법인세율)+감가상각비
3,043=(매출액−9,400−1,500)(1−0.2)+1,500

위 식에서 매출액을 구하면, 12,829만원이다. 따라서 특수차량 1대당 최저입찰가격은 12,829/5=2,565.8만원이다.

(주)성균관이 특수차량 납품을 통해 기업가치를 향상시키기 위해서는 특수차량 1대당 입찰가격을 최소 약 2,566만원 이상 써낸 후 해당 프로젝트 납품회사로 선정되어야 한다.

제3절 내용연수가 다른 투자안의 평가

내용연수가 다른 여러 투자안에 대해서 반복투자가 불가능한 상황이라면, 제8장에서 배운 *NPV*법에 따라 투자결정을 해야 한다. 그러나 반복투자가 가능하다고 볼 수 있는 상황이라면 다음 두 가지 방법을 이용한다.

1. 최소공배수법

최소공배수법은 내용연수가 다른 투자안들에 대해 그 최소공배수에 해당하는 기간 안에 각각 동일한 성격의 반복투자가 이루어질 수 있음을 가정하고, 내용연수를 일치시키는 방법이다.

예를 들어, 투자안 A의 내용연수는 3년, 투자안 B의 내용연수는 5년이라면, 최소공배수의 연수는 15년인데, 투자안 A는 5번 반복 재투자되고, 투자안 B는 3

번 반복 재투자되는 것을 가정하여 내용연수를 일치시킨다.

2. 연간균등가치(EAV)법, 연간균등비용(EAC)법

연간균등가치(EAV : equivalent annual value)법은 내용수명이 다른 각 투자안이 동일한 성능으로 무한히 계속된다는 무한반복의 가정하에서, 1년에 해당하는 NPV를 구하여 내용연수의 차이를 해결하는 방법이다. 연간균등가치는 현금흐름의 순현가를 연금현가요소로 나누어 구한다.[4] 이때 순현가가 비용일 경우 연간균등가치는 연간균등비용(EAC : equivalent annual cost)을 의미하게 된다.

이제 식(10.7)의 결과를 도출해 보기 위해서 투자안의 현금흐름이 무한히 반복될 때 1년에 해당되는 순현재가치를 EAV라고 하면, 연간균등현가가 무한히 반복투자된다고 가정할 경우의 현재가치는 EAV를 r로 나눈 값이 된다.

$$NPV(n,\ \infty) = \frac{EAV}{(1+r)^1} + \frac{EAV}{(1+r)^2} + \cdots\cdots + \frac{EAV}{(1+r)^\infty} = \frac{EAV}{r}$$

따라서 연간균등가치 EAV는 다음과 같이 투자안의 NPV를 $PVIFA_{(r\%,\ n\text{년})}$으로 나눈 값이라고 할 수 있다.[5]

---

4) 연간균등현가법을 사용할 수 있는 조건은 ① 모든 투자안이 똑같은 기능을 제공할 것, ② 운영비용과 내용연수가 다를 것, ③ 동종의 투자안으로 무한히 반복투자할 것, ④ 두 투자안의 위험, 즉 할인율이 동일할 것 등이다.

5) $NPV(n,\ \infty) = NPV(n) \times \dfrac{(1+r)^n}{(1+r)^n - 1}$ 이 되는 관계는 다음과 같이 증명된다.

$$NPV(n,\ \infty) = NPV(n) + \frac{NPV(n)}{(1+r)^n} + \frac{NPV(n)}{(1+r)^{2n}} + \frac{NPV(n)}{(1+r)^{3n}} + \cdots + \frac{NPV(n)}{(1+r)^\infty} \quad \cdots\cdots (1)$$

위의 식(1)의 양변에 $1/(1+r)^n$을 곱한 다음, 이를 위의 식(1)에서 차감하면 다음 관계식을 얻게 되고, 식(2)를 정리하면, 위의 관계가 도출된다.

$$NPV(n,\ \infty) - \frac{NPV(n,\ \infty)}{(1+r)^n} = NPV(n) \qquad NPV(n,\ \infty)\left[1 - \frac{1}{(1+r)^n}\right] = NPV(n)$$

$$NPV(n,\ \infty)\left[\frac{(1+r)^n - 1}{(1+r)^n}\right] = NPV(n) \quad \cdots\cdots (2)$$

$$EAV = r \cdot NPV(n, \infty)$$
$$= r \cdot NPV(n) \times \frac{(1+r)^n}{(1+r)^n - 1} = NPV(n) \times 1/\left[\frac{(1+r)^n - 1}{r(1+r)^n}\right]$$
$$= \frac{NPV(n)}{PVIFA_{(r\%,\ n년)}} \quad \left[\because \text{ 연금현가계수} PVIFA_{(r,\ n)} = \frac{(1+r)^n - 1}{r(1+r)^n}\right] \tag{10.7}$$

마찬가지로, 현금유입 면에서는 차이가 없고 기계설비의 취득원가 또는 운영비용 면에서만 차이가 있으면서 내용연수가 다른 경우 적용하는 연간균등원가 EAC는 원가(비용)의 현재가치를 연금의 현가계수 $PVIFA_{(r,\ n)}$으로 나누어 평가한다.

$$EAC = \frac{\text{원가(비용)의 현가}}{PVIFA_{(r,\ n)}} \tag{10.8}$$

EAC(또는 EAV)가 어떻게 사용될 수 있는지 자세히 알아보기 위해 (주)성균관의 예를 간단히 살펴보자. (주)성균관은 현재 가동하고 있는 공장의 기계를 매 3년 또는 4년마다 교체해 왔다. 기계 A와 B의 구입비용(0시점의 CF)과 매년 지출되는 유지비용은 다음 표와 같다고 하자. 기계 A는 보통 3년의 수명, B는 4년의 수명을 갖고 있고, 어떤 기계를 구입하든 수명이 다하면 기계를 반복, 구입할 계획이다. 이 기업의 자본비용이 10%라면 어느 기계를 구입해야 하는지 생각해 보자.

(단위 : 억원)

년	0	1	2	3	4
기계 A	400	100	110	120	–
기계 B	500	80	90	100	110

먼저 위 표의 CF를 이용하여 기계 A 또는 B를 구입했을 때의 NPV를 계산해 보자.

$$NPV(\text{A})=672(\text{억원})$$
$$NPV(\text{B})=797(\text{억원})$$

단순히 NPV만 비교하면 기계 A를 구입하는 것이 효율적으로 보인다(위 CF는 비용이기 때문에 숫자가 작은 것이 비용을 더 절약한다는 것을 의미한다). NPV의 의미는 기계 A를 구입하면 매 3년마다 672억원을 지출하고, B를 구입하면 797억원을 지출한다는 의미이다.

즉, 해당 프로젝트는 내용연수가 다르고 반복투자가 이루어진다는 가정이 있다. 따라서 EAC를 계산한 후 직접적 비교가 가능하다. 식(10.8)을 이용하면 EAC는 다음과 같이 계산할 수 있다.

$$EAC(\text{A})=\frac{NPV(\text{A})}{PVIFA_{(0.1,\ 3)}}=\frac{672}{2.4868}\approx 270$$
$$EAC(\text{B})=\frac{NPV(\text{B})}{PVIFA_{(0.1,\ 4)}}=\frac{797}{3.1699}\approx 251$$

다시 말해, (주)성균관이 기계 A를 구입하면 매년 270억원을 지출하는 반면, B를 구입하면 251억원을 지출한다. 따라서 이 기업은 기계 B를 사용해야 한다. 이 사례는 내용연수가 다르고, 반복투자가 이루어지는 상호배타적인 투자안의 경제성을 평가할 때에는 NPV보다는 EAC(또는 EAV)를 사용해야 한다는 것을 보여준다.

예제 10-3 내용연수가 다른 투자안의 평가

(주)엔젤제강에서는 현재 사용하고 있는 구형 압연기를 대체하고, 신형 압연기로서 A기계 또는 B기계의 구입을 고려하고 있다. A기계와 B기계의 연간현금유입은 각각 3년간에 걸쳐 매년 90억원과 6년간에 걸쳐 매년 60억원이고, 기계의 구입비용은 각각 210억원, 245억원이다.

년	0	1	2	3	4	5	6
A기계 CF	−210	90	90	90			
B기계 CF	−245	60	60	60	60	60	60

(1) 최소공배수법에 의해서 판단하면 어느 기계를 사용해야 하는가?

(2) 연간균등현가(EAV)법에 의하면 어느 기계를 사용해야 하는가?

(단, 자본비용은 연 10%이고, 투자안 종료시 즉시 동일한 투자수익률을 가져다주는 투자안에 재투자할 수 있다)

➤ 풀이

(1) A기계 : $NPV = 90(PVIFA_{0.1,\ 3}) - 210 = 90 \times 2.4868 - 210 = 13.81$억원

B기계 : $NPV = 60(PVIFA_{0.1,\ 6}) - 245 = 60 \times 4.3553 - 245 = 16.32$억원

B기계의 내용연수가 6년이므로 내용연수 3년인 A기계는 3년 후 동일하게 한 번 더 반복 투자하는 것을 가정한다. 이 가정하에서 A기계의 NPV는 다음과 같다.

$$13.81 + \frac{13.81}{(1+0.1)^3} = 13.81 + 10.38 = 24.19\text{억원}$$

따라서 A기계의 NPV가 7.87억원 크므로, A기계를 사용해야 한다.

(2) 한편, 연간균등가치(EAV)를 계산하면 다음과 같다.

A기계의 $EAV(\text{A}) = 13.81/2.4868 = 5.55$억원 (2.4868은 10%, 3년 연금현가계수)

B기계의 $EAV(\text{B}) = 16.32/4.3553 = 3.75$억원 (4.3553은 10%, 6년 연금현가계수)

∴ 연간균등가치(EAV)로 판단할 때에도 A기계를 사용해야 한다.

(최소공배수법의 결론과 연간균등가치(EAV)법의 결론이 상이할 수 있다. 이러한 경우는 각 방법의 가정 중 어느 것이 합리적인지를 판단하여 결정해야 한다)

제4절 위험을 고려한 자본예산

지금까지 설명한 자본예산의 문제는 미래 경제상황을 확실히 예측할 수 있다는 확실성을 가정한 것이다. 그러나 현실의 투자결정은 미래 경제상황을 확실히 예측할 수 없는 불확실성하에서 이루어진다. 검토하게 될 투자안들의 미래 현금흐름은 변동성이 있고 기대수익이 실현되지 않을 위험이 있다. 위험하에서 투자결정을 내리는 데 이용되는 방법에는 여러 가지가 있지만, 본절에서는 기업재무에서 쉽게 적용할 수 있는 민감도 분석을 다룬다.

1. *NPV* 결정요소

*NPV*를 결정짓는 요인은 1차적으로 투자안으로부터의 미래 현금흐름과 할인율인 자본비용이다. 이들 모두가 미래 상황에 따라 그 값이 달라지는 확률변수(random number)이다. 이제 투자안의 미래 현금흐름의 결정요인을 더욱 상세히 보면, 매출액을 좌우하는 판매단가와 판매량(시장점유율), 비용에 영향을 좌우하는 고정비와 변동비로 나누어 볼 수 있다. 식(10.9)는 이를 반영한 *CF* 결정모형의 한 예이다.

$$
\begin{aligned}
\Delta CF_t &= (\Delta S - \Delta C - \Delta D)(1-t_c) + \Delta D - I \\
&= [\Delta q \cdot p - \Delta q \cdot v - FC](1-t_c) + \Delta D - I \\
&= [q_0(1+g)^t \cdot SOM_t \cdot (p_t - v_t) - FC_t](1-t_c) + \Delta D_t - I_t
\end{aligned} \tag{10.9}
$$

단, ΔCF_t : t기의 증분현금흐름, t_c : 법인세율
q_0 : 기준연도 산업전체 매출량, g : 산업 수요성장률
SOM : 시장점유율, p : 단위당 판매가격
v : 단위당 변동비, FC : 총고정비
D : 감가상각비(FC에 포함), I : 비유동자산과 순운전자본에 대한 투자액

투자안의 *NPV*는 위의 현금흐름에 영향을 미치는 요소들과 자본비용에 의해서 결정되는데, 이들 변수들은 여러 상황에 따라서 기대치가 다르게 나타난다.

기업이 *NPV*를 높이는 방향으로 여러 가지 투자전략이 추진된다면, 이는 기업가치창출에 기여한다. 식(10.9)와 연관지어 (+)*NPV*를 창출할 수 있는 투자전략을 모색해 보면 다음 몇 가지를 들 수 있다.

① 신제품 도입
② 핵심기술개발
③ 진입장벽 형성
④ 기존 제품의 변형으로 원가절감 또는 수요창출
⑤ 제품차별화
⑥ 조직혁신

2. 민감도 분석

민감도 분석(sensitivity analysis)이란 본래 특정변수의 값이나 가정상의 변화가 의사결정결과(여기서는 *NPV*)에 어떤 영향을 주는가를 분석하는 기법(what if analysis)이다. 투자안 분석에서 이 분석기법은 결과치인 *NPV*에 영향을 줄 중요 특정변수를 식별하고, 이 변수가 기대치로부터 벗어날 가능성을 감안할 때 채택할 만한 가치가 있는지를 분석하는 기법이다.

투자안 분석시의 민감도 분석은 다른 변수들은 기대치 수준으로 일정한 것으로 가정하고, 가장 변동성이 클 것으로 보는 어느 한 변수가 변동할 것으로 전망될 때, 그 변동이 *NPV*에 미치는 영향을 평가하는 방법이 된다.

예를 들어 [그림 10-2]의 (a)에서 투자안 B의 *NPV*가 투자안 A의 *NPV*보다 자본비용의 변화에 더 민감하게 반응하므로 투자안 B가 더 위험한 투자안이다. 독립투자안의 경우는 금융시장 전망을 토대로 가장 가능성 있는 자본비용 수준에서 *NPV*가 + 또는 −가 될 것인가를 분석해야 한다.

[그림 10-2]의 (b)에서는 여러 판매단가 수준에 따른 투자안들의 *NPV* 변화 정도를 보여준다. 투자안 X가 투자안 Y보다 판매단가에 민감하게 반응하므로 가격변동 면에서는 투자안 X가 더 위험한 투자안이다. 만일 Z와 같은 투자안이 있다면 이러한 투자안의 분석시에는 판매단가가 상대적으로 중요한 변수가 아님을 알 수 있다.

■ 그림 10-2
*NPV*의
민감도 분석

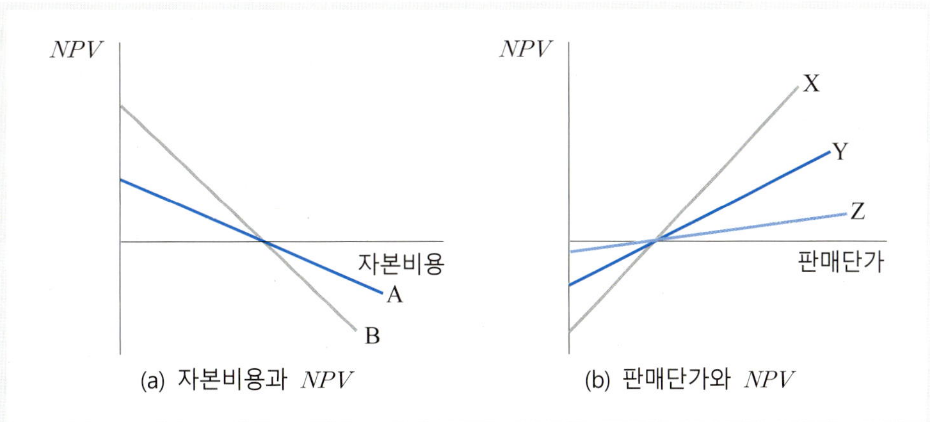

3. NPV분기점 분석

NPV분기점(NPV break-even point)이란 $NPV=0$, 즉 NPV가 음이 되지 않도록 하는 최소한의 어느 특정변수의 값(예를 들어, 매출량, 판매단가 등)을 말한다. $NPV=0$이 되는 판매가격, 판매량은 통상적으로 다음과 같이 두 단계에 걸쳐 추정하면 구해진다.

1단계 : $NPV=0$이 되는 정상영업기간에서의 현금흐름(ΔCF)을 추정한다.

$NPV=\Delta CF \cdot PVIFA_{(r\%,\ n년)}-$투자소요액$=0$

2단계 : 1단계에서 추정된 ΔCF가 창출될 수 있는 특정변수(판매단가 p 또는 판매량 q 등)의 값을 추정한다.

$\Delta CF=[\Delta q(p-v)-FC-\Delta D](1-t)+\Delta D$

NPV분기점 분석의 장점은 다음과 같이 요약할 수 있다.

① NPV에 가장 크게 영향을 주는 변수가 무엇인지 발견하게 해준다.
② NPV분기점은 상거래 협상에 유용하게 활용할 수 있게 해준다.

예를 들어 NPV를 결정짓는 가장 중요한 변수로서 판매가격을 납품업체와 협상해야 하는 상황에서, 그 투자안의 NPV가 음(−)이 되지 않는 최소한의 판매가격수준인 NPV분기점을 추정하면, 판매가격 협상에 중요한 자료로 이용할 수 있게 된다. 반면에 NPV에 영향을 주는 변수 상호간의 관계를 고려하지 못하는 점, 독립적 투자안으로서의 투자위험만이 고려되므로 투자위험의 분산효과가 고려되지 못한다는 단점이 있다.

시뮬레이션(simulation)기법은 민감도 분석을 보다 체계적으로 적용한 경우이다. 민감도 분석은 다른 변수들은 모두 일정하고 어느 한 변수가 변동한다고 가정할 경우 그 특정변수의 변동이 결과(NPV)에 미치는 영향을 분석하는 방법이다. 반면에, 모든 변수가 다 변동한다는 전제하에 모든 변수들의 동시적인 변동이 결과에 미치는 영향을 분석하는 방법이 시뮬레이션기법이다. 본래 시뮬레이션이란 어떤 주어진 모형에 대해 반복적인 모의실험을 함으로써 그 모형의 결과를 분석하는 기법이다. 이 기법을 투자안의 분석에 적용하는 방법은 먼저 투자안의 미래 현금흐름에 영향을 미치는 변수들을 고려하여 NPV의 산출모형을 수립한 후, 이 변수들의 값이 모두 동시에 변동하는 것을 반복적으로 모의실험하여 NPV의 확률분포를 추정하여 결과를 도출하게 된다.

Concept check

민감도 분석과 시뮬레이션기법의 차이점은 무엇인가? 투자결정에는 어떻게 활용될 수 있는가?

예제 10-4 민감도 분석과 NPV분기점 분석

(주)엔젤IT에서는 신형 LED디스플레이 제품의 생산판매를 추진하고 있다. 이와 관련하여 증분현금흐름 추정에 영향을 주는 주요 항목들은 다음과 같다.

판매량 : 4,000대	1대당 판매가격 : 250만원
총고정비 : 17.5억원(감가상각비 포함)	감가상각비 : 2억원
단위당 변동비 : 187만5천원	법인세율 : 40%
생산설비구입액 : 14억원	내용연수 : 7년(정액법 감가상각)
운전자본투자 : 11억원	자본비용 : 15%

(1) 신형 LED디스플레이 투자안과 관련하여 예상되는 증분현금흐름을 기간별로 추정하라.
(2) 이 투자안의 NPV를 구하고 경제성을 평가하라.
(3) 위의 예측치 가운데 판매량 예측치가 가장 불확실하다. 판매량이 만약 2,000, 3,000, 5,000, 6,000대가 될 경우의 NPV를 구하라.
(4) NPV가 0이 되는 판매량은 얼마인가?

➤풀이

(1) 기간별 증분현금흐름 :

1) 시작연도 증분현금흐름 :

$\Delta CF_0 = -14$억원(생산설비구입액) $- 11$억원(운전자본투자액) $= -25$억원

2) 정상영업연도 증분현금흐름 : $\Delta CF_{1\sim6} = (\Delta S - \Delta C - \Delta D)(1 - t_c) + \Delta D$

매출영업수익(ΔS) = 100억원

현금영업비용(ΔC) = 92.5억원(총비용) − 2억원(비현금비용) = 90.5억원

감가상각비(ΔD) = 2억원

$\therefore\ \Delta CF_{1\sim6}=(100-90.5-2)(1-0.4)+2=6.5$억원

3) 최종연도 증분현금흐름 :

$\Delta CF_7=6.5$억원(정상영업연도 CF)$+11$억원(운전자본회수액)$=17.5$억원

〈증분현금흐름 요약〉 (단위 : 억원)

−25	+6.5	+6.5	+6.5	+6.5	+6.5	+6.5	+6.5+11.0
0	1	2	3	4	5	6	7

(2) 투자안의 NPV :

$$NPV=\sum_{t=1}^{7}\frac{6.5\text{억원}}{(1.15)^t}+\frac{11\text{억원}}{(1.15)^7}-25\text{억원}$$

$=6.5(15\%,\ 7$년 연금현가계수$)+11(15\%,\ 7$년 현가계수$)-25$

$=6.5(4.1604)+11.0(0.3759)-25=6.1780$억원

⇒ 의사결정 : $NPV>0$이므로 이 투자안을 채택한다.

(3) 판매량 변동에 따른 NPV(민감도분석) :

정상영업연도 $\Delta OCF=(\Delta S-\Delta C-\Delta D)(1-t_c)+\Delta D$에서 판매량이 달라짐에 따라 ΔS가 영향을 받고, 결과적으로 NPV가 다음과 같이 영향을 받는다.

연간 판매량(대)	1~7년도 연간 증분현금흐름(억원)	NPV(억원)
2,000	−1.00	−25.025
3,000	2.75	−9.420
4,000	6.50	6.178
5,000	10.25	21.780
6,000	14.00	37.380

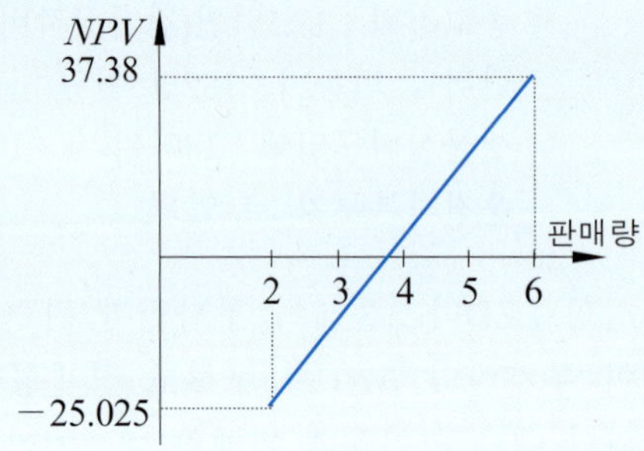

(4) NPV가 0이 되는 판매량 수준은 다음 두 단계를 거쳐 추정된다.

① $NPV=0$이 되는 1~7년도 정상영업활동으로부터의 현금흐름(ΔOCF로 표시) 추정

② ①의 현금흐름을 결정짓는 판매량 추정

1)

−25	ΔOCF	ΔOCF	ΔOCF	ΔOCF	ΔOCF	ΔOCF	ΔOCF +11.0
0	1	2	3	4	5	6	7

$NPV=\Delta OCF(7$년, 15% 연금현가계수$)+11.0$억원$(7$년, 15% 현가계수$)-25$억원

$=\Delta OCF(4.1604)+11.0(0.3759)-25=0$

$NPV=0$을 만족시키는 $\Delta OCF=5.015$억원

2) 판매량을 q로 놓으면

$$\Delta OCF = (\Delta S - \Delta C - \Delta D)(1-t) + \Delta D$$
$$= [\Delta q(p-v) - FC](1-t) + \Delta D$$
$$= [(250\text{만원} - 187.5\text{만원}) \cdot \Delta q - 17.5\text{억원}](1-0.4) + 2\text{억원}$$
$$= 5.015\text{억원}$$

이를 만족시키는 Δq를 구하면 Δq=3,604대

⇒ LED디스플레이가 3,604대 이상 팔려야 $NPV>0$이 되어 경제성이 있다.

제5절 기업가치평가

기업은 채권자로부터 부채를 조달하고, 주주로부터 자기자본을 조달하여 기업을 경영한다. 제4장과 제5장에서는 채권자에게 돌아오는 현금흐름에 기초하여 부채가치(B_0)를, 주주에게 돌아오는 현금흐름에 기초하여 자기자본가치(S_0)를 추정하는 방법들에 대하여 살펴보았다. 이렇게 구해지는 부채가치와 자기자본가치를 합한 금액이 기업전체가치(V_0)가 된다.

$$\text{기업전체가치}(V_0) = \text{부채가치}(B_0) + \text{자기자본가치}(S_0)$$

기업전체가치는 자산운용 측면에서 추정할 수 있는데, 제2장에서 배운 FCF(여유현금흐름)를 이용한다. 본절에서는 자산운용의 결과로 창출되는 현금흐름에 근거하여 기업가치를 추정하는 DCF법에 대하여 설명한다. 제5장에서 주식가치평가법으로 수익접근법, 상대가치평가법, 자산기반접근법을 알아보았다. 이 방법들은 기업가치평가법으로도 활용할 수 있다. 수익접근법에는 여유현금흐름법, 자본화현금흐름법, 초과이익법 등이 있다. 본절에서는 지면 관계상 여유현금흐름법과 자본화현금흐름법을 간단히 설명하고자 한다.

제2장에서 설명한 것처럼 기업은 자산을 활용해서 여유현금흐름(*FCF* : free cash flow)을 창출하는데, 기업이 미래에 창출할 여유현금흐름을 예측해서 현재가치화하면 기업가치가 된다. 즉 여유현금흐름법에서는 미래의 여유현금흐름을 먼저 예측한 후, 할인율로 가중평균자본비용을 사용한다. 여유현금흐름은 자본제공자(채권자와 주주)들이 당해연도말에 자신의 몫으로 분배받을 수 있는 최종적인 현금흐름이 된다. 여유현금흐름은 영업현금흐름에서 비유동자산과 순운전자본에 대한 신규투자액까지 차감하여 구한다. 따라서 여유현금흐름의 측정은 제2장에서 배운 것처럼 추정재무제표의 내용을 이용하여 다음과 같이 구할 수 있다.

$$\begin{aligned} FCF &= \text{영업현금흐름} - \Delta\,\text{투하자본증가액} \\ &= (\text{매출액} - \text{영업비용})(1 - \text{법인세율}) + \text{감가상각비} \\ &\quad - (\Delta\,\text{비유동자산} + \Delta\,\text{순운전자본}) \end{aligned} \tag{10.10}$$

기업가치를 추정하는 방법은 미래 예측기간 t기간에 걸친 여유현금흐름(FCF_t)을 제9장에서 배운 가중평균자본비용($WACC$)으로 할인한 현재가치를 계산하여 기업전체가치(V_0)를 추정하는 것이다.

$$V_0 = \sum_{t=1}^{\infty} \frac{FCF_t}{(1+WACC)^t} \tag{10.11}$$

강조할 점은 식(10.10)의 방법과 같이 측정된 여유현금흐름에 대한 현재가치를 구하기 위하여 사용하는 할인율은 가중평균자본비용($WACC$)이라는 점이다. 분자의 현금흐름이 채권자와 주주에게 이자, 배당 등의 반대급부 지급 전의 여유현금흐름이기 때문이다.

여기서 자본비용(cost of capital)이란 제9장에서 설명한 바와 같이, 기업입장에서 볼 때 필요한 투하자본을 조달함에 있어서, 조달된 자본액에 대해서 자본사용의 대가로 치르는 지급대가를 말한다. 부채로 조달하는 경우는 이자를, 자기자본으로 조달하는 경우는 배당금을 지급해야 한다. 기업이 자본사용의 대가로 지급하는 자본비용은 궁극적으로는 자본제공자인 채권자와 주주의 최소한의 요구수익률, 기회투자수익률(그 자본제공액을 위험도가 동일한 다른 투자대상에 대하여 투자하였을 때 얻을 수 있는 수익률)을 충족시켜야 한다.

따라서 가중평균자본비용($WACC$)은 식(10.12)와 같이 채권자의 요구수익률과 주주의 요구수익률, 즉 원천별 부채비용과 자기자본비용에 그 자본조달원의 조달비중에 따라 가중한 것이 된다.

$$WACC = R_d(1-t) \cdot \frac{B}{B+S} + R_e \cdot \frac{S}{B+S} \tag{10.12}$$

단, R_d : 세전부채비용(채권자의 요구수익률)
R_e : 자기자본비용(주주의 요구수익률)
t : 법인세율
S : 자기자본의 시장가치
B : 부채의 시장가치

애널리스트(analyst)들은 식(10.11)에 의하여 기업가치를 계산하기 위해 추정기간(보통 3년에서 10년) 동안의 추정손익계산서와 추정재무상태표를 예측한 후 여유현금흐름을 계산한다. 그리고 추정기간 이후의 여유현금흐름은 계산의 편리를 위해 항상 성장 등의 가정을 한다. 하지만 추정기간 동안의 재무제표를 만드는 것은 쉽지 않은 일이다. 자본화현금흐름법은 향후 1년 동안의 현금흐름을 예측한 후 자본화율(capitalization rate)로 나누어 기업가치를 계산하는 방법이다.

예를 들어, 단순하게 FCF가 매년 g%만큼 정률적으로 성장하는 것으로 가정한 후 FCF_1을 계산했다고 가정해 보자. 이 경우 자본화현금흐름법에 따르면 정률성장연금의 현재가치를 계산하는 식(10.13)을 적용하여 다음과 같이 기업가치를 계산한다.

$$V_0 = \frac{FCF_1}{WACC - g} \tag{10.13}$$

이 경우 $WACC-g$가 자본화율이다.

이번에는 한 기업이 향후 1년 동안 창출할 여유현금흐름이 매년 똑같이 유지된다고 가정해 보자. 이 경우 자본화현금흐름법에 따르면 자본화율은 $WACC$이 될 것이고, 기업가치는 다음과 같이 계산할 수 있다.

$$V_0 = \frac{FCF_1}{WACC} \quad (10.14)$$

이상에서의 설명은 수익접근법 중 여유현금흐름법과 자본화현금흐름법에 의해 기업전체가치를 평가하는 방법에 관한 것이었다. 이와 같은 가치평가방법은 기업의 개별 투자사업 평가시 사용하는 NPV 계산과 비슷하다는 것을 알 수 있다.

Concept check

(1) (주)엔젤은 영업현금흐름은 많이 발생하는데, 비유동자산과 순운전자본에 대한 투자는 가급적 줄이고 있다. 이 회사의 장단기 FCF와 기업가치에 미치는 영향에 대하여 설명하라.
(2) 기업가치를 추정하는 데 있어서, FCF를 기업의 자기자본비용으로 할인하여 현재가치를 구한다면 무엇이 잘못되었는가?
(3) FCF가 (−)로 예상되는 상황은 기업경영이 어려워질 것을 의미하는가?

예제 10-5 **FCF와 기업전체가치의 평가**

S회사는 내년도에 기업전체로 100억원의 매출액, 55억원의 영업비용(감가상각비가 제외된 매출원가와 판관비), 5억원의 감가상각비가 예상된다. 한편, 동사는 내년에 미래 영업이익 창출을 위한 비유동자산과 순운전자본 투자에 각각 10억원과 9억원을 투입할 것이다. 이 기업의 향후 현금흐름은 이 수준에서 매년 정률적으로 3%의 성장이 예상된다. S회사의 세전부채비용은 연 10%, 유효법인세율은 20%, 자기자본비용은 연 16%, 목표부채비율(B/S)은 100%이다. S회사의 기업가치를 자산운용접근법에 의해서 평가하라.

➤ 풀이

· 자산운용접근법에 의한 기업가치평가

① 내년도 FCF_1=영업현금흐름−비유동자산에 대한 투자액−순운전자본에 대한 투자액
=(매출액−영업비용)(1−법인세율)+감가상각비−Δ비유동자산−Δ순운전자본
=(100−55−5)(1−0.2)+5−10−9=18억원

② $WACC=10\%(1-0.2)(0.5)+16\%(0.5)=12\%$ $\quad (B/S=100\%,\ B/(B+S)=50\%)$

③ 기업전체가치 $V_0 = \dfrac{FCF_1}{WACC-g}$ =18억원/(0.12−0.03)=200억원

제6절 실물옵션

본래 옵션(option)이란 유리한 상황이 되면 미리 정해진 조건으로 그 권리를 행사할 수 있는 선택권을 말한다. 실물옵션(real option)은 시장상황변화에 대응하여 투자사업 추진기간중 경영자가 투자안의 현금흐름의 크기와 위험에 영향을 미칠 수 있는 선택권이 주어진 투자사업을 말한다.[6] 예를 들어 기업이 실물투자결정과정에서 후속투자기회를 이용할 가능성이나 연기할 수 있는 가능성이 있을 때, 선택 여하에 따라서 실물투자사업의 투자가치가 증가될 수 있는 경우처럼, 선택권이 있는 실물투자결정의 문제를 말한다.

실물옵션은 ① 투자시점선택의 옵션, ② 후속투자기회의 선택옵션, ③ 기존제품라인의 확장옵션, ④ 포기옵션, ⑤ 연기옵션 등의 종류로 나누어 볼 수 있다.

1. 후속투자가치기회가 있는 경우(전략적 옵션)

본서 제8장에서 다루었던 '투자안의 경제성 평가방법' 가운데 가장 보편적인 방법은 NPV가 0보다 큰지 작은지에 따라 투자를 결정하는 정태적(static) 분석방법이었다. 지금까지는 투자사업 착수 후, 미래 가능한 경영자의 선택적 의사결정(managerial options)의 영향을 고려하지 않았다. 즉 투자안의 기본특성은 변하지 않는다고 가정하였다.

그러나 투자안의 기본특성이 변경될 수도 있고, 선택적으로 변경할 수 있는 경우도 있다. 예를 들어 S건설회사에서 정부가 발주하는 K고속도로공사에 참여할 경우, 그 공사 자체는 낮은 공사가격으로 인하여 NPV가 (−)이지만, 2년 후 그 공사가 마감되면서 고속도로 중간에 조성하는 레저타운 건설공사에 참여할 기회가 주어진다면, 후속투자의 참여기회로 최초투자안(고속도로공사)의 가치가

6) 금융자산에 대한 옵션투자는 그 기초자산이 주식 등이고, 그 이득은 계약내용에 사전에 명시된다. 반면에 실물옵션은 그 기초자산이 실물투자안(프로젝트)이고, 그 이득은 찾아지거나 창조되어야 한다.

높아질 수 있다. 이러한 경우는 두 번째 투자안에 대한 옵션가치까지 감안하여 최초투자안을 평가해야 한다. 따라서 후속투자기회까지 감안한 *NPV*(이를 전략적 *NPV*라고도 함)는 이들 두 가지 *NPV*를 모두 합하여 추정해야 한다.

$$\text{전략적 } NPV = \text{최초투자안의 } NPV + \text{후속투자안의 } NPV$$

2. 확장옵션, 연기옵션, 포기옵션

최초투자안을 수행하는 중에 수요증가로 인하여 중도에 투자규모를 확대시켜야 하는 상황이 전개되어 규모를 확장하게 되면 *NPV*는 증가될 수 있다. 이 가능성이 고려되지 않고 최초투자안에 대한 경제성 평가가 이루어졌다면, 그 *NPV*는 과소평가될 수도 있다.

반대로 상황 전개에 따라 투자규모를 축소하거나 아예 포기하는 것이 더 가치를 높이는 경우도 있을 수 있다. 또는 기대수요에 못 미치는 것으로 나타나면 중도에 매각하는 옵션을 검토할 수도 있다. 전형적 투자결정의 문제는 '채택' 또는 '기각'의 문제로만 다루지만, 때로는 제3의 가능성으로서 그 투자안을 연기하는 방안(option to wait)을 검토할 수 있다.

이처럼 최초투자사업이 집행된 후 상황전개에 따라서 확장, 연기, 포기 등의 가능성이 있으면 이러한 상황이 발생했을 때의 현재가치(*PV*)와 그 확률을 감안하여 순현재가치(*NPV*)를 측정해야 한다. 다음 예제를 통하여 이를 적용해 보기로 하자.

예제 10-6 실물옵션-매각 옵션가치의 평가

(주)엔젤전자에서는 반도체 검사장비 제조와 관련된 신제품 생산을 검토하고 있다. 이 제품은 연간 100대가 팔리고 1대당 1억원의 현금흐름을 영구히 창출할 것으로 기대된다. 그런데 1년이 경과하면서 이 신규 프로젝트의 성공가능성이 높아지면 연간 판매대수가 150대로 상향조정, 실패가능성이 높아지면 50대로 하향조정될 것으로 전망된다. 그리고 성공과 실패의 확률은 동일할 것으로 전망된다(따라서 기대 판매대수는 100대). 이 신제품의 생산원가는 550억원이고 할인율은 20%

이다. 이 프로젝트가 진행되면서 1년 내에 성공하지 못할 것 같으면 1년 후에 400억원에 매각될 수 있다.

(1) 1년 후의 상황을 고려하지 않는다면, 이 투자안을 채택해야 하는가?

(2) 1년 후의 상황과 매각옵션을 고려하면, 이 투자안의 *NPV*는 얼마인가?

(3) 최종적으로 어떤 투자결정을 내려야 하는가?

➤ 풀이

(1) 1년 후의 상황(옵션)을 고려하지 않을 경우의 정태분석 :
연간 기대현금흐름＝100대×1억원＝100억원
이 *CF*의 *PV*＝100/0.2＝500억원(영구연금의 현재가치)
∴ *NPV*＝500－550(원가)＝－50억원
1년 후의 상황을 고려하지 않으면 *NPV*＜0이므로 이 투자안은 기각해야 한다.

(2) ⓐ 1년 후 매각옵션을 고려하는 경우의 동태분석 :
(프로젝트 계속 수행안과 매각방안의 *PV* 비교)
1) 1년 후 판매대수가 50대로 하향조정될 경우
프로젝트 계속 수행시 *PV*＝50/0.2＝250억원
포기 매각시 *PV*＝400억원
} → 매각이 유리(*PV*＝400억원)
2) 1년 후 판매대수가 150대로 상향조정될 경우
프로젝트 계속 수행시 *PV*＝150/0.2＝750억원
포기 매각시 *PV*＝400억원
} → 계속 수행이 유리(*PV*＝750억원)

ⓑ 1년 후 *NPV* :
1) 기대PV_1＝(0.5)(400억원)＋(0.5)(750억원)＝575억원
2) 첫 1년간의 *CF*＝100억원
1)＋2)의 PV_0＝(575＋100)/1.2－562.5억원
따라서 *NPV*＝562.5(*PV*)－550(원가)＝12.5억원

(3) 최종적으로 이 프로젝트를 수행한다. 62.5억원(－50억원에서 ＋12.5억원으로 증가)만큼의 가치상승은 1년 후 포기하는 옵션(50%의 확률로 250억원이 400억원으로 가치상승)으로 인하여 150억원의 가치가 상승하기 때문이다. 150억원의 가치상승 확률이 50%이므로 포기하는 옵션의 기대가치는 75억원이고, 포기옵션의 *PV*는 75억원/1.2＝62.5억원이다.

주요 용어

- 편익 · 비용 추정의 원칙
- 증분현금흐름
- 매몰비용
- 잔존가치
- 연간균등비용(EAC)법
- 시뮬레이션기법
- 비현금성 비용
- 잠식비용
- 금융비용
- 최소공배수법
- 민감도 분석
- 실물옵션
- 영업현금흐름(OCF)
- 기회비용
- 투자세액공제
- 연간균등가치(EAV)법
- NPV분기점 분석

연습문제

1. 투자안의 *NPV*를 계산할 때 증분현금흐름으로 간주되어야 하는 것은 어느 것인가?

   ① 배당금
   ② 지난 3년간 제품과 관련되어 수행된 연구개발비
   ③ 투자로 인해 감소되는 기업의 다른 부문 매출
   ④ 설비투자를 위해 조달된 부채에 대한 이자비용

2. 어떤 기업의 자본은 부채와 자기자본으로 구성되어 있다. 이 기업 자산의 본질가치를 계산하기 위해 미래의 여유현금흐름을 추정했는데, 매년 똑같은 금액의 여유현금흐름을 창출할 것으로 예측되었다. 이 기업의 본질가치를 계산하기 위해 사용할 수 있는 자본화율(capitalization rate)은 무엇인가?

   ① 부채비용 ② 가중평균자본비용
   ③ 자기자본비용 ④ 시장수익률

3. 기업의 자본예산(capital budgeting)시 상호배타적 투자안의 내용연수가 다르고 반복투자가 이루어질 경우 어떤 방법을 사용하여 경제성을 평가해야 하는가?

   ① Profitability Index
   ② Internal Rate of Return
   ③ Modified Internal Rate of Return
   ④ Equivalent Annual Cost(or Equivalent Annual Value)
   ⑤ Net Present Value

4. 기업가치 측정과 관련한 다음 설명 중 옳지 않은 것은?

   ① 추정한 여유현금흐름이 매년 같다면 자본화율은 *WACC*이다.
   ② 다른 추정치가 모두 같고 기업의 성장률이 증가한다면 기업가치는 증가할 것이다.
   ③ 여유현금흐름은 주주로의 현금흐름과 같다.
   ④ 초과이익과 여유현금흐름은 다른 개념이다.
   ⑤ 기업이 성장을 위해 비유동자산에 대한 투자를 늘리면 여유현금흐름은 줄어든다.

5. 순운전자본(net working capital)에 대한 다음 설명 중 옳은 것은?

① *DCF*법에 따르면, 순운전자본에 대한 투자를 늘리면 기업가치는 줄어든다.
② 다음 연도의 매출액을 늘리기 위해 재고자산을 늘리면 순운전자본은 줄어든다.
③ 순운전자본은 유동자산에서 유동부채를 나눈 값이다.
④ 순운전자본은 유동자산에서 현금과 현금성자산을 뺀 값이다.
⑤ 감가상각비가 늘어나면 순운전자본은 줄어든다.

6. 여유현금흐름(Free cash flow) 계산시 영업현금흐름(operating cash flow)을 감소시키는 것은?

ㄱ. 이자비용　　ㄴ. 감가상각비　　ㄷ. 세금

① ㄱ, ㄴ　　② ㄱ, ㄷ　　③ ㄱ
④ ㄴ　　⑤ ㄷ

7. 투자안의 현금흐름 평가시 중요시되는 것은?

ㄱ. 당기순이익이 중요하다.
ㄴ. 모든 현금흐름은 증분기준으로 추정되어야 한다.
ㄷ. 비현금비용은 현금흐름을 증가시킨다.

① ㄱ　　② ㄱ, ㄴ
③ ㄴ, ㄷ　　④ ㄱ, ㄴ, ㄷ

8. 전기차 투자안의 진행을 결정할 때, 다음 중 증분현금흐름으로 고려해야 할 대상 항목이 아닌 것은?

① 전기차 도입 후 가솔린 모델 차량의 매출이 지속적으로 감소
② 부채에 대한 이자비용
③ 현재 공장의 장비 가치가 전기차 도입 후 변함
④ 새로운 공장과 장비에 대한 지출

9. 순운전자본이 투자안 현금흐름에 있어 반드시 고려되어야 하는 이유는?

① 기업이 새 제품을 시장에 출시할 경우 먼저 재고자산을 늘리기 위해 현금을 투자해야 한다.
② 매몰비용이기 때문이다.
③ 기업은 0보다 큰 *NPV* 투자안을 선택하여 투자해야 하기 때문이다.
④ 답 없음

10. 자본예산 평가시 현금흐름에 영향이 없는 것은?

① 구자산의 잔존가치
② 매출채권의 증가
③ 자산취득에 따른 운반비와 설치비
④ 대체투자안의 기 지출된 시장조사비용

11. 신규투자안으로부터 예상되는 현금흐름 측정시 고려해야 될 사항으로 올바른 설명이 아닌 것은?

① 증분현금흐름(incremental cash flow)을 측정해야 한다.
② 세후현금흐름으로 측정해야 한다.
③ 기회비용은 회계상 비용이 아니기 때문에 현금흐름에 영향이 없다.
④ 프로젝트와 관련하여 과거에 지출한 조사비용은 현금흐름에 영향이 없다.
⑤ 신규투자안과 직접적 관계가 없더라도 잠식비용은 현금흐름을 감소시키는 것으로 본다.

12. 실물옵션(real option)은 시장상황변화에 대응하여 투자사업 추진기간중 경영자가 투자안의 현금흐름의 크기와 위험에 영향을 미칠 수 있는 선택권이 주어진 투자사업을 말한다. 이런 실물옵션에 대한 설명으로 옳지 않은 것은?

① 기존 제품라인을 확장하는 옵션도 실물옵션에 해당한다.
② 기존 투자안을 포기하는 것도 실물옵션이다.
③ 기존 투자안에 대한 투자를 연기하는 것도 실물옵션이다.
④ 광물 채굴권을 갖고 있는 기업이 실제 채굴시점을 선택하는 것도 실물옵션이다.
⑤ 실물옵션이 포함된 투자안의 NPV는 실물옵션이 없다고 가정하고 계산할 수 있다.

13. 신제품 생산 투자안의 증분현금흐름 추정과 NPV, IRR

(주)엔젤전자에서는 신제품 생산을 검토중이다. 생산설비 투자소요액은 600억원이고, 신제품이 생산 시판되면 매년 1,200억원어치를 판매할 것으로 추정된다. 소요되는 비용으로는 매년 감가상각비를 제외한 고정비가 200억원 발생하고 변동비는 720억원이 발생할 것으로 예상된다. 생산설비에 대해서는 잔존가치가 50억원, 내용연수는 5년, 정액법으로 감가상각할 계획이다. 이 투자안에 대한 요구수익률은 연 14%이고 법인세율은 30%이다.

(1) 이 투자안으로 인한 증분현금흐름을 추정하라.
(2) 이 투자안의 NPV를 구하고, 경제성을 평가하라.
(3) 이 투자안의 IRR을 구하고, 경제성을 평가하라.

14. 신규투자안의 경제성 평가

(주)동북아에서 내용수명이 4년인 물류사업에 대한 투자사업 추진을 검토하고 있다. 법인세율은 34%, 투자안에 대한 요구수익률은 연 12%, 4년간에 걸친 재무예측 자료는 다음과 같다.

(단위 : 만원)

기 간	0	1	2	3	4
매출액		7,000	7,000	7,000	7,000
영업비용*		2,000	2,000	2,000	2,000
시설투자액	10,000				
감가상각비		2,500	2,500	2,500	2,500
기말순운전자본	200	250	300	200	0

* 감가상각비가 제외된 영업비용임(단, 매출액, 영업비용, 시설투자액은 모두 매기말의 현금기준임).

(1) 기간별 증분현금흐름을 추정하라.

(2) *NPV*를 구하고 경제성을 평가하라.

15. 대체투자안의 현금흐름 추정

(주)엔젤스틸에서는 생산효율성을 높이기 위하여 새 용광로를 설치할 것을 검토하고 있다. 이 투자안에 대한 경제성 평가를 위하여 타당성 조사를 마쳤는데 이에 2,000만원이 지출되었다. 새 용광로가 설치되면 매년 10억원의 매출액이 증가되고, 매년 20억원의 원가가 절감될 것으로 보고 있다. 그러나 이 용광로의 연간운영비는 2억원이 소요된다. 한편, 새 용광로의 구입가격은 200억원이며, 10%의 투자세액공제를 기초에 받을 수 있다. 용광로 사용에 필요한 부품은 구용광로를 분해하여 쓰려고 하였는데, 이 구용광로는 감가상각이 다 끝난 것이지만, 만약 매각한다면 6억원을 받을 수 있다. 새 용광로의 내용연수는 5년이고 잔존가치는 40억원이 될 것이다. 새 용광로의 감가상각은 정액법으로 하고, 법인세율은 50%, 자본비용은 연 10%로 매년 동일하다.

새 용광로가 설치되면 원재료 구입 등과 관련하여 최초의 운전자본으로 4억원이 필요하며, 운전자본에 대한 매년의 소요액이 다음과 같이 요구된다.

(단위 : 억원)

연 도	1	2	3	4	5
운전자본 잔액	5	7	5	6	0

구용광로를 새 용광로로 대체할 경우의 증분현금흐름을 추정하고 *NPV*법에 의해서 경제성을 평가하라.

16. 내용연수가 상이한 투자안들의 경제성 분석

상호배타적 투자안 A, B에 대한 정보는 다음과 같다.

투자안	0	1	2	3
A	−300,000	320,000	320,000	320,000
B	−600,000	600,000	600,000	

회사의 자본비용은 10%이다.

(1) 투자안 A, B는 반복투자가 불가능하다. 투자안의 경제성을 비교하라.

(2) 투자안 A, B는 반복투자가 가능하다. 투자안의 경제성을 비교하라.

17. 대체투자안의 경제성 분석

(주)엔젤은행은 구형 현금지급기를 신형 현금지급기로 교체할 계획을 추진하고 있다. 현재시점에서 구형 지급기는 잔존내용연수가 4년이고, 연간감가상각비가 300만원이며, 장부가치는 1,000만원이다. 구형 지급기는 중고시장에서 현재 1,500만원에 매각가능하다.

한편, 신형 지급기는 구입가격이 8,000만원이고, 설치비용으로 500만원(상각대상금액에 포함)이 추가적으로 든다. 잔존가치는 2,000만원, 내용연수는 4년, 내용연수 말에 잔존가치의 90%로 처분할 수 있을 것으로 예상되며, 감가상각은 정액법을 사용한다. 신형 지급기를 구입할 경우 구입시점에 1,000만원, 구입 후 3년간 매년말에 500만원의 추가 운전자본이 소요되며, 구입가격(설치비 포함)에 대해 5%의 투자세액공제를 받을 수 있다. 단, 투자세액공제 혜택은 연말(법인세액 계산시점)에 발생한다고 가정한다.

신형 지급기로 교체할 경우 서비스 향상으로 은행의 연간매출액이 2,000만원만큼 증가하며, 연간영업비용은 500만원만큼 감소할 것으로 예상된다. 이 투자안의 자본조달비용은 12%이고, 법인세율은 35%이며, 만약 구형 지급기를 신형 지급기로 교체할 경우, 각 연도별 증분현금흐름을 추정하고, *NPV*법을 이용하여 교체의 타당성 여부를 결정하라.

18. 민감도 분석과 *NPV* 분기점

[예제 10-1]의 '(주)엔젤메디컬에서 검토하고 있는 신약 "감마"의 투자안'에 대한 경제성 분석결과는 다음과 같았다. 아래의 분석자료를 참고하여 *NPV*가 0이 되는 매출량수준(*NPV*분기점)을 구하라.

[기초자료]

생산설비투자 소요액 : 60억원	내용연수 : 4년(정액법으로 감가상각)
연간판매량 : 600,000개	판매가격 : 20,000원
고정비(감가상각비 제외) : 18억원	변동비 : 1개당 12,000원
생산설비 잔존가치 : 없음	법인세율 : 33.3%
자본비용 : 15%	운전자본소요액 : 5억원

[분석자료]

기간별 증분현금흐름 : [−65, 25*, 25, 25, 25+5]

* 정상영업연도 증분현금흐름 25억원 추정 내역 :

[(20,000−12,000) · 600,000−18억원−15억원](1−0.34)+15억원=25억원

[결론] 연간판매량 600,000개일 때의 $NPV=+9,233$억원, 투자안 채택

19. 실물옵션

(주)엔젤전자에서는 신제품 생산을 검토하고 있다. 이 제품에 대한 투자액은 기초에 1,100억원이고, 연간 100억원의 현금유입이 영원히 지속될 것으로 전망하고 있다. 그런데 1년이 경과하면서 이 제품의 성공가능성이 높아지면 연간현금유입은 160억원으로 상향조정, 실패가능성이 높아지면 50억원으로 하향조정될 것으로 전망된다. 그리고 성공과 실패의 확률은 동일하다. 이 신제품 판매가 1년 내에 성공하지 못할 것 같으면 1년 후에 700억원에 매각할 수 있는 옵션이 있다. 이 투자안에 대한 요구수익률은 10%이다. 1년 후의 매각옵션으로 인하여 이 투자안의 가치는 얼마나 달라지는가?

20. 기존 자산의 매각에 따른 현금흐름

(주)창경궁은 4년 전에 구기계를 100억원에 구입하였다. 이 기업은 해당기계를 5년 동안 사용한다는 목표 아래 잔존가치 0원까지 정액법으로 감가상각비를 책정해 왔다. 4년이 지난 현재 신기계를 구입하면서 구기계를 30억원에 매각하였다면, 구기계 판매에 따른 현금흐름은 얼마인가? (법인세율은 20%)

해답

13. (1) 기간별 증분현금흐름

① 투자시작연도의 증분현금흐름(ΔCF_0)

$=-$시설투자액(I_0)$-$운전자본투자(ΔWC_0)$+$구자산 처분가치(SV_0)

$\pm$ 처분에 따른 세금효과

$=-600$억원(시설투자액만 소요, 구자산 처분에 따른 현금흐름은 없음)

② 정상영업연도의 증분현금흐름($\Delta CF_{1\sim4}$)

$=(\Delta S-\Delta C-\Delta D)(1-t_c)+\Delta D\pm\Delta WC_t$

$=[1{,}200-(200+720)-110](1-0.30)+110$

$=170\times0.7+110=229$억원

* 감가상각비$=(600-$잔존가치 $50)/5$년$=110$억원

③ 최종연도 증분현금흐름(ΔCF_5)$=$정상영업현금흐름$+$자산처분현금흐름

$=229+50=279$억원

(2) NPV법에 의한 경제성 평가

$$NPV=\frac{229}{1.14}+\frac{229}{1.14^2}+\cdots\cdots+\frac{229}{1.14^5}+\frac{50}{1.14^5}-600$$

$=229(3.4331)+50(0.5194)-600=212.15$억원

$\therefore$ $NPV>0$이므로 투자안은 경제성이 있다.

(3) IRR법에 의한 경제성 평가

$$IRR:\frac{229}{(1+R)}+\frac{229}{(1+R)^2}+\cdots\cdots+\frac{229}{(1+R)^5}+\frac{50}{(1+R)^5}=600$$

$\Rightarrow$ $IRR=27.53\%$

$\therefore$ $IRR=27.53\%>R=14\%$이므로 경제성이 있다.

14. (1) 연간영업현금흐름$=(\Delta S-\Delta C)(1-t_c)+t_c\cdot D$

$=(7{,}000-2{,}000)(1-0.34)+(0.34)(2{,}500)$

$=4{,}150$만원

시설투자와 운전자본증감액(ΔWC)을 감안한 기간별 현금흐름

(단위 : 만원)

기 간	0	1	2	3	4
연간영업현금흐름		4,150	4,150	4,150	4,150
시설투자액	−10,000	0	0	0	0
운전자본증감액*	−200	−50	−50	+100	+200
순현금흐름	−10,200	+4,100	+4,100	+4,250	+4,350

* 운전자본투자액은 기말잔액에서 기초잔액을 차감한, 기간중 순투자액임.

(2) $NPV = \frac{4,100}{(1.12)^1} + \frac{4,100}{(1.12)^2} + \frac{4,250}{(1.12)^3} + \frac{4,350}{(1.12)^4} - 10,200 = 2,519$만원

$\Rightarrow NPV > 0$이므로 경제성이 있다.

15. 운전자본투자액이 연도별로 다르므로 (1), (2)로 나누어 분석한다.

(1) 운전자본을 포함하지 않은 경우의 현금흐름 분석

① 투자시작연도($t=0$)의 현금흐름 :

- 타당성 조사비용 2,000만원은 매몰비용이므로 제외
- 용광로 구입가격(I_0)$=-200$억원 투자세액공제(ITC)$=+20$억원
- 구용광로의 부품 분해사용의 기회비용$=-6$억원

  교체를 하지 않고 부품을 매각하면 매각처분이익($SV_0 > BV_0$)이 발생하고 이에 대해 세금을 내면 기회비용은 실질적으로 세율을 곱한 것만큼 줄게 됨.

  즉, 세후기회비용$=SV_0-(SV_0-BV_0)\cdot t_c=6-6(1-0.5)=3$억원

* 참고로 이 기회비용부분에 대해 with−without=증분 CF의 차이는 다음과 같음.

	교체할 경우	교체하지 않을 경우	차 이
부품비용	0	6(기회비용)	−6
세금효과	0	−(6−0)0.5	+3

- 운전자본 기초소요액 4억원은 (2)번 단계에서 고려

$\Delta CF_0=-$투자액$+$투자세액공제$-$부품구입 세후기회비용$-$(운전자본소요액)

$=-200+20-6+6\times0.5=-183$억원

② 정상영업연도($t_1 \sim t_4$)의 현금흐름 :

매출증가=연 10억원 원가절감=연 20억원 운영비=연 2억원

감가상각비$=(200-40)\div5$년$=$연 32억원

$\Delta CF_{1\sim4}=(\Delta S-\Delta C-\Delta D)(1-t_c)+\Delta D$

$=(10+20-2-32)(1-0.5)+32=30$억원

③ 최종연도(t_5)의 현금흐름 :

잔존가치=40억원

$\Delta CF_5=$정상영업연도 현금흐름$+$잔존가치$=30+40=70$억원

(2) 운전자본을 고려한 현금흐름분석 (단위 : 억원)

연 도	0	1	2	3	4	5
① 운전자본 제외 CF_t	−183	30	30	30	30	70
② 운전자본소요액	−4	−5	−7	−5	−6	0
③ 추가 운전자본(ΔWC_t)*	0	−1	−2	+2	−1	+6
최종 투자안 증분현금흐름	−187	29	28	32	29	76

* 운전자본투자액은 기말잔액에서 기초잔액을 차감한 것이 기간중 추가 투자액임.

(3) 투자안의 NPV

$$NPV=\frac{29}{1.1}+\frac{28}{(1.1)^2}+\frac{32}{(1.1)^3}+\frac{29}{(1.1)^4}+\frac{76}{(1.1)^5}-187$$

$=-46.45$억원<0

⇒ 이 대체투자안은 경제성이 없으므로 새 용광로로 대체해서는 아니 된다.

16. (1) $NPV_A=\frac{320,000}{1.1}+\frac{320,000}{(1.1)^2}+\frac{320,000}{(1.1)^3}-300,000=495,792$

$NPV_B=\frac{600,000}{1.1}+\frac{600,000}{(1.1)^2}-600,000=441,322$

∴ 투자안 A를 선택한다.

(2) ① 최소공배수법 :

A : $495,792+\frac{495,792}{1.1^3}=868,287$(한 번 더 반복투자 가정)

B : $441,322+\frac{441,322}{1.1^2}+\frac{441,322}{1.1^4}=1,107,479.8$(두 번 더 반복투자 가정)

∴ 투자안 B를 선택한다.

② 연간균등현가법 :

$EAV_A=\frac{495,792}{PVIFA_{(10\%,\ 3년)}}=\frac{495,792}{2.4869}=199,361$

$EAV_B=\frac{441,322}{PVIFA_{(10\%,\ 2년)}}=\frac{441,322}{1.7355}=254,291$

∴ 투자안 B를 선택한다.

17. 대체투자안의 평가

신형 지급기로 교체할 경우의 각 시점별 증분현금흐름은 다음과 같다.

(단위 : 만원)

구 분 \ 시 점	0	1	2	3	4
① 증분매출액		2,000	2,000	2,000	2,000
② 증분영업비용(감소)		−500	−500	−500	−500
③ 세전증분영업이익		2,500	2,500	2,500	2,500
④ 세후증분영업이익(t_c=35%)		1,625	1,625	1,625	1,625
⑤ 증분감가상각비 절세효과		464	464	464	464
⑥ 정상영업연도 증분영업현금흐름		2,089	2,089	2,089	2,089
⑦ 구형 지급기 처분관련 *CF*	1,325				
⑧ 신형 지급기 구입	(8,500)				
⑨ 투자세액공제액		425			
⑩ 추가운전자본	(1,000)	(500)	(500)	(500)	2,500
⑪ 신형 지급기 잔존가치 회수					1,870
⑫ 최종 증분현금흐름	−8,175	2,014	1,589	1,589	6,459

* ④ 세후증분영업이익$=(\Delta S-\Delta C)(1-t_c)=2,500\times0.65=1,625$만원

⑤ 증분감가상각비 절세효과$=\Delta D\times t_c=1,325\times0.35=464$만원

($\because \Delta D=(8,500-2,000)/4-300=1,325$만원)

⑥ 증분영업현금흐름$=(\Delta S-\Delta C)(1-t_c)+(\Delta D\times t_c)$=④+⑤

⑦ 구형 지급기 처분가=처분가−(처분가−장부가)$\times t_c$

$=1,500-(1,500-1,000)\times0.35=1,325$만원

⑨ 투자세액공제액$=\Delta I\times t_c=8,500\times0.05=425$만원

⑪ 신형 지급기 잔존가치 회수=처분가−(처분가−장부가)$\times t_c$

$=1,800-(1,800-2,000)\times0.35=1,870$만원 ($\because$ 처분가=장부가의 90%)

⑫ 위의 증분현금흐름에 대한 순현가(*NPV*)를 구하면 다음과 같다.

$$NPV=\frac{2,014}{1.12}+\frac{1,589}{1.12^2}+\frac{1,589}{1.12^3}+\frac{6,459}{1.12^4}-8,175=125.79\text{만원}$$

따라서 *NPV*가 0보다 크므로 신형 지급기로 교체해야 한다.

(이 투자안의 *IRR*을 구하면, *IRR*=12.59%, 따라서 *IRR*=12.59%>자본비용 12%이므로 교체)

18. *NPV*가 0이 되는 판매량수준을 구하기 위해서는 다음 두 단계를 거쳐야 함.

① *NPV*=0이 되는 1~4년도 정상영업활동으로부터의 현금흐름(*CF*로 표시)

0	1	2	3	4
−65	*CF*	*CF*	*CF*	*CF*+5

$NPV=CF\times PVIFA_{(4년,\ 15\%)}(2.855)+5억원\times PVIF_{(4년,\ 15\%)}(0.5718)-65억원=0$

$\therefore$ *NPV*=0을 만족시키는 *CF*=21.766억원

② ①의 현금흐름을 결정짓는 판매량 추정 :

판매량을 q로 놓으면

$\Delta CF = (\Delta S - \Delta C - \Delta D)(1 - t_c) + \Delta D = [(p - v)\Delta q - FC - \Delta D)](1 - t_c) + \Delta D$

$= [(20{,}000 - 12{,}000) \times q - 18$억원 $- 15$억원$](1 - 0.34) + 15$억원 $= 21.766$억원

이를 만족시키는 q를 구하면 $q \fallingdotseq 540{,}638$상자

19. (1) 1년 후의 상황(옵션)을 고려하지 않을 경우의 정태분석 :

이 CF의 $PV = 100/0.1 = 1{,}000$억원

$NPV = 1{,}000 - 1{,}100$(원가)$= -100$억원

1년 후의 상황을 고려하지 않으면 $NPV < 0$이므로 이 투자안을 채택해서는 아니 된다.

(2) ⓐ 1년 후 매각옵션을 고려하는 경우의 동태분석 :

(프로젝트 계속 수행안과 매각방안의 PV 비교)

1) 1년 후 판매액이 50억원으로 하향조정될 경우

프로젝트 계속 수행시 $PV = 50/0.1 = 500$억원

포기 매각시 $PV = 700$억원 → 매각이 유리($PV = 700$억원)

2) 1년 후 판매액이 160억원으로 상향조정될 경우

프로젝트 계속 수행시 $PV = 160/0.1 = 1{,}600$억원

포기 매각시 $PV = 1{,}600$억원 → 프로젝트 계속 수행이 유리($PV = 1{,}600$억원)

ⓑ 1년 후 NPV :

1) 기대$PV = (0.5)700$억원$+ (0.5)1{,}600$억원$= 1{,}150$억원

2) 첫 1년간의 $CF = 100$억원

1)+2)의 $PV = (1{,}150 + 100)/1.1 = 1{,}136.4$억원

따라서 $NPV = 1{,}136.4(PV) - 1{,}100$(원가)$= 36.4$억원

(3) 최종적으로 이 프로젝트를 수행한다. 36.4억원만큼의 가치상승은 1년 후 포기하는 옵션으로 인한 것이다.

20. 구기계의 연도별 감가상각비$= 100/5 = 20$억원

구기계의 장부가치$= 100 - 20 \times 4 = 20$억원

구기계 매각에 따른 현금흐름$= 30 - (30 - 20) \times 0.2 = 28$억원

PART

IV

자본구조와 자본조달

제Ⅲ편에서는 투자결정 문제를 다루었는데, 투자가 이루어지기 위해서는 자본조달문제가 해결되어야 한다. 재무담당자는 투자자금의 조달과 관련하여 다음의 여러 의사결정을 내려야 한다.

- 자본조달비용은 얼마나 발생하는가?
- 얼마의 부채(자기자본)를 사용하는 것이 기업에 가장 유리한가?
- 기업이 이익을 창출하면 이 중 얼마를 배당하고 얼마를 사내유보(재투자)하는 것이 기업가치를 극대화시키는가?
- 자본조달시에 자본조달수단별로 조달방법과 고려요소들은 무엇인가?

본 제Ⅳ편에서는 이와 같은 자본구조, 자본조달과 관련된 의사결정문제를 다룬다.

CHAPTER

11 자본구조이론

제 1 절 부채사용의 효과
제 2 절 부채레버리지
제 3 절 $M\&M$의 자본구조이론
제 4 절 상충이론
제 5 절 대리인비용이론
제 6 절 자본조달순위이론
제 7 절 자본구조결정의 실제

기업이 투자사업을 수행하기 위해서는 자기자본과 타인자본으로 투자자본을 조달해야 한다. 이때 어느 정도의 부채의존도가 기업가치를 극대화시키는가?

기업재무의 근간이 되는 자본구조이론들은 $M\&M$의 자본구조와 기업가치 또는 자본비용은 관계가 없다는 이론에서 시작되었다. 이후 이자비용의 법인세절감효과와 파산비용을 고려한 상충이론, 대리인비용이론, 자본조달순위이론 등이 제시되었다. 본장에서는 이 이론들을 살펴보고, 기업가치를 극대화시킬 수 있는 최적자본구조(부채의존도)의 존재 여부에 대해서도 다룬다.

자본구조(부채의존도)의 변화가 기업가치에 어떤 영향을 미치는지를 평가할 때에는 여러 가지 자본구조이론에서 설정한 제약상황(가정)의 차이와 상이한 결론을 구분하는 것이 필요하다. 다음은 본장에서 꼭 이해해야 할 핵심내용이다.

- 부채차입이 가져오는 손익확대효과(재무레버리지)
- 부채의존도와 기업가치의 관계를 설명하는 두 가지 관점
- $M\&M$의 초기(1958) '자본구조 무관련이론'과 법인세를 고려한 $M\&M$의 수정이론(1963)
- 정태적 상충이론
- 대리인비용이론
- 자본조달순위이론

우리나라 기업의 부채비율

본장에서는 기업규모, 수익성, 현금흐름의 변동성 등 기업의 특성이 부채비율에 영향을 미친다는 것을 배운다. 기업별 특성 외에도 국가별 법률, 세금 등 제도의 차이가 기업들의 부채비율과 부채의 만기(debt maturity)에 영향을 미친다. 특히, 정부부패의 정도가 심하고, 법률체계가 약한 나라일수록 부채비율(특히 단기부채의 비율)이 높은 연구결과가 제시되었다. 다음 그림은 국가별 기업의 부채비율과 장기부채비율의 중앙값(median)을 보여준다.

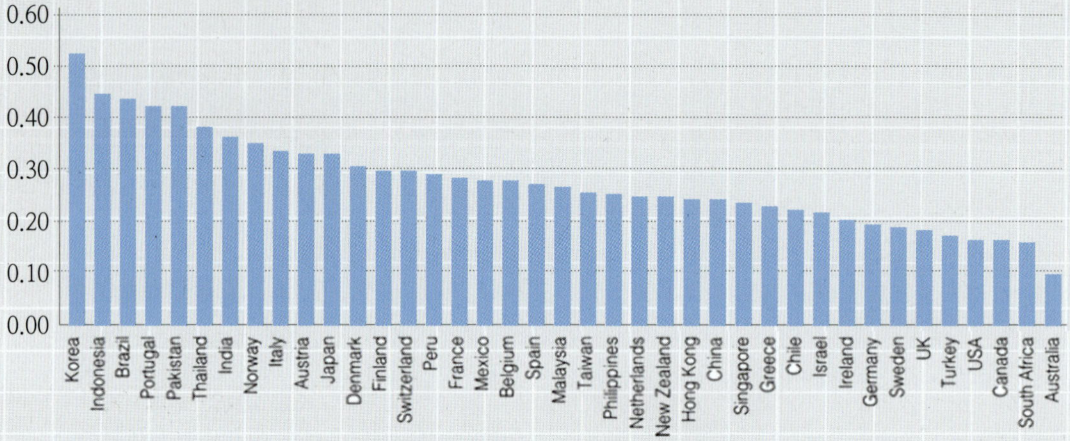

기업의 시장가치 대비 총부채 비율

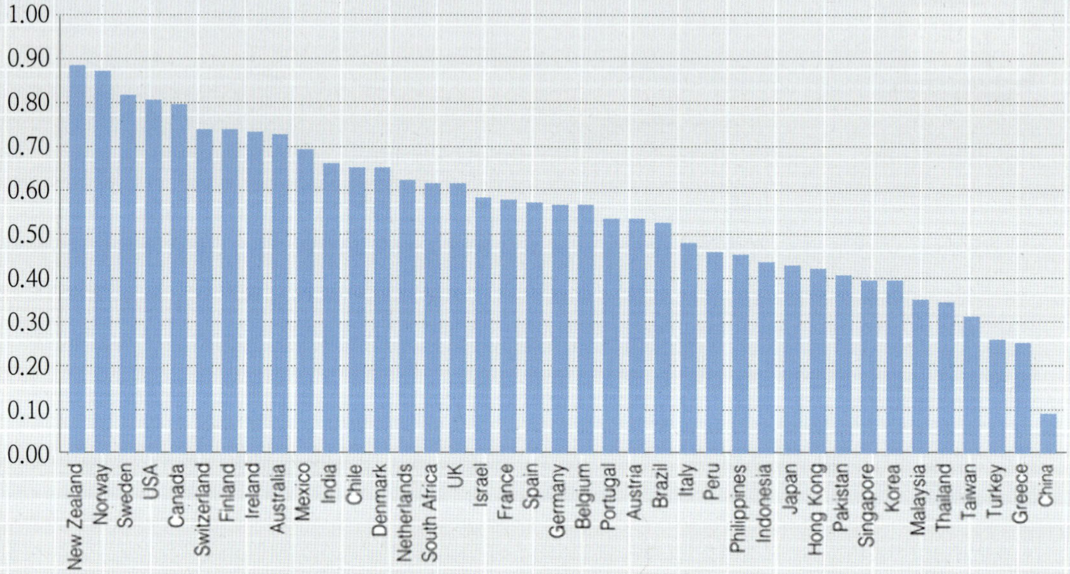

기업의 총부채 대비 장기부채 비율

자료 : Fan et al., "An international comparison of capital structure and debt maturity choices," *Journal of Financial and Quantitative Analysis*, 47권 1호(2012) 참조

위의 그림에서 제시된 39개 국가 중 한국은 유일하게 50%가 넘을 정도로 기업들이 부채를 많이 사용하고 있으며, 총부채 중 장기부채비율은 낮아 장기부채보다는 단기부채에 주로 의존하고 있는 것으로 나타나 기업들의 재무위험은 상대적으로 큰 것으로 보인다.

본장에서는 자본구조와 기업가치의 상관관계에 대해 공부할 것이다. 본장을 공부한 후 다음 질문들에 대해 답할 수 있어야 한다.

부채비율은 기업가치와 어떤 관계가 있는가?

부채비율의 축소는 항상 기업가치 향상에 도움이 되는가?

기업가치의 극대화를 목표로 하는 기업에서 최적의 부채비율이란 존재하는가?

제 1 절 부채사용의 효과

본서 제Ⅲ편 '기업의 투자결정'에서는 기업경영을 위하여 어느 자산에 얼마만큼 투자할 것인지의 문제를 다루었다. 기업이 이와 같은 자산투자를 하기 위해서는 투자자금을 조달해야 한다. 투자자금은 결국 자기자본과 타인자본으로 조달하게 된다. 필요한 투자자금의 조달시 자본구조, 즉 타인자본과 자기자본 간의 비중을 결정하는 것은 기업가치에 중대한 영향을 미치는 요소이다.

1. 최적자본구조의 의의

자본구조(capital structure)란 기업이 조달하고 있는 총자본 중에서 자기자본 또는 타인자본이 차지하고 있는 구성비중을 말한다.[1)] 최적자본구조(optimal capital structure)란 기업가치를 극대화하는 자본의 구성비율, 즉 타인자본의 의존도를 의미한다. 기업이 조달해야 하는 자본 중에서 부채를 얼마만큼 차입하는 것이 기업가치를 극대화시키는 최적의 자본조달믹스(optimal financing mix)가 되는지를 발견하는 것이 자본조달결정의 핵심이다.

기업의 목표는 기업가치 극대화이다. 기업가치(V)는 미래 기대현금흐름($\overline{CF_t}$)을 위험도가 반영된 적절한 할인율(R)로 할인한 현재가치이다.

$$V = \sum_{t=1}^{\infty} \frac{\overline{CF_t}}{(1+R)^t} \tag{11.1}$$

기업가치를 좌우하는 기업의 위험은 영업위험과 재무위험, 두 가지에 의하

1) 엄밀히 말하면 재무구조(financial structure)라는 용어와 자본구조(capital structure)라는 용어는 구분된다. 전자는 재무상태표 대변에서 단기성의 유동부채 항목까지 포함하는 총부채의 자본구성을 의미한다. 반면에 후자는 단기성 부채 항목을 제외한 장기자본의 구성, 즉 장기차입금, 회사채, 우선주, 유보이익, 보통주의 구성을 말한다. 본서에서는 양자를 구분하지 않고, 자기자본과 타인자본이 차지하고 있는 구성형태 또는 비율의 의미로 사용한다.

여 야기된다고 볼 수 있다.

영업위험(operating risk)은 기업의 영업성격, 보유자산의 성격으로 인하여 발생하는 위험이다. 이는 영업이익의 변동성으로 측정하기도 한다. 영업이익의 변동성을 초래하는 구체적인 원인들로서 영업위험이 큰 경우를 정리해 보면 다음과 같다.

- 제품수요가 경기변동에 민감한 사업
- 가격탄력성, 소득탄력성이 큰 제품
- 가격경쟁으로 인해 판매단가의 변화가 심한 제품, 정부의 가격통제에 묶여 있는 제품
- 영업고정비가 높은 비중을 차지하여 영업이익의 손익확대효과가 큰 제품

재무위험(financial risk)은 자본조달과 관련하여 부채사용으로 초래되는 위험이다. 부채사용의 증가는 이른바 손익확대효과를 초래하고, 때로는 지급불능가능성의 위험으로 나타난다. 재무위험은 영업이익과는 무관한 것으로서, 순이익(EPS)의 변동성으로 측정하기도 한다.

자본구조의 변화는 식(11.1)에서 분자의 현금흐름에도 영향을 줄 수 있지만, 자본조달비용과 재무위험에 영향을 주어 분모 할인율 R, 즉 부채비용과 자기자본비용이 반영된 가중평균자본비용($WACC$: weighted average cost of capital)을 좌우한다. 따라서 현금흐름이 일정하다고 가정하면 R을 극소화시킬 수 있는 자본구조가 최적자본구조인 것이다. 기업이 조달해야 하는 자본 중에서 얼마만큼을 부채에 의존하는 것이 기업가치를 극대화시키는가에 대한 이론이 자본구조이론의 핵심이다.

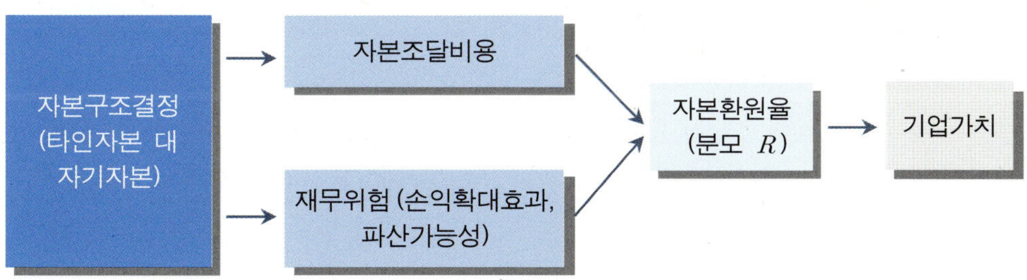

2. 부채사용의 현실적 효과

얼마의 부채의존도가 기업에 가장 유리한지를 설명하는 최적자본구조이론이 다양하게 제시되고 있다. 이들 이론들은 대부분 비현실적인 몇 가지 가정하에서 제시되고 있다. 여러 이론에 관계없이 부채사용에 따라 현실적으로 나타나는 효과는 다음 세 가지라고 할 수 있다.

① 레버리지효과 : 다음 항에서 설명하는 것처럼 부채사용에 따른 지급이자는 매출액이나 영업이익 크기에 관계없이 지급해야 하는 재무고정비이다. 따라서 이익이 날 때에는 더 큰 이익이 나고, 손실이 날 때에는 더 큰 손실이 발생하는 레버리지효과가 발생한다. 부채가 늘면 기대수익 증가의 가능성도 높지만, 영업이익이 감소하게 될 때에는 기대수익이 오히려 더욱 큰 폭으로 감소되는 위험의 증가가능성도 높다.

② 파산가능성의 증가 : 부채사용이 증가하면 원리금을 상환하지 못할 가능성이 높아진다. 파산가능성이 높아지면 매출감소, 이직증가, 부품업체 이탈 등의 상황이 나타나므로 부채차입을 무제한으로 실시한다는 것은 현실적으로 불가능하다.

③ 지급이자의 세금효과 : 타인자본 사용에 따른 지급이자는 손비처리되므로 기업의 현금유출을 감소시킨다.

제2절 부채레버리지

부채사용에 따라 현실적으로 나타나는 효과의 하나는 손익확대(레버리지)효과이다. 본절에서는 부채차입이 손익확대효과를 가져오는 원리에 대하여 알아본다.

1. 고정비와 레버리지효과

기업 내에서 발생하는 비용은 변동비와 고정비로 분류할 수 있다. 이 분류는 조업도(volume), 즉 생산·판매량의 증감에 따른 분류인데, 변동비(variable cost)는 재료비처럼 생산·판매량의 증감에 따라 변동하는 비용이다. 반면에 고정비(fixed cost)는 관리직의 인건비나 지급이자처럼 생산·판매량의 증감에 관계없이 고정적으로 발생하는 비용이다. 이 고정비는 다음과 같이 영업활동상의 영업고정비(operational fixed cost)와 자본조달과 관련된 재무고정비(financial fixed cost)로 구분할 수 있다.

구분	내용
변동비	직접재료비, 직접노무비(성과급여), 외주가공비, 소모품비, 판매수수료 등
고정비	영업고정비 : 감가상각비, 관리직 고정급여, 수선유지비, 제세공과금 등 재무고정비 : 지급이자 등 금융비용

기업의 총비용 중에서 고정비가 차지하는 비중이 클수록 기업의 이익과 손실이 확대되는 손익확대효과의 원리를 분석하는 것을 레버리지분석(leverage analysis)이라고 한다. 이와 같은 손익확대효과는 고정비가 지렛대의 역할을 하여 나타나기 때문에 레버리지효과(leverage effect)라고 부른다.

■ 그림 11-1 고정비 존재에 의한 손익확대 효과 원리

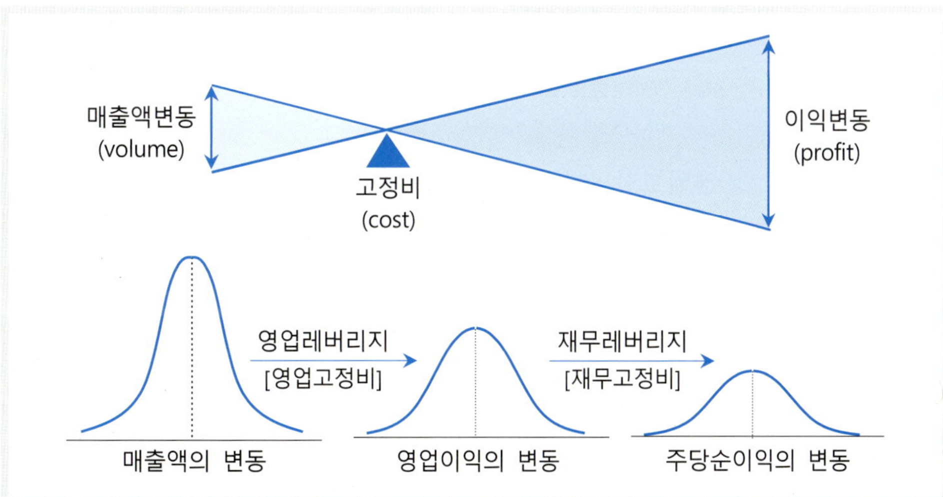

고정비로 인하여 발생하는 레버리지효과는 영업고정비의 존재로 인하여 손익이 확대되는 영업레버리지효과, 재무고정비의 존재로 인하여 손익이 확대되는 재무레버리지효과, 이 두 가지 고정비 모두 때문에 손익이 확대되는 결합레버리지효과로 나누어 분석할 수 있다.

2. 영업레버리지

먼저 매출(제조)원가나 판매관리비 중에서 생산판매량에 관계없이 일정하게 발생하는 감가상각비나 임차료, 관리직의 인건비 등의 영업고정비는 대규모로 고정자산(생산시설)을 증가시키거나, 관리직에 많은 사람을 채용할 때 발생하는 것으로서, 기업의 투자결정, 자산구조(자산믹스)와 관계되는 것이다.

영업고정비의 존재로 인하여 발생하는 영업레버리지(Operating Leverage)의 크기는 매출액(량)변화율에 대한 영업이익($EBIT$)변화율의 비율인 영업레버리지도(DOL : Degree of Operating Leverage)로 측정한다. 이를 수식으로 표시하면 식(11.2)와 같다.[2)]

$$DOL = \frac{\Delta EBIT / EBIT}{\Delta S / S} = \frac{q(p-v)}{q(p-v)-FC} = \frac{TR-VC}{TR-VC-FC} \tag{11.2}$$

DOL : 영업레버리지도, $EBIT$: 이자와 법인세차감전이익(영업이익)
$\Delta EBIT$: $EBIT$변동액, S : 매출액($p \times q$)
ΔS : 매출변화액($p \times \Delta q$) (단, p : 판매단가 q : 판매수량)
TR : 총매출액, VC : 총변동비(판매량×단위당 변동비)
FC : 총영업고정비

영업고정비가 클수록 영업레버리지도는 1보다 크게 되어 손익확대효과가 커지게 된다. 예를 들어, 영업레버리지도가 2라면, 10%의 매출액 증감이 있을 때, 영업이익의 증감은 2배인 20%가 됨을 뜻한다.

영업고정비가 증가될 경우 영업이익이 확대되어 나타나는 것은 생산규모의

2) $DOL = \frac{\text{영업이익변화율}}{\text{매출액(량)변화율}} = \frac{\frac{\Delta EBIT}{EBIT}}{\frac{\Delta S}{S}} = \frac{\frac{\Delta q(p-v)}{q(p-v)-FC}}{\frac{\Delta q}{q}} = \frac{q(p-v)}{q(p-v)-FC} = \frac{TR-VC}{TR-VC-FC}$

■ 그림 11-2
재무구조와 레버리지효과

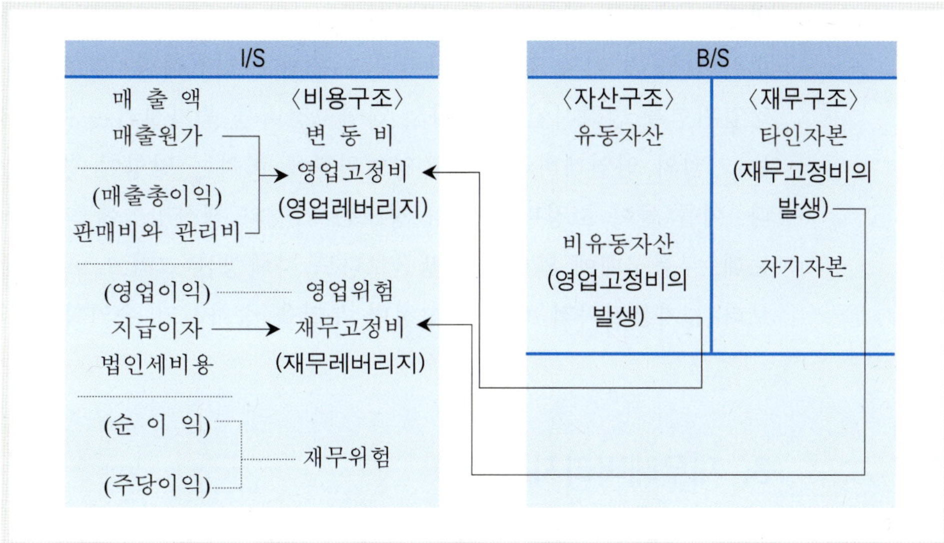

확대로 인하여 규모의 경제가 작용하게 되고, 단위생산원가는 훨씬 저렴하게 되어 매출이 증가할 때, 종전의 소규모생산시설의 경우보다도 영업이익은 높은 수준이 되기 때문이다. 반대로 매출감소시에는 영업고정비의 높은 부담 때문에 손실이 크게 나타난다. 이와 같은 원리에 의해서 영업고정비의 부담이 증가하면, 매출액변동에 대한 영업이익의 변동이 확대되는 손익확대효과가 발생하는 것이다.

영업고정비의 부담이 클수록 매출액의 변화에 따른 영업이익의 변화율이 증대된다는 사실은 재무의사결정과 관련하여 다음과 같은 점을 시사한다.

첫째, 경기전망 및 사업전망과 관련지어 손익확대효과를 평가해야 한다는 점이다. 사업전망이 밝은 기업이 영업레버리지가 높으면 이익확대를 기대할 수 있지만, 사업전망이 흐린 기업이 영업레버리지가 높으면 손실이 확대될 수 있기 때문이다. 앞으로 매출량이 크게 증가할 것으로 기대되는 성장기업은 비유동자산에 대한 투자를 증가시킴으로써 높은 영업레버리지도를 유지하는 것이 이익 폭을 확대하는 한 방법이 된다. 반면에 사업전망이 좋지 않은 사양기업은 비유동자산에 대한 투자를 억제하여 낮은 영업레버리지도를 유지하는 것이 이익의 하락 폭, 손실 폭을 감소시키는 방법이라고 할 수 있다.

둘째, 타기업의 인수나 시설투자 혹은 생산방식(자체생산 혹은 하청생산 등)의 변경은 기업의 자산구조를 변화시키고, 이에 따라 비용구조(고정비의 비중)를 변화시킨다. 즉 이와 같은 의사결정의 문제는 영업레버리지효과의 변화를 가져와 영업위험을 변화시킨다. 따라서 영업고정비를 증가시키는 이와 같은 의사결정에는 기업의 영업레버리지도와 영업위험에 미치는 영향이 충분히 고려되어야 한다. 예를 들어 고정비 부담의 정도는 기업의 생산방식에 의해서도 많이 좌우되는데, 부품구매에 의한 조립생산보다도 자체생산 그리고 노동집약적인 생산방식보다는 자본집약적 생산이 고정비 부담을 증가시켜 손익확대효과를 크게 한다.

3. 재무레버리지

지급이자와 같은 재무고정비는 타인자본을 사용할 경우 발생하므로, 재무고정비는 기업의 자본조달의사결정, 즉 자본조달믹스와 관계가 있는 것이다. 재무레버리지는 기업이 재무고정비를 수반하는 타인자본을 사용하는 것을 의미한다.

기업이 투자에 필요한 자금조달에 있어서 자기자본보다는 타인자본에 크게 의존하게 되면, 고정적으로 지급해야 하는 이자지급 의무가 커지게 된다. 타인자본에 대한 의존이 높아 고정적인 금융비용의 부담이 커지면, 영업이익이 적을 때에는 큰 손실을 감수해야 한다. 그러나 반대로 영업이익수준이 높을 때에는 상대적으로 자기자본의 비중은 낮기 때문에 이자지급 후 보통주 주주에게 귀속되는 주당순이익(EPS)은 커지게 된다.

재무고정비로 인하여 발생하는 손익확대효과의 정도는 영업이익변화율에 대한 주당순이익변화율인 재무레버리지도(DFL : Degree of Financial Leverage)로 측정한다. 이를 수식으로 표시하면 다음과 같다.[3]

$$DFL = \frac{\Delta EPS / EPS}{\Delta EBIT / EBIT} = \frac{q(p-v) - FC}{q(p-v) - FC - I} = \frac{TR - VC - FC}{TR - VC - FC - I} \tag{11.3}$$

3) $DFL = \frac{\Delta EPS / EPS}{\Delta EBIT / EBIT} = \frac{\frac{\Delta EBIT(1-t)/N}{(EBIT-I)(1-t)/N}}{\frac{\Delta EBIT}{EBIT}} = \frac{\frac{\Delta EBIT}{EBIT-I}}{\frac{\Delta EBIT}{EBIT}} = \frac{EBIT}{EBIT-I} = \frac{q(p-v)-FC}{q(p-v)-FC-I}$

식(11.3)에서 기업의 재무고정비(I)가 많을 경우, 재무레버리지도가 증가하는 것을 알 수 있다. 이는 타인자본의존도가 높아 재무고정비(지급이자)가 클 경우, 영업이익의 변화율에 따른 주당순이익의 변화율이 크게 확대된다는 것을 뜻한다.

재무레버리지와 경영성과의 관계에 대한 평가는 영업레버리지분석 때와 마찬가지로 타인자본의존도를 미래의 경기전망과 사업전망의 좋고 나쁨과 관련시켜 평가해야 한다. 즉, 경기전망이 밝고 사업전망이 좋은 기업이 타인자본의존도가 높아 재무고정비 부담이 큰 것은 주당순이익이 증가되는 방향으로, 정(+)의 손익확대효과가 나타날 가능성이 높으므로, 긍정적인 평가를 내릴 수 있다. 반면에 경기전망이 나쁘고 사업전망이 흐린 기업이 타인자본의존도가 높아 재무고정비가 많은 것은 주당이익이 감소하는 부(−)의 손익확대효과가 나타나므로, 부정적인 평가가 내려질 것이다.

■ 그림 11-3
영업레버리지와 재무레버리지

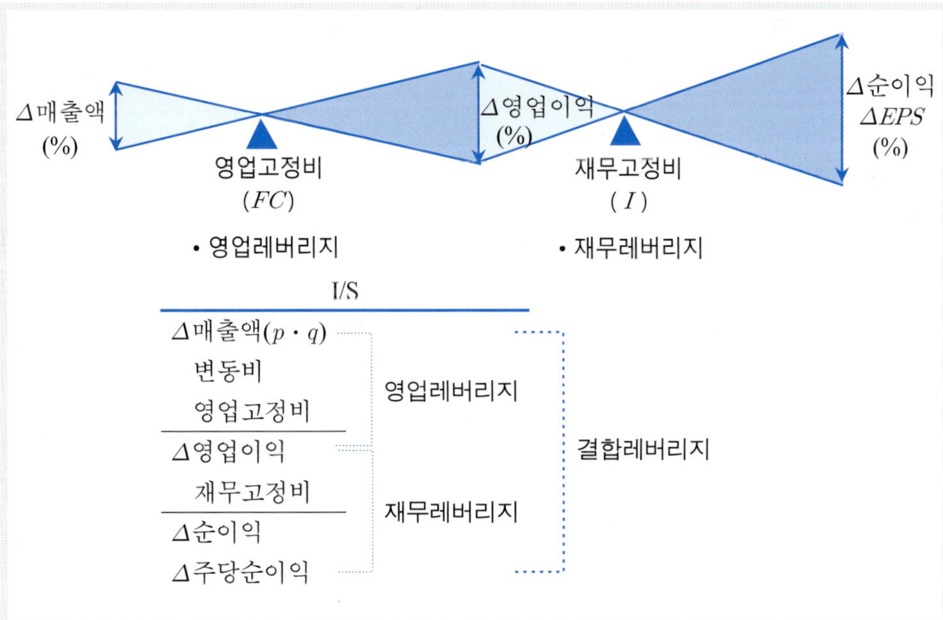

4. 결합레버리지

영업고정비와 재무고정비 모두를 고려한 손익확대효과를 결합레버리지효과라고 한다. 이와 같은 결합레버리지효과는 매출액 변화율에 대한 주당순이익변화율인 결합레버리지도(DCL : Degree of Combined Leverage)로 측정한다. 이는 영업레버리지도와 재무레버리지도의 곱으로도 계산할 수 있다.

$$DCL = \frac{\Delta EPS / EPS}{\Delta S / S} = \frac{\Delta EBIT / EBIT}{\Delta S / S} \times \frac{\Delta EPS / EPS}{\Delta EBIT / EBIT} = \frac{TR - VC}{TR - VC - FC - I}$$
$$= (DOL) \times (DFL) \tag{11.4}$$

예제 11-1 레버리지분석

현재 (주)소망케미칼은 매출액이 100억원이다. 연간 영업고정비는 20억원이고, 변동비로는 매출액의 50%가 지출된다. 한편 재무고정비(지급이자)는 10억원이다. 앞으로 이 기업의 매출액은 현재 수준에서 20% 증가하여 120억원으로 상승할 수도 있고, 20% 감소하여 80억원으로 하락할 수도 있다.

(1) 매출액 변동이 영업이익의 변동에 미치는 영향(영업레버리지효과)을 분석하라. 만약 영업고정비가 30억원이라면 손익확대효과는 얼마나 커지는가?

(2) 지급이자가 10억원인 경우와 15억원인 경우로 나누어 재무레버리지효과를 분석하라(단, 보통주의 발행주식수는 100만주).

(단위 : 억원)

매 출 액	80	100	120
(−) 변 동 비	40	50	60
(−) 영업고정비	20	20	20
영 업 이 익	20	30	40
(−) 재무고정비	10	10	10
순 이 익	10	20	30

➤ 풀이

(1) $DOL = \frac{TR - VC}{TR - VC - FC} = \frac{100 - 50}{100 - 50 - 20} \fallingdotseq 1.67$ 또는 $DOL = \frac{\text{영업이익변화율}}{\text{매출액변화율}} = \frac{33.3\%}{20\%} \fallingdotseq 1.67$

(주)소망케미칼의 $DOL = 1.67$이 의미하는 바는 매출액이 20% 변동할 때 영업이익은 이의 1.67배인 33.3% 변동함을 뜻한다. 따라서 매출액이 20억원 증감할 때 영업이익은 10억원(=30

억원×0.333) 증감하게 된다. 만약 이 기업의 영업고정비가 20억원이 아니고 30억원으로 높다면 영업레버리지도는 2.5배가 되어 손익확대효과가 커짐을 볼 수 있다.

$$DOL=\frac{TR-VC}{TR-VC-FC}=\frac{100-50}{100-50-30}\fallingdotseq 2.5$$

(2) $DFL=\frac{EBIT}{EBIT-I}=\frac{30}{30-10}=1.5$ 또는 $DFL=\frac{\text{순이익변화율}}{\text{영업이익변화율}}=\frac{50\%}{33.3\%}=1.5$

이 기업은 10억원의 재무고정비의 부담으로 인하여 영업이익이 33.3% 변동할 때 주당이익은 이의 1.5배인 50%가 변동하게 된다. 그러므로 EPS는 1,000원(=(20억원/100만주)×0.5)씩 증감하게 될 것이다. 만약 지급이자가 이보다 많은 15억원이라면 손익확대효과는 2배로 커지게 되어 고정적인 지급이자의 부담이 높아질수록 손익확대효과가 커짐을 볼 수 있다.

$$DFL=\frac{EBIT}{EBIT-I}=\frac{30}{30-15}=\frac{30}{15}=2$$

5. 부채사용이 ROE, EPS에 미치는 영향

재무레버리지효과는 부채차입이 EPS와 ROE의 변동성을 확대시키는 결과를 통하여도 확인할 수 있다. 부채차입이 증가하면 고정적으로 지급해야 하는 이자액이 증가하게 되는데, 다음에서 볼 수 있는 것처럼 영업이익이 크게 증가할수록 고정적인 이자를 지급하고도 주주에게 돌아가는 몫이 큰 폭으로 증가한다. 반대로 영업이익이 크게 감소할수록 고정적인 이자를 지급하고 난 후 주주에게 돌아가는 몫은 큰 폭으로 감소한다.

이제 다음 예를 통하여 자본구조 변경(부채차입)이 주주의 부에 미치는 영향을 평가해 보자. 분석을 단순화시키기 위하여 법인세는 없는 것으로 가정한다. (주)소망은 현행 자본구조에 부채가 전혀 없는 100% 자기자본기업이다. 그리고 총자산은 400억원이고, 발행주식수는 400만주, 주식가격은 10,000원이다. 이제 (주)소망에서는 새로운 자본구조안으로서 200억원의 부채를 차입하여 200억원의 주식자본(발행주식수 200만주)을 매입 소각하는 자본구조조정(capital restructuring)(부채비율 B/S는 100%가 됨)을 검토중이다. 시장이자율은 연 10%이다.

● 표 11-1
(주)소망의 재무구조 변경안

구 분	현행 재무구조	재무구조 변경안
총 자 산	400억원	400억원
부 채	0억원	200억원
자기자본	400억원	200억원
이 자 율	–	10%
주식가격	10,000원	10,000원
발행주식수	400만주	200만주

한편, 이 기업의 영업이익은 경제상황이 불황, 정상, 호황이 되느냐에 따라서 20억원, 60억원, 100억원이 예상된다고 하자. 먼저 현행의 재무구조하에서 경제상황에 따라 주당이익(*EPS*)과 자기자본순이익률(*ROE*)에 미치는 영향은 〈표 11-2(1)〉과 같다. 부채가 없는 경우(법인세는 없는 것으로 가정)이므로 영업이익이 곧 순이익이 된다. 결과적으로 자기자본순이익률(*ROE*)은 세 가지 경제상황별로 5%, 15%, 25% 그리고 주당이익(*EPS*)은 각각 500원, 1,500원, 2,500원이 된다.

부채차입으로 인한 재무구조 변경의 효과는 〈표 11-2(2)〉에서 볼 수 있다. 200억원의 부채에 대한 이자 20억원을 차감하면 순이익은 세 가지 경제상황별로 0원, 40억원, 80억원이 되면서 무부채의 경우(〈표 11-2(1)〉)보다 변동성이 커짐을 볼 수 있다. *ROE*는 자기자본이 200억원이 된 결과, 세 가지 상황별로 0%,

● 표 11-2

(1) 현행 재무구조(전액 자기자본)하에서의 *EPS*와 *ROE*

구 분	불 황	정 상	호 황
영업이익(=순이익)	20억원	60억원	100억원
총자산영업이익률(*ROA*)	5%	15%	25%
자기자본순이익률(*ROE*)	5%	15%	25%
주당순이익(*EPS*)	500원	1,500원	2,500원

(2) 200억원 부채차입(부채비율=100%)하에서의 *EPS*와 *ROE*

구 분	불 황	정 상	호 황
영업이익	20억원	60억원	100억원
지급이자	20억원	20억원	20억원
순 이 익	0	40억원	80억원
총자산영업이익률(*ROA*)	5%	15%	25%
자기자본순이익률(*ROE*)	0	20%	40%
주당순이익(*EPS*)	0	2,000원	4,000원

20%, 40%가 되고, *EPS*는 0원, 2,000원, 4,000원이 된다.

〈표 11-2〉는 부채를 사용하지 않는 경우와 부채를 사용하는 경우에 영업이익이 변화함에 따라 주당순이익(*EPS*)의 변동성이 얼마나 커지는가를 보여주고 있다. 부채를 사용하는 경우에 영업이익의 변동 대비 주당순이익의 변동성이 훨씬 크다는 것을 알 수 있다. 경영자가 주주의 입장에서 주당순이익을 극대화하려 한다면, 그 경영자는 영업이익이 적을 경우에는 부채를 사용하지 않고 주당순이익을 증가시키려 할 것이다. 반면 영업이익이 어느 정도 커지면 부채를 사용하는 자본구조의 경우가 주당순이익이 더 크다는 것을 알 수 있다. 두 자본구조의 주당순이익을 갖게 만드는 영업이익을 "자본조달분기점"이라 한다.

이처럼 부채비율이 증가하면 *ROE*와 *EPS*의 변동성이 커지는 결과를 통하여 부채차입으로 인한 부채레버리지효과(financial leverage effect)를 다시 확인할 수 있다. [그림 11-4]는 이를 그림으로 나타낸 것이다. 무차입기업이 부채비율을 증가시킬 때, 기대*ROE*와 *EPS*는 높아지지만 그 변동성은 커짐을 볼 수 있다.

결국 타인자본이 증가하면 종전보다 주당이익의 더 큰 증가를 기대할 수도 있지만, 동시에 주당이익이 더 크게 하락하는 위험을 감수해야 하는 상황이 발생할 수도 있다. 그러면 [그림 11-4]에서 어떤 자본구조(부채의존도)가 이와 같이 상충되는 두 효과를 조화시키는, 가장 좋은 자본구조인가? 이에 대한 답은 기업가치 또는 주가를 극대화하는 자본구조결정 또는 자본조달결정에서 찾아질 수 있다.

■ 그림 11-4 자본구조와 부채레버리지 효과(부채비율의 증가가 *ROE*에 미치는 영향)

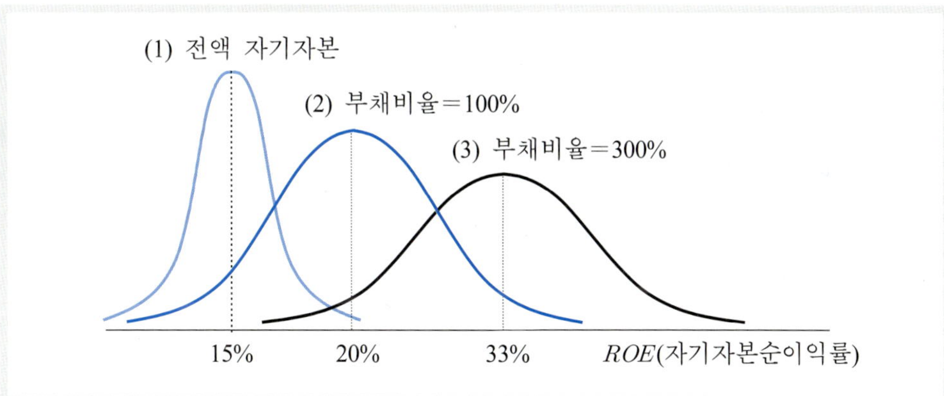

Concept check

A기업은 영업고정비가 많은 철강업을 하면서, 부채의존도가 높다. 한편 B기업은 영업고정비가 적은 소프트웨어 개발업을 하는데, 부채의존도가 낮다. 앞으로의 경기상황이 불경기, 호경기가 될 때, 두 기업의 *ROE*와 *EPS* 변동은 어떤 특징을 보일 것인가?

제3절 *M&M*의 자본구조이론

영업성격 등 모든 조건은 동일한데, 다만 자본구조(자기자본과 타인자본의 구성비율)만 다른 기업들간에 기업가치는 차이가 나는가? 노벨경제학상 수상자인 Franco Modigliani와 Merton Miller(*M&M*)는 1958년과 1963년에 논문을 발표하여 자본구조는 기업가치에 영향을 미치지 않는다고 주장하였다. 이후 급속히 발전한 자본구조이론은 다음과 같이 *M&M*의 자본구조이론과 *M&M* 이후의 자본구조이론으로 나누어 볼 수 있다. *M&M*의 자본구조이론은 다시 초기이론과 수정이론으로 나뉘며, *M&M* 이후 자본구조에 관한 많은 이론이 제시된다. 본서에서는 *M&M* 이후 대표적 자본구조이론으로 상충이론(정태적 상충이론과 동태적 상충이론), 대리인비용이론, 자본조달순위이론을 간략하게 설명한다.

〈최적자본구조이론의 전개〉

M&M 자본구조이론		*M&M* 이후의 자본구조이론
1) 초기이론 (완전자본시장 가정) 2) 수정이론 (법인세 고려)	→	1) 상충이론 2) 대리인비용이론 3) 자본조달순위이론

이 중 어느 이론이 기업가치를 극대화시키는 최적자본구조결정의 문제를 잘 설명하는가? 먼저 *M&M*이론을 살펴본 후 다른 이론들을 다루어 보자.

■ 가정과 명제

$M\&M$은 1958년의 논문에서 법인세가 존재하지 않는 완전자본시장의 가정하에서 자본구조와 기업가치는 관계가 없다는 무관련이론(irrelevance theory)을 제시하였다.[4] $M\&M$은 완전자본시장을 가정한 후 만약 부채사용기업의 가치(V_L)와 부채를 사용하지 않는 무부채기업의 가치(V_U) 사이에 차이가 있다면, 투자자들은 개인레버리지와 차익거래를 이용하여 무위험수익을 취할 수 있기 때문에, 이 시장에서는 부채비율과 기업가치는 관련이 없다는 결론을 도출하였다.

$M\&M$이 그들의 자본구조이론을 전개하기 위해 사용한 가정을 자세히 살펴보면 다음과 같다.

① 거래비용과 세금은 없다.
② 자본조달은 자기자본과 부채만으로 이루어지고 모든 이익은 배당과 이자로 지급된다.
③ 영의 성장을 하고, $EBIT$는 일정하다.
④ 파산비용은 없다.
⑤ 기업들은 영업위험이 같은 동질적 위험집단(homogeneous risk class)으로 나눌 수 있다. 따라서 기업들에 대해 동일한 자본환원율을 적용한다.
⑥ 완전자본시장이 존재한다. 즉 투자자는 가격순응자(price taker)이고, 시장에서 세금, 거래비용, 파산비용, 정보획득비용이 없다. 또 개인도 기업의 부채차입과 동일한 이자율 수준으로 무한히 차입을 하는 자가(自家)레버리지(homemade leverage)를 할 수 있다.

$M\&M$이 제시하고 있는 자본구조 무관련이론의 내용은 다음과 같이 요약할 수 있다.

명제 Ⅰ : 기업가치는 기업의 기대영업이익을 자산위험(asset risk)만 반영된, 즉 자본구조와는 관계없는 가중평균자본비용으로 할인하여 구해진다. 결국 영업이익이 동일할 경우 자본구조를 변경하더라도 기업가치는 변하지 않는다. 즉,

4) Modigliani, F., and M. H. Miller, "The Cost of Capital, Corporation Finance and the Theory of Investment," *American Economic Review*, 48 : 261～297(June 1958).

기업가치는 자본구조와 무관($V_L = V_U$)하다.

$$V = \frac{EBIT}{\rho} \tag{11.5}$$

단, ρ : 자산위험(영업위험)만을 반영한 할인율,
무부채기업의 자기자본비용 또는 가중평균자본비용

명제 Ⅰ은 파이이론(pie theory)으로 설명되기도 하는데, 주어진 크기의 파이는 어떤 방식으로 자르더라도 파이 전체의 크기는 변하지 않는 것처럼, 기업가치는 자본제공자의 지분크기에 의해서 변하지 않는다. 기업가치에 영향을 주는 것은 영업활동에서 창출되는 영업이익(파이)의 크기 그 자체인 것이다. 기업가치는 재무구조와 무관한 투자결정(자산운용)의 결과로 얻어지는 기대영업이익의 크기와 재무구조와 무관한 가중평균자본비용에 의해서 결정된다. 따라서 영업위험이 동일한 동종 산업 내의 기업들로서 서로 자본구조만 상이한 기업들이 있을 때, 이들 기업에 대하여 모두 동일한 ρ(가중평균자본비용)이 적용된다.

명제 Ⅱ : 자기자본비용 R_e는 부채비율이 증가함에 따라 다음 식과 같이 증가한다.

$$\begin{aligned} R_e^L &= \rho + \text{재무위험에 대한 프리미엄} \\ &= \rho + (\rho - R_d)(B/S) \end{aligned} \tag{11.6}$$

R_e^L : 부채기업의 자기자본비용
ρ : 영업위험만을 반영한 할인율(자기자본비용)
R_d : 세금 고려 전 타인자본비용
B/S : 부채비율

그리고 세금이 없다면 부채사용기업의 가중평균자본비용은 다음과 같이 구할 수 있다.

$$WACC = \frac{B}{V}R_d + \frac{S}{V}R_e^L$$

S : 자기자본가치, B : 타인자본가치, V : 기업가치
R_d : 세금 고려 전 타인자본비용
R_e^L : 부채기업의 자기자본비용

■ 그림 11-5

M&M의 초기 자본구조이론

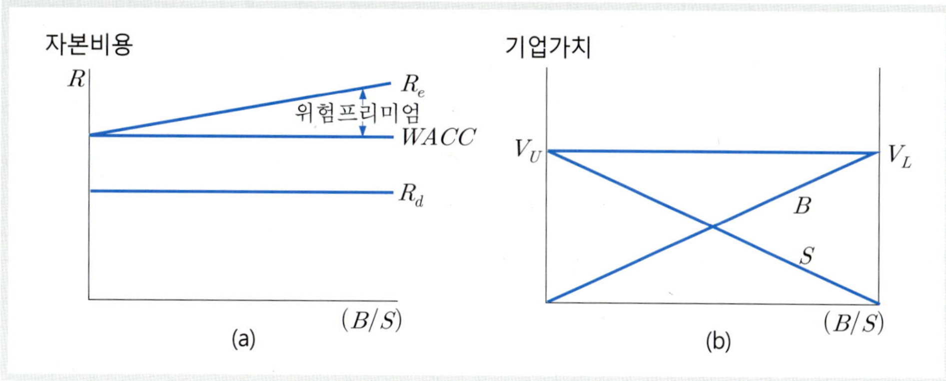

위의 두 식에서 볼 수 있듯이 B/S가 커짐에 따라 부채기업의 자기자본비용이 증가하기 때문에 부채사용에 따른 자본비용의 감소효과는 상쇄된다. 따라서 M&M은 부채를 사용하는 기업의 가중평균자본비용은 다음 식과 같이 무부채 기업의 자기자본비용(또는 가중평균자본비용)과 같다고 주장하였다.

$$WACC^L = WACC^U = R_e^U = \rho$$

$WACC^L$: 부채기업의 가중평균자본비용
$WACC^U$: 무부채기업의 가중평균자본비용(=무부채기업의 자기자본비용)
R_e^U : 무부채기업의 자기자본비용

완전자본시장하에서 M&M 이론(법인세가 없을 때)을 그림으로 표시하면 [그림 11-5]와 같다.

Concept check

"영업이익이 동일할 경우 자본구조를 변경하더라도 기업가치는 변하지 않는다"는 M&M의 초기이론은 어떤 가정에 기초하고 있는가?

M&M(1963)은 1958년에 발표한 초기자본구조이론에서의 '완전시장 가정'을 완화하여 현실적으로 존재하는 법인세를 고려한 수정이론(수정자본구조이론)을 제시하였다.[5] 법인세를 고려할 경우 타인자본에 대해 지불하는 이자비용은 법인

세 계산시에 비용으로 처리되어 과세대상에서 제외되는 반면에, 자기자본 사용의 대가로 지급하는 배당은 법인세 납부 후의 순이익에서 지급된다. *M&M*은 타인자본을 사용하는 경우가 기업이 부담하는 법인세가 더 작아지는 감세효과, 즉 법인세 절약액이 발생하게 되므로 타인자본을 많이 사용할수록 기업가치가 증가한다고 주장하였다.

*M&M*이 제시하고 있는 수정자본구조이론의 내용은 다음과 같이 명제로 요약할 수 있다.

명제 Ⅰ : 법인세가 존재할 경우 부채사용기업의 가치 V_L은 무부채기업의 가치 V_U보다 법인세 절약액의 현재가치인 $t_c \cdot B$만큼 크다. 따라서 부채를 많이 사용할수록 기업의 가치는 증가한다.

$$V_L = V_U + t_c \cdot B \qquad (11.7)$$

명제 Ⅱ : 법인세가 존재할 때 자기자본비용은 부채비율이 증가함에 따라 증가하지만, 부채의 감세효과로 인하여 법인세가 없을 때보다 완만하게 상승한다. 따라서 부채기업의 가중평균자본비용($WACC^L$)은 부채비율이 증가할수록 하락한다.

결국 *M&M*의 수정이론에 의하면 대부분의 자본을 부채로 조달하였을 때 가중평균자본비용이 최소가 되고 기업가치는 최대가 된다. 따라서 이 이론에 따르면 대부분의 자본을 부채로 조달하는 것이 기업의 최적자본구조가 된다.

5) Modigliani, F., and M. H. Miller, "Corporate income Taxes and the Cost of Capital: A Correction," *American Economic Review*, 53 : 433~443(June 1963).

제4절 상충이론

1. 파산비용

$M\&M$ 수정이론에서는 자본시장이 법인세가 존재하는 것 이외에는 완전시장임을 가정하여, 부채비율이 거의 100%인 상태가 최적자본구조라고 주장하고 있다. 이와 같은 비현실적인 결론은 부채를 아무리 많이 차입하더라도 파산가능성이 없다는 가정 때문이다. 그러나 현실적으로 기업이 많은 부채를 차입하면 원리금을 상환하지 못할 가능성, 파산의 가능성이 높아진다.

기업이 부채를 늘려 가면 이자지급에 대한 세금절약액이 증가하나, 다른 한편으로는 파산의 위험이 높아지고 기대파산비용이 증가하게 되어 이 두 효과가 상쇄되는 자본구조가 최적자본구조가 될 수 있다. 그러면 파산비용은 무엇이며, 얼마나 큰가?

파산(bankruptcy)이란 기업의 총자산가치가 부채가치보다 적게 되어 기업이 지급불능에 처했을 때 채권자에게 기업정리를 허락하는 법적 장치이다. 파산비용(bankruptcy cost)은 부채에 대한 채무불이행 상황의 재무적 곤경(financial distress)에 처하거나, 파산된 기업이 청산·정리 절차를 거치게 될 때 발생하는 비용을 말한다.

파산비용은 파산 그 자체에서 기인하는 비용과 부채비율이 커짐에 따라 받게 되는 재무상의 제약비용 등으로 나타난다. 파산비용은 다음과 같이 직접비용과 간접비용으로 나눌 수 있다.

파산의 직접비용(direct bankruptcy cost)은 파산의 법적 처리와 관련하여 변호사 등에게 지급하는 법률적 비용, 잔여재산 처분과정에서 낮은 가격으로 처분되는 손실, 파산시에 채권자가 안게 되는 손실, 그리고 파산처리기간 동안의 매출액 감소에 따른 기회비용 등을 말한다.

한편 파산의 간접비용(indirect bankruptcy cost)은 채권자의 채권확보를 위한 법적 조치로 초래되는 자산이용과 영업활동의 제한, 조업중단, 이미지 실추로 인한 고객상실과 영업위축, 신규 자본조달의 어려움, 주요 인력의 이직 등의 예를 들 수 있다. 파산의 간접비용이 직접비용보다도 큰 것이 일반적이다. 안드레이드와 카플란(Andrade & Kaplan)은 파산의 직접비용과 간접비용을 합한 금액은 기업가치의 10~20% 정도인 것으로 추정하고 있다.[6)]

2. 정태적 상충이론

법인세와 파산비용을 고려할 경우 기업가치는 부채에 대한 이자의 법인세효과만큼 커지지만, 부채비율이 증가하면 파산위험이 높아지고 기대파산비용이 커지게 된다. 결과적으로 식(11.8)처럼 부채차입의 가치는 무부채기업의 가치에 비하여 부채에 대한 이자의 법인세효과에서 파산가치의 현재가치를 차감한 만큼 차이가 있다고 볼 수 있다.

$$V_L = V_U + t_c \cdot B - PV(C_B) \tag{11.8}$$

단, $PV(C_B)$: 파산비용의 현재가치

부채가 파산위험을 유발할 정도로 높은 수준이 아니면 한계기대파산비용은 별로 영향을 받지 않을 것이기 때문에 법인세절약효과가 파산비용을 상쇄시키

■ 그림 11-6
정태적 상충이론

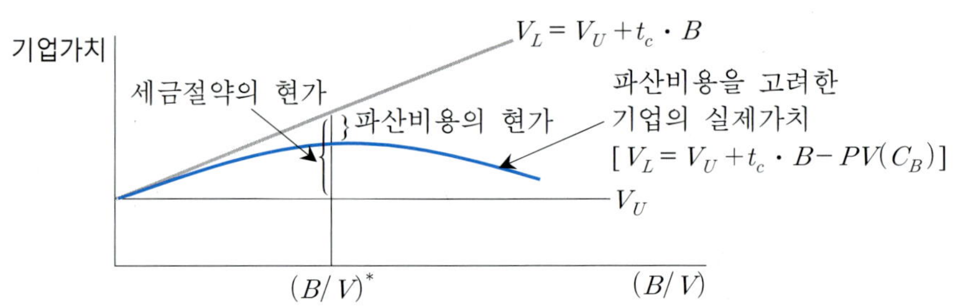

6) Andrade, G., and S. N. Kaplan, "How Costly is Financial(Not Economic) Distress?" *Journal of Finance*, 53 : 1443~1493(Oct. 1998).

고도 남게 되어 자본비용이 감소하고 기업의 가치는 증가한다. 이는 식(11.8)에서 $t_c \cdot B > PV(C_B)$인 경우이다. 그러나 일정범위를 넘어서면 파산비용이 급격히 증가할 것이므로 파산비용의 증가가 법인세절약효과를 능가하게 된다.

환언하면 타인자본의 사용이 증가할수록 한계기대파산비용(marginal expected loss from bankruptcy cost)도 증가하고, 부채의 한계법인세절감효과(marginal gain from leverage)도 증가하게 되는데, 이 두 효과가 서로 정확히 상쇄될 때 가중평균자본비용은 최소가 되고 기업가치는 최대가 된다. 이때의 자본구조가 최적자본구조로서 [그림 11-6]의 $(B/V)^*$가 되는데, 이를 자본구조의 정태적 상충이론(static trade-off theory)이라 부른다.

정태적 상충이론은 현실적으로 존재하는 이자비용의 법인세 절감효과와 파산비용을 명시적으로 고려하고 있다는 점에서 의의가 있다. 그러나 파산비용의 크기를 실제적으로 예측하기 어려울 뿐만 아니라, 기대파산비용(=파산비용×파산확률)이 지급이자의 세금절감효과를 상쇄할 만큼인지도 논란이 되고 있다. 하지만 기업의 CFO들은 해당기업의 최적자본구조에 대해 고민하고, 기업의 현재 부채비율이 최적자본구조에서 벗어났을 때 향후 자본조달시에는 최적자본구조로 돌아가려 한다는 최근 연구 결과가 제시되고 있다.

3. 동태적 상충이론

정태적 상충이론에 따르면 기업은 가치를 극대화하기 위해 최적자본구조 또는 최적부채비율을 찾아내고 유지해야 한다. 하지만 기업이 특정시점에 최적자본구조를 달성했다 하더라도 이를 계속 유지하기란 쉽지 않다. 예를 들어, 어떤 기업이 부채를 갚거나 더 발행하지 않더라도, 이익을 유보시키거나 자사주를 매입하면 부채비율은 변하게 된다. 또한 유상증자를 통해 자기자본을 증가시키면 부채비율은 달라진다. 동태적 상충이론(dynamic trade-off theory)은 기업이 특정시점에 최적부채비율에서 벗어났을 때 재무정책을 통해 최적부채비율로 회귀한다는 것을 가정한다.

Shyam-Sunder and Myers(1999)는 기업들이 동태적 상충이론에 따라 최적자본구조로 회귀하는지를 증명하기 위해 다음 식을 가정하였다.[7)]

$$\Delta D_t = \alpha + \beta(D^* - D_{t-1})$$

D^*는 최적부채비율이고, D_{t-1}은 $t-1$시점의 부채비율, ΔD_t는 t시점의 부채비율의 변화를 의미한다. 기업이 동태적 상충이론을 따르고 $t-1$시점의 부채비율이 최적부채비율에서 벗어나 있다면, t시점에 최적부채비율에서의 차이만큼 부채비율을 조정하여 최적부채비율로 회귀할 것이다. 동태적 상충이론을 연구한 논문들은 시계열분석(time-series analysis)을 통해 $\beta = 1$인지를 분석한다. 동태적 상충이론에 따르면 부채비율이 최적부채비율보다 큰 기업은 향후 자본조달 시 유상증자를 할 가능성이 높고, 부채비율이 최적부채비율보다 작은 기업은 부채를 발행하여 자본을 조달할 가능성이 높다는 것을 알 수 있다.

제5절 대리인비용이론

1. 대리인비용

전통적으로 기업경영자는 주주의 부를 극대화시키는 의사결정을 한다고 가정하고 있다. 그러나 기업의 이해관계자인 주주, 채권자, 경영자들은 각자 자신들의 이익을 극대화하기 위하여 노력하는 과정에서 이해다툼의 갈등을 보이는 경우가 적지 않다. 사실 기업경영의 대리인인 기업경영자가 추구하는 목표와 주주 및 채권자가 추구하는 목표가 다를 수 있고, 이로 인한 이해상충의 추가적인 비용이 발생하기도 한다.

Jensen & Meckling(1976), Jensen(1986)은 기업 이해관계자들의 이해상충으로

7) Shyam-Sunder, L., and S. Myers, “Testing static tradeoff against pecking order models of capital structure,” *Journal of Financial Economics*, 51 : 219~244(1999).

인해 발생하는 비용을 대리인비용이라고 하고, 이러한 상충된 이해관계를 분석하여 최적자본구조를 설명하는 대리인이론(agency theory)을 주장하였다.[8)]

본래 대리인관계란 위임자(principal)가 대리인(agent)에게 의사결정의 권한을 위임하는 계약관계를 말한다. 대리인비용(agency cost)이란 위임자와 대리인의 의사결정의 목표가 일치하지 않고 정보의 비대칭으로 인하여 두 계약당사자간의 이해가 상충될 때 발생하는 비용을 말한다. 기업경영에 있어서는 내부주주, 외부주주, 채권자, 경영자들 사이에 이해관계가 상충되어 여러 가지 대리인비용이 발생할 수 있다.

2. 자기자본의 대리인비용과 부채의 대리인비용

Jensen & Meckling(1976)은 기업의 총대리인비용(total agency costs)을 자기자본의 대리인비용과 부채의 대리인비용으로 나누어 설명하였다.

(1) 자기자본의 대리인비용

자기자본의 대리인비용(agency cost of equity)이란 기업이 자기자본의 증가(신주발행 증자)를 통해서 자본을 조달해야 할 때 자본제공자(외부주주)와 의사결정자인 전문경영인 사이에 이해관계가 상충하여 발생하는 지분(equity)의 대리인비용을 말한다. 전문경영인이 자신만의 효익을 높이려고 낭비적인 자금지출(호화사무실, 고급승용차 등의 perquisite consumption)을 증가시켜 기업가치가 감소될 수 있다. 외부주주는 이와 같은 부당한 행위를 감시하기 위해서 회계감사, 내부통제시스템의 운용 등을 요구하게 되는데, 이러한 감시의 대리인비용이 발생한다.

대리인비용의 또 다른 형태는 잉여현금흐름(FCF)의 문제이다. 잉여현금흐름이 증가하면 지분이 없는 전문경영인은 그만큼 낭비적인 자금지출의 유인을 갖게 된다. 이 기업이 부채를 증가시키면, 이자비용 때문에 전문경영인이 자신

8) Jensen, M., and W. Meckling, "Theory of the Firm: Managerial Behavior, Agency Costs, and Ownership Structure," *Journal of Financial Economics*, Oct. 1976, 305~360 ; Jensen, M., "Agency Costs of Free Cash Flow, Corporate Finance, and Takeovers," *American Economic Review*, 76 : 323~329(May 1986).

의 효익을 위해 사용할 수 있는 *FCF*가 감소하여 낭비적 요소(대리인비용)가 줄게 되고, 그만큼 기업가치는 높아질 수 있다.

외부주주와 전문경영인 사이의 이해상충 때문에 기업은 보통 다음과 같은 자기자본의 대리인비용을 발생시키고, 이 비용이 크면 클수록 기업가치는 작아진다.

① 감시비용(monitoring cost) : 전문경영인의 의사결정이 위임자인 주주의 이익으로부터 벗어나는지를 확인하기 위한 외부감사(audit)비용, 약속이행 여부를 확인하기 위한 법률자문비용, 인건비지출 등을 말한다.

② 확증비용(bonding cost) : 전문경영인이 받게 될지도 모르는 불이익을 회피하기 위해서 추가적인 사채발행 제한 또는 금지, 배당제한 등을 요구하거나 까다로운 계약조건을 첨가시키는 경우 발생하는 비용을 말한다.

③ 잔여손실(residual loss) : 전문경영인의 노력 부족 또는 주주와 전문경영인 사이에 발생할 수 있는 의사결정상의 괴리로 인하여 초래되는 기업가치의 감소분을 말한다.

(2) 부채의 대리인비용

부채의 대리인비용(agency cost of debt)이란 기업이 부채를 통해 자금을 조달할 때 자본제공자(위임자)인 채권자와 의사결정자인 주주 사이에 이해관계가 상충하여 발생하는 대리인비용을 말한다. 대표적인 예는 위험전가, 곧 과다투자의 대리인비용을 말한다. 위험전가(risk shifting)란 경영자(내부주주)가 위험투자사업을 집행할 때 주주의 위험을 채권자에게 전가시키는 행위를 말한다.

예를 들어 (주)엔젤이 현재 고려하고 있는 투자안(수명 1년)에 관련된 정보는 다음과 같다고 하자.

상 황	확 률	투자안 A	투자안 B
호황	0.5	20,000만원	13,000만원
불황	0.5	3,000만원	10,000만원

이 기업은 12.5%의 이자율로 8,000만원을 차입하여 투자재원으로 활용할 예정이며 1년 후 원리금 9,000만원을 다시 갚아야 한다. 이 기업에 투자자금을 대여해 줄 자금제공자는 투자안 B에 대해서는 어떤 경제상황에서도 9,000만원을 초과하는 현금흐름이 예상되므로 자금대여에 응할 것이다.

그러나 기업경영의 대리인은 일단 이 자금을 차입한 후에는 위험이 더 높은 투자안 A에 투자하고 싶은 유혹이 생길 것이다. 위험은 높지만 대리인에게 돌아가는 기대현금흐름이 다음 계산처럼 투자안 A가 투자안 B보다 더 크기 때문이다. 투자안 A의 기대현금흐름이 투자안 B보다 높게 되는 이유는, 불황의 상황이 되면, 3,000만원의 투자수입이 차입금 9,000만원 상환에 못 미치는 파산의 상황이 되는데, 유한책임의 주주 입장에서는 현금흐름이 사실상 0이 되기 때문이다.

i) 1년 후 상환해야 할 금액 $=8{,}000(1.125)=9{,}000$만원

ii) 대리인의 투자안 A의 기대현금흐름

$=[(20{,}000-9{,}000)\times 0.5+(0\times 0.5)]=5{,}500$만원

iii) 대리인의 투자안 B의 기대현금흐름

$=[(13{,}000-9{,}000)\times 0.5]+[(10{,}000-9{,}000)\times 0.5]=2{,}500$만원

이처럼 주주들은 채권자와의 약속을 어기고 더 위험한 투자안을 선택하려는 유혹을 갖게 된다. 투자수익이 원리금을 초과하는 부분은 모두 주주의 이득이 되는 반면에 민약 투자수익이 원리금상환액에 못 미치면 주주의 유한책임에 근거하여 파산하면 그만이기 때문이다. 이와 같은 유혹에 따라 주주가 위험이 큰 투자안을 채택하면 주주의 기대수익은 높아지지만 채권자의 부는 감소하게 된다. 주주가 갖는 유한책임의 특성 때문에 부채비율이 높은 기업의 주주들은 비록 NPV가 (−)인 투자안이라도 투자하려는 과다투자의 유인을 갖게 된다.

그러므로 채권자들은 자금을 대여하면서 전제조건으로 반드시 투자안 B에 투자해야 한다는 것을 내세울 것이며, 또한 이 약속여부를 감시하기 위해 비용을 지출할 것이다. 이 비용이 바로 부채의 대리인비용의 한 형태이다.[9)]

9) 주주들의 위험선호유인에 대한 이유를 옵션이론의 관점에서 설명할 수 있다. 자기자본은 European call option의 성격을 갖고 있다. 따라서 주주들은 call option으로서의 자기자본의 가치를 극대화하고 부채가치를 감소시키기 위하여 가능한 한 보다 큰 위험을 지닌 투자안을 채택함으로써 기업가치의 변동성을 보다 크게 하려는 유인을 갖게 된다.

Jensen & Meckling(1976)은 기업의 부채비율이 증가함에 따라 감당해야 할 부채의 대리인비용을 다음과 같이 구분하였다.

① 위험전가와 같은 투자 왜곡에 따른 기업가치 손상
② 채권자의 경영자에 대한 감시비용과 확증비용
③ 파산과 채무조정 비용

주주와 채권자의 이해상충 문제가 커지면 부채의 대리인비용이 증가하면서 기업가치가 줄어든다. 따라서 주주의 부(shareholders' wealth)가 줄어들면서 부채의 대리인비용 증가의 최종 책임은 주주에게 돌아간다.

3. 대리인비용과 최적자본구조

앞에서 대리인비용을 자기자본의 대리인비용과 부채의 대리인비용으로 구분하여 살펴보았다. 이들 대리인비용은 총자본조달액 중 자기자본 또는 부채의존도와 일정한 관계를 갖게 된다. 이제 외부주주들의 자본과 차입된 부채를 각각 S_o, B_L이라고 하고, 자기자본의존도(부채의존도가 아님)를 $S=\frac{S_o}{(S_o+B_L)}$로 놓으면 다음과 같은 관계가 성립한다.

자기자본의 대리인비용(이를 A_E로 표시)은 외부주주의 지분율(S)이 증가할수록 커진다. 외부주주의 소유비율이 높아질수록 내부주주(소유경영자)와 이해상충이 커질 가능성이 높아지기 때문이다. 따라서 A_E는 S의 증가함수로 표시된다.

$$A_E = A_E(S)$$

반면에 부채의 대리인비용(이를 A_B로 표시)은 자기자본비율(S)이 증가할수록 작아진다. 외부주주의 소유비율이 높아질수록 내부주주(소유경영자)와 채권자 사이의 이해상충의 가능성은 작아지기 때문이다. 따라서 A_B는 S의 감소함수이다.

$$A_B = A_B(S)$$

■ 그림 11-7
대리인비용을 고려한 최적 자본구조이론

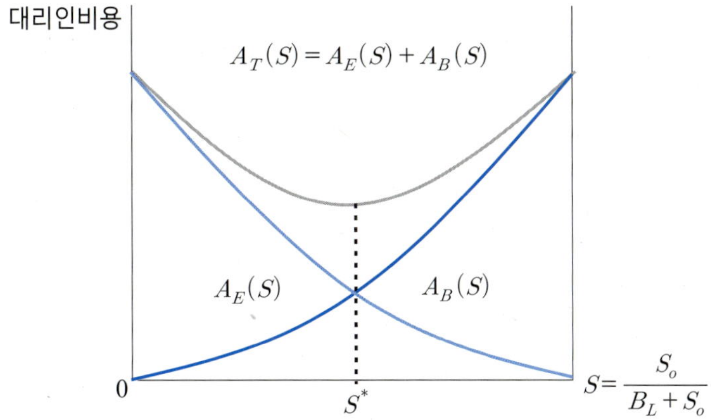

따라서 총대리인비용(A_T로 표시)은 $A_E + A_B$이므로 [그림 11-7]과 같이 U형태가 되어 극소점 S^*가 존재하게 된다. 즉 S^*점에서 총대리인비용이 최소가 되어 기업가치가 극대화되는 최적자본구조가 성립하게 된다. 다시 말해, 부채를 증가시키면 자기자본의 대리인비용은 작아지지만 부채의 대리인비용은 커진다. 대리인비용이론에 따르면, 최적의 부채비율은 총대리인비용(total agency costs)을 최소화시키는 지점에서 결정된다.

이상의 내용을 요약하면 부채사용으로 인한 세금절약효과, 파산비용효과에 첨가하여 총대리인비용까지 감안하는 기업가치는 식(11.9)처럼 표시할 수 있고, 기업가치를 극대화시키는 최적자본구조(최적부채비율 B^*)가 존재하게 된다.

$$V_L = V_U + t_c \cdot B - PV(C_B) - A_T(S) \tag{11.9}$$

단, $A_T(S)$: 최적자본구조에서의 대리인비용

제6절 자본조달순위이론

자본시장은 불완전하여 기업의 이해관계자들은 서로 다른 수준의 정보를 갖게 된다. 외부주주나 채권자보다도 경영자, 내부주주가 기업경영의 상세한 내용에 대한 우월한 정보를 가지는 것이 일반적이다. 이처럼 경영자와 외부주주 간에 서로 다른 수준의 정보를 갖게 되는 정보비대칭(information asymmetry)의 상황이 존재한다.

정보비대칭이 있는 경우 우월한 정보를 갖고 있는 경영자는 자신이 갖고 있는 정보를 정보가 부족한 일반투자자에게 전달해 주는 신호수단으로 자본조달정책이나 배당정책 등을 활용할 수 있다. 단순한 기업공시제도를 통하여 재무정책의 변경내용을 직접 공시할 수도 있지만, 불성실공시의 예에서 보는 것처럼 신뢰성 있게 전달되지 않을 수 있다. 그러나 자본구조나 배당의 변화는 기업의 실질을 바꾸는 것이므로 신뢰성 있는 정보효과를 유발한다. 결과적으로 경영자의 자본조달정책이나 배당정책에 관한 재무의사결정은 일반투자자에게 기업경영에 관한 정보를 알리는 강력한 신호효과(signalling effect) 또는 정보효과(information effect)가 있다.

또한 정보비대칭은 기업의 자본조달순위에 영향을 미칠 수 있다. 자본조달순위이론(pecking order theory)에 따르면 기업에 유리한 특정한 부채비율(최적자본구조)이 존재하는 것이 아니라, 기업의 자본조달은 「유보이익 → 부채 → 보통주」의 미리 정해진 순위에 따라 이루어진다. 왜냐하면 높은 수익성이 예상되는 투자안이 있을 경우 경영자가 기존 주주의 몫이 많아지도록 자본조달순위를 정하게 되는데, 그 정해진 순위는 최우선적으로 유보이익으로 조달하고, 만약에 투자자금이 부족하면 그 다음 순위로 부채로 조달하며, 그래도 부족하면 외부주주로부터 조달하게 된다.

보통주에 의한 자본조달의 우선순위가 부채보다 낮은 것은 이 순위가 기본적으로 기존 주주의 부의 극대화를 추구하는 목표와 일치하는 여러 이유가 있기 때문이다. 정보비대칭으로 인하여 투자사업의 수익성에 대하여 충분한 정보가 전달되지 못한 상태하에서는 보통주를 발행하여 투자자금을 마련하면 정보비대칭이 해소된 상태에 비하여 낮은 주당가치를 보이게 된다. 또한 보통주에 의한 자본조달이 이루어지면 소유지분율을 유지 못할 경우, 증가된 발행주식수로 인하여 기업지배권이 상실될 위험성이 있기 때문이다.[10]

수익성이 매우 양호한 기업들 중에 많은 기업의 부채비율이 낮은 실증적 결과에 대해, 자본조달순위이론은 그 이유가 무엇인지를 설명해 준다.[11] 수익성이 양호한 기업들은 기업 내부의 유보이익이 많아 신규투자 소요자금을 조달하는데 외부자금을 필요로 하지 않기 때문이다. 반면에 수익성이 낮은 기업은 충분한 사내유보가 적어 외부로부터의 차입에 의존하게 되므로 높은 부채비율을 보이게 된다.

자본조달순위이론은 기업들이 재무적 잉여(financial slack) 또는 재무적 유연성(financial flexibility)을 확보하려는 동기를 설명해 준다. 기업이 여유자금을 보유하고 있으면 수익성이 높은 신규투자사업의 기회를 내부자금으로 진행할 수 있으며, 외부자본에 의존할 필요가 없다. 이 이론에 따르면 기업이 투자기회를 놓치지 않으려면 내부자본(internal capital)을 갖고 있어야 하며, 유상증자를 통한 자본조달은 피해야 한다는 것을 시사한다.

10) Myers, S. C., "The Capital Structure Puzzle," *Journal of Finance*, 39 : 575～592(July 1984) ; Myers, S. C., and N. S. Majluf, "Corporate Financing and Investment Decisions When Firms Have Information That Investors Do Not Have," *Journal of Financial Economics*, 13 : 187～221(June 1984).

11) 라잔과 징갈레스(Rajan & Zingales)는 부채비율의 결정요인에 대한 실증연구에서 기업규모, 유형자산, 수익성, 성장성을 결정요인으로 제시하고 있는데, 기업규모가 클수록, 유형자산비중이 높을수록, 수익성이 낮을수록, 성장성이 낮을수록 부채비율이 높은 것으로 분석하고 있다. Rajan, R. G., and L. Zingales, "What Do We Know About Capital Structure?" *Journal of Finance*, 50 : 1421～1460(Dec. 1995).

제 7 절 자본구조결정의 실제

1. 최적자본구조의 추정

앞에서 살펴본 정태적 상충이론과 대리인비용이론에 따르면 기업은 기업가치를 극대화시키고, 자본비용을 최소화할 수 있는 최적자본구조를 갖는다. 그렇다면 기업은 최적자본구조를 어떻게 추정할 수 있을까? 보통 다음 세 단계를 거쳐서 최적자본구조를 추정할 수 있다.

① 시나리오(부채비율)에 따른 타인자본비용과 자기자본비용을 추정한다.
② 가중평균자본비용($WACC$)을 추정한다.
③ 여유현금흐름(FCF)과 기업가치를 계산한다.

기업은 위 단계를 거쳐 각 시나리오(부채비율)별 기업가치와 $WACC$를 추정하고, 이를 바탕으로 각 시나리오 중에서 최적의 자본구조(부채비율)를 선택할 수 있다. 다음의 예를 통해서 구체적으로 최적자본구조 결정문제를 살펴보자.

(주)명륜당의 재무팀은 최적자본구조를 도출하고, 이를 유지하려 한다. 이 기업은 우선주는 발행하지 않고, 회사채(타인자본)와 보통주(자기자본)로만 자본을 조달한다. 재무팀은 기업가치 대비 부채비율이 0%, 20%, 40%, 60%, 80%만 가능하다는 시나리오를 갖고 있다. 이에 따른 가중평균자본비용과 기업가치를 측정한 후 이 기업의 최적자본구조를 추정해 보자.

이 기업은 제9장에서 배운 것처럼 타인자본비용 결정시 무위험수익률+스프레드를 사용한다. 이 기업의 타인자본비용은 해당 회사채 신용등급의 시장 평균 수익률과 같다고 가정하자. 이 기업이 부채비율을 증가시킴에 따라 신용등급은 악화된다. 해당 신용등급의 평균 수익률(이 기업의 세전타인자본비용)은 다음 표와 같다(부채가치, 자기자본가치, 기업가치는 시장가치이다).

부채가치/ 기업가치(B/V)	자기자본가치/ 기업가치(S/V)	부채/자기자본 (B/S)	신용등급	세전타인자본비용
0.0	1.0	0.00	A	7.0%
0.2	0.8	0.25	BBB	8.0
0.4	0.6	0.67	BB	10.0
0.6	0.4	1.50	CCC	12.0
0.8	0.2	4.00	CC	15.0

이 기업은 자기자본비용을 구하기 위해 *CAPM*을 이용한다. *M&M* 이론에서 배운 바와 같이 부채비율이 증가함에 따라 자기자본비용도 커진다. Hamada (1969)는 이를 베타에 반영하여, 다음과 같은 식을 발전시켰다. 부채사용시의 베타(β_L)와 부채가 없을 때의 베타(β_U)의 관계를 나타낸 것이다.

$$\beta_L = \beta_U[1+(1-T_c)\frac{B}{S}]$$

무부채베타(β_U)는 1.2이고, 시나리오(부채비율 변경)별 베타를 위 식을 이용해 구할 수 있다. 무위험수익률은 5%이고, 시장위험프리미엄은 6%로 가정하자. 그리고 법인세율(T_C)은 40%로 가정하자. 부채가 없을 때에는 이 기업의 자기자본비용과 가중평균자본비용은 같다. 따라서

$$WACC = R_e = 5\% + 1.2 \times 6\% = 12.2\%$$

이다. 그리고 부채비율이 20%일 때의 *WACC*는 다음과 같다.

$$\beta_L = 1.2[1+(1-0.4)0.25] = 1.38$$
$$R_e = 5 + 1.38 \times 6 = 13.28\%$$
$$WACC = 0.2 \times 8\% \times (1-0.4) + 0.8 \times 13.28 = 11.58\%$$

즉 부채비율이 0에서 20%로 증가할 때, *WACC*가 12.2%에서 11.58%로 줄어들었다.

다음으로 기업가치를 계산해 보자. 단순화를 위해 이 기업의 다음 연도 여유현금흐름이 24,000(천원)이고, 매년 똑같은 여유현금흐름을 창출한다고 가정하자. 그렇다면 기업가치는 다음과 같다.

$$V = FCF / WACC$$

부채비율이 0%일 때, $V = 24{,}000/0.122 = 196{,}721$(천원)

부채비율이 20%일 때, $V = 24{,}000/0.1158 = 207{,}254$(천원)

위와 같은 방법으로 시나리오별 자본비용과 기업가치를 계산해 보면 다음 표와 같다.

부채가치/기업가치(B/V)	부채/자기자본(B/S)	세후 타인자본 비용	β_L	자기자본 비용	$WACC$	기업가치 (천원)
0.0	0.00	4.2%	1.2	12.20%	12.20%	196,721
0.2	0.25	4.8	1.38	13.28	11.58	207,254
0.4	0.67	6.0	1.68	15.08	11.45	209,607
0.6	1.50	7.2	2.28	18.68	11.79	203,562
0.8	4.00	9.0	4.08	29.48	13.10	183,206

위의 표에서 볼 수 있듯이 이 기업의 가능한 부채비율 중 가중평균자본비용을 최소화시키고, 기업가치를 극대화하는 최적자본구조는 부채 40%와 자기자본 60%이다.

2. 미국 기업의 자본구조 100년 역사

Graham, Leary, and Roberts(2016)는 최근 연구에서 과거 100년 동안의 미국 기업들의 자본구조 변화 추이를 설명하였다.[12] [그림 11-8]은 미국 기업들과 정부의

12) Graham, J., M. Leary, and M. Roberts, "A Century of Capital Structure: Leveraging of Corporate America," *Journal of Financial Economics*(2016).

■ 그림 11-8
미국 기업들과 정부의 부채비율

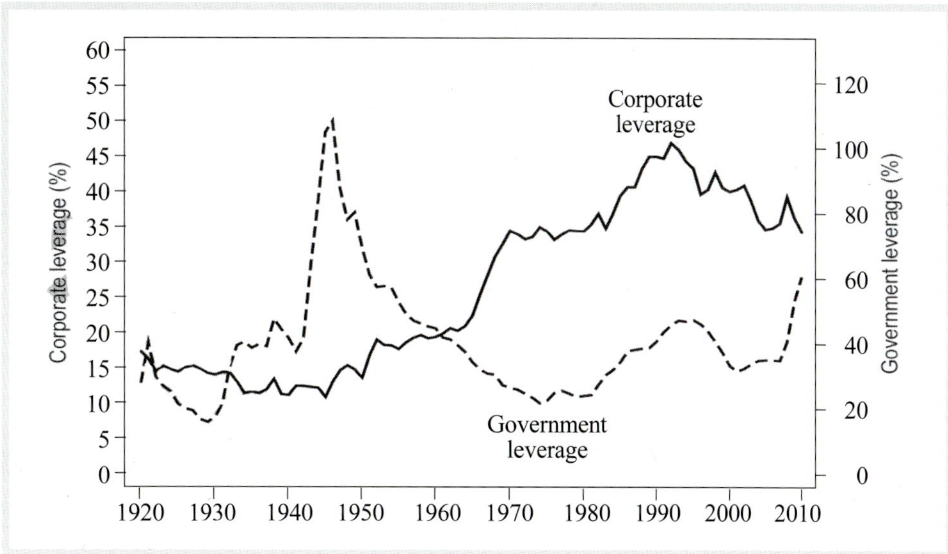

부채비율을 보여준다. 먼저 알 수 있는 것은 미국 정부가 부채를 많이 쓸 때에는 기업의 부채비율이 낮아지고, 정부가 부채 사용을 줄일 때에는 기업의 부채비율이 높아지는 것을 알 수 있다. 즉 정부와 기업이 채권시장에서 서로 경쟁하고 있는 것을 알 수 있다. 자본의 공급이 제한적인 채권시장에서 정부가 어느 시점에 부채를 많이 발행하게 되면 이자율이 올라가고, 기업은 부채의 발행을 줄일 수밖에 없다. 반면 정부가 부채발행을 줄이면 이자율은 떨어지고, 기업은 채권시장에서 적은 비용으로 자본조달을 할 수 있을 것이다. 또한 미국 기업들의 평균 부채비율(부채/(부채+자기자본))은 1950년대 이후 급격히 늘어나 1970~1980년대에 35% 수준을 유지하다, 1990년 이후 낮아져 2000년 이후로는 30% 이하를 유지하고 있다.

전 세계 기업들의 자본구조에 관한 연구들을 종합해 보면 다음의 다섯 가지 특성이 특정기업의 자본구조를 결정하는 중요한 변수가 된다.

① 기업규모(firm size) : 중소기업에 비해 대기업은 영업위험이 낮을 것이다. 따라서 대기업의 부채비율 증가에 따른 재무위험은 다소 증가해도 무방할 것이다. 기업규모와 부채비율의 양(+)의 관계는 자본구조의 상충이론(tradeoff theory)과 부합하는데, 왜냐하면 기업규모가 작은 기업일수록 파

산의 가능성이 높아서 부채비율을 낮게 유지해야 기업가치를 극대화할 수 있기 때문이다.

② 수익성 : 자산 대비 영업이익의 비중이 높은 기업은 대체로 부채비율이 낮다. 자본조달순위이론에 따르면 꾸준한 영업이익의 창출로 이익유보금이 많은 기업은 부채를 사용할 유인이 별로 없다. 따라서 영업이익률과 부채비율의 음(−)의 관계는 자본조달순위이론(pecking order theory)에 의해서 설명할 수 있다. 반면, 이 관계는 상충이론으로는 설명할 수 없는데, 영업이익이 많을수록 이자비용 지출에 따른 절세효과를 누리기 위해서는 부채비율을 증가시켜야 하기 때문이다.

③ 유형자산의 비중 : 담보가치가 높은 비유동자산이 많으면 부채차입여력은 커질 것이다. 비유동자산 중 담보로 제공할 수 있는 유형자산이 많으면 해당기업은 은행차입이나 회사채발행을 용이하게 할 수 있다. 따라서 자산 중 유형자산의 비중과 부채비율은 양(+)의 관계를 갖는데, 이는 상충이론과 부합한다.

④ 현금흐름의 변동성 : 영업활동으로 인한 현금흐름의 변동성은 부채비율을 결정하는 중요한 역할을 한다. 영업현금흐름의 변동성이 높은 기업이 자본 중 부채의 비중을 늘리면 그만큼 부도의 가능성이 커진다. 따라서 경영자는 영업위험이 클수록 부채비율을 낮춰야 한다. 따라서 영업활동으로 인한 현금흐름의 변동성과 부채비율은 음(−)의 관계를 갖는데, 이는 상충이론과 부합한다.

⑤ Market to book ratio : 보통 자산의 장부가치 대비 시장가치의 비율이 높은 기업을 성장주(growth stock)로, 이 비율이 낮은 기업을 가치주(value stock)로 분류한다. 매출액증가율이 높은 성장기업은 주가가 높으면 매출을 뒷받침하는 투자소요자금을 신주발행을 통하여 조달하는 것이 유리할 수도 있다. 또한 이런 성장기업은 현금흐름의 변동성이 큰 경우가 대부분이므로, 이런 위험을 반영하여 부채비율을 낮게 유지하는 것이 보통이며, 이는 상충이론으로 설명할 수 있다.

일반적으로 동일산업 내의 기업들은 다른 산업군의 기업보다 영업성격과 영업위험이 유사하다. 부채비율도 산업상의 특성이 반영되어 특징적인 패턴을 보이기도 한다. 보유자산의 위험도가 높거나 무형자산의 비중이 높고, 현금흐름의 불확실성이 높은 산업군에서는 부채비율이 낮은 특징을 보인다. 반면에 유형자산의 비중이 높거나 보유자산의 위험도가 낮은 산업에서는 높은 부채비율을 유지하는 특징을 보이기도 한다. 그러나 재무구조 혹은 재무위험은 개별기업사정으로 차이를 보일 수 있는데, 어느 한 기업의 자본구조가 동일산업 내 다른 기업들과 현저한 차이를 보이는 경우는 그 원인이 무엇인지 분석해 볼 필요가 있다.

주요 용어

- 자본구조
- 재무위험
- 변동비
- 재무고정비
- 재무레버리지
- 파산비용
- 대리인비용
- 확증비용
- 자본조달순위이론
- 최적자본구조
- 레버리지효과
- 고정비
- 레버리지분석
- 결합레버리지
- 정태적 상충이론
- 자기자본의 대리인비용
- 잔여손실
- 정보비대칭
- 영업위험
- 부채레버리지
- 영업고정비
- 영업레버리지
- $M\&M$의 자본구조이론
- 동태적 상충이론
- 감시비용
- 부채의 대리인비용

연습문제

1. 다음 중 기업의 특성과 부채비율의 일반적인 관계에 대한 설명으로 바르지 않은 것은?

① 기업규모(firm size)와 부채비율은 양(+)의 관계를 보인다.
② 기업의 수익성(profitability)과 부채비율은 양(+)의 관계를 보인다.
③ 기업의 자산 중 무형자산의 비중이 높을수록 부채비율이 낮은 경향을 보인다.
④ 영업현금흐름의 변동성과 부채비율은 음(−)의 관계를 보인다.
⑤ 기업의 market to book ratio와 부채비율은 음(−)의 관계를 보인다.

2. 기업이 자본 중 부채의 비중을 늘림에 따라 발생하는 부채의 대리인비용으로 볼 수 없는 것은?

① 과소투자문제(underinvestment problem)
② 위험한 투자에 대한 선호(risk shifting)
③ 기대파산비용의 증가
④ 경영자에 대한 감시비용
⑤ 잔여재산 손실(residual loss)

3. 마케팅 분야에서 사용하는 product life cycle 개념과 비슷하게 기업의 성장에 따른 자본조달과 자본구조의 특성을 설명하기 위해 financial life cycle이란 개념을 쓰기도 한다. 이 개념에 따르면 기업의 성장 단계 중 부채비율이 가장 높을 것으로 예상되는 단계는?

① 도입기
② 성장기
③ 성숙기
④ 쇠퇴기
⑤ 청산기

4. 다음 중 완전자본시장 가정에서 정보비대칭에 대한 가정을 완화했을 때 발전된 이론이 아닌 것은?

① 동태적 상충이론
② Market timing theory
③ 자본조달순위이론
④ 신호효과이론

5. 다음 중 기업의 레버리지(leverage)에 관한 설명으로 타당하지 않은 것은?

① 영업레버리지가 높은 기업은 재무레버리지를 낮춰야 한다.
② 영업레버리지도(degree of operating leverage)와 재무레버리지도(degree of financial leverage)를 합하면 결합레버리지도를 구할 수 있다.
③ 매출액 변화에 따른 영업이익의 변화의 민감도를 재는 단위가 영업레버리지도이다.
④ 영업이익의 변화에 따른 주당당기순이익의 변화의 민감도를 재는 단위가 재무레버리지도이다.
⑤ 매출액 변화에 따른 주당당기순이익의 변화의 민감도를 재는 단위가 결합레버리지도이다.

6. 다음 중 자본구조의 대리인비용이론에 관한 설명으로 타당하다고 생각되는 것은?

① 자본구조의 상충이론에 따르면 기업별 최적부채비율이 존재하지만 대리인비용이론에 따르면 최적부채비율은 존재하지 않는다.
② 부채비율이 증가하면 자기자본의 대리인비용이 증가한다.
③ 부채비율이 증가하면 기업의 투자결정이 왜곡될 수 있다.
④ 부채비율이 증가하면 기업 전체의 대리인비용이 증가한다.
⑤ 대리인비용과 기업가치는 상관관계가 없다.

7. 다음 중 기업의 최적자본구조가 존재한다고 주장하는 이론을 모두 고르시오.

① 정태적 상충이론
② 대리인비용이론
③ 자본조달순위이론
④ 신호효과이론
⑤ Market timing theory

8. 자본조달순위이론에 따르면 다음 중 어느 진술이 올바른가?

① 신규 부채가 신규 자기자본보다 선호된다.
② 신규 보통주의 발행이 내부보유자금보다 선호된다.
③ 자기자본의 확충이 선호되므로 가급적 유상증자를 많이 해야 된다.
④ 기업별 최적자본구조가 존재한다.
⑤ 내부유보금을 줄이고, 배당을 실시해야 하는 이유를 설명한다.

9. 자본구조의 상충이론(trade-off theory)에 따라 바르게 진술된 것은?

① 최적자본구조가 존재하지 않으므로 부채비율은 중요하지 않다.
② 부채는 최후의 자본조달수단이다.
③ 기업의 현재 부채비율이 최적수준보다 높으면 다음 자본조달시에는 유상증자를 할 가능성이 높다.
④ 다른 조건이 같다면 기업의 법인세율이 높을수록 부채비율이 낮을 것이다.
⑤ 다른 조건이 같다면 수익성이 높은 기업은 부채비율이 낮을 것이다.

10. 정부가 갑자기 법인세율을 20%에서 30%로 증가시킨다면 예상되는 결과는?

① 세후부채의 비용이 감소하므로 기업의 부채비율이 증가한다.
② 보통주 발행을 통해 조달한 자기자본비용이 감소한다.
③ 기업의 가중평균자본비용에는 영향이 없다.
④ 최적자본구조는 변하지 않는다.
⑤ 세후우선주의 비용이 감소한다.

11. 영업레버리지는 무엇을 측정하는 지표인가?

① 영업이익 변화에 대한 당기순이익의 민감도
② 매출액 변화에 대한 당기순이익의 민감도
③ 변동비 변화에 대한 고정영업비용의 민감도
④ 매출액 변화에 대한 영업이익 변화의 민감도

12. 완전자본시장이며, 세금이 없다는 가정하에서 도출한 $M\&M$ 이론의 주장과 일치하는 것은?

① 레버리지가 증가함에 따라 기대파산비용이 증가한다.
② 경영진이 부채를 증가시키더라도 기업가치는 변하지 않는다.
③ 최적자본구조는 영업레버리지에 의해 결정된다.
④ 부채를 증가시키면 가중평균자본비용은 낮아진다.

13. 대리인비용이론에 따르면 최적자본구조는 어떻게 결정되는가?

14. 부채사용에 따라 현실적으로 나타나는 효과의 하나는 손익확대(레버리지)효과이다. 부채를 차입하면 손익확대효과는 왜 생기는가? 부채가 증가하면 EPS와 ROE에는 어떤 영향을 미치는가?

15. $M\&M$은 법인세가 존재하지 않는 완전자본시장의 가정하에서 자본구조와 기업가치는 관계가 없다는 무관련이론(irrelevance theory)을 제시하였다. 이 이론의 가정과 명제는 무엇인가?

16. $M\&M$은 법인세가 존재하는 현실을 감안한 수정자본구조이론을 제시하였다. 이 이론에서 법인세율의 변경은 기업가치에 어떤 영향을 주는가?

17. 법인세와 최적자본구조

법인세가 존재하는 것 이외에는 자본시장은 완전자본시장임(파산비용 없음 포함)을 가정한다. (주)소망자원은 현재 벌어들이는 2억원의 영업이익을 영원히 벌어들일 수 있을 것으로 전망하고 있다. 현재는 자본조달 면에서 부채를 사용하고 있지 않은데, 자본비용이 13%이고, 발행주식수는 10,000주이며, 법인세율은 35%이다. 이제 법인세율의 인상을 예상하여 부채차입을 검토하고 있는데, 차입한다면 6억원의 자금을 10% 이자율에 차입할 수 있다. 부채차입으로 이 기업의 영업위험은 달라지지 않을 것으로 판단하고 있다. 즉 영업이익흐름은 변하지 않을 것으로 전망한다.

(1) 현재 부채를 사용하지 않는 상태에서 (주)소망자원의 기업가치, 자기자본비용, 가중평균자본비용은 얼마인가?

(2) (주)소망자원이 계획대로 6억원의 부채를 10% 이자율로 차입할 경우의 기업가치, 자기자본비용, 가중평균자본비용을 구하여 부채차입효과를 평가하라.

(3) (주)소망자원이 위와 같이 부채차입을 완료하고, 만약 정부가 법인세율을 40%로 5%만큼 인상하였다고 가정하자. 이 기업의 기업가치, 자기자본비용, 가중평균자본비용에 미치는 영향을 측정하고, 이 기업의 자본구조 변경결정이 현명하였는가를 평가하라.

(4) (주)소망자원의 영업이익이 100원이고 500원의 부채를 사용한다고 가정하자. 무부채기업의 자기자본비용인 $\rho=10\%$이다. 법인세율이 30%에서 40%로 인상되었을 경우 기업가치는 증가하는가?

18. 영업레버리지도/재무레버리지도/결합레버리지도

현재 매출액이 5,000만원인 비천당(주)의 고정영업비는 1,500만원이고 변동영업비는 매출액의 40%라 한다.

(1) 매출액이 10% 증감할 경우의 영업이익 증감을 표로 나타내고, 영업레버리지도를 구하라. (단위 : 만원)

(2) 손익분기점의 매출액을 구하라.

(3) 비천당(주)의 영업자본은 1억원의 회사채를 10% 이자율에 조달하였으며, 현재의 총발행주식수는 5,000만주라 한다. 이 경우에 앞에서 구한 영업이익의 증감에 대해 주당순이익의 증감을 표로 나타내고, 재무레버리지도(DFL)를 구하라. (법인세 50%, 단위 : 만원)

(4) 결합레버리지도(DCL)를 구하라.

19. 자본조달분기점의 영업이익

(주)비천당은 두 개의 자본구조에 대한 장·단점을 비교하고 있다. 하나는 부채를 사용하지 않는 경우이고, 다른 하나는 부채를 사용하는 자본구조이다. 부채를 사용하지 않는 경우 이 기업의 발행주식수는 210,000주이다. 반면 부채를 사용하는 경우 이 기업의 발행주식수는 150,000주이고, 부채는 2,280,000원이다. 법인세는 없다고 가정하고, 부채에 대한 이자율은 8%라고 가정하자.

(1) 이 기업의 영업이익이 500,000원이라면 주당순이익이 더 높은 자본구조는 어느 경우인가?
(2) 이 기업의 영업이익이 750,000원이라면 주당순이익이 더 높은 자본구조는 어느 경우인가?
(3) 자본조달분기점의 영업이익은 얼마인가?

20. 부채의 대리인비용

(주)비천당은 1년 후 채권자에게 1억 2천만원을 지불한 후 청산할 계획이다. 이 기업의 CEO는 앞으로 1년 동안 경제가 좋을 확률과 나쁠 확률이 똑같다고 예상하며, 아래 표에 제시된 두 개의 상호배타적 투자안 중 하나를 선택하여 실행할 예정이다. 변동성이 낮은 투자안과 변동성이 높은 투자안에서 예상되는 현금흐름은 아래와 같다.

경 제	확 률	변동성이 낮은 투자안	변동성이 높은 투자안
좋음	0.50	12,000만원	11,400만원
나쁨	0.50	12,800만원	13,300만원

(1) 기업가치를 극대화하려면 어떤 투자안을 선택해야 하는가?
(2) 이 기업의 CEO가 기업가치보다 주주가치를 극대화하려면 어떤 투자안을 선택해야 하는가?
(3) (1)과 (2)의 답을 바탕으로 부채의 대리인비용을 설명하라.

해 답

17. (1) 무부채기업가치 $V_U = \dfrac{2억원 \times (1-0.35)}{0.13} = 10억원$

무부채상태이므로 자기자본비용, 가중평균자본비용 모두 13%이다.

(2) $V_L = V_U + t_c \cdot B = 10억원 + 0.35 \times 6억원 = 12.1억원$(부채 $B=6$억원, 자기자본 $S=6.1$억원)

$$R_e^L = \rho + (\rho - R_d)(1-t_c)\frac{B}{S} = 0.13 + (0.13-0.1)(1-0.35) \times \frac{6}{6.1} = 0.1492$$

$$WACC^L = \rho\left[1 - t_c \cdot \frac{B}{V_L}\right] = 0.13 \times \left(1 - 0.35 \times \frac{6}{12.1}\right) = 0.1074$$

부채를 차입함으로 인해 이자비용의 법인세 절감효과로 기업가치가 증가한다.

(3) $t_c = 40\%$일 때 $V_U = \dfrac{2억원 \times (1-0.4)}{0.13} = 9.23억원$

$V_L = V_U + t_c \cdot B = 9.23억원 + 6억원 \times 0.4 = 11.63억원$(부채 $B=6$억원, 자기자본 $S=5.63$억원)

$$R_e^L = 0.13 + (0.13-0.1)(1-0.4) \times \frac{6}{5.63} = 0.1492$$

$$WACC^L = 0.13\left[1 - 0.4 \cdot \frac{6}{11.63}\right] = 0.1032$$

자본구조변경 의사결정은 다른 변수는 고정시키고 자본구조변경의 효과만을 고려하여 평가해야 한다. 즉 $t_c = 35\%$일 때와 $t_c = 40\%$일 때의 V_L을 단순비교하는 것은 무의미하다. $t_c = 40\%$일 때 $V_U = 9.23$억원이고 $V_L = 11.63$억원이므로 부채차입이 유리하다.

(4)

t_c=30%인 경우	t_c=40%인 경우
$V_U = 100 \times (1-0.3)/0.1 = 700$	$V_U = 100 \times (1-0.4)/0.1 = 600$
$V_L = V_U + t \cdot B = 700 + 500 \times 0.3 = 850$	$V_L = V_U + t \cdot B = 600 + 500 \times 0.4 = 800$

법인세율이 증가했지만 기업가치가 850에서 800으로 감소함을 알 수 있다.

요약하면 법인세율이 하락하거나 상승할 경우 기업가치에 미치는 영향은 $\rho \cdot B$와 $EBIT$ 중 어느 쪽이 큰가에 달려 있다.

18. (1)

매출액 증감	10% 증가	현 재	10% 감소
매출액	5,500	5,000	4,500
(−) 고정영업비	(1,500)	(1,500)	(1,500)
(+) 변동영업비	(2,200)	(2,000)	(1,800)
EBIT	1,800	1,500	1,200

$$DOL = \frac{300/1{,}500}{500/5{,}000} = \frac{20\%}{10\%} = 2$$

(2) $TC = TR,\ FC + VC = TR$

$(1{,}500 + 0.4X = X,\ 0.6X = 1{,}500)$

그러므로 $1{,}500 + 1{,}000 = 2{,}500$

(3)

영업이익 증감	20% 감소	현 재	20% 증가
EBIT	1,200	1,500	1,800
(−) Interest payment	1,000	1,000	1,000
EBT	200	500	800
TAX	100	250	400
NI	100	250	400
EPS	0.02원	0.05원	0.08원
DFL = 60%/20% = 3			

(4) $DCL = DOL \times DFL$

$= 2 \times 3 = 6$

19. (1) 아래 표에서 볼 수 있듯이 부채를 사용하지 않는 경우 *EPS*가 더 높다.

	부채를 사용하지 않는 경우	부채를 사용하는 경우
영업이익	500,000	500,000
이자비용		182,400
당기순이익	500,000	317,600
주당당기순이익(*EPS*)	2.38	2.12

(2) 아래 표에서 볼 수 있듯이 부채를 사용하는 경우 *EPS*가 더 높다.

	부채를 사용하지 않는 경우	부채를 사용하는 경우
영업이익	750,000	750,000
이자비용		182,400
당기순이익	750,000	567,600
주당당기순이익(*EPS*)	3.57	3.78

(3) 자본조달분기점은 *EPS*를 갖게 만드는 영업이익을 말한다. 그 영업이익을 X라 하면, X는 다음 식을 풀어서 구할 수 있다.

X/210,000주=(X−182,400원)/150,000주

자본조달분기점에서의 영업이익은 638,400원임을 알 수 있다. 그리고 영업이익이 638,400원이라면 부채가 없는 경우와 부채를 사용하는 경우 모두 *EPS*는 3.04원이다.

20. (1) 변동성이 낮은 투자안의 기대현금흐름은 12,400만원이고, 변동성이 높은 투자안의 기대현금흐름은 12,350만원이다. 따라서 변동성이 낮은 투자안이 기대현금흐름도 클 뿐만 아니라 변동성도 낮기 때문에 기업가치를 극대화하기 위해서는 당연히 변동성이 낮은 투자안을 선택해야 한다.

(2) 1년 후 각각의 투자안을 선택했을 때 채권자와 주주에게로의 현금흐름은 아래 표와 같다.

채권자에게로의 현금흐름

경 제	확 률	변동성이 낮은 투자안	변동성이 높은 투자안
좋음	0.50	12,000만원	11,400만원
나쁨	0.50	12,000만원	12,000만원

이 기업의 CEO가 변동성이 낮은 투자안을 선택한다면 채권자에게로의 기대현금흐름은 12,000만원이고, 반면 변동성이 높은 투자안을 선택한다면 11,700만원이다.

주주에게로의 현금흐름

경 제	확 률	변동성이 낮은 투자안	변동성이 높은 투자안
좋음	0.50	0만원	0만원
나쁨	0.50	800만원	1,300만원

주주에게로의 기대현금흐름은 변동성이 낮은 투자안은 400만원이고, 변동성이 높은 투자안은 650만원이다. 따라서 이 기업의 CEO가 주주가치를 극대화하려 한다면 변동성이 높은 투자안을 선택할 것이다.

(3) 이 기업이 부채가 없었다면, 경영자는 당연히 변동성이 낮고 기대현금흐름이 높은 투자안을 선택하여 기업가치를 극대화하려 할 것이다. 하지만 이 사례와 같이 부채를 사용하는 기업의 경영자는 주주가치를 극대화하기 위하여 기업가치를 훼손하면서 위험한 투자안을 선택할 수도 있다. 이 사례는 과도한 부채를 사용하는 기업의 투자왜곡 현상을 보여준다.

CHAPTER

12 자본조달전략

제 1 절 장기자본조달수단

제 2 절 IPO(기업공개)와 SEO(유상증자)

제 3 절 채권의 발행

제 4 절 리스금융

앞의 제11장에서는 기업가치를 극대화시킬 수 있는 최적자본구조이론에 대하여 살펴보았다. 기업에서 조달이 필요한 자본은 장기자본과 단기자본으로 나눌 수 있고, 기업의 대부분의 자본은 장기자본이다. 장기자본조달의 문제는 조달에 따른 비용만이 아니라 기업지배권 문제와 연결되는 사안이고, 무엇보다도 기업가치에 크게 영향을 미친다.

본장에서는 기업이 장기자본을 조달할 때의 고려사항으로서, 주식의 발행방법, 회사채와 옵션부 증권의 발행, 리스금융의 문제에 대해서 다룬다. 다음은 본장에서 이해해야 할 핵심내용이다.

- 장기자본조달시의 자본조달수단별 특성과 증권발행방법
- IPO와 SEO의 방법과 특징
- 회사채의 차환발행이나 수의상환시의 고려요소, 옵션부증권의 특징
- 리스금융의 장단점, 리스금융 대 차입구매방법의 경제성 평가방법

주제_생각하기 IPO Underpricing(저가발행)

2020~2021년 코로나바이러스가 유행하는 가운데 기업공개(IPO : initial public offering) 주식에 대한 투자 열풍이 불었다. SK바이오팜, 카카오게임즈, LG에너지솔루션 등의 기업이 상장 후 공모가 대비 주가가 급상승하는 현상을 보여주었다. 상장 후 주가가 오르면 공모가에 주식을 배정받은 투자자는 많은 수익을 얻겠지만, 주식을 발행한 기업의 입장에서 그것이 꼭 좋은 뉴스인가?

기업은 설립 이후 본격 성장기에 접어들면 대규모 자금조달을 위해 기업공개를 하는 경우가 많다. IPO를 통해 비상장기업이 거래소에서 주식이 거래되는 상장기업으로 바뀌게 된다. 기업공개시 가장 중요한 과정이 공모가(offer price)를 결정하는 것이다. 기업의 입장에서는 적정가에 가깝게 주식을 매도하기를 원하고, 공모가를 높일수록 자금조달의 규모가 커진다. 반면 공모주에 투자하는 투자자 입장에서는 IPO를 하는 기업에 대한 정보가 부족하고, 위험한 경우가 대부분이므로 공모가를 낮추기를 원한다. 즉 IPO시장은 기업과 투자자 간의 정보비대칭이 심각하다. 이런 정보비대칭 때문에 IPO 주식은 적정가격에 비해 평균적으로 저가발행(underpricing)된다. 적정가격을 정확히 알 수 없기 때문에 학문적으로 거래 첫날의 종가를 적정가격으로 추정한다. 따라서 저가발행의 정도는 공모가 대비 첫날의 수익률(initial return)로 계산하며, IPO 주식은 거래 첫날 오르는 경우가 대부분이므로 underpricing은 양(+)의 값을 갖는다. Underpricing이 클수록 투자자의 수익은 커지지만, 발행기업의 입장에서는 적정가격 대비 저가에 주식을 발행하므로 IPO시 간접비용이 올라간다고 볼 수 있다. IPO시 발행기업이 부담하는 비용은 인수업무를 담당한 투자은행이나 증권사에게 지불하는 인수수수료(underwriting fee)를 포함한 직접비용과 저가발행의 규모로 계산되는 간접비용으로 나눌 수 있다. 발행기업의 입장에서는 이 간접비용을 줄이는 것이 IPO시 주요 목표라고 할 수 있다. 다음 표는 주요 국가의 평균 IPO underpricing을 보여준다.

국 가	발행기업 수	기 간	Underpricing
중국	5,294	1990~2024	157.1%
프랑스	927	1983~2024	9.3%
독일	865	1978~2024	21.3%
일본	4,241	1970~2024	48.9%
한국	2,481	1980~2024	52.2%
싱가포르	739	1973~2024	24.6%
대만	2,128	1980~2024	37.5%
호주	2,547	1976~2024	20.1%
영국	5,444	1959~2024	15.5%
미국	13,883	1960~2024	17.5%

자료 : Jay Ritter's Homepage, University of Florida

위 표는 국내 기업들이 IPO시 선진국이나 경쟁국들에 비해 훨씬 높은 비용을 지불한다는 것을 보여준다. 기업이 주식시장에서 저비용으로 자본을 조달하기 위한 방안은 무엇인가?

제1절 장기자본조달수단

기업은 필요한 투자자금을 조달하기 위하여 보통주, 우선주, 장기차입금, 회사채 등 장기자본조달수단들을 이용한다. 본절에서는 각 자본조달수단의 특징과 장단점에 대하여 설명한다.

1. 자기자본조달

기업은 내부금융을 이용하거나, 보통주 발행의 외부금융의 방법을 이용하여 자기자본을 조달할 수 있다.

(1) 내부금융

내부금융은 유보이익, 제충당금을 이용하여 기업 내부에서 필요한 자본을 조달하는 것을 말한다. 자기금융이라고도 하는데, 내부유보이익인 적립금과 여러 충당금의 자본조달원이 있다. 적립금에는 소극적 적립금(상법 등에서 규정하고 있는 이익준비금, 법정적립금 등)과 적극적 적립금(미래 투자를 위한 사내적립금 등)이 있고, 충당금에는 퇴직급여충당금과 같은 부채성충당금과 대손충당금과 같은 평가성충당금이 있다.

불완전시장에서는 내부금융과 배당금은 상충관계(trade-off)에 있다. 내부금융을 늘리면 배당금은 줄며, 배당을 높이면 자기금융은 줄게 된다. 주주의 부에 미치는 영향은 유보자금이 재투자되어 올리는 투자수익률에 따라 다르게 평가된다.

제11장에서 배운 자본조달순위이론에 따르면 기업은 가능하면 내부금융에 의해 투자자금을 조달해야 한다. 내부금융에 의한 조달은 몇 가지 장단점을 지닌다. 장점은 조달이 용이하고 조달경비가 발생하지 않으며, 사용기간에 제약이

없고, 재무구조를 건전화할 수 있어 주가를 상승시킬 수 있다는 점이다. 반면, 단점은 사내유보가 많을 때에는 과잉투자가 유발될 수 있고, 현실적으로 조달에 한계가 있다는 점이다.

(2) 보통주

보통주(common stock)에 의한 자본조달은 사채와 함께 가장 중요한 장기자본조달의 수단으로서, 기업의 자기자본의 원천이다. 보통주 주주는 기업의 소유주로서 경영참가권과 이익배분의 권리를 가지는 대신 자신의 지분에 대해서 위험을 부담해야 한다. 납입자본과 축적된 유보이익은 기업의 소유주지분(owners' equity)으로서 자기자본을 구성한다.

보통주에 의한 자본조달은 회사설립시의 주식발행 외에 자본금 증자시에도 이루어진다. 자본금의 증자는 무상증자와 유상증자 두 가지 방법을 통해서 이루어지는데, 유상증자의 경우 신주발행방법과 발행가격에 따라서 주주의 부가 영향받을 수 있다. 이에 대해서는 다음 항에서 살펴본다.

보통주로 자본조달할 경우 여러 장단점이 있다. 장점은 보통주에 대한 비용, 즉 배당은 부채에 대한 지급이자처럼 확정채무나 고정비용이 아닌 점이다. 반면, 대주주 입장에서는 경영지배권이 침해될 가능성이 있으며, 보통주주의 높은 위험부담으로 자본비용이 높은 점, 발행경비가 많이 소요되는 점, 보통주주에 대한 배당은 손비처리되지 않는다는 점 등이 단점으로 지적될 수 있다.

(3) 우선주

우선주(preferred stock)는 보통주와 사채의 복합적인 성격을 갖는 증권이라고 볼 수 있다. 이익청구권과 잔여재산청구권은 보통주보다 우선하나 사채보다는 그 순위가 낮고, 우선주는 자기자본의 성격을 가지나 고정적인 재무비용 성격의 확정배당금(대체로 보통주배당률 +1~2%)을 지급받는다.

그런데 우선주는 투자자의 입장에서 보면 경영참가권이 없다는 사채의 단점과 무배당이 가능하다는 보통주의 단점을 지니고 있기 때문에, 투자자가 우선주에 매력을 느끼도록 다음과 같은 몇 가지 옵션을 첨가하여 발행한다.

① 참가적 우선주와 비참가적 우선주 : 기업이 예상 이상의 수익을 실현하여 추가적인 이익분배를 하려 할 때 이에 참여할 수 있는 조건이 부가된 우선주가 참가적 우선주이며 그렇지 못한 우선주는 비참가적 우선주이다.

② 누적적 우선주와 비누적적 우선주 : 누적적 우선주란 예정된 배당을 지급받지 못할 경우 장래에 그만큼을 지급할 것을 약속한 우선주이며, 비누적적 우선주는 그렇지 않은 우선주이다.

③ 전환우선주와 상환우선주 : 전환우선주란 일정기간 동안만 우선주 성격을 갖고 일정시기가 지나면 보통주로 전환할 수 있는 우선주이며, 상환우선주란 우선주발행 후 만기가 되면 사채처럼 상환되는 우선주이다.

우선주에 의한 자본조달은 발행기업의 입장에서 볼 때 몇 가지 장단점이 있다. 장점은 기업의 경영이 부진하면 배당을 하지 않거나 연기시킬 수 있으며(배당을 하지 않아도 법적으로 채무불이행이 아님), 일반적으로 보통주로 전환되기 때문에 자기자본이 되어 재무구조를 개선시킬 수 있다는 점이다. 반면 단점은 사채의 이자와는 달리 법인세절감효과를 얻을 수 없기 때문에 납세후기준으로 보면 사채보다 자본비용이 높으며, 보통주에 우선해서 배당을 지급해야 한다는 점이다.

2. 장기타인자본조달

기업은 금융기관을 통하여 장기차입금 형태로, 혹은 증권시장을 통하여 회사채를 발행하여 장기성의 타인자본을 조달한다.

(1) 장기차입금

장기차입금은 금융기관이나 단체 또는 개인 등으로부터 일정한 이자를 지급하고 원금을 상환하겠다는 약속을 하고 간접금융방식으로 차입하는, 1년 이상 이용할 수 있는 자금이다.

장기차입금을 이용할 경우 여러 장단점이 있다. 장점은 이자율이 비교적 낮고 안정적이며 경영지배권 침해의 염려가 없을 뿐만 아니라, 특히 인플레이션이

심할 때에는 실질화폐가치가 하락하기 때문에 상대적으로 이익을 볼 수 있다는 점이다.

반면에 기업의 생산활동을 통한 재투자수익률이 장기차입금의 자본비용보다 낮게 되면 기업가치가 하락하고, 차입금이 많아지면 지급능력이 악화되며 재무구조가 불건전해지고, 확정채무이므로 채무불이행의 위험이 발생할 수 있는 문제점이 있다.

(2) 회사채

회사채(corporate bond)는 기업이 거액의 장기성자금을 조달하기 위해서 확정채무임을 표시하는 증권으로서, 그 계약에 따라 일정한 이자를 지급하고 만기에는 원금을 상환할 것을 약속하며 조달하는 대표적 타인자본조달수단이다. 사채와 주식의 공통점은 장기자본의 조달수단이 된다는 점이며, 차이점은 주식은 기업의 자기자본이며 경영참가를 할 수 있고 원금의 반환의무가 없는 반면, 회사채는 반드시 원금을 상환해야 하는 타인자본이지만, 기업의 소유구조에는 영향을 주지 않는다는 점이다.

회사채는 다음과 같이 여러 가지 형태로 발행된다.

① 이자지급방법에 따라 : 이표채(쿠폰부사채), 할인채, 복리채
② 담보여부에 따라 : 담보부사채, 무담보사채(담보부사채는 담보물의 내용에 따라 부동산담보부사채, 유가증권담보부사채로 구분)
③ 보증여부에 따라 : 보증사채, 무보증사채
④ 상환방법에 따라 : 수의상환사채(callable bond), 감채기금부사채(sinking fund bond), 정기분할상환사채, 만기전액상환사채
⑤ 물가 또는 이자율 변동과의 연동방법에 따라 : 고정금리부사채, 변동금리부사채, 거치식금리연동부사채
⑥ 선택권 부여여부에 따라 : 전환사채, 신주인수권부사채

회사채발행에 의한 자본조달은 발행기업 입장에서 볼 때 몇 가지 장단점을 지닌다. 장점은 기업지배권의 침해 없이 낮은 비용으로 장기간 이용할 수 있으

며, 확정이자만 지불하면 되고, 또 이자는 손비처리되어 감세효과가 있다는 점이다. 반면에 단점은 금융기관을 통한 장기차입금보다 발행절차가 복잡하고 시간이 많이 소요되며 액수가 커질 경우 채무불이행위험이 있다는 점이다.

제2절 IPO(기업공개)와 SEO(유상증자)

비상장기업은 대규모자금조달과 유동성 증가 등을 위해 기업공개(IPO : initial public offering)과정을 통해 거래소에 해당기업의 주식을 상장시키며, 상장기업도 지속적 성장을 추진하기 위해 유상증자를 통해 대규모의 자금을 조달한다. 본절에서는 재무담당자로서 알아야 할 주식발행과 관련된 발행방법, 발행제도, 고려사항들을 설명한다.

1. 주식의 발행

자기자본조달의 수단으로서 주식을 발행하는 것은 주식회사가 설립자본금을 조달하거나, 유상증자나 무상증자의 방법으로 자본금을 증액할 때 이루어진다. 이하에서는 발행되는 주식에 대한 수요자를 구하는 방법, 기업공개 또는 상장제도에 대하여 살펴본다.

(1) 주식회사 설립시의 주식발행

회사를 창업할 때, 회사 창업과 경영에 필요한 자금을 조달할 수 있는 원천으로는 다음을 생각할 수 있다.

① 창업주의 출자
② 벤처 캐피털리스트
③ 기관투자자

어느 경우이든지 주식회사 형태가 되면 주식을 발행해야 한다. 이때 우리나라는 수권자본제도를 채택하고 있어 주식회사 설립시 주식발행액은 발행예정총액의 1/4 이상을 발행하고, 잔여분은 추후 이사회의 결의에 의해 증자하도록 규정하고 있다. 회사설립시의 주식발행은 일반적으로 소수의 투자자를 대상으로 이루어지지만, 은행설립 내인가를 받은 경우, 정부가 최대주주인 경우 등은 다수의 투자자를 대상으로 한 공개모집에 의해 주식발행을 하기도 한다.

(2) 유상증자와 무상증자

주식의 발행은 회사설립시 외에 자본금 증자시에도 이루어진다. 자본금의 증액은 유상증자와 무상증자 두 가지 방법을 통해서 이루어진다.

1) 유상증자

유상증자는 현금으로 주금의 납입을 받고 자본금을 증가시키는 것을 말한다. 유상증자의 절차는 신주인수권 배정방식에 따라 약간의 차이가 있지만 일반적인 주주배정방식의 경우 ① 이사회의 신주발행 결의, ② 금융위원회에 유가증권신고서 제출, ③ 신주발행 및 신주배정기준일 공고, ④ 신주인수권자에 신주배정 통지, ⑤ 신주청약 접수, ⑥ 실권주 처리, ⑦ 주금의 납입 및 신주발행 등기, ⑧ 신주 상장신청 또는 등록신청 순으로 이루어진다.

이 과정에서 주주의 이해관계에 직접 영향을 미칠 수 있는 것은 신주의 발행가격 수준의 결정이다. 신주의 발행은 발행가격기준으로 볼 때 액면가로 발행되는 액면발행과 그 주식의 현재 시가로 발행되는 시가발행 그리고 시가에서 일정한 율을 할인하여 발행하는 시가할인발행으로 구분된다.

그간 우리나라 주식시장에서 유상증자가 이루어질 때 1984년 이전까지는 액면발행제도였다. 그러나 이후 시가에서 일정한 율(보통 10~50%)을 할인하는 시가할인발행을 실시하다가 1991년 6월 이후에는 할인율에 대한 제한이 철폐되었다.

시가발행제도는 현재 시장가격기준으로 증자하는 것이므로, 전망이 밝은 기업은 높은 발행가격으로 많은 자금을 조달할 수 있고, 반대로 기업내용이 좋지 못한 기업은 낮은 발행가격으로 적은 자금밖에 조달할 수 없는 결과가 된다. 유상증자시 신주발행가격은 "유가증권의 발행 및 공시 등에 관한 규정" 제57조에 의하면 이론권리락주가 또는 기준주가에 30% 범위 내의 할인율을 적용하여 산정한다. 다만 제3자 배정의 경우에는 10% 범위 내의 할인율을 적용한다.

일반공모시의 유상증자 발행가액은 다음과 같이 구하되, 여기서 기준주가는 청약일 전 제5거래일을 기산일로 하여 이전 1개월 평균주가, 1주일 평균종가 및 기산일 종가 중 높은 가격을 기준주가로 한다.

$$\text{신주발행가격} = \text{기준주가} \times (1 - \text{할인율})$$

구주주 입장에서 보면 신주배정기준일 전과 후의 주가, 즉 권리부주가와 권리락주가는 다음 관계를 갖는다. 유상증자 전의 총시장가치(부)와 유상증자 후의 총시장가치(부)는 동일해야 하기 때문이다.[1)]

$$\text{권리락주가} = \frac{\text{기준주가} + \text{주당납입금}(= \text{증자비율} \times \text{주당발행가격})}{1 + \text{증자비율}} \qquad (12.1)$$

주주의 입장에서 기업이 유상증자를 할 때 발행되는 신주를 인수할 수 있는 권리를 신주인수권(preemptive right)이라고 부른다. 이때 신주인수권의 조건, 즉 기존 주주에게 신주인수비율과 인수가격을 어떤 조건으로 하느냐는 기업지배권에도 영향을 주고, 주주의 부에 직접 영향을 줄 수 있다.

유상증자가 이루어질 때 구주주의 소유지분율에 변함이 없게 증자를 받게 되면 발행가격에 관계없이 유상증자 전후의 투자자의 부는 변함이 없게 된다. 권리락주가가 하락한 만큼 소유주식의 증가가 있기 때문이다.

한편 구주 1주당 신주인수권의 가치는 권리가 실행되기 전과 후의 가격과의 차이이므로 간단히 다음과 같이 추정할 수 있다.

1) 구주주 배정, 주주우선공모의 경우는 권리락 전 기준주가 산정을 다음과 같이 한다.

$$\text{기준주가} = \frac{1}{3}(\text{1개월평균종가} + \text{1주일평균종가} + \text{최근일종가})$$

* 평균종가는 일정기간 동안 구주의 종가를 거래량으로 가중평균한 가격임.

$$\text{구주 1주당 신주인수권가치} = \text{신주발행 전의 구주의 시가} - \text{신주발행 후의 구주의 시가} \quad (12.2)$$

또는 다음 관계식으로 평가할 수도 있다.

$$\text{구주 1주당 신주인수권가치} = \frac{\text{권리락가격} - \text{발행가격}}{\text{신주 1주를 인수하기 위한 구주의 수}} \quad (12.3)$$

2) 무상증자

무상증자는 주주들의 실질적인 주금의 납입 없이 이사회의 결의로 회사의 자본준비금(또는 잉여금)을 자본금으로 전입하고, 전입액만큼 발행한 신주를 기존 주주에게 소유주식수에 비례하여 무상으로 교부하는 방법이다. 무상증자의 구체적인 재원으로는 자본잉여금(자산재평가적립금, 주식발행초과금)이 활용된다.

무상증자의 절차는 주주배정방식에 의한 유상증자의 절차와 유사하나, 주금납입절차가 필요 없고, 유가증권신고서를 제출하지 않는 등의 차이가 있다.

무상증자가 이루어지면 기업의 자산가치는 실질적으로 변하지 않고 발행주식수만 증가하므로 한 주당 권리락가격은 다음과 같이 하락한다. 무상증자 전·후의 주주의 부(총시장가치=주당가격×소유주식수)가 동일해야 하기 때문이다.

$$\text{권리락주가} = \frac{\text{권리부주가}}{1 + \text{무상증자비율}} \quad (12.4)$$

무상증자와 그 경제적 효과가 거의 유사한 특성의 자본금 증가의 방법은 배당정책 편에서 설명한 주식배당이다. 주식배당(stock dividend)은 주식회사가 주주에게 현금으로 배당하는 대신 그에 상당하는 신주를 발행하여 지급하는 것을 말한다. 개정 상법에서는 주주총회에서의 이익처분에 관한 결의시 주식가격이 액면가 이상인 주식은 배당가능이익 내에서 주식으로 대신 지급할 것을 허용하고 있다(비상장법인은 1/2 이내).[2] 주식배당은 그 재원이 이익잉여금인 반면에 무상증자의 재원은 자본잉여금이라는 점에서 차이가 있을 뿐이다.

2) 배당가능이익=순자산액(자산총액−부채총액)−자본금−(자본준비금+이익준비금)

Concept check

(1) 유상증자를 할 때 신주의 발행가격은 어떻게 결정하는가? 권리부주가와 권리락주가의 관계는 어떠한가?
(2) H사는 유상증자(공모)의 발행가격을 결정하고자 한다. 5일 전 기준으로 1개월 평균주가는 50,000원, 1주일 평균주가는 52,000원, 5일 전 주가는 51,500원이었다. 할인율을 20%로 할 경우 신주발행가격은 얼마인가?

예제 12-1 유 · 무상증자의 평가

(주)동서의 주식은 현재 50,000원에 거래되고 있다. 이제 이 회사가 신주를 25,000원에 발행하려고 하며 기존의 주식 4주당 1주를 배정하려고 한다. 발행주식수는 100,000주이다.

(1) 신주의 권리락주가는 얼마인가?
(2) 구주 1주에 부여된 신주인수권의 가치는 얼마인가?
(3) 회사가 50억원의 자금을 주당 25,000원에 신주를 발행하여 조달하였다. 이 경우 50,000원이었던 주가가 45,000원으로 떨어졌다면 원래 발행주식수는 얼마인가?
(4) 이 기업이 25%의 무상증자를 결의하였다고 하자. 권리락주가와 무상증자 전 · 후의 시장가치는 얼마인가?

➤ 풀이

(1) $P_x = \dfrac{50{,}000 + 25{,}000 \times 0.25}{1 + 0.25} = 45{,}000$원 (식(12.1) 참조)

(2) ① 신주 1주당 이익 = 유상증자 후 주가 − 인수가액
$= 45{,}000 - 25{,}000 = 20{,}000$원

② 구주 1주당 인수할 수 있는 주식수 $= \dfrac{1}{4} = 0.25$주

③ 구주 1주당 신주인수권가치 $= 20{,}000 \times 0.25 = 5{,}000$원

(3) $P_x = \dfrac{N_0 \cdot P_0 + N_n \cdot S}{N_0 + N_n}$

신주발행수 = 50억원/25,000원 = 200,000주

$$45{,}000 = \frac{50{,}000 \cdot N_0 + (200{,}000)(25{,}000)}{N_0 + (200{,}000)}$$

$\therefore N_0 = 800{,}000$주

(4) 권리락주가 $= \dfrac{50{,}000}{1.25} = 40{,}000$원 (식(12.4) 참조)

무상증자 전 시장가치 = 100,000주 × 50,000원 = 50억원
무상증자 후 시장가치 = 125,000주 × 40,000원 = 50억원

(3) 발행된 증권의 수요자를 구하는 방법

증권의 발행방법은 발행된 증권의 수요자를 구하는 방법에 따라서 사모(비공모) 발행과 공모발행으로 구분된다.

사모(private placement, direct placement)는 직접모집, 연고모집이라고도 하는데, 발행기업이 특정 기관투자자나 연고가 있는 소수의 투자자에게만 발행된 증권을 소화시키는 방법이다. 채권발행시 소수의 기관투자자에게 채권을 인수시키는 경우나 주식회사가 새로 설립될 때 사모의 방법이 이용된다. 유상증자가 구주할당(주주배정방식)의 방법으로 이루어지면 사모의 방법이 된다. 사모의 방법은 발행절차가 간편하고 발행비용이 적게 드는 이점이 있다. 사모는 발행자 스스로가 발행위험을 부담하고 발행실무의 모든 것을 담당하는 직접발행의 방법을 주로 이용한다.

반면에 공모(public offering)는 발행기업이 증권을 투자자에 제한을 두지 않고 동일한 가격과 조건으로 다수의 투자자(50인 이상)에게 발행하여 소화시키는 방법이다. 기업공개시의 주식발행방법은 이와 같은 공모방법을 이용하기 때문에 이때 발행하는 주식은 일반투자자의 투자대상이 된다. 기업공개시에 신규로 증권이 추가발행되기도 하지만, 때로는 기업공개 이전에 기존 주주에게 발행된 증권(구주)이 공개되는 경우도 있다. 전자의 경우를 모집이라고 부르고, 후자의 경우를 매출이라고 부르고 있다.

일반투자자를 대상으로 공모의 방법을 사용하여 증권을 소화하는 경우는 발행금액의 규모와 발행위험이 큰 경우가 일반적이다. 따라서 증권의 발행사무와 발행위험을 제3의 인수전문기관에 담당시키는 간접발행의 방법을 사용하게 된다.

공모의 방법으로 발행증권의 소화가 이루어질 때 단일 인수기관 혼자서 발행위험과 사무를 처리할 수 없으므로 다수의 인수관련기관이 공동으로 이를 분담하게 된다. 먼저 주간사회사(managing underwriter)가 선정되면 타간사회사(증권회사 또는 투자은행)가 포함되는 인수단(underwriting syndicate)이 구성되어, 이들 인수단 구성간사회사들이 해당증권을 발행자로부터 매수(이를 underwrite라고 한다)하기 위하여 자기자본을 투자하게 된다. 인수단의 구성이 끝나면 청약취급단(판매단)이 구성되는데, 청약취급단은 자기자본투자를 하지 않고, 판매수수료만 받고 판매서비스를 담당한다.

2. 기업공개(Initial Public Offering)

기업의 입장에서 대규모의 장기자금을 안정적으로 조달할 수 있는 방법으로 기업공개를 생각할 수 있다. 기업공개란 주식회사가 새로이 발행한 주식을 일반투자자로부터 균등한 조건으로 모집하거나, 이미 발행되어 대주주가 소유하고 있는 주식(구주)의 일부 또는 전부를 공개시장에서 불특정다수인에게 매출하여 주식이 분산되도록 하는 것을 뜻한다. 일반투자자에게 기업공개가 이루어져 주식소유가 분산되기 위해서는 주식의 자유양도성과 시장성이 확보되어야 한다. 이를 위해서는 공개기업의 주식이 거래소시장에 상장(listing)되어 자유롭게 거래될 수 있어야 한다. 따라서 기업공개는 발행주식을 거래소에 상장하는 방법으로 이루어진다.

설립 이후 본격적인 성장기에 접어든 많은 기업들이 기업공개를 하려고 하는 이유는 다음과 같은 장점이 있기 때문이다.

① 투자자에게 투자위험을 줄일 수 있는 분산투자기회의 제공
② 주식소유자의 환금성(유동성)을 높임
③ 기업입장에서는 차후에도 자금조달의 용이성을 높임
④ 일반에게 알려져 기업가치를 제고시킴
⑤ 종업원에게 인센티브 제공수단이 다양해짐
⑥ 고객들의 인지도와 신뢰성 제고

이 밖에도 정부는 기업공개 및 상장을 촉진하기 위하여 다양한 세제상의 유인책을 부여하고 있으므로 기업공개에 따른 세제혜택을 고려해 볼 수 있다. 현재 소득세법에는 초과유보소득에 대한 법인세 비과세, 주식매수선택권행사이익에 대한 비과세 등의 세제혜택이 부여되고 있다.

그러나 기업공개가 되면 기업입장에서 투자자에게 많은 정보를 제공하는 과정에서 경쟁사에 주요 전략을 노출할 수 있고, 투자자 관계활동(IR : investors relations)에 상당한 시간과 자원 투입 등의 단점이 나타날 수 있다.[3] 또한 다음과

3) 이러한 이유로 근래 상장폐지하려는 기업이 다소 증가하는 경향이 있다. 상장폐지(going private)는 회사운용의 융통성 회복, 제반 보고서 제출의무의 면제의 장점이 지적된다. 그러나 자본조달의 제약, 재무적 곤경에 처했을 때 이

같은 단점들이 나타날 수 있다.

① 영업관련 자료 등 보고서 제출을 통한 정보누출 가능성
② 인수, 합병 대상이 될 가능성
③ 내부자 거래의 금지의무
④ 소형주식의 경우는 거래의 비활성화로 주식의 과소평가 가능성
⑤ 주주들의 배당압력

공모방법에 의하여 최초로 거래소에 상장하는 절차인 기업공개(IPO : initial public offering)에는 전 세계적으로 크게 다음과 같은 세 가지 방법이 있다.

① Auction procedure : Dutch Auction(경매)을 통한 상장방법은 주식발행 기업이 공모주의 최소가격과 공모수량을 먼저 정한 후 투자자들이 공모가격과 청약물량을 bidding하는 방식으로 발행한다. 높은 가격을 써낸 물량부터 합산을 하여 공모수량과 같아지는 지점에서 공모가(offer price)가 결정되며, 공모가보다 높은 가격에 응찰한 모든 투자자는 공모가에 의해 주식을 배정받는다. 2004년 Google이 이 방법을 통해 상장하였다.
② Fixed-price procedure : 이 방법은 공모가와 공모수량을 먼저 정한 후 청약을 받는 형식을 통해 상장을 하는 방법이다. 만약 청약수량이 공모수량을 초과할 경우 모든 청약자를 대상으로 비례배정(pro rata allocation)을 한다.
③ Book-building procedure : 이 방법은 주간사회사가 기관투자자들을 대상으로 로드쇼(road show)를 통해 발행기업의 주식을 마케팅하고, 또 이 과정을 통해 기관투자자들이 희망하는 주식매수단가와 수량을 미리 접수, 물량을 100% 소화할 수 있는 선에서 공모가격을 결정하는 북빌딩방식(book building)을 통해 상장하는 것을 말한다.

우리나라 기업의 경우 기업공개시 먼저 공모수량의 20%까지 우리사주조합

를 극복할 수 있는 방법의 부족 등의 단점이 있다.

에 배정한다. 그리고 북빌딩방식을 통해 기관투자자들의 수요를 예측하고, 공모가를 확정한다. 그리고 기관투자자 배정물량을 제외한 나머지 일반투자자 수량에 대해서만 청약을 통해 공모주를 배정한다. 따라서 일반투자자는 공모가를 알고 청약을 하며, 청약물량이 일반투자자 공모물량을 초과할 경우 비례배정(pro rata allocation)을 통해 배정받는다.

우리나라에서 기업공개(IPO)는 다음과 같이 네 단계를 거친다. 사전준비를 하는 데 통상 1년이 소요되며, 한국거래소와 금융감독기관에 청구서 접수 후 IPO 승인을 얻는 데 2개월 정도가 소요된다고 한다. 기업공개 승인을 얻은 후에도 기업설명회(IR), 기관투자자를 대상으로 하는 수요예측 및 최종공모가 결정, 일반투자자에 대한 청약 등으로 인해 매매 개시일까지 꽤 많은 시간이 소요된다. 성공적인 IPO의 경우 사전준비부터 매매 개시일까지 보통 2년 정도의 시간이 걸린다고 한다. 어떤 기업이 기업공개를 추진하더라도 상장예비심사에서의 탈락, 그리고 수요예측단계에서의 낮은 수요 등으로 인한 기업공개 철회 등 실패의 위험도 있다.

사전준비단계 →	상장예비 심사단계 →	공모단계 →	상장 및 매매단계
• 감사인지정 및 외부감사 • 대표주관사 계약체결 • 이사회 개최 • 명의개서대행 계약	• 상장예비심사 신청 • 상장예비심사 심의결과 통보	• 주식총액인수확정 • 모집매출계약체결 • 공모가격결정 • 증권신고서 제출 • 증권신고서 효력 발생 • 수요예측 공고 • 기업설명회(IR) 개최 • 수요예측 실시 • 공모가격최종결정 • 청약 공고 • 우리사주, 기관 및 일반청약자 청약일별 청약 • 환불 및 납입	• 신규상장승인 통보 및 공시 • 매매 개시일

공모주를 발행하는 기업의 입장과 공모주에 투자하는 투자자의 입장에서 공모가격(offer price)의 결정이 기업공개과정에서 가장 중요하다. IPO의 공모가는 수익가치, 자산가치, 상대가치를 종합적으로 고려한 예상 공모가격을 추정하는데, 우리나라 기업들의 경우 제5장에서 배운 상대가치평가법을 통해 예상 공모가격을 결정하는 것이 대부분이다.

본장의 〈주제_생각하기〉에서 본 것처럼 일반적으로 최초공모주의 발행가격은 대체로 적정가격 이하로 발행(underpricing, 저가발행)되는 경향이 있어 거래가 시작된 후 최소 며칠 동안은 공모가 대비 주가가 오르는 것이 평균적이다.[4] 즉 발행기업의 입장에서는 저가발행은 기업공개의 간접비용인 셈인데, 한국기업들

기업공개의 예 : 제주항공

국내의 대표적인 저가항공사인 제주항공은 2015년 11월 6일 유가증권시장에 상장하였다. 제주항공은 기업공개과정을 통해 5백5십만주를 공모가 30,000원에 발행하여 1,650억원을 조달하였다. 비상장기업이었던 제주항공이 어떻게 공모가 30,000원을 결정하였을까?

국내 IPO시 공모가 결정은 제5장에서 배운 주가배수를 이용한 상대가치평가법을 이용하는 것이 일반적이다. 여러 주가배수 중에 *PER*(주가수익비율)를 대부분 이용한다. 제주항공 주식의 인수업무를 맡은 NH투자증권은 이 방법을 이용하기 위해서 먼저 상장기업 중에 유사기업을 찾아야 했다. 당시 국내에 저가항공사가 상장되어 있는 경우가 없었으므로, 아시아나항공과 모두투어 등을 유사기업으로 선택하였다. 이들 기업의 평균 *PER*는 24배였다. 2014년 말 기준 제주항공의 *EPS*(주당 당기순이익)는 1,235원이었으므로 다음과 같이 추정 공모가를 계산할 수 있다.

$$\text{공모가} = 24 \times 1{,}235 = 29{,}640\text{원}$$

NH투자증권과 제주항공은 이 추정 공모가에서 할인을 적용하여 공모희망가액 밴드를 23,000~28,000원으로 정하였다. 이 공모희망가액 밴드를 바탕으로 제주항공은 기관투자자를 대상으로 수요예측에 들어갔다. 기관투자자들을 대상으로 한 roadshow에서 이들의 강한 수요를 확인한 제주항공은 최종 공모가를 30,000원으로 정하였다.

발행물량 5백5십만주는 우리사주조합에 20%, 기관투자자에 60%, 일반청약자에 20%가 배정되었다. 5백5십만주 중에는 구주매출(2백만주)과 신주모집(3백50만주)이 포함되었다. 따라서 600억원은 기존주주에게 돌아가고, 제주항공은 기업공개과정을 통해 1,050억원의 자본을 조달하였다.

4) 미국의 경우는 IPO 주식이 상장 첫날 평균적으로 17.5%의 수익률을 보이고, 첫날 30% 이상의 수익률을 보이는 주식도 IPO 주식의 10%에 달하는 것으로 보고되고 있다(〈주제_생각하기〉 참조). IPO 주식에 대한 투자가 초과수익이 가능한 것은 신규발행증권에 대한 수요가 공급보다 많다는 점, 발행기업이 공모주식의 미매각에 따른 발행위험을 축소하려는 경향이 크기 때문이라고 해석하고 있다.

의 경우 이 저가발행이 50% 내외라고 알려져 있다. 우리나라에서 발행기업이 기업공개를 대행해 주는 인수업자(underwriter)에게 지불하는 인수비용이 2% 내외인 점을 감안하면 IPO시 기업의 입장에서 직접비용보다 간접비용이 훨씬 더 크다는 것을 알 수 있다.

최초 공개된 기업에 대한 정보는 부족한 경우가 대부분이어서 이들 기업의 주식을 거래하는 일반투자자의 위험이 너무 크므로 일정한 요건을 갖춘 기업에

스팩(SPAC)과의 합병을 통한 상장

2절에서 다룬 기업공개(IPO)는 전통적인 상장방법이다. 상장을 원하는 기업의 입장에서 이러한 상장방법은 사전준비기간, 상장예비심사 등으로 인하여 시간이 오래 걸릴 뿐만 아니라 상장비용 측면에서도 비효율적일 수 있다. 이러한 전통적인 IPO의 대안으로 국내에서는 2009년말 자본시장법 규정을 개정하여, 2010년부터 SPAC(Special Purpose Acquisition Company, 기업인수목적회사) 제도를 도입하였다.

스팩은 명목상의 주식회사(paper company)로 주로 금융투자업자(또는 증권사)가 설립한 후 주식시장에 상장되며, 이 기업의 유일한 존재 목적은 상장 후 3년 내에 합병대상인 비상장기업을 찾아내 합병을 성공시키는 것이다. 합병에 성공하면 비상장기업이 상장기업으로 존속하게 되는데, 스팩과의 합병은 비상장기업에게는 전통적인 IPO의 대안으로서 자본조달수단이 된다. 스팩은 상장시 공모한 자금을 제3자에게 신탁하는데 3년 내에 합병에 성공하지 못하면, 공모자금을 주주에게 반환하며 청산절차를 밟게 된다. 이 과정을 그림으로 정리하면 다음과 같다.

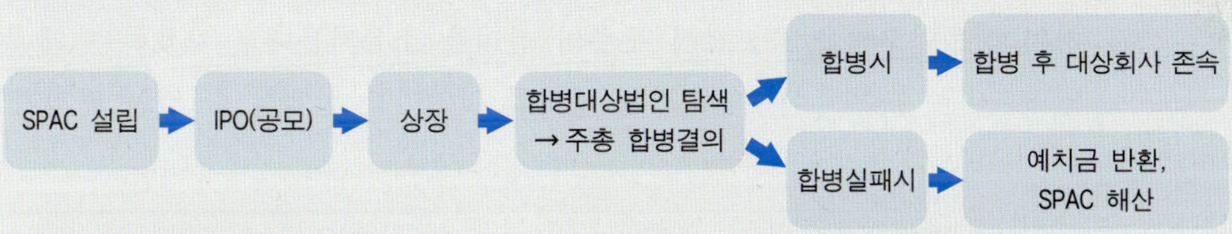

자료 : 한국거래소

스팩과의 합병은 2000년대 코스닥시장에서 유행했던 우회상장(reverse takeover 또는 back door listing)과 형식적으로 유사하지만, 보다 투명한 제도로 2010년 이후 상당수의 비상장기업들이 이 제도를 통해 주로 코스닥시장에 상장하고 있다. 다음 표는 2010~2023년 기간 국내 스팩 현황을 보여준다.

스팩 IPO 수	스팩과의 합병을 통해 상장한 기업의 수	청산한 스팩의 수	합병대상기업을 찾고 있는 스팩의 수 (2023년말 기준)
303	146	72	85

자료 : Kim and Song, Individual investors and SPAC performance, SKKU Working Paper(2025)

한하여 공개가 이루어지도록 규정되어 있다. 유가증권시장 또는 코스닥시장에서 기업공개를 위해서는 상장규정에서 정한 요건이 충족되어야 한다. 그럼에도 불구하고 IPO 주식에 대한 정보비대칭은 다른 상장기업에 비하여 훨씬 크며, 주식수익률의 변동성도 크므로 투자자 입장에서는 주의가 요구된다.

Concept check

(1) 기업재무의 관점에서 볼 때, 기업공개의 장단점은 무엇인가?
(2) 상장폐지 기업을 가끔 보게 되는데, 상장폐지의 장단점은 무엇인가?
(3) IPO 주식의 경우 상장 직후 상당한 초과수익을 보이는 이유는 무엇인가?

3. 유상증자(SEO)

상장기업이 운영자금, 또는 성장전략 추구를 위한 투자자금 조달을 위해 주식을 유상으로 발행할 수 있는데, 이를 유상증자(seasoned equity offering)라 부른다. 유상증자시에는 〈표 12-1〉에서 보는 것처럼 증자되는 물량을 어떻게 소화시키느냐에 따라서 사모(구주할당, 연고자할당)와 공모(주주우선공모, 일반공모)로 나눌 수 있다.

구주할당(right offering), 주주우선배정은 기존 주주에게 소유 주식수에 비례하여 신주인수권을 줌으로써 주주의 권리를 소유지분대로 보호하는 데 목적이 있다. 기존 주주는 신주인수권을 행사할 것인지를 선택할 수 있는 권리가 있다.

● 표 12-1
유상증자 배정방식

배정방식		내 용
사모	구주할당 (주주배정)	발행주식의 20%를 우리사주조합에 배정하고, 나머지 80%를 소유주식수에 비례하여 배정
	연고자할당 (제3자 배정)	주총의 특별결의가 있거나 정관에 제3자 배정이 명시되어 있을 경우 특정인에게 배정
공모	주주우선 실권주공모	주주와 우리사주조합에 배정한 후 권리포기로 인한 실권주를 주간사회사가 인수한 후 일반에게 공모
	일반공모	불특정다수인을 상대로 모집 혹은 매출하는 방법으로 주총의 특별결의가 있거나 정관에 주주의 신주인수권 배제에 관한 규정이 있는 경우에 한함

연고자할당은 회사 종업원, 임원 등에게 신주인수권을 제공하여 근로의욕을 높이는 데 목적이 있다. 구주할당이나 연고자할당 등 사모에 의한 유상증자는 발행비용은 극소화되지만, 증권가격이 납입가격에 못 미칠 때에는 신주인수권을 행사하려 들지 않을 것이므로 계획된 자금조달액을 확보하지 못할 경우가 많다.

구주할당에서는 주주우선배정 후 발생한 실권주에 대해 공모를 진행하는 것이 일반적이다.

반면에 일반공모는 일반투자자를 대상으로 공개적으로 신주를 모집하는 것이므로 기존 주주의 지분율이 희석된다. 우리나라의 경우 1990년대까지는 상장기업의 유상증자는 대부분 구주할당을 통해 이루어졌으나, 2000년대 들어 일반공모의 경우도 기준가격 대비 30%까지 할인하여 발행할 수 있도록 규정이 바뀌어 일반공모의 비중이 늘어나고 있다. 이 방법은 기존 주주의 부담 없이 자본조달을 할 수 있는 장점이 있으나, 전문인수기관을 통하여 증자물량을 소화시켜야 하므로 발행비용이 사모보다도 훨씬 많아지고 기존 주주의 이익이 침해될 상황

● 표 12-2 국내 기업들의 유상증자 현황

연 도	주주배정		일반공모		사모발행		전체발행
2000	18	41%	1	2%	25	57%	44
2001	72	40%	13	7%	95	53%	180
2002	54	35%	11	7%	90	58%	155
2003	94	32%	40	14%	158	54%	292
2004	82	34%	48	20%	112	46%	242
2005	136	33%	95	23%	184	44%	415
2006	90	21%	57	13%	286	66%	433
2007	112	19%	72	12%	414	69%	598
2008	88	16%	145	26%	326	58%	559
2009	101	18%	185	33%	280	49%	566
2010	57	18%	87	28%	171	54%	315
2011	37	18%	72	34%	101	48%	210
2012	36	22%	45	27%	86	51%	167
2013	41	23%	36	20%	105	58%	182
2014	38	18%	42	19%	137	63%	217
2015	39	14%	32	12%	204	74%	275
전체	1,095	23%	981	20%	2,774	57%	4,850

이 발생할 수 있다. 일반공모시 주식발행과정은 전 절에서 다룬 수요예측방법과 유사한 방법을 따른다. 〈표 12-2〉는 국내 상장기업들의 주주배정, 일반공모, 사모발행을 통한 자본조달 현황을 연도별로 보여준다. 2000~2015년 기간 동안 사모발행이 50% 이상의 비중을 차지하지만, 한국에서 사모발행은 보통 재무적 곤경(financial distress)에 빠진 기업이 부채를 지분증권(equity)으로 교환할 때 많이 사용한다. 즉 한국에서 상장기업이 사모발행을 통해 자기자본을 늘리는 경우는 드물다고 볼 수 있다. 〈표 12-2〉에서 2000년 이후 한국의 상장기업들은 유상증자의 방법으로 주주배정과 일반공모를 많이 사용하고 있다는 것을 알 수 있다.[5)]

Concept check

(1) 사모발행에 비하여 공모발행이 더 적절한 상황은 어떤 경우인가?
(2) 유상증자를 할 때에는 일반적으로 간접발행의 방법을 이용한다. 그 이유는 무엇인가?
또 유상증자 물량을 소화시킬 때, 일반공모방법의 장단점은 무엇인가?

4. 증권발행방법

위에서 다룬 IPO나 SEO시 주식(또는 채권)발행방법은 발행에 따른 위험부담을 누가 지느냐에 따라서 직접발행과 간접발행으로 구분된다. 직접발행은 발행기업이 일반투자자에게 직접 증권을 매출하고 발행예정액이 전액 소화될 수 없을 때 야기되는 자금조달에 차질이 생기는 위험(발행위험)을 자신이 부담하는 방법이다. 이 방법은 미청약분이 발생하면 발행규모를 축소하거나 재모집해야 하므로 발행규모가 적고 소화에 무리가 없는 경우에 주로 이용된다.

반면에 간접발행은 증권의 발행위험이나 발행사무를 계약에 의해 전문적인 제3의 인수기관에 맡기는 방법이다. 발행기업은 증권발행과 시장상황에 대한 전문지식과 경험을 가지고 있는 전문인수기관의 서비스를 이용하고 이에 대한 비용을 지급하는데, 이러한 인수업무 전문기관으로서는 미국의 투자은행(investment

5) Kim, J., and K. Song, "The choice of SEO method in Korea: Rights vs. public offers," *Journal of Financial Markets*, 51(1) : 100532(2020).

bank)이나 우리나라의 증권회사, 상업은행 등이 있다. 인수업자는 인수기능(underwriting)을 통하여 해당증권에 대한 발행기업과 투자자 사이의 비대칭정보를 완화하는 인증(certification) 역할을 수행한다. 이 기능이 없으면 기업의 증권 발행은 실패할 가능성이 높다. 또한 인수업자는 해당기업에 증권의 발행시기, 발행규모, 증권의 종류 및 발행조건에 대한 조언을 행하고 나아가서는 경영전반에 대한 자문에 응하기도 한다. 발행기업은 이에 대한 대가로 수수료를 지급한다. 간접발행은 인수기관의 인수방법에 따라서 다시 모집주선, 잔액인수, 총액인수의 세 가지로 나눌 수 있다.

① 모집주선(best-effort basis) : 인수기관이 발행에 따른 위험을 부담하지 않고 모집에 대한 주선과 발행업무만을 담당하여 단순히 발행증권의 매출을 도와주는 방법이다. 발행증권의 미매도분은 인수회사가 떠안는 것이 아니라 발행자가 부담한다.

② 잔액인수(stand-by agreement) : 일정기간 동안은 발행자를 대신하여 신규로 발행되는 증권의 모집 혹은 매출을 위탁판매하지만, 일정기간이 경과한 후 신규발행증권의 미매도분이 있을 경우, 이를 발행자로부터 미리 정해진 발행가액으로 인수하여 자기책임하에 투자자에게 매도하는 방법이다.

③ 총액인수(firm commitment) : 인수기관이 증권발행에 대한 모든 위험을 부담하고 증권발행 총액을 인수하여 인수회사의 자기책임하에 이를 투자자에게 매출하는 방법이다. 만약 증권가격이 발행가격 이하로 떨어지면 이로 인한 모든 손실을 인수회사가 떠안게 된다.

회사가 간접발행이나 공개모집의 방법으로 증권을 발행할 때에는 증권회사, 투자은행(IB : investment bank)의 선정이 중요하다. 증권인수시장의 경쟁이 치열한 외국의 경우 ① 투자은행의 평판과 경험, ② 기존의 고객구성관계, ③ 애널리스트의 평가 등을 참고로 한다.

Concept check

(1) 일반적으로 직접발행보다 간접발행의 방법이 더 적절한 상황은 어떠한 경우인가?
(2) 투자은행의 기능은 무엇인가?

제3절 채권의 발행

보통 기업의 life cycle상 성숙기에 접어들어 영업현금흐름을 안정적으로 창출할 수 있는 기업의 경우 회사채의 발행을 통해 대규모 자금을 조달하여, 지속적인 성장을 준비할 수 있다. 또한 최근 많은 기업들이 주식과 채권의 특성을 동시에 갖고 있는 혼합증권의 발행(hybrid financing)을 통한 새로운 자본조달수단을 발전시키고 있다. 신주인수권부사채(BW)나 전환증권(convertibles)은 임의의 선택권(call option)을 부여하는 증권이기 때문에 투자자들로부터 많은 자금을 용이하게 조달할 수 있다.

1. 회사채의 발행

(1) 회사채의 발행절차

회사채(corporate bond)란 기업이 거액의 장기성자금을 조달하기 위해서 확정채무임을 표시하는 증권으로서, 대표적 타인자본조달수단이다. 회사채는 자기자본의 4배까지 조달할 수 있다.

회사채의 발행조건으로서, 발행금리는 1993년 11월부터 자유화되어 발행기업과 인수기관이 협의를 통해 자율적으로 결정하고 있다. 우리나라에서 회사채의 만기는 주로 1년, 2년, 3년 및 5년인데, 이 중에서 3년 만기물이 대부분을 차지하고 있다. 만기를 결정할 때에는 향후 이자율 동향, 운용자산과 부채 만기구조의 매칭(maturity matching)의 측면을 고려해야 한다.

회사채의 발행방법으로는 대부분 공모 및 간접발행방법이 이용되고 있다. 회사채를 발행하고자 하는 회사는 일반적으로 대표 주관회사를 선정하여 발행물량을 인수단이 전부 인수하도록 하는 총액인수 계약을 체결하고 발행사무 일체를 위임한다. 인수단은 총액인수한 회사채를 자기책임하에 주로 금융기관을 상대로 이 물량을 소화시킨다.

회사채의 발행은 다음의 발행절차에 의해서 이루어진다.

① 이사회의 결의를 통해 발행예정액, 자금의 용도, 사채종류, 이자율과 이자지급방법, 상환기간 및 상환방법, 발행가액, 발행조건 결정
② 발행될 회사채를 인수(underwriting)할 투자은행(간사회사) 선정, 보증사채인 경우는 보증계약 체결
③ 증권관리위원회에 유가증권신고서 작성제출

● 표 12-3
회사채 발행 관련 제 비용

1. 인수수수료 : 주간사회사와 발행기업 간에 자율적으로 협의 (통상 발행금액의 2/1,000~3/1,000)
2. 발행분담금 : 만기에 따라 회사채 발행가액의 일정비율*을 금융감독원에 납부
   * 1년 이하 5/10,000, 1년 초과 2년 이하 6/10,000, 2년 초과 7/10,000 적용(다만, 연간발행액을 일괄신고시 4/10,000)
3. 상장수수료 : 한국거래소에 납부(상장채권의 권면액에 비례하여 10억원 미만 10만원~5,000억원 이상 170만원)
4. 등록수수료 : 한국예탁결제원에 납부(100억원 이하 10만원, 100억원 초과 발행가액의 1/100,000, 최고한도금액은 50만원)
5. 신용평가수수료 : 기본수수료 및 비례수수료 합계액(최고한도 3,000만원 이내)을 신용평가회사(무보증의 경우 2개 이상)에 납부
6. 기타부대비용 : 사업설명회 인쇄비, 발행공고비, 투자설명회(500억원 이상 발행시) 개최비용 등

3년 만기 무보증회사채 100억원 발행비용 시산(예)

발행비용항목	시산내역
인수수수료[1]	100억원×0.3%=3,000만원
발행분담금	100억원×0.07%=700만원
상장수수료	100만원
등록수수료	10만원
신용평가수수료	1,400만원[2]×2개 기관=2,800만원
기타부대비용	100만원
합 계	6,710만원(발행금액의 약 0.7%)

주 1) 0.3%로 가정
2) 기본수수료(1,300만원 : 총자산 5,000억원 가정)+비례수수료(100만원)

자료 : 한국은행, 우리나라의 금융시장, 2009.12, p.208

④ 사채발행 안내의 공고
⑤ 사채청약서 배포 및 청약실시
⑥ 증권관리위원회에 유가증권발행실적보고서 작성제출
⑦ 사채매입자에게 사채발행 교부

〈표 12-3〉은 우리나라 자본시장에서 회사채를 이상의 절차에 따라 공모발행할 경우 소요되는 제반비용을 요약한 것이다. 3년 만기 무보증회사채 100억원을 조달하는 데 발행금액의 약 0.7% 정도의 발행비용이 소요되고 있다.

(2) 회사채의 차환발행

이자율이 하락하는 상황에서는 기존의 높은 이자율의 사채를 상환하고 낮은 이자율로 재발행(refunding)하는 차환발행을 검토하게 된다. 차환발행할 때 새 채권 발행액의 현금유입이 기존 채권을 상환하는 데 필요한 현금유출액과 동일하다면, 기존 사채를 차환하는 것의 이득은 차환으로 인한 이자절감액의 현재가치와 채권발행(차환)비용의 차이에 달려 있다. 따라서 기존 사채를 차환하는 것이 타당한지는 다음 NPV가 양인지 음인지에 따라서 평가된다.

$$\text{사채차환의 } NPV = \text{이자절감액의 현재가치} - \text{채권발행(차환)비용}$$

예를 들어 A사가 과거 액면금액 10만원, 액면이자율 5%의 영구사채(콜옵션 조건)를 액면발행하여 자금을 조달한 적이 있었는데, 이제 이자율 하락으로 액면금액 10만원의 영구사채를 액면이자율 4%로 차환발행할 계획이라고 하자(새로운 채권이 액면이자율 4%의 액면금액으로 발행되기 때문에 채권수익률은 4%). 현재의 채권발행총수는 2,000단위이며 새로운 채권의 발행비용은 2,400만원이 소요되고, 기존 채권을 10만원에 상환가능하다면, 기존의 채권을 모두 새로운 채권으로 교체하는 것은 타당한가?

이 경우 기존 사채를 차환하는 방안의 NPV는 다음과 같으므로 타당성이 있다.

① 이자지급 영구절감액의 현재가치(세금효과는 동일하다고 가정함)

$$=\frac{100,000(0.05-0.04)}{0.04}\times 2,000=50,000,000\text{원}$$

② 채권발행비용＝24,000,000원

③ 사채차환의 NPV＝이자지급 영구절감액의 현재가치－채권발행(차환)비용

＝50,000,000－24,000,000＝26,000,000원

Concept check

(1) 회사채를 발행할 때, 만기결정시는 어떤 요소를 고려해야 하는가?
(2) 회사채를 차환발행하는 것은 어떠한 상황이며, 회사채 차환이 경제성이 있는지를 어떻게 평가하는가?

2. 옵션부증권의 발행

(1) 신주인수권부사채

신주인수권부사채(BW : bond with warrants)는 일반사채권과 신주인수권이 결합된 증권인데, 이 사채의 소유자에게 일반회사채의 권리에 일정한 기간 내에 일정한 가격으로 정해진 수의 발행기업 주식을 매입할 수 있는 권리인 신주인수권(warrants)을 함께 부여한 사채를 말한다. BW는 사채와 신주인수권이 결합된 하나의 패키지로 거래되는 비분리형과 신주인수권만을 사채로부터 분리하여 거래되는 분리형이 있다. 우리나라에서의 BW는 기업의 유상증자시에 구주주의 신주인수비율과 동일하게 신주인수권을 부여받고 있다.

BW를 발행할 때에는 행사가격과 인수주식수가 결정되어야 한다. 이를 위해서는 BW의 이론적 가치를 평가할 수 있어야 한다.

신주인수권부사채가 지니는 이론적 가치는 일반사채가치와 신주인수권의 가치를 합한 것과 같다. 이 중 인수권이 없는 일반사채의 가치는 제4장에서 설명된 채권평가모형 식(4.2)에 의해서 평가하면 된다.

한편 신주인수권가치는 다음 식과 같이 신주인수권의 행사로 인하여 늘어나게 되는 발행주식수와 인수예정가격(행사가격)을 초과하는 주식가격의 크기에 달

려 있다.

$$P_w = (S_T - X) \times N_s \tag{12.5}$$

단, P_w : 신주인수권의 가치, S_T : 보통주의 시장가격
X : 인수예정가격(행사가격), N_s : 인수주식수

예를 들어 (주)동서가 2025년 2월말 신주인수권부사채를 발행하여 300억원의 자금을 조달하였다고 하자. 각 신주인수권부사채는 액면가 1,000,000원으로서 만기가 2035년 1월말로 연리 8%인 무보증사채증서 1매와 10장의 신주인수권증서를 받을 수 있다. 신주인수권부사채 발행시 주가는 28,000원인데, 인수(행사)가격은 20%의 프리미엄부로 결정되어 각 신주인수권증서는 2029년 1월말 이내에 33,600(=28,000(1.2))원으로 보통주 한 주를 매입할 권리가 있다. 발행 즉시 무보증사채가 980,000원에 거래되면 신주인수권증서 한 장은 2,000원(=(1,000,000−980,000)/10)의 가치를 지닌 것으로 거래된다.

자본조달수단으로서 신주인수권부사채는 현 시점에서 대규모 자금조달이 필요한 기업이 낮은 이자율로 사채를 발행하지만, 향후의 높은 성장기회를 가지고 있어 높은 주가상승을 예상하는 투자자들을 대상으로 많이 발행된다. 신주인수권을 행사하는 상황이 되면, 기업입장에서는 식(12.5)만큼의 발행비용이 더 든 결과가 된다. 주주로부터 BW채권투자자에게 부가 이전되는 결과가 되는 것이다. 장기적으로 보면 BW의 자본비용은 일반사채의 자본비용보다는 높고, 자기자본비용보다는 낮다고 할 수 있다. 그리고 부채비율은 낮아진다.

(2) 전환증권

전환증권(convertibles)은 그 증권소유자의 의사에 따라 전환기간 내에 일정한 조건으로 전환사채 발행기업의 주식으로 전환할 수 있는 권리가 부여된 증권을 말한다. 전환권리가 부여된 사채는 전환사채(CB : convertible bond), 우선주는 전환우선주(convertible preferred stock)라고 한다.

전환사채의 경우 그 소유자는 두 종류의 권리를 동시에 보유하게 된다. 그 하나는 사채권자로서 사채에 대한 만기일까지의 원리금청구권이고, 다른 한 가

지는 주식으로 전환할 수 있는 전환권이다.

전환사채의 발행시에는 전환비율이나 전환가격을 미리 정해야 한다. 전환가격(conversion price)은 보통주로의 전환권을 행사할 때의 보통주 매수가격이다. 반면 전환비율(conversion ratio)이란 전환사채 단위당 전환이 인정되는 보통주식의 수를 말한다. 그래서 다음과 같이 전환가격은 사채의 액면가를 전환비율로 나누어 구할 수 있다.

$$\text{전환비율} = \frac{\text{사채의 액면가}}{\text{전환가격}}$$

$$\text{또는 전환가격} = \frac{\text{사채의 액면가}}{\text{전환비율}} \tag{12.6}$$

한편 전환가치(conversion value)는 지금 당장 전환사채를 보통주로 전환할 경우의 가치를 의미하는데, 주식의 현재 시장가격에 전환비율을 곱하여 구한다.

$$\text{회사채 1매당 전환가치} = \text{주식의 현재 시장가격} \times \text{전환비율} \tag{12.7}$$

또 전환프리미엄(conversion premium)은 전환가격과 전환사채 발행시 주가의 차이를 말한다.

예를 들어, (주)동서가 2030년에 만기가 되는 연리 9%의 전환사채 150억원을 발행하는데, 만기일 이전에는 언제든지 이 전환사채 1매(액면가 1,000,000원)를 보통주 50주로 전환할 수 있다고 하자. 이 경우에 전환될 사채와 이에 대하여 교환되는 보통주의 비율인 전환비율은 50이다. 50주의 보통주를 받기 위해서는 액면가가 1,000,000원인 전환사채를 회사에 제출해야 한다. 그러므로 보통주 1주를 받기 위해서는 액면금액 1,000,000/50=20,000원을 제출해야 하는 셈이다. 이와 같이 전환에 의해서 발행되는 보통주 1주에 대하여 요구되는 사채액면금액을 전환가격(콜옵션에서의 행사가격)이라고 한다. 전환사채의 발행시 이 회사의 주가가 16,000원이었다면 전환프리미엄은 25%[=(20,000 / 16,000)−1]가 된다.

전환증권 발행에 의한 자본조달은 전환증권의 특성상 당장 자본은 조달하지만, 보통주 발행을 연기한 효과를 갖는다. BW보다 만기가 더 길게 발행되는 것이 일반적인데, 권리행사가 되면 BW는 신규주식자본이 유입되지만, CB의 경우는 새로운 자본유입이 없다. 그리고 부채비율은 낮아진다. 물론 주가가 오르지 않아 권리행사가 되지 않으면 부채금액은 줄지 않는다.

대리인비용의 관점에서 보면, CB는 일반사채보다 대리인비용을 줄여주는 측면이 있다.[6] 채권자와 주주 사이의 이해상충의 한 예로 위험전가의 문제가 발생할 수 있다. 즉, 경영자가 부채로 자본조달하여 위험이 높은 투자안에 투자할 가능성이 있기 때문에, 채권자는 일반사채 발행시 높은 이자율을 요구하는, 이른바 부채의 대리인비용이 발생할 수 있다. 그러나 CB의 경우는 CB투자자도 주식상승의 상황이 되면 그 이득을 공유할 수 있게 되므로 CB의 이자율은 낮게 발행되는 경향이 있다.

한편, 신호이론(정보비대칭)의 관점에서 보면, 부채증권발행보다 주식발행에 의한 자본조달은 자본시장에 기업의 미래 전망에 대한 부정적 정보(예상)를 전달하는 효과가 있을 수 있다. 그러나 주식발행 대신 CB발행에 의한 자본조달은 주식발행의 부정적 신호전달효과를 피할 수 있게 해 주는 방법이 된다.

종합적으로 볼 때, 자본조달수단으로서 BW와 CB를 비교하면 〈표 12-4〉와 같다.

● 표 12-4
자본조달수단으로서 BW와 CB의 비교

		BW	CB
신규 자금유입	발행시	유입 없음	유입
	권리행사시	유입	유입 없음
만기		CB보다 단기	BW보다 장기
권리행사 후 부채잔액		전과 동일	전환된 것만큼 감소
권리행사시 주식수 증가		불변	증가
중도 수의상환조건		없음	대부분 있음
발행경비		많음	적음
기업규모별 적합성		소규모 또는 창업기업	중소기업
대리인비용 감소여부		–	감소
부정적 신호효과		–	감소

6) 대리인비용이나 신호이론의 관점에서의 자본조달결정의 문제에 대해서는 본서 제11장 참조.

Concept check

기업의 자본조달수단으로서 신주인수권부사채(BW)와 전환증권(convertibles)을 검토할 때 그 장·단점은 어디에 있는가?

(3) 수의상환사채

전환증권 투자자들은 보통주 가격이 전환가격을 크게 상회하면 보통주로 전환할 것이므로 기존 주주에게는 손실을 줄 수 있다. 따라서 발행기업의 입장에서는 전환증권에 수의상환의 규정(call provision)을 두는 경우가 많다. 이처럼 미리 결정된 수의상환가격(call price)에 따라 기업이 강제적으로 상환시킬 수 있는 조항을 마련한 채권이 수의상환사채(callable bond)이다.

수의상환사채가 상환되기 위해서는 기본적으로 미래 현금지급액의 현재가치가 수의상환가액보다 커야 한다.

$$\text{수의상환조건}: NPV = \text{미래 현금지급액의 현재가치} - \text{채권상환액} - \text{채권상환에 필요한 세후부대비용} \geq 0 \qquad (12.8)$$

예제 12-2 수의상환조건

액면금액 200,000원, 액면이자율 10%인 영구채권이 언제든지 액면금액으로 상환가능하다. 상환에 필요한 비용은 원금액의 10%이며 법인세율이 30%이다. 채권수익률이 얼마가 되어야 채권을 상환하겠는가?

➤ 풀이

$$\text{수의상환의 } NPV = \frac{20{,}000}{r} - 200{,}000 - 0.1\,(200{,}000)\,(1-0.3) > 0$$

$\therefore$ 9.35%

* $\frac{20{,}000}{r}$은 미래 이자지급액의 현재가치, 200,000은 채권상환액, 0.1 (200,000) (1−0.3)은 채권상환에 필요한 세후부대비용을 의미한다.

제4절 리스금융

기계 · 설비 등 유형고정(비유동)자산을 직접 현금으로 구입하는 데에는 상당한 자금이 소요된다. 그런데 직접구입 대신 리스의 방법을 이용하면 자본조달소요액을 줄일 수 있는 등 여러 가지 자본조달의 특성이 있다. 본절에서는 리스금융의 방법과 장단점, 리스 대 차입구매 의사결정방법을 중심으로 설명한다.

1. 리스의 의의와 종류

리스(lease)는 기계 · 설비 등 특정자산을 직접 현금으로 구입하지 않고 일정기간 동안 일정한 임차료를 지급하고 특정자산을 경제적으로 이용하는 수단이다. 리스의 당사자로는 임차인과 임대인이 있는데, 먼저 임차인(lessee)은 리스계약에서 정한 일정액의 임차료를 지급하고 특정자산을 일정기간 동안 사용권을 얻어 이용하는 주체이다.

임대인(lessor)은 특정자산의 소유권을 갖고 있으면서 임차인에게 임대료를 받고 그 사용권을 대여하는 주체이다. 임대인의 관점에서 볼 때, 리스는 제조회

■ 그림 12-1 리스금융의 유형

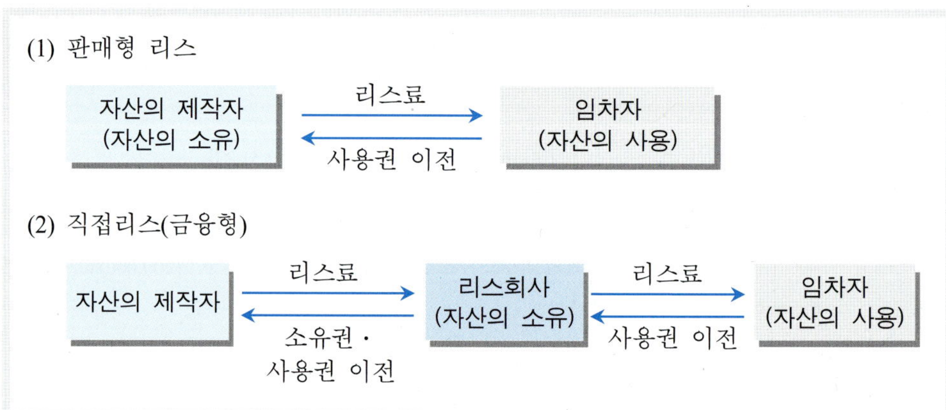

사가 제품판매 대신 리스료를 받고 사용권을 이전시키는 판매형의 리스와 리스전업금융회사를 통하여 임대하는 방법이 있다. 예를 들어 보잉항공회사가 항공기를 판매하는 대신 리스료를 받고 임대를 주는 방법은 전자의 예이고, 이를 리스전업금융회사를 통하여 임대해 주면 후자의 방법이 된다([그림 12-1] 참조).

리스를 이용하는 기업(임차인)의 관점에서 보면, 일정한 리스료를 정기적으로 지급하는 대신 자산사용권을 획득하면서 리스자산을 직접 구매할 때와 동일한 영업현금유입을 창출하는 경제적 효과를 갖는다. 결과적으로 그 자산의 구입에 필요한 자금을 차입하여 구매하는 경우의 효과와 동일하므로 장기자본조달의 중요한 수단이 된다.

리스는 일반적으로 리스계약의 성격에 따라 크게 금융리스와 운용리스로 구분한다. 각 리스의 종류별로 그 성격을 정리하면 다음과 같다.

(1) 금융리스(자본리스)

금융리스(financial lease)는 리스의 금융기능의 측면을 중시하는 형태의 리스로서, 리스자산의 소유권, 이와 관련된 비용지출 그리고 이익효과를 리스이용자(기업)가 갖게 되는 형태의 리스를 말한다. 그 특징은 다음과 같다.

① 자산의 법률적 소유권은 임대인(리스회사)이 가지고 있지만, 소유권에 따르는 대부분의 위험과 효익은 실질적으로 임차인(리스이용자)에게 이전된다. 리스자산의 유지관리를 이용자가 수행하고, 감가상각비 계상도 이용자가 한다.

② 해당자산을 기업에 장기간 무담보로 대여해 주는 것으로, 중도해약이 불가능하며, 기간도 운용리스에 비하여 장기간에 걸친 계약이다.

③ 임차인이 지급하는 리스료에는 임대인의 해당자산 구입에 따른 이자 및 자산유지 · 관리비가 포함된다.

금융리스는 임대인인 리스회사가 리스대상자산을 취득하는 방법에 따라 다시 직접리스, 레버리지 리스(알선리스), 판매후 재리스로 나누어 볼 수 있는데, 다음과 같은 차이점이 있다.

① 직접리스(direct lease) : 임대인이 리스의 대상이 되는 자산을 제조하여 소유하고 있거나 직접 구입하여 보유하다가 리스계약이 성립하면 임차인에게 자산의 사용권만을 제공하고 임대인은 자산의 소유자로 남는 전형적인 리스이다.

② 레버리지 리스(leveraged lease) : 임차인과의 리스계약을 담보로 임대인이 제3자(주로 금융기관)로부터 자금의 일부를 차입하여 리스대상자산의 구입자금을 조달·충당하는 리스로서 직접리스의 특수한 형태이다. 리스회사(임대인)는 차입금에 대한 이자비용의 감세효과를 얻게 된다.

③ 판매후 재리스(sale and lease back) : 이 방법은 기업이 소유하고 있는 자산을 리스회사에 매각하는 동시에 리스계약을 맺어 그 자산을 다시 사용하는 방법이다. 따라서 원래 자산을 보유하고 있던 기업이 임차인이 되고 새로 그 자산을 매입한 기업이 임대인이 되므로 순수한 자금차입효과를 갖게 된다.

(2) 운용리스(서비스리스)

운용리스(operating lease)는 리스자산의 소유권과 이와 관련된 비용지출과 이익효과를 리스회사가 갖게 되는 형태의 리스를 말한다. 그 특징은 다음과 같다.

① 리스자산의 유지관리의 책임을 리스회사가 수행하고, 감가상각비 계상도 리스회사가 한다. 자산의 효율적 사용에 중점을 둔 형태이다.

② 중도해약이 언제라도 가능하며 리스기간이 비교적 단기간이다. 임차인은 필요한 기간 동안만 이용하고 리스회사에 반환할 수 있다. 대상자산의 진부화 위험이 비교적 큰 자산에 많이 적용되며 상대적으로 단기간의 계약이다.

③ 기술적 진부화에 따르는 위험부담 때문에 일반적으로 금융리스에 비하여 리스료가 높다.

2. 리스금융의 장단점

자금조달의 한 방법으로서 리스금융이 지니는 장단점은 다음과 같이 정리할 수 있다.

(1) 장 점

① 거액의 자금을 들이지 않고도 기업이 필요로 하는 비유동자산의 구입효과를 누리게 하는 장기금융수단이 된다. 담보물의 제공 없이도 소요자금만큼 자금을 융자받는 효과로 재무구조의 개선을 도모할 수 있고, 리스로 인한 비용이 부채로 계상되지 않는다. 특히 파산비용이 존재할 경우에 불확실성을 줄여준다. 리스회사가 외국법인일 경우 외자를 이용하는 수단이 된다.

② 리스료는 세법상 손비처리되기 때문에 세제상 이점이 있고, 때로는 투자세액공제(investment tax credit)를 받을 수 있다. 적자기업의 경우는 감가상각비의 세금감면효과가 없지만, 리스금융을 이용하면 임차자가 지불하는 리스료는 세법상 손비로 처리되어 세금감면효과가 있다.

③ 자산을 직접 구입하는 경우에 비하여 기업의 유동성이 저해되지 않는다. 또한 매입처분에 따른 여러 거래비용이 절감된다.

④ 기술혁신에 따른 기술적 진부화의 위험 등 자산소유에 따르는 위험을 회피할 수 있어 기술적 변화에 대한 불확실성 감소효과를 누릴 수 있다. 다만 금융리스의 경우는 위험회피효과가 없다.

(2) 단 점

① 은행차입에 따른 차입금이자, 감가상각비, 보험료 등이 포함되어 있으므로 높은 리스료를 부담해야 한다. 일반적으로 은행차입비용보다 비싸다.

② 계약종료시에 자산의 잔존가치 이용권이 상실되므로 그로 인한 이익을 누릴 수 없다.

③ 직접 소유하는 경우보다도 자산관리의 효율성이 떨어진다.

④ 리스료가 매입의 경우보다 소액단위이기 때문에 회사의 자금지출 통제력을 약화시킨다.

끝으로 재무통제의 관점에서 보면, 운용리스는 회계처리시 재무상태표에 계상되지 않는 금융수단(off-balance sheet financing), 즉 부외부채(簿外負債)이기 때문에 재무제표의 자산과 부채 가격이 실제와 차이가 생기게 된다. 즉 자산이 과소계상되어 자산수익률이나 투자수익률을 과대평가시킨다는 점에 유의해야 한다.

3. 리스의 평가방법

리스는 일반적으로 임차인(lessee)의 입장에서는 자본조달결정의 문제이고, 임대인(lessor)의 입장에서는 투자결정의 문제이다. 두 입장으로 나누어 리스에 대한 평가방법을 설명한다.

(1) 임차인의 관점 : 리스 대 차입구매 결정

리스이용자인 기업이 자금조달방법으로서 리스금융을 평가하는 방법은 기업이 특정자산을 이용하려 할 때 그 자산의 구입에 필요한 자금을 차입하는 경우와 리스금융을 이용하는 경우의 수익성을 비교하는 것이다. 이때 주의해야 할 것은 현금유출액의 산출시 법인세효과를 반드시 고려해야 한다는 점이다.

리스이용자 입장에서 리스 대 차입 의사결정은 다음과 같은 단계로 이루어진다.

① 리스의 현금흐름과 자산구입을 위한 차입시의 현금흐름을 각각 구한다.
② 리스의 현금흐름에서 차입시의 현금흐름을 차감한 리스의 증분현금흐름을 구한다.
③ 증분현금흐름을 세후부채비용으로 할인한 증분현금흐름의 순현재가치를 구한다.
④ 증분현금흐름의 순현재가치가 0(零)보다 크면 리스를 이용하는 것이 유

리하고, 0보다 작은 경우는 차입을 이용하는 것이 유리하다. 증분현금흐름의 순현재가치가 0인 경우는 리스와 차입이 무차별한 경우로 리스자본시장인 완전자본시장의 경우이다.

이제 이를 식으로 나타내기 위하여 리스를 이용할 때의 NPV를 NPV_L이라고 하면, 식(12.9)에 의해서 추정할 수 있다. 결국 리스이용에 따른 기간별 순영업현금유입은 증분영업현금유입액 F_t와 지급리스료 현금유출액 L_t의 차이가 된다. NPV를 계산할 때 적용하는 할인율은 세후부채비용 $R_d(1-t_c)$를 적용한다. 리스사용에 대한 기회비용은 차입금의 자본비용이 되기 때문이다.

$$NPV_L = \sum_{t=1}^{n} \frac{F_t(1-t_c)}{(1+R_i)^t} - \sum_{t=1}^{n} \frac{L_t(1-t_c)}{(1+R_i)^t} \quad (12.9)$$

단, F_t : t기의 리스자산의 증분수익흐름
L_t : t기의 임차료, t_c : 법인세율
R_i : 세금효과가 고려된 할인율(세후부채비용 $R_d(1-t_c)$)

또 차입에 의한 경우를 NPV_D라 하면, 이를 식(12.10)에 의해서 구할 수 있다. 차입의 경우는 기계구입액(I_0), 증분영업현금흐름(F_t), 감가상각비의 감세효과($t_c \cdot D_t$)가 고려되어야 한다.

$$NPV_D = \sum_{t=1}^{n} \frac{F_t(1-t_c) + t_c \cdot D_t}{(1+R_i)^t} - I_0 \quad (12.10)$$

단, D_t : t기의 감가상각비
I_0 : 구입원가

자산으로부터 증분수익흐름이 어느 방법의 경우에도 동일할 경우 리스금융의 NPV는 위의 식(12.9)에서 식(12.10)을 뺀 것이므로 다음과 같이 표시된다.

$$\begin{aligned} NPV &= PV(\text{리스}) - PV(\text{구입}) \\ &= NPV_L - NPV_D \\ &= I_0 - \sum_{t=1}^{n} \frac{t_c \cdot D_t + (1-t_c)L_t}{(1+R_i)^t} \end{aligned} \quad (12.11)$$

결국 식(12.11)에서 보면, 리스를 이용한다는 것은 설비구입금액을 지출하지 않기 위해서 리스료를 지급하고 동시에 감가상각비의 감세효과를 포기하는 의사결정의 문제가 된다. 만일 증분수익흐름이 다를 경우에는 리스의 증분수익흐름에서 임차시의 증분수익흐름을 차감하여 고려한다.

(2) 임대인(리스회사)의 관점

한편 리스회사 입장에서 리스는 투자결정의 문제이다. 따라서 리스계약을 맺는 것의 경제적 타당성 평가는 다음과 같은 현금흐름을 갖는 자본예산 문제로 보고 결정하면 된다. 리스기간중의 현금유입에는 리스자산 감가상각비의 감세효과가 포함되어야 한다. 따라서 다음의 기간별 현금흐름의 NPV를 계산하여 평가하면 된다. 이때 NPV계산에 적용하는 할인율은 리스회사의 $WACC$이다.

- 투자시점 현금흐름 : $CF_0 = -I_0 + ITC$ (단, ITC : 투자세액공제)
- 리스기간중 현금흐름 : $CF_{1\sim n} = L(1-t_c) + t_c \cdot D$ (단, L : 리스료)

$$NPV = \left\{ \sum_{t=1}^{n} \frac{L_t(1-t_c) + t_c \cdot D_t}{(1+R_i)^t} \right\} - I_0 + ITC$$

Concept check

시설재투자와 관련하여 매입, 소유하는 것에 비하여 리스가 선호되는 이유는 무엇인가? 유지관리에 대한 서비스, 내용수명, 잔존가치, 영업위험 면에서 평가하라.

예제 12-3 **리스 대 차입구매, 균형리스료**

(주)알파반도체는 반도체 설비 제조업체로서 관련 기계장치를 (주)한성리스로부터 리스할 것을 고려하고 있다. 이 기계장치의 구입가격은 300억원이며, 3년 동안 정액법으로 감가상각한다. 리스기간은 3년이며, 리스료는 기말에 지급하기로 한다. 한편, 동성은행은 (주)알파반도체가 이 기계를 구입하는 경우, 연이자율 10%로 300억원을 대출해 주고, 3년 동안 매년 원금 100억원과 이자를 상환하도록 하는 조건을 제시하고 있다.

현재 리스시장은 완전경쟁시장이며, (주)알파반도체와 동성은행의 법인세율은 30%로 동일하다.

(1) 연간리스료가 110억원이면, (주)알파반도체는 리스를 해야 하는가, 아니면 차입구매해야 하는가?
(2) (주)한성리스의 입장에서 균형리스료를 구하라.

➢ 풀이

(1) ① 리스이용시 현금흐름 :

$CF_{1\sim3} = L(1-t_c) = 110\times(1-0.3) = 77$억원

② 차입구매시 현금흐름 :

$CF_0 = -I_0$(투자액)$= -300$억원

$CF_{1\sim3} = t_c \cdot D = 0.3\times100 = 30$억원

③ (리스−차입구매) 증분현금흐름 :

$\Delta CF_0 = -300$

$\Delta CF_{1\sim3} = -110\times(1-0.3)-30 = -107$억원

$$\therefore\ \Delta NPV(\text{리스}-\text{차입구매}) = I_0 - \sum_{t=1}^{n}\frac{t_c\cdot D_t + (1-t_c)L_t}{(1+R_i)^t}$$

$$= 300 - 107\times2.6243(PVIFA_{3,\ 7\%}) \fallingdotseq 19.2\text{억원}$$

ΔNPV가 +이므로 리스를 이용하는 것이 차입구매보다 경제성이 있다.

* 여기서 할인율을 7%로 사용한 것은 리스시장이 완전경쟁시장이므로 리스회사의 가중평균자본비용이 리스이용자의 세후부채비용($WACC = 0.10\times(1-0.3) = 7\%$)과 같게 될 것으로 보기 때문이다.

(2) 리스회사 입장에서 리스계약은 다음과 같은 현금흐름을 갖는 자본예산 문제이다.

$CF_0 = -300$(투자액)

$CF_{1\sim3} = L(1-t_c) + t_c\times D$ (L : 리스료)

$= L(1-0.3) + 0.3\times100^{*} = 0.7L + 30$ (* 감가상각비 $D = 300\div3$년)

리스회사의 NPV를 0이 되게 하는 리스료(L)가 균형리스료이므로,

$NPV = -300 + (0.7L+30)\times(2.6243 : PVIFA_{3,7\%}) = 0$

$\therefore\ L = 120.452$억원

주요 용어

- 내부금융
- 보통주
- 우선주
- 회사채
- 회사설립시의 주식발행
- 유상증자
- 신주발행가격
- 권리락주가
- 신주인수권
- 무상증자
- 사모발행
- 공모발행
- 기업공개
- 최초공모주
- 상장요건
- 유상증자 배정방식
- 직접발행
- 간접발행
- 모집주선
- 잔액인수
- 총액인수
- 회사채의 발행절차
- 회사채의 차환발행
- 옵션부증권
- 신주인수권부사채
- 전환증권
- 수의상환사채
- 금융리스
- 레버리지 리스
- 운용리스
- 균형리스료

연습문제

1. 기업공개(IPO)시 인수기관(underwriter)이 주로 사용하는 인수방법은 무엇인가?

① 모집주선제 ② 총액인수제
③ 잔액인수제 ④ 선입선출제

2. 다음 중 우리나라 상장기업들의 유상증자(SEO)방법에 관한 설명으로 틀린 것은?

① 유상증자 발표시 보통 주가는 하락한다.
② 2000년 이전에 우리나라 기업들은 주주배정(rights offering)방법을 주로 사용했다.
③ 기존 주주들이 할당된 주식을 포기하는 경우 실권주가 발생한다.
④ 과도한 부채를 조정하기 위해 사모발행을 하는 경우가 많다.
⑤ 기존 주주를 보호하기 위해 유상증자시 기준가격보다 할인해서 신주를 발행할 수 없다.

3. 기업공개(IPO)시 공모가 산정방법으로 우리나라에서 가장 많이 쓰이는 가치평가방법은?

① 잔여이익평가법 ② 현금흐름할인법
③ 주가배수를 이용한 상대가치평가법 ④ 자산기반접근법

4. 벤처자본으로부터 자금을 조달하는 초기 기업이 주로 발행하는 증권은?

① 장기무담보채권 ② 기업어음
③ 전환우선주 ④ 전환사채
⑤ 보통주

5. 신설되는 비상장기업(보통 기술기업)에 대한 지분투자를 하는 사모펀드의 한 종류를 무엇이라 부르는가?

① 벤처펀드 ② 메자닌 금융
③ 경영참여형 펀드 ④ 헤지펀드

6. 기업공개(intial public offering)시 일반적으로 나타나는 현상이 아닌 것은?

① 매매개시일의 수익률은 보통 공모가 대비 양(+)의 값을 갖는다.
② 투자은행 또는 증권사는 인수(underwriting)방법으로 총액인수제(firm commitment offering)를 선호한다.
③ 기업공개시 발생하는 비용 중 직접비용(underwriting fee)이 간접비용보다 크다.
④ 발행기업은 공모주의 가격이 저평가(underpricing)되는 만큼 간접비용을 부담한다.
⑤ 공모주의 가격은 보통 book building(수요예측) 방법에 의해 결정된다.

7. 다량의 실권주가 발생하여 기업이 계획한 자본조달 실패를 방지하기 위하여 최근 많이 사용하는 유상증자(SEO)방법은 무엇인가?

① 일반공모(public offer) ② 주주우선배정(rights offering)
③ 사모발행 ④ 차별가격경매

8. 채권의 이자율이 떨어질 때 리파이낸싱(refinancing)을 위해 만기 전에 기업이 채권자에게 원금을 모두 갚을 수 있는 채권은?

① 감채기금(sinking fund) ② 채무증서
③ 일시차입금 ④ 수의상환사채(bond with call provision)

9. 기존 주주의 지분 희석(dilution)을 방지하기 위한 유상증자(SEO)방법은 무엇인가?

① 일반공모(public offer) ② 주주우선배정(rights offering)
③ 사모발행 ④ 차별가격경매

10. 장기자본의 조달수단별로 그 장단점에 대하여 설명하라.

11. 유상증자시의 신주발행가격 결정방법을 설명하라. 그리고 유상증자 물량의 배정방식에 대하여 설명하라.

12. 다음의 차이점을 설명하라.

(1) 사모발행 대 공모발행
(2) 직접발행 대 간접발행
(3) 모집주선 대 총액인수

13. 기업이 보통주로 자본조달할 때의 증권의 발행방법에 대하여 설명하라.

14. 기업공개시 저가발행(underpricing) 현상이 나타나는 이유를 정보비대칭(information asymmetry) 관점에서 설명하라.

15. 임차인의 입장에서 리스금융의 장단점을 제시하고, 리스의 현금흐름을 평가할 때 사용되는 할인율에 대하여 설명하라.

16. 유상증자, 신주인수권의 평가

(주)남북은 새로이 100억원의 자본금을 증가시키려고 한다. 그 방법으로 40,000원의 가격으로 주식을 발행하되 기존 주주에게 신주를 청약, 인수할 권리를 부여하여 주식을 배분할 예정이다. 현재 이 기업의 주식은 주당 50,000원에 거래되고 있으며, 기존의 발행주식수는 500,000주이다.

(1) 새로이 발행될 주식의 총가치가 기존 주식의 소유지분에 비례하여 신주인수권(신주)을 배정할 경우, 신주발행 후의 주가는 얼마나 되겠는가?
(2) 신주인수권 1단위의 이론적 가격은 얼마인가?
(3) 이 회사의 이자 및 납세전이익(*EBIT*)은 100억원이며, 액면이자율 10%인 부채 200억원을 가지고 있다. 법인세율이 40%일 때, 새 주식의 발행 전과 발행 후 주당이익(*EPS*)은 얼마인가?
(4) 새 주식발행 전의 주당이익수준을 유지하기 위해서는 *EBIT*가 얼마나 증가해야 하는가?
(5) 새 주식이 발행되면 주주의 부는 희석(diluted)되는가?

17. 사채차환결정, 수의상환사채의 평가

영구산업은 과거 액면금액 20만원, 액면이자율 10%의 영구사채를 발행했었다. 이제 또 영구산업은 액면금액 20만원의 영구사채를 액면발행하려고 하며, 이 사채의 액면이자율은 8%로 할 예정이다. 현재의 채권발행총수는 1,000단위이며 새로운 채권의 발행비용은 2,400만원이다.

(1) 새로이 발행되는 채권의 수익률은 얼마인가?
(2) 기존 채권의 현재가격은 얼마인가?
(3) 기존 채권을 200,000원에 상환가능하다면 기존의 채권을 모두 새로운 채권으로 교체할 경우의 *NPV*는 얼마인가?

18. 차환결정의 타당성 평가

A기업이 발행한 수의상환채권의 총액면가는 25억원, 액면이자율은 14%이다. 이 채권은 액면가 10만원에, 7,000원을 더한 가격으로 상환될 수 있다. 이제 A기업은 액면이자율이 12%인 새로운 채권으로 기존의 채권과 교체하려고 하며 이때의 발행비용은 2억원, 법인세율은 40%이다. 채권을 새로 발행하여 기존의 채권을 매입(차환)하는 경우의 *NPV*는 얼마인가?

19. 리스금융의 평가

(주)동북아 리스회사는 세계항공(주)에 신형 비행기를 리스할 것을 고려하고 있다. 이 비행기의 구입가격은 1,000억원이며, 전액을 10년 동안 정액법으로 감가상각한다. 10년 후 장부상의 잔존가치는 0으로 처리하지만, 시장처분가치는 200억원이 될 것으로 본다. 리스기간은 10년이며, 리스료는 기말에 받기로 한다. 한편, 대한은행은 세계항공(주)가 비행기를 구입하는 경우, 연이자율 10%로 3,000억원을 대부해 주고, 10년 동안 매년 원금 100억원과 이자를 상환하도록 하는 방안을 제시하고 있다. 현재 리스시장은 완전경쟁시장이며, (주)동북아 리스회사와 세계항공(주)의 법인세율은 40%로 동일하다.

(1) (주)동북아 리스회사 입장에서 균형리스료를 구하라.

(2) 리스료가 (1)에서 구한 값으로 결정된 경우 세계항공(주)는 리스를 해야 하는가, 아니면 차입구매해야 하는가?

(3) 대한은행 측에서 기존의 상환방법을 바꿔 연이자율 12%로 3년 후부터 매년 상환하라는 새로운 제안을 했을 경우 (2)의 의사결정은 어떻게 달라지는가? 일반적인 관점에서(계산과정 없이) 투자원금의 대체적인 상환형태가 의사결정에 미치는 영향을 설명하라.

20. 신주인수권과 권리락가격

(주)비천당은 주주모집(rights offering)을 통해 자본조달을 하려 한다. 주식의 현재 가격은 1주당 40,000원이다. 신주인수권 발행조건에 따르면 주주는 5주를 가지고, 신주 1주를 25,000원의 가격에 살 수 있다. 그렇다면 권리락가격과 신주인수권의 가치는 얼마인가?

해 답

16. (1) ① 발행할 주식수=100억원/40,000원=250,000주

② 증자비율=0.5, 기존 500,000주의 권리가 250,000주를 인수하기 위해서는 신주 1주당 2단위의 권리, 즉 기존 주식 2주가 필요하다.

③ $P_x = \dfrac{\text{권리부(기준)주가} + (\text{증자비율} \times \text{주당발행가격})}{1 + \text{증자비율}}$

$= \dfrac{50{,}000 + (0.5 \times 40{,}000)}{1 + 0.5} = 46{,}667$원

별해 : 유상증자 후 총주식가치=(500,000×50,000)+(250,000×40,000)=350억원

발행주식총수=500,000주+250,000주=750,000주

새로운 주가=350억원/750,000주=46,667원

(2) 1단위의 권리의 가치는 권리가 실행되기 전과 후의 가격차이이다.

50,000−46,667=3,333원

또는 다음 관계식으로 평가 :

$\text{신주인수권의 가치} = \dfrac{\text{권리락가격} - \text{발행가격}}{\text{신주 1주를 인수하기 위한 구주의 수}}$

$= \dfrac{46{,}667 - 40{,}000}{2} = 3{,}333$원

(3) ① 신주발행 전 *EPS*

세후순이익 : $(EBIT - I)(1 - t_c) = (100 - 20) \times 0.6 = 48$억원

∴ 주당이익(*EPS*)=48억원/500,000=9,600원

② 신주발행 후 *EPS*=48억원/750,000=6,400원

(4) $\dfrac{x}{750{,}000} = 9{,}600$ ∴ x(세후순이익)=72억원 $72 = (EBIT - 20) \times 0.6$

∴ $EBIT = \dfrac{72}{0.6} + 20 = 140$억원

따라서 증가되어야 할 *EBIT*는 40억원

(5) 주주의 부는 희석되지 않는다. 기업의 가치는 새로운 주식의 발행으로 증가하게 되며 *EPS*는 단순히 주식수의 증가 때문에 낮아진 것이다. 유상증자가 이루어질 때 증자비율만큼 정확하게 신주를 받게 되면 발행가격에 관계없이 유상증자 전후의 투자자의 부는 변함이 없다. 권리락주가가 하락한 만큼 소유주식수가 증가하여 투자자의 부는 달라지

지 않기 때문이다. 그러나 신주인수비율이 증자비율에 못 미치는 경우, 예를 들어 우리사주조합에 20%의 우선 배정이 있어 증자물량의 80%만 인수받게 되면 증자 후의 소유주식수가 상대적으로 적어지므로 기존 주주는 손실을 볼 수 있다.

17. (1) 새로운 채권이 8%의 액면이자율로 액면금액으로 발행되기 때문에 채권의 수익률은 8%이다.

(2) 영구사채의 가격은 연간이자지급액을 시장수익률로 할인한 현재가치이다. 즉 영구연금의 현가를 구하는 방법으로 계산된다. 시장이자율(채권의 수익률)이 8%이고, 이자지급액이 20,000원이므로 기존 채권의 현재가치는 $\dfrac{20,000}{0.08}=250,000$원

(3) 기존 사채를 차환하는 것이 타당한지는 다음 NPV가 양인지 음인지에 따라서 평가된다. 사채차환의 NPV = 이자지급 영구절감액의 현재가치 − 채권발행(차환)비용

① 이자지급 영구절감액의 현재가치

$$=\frac{200,000(0.1-0.08)}{0.08}\times 1,000=50,000,000\text{원}$$

② 채권발행비용 = 24,000,000원

③ $NPV=50,000,000-24,000,000=26,000,000$원

18. 차환할 경우의 현금유입 : $25\times(0.14-0.12)/0.12=4.1667$억원

현금유출 : 상환프리미엄 $=25\times0.07\times(1-0.4)=1.05$억원

발행비용 $=2\times(1-0.4)=1.2$억원

∴ $NPV=4.1667-(1.05+1.2)=1.9167$억원

19. (1) 리스회사 입장에서 리스계약은 다음과 같은 현금흐름을 갖는 자본예산 문제이다.

- 투자시점($t=0$) 현금흐름 : $CF_0=-I+ITC$
- 리스기간중($t=1\sim n$) 현금흐름 : $CF_{1\sim n}=L(1-t_c)+D\cdot t_c$ (단, L : 리스료)
- 리스기간말($t=n$) 현금흐름 : $SV_n-(SV_n-BV_n)\cdot t_c$: 처분가치에 대한 현금흐름

(주의) 리스의 경제성 분석시 금융리스자산의 감가상각비는 리스회사의 현금흐름에 포함된다. 리스회사 입장에서 각 시점별 현금흐름을 추정하면 다음과 같다.

$CF_0=-1,000$(투자액)

$CF_{1\sim10}=L(1-t_c)+D\times t_c$ (L : 리스료)

$=L(1-0.4)+100^*\times0.4$

$=0.6L+40$ (* 감가상각비 $D=1,000\div10$년)

$CF_{10}=200$억원(잔존가치)

리스회사의 NPV를 0이 되게 하는 리스료(L)가 균형리스료이므로,

$NPV = -1{,}000 + (0.6L + 40) \times 7.3601(PVIFA_{10,\ 6\%}) + 200 \times 0.5584(PVIF_{10,\ 6\%}) = 0$
(* 할인율은 완전경쟁시장에서 리스이용자의 세후부채비용 0.10×(1−0.4)=6%)

∴ $L = 134.49$억원

(2) ① 리스시 현금흐름 : $CF_{1\sim10} = -L(1-t_c) = -134.49 \times (1-0.4) = -80.694$

② 차입구매시 현금흐름 : $CF_0 = -I$(투자액)$= -1{,}000$

$CF_{1\sim10} = D \cdot t_c = 100 \times 0.4 = 40$

③ (리스−차입구매) 증분현금흐름 :

$\Delta CF_0 = 1{,}000$

$\Delta CF_{1\sim10} = -134.49 \times (1-0.4) - 40 = -120.694$

∴ ΔNPV(리스−차입구매)$= 1{,}000 - 120.694 \times 7.3601(PVIFA_{10,\ 6\%}) \fallingdotseq 111.68$억원

ΔNPV가 +이므로 리스이용이 차입구매보다 경제성이 있다.

(3) 일반적으로 기업의 부채비율이 변환하지 않는 한 원금상환방법의 어떠한 변경도 임차 또는 구입의 의사결정에 영향을 미치지 않는다. 왜냐하면, 자본예산 문제에서 금융비용은 할인율인 세후부채비용에 이미 반영되어 있기 때문이다.

20. 이 기업의 주식이 없던 투자자가 신주인수권에 투자하려 한다고 생각해 보자. 이 투자자는 5주의 주식을 200,000원(=5×40,000원)에 산 후 받은 신주인수권을 행사하여 신주 1주를 25,000원에 살 수 있다. 따라서 총투자액은 225,000원이며, 6주의 권리락주식을 가지게 된다. 그러므로 권리락주식의 가격은 1주당 37,500원(=225,000원/6)이다. 또한 권리의 가치는 하나당 2,500원(=40,000원−37,500원)이다.

CHAPTER

13 배당정책

기업이 영업활동의 결과로 창출한 순이익을 주주에게 돌려줄 배당금과 미래성장을 위한 재투자자금(사내유보자금)으로 나누는 배당정책은 주주의 투자수입을 좌우하기도 하고, 기업의 미래성장과 투자결정에 영향을 미칠 수 있다. 결과적으로 배당정책이 기업가치에 미치는 영향은 다양하게 나타난다. 따라서 기업에 가장 유리한 배당정책결정에는 여러 가지 요소를 고려해야 한다.

본장에서는 기업의 배당정책의 이론과 실제에 대해서 정리한다. 배당정책의 핵심은 배당수준이 기업가치에 어떤 영향을 주느냐의 문제이다. 다음은 본장의 학습목표로서 꼭 이해해야 할 사항들이다.

- 배당이 기업가치에 유리하게 영향을 미친다는 주장의 내용과 근거
- 배당이 기업가치에 불리하게 영향을 미친다는 주장의 내용과 근거
- 배당과 기업가치는 무관하다는 배당무관계설($M\&M$ 배당이론)의 내용과 근거
- 실제의 배당정책결정시 고려요소와 배당정책의 실행
- 특수배당정책으로 이용되는 주식배당, 주식재매입, 주식분할의 특징과 효과

주제_생각하기 세계 주요 국가 기업의 배당수익률

주주가 특정기업에 투자하는 이유는 자본이득 또는 배당금을 통해 수익을 올리기 위함이다. 따라서 배당은 주주에게로의 이익환원이라는 면에서 기업이 취하는 조치이고, 자사주매입은 지나치게 저평가되어 온 주가를 부양하는 효과를 기대할 수 있다. 최근 한국기업들은 현금성자산을 크게 늘리고 있지만, 한국기업의 배당성향(배당금/당기순이익)과 배당수익률(배당금/주가)은 선진국뿐만 아니라 신흥국에 비해서도 낮다. 이런 낮은 배당수익률은 최근 한국주식시장의 수익률이 낮은 이유 중의 하나라는 주장이 있다. 기업의 CFO 입장에서 기업의 성장성과 투자기회가 충분하지 않다면, 배당 등을 통해 주주이익을 환원하는 것이 주가를 높이는 방법이 될 것이다. 다음 그림은 2016년 1월 기준 세계 주요 국가의 배당수익률을 보여주고 있다. 다른 주요 선진국이나 이머징마켓 기업들의 배당수익률은 한국기업들의 배당수익률보다 높다는 것을 보여준다(〈표 13-1〉 참조).

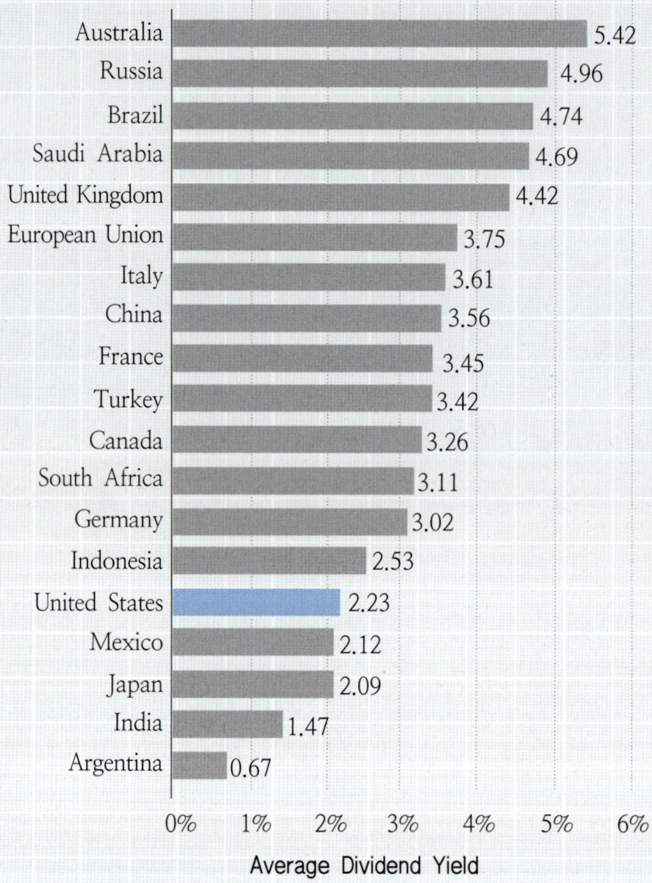

자료 : Bloomberg

제10장 〈주제_생각하기〉에서도 볼 수 있듯이 국내 기업들의 2010년 이후 영업현금흐름 대비 투자액 비율은 갈수록 떨어지고 있다. 성장을 지속하기 위한 투자기회가 없다면, 이익을 내부유보시키지 말고 배당을 통해 투자자들에게 돌려줘야 하지 않을까?

제 1 절 배당정책의 의의

1. 배당정책과 배당의 유형

(1) 배당정책의 의의

배당정책(dividend policy)이란 기업이 창출한 이익을 배당금(dividend)과 재투자를 위한 유보이익(retained earning)으로 나누는 결정을 말한다. 주주 입장에서 볼 때, 배당은 주주가 제공한 자본의 사용대가로 받는 투자소득이다. 그러나 주주의 투자소득 중 배당수입 이외에도 주가상승으로 인한 자본이득(시세차익)도 중요한 부분인데, 배당의 증가는 자본이득에는 상반되게 영향을 미칠 수 있다.

자본조달에 제약이 있는 불완전시장에서는 기업이 배당을 증가시키면 주주의 투자수입이 당장은 증가하지만, 그만큼 성장에 필요한 재투자를 위한 유보이익이 줄어들게 되어 상대적으로 성장률이 낮게 되고 결과적으로 주가상승을 기대하기 어렵다. 이처럼 배당정책은 자본조달정책이나 투자정책과도 연계되어 있다. 따라서 불완전시장에서는 배당금과 유보이익의 상반되는 영향을 잘 조화시키는 것이 배당정책의 주요 과제가 된다.

반면에 자본조달에 제약이 없는 완전시장에서는 기업의 투자결정에 영향을 주지 않으면서도 배당금을 지급할 수 있으므로 배당정책은 기업가치에 아무런 영향을 미치지 않을 수 있다.

배당정책에 대한 논쟁은 "배당정책이 기업가치에 어떤 영향을 미치는가?", "양자가 관계가 있다면 배당이 많은 것이 유리한가, 불리한가?"에 모아지고 있다. 배당정책은 성장가능성을 고려한 기업가치의 평가문제라고도 할 수 있다.

(2) 배당의 유형

기업이 배당을 지급하는 가장 보편적 형태는 현금배당이지만, 주식으로 배당을 지급하기도 한다. 또 특수한 배당형태로 자사주매입, 주식분할 등의 방법이 있다. 이들의 특징을 구분하면 다음과 같다.

① 현금배당(cash dividend) : 현금으로 배당을 지급하는 것으로, 가장 일반적 형태의 배당이다. 배당은 지급시기에 따라서 정기배당과 비정기배당으로 구분할 수 있다. 정기배당은 사업연도 결산 후 지급하는 배당이고, 비정기배당은 회계연도 기간중 반기 혹은 분기에 지급하는 중간배당, 분기배당을 말한다.

② 주식배당(stock dividend) : 배당을 소유지분에 비례하여 회사의 주식으로 지급받는 것을 말한다. 따라서 무상증자와 유사한 형태이다. 주식배당의 효과에 대한 구체적인 설명은 4절 1항에서 다룬다.

③ 주식재매입(자사주매입, stock repurchase) : 기업이 발행한 주식을 시장가격에 재매입하여 발행주식수를 줄이는 것을 말한다. 주식재매입이 있게 되면 주식수가 감소하는 반면에 향후 EPS 증가가 기대됨에 따라 주가가 상승함으로써 자본이득을 얻을 수 있다. 결과적으로 현금배당수입 대신 자본이득 형태로 투자수입이 발생하는 효과를 얻는다. 이의 구체적 내용에 대하여는 4절 2항에서 설명한다.

④ 주식분할(stock split) : 주당 액면가를 낮추어 단순히 기존의 1주를 그 이상의 주식수로 증가시키는 것을 말한다. 주식분할은 단순히 액면가와 주식수만 달라지는 방법이므로 엄격히 보면 배당정책과는 무관하나, 주식분할이 장래 기업의 배당정책에 영향을 미칠 수 있으며, 주식배당과도 유사한 면이 있으므로 특수배당정책으로 간주되기도 한다. 이의 구체적 효과에 대하여는 4절 3항에서 설명한다.

2. 현금배당 지급절차

배당지급의 가장 일반적 형태는 현금배당이다. 본장 2, 3절에서 다루고 있는 배당과 기업가치의 관계에 관한 제반 설명은 현금배당을 전제로 한 것이다. 본항에서는 배당수준을 측정하는 척도에 대하여 알아보고, 배당문제를 다룰 때 감안해야 할 현금배당의 지급절차에 대하여 설명한다.

(1) 배당성향, 배당수익률, 배당률

먼저 기업이 1주의 주식에 대하여 현금지급하는 주당배당액(*DPS* : dividend per share)이 어느 정도의 수준인지는 다음과 같은 척도로 측정하고 있다.

① 배당성향(dividend payout ratio) : 순이익 중에서 배당금으로 지급되는 상대적 비율을 측정한 것이다. 순이익 중에서 배당지급하고 남아 사내유보되는 금액의 상대적 비율은 유보율(retention ratio)이라고 한다.

배당성향＝(주당)배당금/(주당)순이익
유보율＝사내유보금/순이익＝1－배당성향

② 배당수익률(dividend yield) : 1주당 배당금을 주가로 나눈 수익률이다. 주식투자수입은 배당수입과 시세차익수입의 두 부분으로 구성되는데, 배당수익률은 배당수입으로 구성되는 부분의 수익률이다. 시가배당률이라고도 부른다.

배당수익률＝배당금/주식가격

③ 배당률(dividend ratio) : 배당금을 1주당 액면가로 나눈 비율이다.

배당률＝배당금/1주당 액면가

액면가는 주식투자자의 부와 직접 관련이 없으므로 경제적 의미가 크지 않음에도 불구하고, 우리나라에서는 정책당국이 액면가와 연계시켜 증시의 배당문제를 다뤄 왔다. 그리고 시장에서의 투자자의 반응도 액면가제도하에서 배당률에 보다 민감한 반응을 보이는 경향이 있었다.

(2) 우리나라에서의 배당지급절차

우리나라 기업들은 상법에 근거하여 주주총회의 결의(중간배당의 경우는 이사회 의결)가 있은 후 1개월 이내에 배당금을 지급하는 관행을 지켜왔다. 주주총회는 사업연도 경과 후 2~3개월 후에 개최되기 때문에 이 기간에 걸쳐 이사회 의결, 배당받을 주주명부의 확정, 배당받을 권리가 없어진 첫날의 주가 형성, 배당에 관한 사항의 증시 공표, 배당금의 최종 지급이 이루어진다. 따라서 배당이 기업가치에 미치는 영향을 적절히 평가할 수 있기 위해서는 다음과 같은 절차상의 기준일에 대한 구분이 필요하다.

① 배당기준일(record date): 주주명부에 기재되어야 배당을 받을 수 있는데, 사업연도의 마지막 날(12월 결산법인이면 12월 31일)로서 배당받을 권리가 있는 주주를 확정시키고 주주명부를 폐쇄시키기 위한 기준일이다.

② 배당락일(ex-dividend date): 배당받을 권리가 상실되는 첫 거래일을 말한다. 우리나라는 결제일이 거래체결일을 포함하여 체결일로부터 3일째 되는 날에 이루어지는 보통거래제도이므로 배당락일은 배당기준일 1일 전이 된다. 따라서 배당받을 권리를 갖기 위해서는 배당기준일 2일 전까지 매수가 이루어져야 한다. 배당락일 이후에 해당주식을 매수하게 되면 배당받을 권리가 없으므로 이론적으로 다른 사항이 동일하다면 예상배당금만큼 낮은 가격이 형성되어야 한다.

③ 이사회 의결일(declaration date): 배당기준일 이후, 주주총회 결의 이전에 이사회는 배당형태, 배당금 수준 등에 대하여 결정한다. 지급하기로 결정된 배당은 기업의 채무가 된다.

④ 배당공시일(announcement date): 배당에 관한 구체적 내용이 증시에 공표되는 날을 말한다. 배당에 대한 첫 주가반응은 이사회 결의의 공시가 있는 날이 되지만, 사업연도 말로부터 3개월 이내에 개최토록 되어 있는 주주총회 때 배당사항이 변경되면 이에 대한 공시는 주가에 영향을 줄 수 있다.

⑤ 배당지급일(payment date): 배당금이 실제로 주주에게 지급되기 시작하는 첫날을 말한다. 배당지급금이 최종적으로 확정되는 주주총회 개최 이후 1개월 이내에 지급하도록 되어 있다.

이를 미국에서의 절차와 비교하여 그림으로 나타내면 다음과 같다.

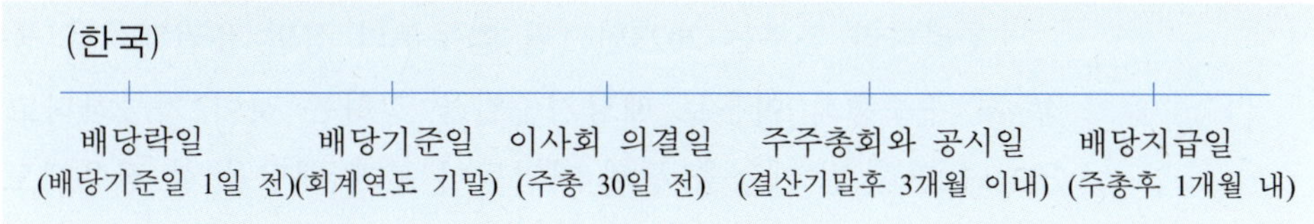

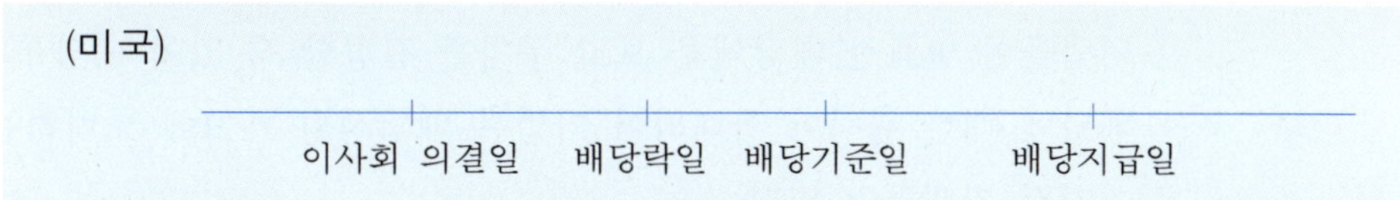

우리나라에서의 배당지급절차는 외국과 큰 차이가 있어 배당이 주가에 미치는 영향을 평가함에 있어서 주의를 요한다. 미국에서는 주주총회 및 결산기와 무관하게 배당지급액이 이사회에서 확정된 후, 즉 투자자가 배당에 관한 확실한 투자정보를 가진 상태에서 배당락 조치가 이루어진다. 따라서 배당에 대한 구체적인 내용이 반영되어 지급되는 주당배당금만큼 주가는 하락하여 배당락 주가가 형성된다. 만약 배당권리부 주가가 \$20였는데, 이사회가 \$3의 배당금을 지급하기로 결정하면, 배당락 주가는 \$17가 된다.[1)]

그러나 우리나라에서는 배당에 대한 구체적인 내용이 이사회나 주주총회에서 결정되기 전에 배당락이 이루어진다. 따라서 투자자가 단지 예상하는 배당금 수준, 즉 배당에 관한 불확실한 투자정보에 근거하여 투자해야 한다. 더욱이 배당락일과 주주총회의 배당공시일 사이에는 약 2개월의 시간차이가 있어, 예상배당금과 최종 결정된 배당금에 차이가 있을 수 있는 등 배당과 관련된 주가 형성에 불확실성이 높다. 환언하면, 권리락 주가 형성시 주가하락폭은 실제 주당배당금과 차이가 있을 수 있다.

위와 같이 우리나라 대부분 기업들은 연말에 배당받을 주주를 먼저 확정하고, 그 다음해 봄에 열리는 주주총회에서 배당금을 확정하여 글로벌 스탠더드와 다르다는 지적이 제기되어 왔다. 또한 투자자들은 이러한 배당절차와 배당금을 얼마 받을지 모르는 상태에서 주식을 매입하고, 몇 달 뒤 이루어지는 배당결정

1) 엄격히 표현하면 배당소득세율을 곱한 금액만큼 덜 하락하게 된다. 즉, 배당부 주가와 배당락 주가 사이에 차익거래가 가능하지 않는 상황에서는 지급배당금에 개인의 배당소득세율을 곱한 금액만큼 덜 하락할 것이다. 위의 예에서 배당소득세율이 20%라면 배당락 주가는 배당부 주가에서 \$3가 하락하는 것이 아니고, \$2.40가 하락할 것이다.

을 그대로 수용해야 하는 것을 "깜깜이 투자"라고 비판하며 제도 개선을 요구해 왔다.

우리나라 정부는 2023년 1월 법무부의 상법 유권해석을 통해 先 배당액 결정 후 주주총회 이후로 배당기준일을 정하는 것이 가능하다고 발표했다. 또한 2024년 관련 법 개정을 통해 기업들이 분기 배당을 할 경우에도 배당액 결정 후 배당기준일을 정할 수 있는 근거를 마련하였다. 이를 통해 주식시장 투자자들이 기업들이 발표한 배당액을 보고 투자를 결정할 수 있어 배당투자가 활성화되고, 배당에 대한 관심이 확대되어 기업은 배당성향 제고에 노력하는 선순환이 이루어지길 기대하고 있다.

(3) 한국기업들의 현금배당과 자사주매입

〈주제_생각하기〉는 2016년 기준 선진국이나 이머징마켓 기업들의 평균 배당수익률을 보여주었다. 〈표 13-1〉은 1992~2020년 기간을 크게, 1992~1998년, 1999~2008년, 2009~2020년의 세 기간으로 나눈 후 우리나라 기업들의 현금배당과 자사주매입 추이를 보여준다. 1998년은 아시아외환위기, 2008년은 글로벌금융위기 시기로 위기 이후 배당정책이 변하는지를 보여주기 위해 이렇게 세 기간으로 분류하였다. 먼저 우리나라 주식시장에 상장된 기업들 중 1990년대에 비해 2000년대에 현금배당과 자사주매입을 실시하는 기업이 많이 늘어났다는 것을 알 수 있다.

그리고 〈표 13-1〉에서는 기간별로 현금배당과 자사주매입을 포함한 배당성향과 배당수익률의 변화 추이를 볼 수 있다. 1992~1998년 기간에 비해 1999~2008년 기간에 배당성향은 46.30%에서 56.69%로, 배당수익률은 2.35%에서 3.94%로 크게 증가하였다. 하지만 2009~2020년 기간에 배당성향은 45.68%, 배당수익률은 1.97%로 다시 줄어들었다. 이 배당수익률은 〈주제_생각하기〉의 다른 나라 기업들의 배당수익률과 비교했을 때 상당히 낮은 수준임을 알 수 있다. 이 결과는 우리나라 기업들이 현금배당이나 자사주매입을 통한 주주환원정책에 인색하다는 것을 보여준다.

● 표 13-1

우리나라 상장기업의 연도별 배당성향과 배당수익률

연 도	기업 수	현금배당 기업 수	자사주 매입 기업 수	배당성향			배당수익률		
				전 체	현금배당	자사주 매입	전 체	현금배당	자사주 매입
1992	328	13	0	18.18%	18.18%	0.00%	1.38%	1.38%	0.00%
1993	332	254	0	45.71%	45.71%	0.00%	1.69%	1.69%	0.00%
1994	347	285	26	47.03%	44.85%	2.18%	1.52%	1.37%	0.15%
1995	368	290	29	45.25%	41.34%	3.91%	2.11%	1.94%	0.17%
1996	492	354	63	64.90%	53.72%	11.18%	2.69%	2.17%	0.52%
1997	554	332	86	64.74%	39.97%	24.76%	3.44%	2.54%	0.89%
1998	558	318	104	38.27%	28.65%	9.62%	3.61%	2.59%	1.01%
1992～1998	**426**	**264**	**44**	**46.30%**	**38.92%**	**7.38%**	**2.35%**	**1.95%**	**0.39%**
1999	620	415	113	32.17%	25.30%	6.86%	3.33%	2.69%	0.64%
2000	711	472	183	114.79%	35.80%	78.99%	6.45%	3.82%	2.62%
2001	810	505	137	58.59%	41.87%	16.72%	3.70%	3.06%	0.64%
2002	908	580	161	47.23%	35.64%	11.58%	5.06%	3.93%	1.12%
2003	959	606	185	38.12%	28.03%	10.09%	4.62%	3.94%	0.77%
2004	1,006	670	210	42.58%	28.63%	13.95%	4.90%	3.93%	0.97%
2005	1,068	714	110	44.00%	36.50%	7.49%	2.61%	2.20%	0.40%
2006	1,123	735	139	50.02%	34.54%	15.47%	2.72%	2.21%	0.50%
2007	1,191	763	147	53.78%	43.17%	10.60%	2.39%	1.89%	0.50%
2008	1,232	681	183	85.65%	42.77%	42.88%	3.75%	2.68%	0.89%
1999～2008	**963**	**614**	**157**	**56.69%**	**35.23%**	**21.46%**	**3.94%**	**3.03%**	**0.91%**
2009	1,290	764	92	31.53%	23.70%	7.82%	2.28%	2.04%	0.23%
2010	1,375	854	85	29.74%	25.96%	3.77%	2.18%	1.97%	0.20%
2011	1,443	849	127	34.79%	26.88%	7.91%	2.42%	2.06%	0.35%
2012	1,474	858	70	58.78%	55.51%	3.27%	2.07%	1.87%	0.20%
2013	1,533	843	67	35.73%	32.87%	2.86%	1.86%	1.68%	0.18%
2014	1,606	888	78	46.13%	41.73%	4.39%	1.74%	1.58%	0.15%
2015	1,715	919	102	59.88%	53.76%	6.11%	1.73%	1.48%	0.24%
2016	1,791	977	100	39.01%	33.68%	5.33%	1.65%	1.50%	0.15%
2017	1,876	1,031	89	37.08%	30.63%	6.45%	1.84%	1.63%	0.21%
2018	1,967	1,057	120	47.30%	40.81%	6.48%	2.04%	1.82%	0.22%
2019	2,039	1,043	96	79.72%	67.14%	12.58%	1.93%	1.76%	0,16%
2020	2,099	1,036	162	48.50%	40.95%	7.54%	1.85%	1.64%	0.20%
2009～2020	**1,684**	**927**	**99**	**45.68%**	**39.47%**	**6.21%**	**1.97%**	**1.75%**	**0.21%**

자료 : Kim and Lee, "Payout Policy in Korea Ⅱ : A review of empirical evidence," *Asian Review of Financial Research*, 35(3) : 145～216(2022).

Concept check

(1) A사는 2,000원의 주당이익에 대하여 800원의 배당금을 지급하고 배당부 주가는 20,000원이다. B사는 4,000원의 주당이익에 대하여 2,400원의 배당금을 지급하고 배당부 주가는 30,000원이다. A사와 B사 중 사내유보율(재투자율)과 배당수익률이 높은 회사는 어느 회사인가?

(2) 우리나라는 다른 나라에 비하여 배당과 관련된 주가 형성에 불확실성이 높다고 말한다. 배당지급절차 면에서 어떤 특징 때문에 그러한가?

제2절 배당정책에 관한 이론

배당이 많고 적음이 주식가치에 영향을 주는가? 배당정책에 관한 논쟁은 불완전시장을 전제로 하여 배당수준이 주가에 영향을 준다는 배당유관계설과 완전시장을 전제로 하여 양자는 무관하다는 배당무관련설로 대별될 수 있다. 본절에서는 이들 배당정책에 관한 이론들을 살펴보고, 3절에서는 배당정책의 실제에 대하여 설명한다.

1. 배당유관계설

시장의 불완전성을 전제로 하면 배당수준이 주가에 영향을 준다는 배당유관계설(dividend relevance theory)이 성립한다. 왜 그런지 알아보기 위하여 이제 투자소요자금은 외부금융이 불가능하여 모두 내부금융에만 의존할 수밖에 없는 시장의 불완전성(market imperfection)을 가정하고, 기업이 배당을 예정대로 지급하는 경우의 주가와 이를 사내유보시켜서 재투자하는 경우의 주가수준을 비교해 보자.

주식의 이론적 가치는 제5장에서 설명한 것처럼 영속적 배당흐름의 현재가치이므로 다음 식처럼 표시된다.

$$S_0 = \frac{d_1}{(1+R)} + \frac{d_2}{(1+R)^2} + \sum_{t=3}^{\infty} \frac{d_t}{(1+R)^t} \tag{13.1}$$

단, S_0 : 주식의 이론적 가치
d_t : t기의 배당
R : 요구수익률

이제 첫해에 배당(d_1)을 하지 않고 이를 수익률이 r인 재투자사업을 벌여 이 투자성과를 둘째 해에 본래 지급하려고 했던 배당(d_2)과 합하여 배당한다면 이 배당은 $d_2 + d_1(1+r)$이 될 것이다. 그리고 셋째 해부터는 변화가 없다고 하면 이때의 주식가치(S_0')는 다음과 같이 표시된다.

$$S_0' = \frac{0}{(1+R)} + \frac{d_2 + d_1(1+r)}{(1+R)^2} + \sum_{t=3}^{\infty} \frac{d_t}{(1+R)^t} \tag{13.2}$$

배당을 줄이고 사내유보를 늘린 경우의 식(13.2)에서 배당을 본래대로 지급하고 사내유보를 늘리지 않은 경우의 식(13.1)을 차감하면 식(13.3)의 결과를 얻는다. 이는 배당(감소)정책의 변화로 인한 주식가치 변화(ΔS)를 나타낸다.

$$\begin{aligned}\Delta S = S_0' - S_0 &= \frac{d_1(1+r)}{(1+R)^2} - \frac{d_1}{(1+R)} = \frac{d_1}{(1+R)}\left[\frac{1+r}{1+R} - 1\right] \\ &= \frac{d_1}{(1+R)^2}[r-R]\end{aligned} \tag{13.3}$$

단, r : 재투자수익률 또는 ROE

식(13.3)을 보면 배당정책의 변화로 인한 주식가치의 변동(ΔS)이 正(+)인지 아니면 負(−)인지는 전적으로 $(r-R)$에 달려 있음을 알 수 있다. 따라서 배당정책의 변동으로 인한 주식가치의 변동의 관계는 다음과 같이 요약된다.

① $r > R$일 경우, 즉 재투자수익률(r)이 주주들의 요구수익률(R)보다 크면 배당 대신 재투자하는 것이 주식가치를 높인다.

② $r < R$일 경우, 즉 재투자수익률이 요구수익률에 못 미치게 되면 재투자보다는 배당지급이 주식가치를 높인다.

③ $r = R$, 즉 재투자수익률이 요구수익률과 같은 경우에는 배당수준의 변화는 주가가치에 영향을 주지 않는다. 이 경우 배당문제는 주식가치와 무관(irrelevant)하다.

이와 같은 근거에서 재투자수익률(r)이 요구수익률(R)보다 큰 투자사업, 즉 양의 NPV를 기대하는 투자사업(즉 $r > R$인 경우)이 있으면 먼저 이를 수행하고, 투자를 하고도 남은 여유자금이 있을 경우 그 자금을 배당으로 지급하는 것이 주식가치를 높이는 배당정책이 될 수 있다.[2]

제5장에서 주식가치평가모형으로서 고든(Gordon)의 정률성장배당평가모형을 설명한 바 있다. 이 모형도 위와 동일한 내용으로 배당유관계설을 설명하고 있다. 이제 이 모형을 다시 표시하면 식(13.4)와 같다.

$$S_0 = \frac{d_0(1+g)}{R-g} = \frac{d_1}{R-g} = \frac{e_1(1-f)}{R-f \cdot r} \qquad (13.4)$$

단, g : 성장률($=f \cdot r$), f : 사내유보율
e_1 : 1시점의 이익, r : 재투자수익률

이 모형에서 사내유보율을 증가시킬 때 기업가치가 달라지는 정도는 $\frac{\partial S_0}{\partial f} = \frac{e_1(r-R)}{(R-f \cdot r)^2}$이므로, 이 모형도 마찬가지로 $(r-R) \ge 0$인지 아닌지, 즉 r이 R보다 큰지 작은지에 따라 배당이 주가에 긍정적으로 혹은 부정적으로 영향을 미침을 나타내고 있다. 배당수준이 주가에 미치는 영향은 결국 그 유보이익의 재투자기회에 달려 있음을 뜻한다.

여기서 $r < R$인 경우처럼 재투자수익률이 낮은 주식을 사양주(creditor stock), $r = R$인 경우처럼 투자기회가 보통인 주식은 중간주(intermediate stock), $r > R$인 경우처럼 재투자수익률이 높은 주식을 성장주(growth stock)로 구분하기도 한다. 결론적으로 기업 재투자수익률의 수준에 따라 배당이 주가에 미치는 영향은 상이하다.

---

2) 이와 같은 유형의 배당정책을 잔여배당정책이라고 하는데, 이에 대해서는 3절 4항에서 설명함.

Concept check

자본시장은 외부금융이 가능하지 않은 불완전시장이다. A사의 배당성향은 40%, 재투자수익률은 15%, 차기 주당이익은 2,000원, 요구수익률은 18%이다. 이 회사의 주가는 얼마인가? 배당성향을 높이는 것이 주식가치를 높이는가?

예제 13-1 배당유관계설

지금 주식 G, D, M 세 주식을 평가함에 있어서 배당성향이 주가에 미치는 영향을 보고자 한다. 세 주식 모두 주당이익(EPS)은 500원이고 요구수익률(R)은 10%이다. 각 주식의 기업 내 재투자 수익률(r)은 각각 15%, 5%, 10%이다. 불완전 자본시장임을 가정하여 배당성향을 (1) 40%로 할 때와 (2) 80%로 할 때 주가에 미치는 영향을 분석하라.

➤ 풀이

(1) $1-f=40\%$, $d_1=200$, $R=10\%$, $f=60\%$인 경우(f : 유보율, $1-f$: 배당성향)

$S=d_1/(R-g)=d_1/(R-f\cdot r)$이므로

$S_G=200/(0.1-0.6\times 0.15)=20{,}000$원

$S_D=200/(0.1-0.6\times 0.05)=2{,}857$원

$S_M=200/(0.1-0.6\times 0.1)=5{,}000$원

(2) $1-f=80\%$, $d_1=400$, $R=10\%$, $f=20\%$인 경우

$S_G=400/(0.1-0.2\times 0.15)=5{,}714$원 [하락]

$S_D=400/(0.1-0.2\times 0.05)=4{,}444$원 [상승]

$S_M=400/(0.1-0.2\times 0.1)=5{,}000$원 [불변]

결국 $R<r$: 배당을 높이면 주가는 하락한다.
$R>r$: 배당을 높이면 주가는 상승한다.
$R=r$: 배당수준은 주가에 영향을 주지 않는다.

2. 모딜리아니-밀러의 배당무관계설

(1) 모딜리아니-밀러의 배당이론

모딜리아니-밀러(F. Modigliani & Miller, 1961)는 위에서 설명한 배당유관계설과는

달리, 외부금융이 가능하고 세금 및 거래비용이 존재하지 않는 완전자본시장하에서는 배당수준이 주식가치에 영향을 미치지 않는다는 배당무관계설을 주장하였다.[3] 주식가치는 그 기업의 투자활동의 결과로 벌어들이는 이익흐름에 전적으로 좌우되고, 이익을 배당과 유보이익으로 구분하는 것은 단지 기술적인 분류에 지나지 않는다고 주장하였다.

모딜리아니-밀러는 이와 같은 주장을 제시함에 있어서 다음의 몇 가지 가정을 내세우고 있다.

① 완전자본시장이 존재하고, 무제한적인 외부금융이 가능하다.
② 투자자들은 현금배당 1원과 자본이득 1원을 동일하게 평가한다.
③ 미래의 이익과 배당을 확실하게 예측할 수 있다.
④ 배당세율과 자본이득에 대한 세율은 같다.
⑤ 기업의 수익은 일정하다.

모딜리아니-밀러는 위의 가정하에서 배당과 주가의 무관련성을 다음과 같은 방법으로 증명하였다.

어느 기업의 t시점의 주식가치는 식(13.5)와 같이 나타낼 수 있다.

$$P_t = \frac{d_{t+1} + P_{t+1}}{1+\rho_t} \tag{13.5}$$

단, d_{t+1} : t 기간말에 지급되는 주당배당금
P_{t+1} : t 기간말의 주가
P_t : t 기간초의 주가
ρ_t : t 기간초의 가중평균자본비용

식(13.5)의 양변에 현재 발행주식수(n)를 곱하면, 주식의 총시장가치(S_t)를 구하는 다음 관계식[식(13.6)]을 얻는다.

3) Miller, M. H., and F. Modigliani, "Dividend Policy, Growth, and the Valuation of Shares," *Journal of Business*, 34 : 411~433(October 1961).

$$P_t \cdot n_t = \frac{d_{t+1} \cdot n_t + P_{t+1} \cdot n_t}{1+\rho_t}$$

$$S_t = \frac{1}{1+\rho_t}[D_{t+1} + P_{t+1} \cdot n_t] \tag{13.6}$$

단, S_t : 총시장가치($=P_t \cdot n_t$), D_{t+1} : 총배당금($=d_{t+1} \cdot n_t$)

만약 기업이 신주를 추가발행하여 자본조달을 할 경우 그 신규발행주식수를 m_t라고 하면, 기말 총발행주식수(n_{t+1})는 기초발행주식수(n_t)와 신규발행주식수(m_t)의 합이 될 것이다. 이를 반영하면 식(13.6)은 다음과 같이 표시할 수 있다.

$$S_t = \frac{1}{1+\rho_t}[D_{t+1} + P_{t+1}(n_t + m_t) - P_{t+1} \cdot m_t] \tag{13.7}$$

여기 우변 둘째 항에서 $n_t + m_t = n_{t+1}$(기말총발행주식수)이므로 $P_{t+1} \cdot n_{t+1}$은 기말의 총시장가치가 된다. 이를 S_{t+1}이라고 표시하자.

한편 식(13.7) 우변의 셋째 항 $P_{t+1} \cdot m_t$는 새로이 유상증자에 의해 외부로부터 조달하는 금액이 된다. 기업의 총투자소요액의 조달은 다음과 같이 내부금융과 외부금융으로 이루어진다. 따라서 외부금융액은 총투자액에서 내부금융액을 차감한 것이고, 내부금융액은 기업의 이익에서 총배당금을 차감한 것이다.

총투자액 ┌ 내부금융액(=순이익－총배당금)
　　　　 └ 외부금융액(차입금, 회사채, 유상증자…)

외부금융액=총투자액－내부금융액=총투자액－(순이익－총배당금)

이제 기업의 총이익을 X_{t+1}, 총배당금을 D_{t+1}, 총투자액을 I_{t+1}이라고 표시하면, 외부금융액 $P_{t+1} \cdot m_t$는 다음과 같이 표시할 수 있다.

$$P_{t+1} \cdot m_t = I_{t+1} - (X_{t+1} - D_{t+1}) \tag{13.8}$$

식(13.8)을 식(13.7)에 대입하여 정리하면 다음 관계식을 얻는다.

$$S_t = \frac{1}{1+\rho_t}\left[D_{t+1} + S_{t+1} - \{I_{t+1} - (X_{t+1} - D_{t+1})\}\right]$$
$$= \frac{1}{1+\rho_t}\left[S_{t+1} - I_{t+1} + X_{t+1}\right] \tag{13.9}$$

따라서 식(13.9)에서 보듯이, 기업의 주식가치는 투자안의 결정에 따른 전체적인 현금흐름에만 관계되며, 현재 및 미래의 배당정책과는 무관하게 나타나고 있다.

(2) *M&M*의 자가배당조정과 배당의 고객이론

*M&M*의 주장은 투자자 개인의 '자가배당조정'의 논리로도 설명된다. 자가배당조정(自家配當調整, homemade dividends)이란 기업으로부터 지급되는 배당이 투자자들이 바라는 수준에 미달될 때에는 그 미달액만큼 보유중인 주식을 완전자본시장에서 비용부담 없이 매도하고, 이와 반대로 바라는 수준보다 배당이 많을 때에는 그 초과배당액으로 주식을 매입함으로써 기업이 어떠한 수준으로 배당을 지급하든 관계없이 투자자들은 원하는 배당수준을 유지할 수 있다는 설명이다.

투자자의 입장에서 보면 배당소득이 증가하는 대신에 주가가 하락하는 것이나, 배당소득이 감소하는 대신에 주가상승에 의한 자본이득이 발생하는 것이나, 총가치에는 변함이 없기 때문에 배당정책은 주가에 영향을 주지 못한다.

*M&M*은 아울러 고객효과(clientele effect)를 내세워 그들이 내세운 몇 가지 가정이 성립하지 않더라도 위의 논리가 계속 유효함을 주장하였다.

시장에는 배당성향(=배당/순이익)이 같지 않은 여러 기업들의 주식이 동시에 모두 거래되면서, 각 투자자들은 개인의 기호에 따라 배당성향이 다른 각 주식을 택하게 된다. 미래의 매매차익을 원하는 사람들은 배당성향이 낮은 주식을 택하여 후에 주가상승으로 인한 이득을 기대하게 되고, 배당을 선호하는 투자자들은 배당성향이 높은 주식을 택하게 된다. 그러므로 배당성향이 높다고 해서 그 주식의 가치가 높을 이유는 전혀 없는 것이다. 즉 배당과 주가는 무관하다는 것이다. 이 이론이 *M&M*의 고객이론이다.

이는 기업이 주주 구성의 특성을 고려하여 한번 설정한 배당정책은 가급적 변경하지 않고 유지하는 것이 바람직함을 의미한다. 만약 배당정책을 변경하면 다른 투자자 그룹으로 수요가 대체될 것이다. 또 특정범위의 배당을 주는 기업에 대한 초과수요가 존재할 때에는 배당성향을 그 범위대로 바꿈으로써 주주가치를 높일 수 있다. 배당 수준에 대한 수요와 공급이 일치하지 않을 때에는 그 특정범위 수준의 배당성향을 갖지 않은 기업들간의 배당성향의 조정을 통하여 수요와 공급이 균형을 이루게 된다.

Concept check

자본시장은 외부금융이 가능한 완전시장이다. A사의 배당성향은 40%, 재투자수익률은 15%, 차기 주당이익은 2,000원, 요구수익률은 18%이다. 배당성향을 높이는 것이 주식가치를 높이는가?

예제 13-2 *M*&*M*의 배당무관계설

전액 자기자본으로 구성되어 있는 (주)소망은 영업현금흐름으로 200억원을 예상하고 있는데, 160억원이 소요되는 신규 투자사업을 추진하려고 한다. 현재의 주가는 84,000원이고, 발행주식수는 1백만주이다. 그리고 자본시장은 완전시장으로 가정한다.

(주)소망은 배당지급과 관련하여 다음 두 가지 재무정책을 놓고 고심하고 있다.

- 재무정책(Ⅰ) : 신규투자사업에 투자하고 남는 자금 40억원(주당 4,000원)을 배당하는 안
- 재무정책(Ⅱ) : 신규투자사업은 그대로 추진하되, 60억원(주당 6,000원)을 배당하기 위하여 필요한 자금 20억원을 유상증자(발행가격 78,000원)로 조달하는 안

위의 두 가지 배당정책이 권리락 주가, 발행주식수, 기업가치, 1주를 소유하고 있는 투자자의 부에 미치는 영향을 평가하라.

➤ 풀이

	재무정책(Ⅰ)	재무정책(Ⅱ)
배당금	40억원(주당 4,000원)	60억원(주당 6,000원)
배당락 주가	80,000원	78,000원
유상증자 금액	0원	20억원
발행주식수	100만주	102.564만주*
기업가치	80,000원 × 100만주 =800억원	78,000원 × 102.564만주 =800억원
투자자의 부	80,000원(주가)+4,000원(배당) =84,000원	78,000원(주가)+6,000원(배당) =84,000원

* 기초발행주식수 100만주+(20억원÷78,000원)=100만주+25,640주=102.564만주

결론 : 외부금융이 가능한 완전자본시장에서 투자자의 부는 투자소요자금의 조달을 순이익을 유보시켜 하든지 배당 후 주식발행을 하든지 동일하다.

제3절 배당정책의 실제

이상에서는 배당수준과 주가의 이론적인 관계를 살펴보았다. 배당유관계설은 사내유보자금만으로 성장재원에 사용한다는 가정에서 출발하므로 비현실적이고, $M\&M$의 배당무관계설은 완전자본시장을 가정한 이론이라는 문제점이 있다. 현실적으로는 외부금융의 부분적 제약, 배당소득과 자본이득 간의 차별적 세율 적용, 정보의 비대칭성, 증권발행비용의 존재 등 시장의 불완전성이 존재한다.

이제 현실을 고려할 때 배당지급이 많은 것이 유리하게, 반대로 불리하게 영향을 미치는 측면을 살펴보고, 현실적으로 적용가능한 배당정책의 수립방법을 설명한다.

1. 배당소득이 선호되는 현실적 측면

현실적으로 높은 배당(high payout)이 선호되는 측면이 있는데, 그 근거는 다음과 같다.

(1) 배당의 신호효과

배당금 자체는 주식가치와 무관하다고 할지라도, 배당금의 증가 또는 감소가 있

게 되면, 그 사실이 내포하는 그 기업의 미래 수익성이나 유동성에 대한 정보 때문에 주가의 변동을 초래하는 배당의 신호효과(signaling effect)가 발생할 수 있다. 불완전 자본시장에서는 기업 내부 경영자가 외부의 일반투자자보다 정보우위를 갖게 되는 정보의 비대칭성(asymmetric information)이 존재하게 되는데, 경영자가 가지고 있는 기업의 미래전망에 대한 정보를 외부의 일반투자자에게 알리는 신호수단으로 배당정책을 이용할 수 있다. 기업이 계속적으로 일정한 배당을 유지하면 재무건전도가 안정적임을 전달하는 효과가 있고, 배당금을 증가시키게 되면 미래 수익성이나 유동성이 더 좋아진다는 긍정적인 신호효과를 갖게 된다. 또한 기업의 현금배당 시작이나 증가는 해당기업이 성숙단계에 접어들어 현금흐름이 안정적이고 영업위험이 줄어들었다는 신호로 받아들여지기도 한다. 일반적으로 예상 밖 배당증가가 있으면 주가가 상승하고, 반대로 예상 밖 배당감소가 있으면 주가가 하락하는 경향이 있다.

반대로 자본예산규모가 줄면서 배당성향이 높아지는 것은 유리한 투자기회가 줄고 있다는 신호효과로 작용할 수도 있다. 배당변화가 자본시장에서 경영진의 기업 미래전망에 대한 신호로 전달될 때 그 해석에 유의할 필요가 있다.

(2) 미래 불확실성 제거

현금배당은 자본이득보다도 그 소득이 확실하다. 현금배당은 확실한 금액이 지정된 날짜에 지급되는 반면에, 자본이득은 사내유보된 자금의 재투자 성과에 따라 달리 나타낼 수 있다. 현금배당과 자본이득이 완전한 대체재의 관계에 있더라도 투자자는 심리적으로 현금배당을 선호하는 경향이 있다. 손안에 있는 새 한 마리(확실한 배당수입)가 숲 속에 있는 새 열 마리(자본이득)보다 가치가 있다는 논리(bird-in-hand fallacy)이다. 경제환경의 불확실성이 높은 경제하에서 이러한 면이 크게 작용하기도 한다.

(3) 정액소득원의 선호

주식투자소득을 구성하는 배당과 자본이득(시세차익) 중에서 배당은 상대적으로 정액소득적 성격이 높다. 투자자들 중에는 정기적 현금흐름으로 예측가능한 성격의 배당을 선호한다. 실제로 우리 사회가 고령화 사회로 빠르게 이행하면서 투자자들 중에는 정기적인 배당소득에 의해 생활을 영위하는 사람이 증가하고 있다. 또 기관투자가들은 자금의 공적 성격상 안정적이고 정기적인 현금흐름의 투자수입인 배당을 선호한다. 공금리가 지속적으로 하락하면서 자산운용사들이 높은 배당을 지급하는 주식으로 구성되는 펀드-배당주 펀드를 늘리고 있다.

(4) 증권거래비용의 절감

*M&M*은 자가배당조정(homemade dividends)을 설명하면서 투자수입이 필요할 경우 배당 대신 주식의 일부를 매도하면 된다고 하지만, 이러한 행위는 거래비용을 수반한다. 반면에 배당수입은 이러한 경우의 거래비용이 발생하지 않는다.

(5) 대리인비용의 절감

제1장과 제11장에서 살펴본 것처럼, 주주의 대리인으로서 경영자는 기업 내부에 여유자금이 많이 쌓이면, 이를 낭비적 지출, 특권적 소비(perquisite consumption)를 늘리는 데 사용하려는 유인이 높아진다. 이는 주주의 이익에 반하는 대리인비용을 발생시키고, 주주의 부를 감소시키는 결과를 가져온다.

기업이 배당을 적게 하면 상대적으로 사내유보가 많아지게 되고, 이는 결과적으로 경영자가 특권적 소비, 자신만의 효용을 높이는 데 재량적으로 사용할 수 있는 재원(*FCF* : 잉여현금흐름)이 많아짐을 의미한다. 따라서 배당을 늘리는 것이 대리인비용의 발생가능성을 줄여주고 주주가치를 높인다.

(6) 배당의 케이터링 이론(Catering theory of dividend)[4)]

Baker와 Wurgler의 2004년 논문에 따르면, 기업의 배당결정은 투자자들의 배당수요에 따라 결정된다는 것이다. 이 케이터링 이론에 의하면 배당주가 무배당주에 비해 가격이 높은 경향이 있는데, 이를 배당프리미엄이라고 정의한다. 배당프리미엄은 시기적으로 변하는 특성이 있는데, 배당프리미엄이 큰 시기에는 투

4) Baker, M. and J. Wurgler, "A catering theory of dividend," *Journal of Finance*, 59 : 1125∼1165(2004).

자자들의 배당수요가 그만큼 많다는 것을 의미한다. 기업들은 투자자들의 배당수요를 만족(catering)시키기 위해 배당프리미엄이 큰 시기에 배당을 늘리고, 배당프리미엄이 작은 시기에는 배당을 줄이는 경향이 있다.

2. 자본이득이 선호되는 현실적 측면

한편 낮은 배당(low payout)을 더 선호하게 되는 다음과 같은 현실적 측면도 있다.

(1) 배당지급으로 인한 현금유출과 재투자기회의 감소

현실의 자본시장은 불완전하여 무제한적인 자본조달이 용이하지 못하다. 수익성이 높은 재투자사업이 많을 경우 배당으로 현금이 지출된 것만큼은 포기하게 되는 상황이 발생할 수 있다. 결국 배당지급은 기업가치를 증가시킬 재투자기회를 감소시킬 수 있다.

(2) 낮은 자본이득세율

일반적으로 배당소득세보다도 자본이득세가 훨씬 낮다. 특히 우리나라의 경우 자본이득은 비과세되고 있는 반면에 상장회사 배당소득에 대해서는 14%의 소득세(주민세 1.4%를 포함하면 15.4%)가 부과된다.[5] 따라서 납세후기준으로 보면 투자자에게는 자본이득 1원의 소득이 배당형태의 수입 1원보다 유리하다.

밀러-숄즈는 배당소득을 자본이득화할 수 있으므로 양자는 무차별하다고 주장하지만, 개인의 이자비용에 대해서 세금공제가 인정되지 않기 때문에 현실적으로 양자의 차이는 자본소득 선호로 나타난다.[6] 누진적 세율이 적용되는 현

5) 배당소득세 비과세제도에 의거 개인투자자가 1년 이상 보유한 액면 5,000만원까지의 주식의 배당소득은 비과세된다.

6) Miller, M. H., and M. S. Scholes, "Dividends and Taxes," *Journal of Financial Economics*, 6 : 333～364(December 1978). 밀러-숄즈(Miller & Scholes, 1977)는 배당소득세율이 자본이득세율보다 높은 차별적인 세율구조하에서도 고객효과가 존재할 수 없고, 배당정책은 기업가치와 무관하다고 주장하였다. 그 이유는 자본시장에는 불리한(높은) 배당소득세를 회피할 수 있는 방법이 있기 때문이다. 즉, 불리한 배당소득을 유리한 자본이득으로 바꿀 수 있는 수단이 존재하여 다음과 같이 불리한 배당소득세금을 회피할 수 있으므로, 결국 투자자들은 배당소득과 자본이득에 대하여 무차별하게 된다는 것이다.

행 소득세제하에서 고율의 세율이 적용되는 고소득층은 고배당주식을 기피하고 저배당주식을 선호하며, 반대로 저율의 세율이 적용되는 소득층은 고배당주식을 선호한다는 이른바 고객효과(clientele effect)가 나타날 수 있다.

최적배당정책은 개인소득세와 법인세의 상대적 수준에 달려 있으므로 만약 개인소득세율이 법인세율보다도 높으면 배당지급을 줄이는 것이 유리한 면이 있다.

(3) 발행비용의 절약

배당을 예정대로 지급하여 투자에 필요한 자금이 부족하면, 부족한 자금은 신주발행, 사채발행 등을 통하여 외부로부터 조달해야 한다. 이에는 중개기관에 대한 인수수수료, 주권인쇄비용 등의 발행비용(flotation costs)이 소요된다. 반면에 배당 대신 사내유보를 높이면 그만큼 외부에서 조달해야 할 자금소요액이 줄고, 발행비용이 절약된다. 따라서 배당성향이 낮은 것이 기업이 부담하게 되는 발행비용을 줄여 기업가치를 높이게 된다.

(4) 일시적인 현금흐름(transient cash flow)의 증가

기업은 일정액의 배당을 시작한 이후에는 배당을 줄이기 어렵다(sticky dividend). 따라서 기업은 미래에 지속적으로 배당을 할 수 있을 만큼의 현금이 창출된다고 예상할 때 배당을 증가시킬 수 있다. 하지만 기업은 일시적으로 현금흐름이 늘어나는 경우를 맞을 수 있다. 이런 일시적인 현금흐름은 자사주매입에 쓰일 수 있다. 반면에 기업이 영구적으로 현금흐름(permanent cash flow)이 증가한다고 예측한다면 현금배당을 시작하거나 증가시킬 수 있을 것이다.

---

① [배당금/무위험이자율]에 상당하는 금액을 무위험이자율로 차입
② 동 차입액을 비과세 순수할인채권에 투자
이렇게 되면 배당수입은 이자비용의 세금공제효과와 상계되고 비과세소득을 얻게 된다. 결과적으로 배당소득은 자본이득화되고, 배당정책은 기업가치와 무관하다는 결론을 도출할 수 있다. 그러나 이러한 주장은 비과세 무위험자산이 존재하고, 개인이 차입한 부채에 대한 이자비용도 손비(세금공제)처리해 주는 상황에서만 가능하다는 점에서 한계점이 있다.
밀러-숄즈의 배당무관련이론(조세차익거래)에 관련된 예제는 본장 끝의 연습문제 참조.

3. 배당결정시 고려해야 할 요소

이상에서 살펴본 것처럼 현실의 자본시장에서도 배당이 선호되는 측면과 사내유보가 선호되는 측면이 모두 존재한다. 기업의 재무담당자는 배당결정을 내려야 하는 상황으로서 경제의 불확실성, 세제, 정보효과 등을 고려해야 한다. 배당정책을 결정할 때에는 다음 요소들을 종합적으로 고려해야 한다.

(1) 순이익과 새로운 투자기회

기업의 배당정책 결정에 있어 중요한 요인 중의 하나는 순이익이다. 순이익이 발생해야 배당재원이 많아지기 때문이다. 한편 투자수익률이 주주들의 요구수익률보다 큰 새로운 투자기회를 많이 갖거나 미래 성장전망이 좋을 때에는 배당보다는 사내유보를 통하여 기업은 보다 빠른 성장을 기약할 수 있고, 기업가치를 증대시킬 수 있다.

(2) 대체자본조달원과 기업지배권

배당으로 인해 기업의 투자자금이 부족하면 주식이나 부채증권을 발행하여 투자자금 부족액을 충당해야 한다. 보통주를 발행하여 소요자금을 조달하면 발행비용이 수반될 뿐만 아니라 기업경영의 지배권에 변동이 생길 가능성이 있다. 사채로 조달하면 사채권자가 기업경영에 대해 간섭할 수도 있다.

한편으로 타인자본의 조달보다는 사내유보를 통하여 자본구조를 건실히 함으로써 차입능력을 고양시킬 수 있는데, 이는 궁극적으로 보다 많은 타인자본조달을 가능하게 해주므로 기업에 자본조달의 융통성을 부여하게 된다. 그러므로 이러한 문제점에 크게 노출된 기업일수록 배당보다는 사내유보를 견지하는 배당정책을 취한다. 외부에서의 자본조달이 용이한 기업일수록 배당에 구애받지 않으므로 배당이 높은 편이다.

(3) 제약조건

① 부채상환의 의무 : 부채가 많아 이자 등의 금융비용이 많이 소요되거나 상환만기가 도래하는 기업은 부채상환에 많은 자금을 필요로 하므로 배당을 억제해야 할 것이다.

② 자본충실화조건 : 재무구조가 부실한 기업은 사채발행시 채권자에게 일정수준 이상의 재무구조를 유지할 것을 약속하는 사채약관조항(예컨대, 부채비율은 300%를 넘지 않겠다는 약속)을 적용받기도 한다. 배당보다는 사내유보를 증가시킴으로써 자본충실화조건을 지켜야 하는 것이다. 현행 상법 제462조에서는 과다배당으로 인한 회사의 부실화를 막기 위해서 '배당가능이익'을 재무상태표상의 순자산에서 자본, 적립된 자본준비금과 이익준비금의 합계액, 적립해야 할 이익준비금을 차감한 금액으로 정하고 있다.

③ 기업의 유동성 : 비록 많은 이익을 실현하고 있는 기업일지라도 대형 투자사업 추진 등으로 일시적 현금부족이 야기되어 유동성이 악화될 수 있다. 따라서 이러한 기업일수록 배당보다는 사내유보를 통하여 기업의 유동성을 유지하게 된다.

(4) 영업상의 성격

기업의 성격상 이익이 안정적으로 창출되는 기업은 미래 현금흐름을 비교적 정확하게 예측할 수 있으므로 배당을 많이 할 수 있으나, 이익의 변동성이 큰 기업이면 장래를 대비하여 사내유보를 많이 하는 것이 경영의 안정성을 높이게 된다. 또한 이익률이 높은 기업, 신생기업이나 중소기업보다 오래된 중견기업, 대기업일수록 상대적으로 안정적이고 높은 배당을 유지할 수 있는 여력이 있다.

4. 배당정책의 실행

이상에서 살펴본 것처럼 실제의 배당정책을 수립할 때에는 복합적으로 많은 요소를 고려해야 한다. 배당을 선호하게 만드는 현실적 측면, 반대로 배당소득보다는 사내유보(자본이득)를 보다 선호하게 하는 현실적 측면, 그 밖에 순이익, 자본조달의 제약조건 등 여러 가지 요소도 고려해야 한다. 배당정책의 이와 같은 복합적 특성을 고려하면서 적용해 볼 수 있는 정책수립 방안으로는 잔여배당정책, 안정배당정책 등을 들 수 있다.

(1) 잔여배당정책

1절에서 설명한 것처럼 불완전한 자본시장에서의 배당정책은 투자정책과 연계되어 있어, 재투자수익률(r)이 요구수익률(R)보다 큰지 작은지에 따라 배당수준이 주가에 영향을 미친다고 말할 수 있다. 이와 관련하여 잔여배당정책을 수립해 볼 수 있는데, 잔여배당정책(residual dividend policy)이란 양의 NPV를 기대하는 투자사업(즉 $r > R$인 경우)을 수행할 때, 목표자본구조에 비례하여 추가 유상증자한 금액과 유보이익자금으로 먼저 투자하고, 그렇게 하고도 남은 여유자금이 있을 경우 그 자금을 배당으로 지급하는 정책을 말한다. 요약하면 잔여배당정책은 다음과 같이 수립한다.

① NPV를 기대하는 투자사업(즉 $r > R$인 경우)을 대상으로 자본(투자)예산규모를 확정한다.
② 목표자본구조(부채비율)를 결정한다.
③ 소요 투자자본조달을 목표부채비율에 따라 실행할 경우 신주발행(유보이익도 자기자본이므로 이를 고려해야 함)에 의한 자본조달규모를 확정한다.
④ ③과 같이 자본조달하여 자본투자할 경우 남게 되는 최종적인 여유자금(excess cash)을 추정하고, 이를 배당재원으로 이용한다.

이를 공식으로 표시하면 다음 식(13.10)과 같다.

$$\text{배당지급액} = \text{순이익} - [(\text{투자예산액}) \times (\text{목표자기자본구성비율}(S/V_L^*)] \quad (13.10)$$

잔여배당정책하에서는 결과적으로 투자기회가 많으면 배당성향이 낮아지고, 투자기회가 적으면 배당성향이 높아진다. 잔여배당정책은 신규유상증자와 이에 따른 발행비용을 최소화시킨다는 장점을 지니지만, 배당지급액의 변동성이 커져 혼란스러운 배당의 신호효과를 유발하고, 배당주식으로서의 매력도가 감소한다는 단점이 있다. 따라서 기업이 목표배당성향 수준을 설정할 때 이 배당정책을 참고하는 것이 도움이 되지만, 이를 경직되게 적용할 필요가 없을 것이다.

예제 13-3 잔여배당정책

(주)소망기술은 다음과 같은 투자계획과 재무정책을 수립하고 있다.

- *NPV*가 (+)인 신규 투자사업의 규모는 1,000억원이다.
- 목표자본구조(부채비율 B/S) 66.7%에 비례하여 소요자본을 조달한다.
- 금년도 순이익은 800억원이다.

잔여배당정책에 따라 배당가능재원을 추정하고자 한다. 다음에 답하라.

(1) (주)소망기술이 신규투자사업을 추진할 때 부채차입과 신주발행규모는 얼마이어야 하는가?
(2) 최종적인 배당재원은 얼마인가?

➤ 풀이

(1) 목표부채비율(B/S)이 66.7%(B/A 비율은 [66.7/(100+66.7)]=40%)이므로 투자소요자금의 40%는 부채로, 60%는 자기자본으로 조달. 즉, 1,000억원의 투자소요자금 중에서 400억원을 부채차입, 600억원을 자기자본에 의존.

(2) 배당재원으로 활용할 수 있는 여유자금
=순이익−자기자본조달액
=800억원−600억원=200억원

또는 배당지급액=순이익−[(투자예산액)×(목표자기자본구성비율)]
=800억원−[1,000억원×60%]=200억원

(2) 안정배당정책

기업의 이익은 기간별로 급격히 변동할지라도 가급적 안정배당정책(dividend smoothing)을 유지하는 것이 권장된다. 배당의 안정성을 유지하는 것이 주가를 높일 것으로 기대할 수 있기 때문이다. 안정된 배당을 하는 기업의 주주배당소득은 보다 확실하게 예측할 수 있어 불확실성을 줄여주고, 현실적으로 배당수입과

■ 그림 13-1
주당이익의
변화와
배당의 안정성

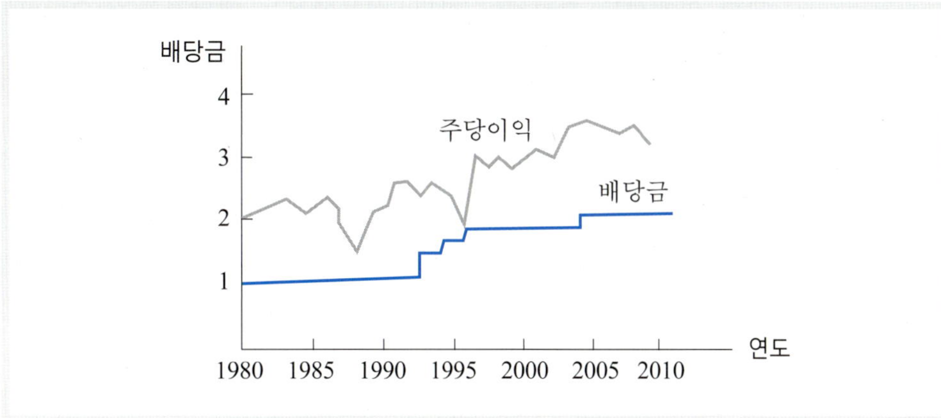

같은 안정적 투자수입을 원하는 투자자가 많으면 더욱 그렇다. 또 안정적 배당으로 대외공신력이 제고될 수 있는 측면이 주주가치를 높여줄 수 있다.

기업이 안정적인 배당을 지급하고자 할 때 실행할 수 있는 배당정책의 형태에는 다음과 같은 세 가지가 있다.

① 주당 일정액의 고정배당
② 일정한 배당성향에 의한 배당
③ 약간 낮은 정상적인 배당분에 추가배당을 합한 배당

기업이 목표배당(target dividend)을 설정하여, 이익의 일시적 증가만으로는 배당을 변경시키지 않고, 기업의 미래 이익력 증가가 지속될 것으로 판단이 설 때 배당을 증가시키는 것이다. [그림 13-1]과 같이 단기적인 주당이익의 증감과는 독립적으로 일정한 배당을 유지하다가 미래이익의 증가가 지속가능하다고 판단될 때, 배당금을 증가시키는 것이 불규칙적인 배당보다는 주주에게 투자수입의 확실성과 대외공신력을 높여주는 효과를 가져와 주식가치를 높일 수 있다.

(3) 배당정책의 실행과 효과

기업가치를 극대화시켜주는 최적의 배당정책이 존재하기 어려울 만큼 배당정책 수립에는 복합적 요소를 다수 고려해야 하고, 기업의 투자정책과 자본조달정책과의 연계성도 고려해야 한다. 실무에서는 배당정책을 수립할 때 다음과 같은 방향에서 배당정책을 설정하는 것이 바람직하다.

① 장기적 관점에서 수년간에 걸친 자본투자규모를 확정한다.
② 목표자본구조를 설정하고 가급적 이를 유지한다.
③ 투자자본 중 자기자본조달액을 추정한다.
④ '잔여배당정책'에서 제시하는 방법과 같이 해당 지급액을 추정하여 "목표배당성향" 수준을 설정한다.
⑤ 이 "목표배당"을 유지한다.
⑥ 결과적으로 배당을 지급하기 위해 *NPV*가 (+)인 사업을 희생하지 말고, 배당을 가급적 전년도보다 낮추지 말며, 배당재원을 마련하기 위해 신주를 발행하지 않는다.

현금배당이 기업의 유동성위험, 부채비율, 부채와 자기자본가치에 미치는 영향에 대한 평가는 현금배당의 재원이 무엇이냐에 따라 달라진다. 사내현금으로 배당하게 되면 유동성위험과 부채비율이 상승하여 부채가치는 하락한다. 그러나 보통주를 발행하여 배당재원을 마련한다면, 유동성위험, 부채비율, 부채가치는 전과 동일하게 된다.

예제 13-4 제 배당정책의 효과

다음은 (주)엔젤의 시장가치로 표시된 재무상태표이다.

자 산		부채/자본	
현 금	200억원	회 사 채	500억원
재 고 자 산	200	자 기 자 본	500
비유동자산	600		
총 자 산	1,000억원	총부채 · 자본	1,000억원

(주)엔젤에서는 주주들에게 총 200억원의 배당금을 지급하기로 하였는데, 다음 네 가지의 지급방법이 있을 수 있다.

① 사내의 현금 200억원으로 배당지급

② 회사채 100억원과 보통주 100억원을 발행하여 그 자금으로 현금배당지급
③ 보통주 200억원을 발행하여 그 수취액으로 현금배당지급
④ 자사주식 매입에 200억원을 사용

위의 네 가지 방법이 다음 각 사항에 어떤 영향을 미치는지 설명하라.

(1) 유동성위험
(2) 부채비율(B/S)
(3) 부채의 시장가치
(4) 자기자본의 시장가치(법인세는 무시할 것)

➤ **풀이**

	① 사내현금으로 배당	② 회사채 · 보통주 발행자금으로 배당	③ 보통주 발행 자금으로 배당
(1)	증가(∵ 사내현금유출)	불변	불변
(2)	1.67(500/300)	1.5(600/400)	불변
(3)	하락(∵ 유동성저하와 부채비율상승)	하락	불변
(4)	배당 직전 : 불변 배당 직후 : 200억원 하락	배당 직전 : 200억원 상승 배당 직후 : 불변	좌동

* 제 배당정책이 회사의 유동성, 부채비율에 미치는 영향에 대한 평가는 그 배당정책 실행이 재무상태표에 어떤 결과로 나타나는지를 보면 잘 알 수 있다. 다음은 한 예로 사내현금으로 배당(①의 배당정책)한 직후의 재무상태표이다.

자 산		부채/자본	
현 금	0억원(감소)	회 사 채	500억원
재 고 자 산	200	자 기 자 본	300(감소)
비유동자산	600		
총 자 산	800억원	총부채 · 자본	800억원

* 유동성자산 감소, 부채비율은 500/500=100%에서 500/300=167%로 증가
** 자사주매입의 효과는 현금배당과 동일

제4절 특수배당정책

1. 주식배당

주식배당(stock dividend)이란 보통주 주주에게 현금배당 대신 신주를 발행하여 주식으로 배당하는 것을 말한다. 개정 상법에서는 주주총회에서의 이익처분에 관한 결의시 주주에게 배당할 이익을 이익배당총액(비상장법인은 이익배당총액의 1/2 이내) 내에서 주식으로 대신 지급할 것을 허용하고 있다. 주식배당은 일종의 무상증자인 셈인데, 주식배당은 그 재원이 이익잉여금인 반면에, 무상증자의 재원은 자본잉여금이라는 점에서 차이가 있을 뿐 그 경제적 효과는 주식배당이나 무상증자가 같다고 할 수 있다.

주식배당을 실시하게 되면 발행주식수가 증가하므로, 주당순이익(EPS)은 주식수에 반비례하여 감소하지만, 총자기자본가치는 이론적으로는 그 자체에는 변화가 없다. 유보이익이 자본금계정으로만 대체(이익잉여금이 재원)될 뿐이기 때문이다.

그러나 현실의 주식시장에서는 다음과 같은 주식배당으로 인한 긍정적인 효과를 기대할 수 있다.

① 현금의 사외유출을 막고 유동성을 높일 수 있다. 투자사업에 많은 현금유출이 예상되는 기업은 현금배당 대신 주식배당을 실시하면 유동성 압박을 줄일 수 있다.

② 잠정적인 유보이익을 영구히 자본화한다. 이익잉여금은 유동적인 형태의 자기자본인데, 주식배당이 이루어지면 자기자본으로 영구화된다.

③ 주식배당이 이루어지면 발행주식수는 증가하는 반면 주당이익, 주당주식가격은 하락한다. 결과적으로 활발한 거래가 이루어지게 된다.

④ 빠른 성장으로 많은 투자자금을 확보하려는 기업이 주식배당을 실시하는 경향이 있어 주식배당은 그 기업의 미래전망이 밝다는 것을 알리는

신호효과를 발생시키기도 한다. 이 신호효과는 주가상승으로 나타나기도 한다.

반면에 다음과 같은 부정적인 효과가 나타날 수 있다.

① 기업 입장에서 볼 때 주당배당을 종전 수준으로 유지하자면, 증가된 주식수로 인하여 장기적으로 기업에 배당압력, 현금유출을 가중시킨다.
② 현실적으로 신주발행비용이 발생하므로 기업가치를 하락시키는 요인이 된다.

2. 자사주매입

기업은 배당정책의 하나로서 현금배당 대신 자사주매입을 검토할 수 있다. 자사주매입 또는 주식재매입(stock repurchase)이란 기업이 발행한 주식을 시장가격에 재매입하여 발행주식수를 줄이는 것을 말하며, 그렇게 재매입한 그 주식을 금고주(treasury stock)라고도 한다. 기업이 자사주를 재매입하는 방법으로는 두 가지 방법이 사용될 수 있다. 하나는 미리 정해진 가격과 수량만큼 공개매수(tender offer)하는 방법이고, 다른 하나는 주식시장에서 형성되는 시장가격(open market repurchase)으로 매입하는 것이다.

주식재매입이 있게 되면 주식수가 감소하는 반면에 EPS가 증가하고, 주가가 상승하여 자본이득을 얻을 수 있다. 그러나 주식수의 감소와 주가의 상승이 상쇄되어 주주의 부는 전과 동일하다. 기업이 자사주를 매입하면 현금배당이 자본이득으로 대체되는 결과를 얻는다. 기업이 자사주를 매입하여 이를 소각하면 재무구조가 변화하게 된다.

자사주매입이 기업의 유동성, 부채비율, 부채와 자기자본의 시장가치에 미치는 영향은 자사주매입의 재원이 무엇이냐에 따라 달리 평가된다. 기업이 보유한 현금으로 자사주를 매입하는 경우는 사내현금으로 현금배당하는 경우와 동일하게 영향을 미친다. 즉, 유동성을 떨어뜨리고, 부채비율의 상승과 부채가치의 하락을 초래한다. 세후부채비용이 주가수익률(earning yield, 주당순이익/주가)을 상회하면 주당순이익(*EPS*)이 종전보다 낮아지는 주당이익 희석화(earning dilution) 결과를 가져온다.

미국에서는 자사주매입방법이 현금배당방법을 상회하여 이용되고 있다. 투자자 입장에서 볼 때 다음과 같은 점에서 현금배당보다 주식재매입이 선호되는 면이 있다.

첫째, 현행의 세제상 주식재매입에 의한 시세차익 소득이 더 선호된다. 왜냐하면 배당소득세율보다도 자본소득세율이 낮을 뿐만 아니라 주식이 매각될 때까지는 세금이 부과되지 않기 때문이다. 뿐만 아니라 사채발행자금으로 자사주를 매입하면 부채사용의 세금효과까지 얻을 수 있다.

둘째, 주식재매입은 현 경영층이 현 주가가 저평가된 것으로 본다는 긍정적 신호효과로 작용할 수 있다. 주식재매입을 공개매수에 의한 방법으로 하면 더욱 이와 같은 신호효과가 크다.

셋째, 기업의 경영진들은 이익이 일시적으로 증가했을 때에는 현금배당보다 자사주매입을 선호하는 경향이 있다. 기업은 현금배당을 증가시킨 이후 축소하면 주가가 급락할 위험이 있기 때문에 현금배당을 줄이기는 어렵다(sticky dividend).

한편, 기업재무담당자의 관점에서는 현금배당보다 주식재매입은 높은 배당성향을 유지할 필요성을 줄여주고, 기업인수를 촉진하는 수단으로, 또 발행주식이 저평가되었다는 신호의 수단으로 이용될 수 있다. 그러나 상황에 따라서는 기업의 투자기회가 줄어들고 있다는 신호로 작용할 수 있으므로, 이러한 측면들을 종합적으로 고려할 필요가 있다.

3. 주식분할

주식분할(stock split)이란 주당 액면가를 낮추어 단순히 기존의 1주를 그 이상으로 주식수를 증가시키는 것으로서 액면분할이라고도 한다. 예컨대, 액면가 1,000원의 주식을 2 : 1로 주식분할하면, 1주를 소유하고 있던 주주는 분할된 액면가 500원짜리 주식 2주를 갖게 되는 것이다. 따라서 기업의 자본금계정이나 기업가치, 부채비율 등은 변화가 없고 다만 액면가와 주식수만 변화한다.

원래 주식분할은 엄격한 의미로 보아 배당정책과는 무관하다. 그러나 주식분할이 장래 기업의 배당정책에 영향을 미칠 수 있으며, 주식배당과도 유사한 면이 많으므로 특수배당정책으로 간주하기도 한다.

주식분할을 실시하면 주식의 거래단위가 세분화됨으로써 주식의 시장성(유동성)이 제고되고, 이를 통하여 주식의 소유권이 분산되는 효과가 있다. 수십만원하는 주식처럼 고주가인 주식은 아무래도 소액투자자의 투자가 제한되는데, 주식분할이 되면 유동성이 높아져 일반적으로 주가가 오르는 현상이 나타난다.

Concept check

(1) 현금배당, 주식배당과 비교할 때, 주식재매입은 주당이익, 주식가치, 부채비율에 미치는 영향이 어떻게 다른가? 소득세율이 높은 투자자에게는 어느 방법이 선호되는가?

(2) [예제 13-4]에서 200억원의 현금을 자사주매입에 활용할 경우, 회사의 유동성, 부채비율, 부채가치에 미치는 영향을 평가하라.

주요 용어

- 배당정책
- 배당수익률
- 배당기준일
- 고든의 정률성장배당평가모형
- 배당무관계설
- 배당의 신호효과
- 특수배당정책
- 주식분할
- 배당의 유형
- 배당률
- 배당락일
- 사양주, 성장주
- 자가배당조정
- 잔여배당정책
- 주식배당
- 배당성향
- 배당지급절차
- 배당유관계설
- 모딜리아니-밀러의 배당이론
- $M\&M$의 고객이론
- 안정배당정책
- 자사주매입

연습문제

1. 다음 배당의 형태 중 무상증자와 성격이 가장 비슷한 것은?

① 현금배당 ② 주식배당
③ 자사주매입 ④ 주식분할

2. 기업이 투자자들이 기대하는 현금배당을 갑자기 축소하면 주가가 급락할 위험이 있기 때문에 현금배당을 줄이기 어렵다는 현상을 설명하는 용어는?

① sticky dividend ② dividend clientele
③ stock split ④ open market repurchase

3. 어떤 기업이 주식분할(stock split)을 발표하면 일반적으로 주가가 오르는데 그 이유로 타당한 것은?

① 유동성의 증가 ② 미래 현금흐름 상승
③ 배당의 증가와 같은 효과 때문 ④ 주당순이익의 증가

4. 자사주매입(stock repurchase)에 대한 다음 설명 중 타당하지 않은 것은?

① 자사주매입은 주가가 저평가되어 있다는 신호를 시장에 전달한다.
② 기업의 이익이 일시적으로 증가한 경우 현금배당보다 자사주매입을 선택하는 경향이 있다.
③ 회계상 자사주매입은 자기자본의 증감과 관계가 없다.
④ 자사주매입은 적대적 인수합병의 방어책으로 사용될 수 있다.

5. 기업의 배당정책과 자사주매입에 대한 설명으로 맞지 않는 것은?

① 자사주매입은 적대적 인수합병의 방어방법으로 사용될 수 있다.
② 배당의 케이터링 이론(catering theory)에 의하면 배당프리미엄에 따라 배당과 자사주매입의 대체제 효과가 나타난다.
③ 배당정책은 대리인비용을 줄이기 위해 사용될 수 있다.
④ 기업의 재투자수익률이 투자자들의 요구수익률보다 높다면 수익의 내부유보는 바람직

하다.

⑤ 배당과 자본이득에 대한 소득세의 차이에 따라 고객효과(clientele effect)가 나타날 수 있다.

6. 일반적으로 투자자들은 배당금의 증가를 어떻게 해석하는가?

① 부정적인 소식과 주가하락
② 미래 현금흐름 상승
③ 주가에 대한 영향 없는 사건
④ 아주 부정적인 소식과 주가급락

7. 주주들이 보통 높은 배당을 요구하는 합리적인 이유는?

① 모딜리아니와 밀러의 주장에 동의하기 때문
② 세무적 고려 때문
③ 주식시장이 효율적이기 때문
④ 경영자가 보유한 이익을 현명하게 사용한다는 것을 믿지 않기 때문

8. 만약 배당금에 대해 자본이득보다 세금이 더 과세될 때, 일반투자자들은?

① 배당이 낮은 주식에 더 투자하려 할 것이다.
② 배당이 높은 주식에 더 투자하려 할 것이다.
③ 배당에 상관없이 주식에 동일하게 투자하려 할 것이다.
④ 주가는 무작위로 변동되기 때문에 예측할 수 없다.

9. 최근 우리나라에서 현금배당이 지급되는 절차가 어떻게 개선되었는지 설명하라.

10. '배당수준과 기업가치의 관계'에 대하여 배당유관계설과 배당무관계설이 어떤 가정하에서, 어떤 내용으로 제시되고 있는지를 비교 설명하라.

11. $M\&M$의 배당이론의 기본가정을 제시하고, 이 주장의 주요 내용을 설명하라.

12. 배당이 기업가치에 현실적으로 미치는 영향을 보면, 배당이 기업가치에 유리하게 영향을 미치는 측면과 불리하게 영향을 미친다는 측면이 모두 존재한다. 이의 내용과 근거를 설명하라.

13. 실제의 배당정책결정시 고려할 요소들은 무엇인가? 배당정책시 배당의 안정성을 고려하는 것은 왜 중요한가?

14. 최근 우리나라 상장회사들의 배당수익률이 높아지고, 자사주 재매입이 증가하고 있다. 이와 같은 추세 변화의 배경을 설명하라.

15. 특수배당정책으로 이용되는 주식배당, 주식재매입, 주식분할의 특징과 효과를 비교 설명하라.

16. *M&M*의 배당무관계설

자기자본만을 사용하는 (주)엔젤은 현재의 발행주식수가 10,000주이며, 자기자본의 베타계수는 1.4이다. 시장기대수익률은 18%이며 무위험이자율은 13%이다. 한편 이 기업의 1년 후 영업이익은 20,000,000원, 주당배당액은 500원이며 내부유보를 하지 않는다. 그리고 현재의 주가는 15,000원이며 1년 후 투자액은 50,000,000원이다. 완전자본시장을 가정한다.

(1) 1년 후의 예상주가는 얼마인가?
(2) 투자와 배당을 하기 위하여 필요한 1년 후의 신주발행주식수 또는 재매입주식수를 구하라.
(3) 1년 후의 총주식가치를 구하라.
(4) 만약 이 회사가 주당배당액을 500원에서 1,000원으로 증가시킬 경우, 이 회사 주식 10주를 보유한 주주의 부는 어떻게 달라지는가?
(5) 위의 문제에서는 투자소요액이 5,000만원이었으므로 부족자금을 신주발행으로 조달하였다. 만약 투자소요액이 450만원일 경우는 ① 배당정책에 어떤 변화가 있는가? ② 1년 후 시장가치는 얼마인가?

17. *M&M*의 배당무관계설

위의 문제의 (주)엔젤 주식 1,000주를 보유한 주주가 있다. 위의 문제에서는 이 회사가 주당 500원의 배당금을 지급하지만, 이 주주는 주당 1,000원의 배당(현금수입)을 원한다고 하자. 완전자본시장을 가정한다.

(1) 자가배당조정(homemade dividends)이란 무엇인지 설명하라.
(2) 위의 상황에서 어떻게 하면 되는지를 설명하라.

18. 불완전자본시장에서의 배당정책

위의 16번 문제에서 주어진 상황(주당이익 2,000원, 주당배당 500원)이 완전자본시장이 아니고 내부금융만 가능한 불완전자본시장이라고 가정하자.

(1) 사내유보자금의 재투자수익률이 ① 25%인 경우와 ② 15%인 경우 성장률과 현 시점의 주식가치를 구하라.
(2) 배당성향을 25%에서 50%로 높이고자 한다. 재투자수익률이 ① 25%인 경우와 ② 15%인 경우 각각에 있어서 배당성향을 이처럼 높이는 것이 유리한지를 평가하라.

19. 잔여배당정책

다음 자료의 (주)나눔에서는 잔여배당정책을 실시하고 있다.

- 투자예산규모 : 800억원
- 투자예산의 목표부채비율(B/S^*)=40/60
- 예상순이익 : 600억원
- 투자예산 중 자기자본재원은 예상순이익으로 함.

(1) 600억원의 순이익 중 얼마를 배당금으로 지급해야 하는가?

(2) 이 경우 배당성향은 얼마인가?

(3) 만약 순이익이 ① 400억원으로 하락할 경우, ② 800억원으로 증가할 경우, 각각 배당지급액은 얼마가 되어야 하는가?

20. 여러 가지 배당정책 효과의 비교

(주)평화의 재무상태표는 다음과 같다.

현 금	30,000,000	부 채	50,000,000
기타자산	70,000,000	자기자본	50,000,000
	100,000,000		100,000,000

(주)평화의 현재주가는 10,000원이며 발행주식 총수는 5,000주이다. 또한 (주)평화는 5,000,000원의 여유자금이 있으며, 법인세율은 40%이다.

(1) 이 기업의 여유자금은 5,000,000원으로 다음과 같은 배당정책 혹은 재무정책을 사용하고자 한다. 이들 정책이 발행주식수, 주가, 자기자본의 시장가치, 기존 주주의 부에 미치는 영향을 분석하고자 한다. 재무상태표를 제시하고 이를 평가하라.

① 제1안 : 현금배당

② 제2안 : 자사주매입

③ 제3안 : 부채상환

④ 제4안 : 여유자금을 사용하지 않고 주식을 1 : 2로 분할

(2) 위의 문제 (1)에서 제시되고 있는 네 가지 배당관련 정책이 기업의 부채비율, 부채가치, 자기자본시장가치, 기업의 총시장가치, 기존 주주의 부에 미치는 영향을 평가하라.

(3) 위의 문제 (1)에서 제1~3안은 순현금유출을 수반하는 배당·재무정책이다. 즉 여유자금 5,000,000원이 유출된다. 만약 이 5,000,000원을 그대로 두고, 유상증자나 부채발행하여 그 자금으로 현금배당한다면 부채가치, 자기자본가치, 총기업가치, 기존 주주의 부에 미치는 영향을 평가하라(거래비용, 재무압박비용은 없다고 가정함).

21. 배당재원의 조달과 배당정책 효과의 비교

다음은 (주)천연제지에 관련된 자료이다. 15억원이 소요되는 신규사업은 금년의 순이익으로 실행할 계획을 가지고 있다.

• 발행주식수 : 25백만주	• 자기자본(장부가치) : 750억원(주당 3,000원)
• 현주가 : 3,500원(시가총액=875억원)	• 1년간의 주가범위 : 2,500원~3,500원
• 세후부채비용 : 7%	• 예상순이익 : 25억원(*EPS*=100원)
• 지난 연도 배당금총액 : 9억원	• 목표부채비율(*B*/*S*)(시장가치) : 35/65

(주)천연제지에서는 70억원의 배당재원은 사업부의 하나를 매각하거나, 부채로 차입하는 방안을 검토중이고, 배당방법은 현금배당 또는 자사주매입 중에서 어느 방법이 더 좋을지를 고민하고 있다. 즉, 다음의 배당정책 중에서 최선의 방안을 선택하고자 한다. 자사주매입은 현주식가격(3,500원)으로 가능하다고 가정한다. 이 회사의 이익배당은 완만한 증가추세를 보여왔다.

1)안 : 사업부 중 하나를 70억원에 매각하여, 그 자금으로 현금배당
2)안 : 사업부 중 하나를 70억원에 매각하여, 그 자금으로 200만주 자사주매입
3)안 : 70억원을 현 부채비용으로 차입하여, 그 자금으로 현금배당
4)안 : 70억원을 현 부채비용으로 차입하여, 그 자금으로 200만주 자사주매입

(1) 2)안을 채택할 경우, 주당 장부가치는 얼마가 되는가?
(2) 자사주매입은 시장에 어떤 신호효과를 가져올 수 있는가?
(3) 이 기업은 잔여배당정책을 적용하고 있다. 배당성향은 얼마가 되는가?
(4) 이 기업이 사업부 매각이 성사되지 않아, 4)안(차입하여 자사주매입)을 채택할 경우, 기대 *EPS*는 얼마가 되는가?
(5) 이 기업이 자사주매입을 실시할 경우, 주당이익은 희석화되는가?
(6) 4)안을 실행할 경우, 부채와 자기자본의 시장가치에는 어떤 영향을 미치는가?
(7) 어떤 세제하에서 현금배당보다도 자사주매입이 선호되는가?

22. 밀러-숄즈의 배당이론과 조세차익거래

투자자 고차익 씨는 (주)미래의 주식 1,000주를 보유하고 있다. (주)미래의 주식은 현재 50,000원에 거래되고 있으며 주당 3,000원의 배당을 지급할 예정이다. 고차익 씨에게 적용되는 배당소득세율은 25%이다. 고차익 씨는 15%의 이자율로 차입할 수 있다. 한편 비과세채권의 수익률은 11.5%이다. 개인이 차입한 부채에 대한 이자비용도 세금공제가 되는 상황임을 가정한다.

(1) 위 상황에서 차익거래는 가능한가? 가능하다면 얼마의 차익이 발생하는가?

(2) 소득세율의 차이는 기업가치에 영향을 주는가?

해답

16. (1) 요구수익률을 SML에 의해서 추정 : $R_e = 0.13 + (0.18 - 0.13) \times 1.4 = 0.2$

$P_0 = \dfrac{P_1 + d_1}{1 + R_e}$ 이므로

$P_1 = P_0(1 + R_e) - d_1 = 15{,}000(1 + 0.2) - 500 = 17{,}500$원

(2) 신주발행자금(=기말주가×발행주식수) + 내부금융액(=순이익−배당금) ⇒ 투자액(50,000,000원)

신주발행자금 $= m \times P_{t+1} = m \times 17{,}500$

내부금융액=영업이익(20,000,000)−배당금(500원×10,000주)=15,000,000원

$17{,}500m = 50{,}000{,}000 - 15{,}000{,}000$

$\therefore\ m = 2{,}000$주

(3) 1년 후의 시장가치(S_{t+1})=(구주발행수+신주발행수)(기말주가)

=(10,000주+2,000주)(17,500원)=210,000,000원

(4)

	500원 배당시	1,000원 배당시
주식가치	17,500원×10=175,000	17,000원×10=170,000*
배 당 액	500원×10= 5,000	1,000원×10= 10,000
주 주 부	180,000	180,000

* $P_1 = 15{,}000 \times (1 + 0.2) - 1{,}000 = 17{,}000$원

∴ 주주의 부는 변함없다.

(5) ① $m \times 17{,}500$=투자소요액(4,500,000원)−내부금융액(15,000,000원)

=−10,500,000원

∴ $m = -600$주 즉, 600주 주식을 재매입한다.

② S_{t+1}=(10,000주−600주)×17,500원=164,500,000원

17. (1) homemade dividends는 기업으로부터 지급되는 배당이 투자자들이 원하는 수준에 미달될 때에는 그 미달액만큼 보유중인 주식을 비용부담 없이 매도하고, 이와 반대로 원하는 수준보다 배당이 많을 때에는 그 초과배당액으로 주식을 매입함으로써 기업이 어떠한 수준으로 배당을 지급하든 관계없이 투자자들은 그들이 요구하는 배당수준을 유지할 수 있다는 것이다. 그러므로 기업의 배당정책은 무의미하며 단순히 배당성향을 바꿈으

로써 가치를 창출할 수는 없다.

(2) 완전자본시장에서의 자가배당조정 : 회사는 500원의 배당을 지급하지만, 소유주식 중 500원만큼 매도하여 이 주주는 1,000원의 현금수입을 만들 수 있다.

	500원 배당시	1,000원 배당시
주식가치	17,500,000	17,000,000
배 당 액	500,000	1,000,000
	18,000,000	18,000,000

즉, 회사가 주당 500원의 배당을 실시하는 경우, 주주는 주식(500,000/17,500=28.57주)을 매도하여 추가로 500,000의 주식을 현금화함으로써 1,000원의 배당을 받은 것과 동일한 효과(자가배당조정)를 얻을 수 있다.

18. (1) 내부금융만 가능할 경우의 성장률 : g=(사내유보율)·(재투자수익률)$=f \cdot r$

주식가치 $S_0=\dfrac{d_1}{R-f \cdot r}$

① 재투자수익률이 25%인 경우(사내유보율=75%, 요구수익률=20%)

$g=(0.75)(0.25)=18.75\%$

$S_0=\dfrac{500(1.1875)}{0.2-0.1875}=\dfrac{593.75}{0.0125}=47{,}500$원

② 재투자수익률이 15%인 경우

$g=(0.75)(0.15)=11.25\%$

$S_0=\dfrac{500(1.1125)}{0.2-0.1125}=\dfrac{556.25}{0.0875}=6{,}357$원

(2) 사내유보율을 75%에서 50%로 낮추면

① 재투자수익률이 25%인 경우 : $r>R$이므로 사내유보율을 낮추는 것이 불리

(확인 : $g=(0.5)(0.25)=12.5\%$ $S_0=\dfrac{1{,}000(1.125)}{0.2-0.125}=15{,}000$원)

② 재투자수익률이 15%인 경우 : $r<R$이므로 사내유보율을 낮추는 것이 유리

(확인 : $g=(0.5)(0.15)=7.5\%$ $S_0=\dfrac{1{,}000(1.075)}{0.2-0.075}=8{,}600$원)

19. (1) • 800억원의 투자예산 중 자기자본으로 조달해야 되는 금액
=800억원(0.6)=480억원(부채에 의한 조달액은 320억원)

• 배당지급액=순이익−자기자본조달액=600−480=120억원
또는 배당지급액=순이익−[투자소요액×자기자본구성비율]
=600−[800×60%]=120억원

(2) 배당성향=120억원/600억원=20%

(3) ① 순이익이 400억원으로 하락하는 경우

투자자금 중 자기자본조달액이 480억원이므로 순이익으로는 부족

따라서 배당지급액=0

② 순이익이 800억원으로 증가할 경우

배당지급액=800−480=320억원

20. (1) ① 현금배당의 효과

재무상태표

현　　금	25,000,000 (감소)	부　　채	50,000,000
기타자산	70,000,000	자기자본	45,000,000 (감소)
	95,000,000		95,000,000 (감소)

주당배당=5,000,000원/5,000주=1,000원

주가=45,000,000원/5,000주=9,000원(하락)

⇒ 발행주식수는 동일하다. 주가와 자기자본시장가치는 하락, 투자자의 부는 배당수입 주당 1,000원이 있으므로 전과 동일

② 자사주매입의 효과

재무상태표

현　　금	25,000,000	부　　채	50,000,000
기타자산	70,000,000	자기자본	45,000,000
	95,000,000		95,000,000

재매입주식수=5,000,000원/주당 10,000원=500주

주가=45,000,000원/(5,000주−500주)=10,000원

⇒ 발행주식수는 500주만큼 감소하나 주가는 불변, 1주당 시장가치와 투자자의 부는 동일

③ 부채상환의 효과

부채와 기업가치의 관계 : $V_L = V_U + t_c \cdot D$

부채를 5,000,000원 상환하므로 기업가치와 자기자본가치는

5,000,000(부채감소액)×0.4(법인세율)=2,000,000원만큼 하락

즉, 기업가치는 95,000,000원에서 93,000,000원으로 감소하고 자기자본가치는 잔액인 48,000,000원이 됨.

재무상태표

현　　금	25,000,000	부　　채	45,000,000
기타자산	68,000,000	자기자본	48,000,000
	93,000,000		93,000,000

주가=48,000,000원/5,000주=9,600원

⇒ 발행주식수는 동일, 주가와 자기자본시장가치는 하락, 기존 주주의 부도 하락

④ 주식분할의 효과

재무상태표

현　　금	30,000,000	부　　채	50,000,000
기타자산	70,000,000	자기자본	50,000,000
	100,000,000		100,000,000

발행주식수=5,000주×2=10,000주
주가=50,000,000원/10,000주=5,000원

⇒ 발행주식수는 2배로 증가하고 주가는 1/2인 5,000원으로 하락, 자기자본시장가치는 동일, 기존 주주의 부는 동일

(2)

	부채비율	부채가치	자기자본 시장가치	기업의 총시장가치	기존 주주의 부
현금배당	증가	하락	하락	하락	불변
자사주매입	증가	하락	하락	하락	불변
부채상환	하락	하락	하락	하락	하락
주식분할	불변	불변	불변	불변	불변

* 배당정책은 재무정책의 하나로서 기업의 부채비율을 변경시키고, 나아가서 기업의 총시장가치를 증감시킬 수 있다. 배당정책은 주가나 주주의 부에 미치는 영향뿐 아니라 부채가치, 기업의 총시장가치에도 영향을 미친다.
순현금유출을 수반하는 배당·재무정책 : 현금배당, 자사주매입, 부채상환
순현금유출을 수반하지 않는 배당정책 : 주식분할, 주식배당, 유상증자나 부채발행자금으로 현금배당

(3)

	부채가치	자기자본시장가치	총기업가치	기존 주주의 부
유상증자자금으로 배당지급	불변	불변	불변	불변
부채차입자금으로 배당지급	상승	불변 (재무압박비용이 없다고 가정)	상승 (∵ $V_L = V_U + t_C \cdot D$)	불변 (∵ 배당수입 대신 주가하락)

21. (1) 새로운 자기자본(장부가치)=750억원(기존 장부가치)−70억원(자사주매입액)

=680억원

발행주식수=25백만주(기발행주식수)−2백만주(매입주식수)=23백만주

주당 장부가치=(680억원)/(23백만주)=2,956.52원[감소]

(2) 자사주매입은 그 기업이 유망한 재투자기회가 부족한 것을 암시하는 신호효과를 가져오기도 한다.

(3) 배당가능금액=25억원(순이익)−[15억원(자본적 지출)×65/100(부채비율)]=15.25억원

따라서 배당성향=15.25억원/25억원=61%

(4) 세후부채비용(금액)=70억원×0.07=4.9억원

세후순이익=25억원(기존 세후이익)−4.9억원(세후이자지급액)=20.1억원

주당순이익(EPS)=20.1억원/23백만주=87.39원

(5) 이 기업의 세후부채비용 7% > 주가수익률(E/P) 2.86%(=100원/3,500원)

따라서 자사주매입을 실시할 경우, 주당이익은 희석화된다(100원 ⇒ 87.39원).

(6) 부채를 차입하여 자사주를 매입하는 4)안을 실행할 경우, 부채의 시장가치는 증가하지만, 자기자본의 시장가치는 감소한다.

(7) 자본소득세율보다도 배당소득세율이 낮을 때, 현금배당보다도 자사주매입이 선호된다.

22. (1) ① 세전배당소득(3,000원×1,000주) 3,000,000원

세전배당소득(3,000원×1,000주)	3,000,000원
세금(25%)	750,000
납세후 소득	2,250,000원

② 불리한 배당소득세금을 회피하는 조세차익거래

- 외부에서 세전배당소득을 차입이자율로 할인한 금액만큼 차입, 즉 3,000,000원/0.15=20,000,000원 차입
- 이 차입금으로 비과세채권에 투자하면 2,300,000원의 비과세채권투자소득이 발생하여 최종적으로 다음과 같은 차익발생

배당소득	3,000,000원
이자지급(20,000,000원×15%)	(3,000,000)
비과세채권투자소득(20,000,000원×11.5%)	2,300,000
차 익	2,300,000원

(2) 배당소득세율이 높더라도 위의 방법과 같은 차익거래가 가능하므로 불리한(높은) 배당소득세를 회피할 수 있는 방법이 존재한다. 결국 투자자는 배당소득과 자본이득에 대하여 무차별하게 되고, 배당수준과 기업가치는 무관하게 된다.

CHAPTER

14 기타 기업재무 이슈

기업의 경상적인 생산 · 판매 · 관리 활동이 원활하게 이루어지기 위해서는 기업의 현금, 매출채권, 재고자산 등의 운전자본에 대한 투자가 적절히 이루어져야 한다. 운전자본에 과다투자되면 기업의 유동성을 높이지만, 자본수익성을 떨어뜨리기도 한다. 또 매입채무와 같은 유동부채는 단기금융의 주된 수단이 된다.

기업은 내부 투자를 통해 성장하지만 M&A를 통해 성장할 수도 있다. M&A는 기업의 성장과 생존을 위한 중요한 이벤트이다. 또한 1997~1998년 아시아금융위기 이후 효과적인 기업지배구조의 확립이 더욱 중요해지고 있다. 본장에서는 다음과 같은 기업재무 이슈들을 공부하고자 한다.

- 영업활동에서의 현금순환과정과 운전자본관리의 목표
- 운전자본에 대한 투자정책과 자금조달정책
- M&A의 동기
- M&A 인수가격평가방법
- 기업지배구조의 의미
- 효과적인 기업지배구조 확립방법

주제_생각하기 한국기업들의 현금보유비율은 적정한가?

최근 Apple, 삼성전자 등 기업들의 현금보유비율 상승에 대한 비판이 쏟아지고 있다. 기본적으로 현금성자산의 수익성은 낮기 때문에 과다한 현금성자산의 보유는 기업가치를 훼손할 수 있다. 따라서 주주의 입장에서는 기업이 투자기회가 없다면 현금성자산을 보유할 것이 아니라 배당 등을 통해 현금을 주주들에게 환원하는 것이 맞다. 하지만 기업의 현금보유비율 증가는 세계적인 현상이며, 한국의 대기업들도 현금성자산을 크게 늘리고 있다. 다음 표는 2014년 1분기 기준 국내 10대 그룹의 현금성자산보유비율을 보여준다.

그 룹	상장기업 수 (금융사, 지주사 제외)	현금성자산 (조원)	현금성자산/총자산 (%)
삼성	13	66.0	21.4
현대자동차	10	42.8	15.7
SK	13	10.4	9.2
LG	10	8.1	7.7
포스코	7	6.8	7.0
현대중공업	3	5.3	8.3
롯데	7	3.6	5.8
GS	7	3.2	16.9
한진	4	1.5	4.3
한화	2	0.8	6.1
10대 그룹 계	76	148.5	13.6

자료 : CEO스코어

위 표에서 볼 수 있듯이 10대 그룹이 보유중인 현금성자산은 약 149조원으로 2009년 대비 약 56%가 증가하였다. 국내경제의 절대적 비중을 차지하고 있는 이들 대기업이 투자확대를 꺼리고, 현금성자산만 늘리고 있다면 국내경제의 성장에 장애요인이 될 수 있다. 또한 현금성자산의 대부분을 삼성과 현대차그룹이 보유하고 있어, 쏠림현상이 심해지는 것도 국가경제의 위험요인이 될 수 있다.

기업이 보유한 현금 및 현금성자산에 대한 수익률은 주주나 채권자가 요구하는 수익률에 비해 낮을 수밖에 없다. 그럼에도 불구하고 기업의 운영을 위해서는 적정한 규모의 현금과 현금성자산을 보유할 수밖에 없다. 기업이 현금을 보유해야 하는 이유는 거래적 동기, 예비적 동기, 대리인비용에 따른 동기 등이 있다. 또 다국적기업의 경우 법인세가 상대적으로 낮은 나라의 자회사가 현금을 많이 보유하도록 하는 경우도 있다.

기업의 적정한 현금 및 현금성자산은 어떻게 결정되는가? 기업의 자산 대비 현금 및 현금성자산의 비율에 영향을 미치는 요소는 무엇인가?

제 1 절 운전자본관리

1. 영업활동에서의 현금순환과정

기업은 원재료를 비롯한 생산요소를 구입하여 제품을 생산하고, 판매활동을 통하여 이익을 획득하는 과정을 밟는다. 이러한 과정을 자금흐름 측면에서 보면, 기업경영활동은 생산요소를 구입하기 위하여 현금을 지출하고, 판매과정을 통하여 현금을 회수하는 과정이라고 할 수 있다. 이처럼 기업 내 현금흐름은 영업활동이 계속되면서 반복되는 순환과정을 밟는다. [그림 14-1]과 같이 현금의 조달(유입)과 사용(유출)이 반복되는 것이다.

기업의 현금순환과정에서 제일 중요한 것은 일상적인 영업활동(생산 · 판매 · 관리 활동)과정에서의 현금순환과정이다. 생산과정중의 여러 가지 재공품, 판매되

■ 그림 14-1
기업 내
현금순환과정

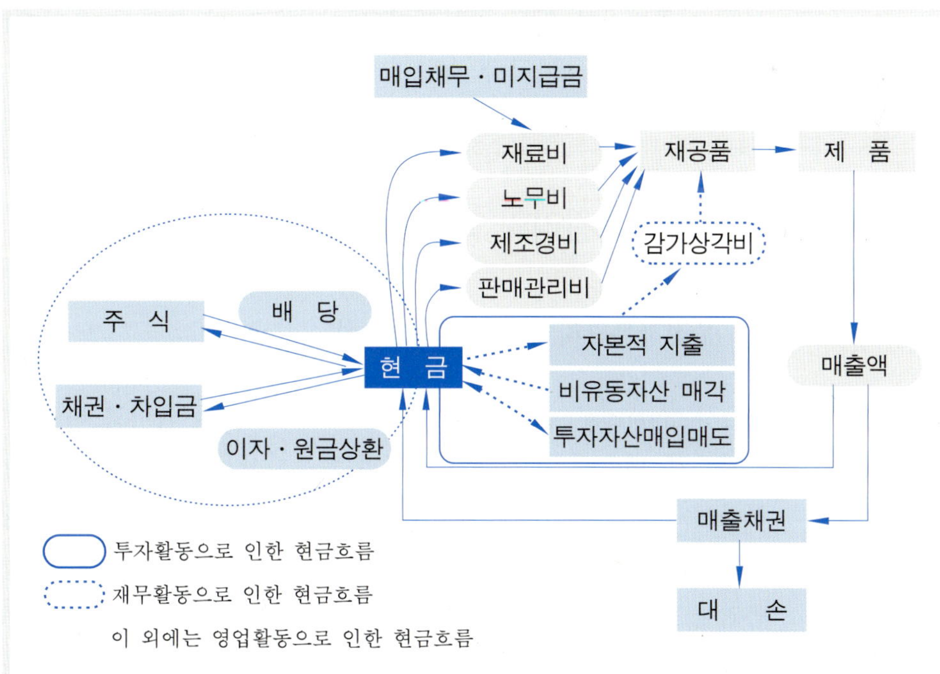

지 않은 완제품 등의 재고자산이 누적되고, 매출채권의 회수가 지연되면 영업활동으로부터의 자금유입이 부진해진다. 이 경우 외부로부터의 자금유입이 없이는 다음 생산활동에 있어서의 생산요소(원자재 · 노동력) 구입에 소요되는 자금이 제한을 받게 되고, 결과적으로 생산량이 줄게 되어 판매규모도 연쇄적으로 축소될 것이다.

반대로 재고자산에 묶여 있는 자금이 적고 매출채권의 회수가 신속해지면, 자금순환이 원활해지고, 「구매 → 생산 → 판매」로 이어지는 영업활동에 따른 이익획득과정으로부터의 자금유입이 풍부해질 것이다. 즉, 내부금융만으로도 정상적인 기업운영이 가능한 것이다.

물론 기업 내 현금흐름은 유가증권 · 투자자산 · 비유동(고정)자산의 취득이나 처분에 의해서 대규모의 현금이 유입되거나 유출되기도 한다. 또 외부로부터의 자금차입이나 부채상환, 주식발행에 의한 현금유출입이 발생하기도 한다. 그러나 기업의 일상적인 영업활동인 생산 · 판매 · 관리 활동과정에서의 현금순환과정이 원활히 이루어져야 건강한 재무상태를 유지할 수 있다.

일상적인 생산 · 판매 · 관리 활동과정에서 현금순환이 얼마나 원활한지는 결국, 매출채권, 재고자산, 현금에 대한 투자 또는 매입채무관리가 얼마나 적정하게 이루어지고 있느냐에 달려 있다. 바로 이 부분이 운전자본관리의 대상이 된다.

2. 운전자본관리의 의의와 목표

(1) 운전자본관리의 의의와 중요성

운전자본(working capital)이란 용어는 크게 두 가지 의미로 사용된다. 하나는 현금, 유가증권, 매출채권, 재고자산 등의 유동자산을 지칭하는 뜻으로 사용되고, 다른 하나는 유동자산에서 매입채무와 같은 유동부채를 차감한 순운전자본을 지칭하는 것으로 사용되기도 한다. 자금관리적 측면에서 보면 후자의 개념이 보다 광범위한 관리영역이 된다. 왜냐하면 유동자산과 연계하여 유동부채도 관리해야 하기 때문이다.

어떤 의미로 사용되든 운전자본관리(working capital management)란 운전자본을 효율적으로 운영·관리하는 것을 말한다. 본장에서는 양자를 모두 포함하는 개념으로서, 일상적인 생산·판매·관리 활동을 지원하는 현금순환이 원활하도록 현금·예금, 유가증권, 매출채권, 재고자산, 매입채무관리를 효율적으로 수행하는 재무활동의 의미로 사용한다.

운전자본관리는 다음과 같은 이유로 인하여 기업활동에서 중요성이 높다고 할 수 있다.

① 대부분의 기업에서 유동자산이 기업의 총자산에서 매우 높은 비중을 차지하기 때문이다. 우리나라 제조업체의 자산구성을 보면, 유동자산이 총자산에서 차지하는 비중은 약 40% 내외 수준이다. 운전자본관리의 실패는 즉시 경영 자체를 위협하는 요인이 된다.

② 유동부채는 상환기한이 조만간 도래하는 것이므로 유동부채의 금액과 시기를 적절히 고려하지 못하면, 기업이 지급불능위험에 놓일 수 있기 때문이다. 유동부채의 비중은 비유동(고정)부채보다 높은 경우가 대부분이다.

③ 실제로 운전자본관리의 실패로 흑자도산한 기업의 사례가 적지 않기 때문이다. 1997년의 외환위기 전후 많은 기업들이 유동성 부족으로 도산하는 경우가 크게 늘었었다. 언제나 철저한 유동성의 확보가 기업존망의 핵심역할을 한다.

Concept check

회계이익은 흑자를 기록하였지만, 도산하는 경우를 '흑자도산'이라고 한다. 흑자도산의 상황이 발생하는 이유는 무엇인가?

(2) 운전자본관리의 목표

기업이 현금·예금, 매출채권 등 일상적인 생산·판매·관리 활동을 지원하는 유동자산을 과도하게 보유하면 단기채무에 대한 지급능력은 양호해진다. 자산이 적정한 가격으로 신속히 현금화될 수 있는 능력을 유동성(liquidity)이라고 하는데, 유동자산에 대한 투자를 늘리는 것은 유동성을 높이고 지급불능위험을 줄이는 것이다.

그러나 유동자산은 대부분 이익을 가져오지 않는 비수익성 자산(non-income bearing assets)이거나 투자수익률이 낮다. 유동자산에 대한 투자를 늘리는 것은 상대적으로 수익성을 저하시킨다. 반대로 수익성을 지나치게 추구하여 유동자산을 적게 보유하면 단기부채 지급능력의 상실로 기술적 파산(흑자도산)의 위험에 빠질 가능성이 커진다.

이와 같이 유동성과 수익성의 확보는 서로 상충관계(trade-off)에 있게 되는데, 운전자본관리의 목표는 유동성과 수익성 양자를 이상적으로 조화시키는 것, 환언하면 유동성을 적절히 유지하여 지급불능위험을 감소시키면서, 동시에 수익성을 높이는 데 있다.

3. 운전자본에 대한 투자와 조달정책

운전자본에 대한 재무정책은 각 유동자산에 대한 보유수준을 얼마로 할 것인지를 결정하는 투자정책과 이에 필요한 자금을 어떻게 조달한 것인지를 결정하는 자본조달정책으로 나누어 볼 수 있다.

(1) 운전자본투자정책

기업의 생산·판매·관리 활동을 지원하기 위한 운전자본투자는 근본적으로 매출액 증감과 연계되어 이루어진다. 매출액 증감은 계절적 요인으로 인하여 일시적으로 증감하는 부분과 상당기간 동안 지속될 부분으로 나누어 볼 수 있다. 이를 뒷받침하는 자산투자도 계절적 요인으로 인하여 '일시적으로 증감하는 유동자산'(temporary asset) 부분과 이와는 관계없이 '항구적으로 유지할 유동자산'(permanent asset) 부분으로 나누어 볼 수 있다. 기업이 매출액 증감을 감안하여 운전자본을 과다하게 혹은 과소하게 유지하느냐의 여부를 결정하는 운전자본투자정책은 다음과 같이 세 가지로 나누어 볼 수 있다([그림 14-2] 참조).

■ 그림 14-2
운전자본에 대한 투자정책과 자본조달정책

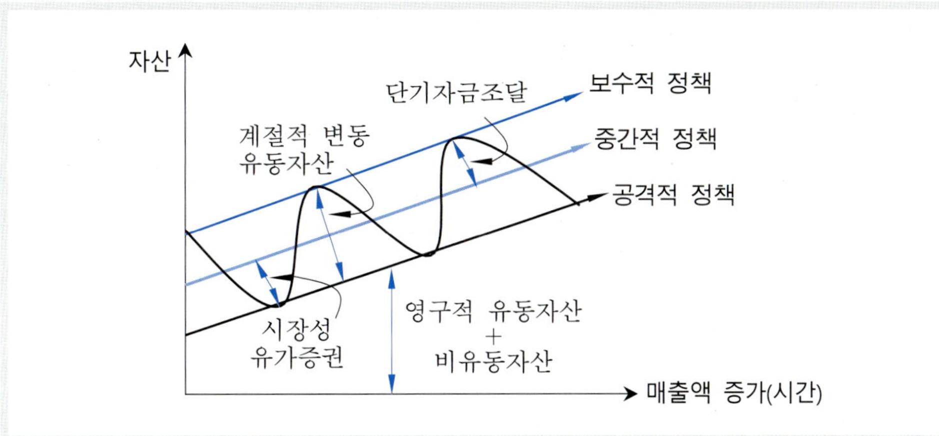

① 공격적 투자정책: 수익성을 중시하여 유동자산을 적게 보유하는 정책
② 보수적 투자정책: 유동성(안정성)을 중시하여 유동자산을 많이 보유하는 정책
③ 중간적 투자정책: 양자를 절충하는 정책

(2) 운전자본에 대한 과다 혹은 과소 투자에 따라 발생하는 비용

기업이 매출액 증감을 감안하여 서로 다른 운전자본투자정책을 선택할 때에는 이 정책이 어떤 비용을 초래하고, 수익성에는 어떤 영향을 주는지를 평가해야 한다. 운전자본에 대한 투자의 과다 혹은 과소 여부에 따라 발생하는 비용은 다음과 같이 유지비용과 고갈(부족)비용으로 구분해 볼 수 있다.

■ 유지비용(carrying costs): 운전자본에 대한 투자의 과다로 인하여 발생하는 비용
① 기회비용(opportunity cost): 수익성이 높은 장기성자산을 줄이고 유동자산을 늘림으로써 수익성을 저하시키는 기회비용
② 보관비용(storing cost): 더 많은 재고를 유지하는 데 소요되는 재고유지비용

- 고갈비용(shortage costs) : 운전자본에 대한 투자의 과소로 인하여 발생하는 비용
  ① 주문비용(order costs) : 유동자산이 부족하면 추가적으로 발주하는 재고주문이나 현금확보에 드는 비용
  ② 판매기회상실비용(stock-out costs) : 재고 부족 또는 고갈로 판매를 못하거나 고객을 상실할 수 있는 비용

따라서 운전자본에 대한 투자가 증가함에 따라 증가하는 비용인 유지비용과 감소하는 비용인 고갈(부족)비용, 주문비용의 관계를 그림으로 표시하면 [그림 14-3]과 같다. 최적의 운전자본투자는 이 두 가지 비용이 가장 적게 되는 수준이 될 것이다. 기업이 운전자본에 대한 투자를 ① 공격적 투자정책(과소투자), ② 보수적 투자정책(과다투자), ③ 중간적 투자정책(중간투자) 중 어느 정책을 선택하느냐에 따라 달라지는 운전자본투자의 문제를 재고관련 비용과 연관지어 그림으로 나타내면 [그림 14-4]와 같다.

적정운전자본 보유수준의 결정에 대한 위에서의 설명은 비용 측면에서 다루었다. 이와는 다르게 투자효율성 측면에서 재무비율로 평가할 수 있다. 즉, 매출액 대비 운전자본이 과다 혹은 과소 투자되었는지를 판단하는 매출채권회전율(=매출액÷매출채권), 재고자산회전율(=매출액÷재고자산)이나 유동성 관계비율인 유동비율(=유동자산÷유동부채), 당좌비율(=당좌자산÷유동부채)로 평가할 수

■ 그림 14-3
운전자본투자가 발생시키는 비용

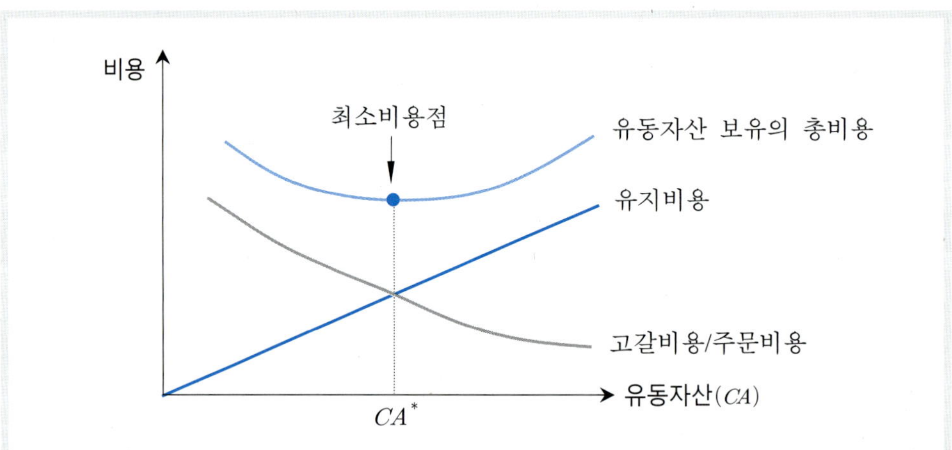

■ 그림 14-4
운전자본투자 관련 비용을 고려한 운전자본 투자정책의 선택

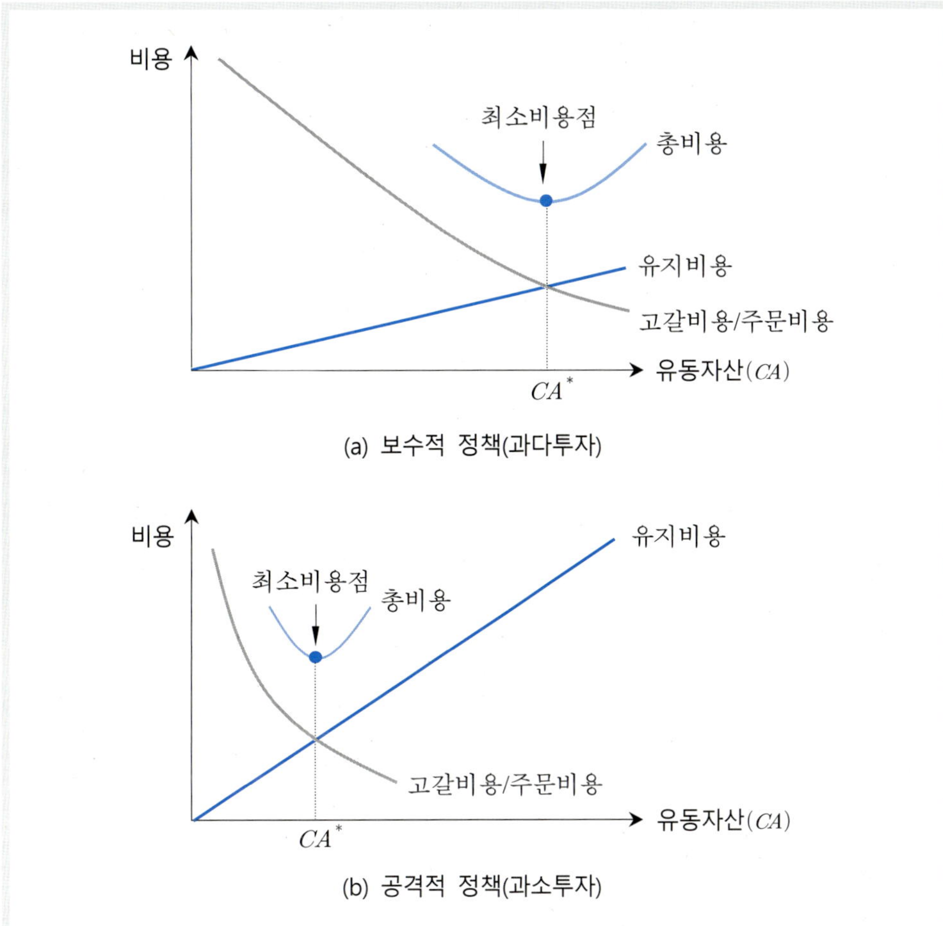

있다. 매출감소를 초래하지 않으면서 운전자본에 대한 투자를 낮출 수 있다면 이는 투하자본회전율을 높이고, 결과적으로 투하자본세후영업이익률(*ROIC*)을 높여 기업가치를 증가시킬 수 있다.

(3) 운전자본조달정책

유동자산을 확보하기 위하여 필요한 자금을 조달하는 방법을 결정하는 것, 즉 운전자본조달정책은 다음과 같이 세 가지로 나누어 볼 수 있다.

1) **공격적 조달정책**(flexible policy)

단기자금은 단기부채로, 장기자금은 장기자본으로 조달하는 방법이다. 따라서 운전자본은 모두 단기부채에 의존하게 된다. 이 방법은 만기일치방법(maturity matching)이라고도 한다. 이 조달정책의 목표는 유휴자금을 가능한 한 줄임으로써 자본비용을 최소화하는 데 있다. 그러나 돌발상황이 발생하면 유동성에 문제가 발생할 수도 있고 자금관리가 복잡하다는 단점을 갖고 있다.

2) **보수적 조달정책**(restrictive policy)

모든 자금을 장기자본으로 조달하는 방법이다. 운전자본도 장기부채에 의존하기 때문에 유동성은 풍부하여 단기부채에 대한 지급불능위험을 상당부분 제거하는 방법이 된다. 그러나 유휴자금을 계속적으로 보유함으로써 자본비용이 높고 수익성 저하를 초래하는 운전자본조달정책이다.

3) **중간적 조달정책**(compromise policy)

공격적인 자본조달정책과 보수적인 자본조달정책의 중간 정도의 수준을 택하는 자본조달정책이다.

일반적으로 기업들은 중간적 자본조달정책을 취하는 경향이 있으나, 다음 요인들을 종합적으로 고려하여 결정해야 할 것이다.

① 최고경영자의 위험에 대한 태도
② 기업의 미래에 대한 전망
③ 정부의 재정 및 금융 정책
④ 금융시장 이용의 용이성
⑤ 기업과 금융기관의 관계

Concept check

(주)엔젤식품은 계절성을 심하게 겪는 청량음료업을 하고 있다. 이 회사의 영업성격을 감안할 때 운전자본조달정책 수립시에 어떤 요소를 고려해야 하는가? 일반적으로 운전자본을 과다보유, 과소보유함으로써 어떤 비용이 발생하는가?

4. 현금관리

아시아 8개국의 제조업체들은 평균적으로 자산구성에서 2006년 기준 약 16%의 현금성자산을 보유하고 있다. 다른 나라의 기업들도 비슷한 행태를 보이고 있는데, 미국의 기업들은 1980년 이후 지속적으로 현금보유 비중을 증가시키고 있다. 전 세계 기업들이 아시아금융위기, 글로벌금융위기 등 반복되는 금융위기를 겪으면서 현금보유 비중을 더 늘리고 있다. 이와 같은 현상은 기업의 입장에서 수익성 높은 투자기회의 발견이 쉽지 않고, 높아지는 경제의 불확실성과 적대적 M&A에 대비한 과잉 현금보유 유인 때문으로 해석된다.

현금의 과다보유는 불확실성에 대비하는 수단이 되지만 기업의 수익성을 떨어뜨리는 요인이 되며, 과잉투자의 오류를 초래하는 등의 대리인비용을 유발하기도 한다. 과연 어느 정도가 적정현금보유수준인가?

운전자본관리에서 현금관리의 대상이 되는 것은 현금(cash)만이 아니라 현금성자산인 요구불예금(demand deposit), 거래목적의 유가증권도 포함된다. 기업은 효율적 현금관리를 위하여 현금의 보유를 최소화하려 한다. 왜냐하면 현금을 많이 보유할수록 기회비용이 커져 기업의 수익성을 떨어뜨리기 때문이다. 오늘날에는 증권시장이 발달하여 유가증권의 신속한 거래를 통한 유동성과 수익성의 동시 추구가 어느 정도 가능해지게 되었다. 이러한 현금관리(cash management)의 목적은 궁극적으로 기업의 수익성을 희생시키지 않고, 유동성을 적절히 유지하여 지급불능위험을 감소시키려는 데 있다.

최근 전 세계 기업들의 통계를 보면 1980년 이후 대기업을 중심으로 자산 중 현금과 현금성자산 비중을 지속적으로 증가시키고 있으며, 1980년대와 비교해 보면 그 비율이 두 배 이상으로 증가하였다. 현금과 현금성자산의 보유는 미래의 불확실성에 대비하는 수단이 되지만, 기업의 수익성을 떨어뜨리는 요인이 될 수 있다. 현금보유동기는 다음과 같이 구분해 볼 수 있다.

① 거래동기(transaction motive) : 기업은 일상적 영업활동이 이루어지도록 현금을 충분히 보유하려는 동기가 있다. 예를 들면, 임직원에 대한 급여 지급, 원자재 구입대금 지급 등 기업의 생존과 성장을 위한 기본적인 거래를 위해 필수적으로 필요한 현금이 있다. 하지만 이런 거래적 동기 때문

에 전 세계 기업들이 1980년 이후 현금과 현금성자산의 비중을 늘렸다고 보기는 어렵다.

② 예비동기(precautionary motive) : 기업은 불시에 발생할지도 모르는 우발적인 상황이나 비상사태에 대비하기 위하여 일정수준 이상으로 현금을 보유하려 한다. 또한 기업의 성장을 위해 필수적인 투자를 위해서도 현금과 현금성자산을 보유하려 한다. 기업이 중요한 투자를 위해 자금이 필요한데, 기업 내부에서 자금조달을 할 수 없으면 외부 자본시장에 의존해야 한다. 외부 자본시장의 상황, 기업의 평판 등의 이유로 기업은 외부에서 자본조달에 실패할 수 있고, 이럴 경우 성장에 필요한 투자기회를 놓칠 수 있다. 기업은 이런 위험들을 피하고 미래의 투자에 대비하기 위해 현금과 현금성자산을 단기적 거래목적 이상으로 보유하려 한다. 1980년 이후 기업간 경쟁이 심화하면서 기업들의 예비적 동기에 의한 현금보유 유인이 강해졌고, 이것이 1980년 이후 기업들의 현금보유 증가를 설명한다.

③ 투기동기(speculative motive) : 기업은 미래의 보다 큰 이익을 얻을 수 있는 투자기회에 투자하기 위하여 현금을 보유하려 한다. 예컨대 지금보다 주가가 더 하락한 후에 주식을 사려고 현금을 보유하는 경우이다.

④ 대리인비용동기(agency cost motive) : 기업들의 현금보유수준의 차이를 국가별로 비교해 보면, 주주의 권리가 잘 보호되지 않는 국가일수록 현금과 현금성자산의 비중이 높게 나타난다. 주주의 권리를 보호하기 위한 장치가 미흡하면, 경영자들은 주주보다는 자신들의 이해를 앞세운 경영을 할 가능성이 많고, 많은 현금을 보유하여 이 중 일부를 자신들을 위해 사용하고, 과대투자를 통해 기업의 규모를 키우려는 유인을 갖는다. 현금보유가 많을수록 과대투자 등 대리인비용이 커지고, 이는 기업가치의 훼손으로 이어질 수 있다.

기업이 거래동기와 예비동기에 의해 현금을 보유하려 할 때 이에 영향을 미치는 요인들에는 ① 부채의 만기상황, ② 미래 현금흐름의 불확실성, ③ 제품의 성격, ④ 고객의 특성 등이 있다. 어느 정도의 현금보유가 적정한지를 판단하기 위해서는 현금의 보유동기를 명확히할 필요가 있는데, 적정한 현금보유수준을

■ 그림 14-5
불확실성과 최적의 현금보유수준

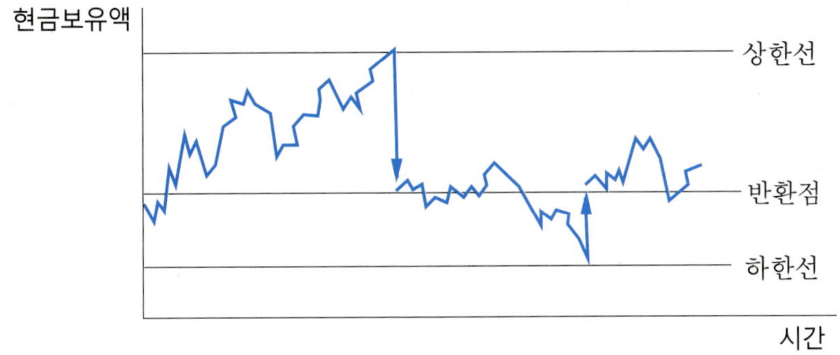

결정하기란 쉽지 않다. 왜냐하면 현금보유수준에 영향을 미치는 요인이 적지 않고 그 양상이 복잡하기 때문이다. 현금보유수준의 결정은 다음에 설명하는 현금관리모형에 추가적인 요인을 고려하여 결정하게 되나, 보다 현실적으로 최대현금보유량과 최저현금보유량을 정하고 현금을 운용하게 된다. 최대현금보유량(maximum cash balance)은 지나친 현금보유로 인한 기회비용을 고려하여 결정되고, 최저현금보유량(minimum cash balance)은 보상현금잔액에 재고부족(고갈)비용이 고려된 최소한으로 필요한 현금을 합하여 결정된다.

최적(목표)현금보유수준을 결정하는 계량적 방법으로 현금관리모형을 이용할 수 있다. 현금관리모형들은 현금의 과다보유에서 비롯되는 기회비용과 현금의 과소보유로 인한 현금부족의 기회비용 사이의 상충관계(trade-off)를 적절히 고려하고 있다. 예를 들어, 밀러-오어(Miller-Orr)모형은 미래 현금유출입을 확실하게 예측할 수 없음을 가정한 모형이다. 구체적으로 설명하면, 기업의 현금보유수준에 대해 상한선과 하한선을 결정하고, 현금보유수준이 상한선을 넘으면 유가증권을 매입하여 현금보유수준을 낮추고, 하한선보다 낮아지면 유가증권을 매각하여 현금보유수준을 항상 일정한 수준으로 유지할 수 있도록 하는 모형이다.

Concept check

현금을 조달하는 데 발생하는 비용에는 어떤 것이 있는가? 적정수준의 현금보유액을 결정할 때 고려해야 할 요소는 무엇인가?

5. 매출채권과 재고자산 관리

(1) 매출채권관리

매출채권(accounts receivables)은 기업이 판매과정에서 현금매출이 아닌 신용판매를 함으로써 발생하는 채권으로서, 매출액 중에서 아직 회수되지 않은 부분을 말한다. 우리나라 제조업체들은 최근 평균적으로 총자산 중에서 15% 정도의 자금이 매출채권에 잠기어 있는 것으로 나타날 정도로 높은 비중을 차지하고 있다.

매출채권관리가 중요한 이유는 매출액과 신용판매로 인한 대손과의 상충관계 때문이다. 즉 매출액을 증가시키기 위해서는 신용판매를 늘려야 하는데, 신용판매가 늘어나게 되면 대손(외상대금 미회수로 인한 손실)의 가능성이 커진다. 과연 어느 정도의 매출채권투자가 적정한가? 기업이 신용정책을 변경할 때 기업의 수익과 비용에는 어떤 영향을 주는가?

효율적인 매출채권관리는 '신용정책'(credit policy)이라고 불리는 네 가지 신용정책변수 — 신용기간, 신용기준, 현금할인정책, 매출채권 회수정책 — 에 대하여 이루어진다. 기업이 이들 신용정책의 변경을 시도할 때에는 신용정책 변경이 다음 요인에 어떤 영향을 미칠지를 평가해야 한다.

① 매출증가의 규모
② 지급불능 가능성
③ 신용공여로 인해 증가하는 비용
④ 지체되는 회수현금에 대한 요구수익률

최종적으로 이들 요인이 기업에 미치는 영향을 평가할 때에는 필수적으로 비용-편익분석 또는 NPV분석을 실시해야 한다.

(2) 재고자산관리

기업의 원활한 생산·판매 활동에는 어느 정도의 원자재재고, 재공품재고, 완제품재고가 있어야 한다. 이러한 재고자산(inventory)은 제품의 수요와 공급 사이의 시간적 간격을 메워주기도 하고, 미래의 불확실성을 줄여주는 역할도 한다. 우리나라 제조업체들은 평균적으로 총자산의 10% 정도를 재고자산으로 보유하고 있다.

적정한 재고수준을 결정할 때 고려해야 할 요인으로는 다음을 들 수 있다.

① 기대매출량
② 생산공정의 기간 및 특성
③ 완제품의 내구성
④ 재료공급의 계절적 변동과 공급자의 신용도
⑤ 재고관리와 관련된 제비용(재고유지비용, 재고고갈비용, 주문비용)

이 중 항목 ①과 ④는 원재료, 항목 ②는 재공품, 항목 ①, ③, ⑤는 완제품과 주로 관련된다.

이 밖에도 동종산업 내의 다른 기업의 재고자산회전율이나 재고자산의 총자산 구성비율을 고려하기도 한다. 또 관리상 정상적인 영업활동에서 필요한 기본재고, 미래 불확실성이나 돌발적 상황에 대비한 안전재고(safety stock), 성장전략에 필요한 전략적 재고로 구분하여 관리하기도 한다.

이상의 여러 요인 중에서 가장 중요하게 고려되는 것은 재고관리와 관련된 제반 비용이다. 재고관리비용은 다음과 같이 구분해 볼 수 있다.

① 재고유지비용 : 재고자산에 투여된 자본의 비용, 재고운반 및 보관비, 보험료, 진부화에 따른 손실
② 재고고갈비용 : 판매기회 상실의 기회비용, 고객의 일탈, 생산활동의 차질
③ 주문비용 : 발주비용, 취급 선적비용, 대량구매를 할 때의 할인기회 상실

이 가운데 재고자산이 증가할수록 증가하는 비용은 ①의 재고유지비용이고, 재고자산이 감소할수록 증가하는 비용은 ②의 재고고갈비용과 ③의 주문비용이다. 재고비용의 관점에서 보면, 적정재고보유수준을 결정하는 것은 이러한 상반되는 두 가지 재고비용이 조화를 이루도록 하는 것이 관건이 된다.

6. 유동부채관리

기업은 단기자금조달의 원천으로서 거래처로부터의 매입채무, 은행의 단기차입, 기업어음(CP) 등을 이용할 수 있다. 우리나라 제조업체들은 평균적으로 자본조달시에 총자본의 35%, 총부채의 75% 정도의 자금을 유동부채에 의존하고 있다. 유동부채관리가 중요함을 의미한다.

단기자본의 조달원으로서 유동부채가 지니는 장점은 ① 장기자본보다 상황변화가 있을 때 빨리 조달할 수 있는 자본조달의 융통성(flexibility)이 높고, ② 자본비용이 낮다는 점이다. 반면에 ① 잦은 차입・상환에 따른 위험이 있고, ② 단시일에 만기가 도래하므로 지급불능위험이 높아진다는 단점이 있다.

제2절 기업합병・인수(Merger and Acquisition)

1. 기업합병・인수의 의의

M&A는 많은 기업에서 주요한 기업성장전략으로, 경쟁력이 약화된 기업에서는 기업구조조정수단의 하나로 이용되는 경향이 높아지고 있다. 기업성장은 기업자체 내의 내부개발을 통해 성장하는 내적 성장과 외부적으로 타 기업과의 결합을 통해 성장하는 외적 성장으로 구분할 수 있는데, M&A는 기업의 외적 성장의 주된 수단으로 이용된다.

M&A는 기업지배의 수단으로서도 그 중요성이 높아지고 있다. 기업합병・인수를 통한 상대기업에 대한 경영권 확보는 그 기업자산의 이용권을 갖게 되는 것이므로 기업 이해관계자들에게 미치는 영향이 지대하다. 특히 기업지배권시장이 활성화되는 경제에서는 경제력이 우위에 있는 기업이 그렇지 못한 기업의 자산 및 영업의 전부 내지 일부를 취득하여 상대기업을 지배하고자 하는 기업인수

■ 그림 14-6
기업합병 · 인수

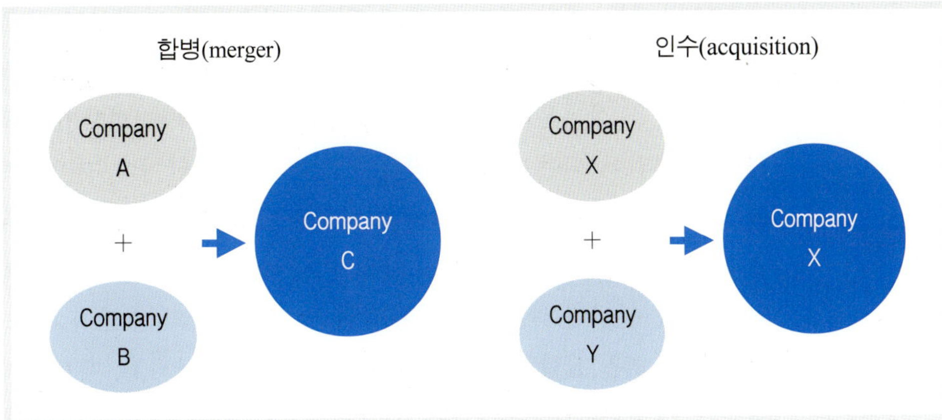

혹은 취득(takeover)의 측면이 중요시된다.

기업합병 · 인수(M&A : Merger and Acquisition)라는 말은 기업지배권 획득을 목적으로 두 개 이상의 기업이 하나로 통합되어 단일기업이 되는 합병(merger)과 기업이 다른 기업의 주식 또는 자산을 취득하여 경영권을 획득하는 인수(acquisition)가 결합된 개념이다. 따라서 M&A라는 용어는 기업합병, 자산취득, 주식취득의 행위를 총칭한다. 합병과 인수는 [그림 14-6]을 통해 쉽게 설명할 수 있다. [그림 14-6]의 왼쪽과 같이 기업 A와 B가 통합하여 존속회사가 C가 되면 합병(merger)이라고 한다. 반면, 오른쪽과 같이 기업 X가 기업 Y의 주식 또는 자산을 취득하여 존속회사가 X가 되면 인수(acquisition)이다.

M&A는 여러 가지 측면에서 기업성과에 영향을 주는데, 다음과 같은 측면에서 중요한 의사결정의 문제가 된다.

첫째, M&A는 기업의 매우 중요한 투자결정의 하나이다. 다른 투자결정과는 달리 기업의 기본적인 영업성격에 변화를 초래할 수도 있으며, M&A에 소요되는 자본조달방법 여하에 따라 기업의 수익성, 위험구조에 큰 변화를 가져오게 된다.

둘째, M&A가 이루어지는 방법과 조건에 따라서 시너지효과(synergy effect)가 달라지므로, 주주의 부, 기업가치에 큰 영향을 미친다.

셋째, M&A의 주된 목적이 기업지배에 있는 경우가 많은데, 이러한 경우는 대주주들의 소유지분에 변화가 일어나므로, 기업의 소유구조가 영향을 받게 된다. 또한 경영진이 교체될 수 있는 계기가 된다.

M&A에는 여러 가지 형태가 있다. 인수방법 면에서의 구분, 제품판매시장 관계 면에서의 구분, 관련기업간의 교섭관계 면에서의 구분, 기업구조조정 면에서의 구분을 살펴본다. 기업합병(mergers)이란 복수의 회사가 합하여 법률적으로 하나의 기업이 되는 가장 강력한 기업결합의 수단이다. 기업합병에는 흡수합병과 신설합병의 두 가지 방법이 있다. 흡수합병(merger)은 합병기업 중 한 기업이 존속기업으로 남아 소멸되는 다른 기업의 모든 자산·영업·채무의 소유자가 되는 것을 말한다. 따라서 가장 강력한 기업지배의 수단이 되고 있다. 신설합병(consolidation)은 결합하려고 하는 기업이 모두 해산되고, 제3의 새로운 기업을 설립하는 경우로서, 신설기업이 소멸기업들의 결합된 자산·영업·채무를 인계받는 방법이다.

주식취득(acquisition of stock)은 취득기업이 피취득기업 주식의 전부 또는 일부를 그 주주로부터 취득하는 것으로서, 자산취득과 달리 취득기업이 피취득기업의 주주로부터 직접 주식을 매입하는 공개매수(tender offer)도 포함된다. 주식취득방법이 합병방법과 크게 다른 것은 취득 후에도 양사가 개별기업으로 존재한다는 점이다.

자산취득(acquisition of asset) 혹은 영업양수는 두 기업간에 체결된 계약에 따라 한 기업이 상대기업 영업의 전부가 아닌 주요 자산 일부분만을 인수하는 것을 말한다. 형식적으로는 매각기업의 기업구조나 주주들의 주식소유권은 영향을 받지 않는다.

기업합병·인수가 이루어질 때, 당사자 기업들이 제품판매시장에서 어떤 관계에 있느냐(상관성)에 따라서 수평적 M&A, 수직적 M&A, 다각적 M&A로 나눌 수 있다.

① 수평적(horizontal) M&A : 동종제품 또는 인접제품을 생산하는 기업간의 M&A

② 수직적(vertical) M&A : 생산 및 유통 과정의 수직적 흐름에 있어서 인접하는 단계에 있는 기업간, 즉 공급자와 수요자 간의 M&A

③ 다각적(conglomerate) M&A : 수평적이거나 수직적 관계에 있지 않은 이종시장에 있는 기업간의 M&A

기업합병·인수는 관련기업간의 교섭관계 면에서 우호적 M&A와 적대적 M&A로 구분하기도 한다.

① 우호적(friendly) M&A : 인수기업과 피인수기업 경영진 상호간에 합의에 의한 M&A
② 적대적(hostile) M&A : 피인수기업의 의사와 관계없이 피인수기업 주주에게 직접 공개매수제의(tender offer)하거나 주식매집을 통하여 이루어지는 M&A

적대적 M&A 시도에 대해서 기업은 여러 가지 대응책(방어전략)을 마련할 수 있다. 피인수기업 입장에서는 기업의 정관에 다음 사항들을 포함하여 적대적 M&A를 방어할 수 있다.

① 임원임기 분산(staggered terms of directors) : 이사들의 임기를 다르게 지정하거나 임원 수 및 자격을 제한하는 정관을 삽입한다.
② 특별결의조항 강화(super-majority voting provisions) : 주총 특별결의 요건을 강화해 임원해임을 어렵게 한다.
③ 황금낙하산(golden parachutes) : 임원해임시 거액의 퇴직금 지급으로 인수비용을 높인다.
④ 독약증권 발행(poison pill) : 주주에게 특정한 권리(주식 저가매입, 초과투표권 부여 등)를 사전에 부여하고 M&A시 그 권리를 행사하게 하는 방법이다.

적대적 M&A가 시도되면 기업들은 자사주를 시장에서 적극적으로 사들이기도 한다. 즉 제13장에서 다룬 자사주매입(stock repurchase)도 적대적 M&A 시도에 대한 방어책이 될 수 있다. 자사주를 매입하면 유통주식수가 줄어들고 일반적으로 주식가격이 올라가서 M&A를 어렵게 만든다.

2. M&A의 절차

M&A를 지속적으로 검토하는 기업에서는 체계적인 접근을 할 필요가 있다. 대상기업 선정을 위한 인수계획 수립, 탐색 및 선별, 재무적 평가, 협상개시와 실사, 인수조건 협상, M&A 법적 종결절차의 단계로 나누어 체계적으로 접근하는 것이다.

(1) M&A 대상기업의 선정

① 계획과정 : 기업의 목표, 경영전략, 구체적인 제품·시장전략의 관점에서 인수기준을 정한다.
② 탐색 및 선별 과정 : 인수대상기업을 다방면으로 물색하여 이들 대상기업이 기업이 설정한 기준에 적합한지를 평가하고, 협상이 가능한 소수 몇 개 기업으로 압축한다.

(2) 인수대상기업에 대한 1차 재무평가

① 1차 재무평가 : 실제 인수대상기업에 대한 인수가격과 인수조건을 결정하기 위해서 여러 가지 재무적 평가를 실시한다. 재무적 평가를 내릴 때 고려되는 주요 요소는 시너지효과, 성장잠재력, 상대적 규모, 자산가치, 자본비용, 부채차입능력, 영업위험, 유동성, 주당이익 등이다.
② 위의 요소들을 종합적으로 고려하여 잠정적인 인수가치를 추정한다. 다음 단계에서 이루어지는 협상과 실사에 따라 조율하게 되는 최종적인 인수가격과 인수조건의 결정에 기초가 된다.

(3) 협상개시와 실사

협상이 개시되면 인수의 실무적 절차로서 다음 과정을 밟는다.

협상시작 → 의향서 서명 → 인수협약서 서명 → 사전실사 → 법적 문서 교환

M&A를 위한 협상이 시작되면, 기밀유지계약(confidentiality agreement)을 맺고 협상을 시작한다. 두 회사간에 어떤 조건과 방식을 원하는지를 서면으로 표현하는 의향서(letter of intent)를 교환하고, 양측이 주어진 정보 내에서 서로의 입장을 확인한 후, 인수에 합의하면 인수협약서(acquisition agreement)에 서명한다. 그 다음 사전실사에 들어가는데, 사전실사(due diligence)는 인수대상기업의 전반적인 재무상태, 법적 현안 검토, 재무제표항목에 대하여 정밀분석을 행하는 것을 말한다. 이에 근거하여 최종 협상에 들어가는 법적 문서를 교환한다.

(4) 인수조건에 대한 최종 협상 및 M&A 종결

실사결과와 이 과정에서 부각된 시너지효과 등에 대한 재평가를 토대로 인수조건(인수가격, 주식교환비율 등)을 협상한다. M&A 성공여부는 피인수기업을 인수하면서 지급하는 인수대가, 프리미엄 지급액의 크기에 달려 있으므로 이 단계에서의 M&A 가치평가가 가장 중요하다.[1)]

인수가격과 합병조건에 대해서 합의가 이루어져 합병하기로 결정하면 마지막으로 합병계약 체결로부터 합병등기에 이르는 다음과 같은 일련의 법률적 절차를 밟게 된다.

① 합병계약의 체결 → ② 이사회에서의 합병결의 → ③ 채권자에 대한 최고(이의 제출기간은 2개월 이상, 채권자에게 이의가 있을 경우 이의 제출공고) → ④ 주주총회의 승인(합병기업의 정관, 자본금변동 등) → ⑤ 합병등기

(5) M&A 사후관리

아무리 좋은 대상기업을 유리한 조건으로 M&A하였더라도, M&A 후에 사후관

1) M&A의 성과에 대한 실증연구결과는 대부분 피인수기업은 높은 비정상초과수익을 얻게 되는 반면, 인수기업은 초과수익을 거의 얻지 못하는 것으로 나타나고 있다. 대체적으로 피인수기업은 합병을 통해서 약 30~40%의 프리미엄을 얻고 있고, 통계적 유의성도 대부분이 높은 것으로 나타나고 있다. 그러나 인수기업의 합병성과에 대해서는 일치된 결론을 내리지 못하고 있는 상태인데, 대체적으로 인수기업들은 통계적 유의성은 적더라도 약간의 초과수익을 누리거나 아니면 정상투자수익률을 거두고 있는 것으로 나타나고 있다. 그러나 2000년대에 들어서는 M&A프리미엄이 크게 줄어들고 있는 것으로 보고되고 있다. 이와 같은 결과는 M&A로 인한 비용절감과 시너지효과가 당초 예상에 못 미치는 사례가 속출하면서 인수기업들이 피인수기업의 현재가치를 평가할 때 예전보다 훨씬 신중해진 결과, M&A프리미엄이 축소되고 있는 것으로 해석하고 있다.

리가 원활하지 못하여 예상했던 시너지효과가 기대했던 만큼 나지 못하면 실패한 M&A가 된다. 사후적으로 인적자원이나 조직의 통합, 위험관리 등이 기대한 방향으로 충분히 이루어지는지에 대한 지속적인 모니터링이 필요하다.

다음은 배인 앤드 컴퍼니가 "실패한 M&A"에 대해서 조사한 10대 실패원인이다. 이 조사에서 확인할 수 있는 것처럼 통합 후의 사후관리가 M&A의 성공여부를 결정짓는 가장 중요한 요소임을 확인할 수 있다.

[M&A의 10대 실패원인]	
• 통합의 장애요인을 고려하지 않았다. • 합병 후 시너지효과를 과대평가했다. • 경영진 통합 및 유지에 실패했다. • 실사과정에서 핵심이슈를 발견하지 못했다. • 인수대상기업의 실적을 과대평가했다.	• 전략이 적합하지 못했다. • 시장상황이 불리해졌다. • 기회의 희소성 때문에 무리하게 추진했다. • 입찰전략에 실패했다. • 통합업무 부담으로 실적이 부진했다.

자료 : 매경 Economy, 2009.2.3

3. M&A의 동기

기업합병 · 인수는 다양한 동기에서 추진된다. 그동안 기업합병 · 인수의 동기론에서 제기되었던 것을 보면, 효율성 동기론 · 경영자주의 동기론 · 저평가 동기론 · 시장지배 동기론으로 나누어 볼 수 있다.

(1) 효율성(efficiency) 동기론

M&A가 이루어지면 독립된 별개의 기업으로 있을 때의 두 기업의 가치 합보다도 결합된 이후의 가치가 더 크게 나타나는, 이른바 시너지효과가 나타날 수 있다. M&A가 이루어지면 여러 가지 형태의 시너지—경영합리화 제고, 무능경영진의 교체, 영업활동상의 시너지, 재무적 시너지, 경영전략적 효과 등—를 기대할 수 있다. 이와 같은 효율성을 높이기 위하여 M&A가 이루어진다는 주장이다.

(2) 경영자의 개인적 동기론(managers' personal incentives)

M&A가 이루어지면 기업규모가 확대되어 경영자의 위치를 더욱 확고히 해 줄 수 있다. 이는 주주의 부를 희생시키고, 경영자의 효용을 높이는 대리인비용이 발생할 가능성이 있음을 의미한다. 이처럼 기업의 소유주와 경영자의 이해관계가 상충되는 대리인 문제로 인하여 합병이 주주의 이익을 위해서가 아니고, 경영자 자신의 효용을 증대시키기 위하여 기업규모를 극대화시키고자 하는 동기에서 추구된다는 주장이다.

그러나 반대로 M&A는 대리인비용을 줄일 수 있다는 견해도 있다. 기업이 대리인비용을 크게 발생시키는 비효율적 경영을 계속하면 합병의 목표가 되고 경영자에게는 자신의 위치를 불안하게 하는 요인이 될 수 있기 때문이다. 오히려 M&A시장이 활성화되어 있는 경우에는 피인수의 가능성 때문에 대리인비용을 줄이고 효율적 경영을 유도할 수 있다.

(3) 저평가(under-valuation) 동기론

기업이 사업을 확장하고자 할 때, 기업자체 내의 내부개발을 통해서 할 수도 있고, 외부적으로 기존의 타 기업과의 M&A를 통하여 할 수도 있다. 자본시장의 불완전성으로 인하여 해당기업이 저평가되어 후자의 방법이 비용 면에서 훨씬 유리한 경우가 있다. 이러한 상황은 M&A가 내적 개발보다도 저렴한 기업 확장 방법이 되므로 M&A를 추진하는 동기가 된다.

(4) 시장지배(market power) 동기론

시장에서 경쟁을 제한하거나 독점적 이윤을 확보하고자 하는 동기에서 M&A가 추구되기도 한다. 특히 동종산업 내로 확장하고자 할 때에는 이와 같은 동기가 작용할 수 있다. 그러나 합병이 단순히 경쟁우위를 확보하려는 동기에서가 아니라, 시장에서 경쟁업체를 축출하려고 하거나, 경쟁을 제한시키고 독점적 이윤을 확보하려는 동기에서 추진된다면 공정거래법에 의해서 제재를 받게 된다.

4. M&A의 효과

M&A를 통한 시너지효과(synergy effect)는 경영의 각 분야에서 $2+2 \Rightarrow 5$의 결과를 얻는 것과 같이 독립된 별개의 기업으로 있을 때의 두 기업의 가치 합보다도 결합된 이후의 가치가 더 크게 나타나는 여러 가지 효과를 말한다. 이제 독립된 별개의 기업으로 있을 때의 인수기업 가치를 V_A, 피인수기업의 가치를 V_T, 그리고 M&A로 결합된 후의 기업가치를 V_{AT}라고 표시하면, 다음 관계가 있을 때, 시너지효과가 존재한다고 말할 수 있다.

$$\text{시너지효과} = V_{AT} - (V_A + V_T) > 0 \qquad (14.1)$$

기업가치는 미래 현금흐름의 현재가치이므로 이러한 시너지효과의 가치는 다음 식(14.2)와 같이 시너지가 가져오는 미래 현금흐름의 증가액(ΔCF)을 M&A 효과가 반영된 할인율(R)로 할인한 것과 같다.

$$\text{시너지효과} = \sum_{t=1}^{n} \frac{\Delta CF}{(1+R)^t} \qquad (14.2)$$

위의 식은 제10장 5절에서 다룬 기업가치평가모형과 같다는 것을 알 수 있다. 이런 시너지효과는 매출의 증대, 규모의 경제(economies of scale)에 따른 비용 절감, 시장지배력의 확대 등에 따라 달성될 수 있다.

5. 인수가격의 평가

아무리 우량기업을 인수하더라도 인수가격이 너무 높거나 인수조건이 불리하면 타당성 있는 M&A라고 할 수 없다. M&A거래를 통한 이득을 추정하고, M&A 대상기업의 가치를 평가하여 적정인수가격을 산정하고 인수조건을 결정하는 것이 매우 중요하다.

시너지효과의 크기를 포함한 피인수기업에 대하여 가치평가를 해야 하는데, M&A를 위한 기업가치평가방법으로는 다음 몇 가지를 들 수 있다.

• 현금흐름할인모형(FCF모형 등)에 의한 평가
• 주가배수모형에 의한 평가
• 유사 M&A사례의 인수가격에 의한 평가

M&A대상기업의 가치를 구하는 보편적 방법은 M&A로 인하여 기대되는 증분현금흐름의 할인가치(DCF : discounted cash flow)를 구하여 평가하는 것이다. M&A의 의사결정은 시설투자와 같은 유형의 투자결정 문제로 볼 수 있으므로, 본서 제8, 9, 10장에서 설명한 자본예산안에 대한 경제성 평가방법을 그대로 적용해 볼 수 있다. 이 방법은 시너지효과 등 M&A로 인하여 기대되는 미래 현금흐름의 현재가치가 구해지면, 이를 합병조건을 협상할 때 인수가격의 상한선으로 삼는 것이다. 따라서 비상장법인이라도 합병가치를 추정할 수 있고, 합병에 따른 시너지효과를 현금흐름에 반영할 수 있다는 장점이 있다. 이 방법은 합병으로 인한 증가분의 현금흐름(FCF)을 측정하고, 이에 대한 적절한 할인율을 적용한 현재가치를 구하는 것이므로, 증분현금흐름의 추정과 할인율의 추정 두 가지가 가장 중요한 작업이 된다.

인수대상기업의 주식가치를 구하는 다른 한 방법은 주가배수를 이용하는 방법, 유사 M&A사례의 인수가격을 감안한 상대가치평가방법을 적용하는 것이다. 제5장에서는 주가배수로서 PER, PBR 등을 설명하였다. 피인수기업의 가치평가를 위해 EV(enterprise value)/$EBITDA$를 일반적으로 사용하기도 한다. 주가수익비율(PER)은 수익가치를 감안한 경우의 상대적 주가수준을 나타내는 지표이고, 주당순자산배율(PBR)은 자산가치를 감안할 경우의 상대적 주가수준을 나타내는 지표이다. 적절한 비교대상기업의 PER이나 PBR수준과 상대적으로 비교하여 주식가치를 평가하게 되는데, 이러한 의미에서 상대가치평가법이라고 불렀다.

상대가치평가방법의 다른 한 가지는 식(14.3)과 같은 주가배수모형을 응용하는 것인데, 검토대상의 M&A와 유사한 M&A사례의 인수가격을 기준으로 그 인수가격이 순이익, 순자산의 몇 배였는지를 참고하는 것이다.

$$S_0^* = \frac{\text{유사 M\&A사례의 인수가격}}{\text{유사피인수기업의 순이익(또는 순자산, 현금흐름)}} \times \text{검토대상기업의 순이익(또는 순자산, 현금흐름)} \tag{14.3}$$

예를 들어, 동종업종 내에서 전에 이루어진 M&A의 경우 평균적으로 인수가격이 피인수기업 순이익의 10배 수준에서 이루어져 왔다고 하자. 지금 검토대상 피인수기업의 순이익이 100억원이라면, 이 기업에 대한 적정인수가격은 10배수를 적용하여 1,000억원으로 추정하는 것이다. 이 방법은 비상장회사인 경우에도 간편하게 적용할 수 있다는 장점이 있다.

예제 14-1 인수가격의 추정

A식품(주)는 무부채기업으로서 T제과(주)와 합병을 검토중이다. 합병으로부터 기대되는 현금흐름은 다음과 같다.

년	현금흐름
1	150억원
2	170
3	200
4	200
5년 이후 성장률	연 6%

T제과(주)의 부채의 시장가치는 800억원이며 기업의 베타계수는 1.5이다. 한편 시장요구수익률은 12%, 무위험이자율은 8%이다.

(1) A식품(주)가 지불할 수 있는 최대인수가격을 계산하라.

(2) 만일 T제과(주) 자산의 현재시장가치가 1,100억원이며 A식품(주)에 합병되는 조건으로 자산가치에 30%의 프리미엄을 요구한다면 합병이 이루어질 수 있겠는가? 그 이유를 설명하라.

➤ 풀이

(1) 할인율을 *SML*에서 구하면

$R = 8\% + (12\% - 8\%)1.5 = 14\%$

$$\text{현금흐름의 현재가치} = \frac{150}{(1.14)} + \frac{170}{(1.14)^2} + \frac{200}{(1.14)^3} + \frac{200}{(1.14)^4} + \frac{200(1.06)}{(1.14)^4(0.14-0.06)}$$

$= 2{,}085$억원(인수가치)

∴ 지불가능한 최대가격 = 총인수가치 − 부채가치 = 2,085 − 800 = 1,285억원

(2) T제과(주)의 요구가격 = 1,100 × 1.3 = 1,430억원

이는 지불가능 최대액인 1,285억원보다 크므로 제안을 받아들일 수 없다.

제3절 기업지배구조

제1장에서 언급한 것처럼 기업지배구조(corporate governance)란 주식회사에서 발생하는 이해상충 문제의 해결을 위하여 기업의 이해관계자들이 지켜야 할 일련의 원칙, 정책, 절차, 명확히 규정화된 책임과 의무를 말한다. 즉 기업지배구조는 경영자들로 하여금 효율경영을 하도록 유도하고, 경영자들의 이해관계를 주주의 이해관계와 일치하도록 유인하는 메커니즘(제도)으로서 기업 내부와 외부(시장)의 규율장치를 포괄하는 개념이다. 그러므로 효과적인 지배구조를 확립하기 위해서는 법률과 규제가 뒷받침되어야 한다.

효과적인 지배구조 설계의 목표는 다음과 같이 요약할 수 있다.[2]

- 기업 이해관계자들(특히 경영자와 주주)간의 이해상충을 제거하거나 완화시킨다.
- 회사의 자산이 주주와 기업 이해관계자들을 위하여 효율적 · 생산적으로 사용되도록 한다.

Gompers et al.(2003)의 연구에 의하면 강한 지배구조를 갖고 있는 기업이 그렇지 못한 기업보다 장기적으로 높은 주식수익률을 달성하는 것으로 나타났다.[3] 이들은 지배구조의 강약을 측정하기 위해 IRRC(Investor Responsibility Research Center)에서 제공하는 미국 대기업들의 적대적 M&A 방어조항 데이터를 사용하였다. 적대적 M&A 방어조항은 24개로 분류할 수 있는데, 기업들이 더 많은 M&A 방어조항을 정관에 채택할수록 약한 지배구조(weak governance)를 갖고 있는 것으로 해석할 수 있다. Gompers et al.(2003)은 기업이 채택한 적대적 M&A 방어조항의 숫자는 주식수익률과 음(−)의 관계에 있다는 것을 보여주었다.[4]

---

2) OECD Principles of Corporate Governance, OECD(www.oecd.org).
한국에서의 지배구조 관련 자료는 한국ESG기준원(www.cgs.or.kr) 참조.

3) Gompers, P. A., J. L. Ishii, and A. Metrick, "Corporate governance and equity prices," *Quarterly Journal of Economics*, 118(1) : 107～156(2003).

이처럼 지배구조는 기업가치와 연관이 있는 것으로 믿어지고 있으나, 기업이 영업을 하고 있는 국가의 전통, 문화, 시장 조건들에 따라 효과적인 지배구조의 특성은 달라진다. 효과적인 지배구조를 달성하기 위해 다음과 같은 사항들을 고려할 수 있다.

① 이사회(board of directors)의 독립성 : 주식회사의 이사회는 주주를 대표하여 경영진의 경영활동을 지원하고 감시(monitoring)하는 역할을 한다. 우리나라는 1999년 상법을 개정하여 사외이사(independent director)제도를 도입하였다. 사외이사란 이사로서 회사의 일상업무를 담당하지 않는 비경영이사 중 회사로부터 독립된 이사를 말하는데, 사내이사로만 구성된 이사회는 최고경영자로부터 자유로울 수 없어 그 견제기능이 약화되고 주주총회 역시 형해화되어 감시의 기능이 제대로 발휘될 수 없으므로 이사회의 기능을 회복하고 경영의 건전성을 도모하기 위해 사외이사제도를 도입하여 이사회의 독립성을 강화하고자 하였다. 그러나 1999년 이 제도 도입 이후 사외이사들이 제 역할을 수행하고 있는지에 대한 논란이 계속되고 있다.

② 경영진에 대한 보상 정책(compensation policies) : 경영진에 대한 기본 급여 이외의 금전적 보상을 미래의 주가와 연계하도록 함으로써 경영진이 주가를 극대화하도록 유도하여 경영진과 주주의 이해를 일치시키는 방법이다. 예를 들어, 경영진에게 자신이 운영하는 기업의 주식이나 해당주식을 기초자산으로 하는 옵션(stock option)을 부여하여, 경영진의 이해와 주주의 이해를 일치시킬 수 있다.

③ 대리인비용의 축소 : 제11장에서 살펴본 것처럼 소유와 경영이 분리된 현대의 기업에서는 주주와 전문경영인 사이의 대리인비용은 자연적으로 발생한다. 이 자기자본의 대리인비용을 줄이는 한 방법이 전문경영인의 소유 지분을 늘리는 것이다. 전문경영인이 자신이 경영하는 기업의 지분

---

4) Bebchuk et al.(2009)은 24가지 적대적 M&A 방어조항 중 6가지가 가장 중요하다고 주장하였다. Poison pill, staggered board, supermajority rule, golden parachutes, limits to amend charter, limits to amend bylaws가 이 6가지 조항에 해당한다. 이들 학자는 지배구조의 강약을 측정하기 위해 이 6가지 조항을 이용하여 E-index(entrenchment index)를 만들었다(Bebchuk, Cohen, and Ferrell, “What Matters in Corporate Governance?” *The Review of Financial Studies*, 22(2) : 783~827(February 2009) 참조).

을 소유하고 있으면, 주주의 이해가 곧 자신의 이해가 될 수 있으므로 대리인비용이 그만큼 줄어들 것이다. 또한 주주총회에서 위임장경쟁(proxy contest) 등을 통해 주주들이 경영에 적극적으로 간섭할 수 있다. 특히 기관투자자들은 개인투자자들에 비해 기업의 소유 지분이 많으므로 대리인비용을 줄이기 위해서는 기관투자자들의 적극적 역할이 요구된다.

④ 경영권에 대한 위협(the threat of takeover) : M&A의 주요한 동기 중의 하나는 대리인비용을 많이 발생시키거나 능력이 부족한 경영진을 두고 있는 피인수기업을 인수하여 경영진을 교체함으로써 기업가치를 증대시키는 것이다. 따라서 적대적 M&A가 발전한 시장일수록 대리인비용이 줄어들고, 기업의 지배구조가 효과적이다.

한편 대기업집단(business group)이 보편화되어 있는 한국과 같은 이머징마켓(emerging markets)에서는 소액주주(minority shareholders)의 권리를 보호하는 것이 기업지배구조의 중요한 목표가 된다. 보통 소유 지분상 순환출자(cross-holdings)나 피라미드구조를 갖고 있는 대기업집단에 소속된 기업의 경영인들은 설립자 가족이나 최대주주의 이익을 대변하고 소액주주의 가치를 훼손하는 경우가 많다. 대기업집단의 계열사간 거래를 통해 소액주주의 지분이 높은 계열사에서 설립자나 그 가족의 지분이 높은 계열사로 이익을 몰아줌으로써 소액주주의 부(wealth)가 설립자 가족에게 이전되는 현상을 터널링(tunneling)이라 부른다. 이런 대기업집단의 최대주주와 소액주주 간 대리인비용을 줄이기 위해 지배구조를 개선한다는 것은 소액주주의 이익을 보호하는 방향으로 기업 내·외부의 메커니즘을 발전시킨다는 것을 의미한다.

주요 용어

- 현금순환과정
- 운전자본
- 운전자본관리
- 유동성
- 유지비용
- 고갈비용
- 공격적 조달정책
- 보수적 조달정책
- 현금관리
- 현금보유동기
- 합병
- 인수
- M&A의 동기
- 시너지효과
- 인수가격평가방법
- 기업지배구조
- 사외이사제도

연습문제

1. 최근 연구에 따르면 적대적 M&A를 방어하기 위한 정책은 managerial entrenchment(경영자 참호)로 이어질 수 있다. 이를 바탕으로 약한 지배구조(weak governance)를 측정하기 위해 E-index(entrenchment index)를 사용하고 있는데 이 인덱스에 속하지 않는 것은?

   ① Supermajority rule
   ② Golden parachutes
   ③ Staggered board
   ④ Poison pill
   ⑤ Green mail

2. 최근 기업들의 현금 및 현금성자산이 지속적으로 증가하는 추세를 보이고 있다. 기업의 현금 보유동기로 볼 수 없는 것은?

   ① 일상적 거래를 위해
   ② 미래의 투자를 위해
   ③ 적대적 M&A를 방어하기 위해
   ④ 경영자 자신의 이해 때문에

3. 적대적 M&A를 방어하기 위한 정책이 아닌 것은?

   ① Supermajority rule
   ② Overallotment option
   ③ Staggered board
   ④ Poison pill

4. 기업지배구조에 대한 설명으로 타당하지 않다고 생각되는 것은?

   ① 주주와 경영자 간의 대리인비용을 줄이기 위해 경영자에게 스톡옵션을 부여한다.
   ② 이사회의 독립성은 효과적인 지배구조의 주요 요소이다.
   ③ OECD에 따르면 효과적인 기업지배구조는 세계적으로 동일하다.
   ④ 효과적인 지배구조와 주식수익률은 연관성이 있다.

5. 운전자본관리에 대한 설명으로 타당하지 않은 것은?

   ① 단기적인 유동성 문제에 부딪치지 않기 위해서는 순운전자본을 +로 유지해야 한다.
   ② 보수적인 재고자산정책은 기업의 수익성을 떨어뜨린다.
   ③ 운전자본관리의 목표는 유동성보다는 수익성을 극대화하는 것이다.
   ④ 운전자본관리는 유지비용과 고갈비용을 동시에 고려해야 한다.

6. M&A의 동기로서 가장 타당성이 떨어지는 것은?
   ① 차입매수시 세금절약효과
   ② Economies of scale에 따른 비용절약효과
   ③ 시장점유율 증가에 따른 시장지배효과
   ④ 수평적 M&A를 통한 주주들의 분산투자효과

7. 기업의 영업활동에서의 현금순환과정과 관련하여 운전자본관리의 중요성과 목표에 대하여 설명하라.

8. 운전자본에 대한 투자정책과 자금조달정책에 대하여 설명하라.

9. 운전자본을 과다 혹은 과소 보유하는 경우에 발생하는 상반되는 성격의 비용에 대하여 설명하라.

10. 현금보유동기에 대하여 설명하라.

11. M&A 인수가격평가방법은 어떤 것이 있는가?

12. M&A 과정에 대하여 설명하라.

13. 효과적인 기업지배구조는 어떻게 달성될 수 있는가?

14. 기업지배구조와 주식수익률의 관계를 설명하라.

15. **M&A 평가 : 종합사례연구**

다음은 합병협상을 진행중인 (주)AA패션과 (주)TT패션에 관한 자료이다.

(주)AA패션은 설립된 지 20년 된 의류제조회사이다. (주)AA패션은 그동안 고속성장을 하였지만, 최근 들어 성장이 둔화되면서 재투자자금이 줄어들고, 소유하고 있는 부동산 일부를 매각함으로써 상당한 현금을 보유하고 있다.

(주)AA패션은 이 잉여현금을 어떻게 활용할 것인가에 대하여 논란을 벌이고 있다. 이의 활용방안으로 주식재매입, 부채상환, 배당증가, 기업합병 · 인수 등을 검토하고 있다.

합병대상회사의 하나로 검토중인 회사는 동종산업 내에 있는 (주)TT패션이다. 다음 표는 (주)AA패션이 (주)TT패션과 합병할 경우의 증분현금흐름에 관한 자료이다. 표에서 이자비용은 ① (주)TT패션의 기존의 부채에 대한 이자, ② 합병에 필요한 자금을 부채에 의존할 경우

의 신규부채에 대한 이자, 그리고 ③ 새로 합병된 부분을 확장할 때 필요한 자금을 부채에 의존할 경우의 신규부채에 대한 이자 모두를 포함한 것이다.

또한 표에서 "(주)TT패션용 투자소요액"이란 합병 후 (주)TT패션사업부문이 계속 성장하기 위하여 반드시 재투자되어야 하는 자금이다. 표는 2023년까지 작성되어 있으나 피합병회사는 2024년도 이후에도 납세 후 잉여현금흐름이 매년 5% 성장할 것으로 예상되고 있다.

(단위 : 백만원)

	2020년	2021년	2022년	2023년
매 출 액	4,000	6,000	7,500	8,500
매출원가(매출액의 50%)	2,000	3,000	3,750	4,250
감가상각비	400	450	500	550
판매비와 관리비	300	400	500	600
지급이자	200	300	300	400
(주)TT패션용 투자소요액	0	500	400	300

(주)TT패션의 합병 전 현재 부채비율(부채/총자본)은 40%이며, 법인세율은 30%, 베타계수는 1.2, 부채차입이자율은 12%이다. 만일 합병이 성사되면 독립된 사업부로 운영할 것이며 부채비율을 50%로 할 예정이고, 법인세율은 40%를 적용받게 된다. 현재 무위험이자율은 10%, 시장위험프리미엄은 6%를 유지하고 있다. (주)TT패션은 합병 전 시점에서 발행주식수는 50만주, 최근 주가는 15,000원이었다.

(1) 위의 자료에 근거하여 (주)TT패션과 합병할 경우 2020~2023년에 걸친 잉여현금흐름을 추정하라.
(2) 이 합병의 타당성을 평가하는 데 적절한 요구수익률을 추정하라.
(3) 2024년 이후 창출할 현금흐름을 2023년 가치로 평가한 다음, 현시점기준으로 (주)TT패션의 인수가치를 추정하라.
(4) (주)AA패션이 (주)TT패션에 제시할 수 있는 주당인수가격의 범위(최소, 최대 가격)는 얼마인가?
(5) 위의 문제에서 (주)TT패션의 예상성장률과 베타계수 추정이 예측의 주요 변수가 되고 있다. 만약 2021년 이후 예상성장률이 10%이고 베타계수가 1.5가 된다면 주당최대인수가격은 얼마로 제시할 수 있는가?
(6) 인수가격수준에 영향을 미치는 요인들을 제시하라.

해답

15. (1) 인수기업의 가치를 잉여현금흐름에 기초하여 추정할 수 있다. 잉여현금흐름(FCF : free cashflow)은 보통주주, 채권자에게 최종적으로 돌아갈 수 있는 잉여현금으로서 법인세를 납부하고 또한 새로운 투자사업에의 투자액까지 공제한 잉여현금흐름을 말한다.

FCF = 법인세차감후순이익 + 감가상각비 − 새로운 투자금액

순이익기준의 잉여현금흐름(FCF)을 위 식과 같이 추정하면 정률성장모형을 이용하여 자기자본비용으로 할인하여 기업가치를 추정할 수 있다(만약 FCF가 영업이익기준의 현금흐름으로 측정되면 $WACC$로 할인하여 기업가치를 추정).

$$S_0 = \frac{FCF_1}{R-g}$$

요구수익률은 SML에 의해서 추정한다. 만약 목표부채비율의 변경이 있으면 Hamada모형을 이용하여 β_U와 β_L을 추정한 다음 요구수익률을 추정한다.

잉여현금흐름(FCF) = 법인세차감후순이익 + 감가상각비 − 새로운 투자금액

(단위 : 백만원)

항 목	2020	2021	2022	2023
매 출 액	4,000	6,000	7,500	8,500
매출원가	2,000	3,000	3,750	4,250
감가상각비	400	450	500	550
판매 · 관리비	300	400	500	600
지급이자	200	300	300	400
법인세차감전이익	1,100	1,850	2,450	2,700
법인세(40%)	440	740	980	1,080
법인세차감후순이익	660	1,110	1,470	1,620
+감가상각비	400	450	500	550
현금흐름	1,060	1,560	1,970	2,170
필요유보이익(투자액)	—	500	400	300
잉여현금흐름	1,060	1,060	1,570	1,870

(2) Hamada모형에 의해서 요구수익률 추정

(주)TT패션의 무부채일 경우의 β :

$$\beta_U = \beta_L \Big/ \left[1+(1-t_c)\frac{B}{S}\right] = 1.2 \Big/ \left[1+(1-0.3)\frac{0.4}{0.6}\right] = 0.82$$

(주)TT패션의 $B/S=100\%$일 경우의 β :

$$\beta_U=\beta_L\left[1+(1-t_c)\frac{B}{S}\right]=0.82\left[1+(1-0.4)\frac{0.5}{0.5}\right]=1.31$$

요구수익률 : $R_e=0.1+0.06\times(1.31)=0.1786$

(3) 2024년 이후에는 매년 5% 성장하므로 정률성장모형 이용

$$S_{(2023)}=\frac{FCF_{(2024)}\cdot(1+g)}{R-g}=\frac{1{,}870(1.05)}{0.1786-0.05}=15{,}268\text{백만원}$$

$$S_{(2020)}=\frac{1{,}060}{1.1786}+\frac{1{,}060}{(1.1786)^2}+\frac{1{,}570}{(1.1786)^3}+\frac{1{,}870+15{,}268}{(1.1786)^4}=11{,}503\text{백만원}$$

(4) 인수프리미엄＝인수가치－현시장가치

이론인수가치＝11,503백만원

시가인수가치(시장가치)＝현주가×발행주식수＝15,000원×50만주＝7,500백만원

∴ 인수프리미엄＝11,503－7,500＝4,003백만원

이 금액은 시너지효과 등에 대한 기댓값으로서 협상가격결정의 범위역할을 한다.

⇒ 주당인수최대가격＝11,503백만원÷50만주＝23,006원

주당인수최소가격＝현주식가격＝15,000원

(5) • 요구수익률의 추정

$$\beta_U=1.5\Big/\left[1+(1-0.3)\left(\frac{0.4}{0.6}\right)\right]=1.02$$

$$\beta_L=1.02\left[1+(1-0.4)\left(\frac{0.5}{0.5}\right)\right]=1.63$$

$$R_e=0.1+(0.06)(1.63)=0.198$$

• $S_{(2023)}=\dfrac{FCF_{(2024)}(1+g)}{R-g}=\dfrac{1{,}870(1.1)}{0.198-0.10}=20{,}990$백만원

$$S_{(2020)}=\frac{1{,}060}{1.198}+\frac{1{,}060}{(1.198)^2}+\frac{1{,}570}{(1.198)^3}+\frac{1{,}870+20{,}990}{(1.198)^4}=13{,}635\text{백만원}$$

• 주당인수최대가격＝13,635백만원÷50만주＝27,270원

⇒ 협상가능범위는 더욱 커지게 된다.

(6) 인수가격수준에 영향을 미치는 요인들은 다음과 같이 요약될 수 있다.

① 시너지효과(합병이득)의 크기 : 매출수익의 증대효과, 비용·원가절감효과, 세금혜택효과, 투자소요액절감효과, 성장성

② 위험과 자본비용 감소효과 : 부채의존도, 영업위험, 체계적 위험의 변화

③ 현재의 주식가격

따라서 이들 요인들이 성장에 따라 변경될 것으로 예상되면 인수가격의 협상범위는 다르게 된다.

부 록

부록 1 EXCEL을 활용한 재무관리

재무관리에서는 많은 계산문제를 풀어야 의사결정에 활용할 수 있다. 이러한 문제를 해결하는 좋은 방법은 Microsoft의 EXCEL로 널리 알려진 스프레드시트(이하에서는 EXCEL로 부름)를 활용하는 것이다. EXCEL에는 여러 가지 내장함수(재무함수, 통계함수, 재무함수)가 있어 재무관리에서 답을 얻어야 할 복잡한 연산이나 통계처리를 쉽게 처리할 수 있기 때문이다.[1)]

본서에서 다루는 재무관리 문제의 해결에 도움을 주는 EXCEL함수는 *FV*, *PV*, *PMT*, *NPV*, *IRR* 등으로 표시되는 재무함수와 회귀분석의 통계함수이다. 이하에서는 본 교재 각 장에서 다루어지는 계산문제(예제와 연습문제)에 대해 이들 EXCEL의 재무함수를 활용하는 방법을 설명하고, 그 해답을 제시한다.

1. 제3장 2절 미래가치의 계산

미래가치를 구하는 EXCEL함수는 *FV*이며 다음과 같이 계산한다.

= *FV*(이자율, 기간, [정기불입액], 현재가치, 시급시점)

위 *FV*함수의 ( ) 안의 인수들 중 이자율이란 적립기간 동안 적용되는 이자율을 말한다. 이자율은 적립기간 혹은 투자기간 단위와 일치해야 한다. 즉, 연 12%의 이자율로 매월 적립되거나 연 12%로 매월 일정금액이 투자되는 경우라면 월단위와 일치하는 이자율 1%(=12%/12개월)를 함수식의 이자율로 적용한다.

기간이란 적립의 경우 납입횟수이며, 투자자산이면 투자기간을 말한다. 투자기간은 기간단위와 일치해야 한다. 즉, 월단위이면 월단위 횟수로, 연단위이면 연단위 횟수로 변환시켜 기간을 지정해야만 한다.

1) EXCEL은 전체적으로 보면 워크시트 기능, 차트 기능, 데이터베이스 기능, 데이터분석 기능, 매크로 기능 등을 제공하고 있다. 재무함수의 시작은 "="로 표시한다.

정기불입액이란 매 기간 납입해야 하는 납입액 혹은 매 기간 투자되어야 하는 투자금액을 말한다. 현금흐름의 성격에 따라 부호를 달리해야 한다. 매월 은행에 적립하는 경우라면 저축하는 사람 입장에서 현금유출이므로 (−)부호를, 은행 입장이라면 현금유입이므로 (+)부호를 붙인다. 현재시점에서 투자원금만 유출되고 그 이후에 정기불입액이 없는 경우는 물론 0으로 처리된다.

투자원금이란 현재 투자되는 금액, 현재가치를 말한다. 이것 또한 현금흐름에 따라 부호를 달리해야 한다. 현재 일시불을 은행에 예치하는 경우라면 은행 입장에서는 현금유입이므로 (+)부호를, 저축(투자)하는 사람 입장에서는 (−)부호를 붙인다.

지급시점이란 매기 납입되는 시점이 기초인지, 기말인지를 말한다. 기말이면 0으로, 기초이면 1로 지정한다. 예를 들어 월의 경우는 1일(기초)에 납입하면 1로 처리하고, 31일(기말)이면 0으로 지정한다. 연의 경우는 매년 1월 1일 납입하는 경우이면 1, 매년 12월 31일에 납입하는 경우이면 0으로 지정한다. 매기 말에 납입하는 경우는 이를 지정하지 않고 생략해도 EXCEL은 0(zero)으로 처리한다.

다음은 [예제 3-1] 미래가치의 계산과 [예제 3-2] 복리계산의 위력(1) : 인디언의 맨해튼 땅 매각의 예에 대한 EXCEL 적용결과이다.

예제 3-1 **미래가치의 계산(셀E9): =FV(E$3,$C9,,−E$2,0)**

(다른 만기에도 쉽게 적용할 수 있도록 행과 열을 번갈아 절대참조($) 형식으로 처리함)[2)]

E9 =FV(E$3,$C9,,-E$2,0)

	A	B	C	D	E	F
1		[예제3-1] 미래가치의 계산				[표3-1]
2		현재가치(PV_0)	(만원)	100	100	100
3		연간이자율(r)		0.10	0.046	0.05
4		만기(n : 년)	1	110.00	104.60	105.00
5			5	161.05	125.22	127.63
6			10	259.37	156.79	162.89
7			30	1,744.94	385.43	432.19
8			50	11,739.09	947.51	1,146.74
9			7.4	202.44	139.49	143.48

2) EXCEL에서 동일한 방법이 적용되는 연속 데이터의 처리는 자동채우기핸들(+)기능을 사용한다. 이 기능 사용시에 C2(현재금액)셀을 절대참조하여 계산하고자 하면 F4키를 눌러 처리한다. 만약 열(2)을 절대참조하고 행(C)을 상대참조하고자 하면 열만 $표시(F4키를 두 번 누름), 행(C)을 절대참조하고 열(2)을 상대참조하고자 하면 행만 $표시(F4키를 세 번 누름)가 되도록 한다.

예제 3-2 복리계산의 위력(1)(셀C5): =FV(C3,C4,,−$C$2,0)

C5 | =FV(C3,C4,,-$C$2,0)

	A	B	C	D	E
1			[예제 3-2] 복리계산의 위력		
2		현재가치(PV_0)	24	24	($)
3		연간이자율(r)	0.08	0.04	
4		만기(n)	400	400	(년)
5		복리계산시 미래가치(FVn)	₩561,970,394,044,949	₩156,151,788	($)
6		단리계산시 미래가치(FVn)	792	408	($)
7					
8		단리와 복리의 차이($)	₩561,970,394,044,157	₩156,151,380	($)
9					

2. 제3장 2절 현재가치의 계산

현재가치를 구하는 EXCEL함수는 PV이며 다음과 같이 계산한다.

$$=PV(\text{이자율, 기간, [정기불입액], 미래가치, 지급시점})$$

EXCEL함수에 의하여 현재가치를 구할 때, 이자율, 기간, 정기불입액, 지급시점의 처리는 미래가치(FV)의 경우에서와 동일한 의미를 가지므로 FV함수 이용시와 동일하게 처리하면 된다. 현재가치를 구할 때 중도의 정기불입액은 없고 종료시점의 현금흐름만 있는 경우이므로 3번째 인수 [정기불입액]은 0으로 지정한다. 4번째 인수인 미래가치에는 최종 납부 혹은 회수 후의 잔존가치, 투자한 사업이 종료하는 시점의 처분가치, 대출받은 경우에는 마지막 회차의 상환금액 등이 포함된다. 이 또한 현금의 흐름에 따라 부호를 달리해야 한다. 투자 종료시의 잔존가치는 회수되는 것이므로 (+)부호를, 대출금 일시상환의 경우라면 현금의 유출이므로 (−)부호를 각각 붙여야 한다.

다음은 [예제 3-3] 현재가치의 계산 예에 대한 EXCEL 적용결과이다.

예제 3-3 현재가치의 계산(셀D7): =PV($D$3,$C7,,−$D$2,0)

D7 =PV($D$3,$C7,,-$D$2,0)

	A	B	C	D	E	F	G	H
1		[예제3-3] 현재가치의 계산					(2)번 문제	
2		미래가치(FV_n)		1,000	1,000	1,000	5,000	(만원)
3		연간이자율(r)		0.10	0.05	0.15	0.04	
4		만기(n : 년)	1	**909.1**	952.4	869.6		
5			3	**751.3**	863.8	657.5		
6			5	**620.9**	783.5	497.2		
7			10	**385.5**	613.9	247.2		
8			6	**564.5**	746.2	432.3	**3,951.6**	

3. 제3장 3절 연금의 미래가치 계산

연금의 미래가치를 구하는 EXCEL함수는 *FV*이며, 다음과 같이 계산한다.

=*FV*(이자율, 기간, 매기 연금액, [현재가치], 연금수령시점)

연금의 미래가치 계산은 1항에서 설명한 단일금액의 미래가치 계산과 동일한 EXCEL함수식, *FV*를 이용한다. 다만 '단일금액의 미래가치 계산'에서는 3번째 인수인 '매기 연금수령액'을 0 처리한 반면, '연금의 미래가치 계산'에서는 4번째 인수인 '현재가치' 인수를 0 처리한다. 나머지 이자율, 기간, 지급시점의 인수는 동일한 방법으로 처리한다.

다음은 [예제 3-4] 정상연금의 미래가치 계산과 [예제 3-5] 복리계산의 위력(2) : 매일 3,000원 저축의 위력의 예에 대한 EXCEL 적용결과이다.

예제 3-4 정상연금의 미래가치 계산(셀C6): =FV(C3,C4,−C2,,0)

C6 fx =FV(C3,C4,-C2,,0)

	A	B	C	D	E	F
1		[예제3-4] 정상연금의 미래가치 계산				
2		연금수령액(A)	1,000	(만원)		
3		연간이자율(r)	0.10			
4		만기(n)	5	(년)		
5						
6		EXCEL의한 계산 FVIFA =	6,105.10	(만원)	기말수령	마지막 인수값에 0을 대입
7			6,715.61	(만원)	기초수령	마지막 인수값에 1를 대입
8						
9		공식에 의한 계산 FVIFA =	6,105.10	(만원)	기말수령	FVIFA = A*{(1+r)^n -1} / r
10			6,715.61	(만원)	기초수령	FVIFA = A*{(1+r)^(n+1)-(1+r)}/ r

예제 3-5 복리계산의 위력(2)(셀C18): =FV(C14,C15,−C13,,0)

	B	C	D	E	F	G
12	[예제3-5] 복리계산의 위력					
13	정기저축액(A)	1,095	(천원)			
14	연간이자율(r)	0.12				
15	만기(n)-한근면	40	(년)			
16	만기(n)-이여유	20	(년)			
17					이여유씨가 한근면씨와 동일한	
18	한근면씨 40년후 FVIFA =	839,965.11	(천원)		부를 얻기 위해 필요한 연간 저축액	
19	이여유씨 20년후 FVIFA =	78,897.42	(천원)		11,657.69	(천원)
20	두 사람의 차이	10.65	(배)			

4. 제3장 3절 연금의 현재가치 계산

연금의 현재가치를 구하는 EXCEL함수는 PV이며 다음과 같이 계산한다.

=PV(이자율, 기간, 매기 연금액, [미래가치], 연금수령시점)

연금의 현재가치 계산은 3항에서 설명한 단일금액의 현재가치 계산과 동일한 EXCEL함수식, PV를 이용한다. 다만 '단일금액의 현재가치 계산'에서는 3번째 인수인 '매기 연금액'을 0 처리한 반면, '연금의 현재가치 계산'에서는 4번째 인수인 '미래가치' 인수를 0 처리한다. 나머지 이자율, 기간, 지급시점의 인수는 동일한 방법으로 처리한다. 연금수령시점이 매기 초이면 1을 지정하고, 매기 말이면 생략하거나 0을 지정한다.

예제 3-6 **정상연금의 현재가치 계산(셀C6): =PV(C3,C4,−C2,,0)**

C6 = =PV(C3,C4,-C2,,0)

	A	B	C	D	E	F
1		[예제3-6] 정상연금의 현재가치 계산				
2		연금수령액(A)	1,000	(만원)		
3		연간이자율(r)	0.10			
4		만기(n)	5	(년)		
5						
6		EXCEL의한 계산 PVIFA =	3,790.8	(만원)	기말수령	마지막 인수값에 0을 대입
7			4,169.9	(만원)	기초수령	마지막 인수값에 1을 대입

5. 제3장 3절 정기적금, 할부금의 계산

정기적금액(또는 주택할부금)을 구하는 EXCEL함수는 PMT이며, 다음과 같이 계산한다.

$$=PMT(\text{이자율, 기간, [현재가치], [미래가치], 지급시점})$$

여기서 이자율은 대출받은 후 대출금 상환완료시기까지 적용되는 이자율(기간단위가 개월이냐 연이냐에 따라 월이자율 혹은 연이자율로 표시)이다. 그리고 기간이란 상환기간(기간단위도 이자율단위와 일관성 있게 연수 혹은 개월수로 표시)을 말한다. 주택할부금과 같은 대출의 경우에는 현재가치 인수에 대출받는 금액을 입력한다. [미래가치] 인수는 사용하지 않는다.

정기적금(목돈마련저축)과 같은 경우는 미래가치 인수에 최종 불입 후 찾을 금액을 입력하고, [현재가치] 인수는 사용하지 않는다. 앞의 EXCEL함수 사용과 마찬가지로 지급시점을 생략하거나 0을 지정하면 지급시점을 '기말'로 간주하며 1로 지정하면 '기초'로 간주한다.

다음은 [예제 3-8] 정기적금액의 계산과 [예제 3-9] 주택할부금의 계산의 예에 대한 EXCEL 적용결과이다.

예제 3-8 정기적금액의 계산(셀C6): =PMT(C3,C4,,C2,0)

I17 fx

	A	B	C	D	E
1		[예제3-8] 정기적금의 계산			
2		정기적금액(연금)의 미래가치	100,000	(만원)	
3		연간이자율(r)	0.080		
4		만기(n)	10	(년)	
5					
6		EXCEL에 의한 연간 정기적금액(PMT) =	-6,902.9	(만원)	기말 납입시
7			-6,391.6	(만원)	기초 납입시
8		* 참고로 값이 음수(-)로 표시된 것은 은행에 납입해야 하는 현금유출을 의미한다.			

예제 3-9 주택할부금의 계산(셀C18): =PMT(C15,C16,C14,,0)

13	[예제3-9] 주택할부금의 계산			
14	할부금의 미래가치	40,000	(만원)	
15	연간이자율(r)	0.12		
16	만기(n)	30	(년)	
17				
18	EXCEL에 의한 연간 상환액(PMT) =	-4,965.7	(만원)	기말 납입시
19		-4,433.7	(만원)	기초 납입시

6. 제3장 4절 연 복리계산횟수가 2회 이상일 경우의 EXCEL 계산

예제 3-10 연 복리계산횟수가 2회 이상일 경우의 미래가치 계산(셀E10): =FV(C10,D10,,−$C$2,0)

E10 | f_x =FV(C10,D10,,-$C$2,0)

	A	B	C	D	E	F
1		**[예제3-10] 복리횟수가 2회 이상일 때의 미래가치 계산**				
2		현재가치(PV_0)	1,000	(만원)		
3		연간이자율(r)	0.10			
4		기간(n)	10	(년)		
5						
6		연간 복리계산 횟수	단위기간당 적용이자율	총 이자지급횟수	미래가치(FV_n)	
7		1	0.10000	10	**2,593.74**	(만원)
8		2	0.05000	20	**2,653.30**	(만원)
9		4	0.02500	40	**2,685.06**	(만원)
10		365	0.00027	3,650	**2,717.91**	(만원)
11		∞	연속적 복리	무한대	**2,718.30**	(만원)

7. 제3장 4절 순현재가치(NPV)의 계산

현금흐름의 순현재가치를 구하는 EXCEL함수는 NPV이며 다음과 같이 구한다.

=PV(할인율, 현금유입 현금흐름이 있는 셀영역)
=NPV(할인율, 현금유입 현금흐름이 있는 셀영역)
 +현금유출의 현금흐름이 있는 셀

순현재가치를 계산할 때에는 PV와 NPV를 사용한다. 연금의 현재가치를 사용할 때 사용되는 PV함수에서는 매 기간의 현금흐름 금액이 동일해야 한다. 그러나 매 기간에 발생하는 현금흐름이 불규칙적인 경우처럼 금액이 일정하지 않은 경우는 PV함수 또는 NPV함수를 사용한다. PV함수는 현금흐름 지정 영역이 투자액을 제외한, 단지 현금유입에 대해서만 PV를 계산한다. NPV의 계산은 현금유입의 PV에, (−)금액의 현금유출이 있는 셀을 합해야 계산된다. 첫 번째 인수인 할인율은 투자기간 동안 적용되는 이자율 또는 목표수익률이다.

다음은 [예제 3-13] 불규칙한 현금흐름의 현재가치와 순현재가치의 계산의 예에 대한 EXCEL 적용결과이다.

예제 3-13 불규칙 현금흐름, 순현재가치의 계산(셀C7): =NPV($C$5,D3:F3)+C3

C7 =NPV($C$5,D3:F3)+C3

	A	B	C	D	E	F	G
1		[예제3-13] 불규칙 현금흐름, 순현재가치의 계산					
2		t	0	1	2	3	
3		현금흐름	-400	300	100	200	(억원)
4							
5		할인율 =	0.120				
6		현재가치(PV) =	489.93	(억원)			
7		순현재가치(NPV) =	89.93	(억원)			

8. 제3장 4절 내재이자율, 소요기간의 계산

예제 3-14
(1) 내재이자율의 계산(셀C7): =RATE(C5,0,−C2,C3)
(2) 소요기간의 계산(셀F7): =NPER(F4,0,−F2,F3)

C7 =RATE(C5,0,-C2,C3)

	A	B	C	D	E	F	G
1		[예제3-14] (1)내재이자율의 계산			[예제3-14] (2)소요기간의 계산		
2		현재금액	10	(억원)	현재금액	10	(억원)
3		목표금액	20	(억원)	목표금액	20	(억원)
4		연간이자율(r)	?		연간이자율(r)	0.075	
5		만기(n)	6	(년)	만기(n)	?	(년)
6							
7		내재이자율	12.25%		소요기간	9.58	(년)

9. 제4장 4절 만기수익률의 계산

만기수익률은 EXCEL의 *IRR* 함수를 이용하여 다음과 같이 계산한다.

=*IRR*(투자안의 현금흐름, 근사치 내부수익률)

내부수익률을 구하기 위해 먼저 적용되는 일련의 현금흐름이 제시되어 있는 데이터영역을 지정한다. 근사치 내부수익률은 시행착오법에 의해 *IRR*을 계산할 때 초기치(initial value)로 사용되는 수익률을 말하며, 지정하지 않으면 함수 내부적으로 기본 값이 0.1(10%)로 설정되어 있기 때문에 0.1로 지정되었다고 간주하고 함수를 처리한다.

다음은 [예제 4-3] 만기수익률의 계산의 예에 대한 EXCEL 적용결과이다.

예제 4-3 만기수익률의 계산(셀C5): =IRR(C3:G3,)

C5 | fx =IRR(C3:G3,)

	A	B	C	D	E	F	G
1		**[예제4-3] 만기수익률의 계산**					
2		t	**0**	**1**	**2**	**3**	**4**
3		현금흐름	-9,400	800	800	800	10,800
4							
5		만기수익률(IRR) =	9.888%				

10. 제7장 1절 증권특성선과 베타계수의 추정에서 EXCEL 함수의 이용

제7장에서 설명한 것처럼 증권특성선과 베타계수의 추정식은 다음과 같다.

$$\text{증권특성선} : R_j = \hat{\alpha}_j + \hat{\beta}_j R_m$$

단, R_j : 자산 j의 수익률, R_m : 시장지수의 수익률
α_j : 회귀계수 절편, β_j : 회귀계수 기울기

$$\text{베타계수} : \hat{\beta}_j = \frac{Cov(R_j, R_m)}{\sigma^2(R_m)} \qquad \text{절편} : \hat{\alpha}_j = \overline{R_j} - \hat{\beta}_j \overline{R_m}$$

따라서 이들의 추정에는 평균수익률, 표준편차(분산), 공분산 등의 추정이 필요한데, EXCEL에서는 다음과 같은 함수식을 사용한다.

- 산술평균을 구하는 함수 : =AVERAGE(시계열 셀영역)
- 표준편차를 구하는 함수 : =STDEV(시계열 셀영역)
- 공분산 : =COVAR(시계열1 셀영역, 시계열2 셀영역)
- KOSPI수익률의 분산 : VAR(KOSPI수익률 시계열 영역)
- 절편 : =INTERCEPT(종속변수 시계열, 독립변수 시계열)
- 결정계수 : 회귀모형에서 독립변수의 종속변수에 대한 설명력의 정도를 나타내는 통계량 =RSQ(종속변수 시계열, 독립변수 시계열)로 추정

예제 7-1 증권특성선과 베타계수의 추정(셀C18): =C17/E16^2 또는 =SLOPE(C3:C14,E3 : E14)

C18 f_x =C17/E16^2

[예제 7-1] 증권특성선과 베타계수의 추정

일 자	현대자동차	삼성전자	KOSPI
2024.01.31	0.276	0.077	0.203
2024.02.28	0.003	0.134	-0.067
2024.03.30	0.072	-0.011	-0.100
2024.04.30	0.180	0.016	0.098
2024.05.31	0.204	0.112	0.059
2024.06.29	0.114	-0.130	-0.028
2024.07.31	-0.250	-0.032	-0.094
2024.08.31	-0.035	0.076	0.007
2024.09.28	-0.237	0.014	-0.128
2024.10.31	0.214	0.011	0.114
2024.11.30	0.200	0.091	0.180
2024.12.28	0.057	0.044	0.075
산술평균	0.06650	0.03350	0.02658
표준편차	0.17169	0.07235	0.11175
$Cov(R_j, R_m)$	0.01435	0.00263	
베타(B_j)	1.14879	0.21059	
절편(a)	0.03319	0.02739	
	0.03596	0.02790	
결정계수(R^2)	0.66537	0.12597	

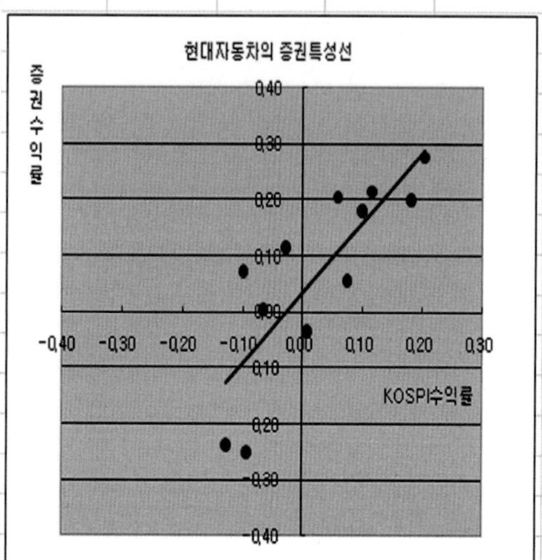

현대자동차의 증권특성선

$R_j = 0.0332 + 1.1488\ R_m$

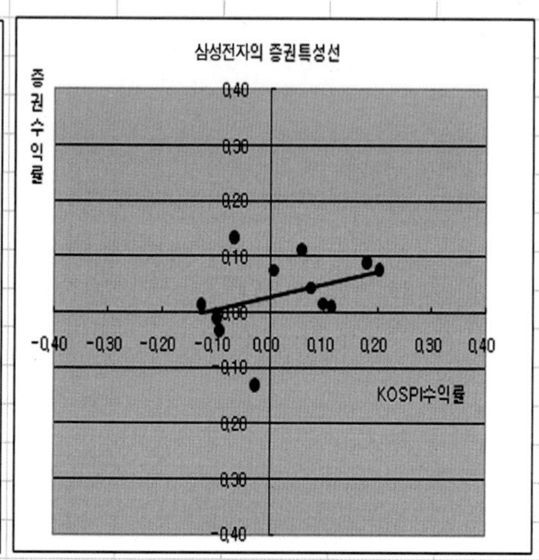

삼성전자의 증권특성선

$R_j = 0.0274 + 0.2106\ R_m$

11. 제8장 2절 투자안의 경제성 평가에 NPV, IRR의 적용

제8장에서 설명한 NPV법, IRR법에 의하여 투자안의 경제성 평가를 한다.

=*NPV*(할인율, 현금유입 현금흐름이 있는 셀영역)
+현금유출의 현금흐름이 있는 셀
=*IRR*(투자안의 현금흐름, 근사치 내부수익률)

다음은 [예제 8-1] NPV법에 의한 투자안의 경제성 평가, [예제 8-2] IRR법에 의한 투자안의 경제성 평가 계산의 예에 대한 EXCEL 적용결과이다.

예제 8-1 NPV법에 의한 투자안의 경제성 평가(셀C14): =NPV(C12,D10:H10)+C10

C14 | fx =NPV(C12,D10:H10)+C10

	A	B	C	D	E	F	G	H
1		**[예제 8-1] *NPV* 법에 의한 투자안의 경제성 평가**						
2	(A)	t	0	1	2	3	4	5
3		현금흐름	-1,500	150	300	450	600	1,875
4								
5		할인율=	0.100					
6		현재가치 (PV) =	2296.425	(만원)				
7		순현재가치 (NPV) =	796.425	(만원)	**====>**	**NPV>0**	**채택**	
8								
9	(B)	t	0	1	2	3	4	5
10		현금흐름	-1,500	300	450	750	750	900
11								
12		할인율=	0.100					
13		현재가치 (PV) =	2279.203	(만원)				
14		순현재가치 (NPV) =	779.203	(만원)	**====>**	**NPV>0**	**채택**	

* 컴퓨터 A와 B 중 하나를 선택해야 한다면, A의 NPV가 크므로 A를 선택해야 한다.

예제 8-2 *IRR*법에 의한 투자안의 경제성 평가(셀C5): =IRR(C3:F3)

C5 fx =IRR(C3:F3)

	A	B	C	D	E	F	G	H	I	J
1		[예제 8-2] IRR법에 의한 투자안의 경제성 평가								
2	(1)	t	0	1	2	3				
3		현금흐름	-770	500	125	250	(억원)			
4										
5		IRR=	7.88%	<	R=	10%		기각		
6										
7										
8	(2)	t	0	1	2	3	4	5		
9		현금흐름	-1,500	150	300	450	600	1,875	(만원)	
10										
11		IRR=	22.8%	>	R=	10%				채택
12										

12. 제8장 3절 *NPV*법과 *IRR*법의 비교, *MIRR*의 계산

*NPV*와 *IRR*의 계산은 위에서 설명한 바와 같다. *MIRR*은 수정*IRR*(재투자수익률을 자본비용으로 가정한 *IRR*계산)을 추정할 때 사용하는데, 다음과 같이 처리한다. 자본조달비용률(financing rate)과 재투자수익률(reinvestment rate)이 동일한 상황인 경우는 동일한 수치를 2번 입력한다.

=*MIRR*(투자안의 현금흐름, 자본비용, 재투자수익률)

[예제 8-5] *NPV*법과 *IRR*법의 비교의 예에 대한 *NPV*, *IRR*, *MIRR*의 EXCEL 적용결과는 다음과 같다.

*NPV*의 계산(셀E11) : =NPV(E$6,$D$4:$I$4)+$C$4

*IRR*의 계산(셀C8) : =IRR(C3:I3)

수정*IRR*의 계산(셀C9) : =MIRR(C3:I3,E6,E6)

예제 8-5 NPV법과 IRR법의 비교, $MIRR$법의 계산(셀C9): =MIRR(C3:I3,E6,E6)

C9 | =MIRR(C3:I3,E6,E6)

	A	B	C	D	E	F	G	H	I
1		**[예제8-5] NPV법과 IRR법의 비교, MIRR의 계산**							
2	(1) (2)	**t**	**0**	**1**	**2**	**3**	**4**	**5**	**6**
3		**투자안A**	-800	400	400	100	100	50	50
4		**투자안B**	-800	50	150	200	250	300	400
5									
6		**할인율 =**	0.00	0.06	**0.08**	0.10	0.15	0.20	
7	투자안A	**NPV =**	300	169	**132**	97	20	-46	(백만원)
8		**IRR =**	**0.164**						
9		**MIRR =**	**0.108**						
10									
11	투자안B	**NPV =**	550	253	**174**	103	-47	-163	(백만원)
12		**IRR =**	**0.133**						
13		**MIRR =**	**0.116**						
14									
15		**NPV 기준**		**NPV(A)**	**<**	**NPV(B)**	**====>**	**투자안B**	
16		**IRR기준**		**IRR(A)**	**>**	**IRR(B)**	**====>**	**투자안A**	
17		**MIRR기준**		**MIRR(A)**	**<**	**MIRR(B)**	**====>**	**투자안B**	
18									
19	`(3)	**피셔수익률**							
20		**증분CF(B-A)**	0	-350	-250	100	150	250	350
21		**증분IRR**	**0.103**						

부록 2 가치계산표

〈표 A-1〉 **단일금액 1원의 미래가치** $FV_n = (1+r)^n$ 기간이자율(r)

기간수 (n)	1%	2%	3%	4%	5%	6%	7%	8%	9%	10%
1	1.0100	1.0200	1.0300	1.0400	1.0500	1.0600	1.0700	1.0800	1.0900	1.1000
2	1.0201	1.0404	1.0609	1.0816	1.1025	1.1236	1.1449	1.1664	1.1881	1.2100
3	1.0303	1.0612	1.0927	1.1249	1.1576	1.1910	1.2250	1.2597	1.2950	1.3310
4	1.0406	1.0824	1.1255	1.1699	1.2155	1.2625	1.3108	1.3605	1.4116	1.4641
5	1.0510	1.1041	1.1593	1.2167	1.2763	1.3382	1.4026	1.4693	1.5386	1.6105
6	1.0615	1.1262	1.1941	1.2653	1.3401	1.4185	1.5007	1.5869	1.6771	1.7716
7	1.0721	1.1487	1.2299	1.3159	1.4071	1.5036	1.6058	1.7138	1.8280	1.9487
8	1.0829	1.1717	1.2668	1.3686	1.4775	1.5938	1.7182	1.8509	1.9926	2.1436
9	1.0937	1.1951	1.3048	1.4233	1.5513	1.6895	1.8385	1.9990	2.1719	2.3579
10	1.1046	1.2190	1.3439	1.4802	1.6289	1.7908	1.9672	2.1589	2.3674	2.5937
11	1.1157	1.2434	1.3842	1.5395	1.7103	1.8983	2.1049	2.3316	2.5804	2.8531
12	1.1268	1.2682	1.4258	1.6010	1.7959	2.0122	2.2522	2.5182	2.8127	3.1384
13	1.1381	1.2936	1.4685	1.6651	1.8856	2.1329	2.4098	2.7196	3.0658	3.4523
14	1.1495	1.3195	1.5126	1.7317	1.9799	2.2609	2.5785	2.9372	3.3417	3.7975
15	1.1610	1.3459	1.5580	1.8009	2.0789	2.3966	2.7590	3.1722	3.6425	4.1772
16	1.1726	1.3728	1.6047	1.8730	2.1829	2.5404	2.9522	3.4259	3.9703	4.5950
17	1.1843	1.4002	1.6528	1.9479	2.2920	2.6928	3.1588	3.7000	4.3276	5.0545
18	1.1961	1.4282	1.7024	2.0258	2.4066	2.8543	3.3799	3.9960	4.7171	5.5599
19	1.2081	1.4568	1.7535	2.1068	2.5270	3.0256	3.6165	4.3157	5.1417	6.1159
20	1.2202	1.4859	1.8061	2.1911	2.6533	3.2071	3.8697	4.6610	5.6044	6.7275
21	1.2324	1.5157	1.8603	2.2788	2.7860	3.3996	4.1406	5.0338	6.1088	7.4002
22	1.2447	1.5460	1.9161	2.3699	2.9253	3.6035	4.4304	5.4365	6.6586	8.1403
23	1.2572	1.5769	1.9736	2.4647	3.0715	3.8197	4.7405	5.8715	7.2579	8.9543
24	1.2697	1.6084	2.0328	2.5633	3.2251	4.0489	5.0724	6.3412	7.9111	9.8497
25	1.2824	1.6406	2.0938	2.6658	3.3864	4.2919	5.4274	6.8485	8.6231	10.8347
26	1.2953	1.6734	2.1566	2.7725	3.5557	4.5494	5.8074	7.3964	9.3992	11.9182
27	1.3082	1.7069	2.2213	2.8834	3.7335	4.8223	6.2139	7.9881	10.2451	13.1100
28	1.3213	1.7410	2.2879	2.9987	3.9201	5.1117	6.6488	8.6271	11.1671	14.4210
29	1.3345	1.7758	2.3566	3.1187	4.1161	5.4184	7.1143	9.3173	12.1722	15.8631
30	1.3478	1.8114	2.4273	3.2434	4.3219	5.7435	7.6123	10.0627	13.2677	17.4494
35	1.4166	1.9999	2.8139	3.9461	5.5160	7.6861	10.6766	14.7853	20.4140	28.1024
40	1.4889	2.2080	3.2620	4.8010	7.0400	10.2857	14.9745	21.7245	31.4094	45.2593
45	1.5648	2.4379	3.7816	5.8412	8.9850	13.7646	21.0025	31.9204	48.3273	72.8905
50	1.6446	2.6916	4.3839	7.1067	11.4674	18.4202	29.4570	46.9016	74.3575	117.3909
60	1.8167	3.2810	5.8916	10.5196	18.6792	32.9877	57.9464	101.2571	176.0313	304.4816
70	2.0068	3.9996	7.9178	15.5716	30.4264	59.0759	113.9894	218.6064	416.7301	789.7470
80	2.2167	4.8754	10.6409	23.0498	49.5614	105.7960	224.2344	471.9548	986.5517	2048.4002

기간이자율(r)

기간수 (n)	11%	12%	13%	14%	15%	16%	17%	18%	19%	20%
1	1.1100	1.1200	1.1300	1.1400	1.1500	1.1600	1.1700	1.1800	1.1900	1.2000
2	1.2321	1.2544	1.2769	1.2996	1.3225	1.3456	1.3689	1.3924	1.4161	1.4400
3	1.3676	1.4049	1.4429	1.4815	1.5209	1.5609	1.6016	1.6430	1.6852	1.7280
4	1.5181	1.5735	1.6305	1.6890	1.7490	1.8106	1.8739	1.9388	2.0053	2.0736
5	1.6851	1.7623	1.8424	1.9254	2.0114	2.1003	2.1924	2.2878	2.3864	2.4883
6	1.8704	1.9738	2.0820	2.1950	2.3131	2.4364	2.5652	2.6996	2.8398	2.9860
7	2.0762	2.2107	2.3526	2.5023	2.6600	2.8262	3.0012	3.1855	3.3793	3.5832
8	2.3045	2.4760	2.6584	2.8526	3.0590	3.2784	3.5115	3.7589	4.0214	4.2998
9	2.5580	2.7731	3.0040	3.2519	3.5179	3.8030	4.1084	4.4355	4.7854	5.1598
10	2.8394	3.1058	3.3946	3.7072	4.0456	4.4114	4.8068	5.2338	5.6947	6.1917
11	3.1518	3.4785	3.8359	4.2262	4.6524	5.1173	5.6240	6.1759	6.7767	7.4301
12	3.4985	3.8960	4.3345	4.8179	5.3503	5.9360	6.5801	7.2876	8.0642	8.9161
13	3.8833	4.3635	4.8980	5.4924	6.1528	6.8858	7.6987	8.5994	9.5964	10.6993
14	4.3104	4.8871	5.5348	6.2613	7.0757	7.9875	9.0075	10.1472	11.4198	12.8392
15	4.7846	5.4736	6.2543	7.1379	8.1371	9.2655	10.5387	11.9737	13.5895	15.4070
16	5.3109	6.1304	7.0673	8.1372	9.3576	10.7480	12.3303	14.1290	16.1715	18.4884
17	5.8951	6.8660	7.9861	9.2765	10.7613	12.4677	14.4265	16.6722	19.2441	22.1861
18	6.5436	7.6900	9.0243	10.5752	12.3755	14.4625	16.8790	19.6733	22.9005	26.6233
19	7.2633	8.6128	10.1974	12.0557	14.2318	16.7765	19.7484	23.2144	27.2516	31.9480
20	8.0623	9.6463	11.5231	13.7435	16.3665	19.4608	23.1056	27.3930	32.4294	38.3376
21	8.9492	10.8038	13.0211	15.6676	18.8215	22.5745	27.0336	32.3238	38.5910	46.0051
22	9.9336	12.1003	14.7138	17.8610	21.6447	26.1864	31.6293	38.1421	45.9233	55.2061
23	11.0263	13.5523	16.6266	20.3616	24.8915	30.3762	37.0062	45.0076	54.6487	66.2474
24	12.2392	15.1786	18.7881	23.2122	28.6252	35.2364	43.2973	53.1090	65.0320	79.4968
25	13.5855	17.0001	21.2305	26.4619	32.9190	40.8742	50.6578	62.6686	77.3881	95.3962
26	15.0799	19.0401	23.9905	30.1666	37.8568	47.4141	59.2697	73.9490	92.0918	114.4755
27	16.7386	21.3249	27.1093	34.3899	43.5353	55.0004	69.3455	87.2598	109.5893	137.3706
28	18.5799	23.8839	30.6335	39.2045	50.0656	63.8004	81.1342	102.9666	130.4112	164.8447
29	20.6237	26.7499	34.6158	44.6931	57.5755	74.0085	94.9271	121.5005	155.1893	197.8136
30	22.8923	29.9599	39.1159	50.9502	66.2118	85.8499	111.0647	143.3706	184.6753	237.3763
35	38.5749	52.7996	72.0685	98.1002	133.1755	180.3141	243.5035	327.9973	440.7006	590.6682
40	65.0009	93.0510	132.7816	188.8835	267.8635	378.7212	533.8687	750.3783	1051.6675	1469.7716
45	109.5302	163.9876	244.6414	363.6791	538.7693	795.4438	1170.4794	1716.6839	2509.6506	3657.2620
50	184.5648	289.0022	450.7359	700.2330	1083.6574	1670.7038	2566.2153	3927.3569	5988.9139	9100.4382
60	524.0572	897.5969	1530.0535	2595.9187	4383.9987	7370.2014	12335.3565	20555.1400	34104.9709	56347.5144
70	1488.0191	2787.7998	5193.8696	9623.6450	17735.720	32513.165	59293.942	107582.22	194217.03	348888.96
80	4225.1128	8658.4831	17630.941	35676.982	71750.879	143429.72	285015.80	563067.66	1106004.5	2160228.5

〈표 A-2〉 **단일금액 1원의 현재가치** $PV_0 = \frac{1}{(1+r)^n}$ 기간이자율(r)

기간수 (n)	1%	2%	3%	4%	5%	6%	7%	8%	9%	10%
1	0.9901	0.9804	0.9709	0.9615	0.9524	0.9434	0.9346	0.9259	0.9174	0.9091
2	0.9803	0.9612	0.9426	0.9246	0.9070	0.8900	0.8734	0.8573	0.8417	0.8264
3	0.9706	0.9423	0.9151	0.8890	0.8638	0.8396	0.8163	0.7938	0.7722	0.7513
4	0.9610	0.9238	0.8885	0.8548	0.8227	0.7921	0.7629	0.7350	0.7084	0.6830
5	0.9515	0.9057	0.8626	0.8219	0.7835	0.7473	0.7130	0.6806	0.6499	0.6209
6	0.9420	0.8880	0.8375	0.7903	0.7462	0.7050	0.6663	0.6302	0.5963	0.5645
7	0.9327	0.8706	0.8131	0.7599	0.7107	0.6651	0.6227	0.5835	0.5470	0.5132
8	0.9235	0.8535	0.7894	0.7307	0.6768	0.6274	0.5820	0.5403	0.5019	0.4665
9	0.9143	0.8368	0.7664	0.7026	0.6446	0.5919	0.5439	0.5002	0.4604	0.4241
10	0.9053	0.8203	0.7441	0.6756	0.6139	0.5584	0.5083	0.4632	0.4224	0.3855
11	0.8963	0.8043	0.7224	0.6496	0.5847	0.5268	0.4751	0.4289	0.3875	0.3505
12	0.8874	0.7885	0.7014	0.6246	0.5568	0.4970	0.4440	0.3971	0.3555	0.3186
13	0.8787	0.7730	0.6810	0.6006	0.5303	0.4688	0.4150	0.3677	0.3262	0.2897
14	0.8700	0.7579	0.6611	0.5775	0.5051	0.4423	0.3878	0.3405	0.2992	0.2633
15	0.8613	0.7430	0.6419	0.5553	0.4810	0.4173	0.3624	0.3152	0.2745	0.2394
16	0.8528	0.7284	0.6232	0.5339	0.4581	0.3936	0.3387	0.2919	0.2519	0.2176
17	0.8444	0.7142	0.6050	0.5134	0.4363	0.3714	0.3166	0.2703	0.2311	0.1978
18	0.8360	0.7002	0.5874	0.4936	0.4155	0.3503	0.2959	0.2502	0.2120	0.1799
19	0.8277	0.6864	0.5703	0.4746	0.3957	0.3305	0.2765	0.2317	0.1945	0.1635
20	0.8195	0.6730	0.5537	0.4564	0.3769	0.3118	0.2584	0.2145	0.1784	0.1486
21	0.8114	0.6598	0.5375	0.4388	0.3589	0.2942	0.2415	0.1987	0.1637	0.1351
22	0.8034	0.6468	0.5219	0.4220	0.3418	0.2775	0.2257	0.1839	0.1502	0.1228
23	0.7954	0.6342	0.5067	0.4057	0.3256	0.2618	0.2109	0.1703	0.1378	0.1117
24	0.7876	0.6217	0.4919	0.3901	0.3101	0.2470	0.1971	0.1577	0.1264	0.1015
25	0.7798	0.6095	0.4776	0.3751	0.2953	0.2330	0.1842	0.1460	0.1160	0.0923
26	0.7720	0.5976	0.4637	0.3607	0.2812	0.2198	0.1722	0.1352	0.1064	0.0839
27	0.7644	0.5859	0.4502	0.3468	0.2678	0.2074	0.1609	0.1252	0.0976	0.0763
28	0.7568	0.5744	0.4371	0.3335	0.2551	0.1956	0.1504	0.1159	0.0895	0.0693
29	0.7493	0.5631	0.4243	0.3207	0.2429	0.1846	0.1406	0.1073	0.0822	0.0630
30	0.7419	0.5521	0.4120	0.3083	0.2314	0.1741	0.1314	0.0994	0.0754	0.0573
35	0.7059	0.5000	0.3554	0.2534	0.1813	0.1301	0.0937	0.0676	0.0490	0.0356
40	0.6717	0.4529	0.3066	0.2083	0.1420	0.0972	0.0668	0.0460	0.0318	0.0221
45	0.6391	0.4102	0.2644	0.1712	0.1113	0.0727	0.0476	0.0313	0.0207	0.0137
50	0.6080	0.3715	0.2281	0.1407	0.0872	0.0543	0.0339	0.0213	0.0134	0.0085
60	0.5504	0.3048	0.1697	0.0951	0.0535	0.0303	0.0173	0.0099	0.0057	0.0033
70	0.4983	0.2500	0.1263	0.0642	0.0329	0.0169	0.0088	0.0046	0.0024	0.0013
80	0.4511	0.2051	0.0940	0.0434	0.0202	0.0095	0.0045	0.0021	0.0010	0.0005

기간이자율(r)

기간수 (n)	11%	12%	13%	14%	15%	16%	17%	18%	19%	20%
1	0.9009	0.8929	0.8850	0.8772	0.8696	0.8621	0.8547	0.8475	0.8403	0.8333
2	0.8116	0.7972	0.7831	0.7695	0.7561	0.7432	0.7305	0.7182	0.7062	0.6944
3	0.7312	0.7118	0.6931	0.6750	0.6575	0.6407	0.6244	0.6086	0.5934	0.5787
4	0.6587	0.6355	0.6133	0.5921	0.5718	0.5523	0.5337	0.5158	0.4987	0.4823
5	0.5935	0.5674	0.5428	0.5194	0.4972	0.4761	0.4561	0.4371	0.4190	0.4019
6	0.5346	0.5066	0.4803	0.4556	0.4323	0.4104	0.3898	0.3704	0.3521	0.3349
7	0.4817	0.4523	0.4251	0.3996	0.3759	0.3538	0.3332	0.3139	0.2959	0.2791
8	0.4339	0.4039	0.3762	0.3506	0.3269	0.3050	0.2848	0.2660	0.2487	0.2326
9	0.3909	0.3606	0.3329	0.3075	0.2843	0.2630	0.2434	0.2255	0.2090	0.1938
10	0.3522	0.3220	0.2946	0.2697	0.2472	0.2267	0.2080	0.1911	0.1756	0.1615
11	0.3173	0.2875	0.2607	0.2366	0.2149	0.1954	0.1778	0.1619	0.1476	0.1346
12	0.2858	0.2567	0.2307	0.2076	0.1869	0.1685	0.1520	0.1372	0.1240	0.1122
13	0.2575	0.2292	0.2042	0.1821	0.1625	0.1452	0.1299	0.1163	0.1042	0.0935
14	0.2320	0.2046	0.1807	0.1597	0.1413	0.1252	0.1110	0.0985	0.0876	0.0779
15	0.2090	0.1827	0.1599	0.1401	0.1229	0.1079	0.0949	0.0835	0.0736	0.0649
16	0.1883	0.1631	0.1415	0.1229	0.1069	0.0930	0.0811	0.0708	0.0618	0.0541
17	0.1696	0.1456	0.1252	0.1078	0.0929	0.0802	0.0693	0.0600	0.0520	0.0451
18	0.1528	0.1300	0.1108	0.0946	0.0808	0.0691	0.0592	0.0508	0.0437	0.0376
19	0.1377	0.1161	0.0981	0.0829	0.0703	0.0596	0.0506	0.0431	0.0367	0.0313
20	0.1240	0.1037	0.0868	0.0728	0.0611	0.0514	0.0433	0.0365	0.0308	0.0261
21	0.1117	0.0926	0.0768	0.0638	0.0531	0.0443	0.0370	0.0309	0.0259	0.0217
22	0.1007	0.0826	0.0680	0.0560	0.0462	0.0382	0.0316	0.0262	0.0218	0.0181
23	0.0907	0.0738	0.0601	0.0491	0.0402	0.0329	0.0270	0.0222	0.0183	0.0151
24	0.0817	0.0659	0.0532	0.0431	0.0349	0.0284	0.0231	0.0188	0.0154	0.0126
25	0.0736	0.0588	0.0471	0.0378	0.0304	0.0245	0.0197	0.0160	0.0129	0.0105
26	0.0663	0.0525	0.0417	0.0331	0.0264	0.0211	0.0169	0.0135	0.0109	0.0087
27	0.0597	0.0469	0.0369	0.0291	0.0230	0.0182	0.0144	0.0115	0.0091	0.0073
28	0.0538	0.0419	0.0326	0.0255	0.0200	0.0157	0.0123	0.0097	0.0077	0.0061
29	0.0485	0.0374	0.0289	0.0224	0.0174	0.0135	0.0105	0.0082	0.0064	0.0051
30	0.0437	0.0334	0.0256	0.0196	0.0151	0.0116	0.0090	0.0070	0.0054	0.0042
35	0.0259	0.0189	0.0139	0.0102	0.0075	0.0055	0.0041	0.0030	0.0023	0.0017
40	0.0154	0.0107	0.0075	0.0053	0.0037	0.0026	0.0019	0.0013	0.0010	0.0007
45	0.0091	0.0061	0.0041	0.0027	0.0019	0.0013	0.0009	0.0006	0.0004	0.0003
50	0.0054	0.0035	0.0022	0.0014	0.0009	0.0006	0.0004	0.0003	0.0002	0.0001
60	0.0019	0.0011	0.0007	0.0004	0.0002	0.0001	0.0001	0.0000	0.0000	0.0000
70	0.0007	0.0004	0.0002	0.0001	0.0001	0.0000	0.0000	0.0000	0.0000	0.0000
80	0.0002	0.0001	0.0001	0.0000	0.0000	0.0000	0.0000	0.0000	0.0000	0.0000

〈표 A-3〉 정상연금 1원의 미래가치

$$S_n = \sum_{t=1}^{n}(1+r)^{n-t} = \frac{(1+r)^n - 1}{r}$$

기간이자율(r)

기간수 (n)	1%	2%	3%	4%	5%	6%	7%	8%	9%	10%
1	1.0000	1.0000	1.0000	1.0000	1.0000	1.0000	1.0000	1.0000	1.0000	1.0000
2	2.0100	2.0200	2.0300	2.0400	2.0500	2.0600	2.0700	2.0800	2.0900	2.1000
3	3.0301	3.0604	3.0909	3.1216	3.1525	3.1836	3.2149	3.2464	3.2781	3.3100
4	4.0604	4.1216	4.1836	4.2465	4.3101	4.3746	4.4399	4.5061	4.5731	4.6410
5	5.1010	5.2040	5.3091	5.4163	5.5256	5.6371	5.7507	5.8666	5.9847	6.1051
6	6.1520	6.3081	6.4684	6.6330	6.8019	6.9753	7.1533	7.3359	7.5233	7.7156
7	7.2135	7.4343	7.6625	7.8983	8.1420	8.3938	8.6540	8.9228	9.2004	9.4872
8	8.2857	8.5830	8.8923	9.2142	9.5491	9.8975	10.2598	10.6366	11.0285	11.4359
9	9.3685	9.7546	10.1591	10.5828	11.0266	11.4913	11.9780	12.4876	13.0210	13.5795
10	10.4622	10.9497	11.4639	12.0061	12.5779	13.1808	13.8164	14.4866	15.1929	15.9374
11	11.5668	12.1687	12.8078	13.4864	14.2068	14.9716	15.7836	16.6455	17.5603	18.5312
12	12.6825	13.4121	14.1920	15.0258	15.9171	16.8699	17.8885	18.9771	20.1407	21.3843
13	13.8093	14.6803	15.6178	16.6268	17.7130	18.8821	20.1406	21.4953	22.9534	24.5227
14	14.9474	15.9739	17.0863	18.2919	19.5986	21.0151	22.5505	24.2149	26.0192	27.9750
15	16.0969	17.2934	18.5989	20.0236	21.5786	23.2760	25.1290	27.1521	29.3609	31.7725
16	17.2579	18.6393	20.1569	21.8245	23.6575	25.6725	27.8881	30.3243	33.0034	35.9497
17	18.4304	20.0121	21.7616	23.6975	25.8404	28.2129	30.8402	33.7502	36.9737	40.5447
18	19.6147	21.4123	23.4144	25.6454	28.1324	30.9057	33.9990	37.4502	41.3013	45.5992
19	20.8109	22.8406	25.1169	27.6712	30.5390	33.7600	37.3790	41.4463	46.0185	51.1591
20	22.0190	24.2974	26.8704	29.7781	33.0660	36.7856	40.9955	45.7620	51.1601	57.2750
21	23.2392	25.7833	28.6765	31.9692	35.7193	39.9927	44.8652	50.4229	56.7645	64.0025
22	24.4716	27.2990	30.5368	34.2480	38.5052	43.3923	49.0057	55.4568	62.8733	71.4027
23	25.7163	28.8450	32.4529	36.6179	41.4305	46.9958	53.4361	60.8933	69.5319	79.5430
24	26.9735	30.4219	34.4265	39.0826	44.5020	50.8156	58.1767	66.7648	76.7898	88.4973
25	28.2432	32.0303	36.4593	41.6459	47.7271	54.8645	63.2490	73.1059	84.7009	98.3471
26	29.5256	33.6709	38.5530	44.3117	51.1135	59.1564	68.6765	79.9544	93.3240	109.1818
27	30.8209	35.3443	40.7096	47.0842	54.6691	63.7058	74.4838	87.3508	102.7231	121.0999
28	32.1291	37.0512	42.9309	49.9676	58.4026	68.5281	80.6977	95.3388	112.9682	134.2099
29	33.4504	38.7922	45.2189	52.9663	62.3227	73.6398	87.3465	103.9659	124.1354	148.6309
30	34.7849	40.5681	47.5754	56.0849	66.4388	79.0582	94.4608	113.2832	136.3075	164.4940
35	41.6603	49.9945	60.4621	73.6522	90.3203	111.4348	138.2369	172.3168	215.7108	271.0244
40	48.8864	60.4020	75.4013	95.0255	120.7998	154.7620	199.6351	259.0565	337.8824	442.5926
45	56.4811	71.8927	92.7199	121.0294	159.7002	212.7435	285.7493	386.5056	525.8587	718.9048
50	64.4632	84.5794	112.7969	152.6671	209.3480	290.3359	406.5289	573.7702	815.0836	1163.9085
60	81.6697	114.0515	163.0534	237.9907	353.5837	533.1282	813.5204	1253.2133	1944.7921	3034.8164
70	100.6763	149.9779	230.5941	364.2905	588.5285	967.9322	1614.1342	2720.0801	4619.2232	7887.4696
80	121.6715	193.7720	321.3630	551.2450	971.2288	1746.5999	3189.0627	5886.9354	10950.574	20474.002

기간이자율(r)

기간수 (n)	11%	12%	13%	14%	15%	16%	17%	18%	19%	20%
1	1.0000	1.0000	1.0000	1.0000	1.0000	1.0000	1.0000	1.0000	1.0000	1.0000
2	2.1100	2.1200	2.1300	2.1400	2.1500	2.1600	2.1700	2.1800	2.1900	2.2000
3	3.3421	3.3744	3.4069	3.4396	3.4725	3.5056	3.5389	3.5724	3.6061	3.6400
4	4.7097	4.7793	4.8498	4.9211	4.9934	5.0665	5.1405	5.2154	5.2913	5.3680
5	6.2278	6.3528	6.4803	6.6101	6.7424	6.8771	7.0144	7.1542	7.2966	7.4416
6	7.9129	8.1152	8.3227	8.5355	8.7537	8.9775	9.2068	9.4420	9.6830	9.9299
7	9.7833	10.0890	10.4047	10.7305	11.0668	11.4139	11.7720	12.1415	12.5227	12.9159
8	11.8594	12.2997	12.7573	13.2328	13.7268	14.2401	14.7733	15.3270	15.9020	16.4991
9	14.1640	14.7757	15.4157	16.0853	16.7858	17.5185	18.2847	19.0859	19.9234	20.7989
10	16.7220	17.5487	18.4197	19.3373	20.3037	21.3215	22.3931	23.5213	24.7089	25.9587
11	19.5614	20.6546	21.8143	23.0445	24.3493	25.7329	27.1999	28.7551	30.4035	32.1504
12	22.7132	24.1331	25.6502	27.2707	29.0017	30.8502	32.8239	34.9311	37.1802	39.5805
13	26.2116	28.0291	29.9847	32.0887	34.3519	36.7862	39.4040	42.2187	45.2445	48.4966
14	30.0949	32.3926	34.8827	37.5811	40.5047	43.6720	47.1027	50.8180	54.8409	59.1959
15	34.4054	37.2797	40.4175	43.8424	47.5804	51.6595	56.1101	60.9653	66.2607	72.0351
16	39.1899	42.7533	46.6717	50.9804	55.7175	60.9250	66.6488	72.9390	79.8502	87.4421
17	44.5008	48.8837	53.7391	59.1176	65.0751	71.6730	78.9792	87.0680	96.0218	105.9306
18	50.3959	55.7497	61.7251	68.3941	75.8364	84.1407	93.4056	103.7403	115.2659	128.1167
19	56.9395	63.4397	70.7494	78.9692	88.2118	98.6032	110.2846	123.4135	138.1664	154.7400
20	64.2028	72.0524	80.9468	91.0249	102.4436	115.3797	130.0329	146.6280	165.4180	186.6880
21	72.2651	81.6987	92.4699	104.7684	118.8101	134.8405	153.1385	174.0210	197.8474	225.0256
22	81.2143	92.5026	105.4910	120.4360	137.6316	157.4150	180.1721	206.3448	236.4385	271.0307
23	91.1479	104.6029	120.2048	138.2970	159.2764	183.6014	211.8013	244.4868	282.3618	326.2369
24	102.1742	118.1552	136.8315	158.6586	184.1678	213.9776	248.8076	289.4945	337.0105	392.4842
25	114.4133	133.3339	155.6196	181.8708	212.7930	249.2140	292.1049	342.6035	402.0425	471.9811
26	127.9988	150.3339	176.8501	208.3327	245.7120	290.0883	342.7627	405.2721	479.4306	567.3773
27	143.0786	169.3740	200.8406	238.4993	283.5688	337.5024	402.0323	479.2211	571.5224	681.8528
28	159.8173	190.6989	227.9499	272.8892	327.1041	392.5028	471.3778	566.4809	681.1116	819.2233
29	178.3972	214.5828	258.5834	312.0937	377.1697	456.3032	552.5121	669.4475	811.5228	984.0680
30	199.0209	241.3327	293.1992	356.7868	434.7451	530.3117	647.4391	790.9480	966.7122	1181.8816
35	341.5896	431.6635	546.6808	693.5727	881.1702	1120.7130	1426.4910	1816.6516	2314.2137	2948.3411
40	581.8261	767.0914	1013.7042	1342.0251	1779.0903	2360.7572	3134.5218	4163.2130	5529.8290	7343.8578
45	986.6386	1358.2300	1874.1646	2590.5648	3585.1285	4965.2739	6879.2907	9531.5771	13203.424	18281.310
50	1668.7712	2400.0182	3459.5071	4994.5213	7217.7163	10435.649	15089.502	21813.094	31515.336	45497.191
60	4755.0658	7471.6411	11761.950	18535.133	29219.992	46057.509	72555.039	114189.67	179494.58	281732.57
70	13518.356	23223.332	39945.151	68733.179	118231.47	203201.03	348782.01	597673.46	1022189.6	1744439.8
80	38401.025	72145.696	135614.93	254828.44	478332.53	896429.47	1676557.7	3128148.1	5821071.3	10801137.

〈표 A-4〉 정상연금 1원의 현재가치

$$S_0 = \sum_{t=1}^{n} \frac{1}{(1+r)^t} = \frac{1-(1+r)^{-n}}{r}$$

기간이자율(r)

기간수 (n)	1%	2%	3%	4%	5%	6%	7%	8%	9%	10%
1	0.9901	0.9804	0.9709	0.9615	0.9524	0.9434	0.9346	0.9259	0.9174	0.9091
2	1.9704	1.9416	1.9135	1.8861	1.8594	1.8334	1.8080	1.7833	1.7591	1.7355
3	2.9410	2.8839	2.8286	2.7751	2.7232	2.6730	2.6243	2.5771	2.5313	2.4868
4	3.9020	3.8077	3.7171	3.6299	3.5460	3.4651	3.3872	3.3121	3.2397	3.1699
5	4.8534	4.7135	4.5797	4.4518	4.3295	4.2124	4.1002	3.9927	3.8897	3.7908
6	5.7955	5.6014	5.4172	5.2421	5.0757	4.9173	4.7665	4.6229	4.4859	4.3553
7	6.7282	6.4720	6.2303	6.0021	5.7864	5.5824	5.3893	5.2064	5.0330	4.8684
8	7.6517	7.3255	7.0197	6.7327	6.4632	6.2098	5.9713	5.7466	5.5348	5.3349
9	8.5660	8.1622	7.7861	7.4353	7.1078	6.8017	6.5152	6.2469	5.9952	5.7590
10	9.4713	8.9826	8.5302	8.1109	7.7217	7.3601	7.0236	6.7101	6.4177	6.1446
11	10.3676	9.7868	9.2526	8.7605	8.3064	7.8869	7.4987	7.1390	6.8052	6.4951
12	11.2551	10.5753	9.9540	9.3851	8.8633	8.3838	7.9427	7.5361	7.1607	6.8137
13	12.1337	11.3484	10.6350	9.9856	9.3936	8.8527	8.3577	7.9038	7.4869	7.1034
14	13.0037	12.1062	11.2961	10.5631	9.8986	9.2950	8.7455	8.2442	7.7862	7.3667
15	13.8651	12.8493	11.9379	11.1184	10.3797	9.7122	9.1079	8.5595	8.0607	7.6061
16	14.7179	13.5777	12.5611	11.6523	10.8378	10.1059	9.4466	8.8514	8.3126	7.8237
17	15.5623	14.2919	13.1661	12.1657	11.2741	10.4773	9.7632	9.1216	8.5436	8.0216
18	16.3983	14.9920	13.7535	12.6593	11.6896	10.8276	10.0591	9.3719	8.7556	8.2014
19	17.2260	15.6785	14.3238	13.1339	12.0853	11.1581	10.3356	9.6036	8.9501	8.3649
20	18.0456	16.3514	14.8775	13.5903	12.4622	11.4699	10.5940	9.8181	9.1285	8.5136
21	18.8570	17.0112	15.4150	14.0292	12.8212	11.7641	10.8355	10.0168	9.2922	8.6487
22	19.6604	17.6580	15.9369	14.4511	13.1630	12.0416	11.0612	10.2007	9.4424	8.7715
23	20.4558	18.2922	16.4436	14.8568	13.4886	12.3034	11.2722	10.3711	9.5802	8.8832
24	21.2434	18.9139	16.9355	15.2470	13.7986	12.5504	11.4693	10.5288	9.7066	8.9847
25	22.0232	19.5235	17.4131	15.6221	14.0939	12.7834	11.6536	10.6748	9.8226	9.0770
26	22.7952	20.1210	17.8768	15.9828	14.3752	13.0032	11.8258	10.8100	9.9290	9.1609
27	23.5596	20.7069	18.3270	16.3296	14.6430	13.2105	11.9867	10.9352	10.0266	9.2372
28	24.3164	21.2813	18.7641	16.6631	14.8981	13.4062	12.1371	11.0511	10.1161	9.3066
29	25.0658	21.8444	19.1885	16.9837	15.1411	13.5907	12.2777	11.1584	10.1983	9.3696
30	25.8077	22.3965	19.6004	17.2920	15.3725	13.7648	12.4090	11.2578	10.2737	9.4269
35	29.4086	24.9986	21.4872	18.6646	16.3742	14.4982	12.9477	11.6546	10.5668	9.6442
40	32.8347	27.3555	23.1148	19.7928	17.1591	15.0463	13.3317	11.9246	10.7574	9.7791
45	36.0945	29.4902	24.5187	20.7200	17.7741	15.4558	13.6055	12.1084	10.8812	9.8628
50	39.1961	31.4236	25.7298	21.4822	18.2559	15.7619	13.8007	12.2335	10.9617	9.9148
60	44.9550	34.7609	27.6756	22.6235	18.9293	16.1614	14.0392	12.3766	11.0480	9.9672
70	50.1685	37.4986	29.1234	23.3945	19.3427	16.3845	14.1604	12.4428	11.0844	9.9873
80	54.8882	39.7445	30.2008	23.9154	19.5965	16.5091	14.2220	12.4735	11.0998	9.9951

기간이자율(r)

기간수 (n)	11%	12%	13%	14%	15%	16%	17%	18%	19%	20%
1	0.9009	0.8929	0.8850	0.8772	0.8696	0.8621	0.8547	0.8475	0.8403	0.8333
2	1.7125	1.6901	1.6681	1.6467	1.6257	1.6052	1.5852	1.5656	1.5465	1.5278
3	2.4437	2.4018	2.3612	2.3216	2.2832	2.2459	2.2096	2.1743	2.1399	2.1065
4	3.1024	3.0373	2.9745	2.9137	2.8550	2.7982	2.7432	2.6901	2.6386	2.5887
5	3.6959	3.6048	3.5172	3.4331	3.3522	3.2743	3.1993	3.1272	3.0576	2.9906
6	4.2305	4.1114	3.9975	3.8887	3.7845	3.6847	3.5892	3.4976	3.4098	3.3255
7	4.7122	4.5638	4.4226	4.2883	4.1604	4.0386	3.9224	3.8115	3.7057	3.6046
8	5.1461	4.9676	4.7988	4.6389	4.4873	4.3436	4.2072	4.0776	3.9544	3.8372
9	5.5370	5.3282	5.1317	4.9464	4.7716	4.6065	4.4506	4.3030	4.1633	4.0310
10	5.8892	5.6502	5.4262	5.2161	5.0188	4.8332	4.6586	4.4941	4.3389	4.1925
11	6.2065	5.9377	5.6869	5.4527	5.2337	5.0286	4.8364	4.6560	4.4865	4.3271
12	6.4924	6.1944	5.9176	5.6603	5.4206	5.1971	4.9884	4.7932	4.6105	4.4392
13	6.7499	6.4235	6.1218	5.8424	5.5831	5.3423	5.1183	4.9095	4.7147	4.5327
14	6.9819	6.6282	6.3025	6.0021	5.7245	5.4675	5.2293	5.0081	4.8023	4.6106
15	7.1909	6.8109	6.4624	6.1422	5.8474	5.5755	5.3242	5.0916	4.8759	4.6755
16	7.3792	6.9740	6.6039	6.2651	5.9542	5.6685	5.4053	5.1624	4.9377	4.7296
17	7.5488	7.1196	6.7291	6.3729	6.0472	5.7487	5.4746	5.2223	4.9897	4.7746
18	7.7016	7.2497	6.8399	6.4674	6.1280	5.8178	5.5339	5.2732	5.0333	4.8122
19	7.8393	7.3658	6.9380	6.5504	6.1982	5.8775	5.5845	5.3162	5.0700	4.8435
20	7.9633	7.4694	7.0248	6.6231	6.2593	5.9288	5.6278	5.3527	5.1009	4.8696
21	8.0751	7.5620	7.1016	6.6870	6.3125	5.9731	5.6648	5.3837	5.1268	4.8913
22	8.1757	7.6446	7.1695	6.7429	6.3587	6.0113	5.6964	5.4099	5.1486	4.9094
23	8.2664	7.7184	7.2297	6.7921	6.3988	6.0442	5.7234	5.4321	5.1668	4.9245
24	8.3481	7.7843	7.2829	6.8351	6.4338	6.0726	5.7465	5.4509	5.1822	4.9371
25	8.4217	7.8431	7.3300	6.8729	6.4641	6.0971	5.7662	5.4669	5.1951	4.9476
26	8.4881	7.8957	7.3717	6.9061	6.4906	6.1182	5.7831	5.4804	5.2060	4.9563
27	8.5478	7.9426	7.4086	6.9352	6.5135	6.1364	5.7975	5.4919	5.2151	4.9636
28	8.6016	7.9844	7.4412	6.9607	6.5335	6.1520	5.8099	5.5016	5.2228	4.9697
29	8.6501	8.0218	7.4701	6.9830	6.5509	6.1656	5.8204	5.5098	5.2292	4.9747
30	8.6938	8.0552	7.4957	7.0027	6.5660	6.1772	5.8294	5.5168	5.2347	4.9789
35	8.8552	8.1755	7.5856	7.0700	6.6166	6.2153	5.8582	5.5386	5.2512	4.9915
40	8.9511	8.2438	7.6344	7.1050	6.6418	6.2335	5.8713	5.5482	5.2582	4.9966
45	9.0079	8.2825	7.6609	7.1232	6.6543	6.2421	5.8773	5.5523	5.2611	4.9986
50	9.0417	8.3045	7.6752	7.1327	6.6605	6.2463	5.8801	5.5541	5.2623	4.9995
60	9.0736	8.3240	7.6873	7.1401	6.6651	6.2492	5.8819	5.5553	5.2630	4.9999
70	9.0848	8.3303	7.6908	7.1421	6.6663	6.2498	5.8823	5.5555	5.2631	5.0000
80	9.0888	8.3324	7.6919	7.1427	6.6666	6.2500	5.8823	5.5555	5.2632	5.0000

부록 3 분포표

〈표준정규분포표〉

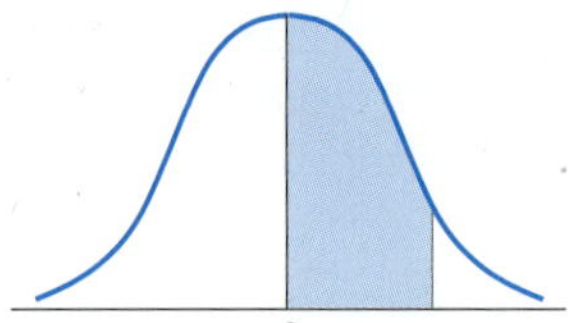

z	.00	.01	.02	.03	.04	.05	.06	.07	.08	.09
0.0	.0000	.0040	.0080	.0120	.0160	.0199	.0239	.0279	.0319	.0359
0.1	.0398	.0438	.0478	.0517	.0557	.0596	.0636	.0675	.0714	.0753
0.2	.0793	.0832	.0871	.0910	.0948	.0987	.1026	.1064	.1103	.1141
0.3	.1179	.1217	.1255	.1293	.1331	.1368	.1406	.1443	.1480	.1517
0.4	.1554	.1591	.1628	.1664	.1700	.1736	.1772	.1808	.1844	.1879
0.5	.1915	.1950	.1985	.2019	.2054	.2088	.2123	.2157	.2190	.2224
0.6	.2257	.2291	.2324	.2357	.2389	.2422	.2454	.2486	.2518	.2549
0.7	.2580	.2612	.2642	.2673	.2704	.2734	.2764	.2794	.2823	.2852
0.8	.2881	.2910	.2939	.2967	.2995	.3023	.3051	.3078	.3106	.3133
0.9	.3159	.3186	.3212	.3238	.3264	.3289	.3315	.3340	.3365	.3389
1.0	.3413	.3438	.3461	.3485	.3508	.3531	.3554	.3577	.3599	.3621
1.1	.3643	.3665	.3686	.3708	.3729	.3749	.3770	.3790	.3810	.3830
1.2	.3849	.3869	.3888	.3907	.3925	.3944	.3962	.3980	.3997	.4015
1.3	.4032	.4049	.4066	.4082	.4099	.4115	.4131	.4147	.4162	.4177
1.4	.4192	.4207	.4222	.4236	.4251	.4265	.4279	.4292	.4306	.4319
1.5	.4332	.4345	.4357	.4370	.4382	.4394	.4406	.4418	.4429	.4441
1.6	.4452	.4463	.4474	.4484	.4495	.4505	.4515	.4525	.4535	.4545
1.7	.4554	.4564	.4573	.4582	.4591	.4599	.4608	.4616	.4625	.4633
1.8	.4641	.4649	.4656	.4664	.4671	.4678	.4686	.4693	.4699	.4706
1.9	.4713	.4719	.4726	.4732	.4738	.4744	.4750	.4756	.4761	.4767
2.0	.4772	.4778	.4783	.4788	.4793	.4798	.4803	.4808	.4812	.4817
2.1	.4821	.4826	.4830	.4834	.4838	.4842	.4846	.4850	.4854	.4857
2.2	.4861	.4864	.4868	.4871	.4875	.4878	.4881	.4884	.4887	.4890
2.3	.4893	.4896	.4898	.4901	.4904	.4906	.4909	.4911	.4913	.4916
2.4	.4918	.4920	.4922	.4925	.4927	.4929	.4931	.4932	.4934	.4936
2.5	.4938	.4940	.4941	.4943	.4945	.4946	.4948	.4949	.4951	.4952
2.6	.4953	.4955	.4956	.4957	.4959	.4960	.4961	.4962	.4963	.4964
2.7	.4965	.4966	.4967	.4968	.4969	.4970	.4971	.4972	.4973	.4974
2.8	.4974	.4975	.4976	.4977	.4977	.4978	.4979	.4979	.4980	.4981
2.9	.4981	.4982	.4982	.4983	.4984	.4984	.4985	.4985	.4986	.4986
3.0	.4987	.4987	.4987	.4988	.4988	.4989	.4989	.4989	.4990	.4990
4.0	.4999685									

⟨t - 분포표⟩

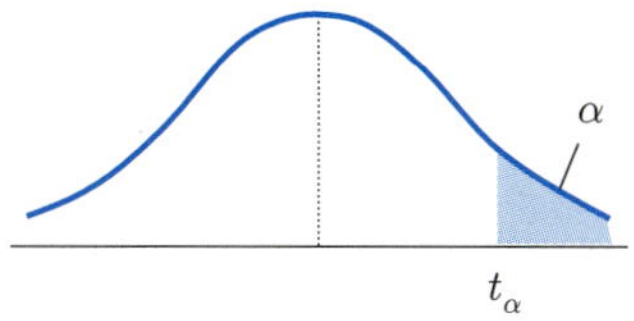

자유도	α=0.4	0.25	0.1	0.05	0.025	0.01	0.005
1	0.325	1.000	3.078	6.314	12.706	31.821	63.657
2	.289	.816	1.886	2.920	4.303	6.965	9.925
3	.277	.765	1.638	2.353	3.182	4.541	5.841
4	.271	.741	1.533	2.132	2.776	3.747	4.604
5	0.267	.0727	1.476	2.015	2.571	3.365	4.032
6	.265	.718	1.440	1.943	2.447	3.143	3.707
7	.263	.711	1.415	1.895	2.365	2.998	3.499
8	.262	.706	1.397	1.860	2.306	2.896	3.355
9	.261	.703	1.383	1.833	2.262	2.821	3.250
10	0.260	0.700	1.372	1.812	2.228	2.764	3.169
11	.260	.697	1.363	1.796	2.201	2.718	3.106
12	.259	.695	1.356	1.782	2.179	2.681	3.055
13	.259	.694	1.350	1.771	2.160	2.650	3.012
14	.258	.692	1.345	1.761	2.145	2.624	2.977
15	0.258	0.691	1.341	1.753	2.131	2.602	2.947
16	.258	.690	1.337	1.746	2.120	2.583	2.921
17	.257	.689	1.333	1.740	2.110	2.567	2.898
18	.257	.688	1.330	1.734	2.101	2.552	2.878
19	.257	.688	1.328	1.729	2.093	2.539	2.861
20	0.257	0.687	1.325	1.725	2.086	2.528	2.845
21	.257	.686	1.323	1.721	2.080	2.518	2.831
22	.256	.686	1.321	1.717	2.074	2.508	2.819
23	.256	.685	1.319	1.714	2.069	2.500	2.807
24	.256	.685	1.318	1.711	2.064	2.492	2.797
25	0.256	0.684	1.316	1.708	2.060	2.485	2.787
26	.256	.684	1.315	1.706	2.056	2.479	2.779
27	.256	.684	1.314	1.703	2.052	2.473	2.771
28	.256	.683	1.313	1.701	2.048	2.467	2.763
29	.256	.683	1.311	1.699	2.045	2.462	2.756
30	0.256	0.683	1.310	1.697	2.042	2.457	2.750
40	.255	.681	1.303	1.684	2.021	2.423	2.704
60	.254	.679	1.296	1.671	2.000	2.390	2.660
120	.254	.677	1.289	1.658	1.980	2.358	2.617
∞	.253	.674	1.282	1.645	1.960	2.326	2.576

(예 : 자유도가 15일 때 오른쪽 끝의 색깔 있는 부분의 면적이 0.025이면 t 값($=t_\alpha$)은 2.131임)

찾아보기

ㅇ

ㅈ

기타

저자약력

송 교 직 연세대학교 사회학과 졸업
Iowa State University, MBA
Louisiana State University, Ph.D. in Finance

University of Louisiana 교수 (2003～2006)
Asia-Pacific Journal of Financial Studies, Associate Editor (2009～2019)
재무연구 편집위원장 (2020～2021)
한국금융정보학회 회장 (2025～현재)
Global AI Finance Research Conference, Program Chair (2020～현재)
성균관대 BK21 핀테크 인재양성 교육연구단, 단장 (2020～현재)
성균관대 경영대학 교수 (2006～현재, email : roysong@skku.edu)

주요 연구논문

The choice of SEO method in Korea: Rights vs. public offers, 2020, *Journal of Financial Markets* 51, 1-15.
The control and performance of joint ventures, 2016, *Financial Management* 45, 431-465.
Informed trading before positive vs. negative earnings surprises, 2014, *Journal of Banking and Finance* 49, 228-241.
Long-term effects of a financial crisis: evidence from cash holdings of East Asian firms, 2012, *Journal of Financial and Quantitative Analysis* 47, 617-641.
Chaebol-affiliated analysts: conflicts of interest and market responses, 2012, *Journal of Banking and Finance* 36, 584-596.
The effects of the reporting of off-balance investments on EPS uncertainty, leverage, and shareholders' wealth, 2012, *Financial Management* 41, 1009-1042.
Dividend Policy, Signaling, and Discounts on Closed-End Funds, 2006, *Journal of Financial Economics* 81, 539-562.
Auditor's reputation and equity offering: The case of Arthur Andersen, 2005, *Financial Management* 34, 121-135.

수상실적

성균관대 Young Fellow 2016
CFA Institute Asia Pacific Capital Markets Research Award 2013

제5판 재무관리의 이해

2017년 1월 10일 제1판 1쇄 발행
2025년 7월 10일 제5판 1쇄 인쇄
2025년 7월 15일 제5판 1쇄 발행

저 자 송 교 직
발 행 인 권 영 섭
발 행 처 (주)**신 영 사**

경기도 파주시 심학산로 12(출판문화단지)
등 록 : 1988. 5. 2 / 제406-1988-000020호
전 화 : 031-946-2894(代)
F A X : 031-946-0799
e-mail : sys28945@naver.com
홈페이지 : http://www.shinyoungsa.co.kr

정가 37,000원 ISBN 978-89-5501-896-7